# 日本再生の道を求めて

日本の再生を考える勉強会［編著］

# 日本再生の道を求めて

〈目次〉

はじめに ・・・・・・・・・・・・・・・・・・・・・・・・・・・・・・・・・・・・・・・・・・・・・・・・・・・・・・・・・・・・・・・・ 7

# 第一部 基礎データ編

| | | |
|---|---|---|
| 1 | 経済 | 19 |
| 2 | 官僚 | 55 |
| 3 | 地方自治 | 63 |
| 4 | 都市開発 | 73 |
| 5 | 人口問題 | 97 |
| 6 | 食糧（食料）・農業問題 | 119 |
| 7 | 医療 | 129 |
| 8 | 教育 | 141 |
| 9 | 情報・インターネット | 147 |
| 10 | 生成AI | 155 |
| 11 | 地球環境 | 165 |
| 12 | エネルギー総論 | 181 |
| 13 | 電力 | 243 |
| 14 | 原子力 | 251 |
| 15 | 再生可能エネルギー | 261 |
| 16 | 沖縄 | 269 |
| 17 | 防衛 | 283 |
| 18 | 中国 | 295 |
| 19 | アメリカ | 305 |
| 20 | ロシア | 317 |
| 21 | ウクライナ | 325 |
| 22 | 中東 | 331 |
| 23 | その他 | 337 |

# 第二部 論文編

## 1 経済
### 日本再生の道：経済編
大正大学 客員教授
小峰隆夫
371

## 2 官僚
### 日本再生に向けて「官僚」が果たす役割
社会保障経済研究所 代表
石川和男
379

## 3 地方自治
### 地方自治とは何ぞや
元宮城県知事
浅野史郎
387

## 4 都市開発
### 都市再生の新しい姿
都市計画家／東京大学名誉教授
伊藤 滋
395

## 5 人口問題
### 地方消滅と地方創生
日本の地域政策、この10年の功罪
東京都立大学 教授
山下祐介
403

## 6 食糧（食料）・農業問題
### 日本の食料安全保障と農業の方向性
資源・食糧問題研究所 代表
柴田明夫
413

## 7 医療
### 医療分野の課題と将来の方向
みずほ証券 執行役員エクイティ調査部長
渡辺英克
423

## 8 教育
### 日本再生の道を目指して：教育編
元文部科学副大臣
鈴木 寛
431

## 9 情報・インターネット
### 多極化するインターネット
インターネットイニシアティブ 取締役 副社長執行役員
谷脇康彦
441

## 10 生成AI
### 生成AIと創造化社会
野村総合研究所 未来創発センター デジタル社会・経済研究室 室長
森 健
449

## 11 地球環境
### 地球温暖化交渉の経緯と課題
東京大学公共政策大学院 特任教授
有馬 純
459

## 12 エネルギー総論
### エネルギー政策の思考プロセス
INPEX 顧問
椙岡雅俊
467

## 13 電力
### 電気事業と電力システムの未来
地球環境産業技術研究機構（RITE）理事長
山地憲治
477

## 14 原子力
### 21世紀の原子力
元科学技術事務次官
石田寛人
485

## 15 再生可能エネルギー
### 再生可能エネルギーの地政学
日本エネルギー経済研究所 客員研究員
十市 勉
493

## 16 沖縄 ......503
### 沖縄とは何か
琉球大学人文社会学部国際法政学科 准教授
山本章子

## 17 防衛 ......511
### 日本再生の道:防衛という視点
元陸将／元国際大学教授
山口 昇

## 18 中国 ......521
### 激変する世界情勢と今後の日中関係の展望
東京財団政策研究所 主席研究員
柯 隆

## 19 アメリカ ......529
### 日本は日米同盟をどう考えるべきか?
プランAプラスのすすめ
笹川平和財団 上席フェロー
渡部恒雄

## 20 ロシア ......537
### ロシア
それが世界、日本にとって意味するもの
元駐ロシア大使館特命全権公使
河東哲夫

## 21 ウクライナ ......547
### ウクライナの戦争でわかったこと
元駐ウクライナ特命全権大使
黒川祐次

## 22 中東(イスラエル・パレスチナ) ......557
### イスラエル・パレスチナ紛争について
元駐イスラエル特命全権大使
鹿取克章

## 総括（マトリクス表） ⋯⋯⋯⋯⋯⋯⋯⋯⋯⋯⋯⋯⋯⋯⋯⋯ 569
日本の再生を考える勉強会 主宰
**草野成郎**


## おわりに ⋯⋯⋯⋯⋯⋯⋯⋯⋯⋯⋯⋯⋯⋯⋯⋯⋯⋯⋯⋯⋯⋯⋯⋯ 593

はじめに

## はじめに

　バブル崩壊から30年、日本は沈滞の一途をたどり、特にこの10年間の低迷ぶりは目を覆うばかりの状況にあり、世間では、「失われた30年」とくくられています。時に「ビジョンなき30年」、「羅針盤なき30年」、「司令塔なき30年」とも言い換えられていますが、いったい何が起こったのでしょうか。

　泥沼からの脱却が喫緊の課題となっている今日、まずは、その実態・事実を整理することが必要となります。そのためには、そこに至る歴史的な経緯について客観的なデータを基に整理することも重要です。われわれには、知っておかねばならない事実をしっかり受け止めるという責務があり、こうしたなかから世界の中の日本を考え、豊かな将来に向かって「自らなすべきこと」と「自らできること」を見いだし、これを少しでも実践することが重要と考えます。

　本書において、客観的なデータと専門家による論文によって解明しようと試みたのは、日本だけではなく外国のことも含めて、われわれがこれからの時代をどう生きるかを考えるためでもあります。その理由は、国レベルでは大いなる反省を踏まえながら日本の特性を生かした将来のビジョンの一例を、われわれ個人レベルでは自分自身が今後とも自信を持って生き抜くための方向の一例を、それぞれ提示してみたいと考えたからです。

　本書は、こうした思いを共有する仲間たちが勉強会（日本の再生を考える勉強会）を結成し、議論を重ねてまとめたものです。もとより人の考え方や生き方はそれぞれですが、本書が、世のため人のために少しでも役に立つものとなれば幸いです。

## 失われた30年

　この30年間に何があったのでしょうか。2023年から話題となっている「政治資金裏金問題」は、そもそもは約30年前に成立した「政治改革関連4法」が機能していなかった結果ですが、それはさておいても日本では、この約30年間に、ジュリアナ東京の乱舞、バブル崩壊、村山内閣の発足、阪神・淡路大震災、サリン事件、北海道拓殖銀行の破たんと銀行の相次ぐ合併、山一証券の破たん、小泉劇場内閣の登場、有事関連法案成立、リーマンショック、短期間の政権交代、東日本大震災の発生と福島第一原子力発電所事故、尖閣諸島国有化、安倍首相再登場、アベノミクス、異次元の日銀政策などの出来事があり、それぞれに翻弄されました。

　一方、世界では、湾岸戦争、北朝鮮・金正恩の就任と天下（独裁統治）、韓国・金大中の就任、ソ連の崩壊、ドイツ統一、プーチン大統領の天下（独裁統治）、クリミア半島のロシア化、ニューヨーク・ワシントン同時テロ、中国・習近平の天下（独裁統治）、ロシアによるウクライナ侵攻、イスラエル・パレスチナ紛争に代表される中東地域の混乱、分断状態のアメリカと大統領選挙、そして、世界を震撼させた新型コロナの繰り返しの猛襲など、芳しからぬ事件や変化が生じた時代でもありました。

　そして、この約30年の間に、日本は、名目GDPの世界ランクが2位から4位に、一人あ

たりの GDP は 9 位から 24 位に、世界の競争力ランキングは 1 位から 35 位に、幸福度ランキングは、現在、先進国中で最下位の 47 位となっています。これらのランキングは、国ごとの特徴や基準となる項目の意味合いが影響していることから、ランクそのものについては一定の説明が必要ですが、全体的な傾向としては間違いなく低下していると申せましょう。

　もちろん、この 30 年間においては、新たな時代に即応したさまざまな進歩的技術が発明され、特にインターネット利用は世界中に広がり、情報や物流のグローバル化が一気に進展しました。一方では、30 年経過しても大きな進展がない核融合の実用化や難敵のがん撲滅などについては今もなお開発途上にあり、そして、止むことを知らない世界各地での紛争・戦争に加え、地球温暖化の影響の深刻化など大きな課題が残されており、総じて言えば、各国とも慢性化した政治不信と経済不況と社会不安に悩まされ続けた時代でもあったのではないでしょうか。

　こうしたなかで、日本の 30 年は、冒頭に述べたごとく魅力あるビジョンが見当たらず、描かれたビジョンがあってもこれを推進する司令塔に乏しく、推進するための正確な羅針盤も見当たらない時代として総括できるかもしれません。

## わずか14年間で大きな変革を成し遂げた日本

　では、30 年間というスパンをどのように考えたらよいのでしょうか。この 30 年間は日本が目標を見失い、自らが改革する意欲と行動を封印した、いわば「ゆでカエル」状態だったのかもしれません。日本は、戦後当初の賠償問題を過度に意識したあまり、戦争責任を極力あいまいに処理しようとしたため、結果として、国としての戦争責任の総括もせずに、今日まで生きてきてしまったという汚点があることを忘れてはなりません。やや唐突ですが、日本は、江戸幕府の終えん、すなわち、明治維新を迎えた際に、大政奉還と王政復古によって、鎌倉時代から続いた武家社会を総括しているのです。

　この観点から、今から約 180 年前の江戸末期（1840 年以降明治維新まで）の日本を振り返ってみましょう。この時期は、天保の改革が不成功に終わり、日本全体が意気消沈しているなかで、それを見透かすがごとく、諸外国からの交易圧力が一段と強大となった時代です。加えて、隣国の清がアヘン戦争（1840 年）前後から西欧列強諸国に蹂躙されつつあるとの情報が長崎にもたらされ、時の幕府首脳は暗中模索のなかで海外対応策を検討していました。その最中の 1853 年、中国に一時滞在しながら周辺情勢を探っていたアメリカの提督・ペリーは、瀕死の中国の状況に押された格好で、この機会に日本へのアプローチを強力に進めるべく、東京湾に押し寄せ、武力行使をちらつかせながら、強硬に交易を求めてきました。結果として、江戸幕府は翌 1854 年に日米和親条約を締結し、以降、イギリスとロシアとも同様の条約を締結したのでした。こうした激動を経て、14 年後の 1868 年には新しい明治の時代を迎えたのですから、日本はわずか 10 数年で大変革を成し遂げたということになります。

　この 14 年間の時間経過について、もう少し詳しく整理してみましょう。当時の江戸幕府は、安政の大獄をはじめ反対一派への不条理な弾圧を重ね、一方では、幕府の勅諚なき条約締結

に反発した朝廷との軋轢が重大化したなかで、1860年には、政治の中枢であった大老・井伊直弼が江戸城登城の途中で暗殺され、京都にも血の嵐が吹き荒れたのです。幕府はこうした動きに対応すべく、乾坤一擲、2度にわたる長州征伐を試みたものの、征伐途中に江戸幕府の第14代将軍・徳川家茂が逝去したこともあって失敗に終わり、これをきっかけとして反幕府の薩長連合盟約が生まれたのでした。これによって力を盛り返した朝廷は、鎌倉時代から連綿と続いた幕府への遺恨を晴らすべく、1867年、薩長連合に対し、討幕の勅諚を与えたのです。これに対して、江戸幕府の第15代将軍・徳川慶喜は異常なまでに恐懼し、大政を奉還するとともに王政復古の大号令を発出、江戸幕府は終えんを迎えました。

　惜しむらくは、このわずか14年間に、橋本左内、吉田松陰、長井雅樂、清河八郎、久坂玄瑞、真木和泉、高杉晋作などが、刑死、自害、暗殺、戦死、病死などで倒れ、坂本龍馬に至っては、王政復古の大号令の直前に中岡慎太郎と共に襲われています。これらの事件を単なる歴史の一コマとして片づけるわけにはいきません。

## 「意欲と実行力」が問われる日本〜固有の「特性」を支柱とした再生の道〜

　こうして日本は、わずか14年間の間に、一部の地域で戊辰戦争などの内戦があったものの、江戸幕府の転覆と明治維新を断行し、次いで、五箇条の御誓文の発出、江戸城明け渡し、諸藩の版籍奉還など、新たなスタートとなる政治体制を一気に構築し遂げたのです。「意欲と実行力」が発揮された14年間と1990年以降の「失われた30年」、この迫力の差はどこから生まれたのでしょうか。

　冒頭で述べたわれわれの勉強会（日本の再生を考える勉強会）は、今日こそあの時代の「意欲と実行力」について、改めて見直すべき時期にあるのではないかと考え、そのひとつの結果として、あの時代の意欲と実行力は、日本が誇る伝統的な「特技」や「特性」から生まれてきたものではなかったかと思い至り、これに「努力」を加えれば、今の時代にも十分に通用するはずであるという考えに至りました。

　もとよりわれわれは、30数年前にジュリアナ東京の舞台で踊り狂ったボディコンの華やかな時代の再来を目指しているのではありません。今から180年前の江戸末期には、「意欲と実行力に満ちた日本の新たな創造が実現したのに」、以来、今日に至るまで「日本固有の『特技』や『特性』は連綿として生き続けているはずなのに」、それ以降にも「多くの劇的な技術開発があったはずなのに」、この30年の間に目立った改革が実現しなかったのはなぜか。

　そこで、日本固有の「特技」や「特性」とは何でしょうか。かのアインシュタインが日本への賛辞を含めて、さまざまなところで述べている「日本の特性」も参考にしながらまとめてみました。

　例えば、異質なものを遠ざけることなく、新たなものに挑戦しようとする「探求心」と「向上心」。異質なものまで取り込む「包容力」、異物を飲み込んでも、時にこれを栄養化してしまう「技術力」と「応用力」。人を敬う高貴な「精神力・尊敬心」と「おもてなし力」。時に自分

を卑下するほどの「愚直さ」と「謙虚さ」。「景色・自然への愛好心と愛護心」、「協業、協力の精神」、「家族愛」。

人によってそれぞれの重さは異なりますが、枚挙にいとまがないくらい多数の「特技」や「特性」を見いだすことができました。これは、日本古来の伝統であり、これが日本を形成してきた「普遍的なモノづくり」の基本的な支柱となっていたのではないでしょうか。それは、これからの世界で求められる「多様性の受容と共存」というキーワードにも通ずるものであります。

ならば、原点に立ち戻り、「日本再生の鍵」も日本古来の「特技」、あるいは「特性」から導き出される「日本の強み」にあるかもしれないと思うことはまんざら意味なしとはいえないのではないでしょうか。

## 本書刊行の意義

こうした思考過程を経て、勉強会「日本の再生を考える勉強会」は、本書『日本再生の道を求めて』を刊行する目的を、「『日本のアイデンティティの確保』を目指し、そのために可能な限り具体的な提案を試みる」としました。具体的には、現在や将来にわたって、日本再生のポイントとなる領域を取り上げ、領域ごとに客観的なデータを収集・整理するとともに、各領域の専門家の先生方に「日本は再生に向かって何を論じ、何を実行に移していけばよいのか」について、ご寄稿をお願いいたしました。

読者諸氏が、本書を通じて自らのご判断によって各領域のデータと論文を読み取り、日本再生に向かって自分が何をすべきかについて考えていただき、そのうちの少しでも実行に移していただければ、本書に傾注したわれわれの目的は達せられたものと考えています。特に次世代を担う若い人や壮年の方々には、ひとりでも多くの方々に読んでいただき、本書を次世代の日本を背負っていくための材料として活用してもらえれば、このうえもない喜びと期待しています。

われわれは、「相手と過去は変えられないにしても、自分と未来は変えられる」と信じています。そして、本書は、そのための「基礎データ編」と「論文編」であると自負しております。

## 本書の構成とわれわれの想い

本書で取り扱う「領域」は以下のとおりです。それぞれの重要性については、論を待つまでもないことですので省略し、ここでは項目だけ紹介いたします。なお、順序は重要性に準じたものではなく、話の流れなど便宜性の観点から決めさせていただきました。領域は、「経済、官僚、地方自治、都市開発、人口問題、食糧（食料）・農業問題、医療、教育、情報・インターネット、生成 AI、地球環境、エネルギー総論、電力、原子力、再生可能エネルギー、沖縄、防衛、中国、アメリカ、ロシア、ウクライナ、中東（イスラエル・パレスチナ）」の合計 22 を選びました。本書では、いずれの領域についても「基礎データ編」と「論文編」の 2 部にわたって扱っており、データを単なる説明用の付属資料ではなく、それ自体が重要かつ大きな役割を担うものとして

扱っていることに特徴があります。

第一部の「基礎データ編」について。データそれ自体には、過去や現状、一部はある条件を前提とした将来の予測など、さまざまなものがあり、数値だけでなくコメント類も重要なものとなりますが、これらを深読みすればするほど問題の所在が明確となり、それだけで将来の方向づけが可能となるなどの効用もあるものと考えています。また、領域ごとのデータは、第二部の「論文編」の内容と密接な関係にありますが、ここで取り扱っているデータ類は、論文の内容にこだわることなく、あくまで勉強会の判断で、読者諸氏にとって興味がありそうなもの、ぜひ知っておいてほしいものを中心に収集し、記載しています。

第二部の「論文編」について。領域ごとに専門家の先生方にご執筆いただいており、それぞれご持論の「日本再生の道」を披歴していただきました。実は、論文については「日本の再生を考える勉強会」としての議論がありました。例えば、まずは「日本の再生を考える勉強会」として、総体的な視点に立った独自の「目指すべき再生の道」についてまとめ上げ、これを事前に明らかにし、ご執筆をお願いする先生方には、これを参考にしていただきながら、「専門家からの視点に基づく目指すべき再生の道」を述べてもらったらどうかという意見もありました。しかし、「日本の再生を考える勉強会」には、方向づけできる能力も資格もないこと、そもそも勉強会による「目指すべき再生の道」の明示など、何ともおこがましく、専門領域における日本再生の道を語る先生方にとっては邪魔以外の何ものでもないという判断から、専門家の先生方の論調に委ねることといたしました。すなわち、論文については、もとよりスタンスの違いなどもみられますが、「日本の再生を考える勉強会」は中立的な視点に立つという観点から、全体としての整合性を図るといった意見調整などは行わず、先生方の論文は、それぞれの独立したものと位置付けて記載させていただいております。「読者にとっては、再生の道は自分の意見も含めていろいろあるのがクール、どれに納得感があるのか、それは読者の判断に委ねたい」という勉強会としての基本線を大切にしたいと考えました。

本書の刊行は、今の日本を憂える、ある先輩の発案が契機となって、これに私を含む仲間たちが賛同し、議論を広げかつ深めるための共同作業部隊として、勉強会（日本の再生を考える勉強会）を設立し、大いなる議論を経て実現したものです。何か世のため、人のために役に立つものをつくり上げたいという勉強会の思いが大きな力となりました。勉強会メンバーは、データの収集・整理はもとより、先生方の論文を何度も読み込み、先述した日本の特性との関連を整理するなど、読者諸氏が理解しやすくするための作業を担当いたしました。

先述したように、本書の具体的な内容は、日本が直面する諸課題を領域ごとに取り上げ、①知っておいてほしいデータの集積と整理、②斯界の先生方による提案型論文の集積という2つに集約されますが、併せて勉強会（日本の再生を考える勉強会）では、領域ごとにデータと先生方の論点を日本の特性を踏まえて整理するなかから、日本の将来の方向を見いだそうとも試みました。これが、第二部の最終部分に「総括」として記載している「マトリクス表」です。ここでは、領域ごとに日本は再生に向けて何をなすべきかについて、できる限り具体的に述べてみました。

さらに、最終章「おわりに」においては、これからの議論を期待する意味合いから、「自分は何をしたらよいのか」、「自分は何ができるのか」に視点を据えて、数点を取り上げ、勉強会としての考えを述べてみました。もとよりこうしたことは、人それぞれで受け取り方が異なりますし、それ自体がクールでもありますが、「マトリクス表」と併せ、これらが読者諸氏の皆様にとって、直面する諸課題への適応策、日本再生の道のひとつとして、ご参考となるならば、これに勝る喜びはありません。

　読み進める前に、まずは手始めに頭の整理を兼ねて、過去 250 年間の世界の出来事を概括してみましょう。

2024 年 10 月

日本の再生を考える勉強会　主宰　草野成郎

（環境都市構想研究所　代表）

## 過去 250 年の各国の動き

> 歴史的構想力とは、自国とそれを取り巻く世界の過去・現在・未来を見据えて、その中で自らの歴史的役割を自覚することです。自らの歴史に対するプライドと歴史的センスに根差した洞察力を持ち、今がどんな時代であり、その時代に自分たちが何を要請されているのか、いかなる歴史的な役割を果たすべきなのか、を見極めることではないでしょうか。
>
> 戸部良一、『昭和の指導者』（中央公論新社）より引用

| 年 | 日本 | アメリカ | 中国・アジア | ソ連・ロシア | ヨーロッパ |
|---|---|---|---|---|---|
| 1770〜1820 | 田沼意次老中(72)<br>天明の大飢饉(83〜88)<br>徳川家斉(86〜37)<br>ロシア・ラクスマン来航(92)<br>蝦夷地測量(00)<br>ロシア・レザノフ長崎来航(04)<br>間宮海峡発見(08)<br>ロシア・ゴロウニン逮捕(11)<br>杉田玄白「蘭学始」(15) | ボストン茶会事件(73)<br>独立戦争(75〜83)<br>独立宣言(76)<br>初代大統領・ワシントン(89)<br>ジョン・アダムス就任(97〜01)<br>ジェファーソン(01〜09)<br>フルトン蒸気船(07)<br>マディソン(09〜17)<br>ジェームス・モンロー(17〜25) | 清・高宗(乾隆帝)(1735〜95)<br>清・仁宗(96〜20)<br>アヘン販売禁止(13)<br>アヘン輸入禁止(15)<br>イギリス、シンガポール領有(19)<br>宣宗(道光帝)(20〜50) | 女帝エカテリーナ2世(1762〜96)<br>プガチョフ処刑(75)<br>ワルシャワ大公国(07) | イギリス産業革命(70)<br>カント「純粋理性批判」(81)<br>フランス革命(89)<br>フランス恐怖政治(93)<br>第3次ポーランド分割(95)<br>ジェンナー種痘(96)<br>マルサス「人口論」(98)<br>ナポレオン(04〜14)<br>神聖ローマ帝国の滅亡(06)<br>オランダ、フランスに併合(10)<br>ナポレオン、ロシア遠征(12)<br>ワーテルローの戦い(15) |
| 1820〜1870 | 異国船打払令(25)<br>天保の大飢饉(32〜38)<br>水野忠邦老中(34)<br>大塩平八郎の乱(37)<br>水野忠邦、天保の改革(41)<br>米使・ペリー来航(53)<br>ロシア・プチャーチン来航(53)<br>日米和親条約(54)<br>安政の大獄(58〜59)<br>桜田門の変(60)<br>大政奉還・王政復古(67)<br>明治維新(68) | モンロー教書(23)<br>ジョン・クインシー・アダムス(25〜29)<br>アンドリュー・ジャクソン(29〜37)<br>ヴァン・ビューレン(37〜41)<br>モールス、有線電信機(37)<br>テキサス併合(45)<br>アメリカ・メキシコ戦争(46〜48)<br>アメリカ・カリフォルニア占領(46)<br>ゴールドラッシュ(48)<br>ブキャナン(57〜61)<br>油田ペンシルベニア(59)<br>リンカーン(61〜65)<br>南北戦争(61〜65)<br>奴隷解放宣言(63)<br>大陸横断鉄道(69)<br>グラント(69〜77) | エリオット駐清英領事(36)<br>イギリス、アヘン大量搬入(37)<br>林則徐、アヘン没収焼却(39)<br>アヘン戦争(40〜42)<br>アヘン戦争、英国勝利(南京条約)(42)<br>文宗(咸豊帝)(50〜61)<br>太平天国の乱(50〜64)<br>アロー号事件(56)<br>英仏国軍、北京占領(60)<br>穆宗(同治帝)(61〜74) | ニコライ1世(25〜55)<br>デカブリストの反乱(25〜26)<br>ロシア・トルコ戦争(28〜29)<br>クリミア戦争(54〜56)<br>アレクサンドル2世(55〜81)<br>農奴解放宣言(61)<br>マルクス「資本論」(67〜94) | ギリシャ独立戦争(21〜29)<br>プロシア関税同盟(28)<br>ギリシャ承認(32)<br>ドイツ関税同盟(34)<br>セポイの乱(57〜58)<br>イギリス、インド直接統治(58)<br>スエズ運河開通(69)<br>プロシア・フランス戦争(70〜71) |
| 1870〜1920 | 廃藩置県(71)<br>征韓論破れ、西郷下野(73)<br>佐賀の乱、江藤新平刑死(74)<br>ロシアと千島・樺太交換(75)<br>西南の役(77)、大久保暗殺(78)<br>大日本帝国憲法(89)、帝国議会(90)<br>日清戦争(94〜95)、下関条約(95)<br>三国干渉(95)<br>義和団事件で出兵(00)<br>八幡製鉄スタート(01)<br>日英同盟スタート(02)<br>ロシアに宣戦(04〜05)、ポーツマス条約(05)<br>明治天皇崩御(12)<br>第一次世界大戦、ドイツに宣戦(14)<br>シベリア出兵(18)、米騒動(18) | 電話機(ベル)(76)<br>ラザフォード・ヘイズ(77〜81)<br>電灯、蓄音機(エジソン)(78)<br>映画(エジソン)(93)<br>アメリカ・イスパニア戦争(98)<br>中国に対する門戸開放要求(99)<br>テキサス大油田(01)<br>USスチール(01)<br>セオドア・ルーズベルト(01〜09)<br>パナマ永久租借(03)<br>パナマ開通(14)<br>第一次世界大戦参戦(17) | 徳宗(光緒帝)(74〜08)<br>西太后(〜89)<br>インド帝国成立(77)<br>李鴻章、海軍設立(80)<br>丁汝昌、天津総兵(82)<br>清仏戦争(84〜85)<br>天津条約(85)<br>東学党の乱(94)<br>日清戦争(94〜95)<br>孫文、日本へ亡命(95)<br>欧州各国の租借、義和団事件(99〜01)<br>ロシア南下(03)<br>日露戦争(04〜05)<br>孫文、中国革命(05)<br>宣統帝(溥儀)(08〜12)<br>辛亥革命(11)<br>中華民国成立(12)<br>対華21カ条(15)<br>軍閥戦争(18〜28) | バクーニン無政府を組織(72)<br>ロシア・トルコ戦争(77〜78)<br>アレクサンドル3世(81〜94)<br>ドストエフスキー死亡(81)<br>ドイツ・ロシア再保障条約(87)<br>ロシア・フランス同盟(91)<br>ロシア・フランス軍事協定(92)<br>クレタ事件(トルコ干渉)(96)<br>日露戦争(04〜05)<br>血の日曜日(05)<br>第1次・第2次バルカン戦争(12〜13)<br>ロシア二月革命(17)<br>レーニン、インターナショナル(19) | イタリア統一(70)<br>フランス第三共和制(70〜40)<br>ドイツ帝国建設(71)<br>ベルリン列国会議(78)<br>アフリカ分割列国会議(84〜85)<br>ドイツ・オーストリア同盟(79)<br>三国同盟成立(82)<br>イギリスのエジプト占領(82〜14)<br>ロシア・フランス軍事協定(92)<br>英仏協商(04)<br>トリポリ戦争(11〜12)<br>ドイツ、ロシアに宣戦(14)<br>ドイツ降伏(18)<br>ドイツ、ワイマール憲法(19) |

| 年 | 日本 | アメリカ | 中国・アジア | ソ連・ロシア | ヨーロッパ |
|---|---|---|---|---|---|
| 1920<br>〜<br>1970 | 国際連盟加入(20)<br>ワシントン会議(21)<br>原敬暗殺(21)<br>日英同盟廃棄(21)<br>関東大震災(23)<br>普通選挙法(25)<br>張作霖爆死事件(28)<br>ロンドン軍縮会議(30)<br>金解禁実施(30)<br>満州事変(31)<br>満州国建国宣言(32)<br>五・一五事件(32)<br>国際連盟脱退(33)<br>二・二六事件(36)<br>日中戦争開始(37)<br>日独伊三国同盟(40)<br>太平洋戦争開始(41)<br>広島・長崎の原爆投下(45)<br>ポツダム宣言受諾(45)、終戦<br>日本国憲法公布(46)<br>二・一ゼネスト中止指令(47)<br>極東国際軍事裁判終結(48)<br>警察予備隊(50)<br>サンフランシスコ講和条約(51)<br>日米保障条約と地位協定(51、52)<br>日ソ共同宣言(56)<br>日米新安全保障条約(60)<br>日韓条約(65)<br>東京都知事新系美濃部(67) | 国際連盟成立(20)<br>四カ国条約(日英米仏)(21)<br>ウォーレン・ハーディング(21〜23)<br>C・クーリッジ(23〜29)<br>ロカルノ条約(25)<br>世界大恐慌(29)<br>ロンドン軍縮会議(30)<br>フランクリン・ルーズベルト(33〜45)<br>ニューディール政策(33)<br>第二次世界大戦(39〜45)<br>大西洋憲章(41)<br>対日宣戦(41)<br>カイロ会議(43)<br>ヤルタ会談(45)<br>国際連合成立(45)<br>トルーマン(45〜53)<br>トルーマンドクトリン(47)<br>NATO調印(49)<br>アイゼンハワー(53〜61)<br>アイクドクトリン(57)<br>ケネディ(61〜63)<br>キューバ危機(62)<br>ベトナム北爆(65)<br>公民権法(65)<br>キング牧師暗殺(68)<br>ニクソン(69〜74)<br>アポロ月面着陸(69) | 第一次国共合作(24)<br>蒋介石、北伐開始(27)<br>毛沢東、革命拠点(27)<br>蒋介石、国民政府主席(28)<br>満州事変(31〜)<br>中国共産党、長征(34〜36)<br>西安事件(36)<br>日中戦争開始(37)<br>第二次国共合作(37)<br>国民政府、対日独伊宣戦(41)<br>国民政府、蒋介石就任(43)<br>朝鮮、南北分裂(45)<br>国共停戦協定(46)<br>中華人民共和国、毛沢東(49〜59)<br>蒋介石、台湾へ(49)<br>バンドン会議(55)<br>チベット反乱(59)<br>劉少奇(59〜68)<br>中ソ対立激化(62〜)<br>文化大革命(66〜76)<br>毛林体制(69) | ソ連邦成立(22)<br>コルホーズ、ソホーズ(27)<br>トロツキー追放(29)<br>スターリン独裁(29〜)<br>国際連盟加入(34)<br>独ソ不可侵条約(39)<br>ドイツ軍、対ソ攻撃(41)<br>ヤルタ会談(45)<br>日本に宣戦(45)<br>スターリン時代(46〜53)<br>コミンフォルム(47)<br>スターリン死去(53)<br>ソ連・ワルシャワ条約(55)<br>ハンガリー反乱(56)<br>スプートニク(57)<br>フルシチョフ(58〜64)<br>ヴォストーク(61)<br>キューバ危機(62)<br>コスイギン(64〜80)<br>チェコ侵入(69)<br>有人宇宙ドッキング(69) | ベルサイユ条約(20)<br>ムッソリーニ(22)<br>ブルボン朝滅亡(30)<br>ウェストミンスター憲章(31)<br>ヒットラー首相へ(33)<br>エチオピア戦争<br>フランス人民戦線(35)<br>チェンバレン(37〜40)<br>日独伊三国協定(37)<br>ドイツ・ポーランド侵入(39)<br>第二次世界大戦(39〜45)<br>チャーチル(40〜45)<br>パリ解放(44)<br>ドイツ降伏(45.5月)<br>ドイツ東西分裂(45)<br>OEEC結成(48)<br>ソ連、ベルリン封鎖(48)<br>NATO調印(49)<br>インドシナ休戦(54)<br>アルジェリア解放(54〜62)<br>ドゴール(59〜69)<br>EFTA(59)<br>EC共同体(67)<br>ドゴール退陣(69) |
| 1970<br>〜<br>2020 | 万博(大阪)(70)<br>エベレスト初登頂(70)<br>三島由紀夫自殺(70)<br>沖縄返還協定(71)<br>沖縄施政権交渉妥結(72)<br>日中正常化(72)<br>貿易自由化(73)<br>円為替、変動相場へ(73)<br>天皇、皇后両陛下訪米(75)<br>ロッキード、田中逮捕(76)<br>日本赤軍ダッカ事件(77)<br>日中平和友好条約(78)<br>大韓航空機墜落事件(83)<br>日本海中部地震(83)<br>NTT、JT発足(85)<br>日航ジャンボ機墜落(85)<br>東京サミット(86)<br>JR発足(87)<br>昭和天皇崩御(89)<br>天皇、皇后両陛下中国訪問(92)<br>週休2日制へ(92)<br>細川連立内閣(93)<br>円、1ドル96円台へ(94)<br>阪神・淡路大震災(95)<br>オウム強制捜査(95)<br>消費税5%へ(97)<br>北海道拓殖、山一破綻(97)<br>小泉内閣(01)、北朝鮮訪問(02)<br>京都議定書発効(05)<br>政権交代(09)<br>東日本大震災(11)<br>尖閣諸島国有化(12)<br>集団的自衛権行使容認(14)<br>消費税(8%へ)(14)<br>徳仁天皇即位(19)<br>消費税10%へ(19)<br>コロナ拡大へ(20〜) | カンボジア内戦に介入(71)<br>ニクソン中国訪問(72)<br>ウォーターゲート事件発覚(72)<br>G.R.フォード(74〜77)<br>ベトナム撤収(75)<br>ジェームス・カーター(77〜81)<br>米中国交樹立(79)<br>米ソSALTⅡ基本合意(79)<br>イランと断絶(80)<br>イラン人質事件解決(81)<br>レーガン(81〜89)<br>米ソ戦略兵器削減(82)<br>グレナダ侵攻(83)<br>ユネスコ脱退(85)<br>ニューヨーク株暴落(86)<br>ニューヨーク株再暴落(87)<br>ブッシュ(89〜93)<br>米ソ首脳マルタ会談(89)<br>ビル・クリントン(93〜01)<br>米ロ、START発効(94)<br>ウッズ、最少Gスラム(00)<br>ジョージ・ブッシュ(01〜09)<br>新核戦略発表(02)<br>スペースシャトル分解(03)<br>ハリケーン、カトリーナ(05)<br>バラク・オバマ(09〜17)<br>ドナルド・トランプ当選(17) | 中華人民共和国連加入、台湾脱退(71)<br>林彪失脚と死亡(71)<br>日本との国交正常化(72)<br>批林整風の強化(73)<br>周恩来、朴大統領狙撃(74)<br>蒋介石死亡(75)<br>周恩来死亡(76)<br>天安門事件(76)<br>毛沢東死亡(76)<br>江青ら4人組追放(76)<br>新憲法、新国歌(78)<br>日中平和友好条約(78)<br>李先念国家主席(83〜88)<br>ソ連による大韓航空機撃墜(83)<br>胡耀邦解任(87)<br>楊尚昆国家主席(88〜93)<br>韓国と国交樹立(92)<br>江沢民国家主席(93〜03)<br>地下核実験(95)<br>香港復帰(97)<br>中台間に直行便(01)<br>SARS発生(03)<br>胡錦濤、国家主席(03〜13)<br>北朝鮮、金正恩第一書記へ(12)<br>習近平、国家主席(13〜) | ブレジネフ、西独へ(73)<br>ソルジェニーツィン追放事件(74)<br>米ソ宇宙船ドッキング(75)<br>新憲法、新国歌(77)<br>ブレジネフ就任(77)<br>米ソSALTⅡ調印(79)<br>アフガニスタン侵攻(79)<br>モスクワオリンピック(80)<br>ニコライ・チーホノフ(80〜85)<br>アンドロポフ(83〜84)<br>チェルネンコ(84〜85)<br>コメコン首脳会議(84)<br>グロムイコ(85〜88)<br>チェルノブイリ事故(86)<br>ペレストロイカ(87)<br>アフガニスタン撤退(88)<br>ゴルバチョフ(88〜91)<br>米ソ首脳マルタ会談(89)<br>エリツィン就任(91)<br>ソ連消滅(91)<br>独立国家共同体(CIS)(91)<br>ワルシャワ条約機構解体(91)<br>バルト3国独立(91)<br>KGB解体(91)<br>サハリン大地震(95)<br>デンバーサミットに参加(97)<br>ルーブル急落(98)<br>プーチン(00〜08)<br>メドベージェフ(08)<br>ウクライナ経由天然ガス一時停止(09)<br>プーチン(12〜24) | アラブゲリラ、ミュンヘン事件(72)<br>第4次中東戦争(73)<br>英女王即位25周年(77)<br>キャンプデービッド合意(78)<br>イラン、ホメイニ帰国実権(79)<br>サッチャー内閣(79)<br>ポーランド全土戒厳令(81)<br>フォークランド紛争(82)<br>イラン・イラク戦争(80〜88)<br>ベルリンの壁除去(89)<br>湾岸戦争(91)<br>多国籍軍(砂漠の嵐作戦)(91)<br>PLOとイスラエル、パレスチナ自治区大枠協定調印(95)<br>イスラエル、ラビン首相暗殺(95)<br>タリバン政権崩壊(01)<br>イラク：サダム・フセイン拘束(03)<br>リーマンショック(08)<br>ブリックスサミット(12)<br>フェイスブック利用者、10億人を超える(12)<br>TPP12ヶ国大筋合意(15)<br>アメリカ、TPP永久離脱(17) |

出所：環境都市構想研究所

# 第一部

# 基礎データ編

# 第二部

# 基ベース理論

# 1

Theme

## 経済

# 世界経済

図表 1-1　　2024 年の世界経済（各国の実質 GDP 成長率）

図表 1-2　　主要国・地域の GDP シェア・ランキング（2023 年）
　　　　　　2023 年国別国内市場経済規模

図表 1-3　　世界の一人当たり GDP

図表 1-4　　日本の品目別貿易額（輸出）（2021 年）

図表 1-5　　日本の品目別貿易額（輸入）（2021 年）

図表 1-6　　日本の各国別の輸出額推移

図表 1-7　　日本の各国別の輸入額推移

図表 1-8　　各国の為替相場推移

図表 1-9　　各国・地域の失業率推移

図表 1-10　　Most Valuable Companies 図解（2023 年）

## 図表 1-1　2024 年の世界経済（各国の実質 GDP 成長率）

**減速するものの、大幅な悪化は回避。けん引役が不在の状況**

▽実質国内総生産（GDP）成長見通し（前年比、%）

| 年（前年比）： | 2021<br>実績 | 2022<br>見込み | 2023<br>予想 | 2024<br>予想 | 2025<br>予想 |
|---|---|---|---|---|---|
| 世界 | 6.3 | 3.4 | 3.0 | 2.9 | 2.8 |
| 先進国 | 5.6 | 2.6 | 1.6 | 1.4 | 1.3 |
| 　アメリカ | 5.8 | 1.9 | 2.5 | 1.6 | 1.4 |
| 　ユーロ圏 | 5.8 | 3.5 | 0.8 | 0.9 | 1.0 |
| 　イギリス | 7.5 | 4.1 | 0.1 | 0.5 | 0.5 |
| 　日本　暦年 | 2.6 | 1.0 | 2.0 | 0.9 | 1.3 |
| 　　　　年度 | 2.8 | 1.5 | 1.6 | 1.0 | 1.2 |
| 新興国 | 6.8 | 4.0 | 4.0 | 4.0 | 3.9 |
| 　中国 | 8.4 | 3.0 | 5.6 | 4.5 | 4.2 |
| 　インド | 8.9 | 6.7 | 7.0 | 6.0 | 6.4 |
| 　ASEAN-5 | 3.9 | 5.4 | 4.2 | 4.5 | 4.5 |
| 　中東欧 | 7.3 | 0.8 | 1.8 | 1.9 | 1.9 |
| 　中南米 | 7.2 | 4.1 | 2.3 | 2.3 | 0.6 |
| 　中東・中央アジア | 4.4 | 6.2 | 1.3 | 3.4 | 3.7 |
| 　サブサハラ・アフリカ | 4.7 | 4.0 | 3.3 | 3.9 | 4.1 |
| 四半期（前期比年率）： | 23Q4 | 24Q1 | 24Q2 | 24Q3 | 24Q4 |
| 　アメリカ | 1.8 | 1.0 | 0.8 | 0.7 | 1.0 |
| 　ドイツ | 0.2 | 0.4 | 0.6 | 0.8 | 1.0 |
| 　日本 | 0.4 | 0.8 | 1.2 | 1.5 | 1.2 |
| 　中国 | 5.0 | 4.0 | 4.5 | 5.0 | 5.0 |

ASEAN-5 はインドネシア、マレーシア、フィリピン、シンガポール、タイ。

出所：丸紅経済研究所

・2024年の世界の実質GDP成長率は＋2.9%の見通し。年前半にかけて先進国を中心に減速するものの、大幅な景気悪化は回避される。2023年に想定外に上振れしたアメリカを中心に既往の金融引き締め効果が本格的に出現し、需要が抑制される。

・主要先進国のインフレ率は来年も低下傾向が続くが、総合指数に対して基調的インフレの低下は遅行し、物価が政策目標である2%に安定的に定着するまでには時間を要する。

・アメリカの政策金利（現行5.25～5.50%）は2024年半ばから下げに転じるが、2024年末の水準は米連邦制度準備理事会（FRB）が示唆する4%半ばにとどまる見通し。同時期に4%を下回るとする市場の見方と乖離がある点はリスク要因のひとつ。インフレの低下ペースに比べ、利下げがより慎重なものとなるため、抑制的な金融環境が続く。

・中国は、住宅市場の調整が継続する中、消費や投資の回復も緩慢に。日本は、賃上げ機運の継続と金融政策の修正が注目点。欧州は、物価高騰が一巡するが、個人消費の回復は弱い。

・2025年は＋2.8%の見通し。先進国では低成長が続き、新興国では世界経済の新たなけん引役がまだ見当たらない状況。

## 1 経済

図表 1-2　主要国・地域の GDP シェア・ランキング（2023 年）

| 順位 | 国名 | GDP |
|------|------|-----|
| 1 位 | アメリカ | 26 兆 9,496 億 4,300 万ドル |
| 2 位 | 中国 | 17 兆 7,008 億 9,900 万ドル |
| 3 位 | ドイツ | 4 兆 4,298 億 3,800 万ドル |
| 4 位 | 日本 | 4 兆 2,308 億 6,200 万ドル |
| 5 位 | インド | 3 兆 7,322 億 2,400 万ドル |
| 6 位 | イギリス | 3 兆 3,320 億 5,900 万ドル |
| 7 位 | フランス | 3 兆 490 億 1,600 万ドル |
| 8 位 | イタリア | 2 兆 1,860 億 8,200 万ドル |
| 9 位 | ブラジル | 2 兆 1,268 億 900 万ドル |
| 10 位 | カナダ | 2 兆 1,178 億 500 万ドル |

出所：国際通貨基金

### 2023 年国別国内市場経済規模

| 国 | 名目 GDP | 輸出 | 輸入 | 国内純需要 | 人口（百万人） |
|-----|---------|------|------|-----------|---------------|
| アメリカ | 26,000 | 3,000 | 2,900 | 25,900 | 333 |
| 日本 | 4,900 | 800 | 900 | 5,000 | 125 |
| ドイツ | 4,500 | 1,600 | 1,300 | 4,200 | 84 |
| フランス | 3,100 | 750 | 800 | 3,150 | 68 |
| イギリス | 3,700 | 850 | 900 | 3,750 | 68 |
| 中国 | 18,300 | 3,200 | 2,800 | 17,900 | 1,400 |
| ロシア | 1,700 | 400 | 200 | 1,500 | 144 |
| インド * | 3,800 | 600 | 700 | 3,900 | 1,400 |
| ブラジル * | 2,200 | 280 | 250 | 2,170 | 213 |
| インドネシア * | 1,300 | 200 | 180 | 1,280 | 273 |
| 韓国 | 1,800 | 680 | 650 | 1,770 | 52 |

* グローバルサウスグループ
国別の国内市場規模を比較するために名目 GDP から輸出額を引いて、輸入額を足して国内生産規模とした
資料：IMF 及び世界銀行推定データーより

出所：国際通貨基金（IMF）、世界銀行

図表 1-3　世界の一人当たり GDP

| 順位 | 国名 | 単位（US$） |
|---|---|---|
| 1 位 | ルクセンブルク | 140,307 |
| 2 位 | アイルランド | 117,979 |
| 3 位 | スイス | 10,246 |
| 4 位 | ノルウェー | 102,459 |
| 5 位 | シンガポール | 91,727 |
| 8 位 | アメリカ | 83,062 |
| 18 位 | ドイツ | 56,036 |
| 22 位 | イギリス | 52,426 |
| 24 位 | フランス | 48,222 |
| 28 位 | イタリア | 38,925 |
| 36 位 | 韓国 | 34,653 |
| 37 位 | 日本 | 34,554 |
| 38 位 | 台湾 | 34,046 |

出所：国際通貨基金

## 図表 1-4 日本の品目別貿易額（輸出）（2021 年）

【輸出上位 10 品目の移り変わり】

| 順位 | 2000年<br>輸出総額 51兆 6,542億円 | | 2010年<br>輸出総額 67兆 3,996億円 | | 2020年<br>輸出総額 68兆 4,005億円 | | 2021年<br>輸出総額 83兆 914億円 | |
|---|---|---|---|---|---|---|---|---|
| 1 | 自動車 | 13.4% | 自動車 | 13.6% | 自動車 | 14.0% | 自動車 | 12.9% |
| 2 | 半導体等電子部品 | 8.9% | 半導体等電子部品 | 6.2% | 半導体等電子部品 | 6.0% | 半導体等電子部品 | 5.9% |
| 3 | 事務用機器 | 6.0% | 鉄鋼 | 5.5% | 自動車の部分品 | 4.3% | 鉄鋼 | 4.6% |
| 4 | 科学光学機器 | 5.1% | 自動車の部分品 | 4.6% | 鉄鋼 | 3.8% | 自動車の部分品 | 4.3% |
| 5 | 自動車の部分品 | 3.6% | プラスチック | 3.5% | 半導体等製造装置 | 3.7% | 半導体等製造装置 | 4.0% |
| 6 | 原動機 | 3.2% | 原動機 | 3.5% | プラスチック | 3.5% | プラスチック | 3.6% |
| 7 | 鉄鋼 | 3.1% | 船舶 | 3.3% | 原動機 | 3.2% | 原動機 | 3.0% |
| 8 | 映像機器 | 2.7% | 科学光学機器 | 3.0% | 科学光学機器 | 2.9% | 科学光学機器 | 2.8% |
| 9 | 有機化合物 | 2.3% | 有機化合物 | 2.8% | 電気回路等の機器 | 2.5% | 電気回路等の機器 | 2.5% |
| 10 | プラスチック | 2.0% | 電気回路等の機器 | 2.6% | 非鉄金属 | 2.3% | 非鉄金属 | 2.5% |

備考：数字は輸出総額に占めるシェア

出所：財務省

## 図表 1-5 日本の品目別貿易額（輸入）（2021 年）

【輸出上位 10 品目の移り変わり】

| 順位 | 2000年<br>輸入総額 40兆 9,384億円 | | 2010年<br>輸入総額 60兆 7,650億円 | | 2020年<br>輸入総額 67兆 8,371億円 | | 2021年<br>輸入総額 84兆 7,607億円 | |
|---|---|---|---|---|---|---|---|---|
| 1 | 原油および粗油 | 11.8% | 原油および粗油 | 15.5% | 原油および粗油 | 6.8% | 原油および粗油 | 8.2% |
| 2 | 事務用機器 | 7.1% | LNG（液化天然ガス） | 5.7% | LNG（液化天然ガス） | 4.7% | LNG（液化天然ガス） | 5.0% |
| 3 | 半導体等電子部品 | 5.2% | 衣類および同付属品 | 3.8% | 医薬品 | 4.7% | 医薬品 | 4.9% |
| 4 | 衣類および同付属品 | 5.2% | 半導体等電子部品 | 3.5% | 通信機 | 4.2% | 半導体等電子部品 | 4.0% |
| 5 | 魚介類 | 4.0% | 石炭 | 3.5% | 衣類および同付属品 | 4.0% | 通信機 | 3.9% |
| 6 | LNG（液化天然ガス） | 3.4% | 音響映像機器 | 2.7% | 半導体等電子部品 | 3.7% | 非鉄金属 | 3.3% |
| 7 | 科学光学機器 | 2.3% | 非鉄金属 | 2.6% | 電算機類(含周辺機器) | 3.5% | 衣類および同付属品 | 3.3% |
| 8 | 石油製品 | 2.3% | 石油製品 | 2.6% | 非鉄金属 | 2.5% | 石炭 | 3.3% |
| 9 | 肉類 | 2.3% | 電算機類(含周辺機器) | 2.6% | 科学光学機器 | 2.5% | 電算機類(含周辺機器) | 2.8% |
| 10 | 音響映像機器 | 2.1% | 医薬品 | 2.5% | 石炭 | 2.5% | 石油製品 | 2.5% |

備考：数字は輸入総額に占めるシェア

出所：財務省

図表 1-6　日本の各国別の輸出額推移

(単位：100億円)

| 順位 | 2000年<br>輸出総額 [5,165] | 2010年<br>輸出総額 [6,740] | 2020年<br>輸出総額 [6,840] | 2021年<br>輸出総額 [8,309] |
|---|---|---|---|---|
| | 国・地域名<br>輸出額（シェア） | | | |
| 1 | アメリカ<br>1,536 (29.7%) | 中国<br>1,309 (19.4%) | 中国<br>1,508 (22.0%) | 中国<br>1,798 (21.6%) |
| 2 | 台湾<br>387 (7.5%) | アメリカ<br>1,037 (15.4%) | アメリカ<br>1,261 (18.4%) | アメリカ<br>1,483 (17.8%) |
| 3 | 韓国<br>331 (6.4%) | 韓国<br>546 (8.1%) | 韓国<br>477 (7.0%) | 台湾<br>599 (7.2%) |
| 4 | 中国<br>327 (6.3%) | 台湾<br>460 (6.8%) | 台湾<br>474 (6.9%) | 韓国<br>577 (6.9%) |
| 5 | 香港<br>293 (5.7%) | 香港<br>370 (5.5%) | 香港<br>341 (5.0%) | 香港<br>389 (4.7%) |
| 6 | シンガポール<br>224 (4.3%) | タイ<br>299 (4.4%) | タイ<br>272 (4.0%) | タイ<br>362 (4.4%) |
| 7 | ドイツ<br>216 (4.2%) | シンガポール<br>221 (3.3%) | シンガポール<br>189 (2.8%) | ドイツ<br>228 (2.7%) |
| 8 | イギリス<br>160 (3.1%) | ドイツ<br>178 (2.6%) | ドイツ<br>188 (2.7%) | シンガポール<br>220 (2.6%) |
| 9 | マレーシア<br>150 (2.9%) | マレーシア<br>154 (2.3%) | ベトナム<br>183 (2.7%) | ベトナム<br>210 (2.5%) |
| 10 | タイ<br>147 (2.8%) | オランダ<br>143 (2.1%) | マレーシア<br>134 (2.0%) | マレーシア<br>171 (2.1%) |

出所：財務省

1 経済

図表 1-7 日本の各国別の輸入額推移

(単位：100億円)

| 順位 | 2000年<br>輸入総額 [4,094] | 2010年<br>輸入総額 [6,077] | 2020年<br>輸入総額 [6,784] | 2021年<br>輸入総額 [8,476] |
|---|---|---|---|---|
| | 国・地域名<br>輸出額（シェア） | | | |
| 1 | アメリカ<br>778 (19.0%) | 中国<br>1,341 (22.1%) | 中国<br>1,749 (25.8%) | 中国<br>2,038 (24.0%) |
| 2 | 中国<br>594 (14.5%) | アメリカ<br>591 (9.7%) | アメリカ<br>744 (11.0%) | アメリカ<br>890 (10.5%) |
| 3 | 韓国<br>220 (5.4%) | オーストラリア<br>395 (6.5%) | オーストラリア<br>382 (5.6%) | オーストラリア<br>573 (6.8%) |
| 4 | 台湾<br>193 (4.7%) | サウジアラビア<br>315 (5.2%) | 台湾<br>286 (4.2%) | 台湾<br>368 (4.3%) |
| 5 | インドネシア<br>177 (4.3%) | アラブ首長国連邦<br>257 (4.2%) | 韓国<br>284 (4.2%) | 韓国<br>352 (4.2%) |
| 6 | アラブ首長国連邦<br>160 (3.9%) | 韓国<br>250 (4.1%) | タイ<br>254 (3.7%) | サウジアラビア<br>302 (3.6%) |
| 7 | オーストラリア<br>160 (3.9%) | インドネシア<br>248 (4.1%) | ベトナム<br>235 (3.7%) | アラブ首長国連邦<br>298 (3.5%) |
| 8 | マレーシア<br>156 (3.8%) | 台湾<br>202 (3.3%) | ドイツ<br>227 (3.3%) | タイ<br>289 (3.4%) |
| 9 | サウジアラビア<br>153 (3.7%) | マレーシア<br>199 (3.3%) | サウジアラビア<br>197 (2.9%) | ドイツ<br>260 (3.1%) |
| 10 | ドイツ<br>137 (3.4%) | カタール<br>190 (3.1%) | アラブ首長国連邦<br>175 (2.6%) | ベトナム<br>252 (3.0%) |

出所：財務省

**図表 1-8　各国の為替相場推移**

対米ドル為替レート（期中平均）

| | 日本<br>円 | イギリス<br>ポンド[2] | ユーロ[2] | ロシア<br>ルーブル | 中国<br>人民元 | 韓国<br>ウォン | オーストラリア<br>ドル | ブラジル<br>レアル | インド<br>ルピー |
|---|---|---|---|---|---|---|---|---|---|
| 年 | | | | | | | | | |
| 2018年 | 110.43 | 1.34 | 1.18 | 62.67 | 6.61 | 1,099.58 | 3.65 | 1.34 | 68.40 |
| 2019年 | 109.03 | 1.28 | 1.12 | 64.74 | 6.91 | 1,164.99 | 3.94 | 1.44 | 70.40 |
| 2020年 | 106.76 | 1.28 | 1.14 | 72.10 | 6.90 | 1,179.60 | 5.16 | 1.45 | 74.11 |
| 2021年 | 109.77 | 1.38 | 1.18 | 73.65 | 6.45 | 1,144.54 | 5.40 | 1.33 | 73.93 |
| 2022年 | 131.46 | 1.24 | 1.05 | 68.48 | 6.73 | 1,291.88 | 5.17 | 1.44 | 78.58 |
| 月 | | | | | | | | | |
| 2022年11月 | 142.45 | 1.17 | 1.02 | 60.87 | 7.18 | 1,361.79 | 5.27 | 1.52 | 81.68 |
| 12月 | 134.91 | 1.22 | 1.06 | 65.34 | 6.97 | 1,293.56 | 5.25 | 1.48 | 82.47 |
| 2023年　1月 | 130.45 | 1.22 | 1.08 | 69.23 | 6.79 | 1,243.07 | 5.19 | 1.44 | 81.74 |
| 2月 | 133.05 | 1.21 | 1.07 | 73.00 | 6.84 | 1,275.42 | 5.18 | 1.45 | 82.60 |
| 3月 | 133.66 | 1.21 | 1.07 | 76.08 | 6.89 | 1,306.02 | 5.21 | 1.50 | 82.27 |
| 4月 | 133.47 | 1.25 | 1.10 | 80.88 | 6.89 | 1,322.06 | 5.02 | 1.50 | 81.97 |
| 5月 | 137.05 | 1.25 | 1.09 | 78.94 | 6.99 | 1,327.48 | 4.98 | 1.51 | 82.30 |
| 6月 | 141.36 | 1.26 | 1.08 | 83.15 | 7.16 | 1,297.25 | 4.85 | 1.49 | 82.23 |
| 7月 | 140.94 | 1.29 | 1.11 | 90.42 | 7.19 | 1,282.28 | 4.80 | 1.48 | 82.16 |
| 8月 | 144.78 | 1.27 | 1.09 | 95.26 | 7.25 | 1,321.76 | 4.90 | 1.54 | 82.81 |
| 9月 | 147.85 | 1.24 | 1.07 | 96.65 | 7.30 | 1,334.24 | 4.94 | 1.56 | 83.07 |
| 10月 | 149.59 | 1.22 | 1.06 | 97.01 | 7.31 | 1,351.51 | 5.06 | 1.58 | 83.22 |
| 11月 | 149.68 | 1.24 | 1.08 | 90.59 | 7.22 | 1,308.15 | 4.90 | 1.54 | 83.27 |

（備考）　1. CEIC により作成。
　　　　　2. 英ポンド、ユーロの表示は、それぞれ 1 英ポンド、1 ユーロ当たりの米ドル。

出所：CEIC Data

# 1 経済

## 図表 1-9　各国・地域の失業率推移

(%)

| | 日本 | アメリカ | ドイツ | フランス | ユーロ圏 | EU | イギリス | ロシア | 韓国 | オーストラリア | ブラジル |
|---|---|---|---|---|---|---|---|---|---|---|---|
| **年** | | | | | | | | | | | |
| 2018年 | 2.4 | 3.9 | 3.2 | 9.0 | 8.2 | 7.4 | 4.1 | 4.8 | 3.8 | 5.3 | 12.4 |
| 2019年 | 2.4 | 3.7 | 3.0 | 8.4 | 7.6 | 6.8 | 3.8 | 4.6 | 3.8 | 5.2 | 12.1 |
| 2020年 | 2.8 | 8.1 | 3.7 | 8.0 | 8.0 | 7.2 | 4.6 | 5.7 | 3.9 | 6.5 | 13.5 |
| 2021年 | 2.8 | 5.4 | 3.7 | 7.9 | 7.7 | 7.1 | 4.5 | 4.8 | 3.7 | 5.1 | 13.5 |
| 2022年 | 2.6 | 3.7 | 3.1 | 7.3 | 6.8 | 6.2 | 3.7 | 3.9 | 2.9 | 3.7 | 9.5 |
| **月** | | | | | | | | | | | |
| 2022年 11月 | 2.5 | 3.6 | 3.0 | 7.2 | 6.7 | 6.1 | 3.7 | 3.7 | 2.8 | 3.5 | 8.1 |
| 12月 | 2.5 | 3.5 | 3.0 | 7.2 | 6.7 | 6.1 | 3.7 | 3.7 | 3.1 | 3.5 | 7.9 |
| 2023年 1月 | 2.4 | 3.4 | 3.0 | 7.1 | 6.7 | 6.1 | 3.8 | 3.6 | 2.9 | 3.7 | 8.4 |
| 2月 | 2.6 | 3.6 | 2.9 | 7.1 | 6.6 | 6.1 | 3.9 | 3.5 | 2.6 | 3.5 | 8.6 |
| 3月 | 2.8 | 3.5 | 2.9 | 7.1 | 6.5 | 6.0 | 3.8 | 3.5 | 2.7 | 3.5 | 8.8 |
| 4月 | 2.6 | 3.4 | 2.9 | 7.2 | 6.5 | 6.0 | 4.0 | 3.3 | 2.6 | 3.7 | 8.5 |
| 5月 | 2.6 | 3.7 | 2.9 | 7.3 | 6.5 | 5.9 | 4.2 | 3.2 | 2.5 | 3.6 | 8.3 |
| 6月 | 2.5 | 3.6 | 3.0 | 7.3 | 6.5 | 6.0 | 4.3 | 3.1 | 2.6 | 3.5 | 8.0 |
| 7月 | 2.7 | 3.5 | 3.0 | 7.4 | 6.5 | 6.0 | - | 3.0 | 2.8 | 3.7 | 7.9 |
| 8月 | 2.7 | 3.8 | 3.0 | 7.4 | 6.5 | 6.0 | - | 3.0 | 2.4 | 3.7 | 7.8 |
| 9月 | 2.6 | 3.8 | 3.1 | 7.3 | 6.5 | 6.0 | - | 3.0 | 2.6 | 3.6 | 7.7 |
| 10月 | 2.5 | 3.9 | 3.1 | 7.3 | 6.5 | 6.0 | - | 2.9 | 2.5 | 3.7 | 7.6 |

(備考)　1. CEIC、Eurostat、英国統計局により作成。
　　　　2. 表中の数字は季節調整値。ただし、ロシアとブラジルは原数値。

出所：CEIC Data、Eurostat、英国統計局

図表 1-10　Most Valuable Companies 図解（2023 年）

株式市場が示す時価総額は、企業の価値を評価する重要な尺度です。時価総額は、企業が発行した株式数に現在の株価を掛け合わせて算出されます。

出所：情報通信グリッド社

# 日本経済

図表 1-11　国民総生産（GDP）：三面等価の原則

図表 1-12　国民総支出の内訳

図表 1-13　主要経済指標推移（GDP、雇用、物価等）

図表 1-14　経済指標推移（GDP、民間最終消費等）

図表 1-15　経済成長率推移

図表 1-16　主要経済指標（2024 年度政府経済見通し）

図表 1-17　産業別の生産額と就業者数

図表 1-18　総合経済対策 経済対策の 5 本の柱（2023 年 11 月 7 日）

図表 1-19　一般会計予算（歳出・歳入の構成）2024 年度

図表 1-20　2024 年度国家予算案（歳入歳出と公債発行額の推移）

図表 1-21　一般会計における公債発行額、公債依存度の推移

図表 1-22　各国の政府債務の対 GDP 比率

図表 1-23　日経平均株価の推移（1989 年〜）

図表 1-24　賃金動向（春闘結果と企業の経常利益と人件費動向）

図表 1-25　2023 年春闘の回答状況

図表 1-26　2024 年春季生活闘争確認事項

図表 1-27　一人当たり名目賃金・実質賃金の推移

図表 1-28　円はプラザ合意直後の水準近くまで下落

図表 1-29　都銀、長信銀、信託銀の主な変遷

図表 1-30　日本の生産性（労働生産性）

図表 1-31　2013 年以降の金融政策の変遷

図表 1-32　日本の金融政策〜植田日銀後の修正

図表 1-33　日本の長期金利の推移

図表 1-11　国民総生産（GDP）：三面等価の原則

<u>生産面の GDP</u>：人や機械によって生み出された財・サービスの合計から生産に必要な中間投入分を
　　　　　　　　差し引いた市場価値（付加価値）の合計（＝Y）のこと。

これは、以下の**分配面および支出面の GDP と等価**となります。これが **GDP の三面等価の原則**です
**（生産面の GDP ＝分配面の GDP ＝支出面の GDP）**。

**<u>分配面の GDP</u>：**
生産するためには労働者の働き、経営者の経営努力、資金提供してくれる株主の協力、生産設備の更新
費用が不可欠です。そのためには、労働者に賃金を支払う（＝雇用者への分配）、経営者や株主に対し
て報酬を支払う（＝営業余剰としての分配）、生産設備の更新費用（＝固定資本の減耗分を補うための
分配）が必要となります。なお、生産の手助けをする政府からの補助金は企業にとって収入となります
ので、GDP から差し引かれます。

**<u>分配面の GDP ＝雇用者所得＋営業余剰＋財産所得＋固定資本減耗＋（間接税－補助金）</u>**

**<u>支出面の GDP</u>：**
個人や企業は財・サービスを購入します（＝個人や企業の消費支出＝民間消費支出）。政府も公務員へ
の給料や補助金を支出します（＝政府支出）。生産のためには固定資産を購入します（＝総固定資産形成）。
在庫も企業にとっては重要な要素であり、消費されます。

**<u>支出面の GDP ＝民間最終消費支出＋政府最終支出＋総固定資産形成＋在庫品増加＋輸出－輸入</u>**

　　　　　　　　　<u>農林水産業、鉱工業、サービス業などの生産活動から生み出された GDP は、
雇用者への給与・報酬や企業の利益などに分配され、分配された所得を個人、
企業、政府で支出するため、生産、分配、支出の 3 つの側面から記録された
GDP の金額は一致します。</u>

出所：環境都市構想研究所

図表 1-12　国民総支出の内訳

| 内訳項目 | 含まれているもの（ここでは名目GDPについて金額の求め方を示します。実質GDPも考え方は同じです） |
|---|---|
| 個人消費<br>（民間最終消費支出） | 消費者としての個人が購入する財（自動車、テレビなどの「モノ」）やサービスの代金です。自動車のように何年も使える耐久消費財であっても、買った年に消費したこととして計算されます。 |
| 住宅投資<br>（民間住宅） | 住宅を建てる仕事がGDP（＝国内総生産）ですから、中古住宅を買ってもリフォームしないかぎりGDP（＝国内総支出）には計上されません。 |
| 設備投資<br>（民間企業設備） | 企業が建設する工場やオフィスビル、発電所の建設費などです。土地の購入代金は含まれません。 |
| 在庫投資<br>（民間在庫品増加） | 仕入れた材料や商品、作った製品などから出荷を引いて、在庫の増加（減少）額がGDPに計上されます。積極的に増やしたのか売れ残ったのかは問いません。 |
| 政府消費 | 公務員の給料支払いや、事務用品の購入などです。 |
| 公共投資<br>（公的固定資本形成） | 道路や橋などの建設費用です。土地の購入代金は含まれません。 |
| 政府在庫 | コメの在庫の増減などです。 |
| 財・サービス輸出<br>財・サービス輸入 | 財・サービスの輸出代金の受取り分、輸入代金の支払い分です。海外旅行の飛行機代やホテル代は輸入に、特許権料の受取りは輸出に含まれます。 |

出所：東洋経済新報社「初心者のための経済指標の見方・読み方」

**図表 1-13　主要経済指標推移（GDP、雇用、物価等）**

| 年度 | 2017 | 2018 | 2019 | 2020 | 2021 |
|---|---|---|---|---|---|
| 1. 国 内 総 生 産 | 兆円<br>（名目） | 兆円<br>（名目） | 兆円<br>（名目） | 兆円<br>（名目） | 兆円<br>（名目） |
| 国 内 総 生 産 | 555.7 | 556.7 | 556.6 | 534.7 | 541.6 |
| 民 間 最 終 消 費 支 出 | 303.0 | 304.9 | 303.6 | 287.0 | 293.8 |
| 民 間 住 宅 | 21.2 | 20.5 | 21.4 | 19.8 | 20.9 |
| 民 間 企 業 設 備 | 90.1 | 92.4 | 91.2 | 83.7 | 86.3 |
| 2. 雇 用 | 万人 | 万人 | 万人 | 万人 | 万人 |
| 労 働 力 人 口 | 6,720 | 6,830 | 6,886 | 6,868 | 6,897 |
| 就 業 者 総 数 | 6,530 | 6,664 | 6,724 | 6,676 | 6,706 |
| 3. 鉱 工 業 生 産 | | | | | |
| 鉱 工 業 生 産 指 数 | 103.5 | 103.8 | 99.9 | 90.3 | 95.5 |
| 4. 物 価 | | | | | |
| 国 内 企 業 物 価 指 数 | 99.0 | 101.2 | 101.3 | 99.9 | 107.0 |
| 消 費 者 物 価 指 数 | 98.9 | 99.6 | 100.1 | 99.9 | 100.0 |
| 5. 国 際 収 支 | 兆円 | 兆円 | 兆円 | 兆円 | 兆円 |
| 経 常 収 支 | 22.4 | 19.4 | 18.6 | 16.3 | 12.7 |
| 貿 易 収 支 | 4.5 | 0.6 | 0.4 | 3.8 | ▲ 1.6 |
| 輸 出 | 78.3 | 80.2 | 74.7 | 68.4 | 85.6 |
| 輸 入 | 73.7 | 79.7 | 74.3 | 64.5 | 87.2 |

※基準年は国内総生産（2015年）、鉱工業生産（2015年）、物価（2020年）

出所：内閣府など

## 図表 1-14 　経済指標推移（GDP、民間最終消費等）

| 年度 | 実質国内総生産（支出側） | | 民間最終消費支出 | | 鉱工業生産指数 | |
|---|---|---|---|---|---|---|
| | 2015年価格（10億円） | 対前年度比（%） | 2015年価格（10億円） | 対前年度比（%） | 2015年=100 | 対前年度比（%） |
| 2009 | 495,877.5 | | 286,678.7 | | 93.0 | |
| 2010 | 512,063.7 | 103.3 | 290,497.6 | 101.3 | 101.2 | 108.8 |
| 2011 | 514,679.9 | 100.5 | 292,319.9 | 100.6 | 100.5 | 99.3 |
| 2012 | 517,922.8 | 100.6 | 297,295.1 | 101.7 | 97.5 | 97.0 |
| 2013 | 532,080.4 | 102.7 | 306,003.3 | 102.9 | 101.1 | 103.7 |
| 2014 | 530,191.6 | 99.6 | 297,937.4 | 97.4 | 100.5 | 99.4 |
| 2015 | 539,409.3 | 101.7 | 299,996.7 | 100.7 | 99.8 | 99.3 |
| 2016 | 543,462.4 | 100.8 | 299,122.2 | 99.7 | 100.6 | 100.8 |
| 2017 | 553,191.7 | 101.8 | 302,192.1 | 101.0 | 103.5 | 102.9 |
| 2018 | 554,608.5 | 100.3 | 302,434.7 | 100.1 | 103.8 | 100.3 |
| 2019 | 549,885.0 | 99.1 | 299,306.2 | 99.0 | 99.9 | 96.2 |
| 2020 | 524,859.6 | 95.4 | 283,001.7 | 94.6 | 90.3 | 90.4 |
| 2021 | 536,861.6 | 102.3 | 290,366.1 | 102.6 | 95.5 | 105.8 |

出所：内閣府など

図表1-15　経済成長率推移

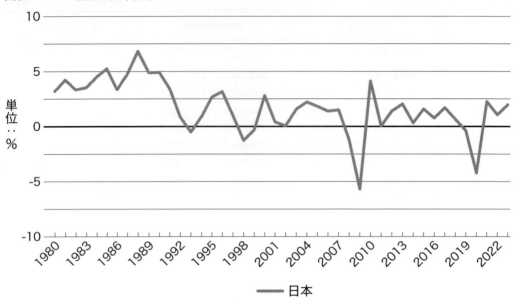

| 年 | 1980 | 1981 | 1982 | 1983 | 1984 | 1985 | 1986 | 1987 | 1988 | 1989 |
|---|---|---|---|---|---|---|---|---|---|---|
|  | 3.18 | 4.21 | 3.31 | 3.52 | 4.50 | 5.23 | 3.33 | 4.73 | 6.79 | 4.86 |
| 年 | 1990 | 1991 | 1992 | 1993 | 1994 | 1995 | 1996 | 1997 | 1998 | 1999 |
|  | 4.89 | 3.42 | 0.85 | -0.52 | 0.88 | 2.63 | 3.13 | 0.98 | -1.27 | -0.33 |
| 年 | 2000 | 2001 | 2002 | 2003 | 2004 | 2005 | 2006 | 2007 | 2008 | 2009 |
|  | 2.77 | 0.39 | 0.04 | 1.54 | 2.19 | 1.80 | 1.37 | 1.48 | -1.22 | -5.69 |
| 年 | 2010 | 2011 | 2012 | 2013 | 2014 | 2015 | 2016 | 2017 | 2018 | 2019 |
|  | 4.10 | 0.02 | 1.38 | 2.01 | 0.30 | 1.56 | 0.75 | 1.68 | 0.64 | -0.40 |
| 年 | 2020 | 2021 | 2022 | 2023 |  |  |  |  |  |  |
|  | -4.24 | 2.23 | 1.05 | 1.96 |  |  |  |  |  |  |

単位：%

※ 数値 はIMFによる2023年10月時点の推計
※ 実質GDPの変動を示す
※ SNA（国民経済計算マニュアル）に基づいたデータ

出所：内閣府経済社会総合研究所「SNA（国民経済計算マニュアル）データ」

## 図表1-16 主要経済指標（2024年度政府経済見通し）

- 令和5（2023）年度は、半導体の供給制約の緩和等に伴う輸出の増加やインバウンド需要の回復等から外需がけん引し、GDP成長率は**実質で1.6%程度**、**名目で5.5%程度**と見込まれる。
- 令和6（2024）年度は、「デフレ完全脱却のための総合経済対策」の進捗に伴い、**個人消費や設備投資等の内需がけん引する形で**、GDP成長率は**実質で1.3%程度**、**名目で3.0%程度**と見込まれる。

### 主要経済指標
（前年度比、%程度）

|  | 令和4年度(2022年度)実績 | 令和5年度(2023年度)実績見込み | 令和6年度(2024年度)見通し |
|---|---|---|---|
| 実質GDP | 1.5 | 1.6 | 1.3 |
| 　民間消費 | 2.7 | 0.1 | 1.2 |
| 　民間企業設備 | 3.4 | 0.0 | 3.3 |
| 内需寄与度 | 2.0 | 0.2 | 1.4 |
| 外需寄与度 | ▲0.5 | 1.4 | ▲0.1 |
| 名目GDP | 2.3 566兆円 | 5.5 597兆円 | 3.0 615兆円 |
| GDPデフレーター | 0.8 | 3.8 | 1.7 |
| 消費者物価（総合）(注) | 3.2 | 3.0 | 2.5 |
| 完全失業率 | 2.6 | 2.6 | 2.5 |

（注）うち「電気・ガス価格激変緩和対策事業」の影響は2023年度▲0.6pt程度、2024年度+0.6pt程度。

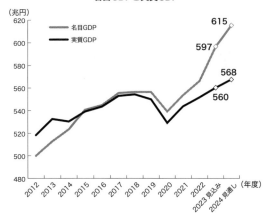

名目GDPと実質GDP

出所：閣議資料

図表1-17　産業別の生産額と就業者数

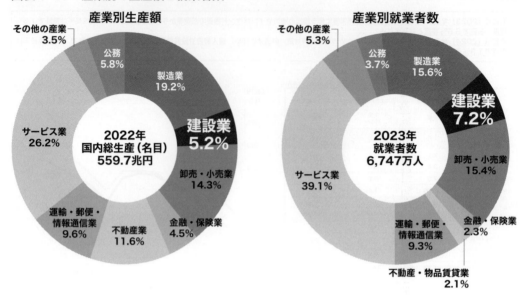

出所：日本建設業連合会「建設業デジタルハンドブック」

出所：労働政策研究・研究機構「産業別就業数」

図表 1-18　総合経済対策　経済対策の 5 本の柱（2023 年 11 月 7 日）

| 1 | 足元の急激な物価高から国民生活を守るための対策 |
| 2 | 地方・中堅中小企業を含めた持続的賃上げ、所得向上と地方の成長の実現 |
| 3 | 成長力の強化・高度化に資する国内投資促進 |
| 4 | 人口減少を乗り越え変化を力にする社会変革の起動・推進 |
| 5 | 国土強靭化、防災・減災など国民の安全・安心の確保 |

出所：閣議資料

図表1-19　一般会計予算（歳出・歳入の構成）2024年度

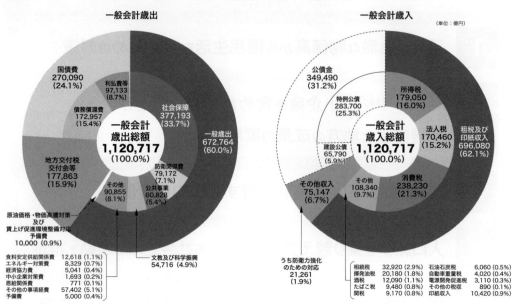

※「一般歳出」とは、歳出総額から国債費及び地方交付税交付金等を除いた経費のこと。
※「基礎的財政収支対象経費」（＝歳出総額のうち国債費の一部を除いた経費のこと。当年度の政策的経費を表す指標）は、854,390（76.2%）

（注1）計数については、それぞれ四捨五入によっているので、端数において合計とは合致しないものがある。
（注2）一般歳出における社会保障関係費の割合は56.1%。

出所：閣議資料

1 経済

図表 1-20　2024年度国家予算案（歳入歳出と公債発行額の推移）

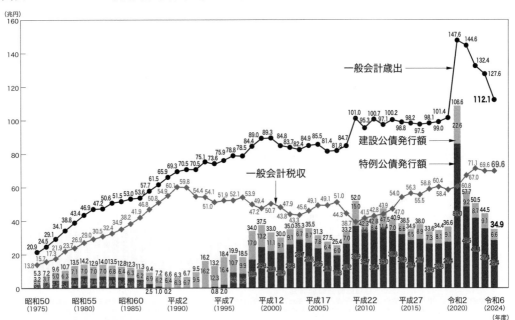

（注1）令和4年度までは決算、令和5年度は補正後予算、令和6年度は政府案による。
（注2）公債発行額は、平成2年度は湾岸地域における平和回復活動を支援する財源を調達するための臨時特別公債、平成6～8年度は消費税率3％から5％への引上げに先行して行った減税による租税収入の減少を補うための減税特例公債、平成23年度は東日本大震災からの復興のために実施する施策の財源を調達するための復興債、平成24年度及び25年度は基礎年金国庫負担2分の1を実現する財源を調達するための年金特例公債を除いている。
（注3）令和5年度の歳出については、令和6年度以降の防衛力整備計画対象経費の財源として活用する防衛力強化資金繰入4.4兆円が含まれている。

出所：閣議資料

図表 1-21　一般会計における公債発行額、公債依存度の推移

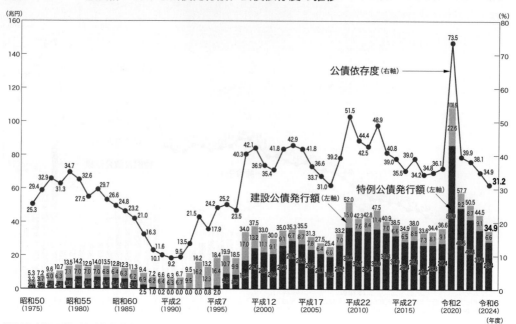

(注1) 令和4年度までは決算、令和5年度は補正後予算、令和6年度は政府案による。
(注2) 公債発行額は、平成2年度は湾岸地域における平和回復活動を支援する財源を調達するための臨時特別公債、平成6～8年度は消費税率3%から5%への引上げに先行して行った減税による租税収入の減少を補うための減税特例公債、平成23年度は東日本大震災からの復興のために実施する施策の財源を調達するための復興債、平成24年度及び25年度は基礎年金国庫負担2分の1を実現する財源を調達するための年金特例公債を除いている。
(注3) 公債依存度は公債発行額を一般会計歳出総額で除して算出。

出所：閣議資料

図表 1-22　各国の政府債務の対 GDP 比率

| | 2019 | 2020 | 2023 |
|---|---|---|---|
| アメリカ | 108.7 | 135.5↑ | 122.2↓ |
| カナダ | 90.2 | 118.9↑ | 105.1↓ |
| ドイツ | 58.9 | 68.0↑ | 67.2↓ |
| フランス | 97.4 | 114.7↑ | 111.4↓ |
| イタリア | 134.1 | 154.9↑ | 140.3↓ |
| イギリス | 84.5 | 105.6↑ | 106.3↑ |
| 日本 | 236.4 | 258.7↑ | 258.2↓ |
| 中国 | 60.4 | 70.1↑ | 82.4↑ |
| インドネシア | 30.6 | 39.7↑ | 39.1↓ |
| インド | 75.0 | 88.5↑ | 83.2↓ |
| 中東・北アフリカ | 43.9 | 55.4↑ | 42.5↓ |
| 中南米 | 68.3 | 77.3↑ | 68.6↓ |

出所：国際通貨基金「財政モニター」を基に丸紅経済研究所作成

図表1-23　日経平均株価の推移（1989年～）

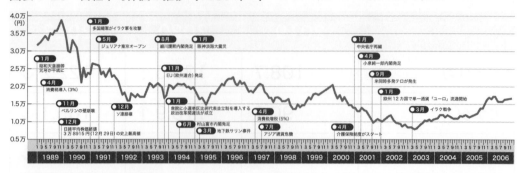

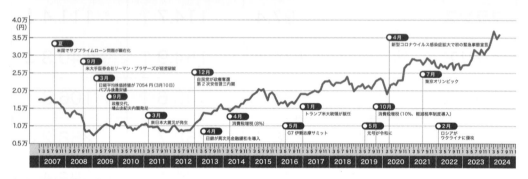

出所：環境都市構想研究所

## 図表1-24　賃金動向（春闘結果と企業の経常利益と人件費動向）
### 物価の高止まりや好調な企業収益を背景に、2年連続の高めの賃上げに現実味

・24年春闘は、前年の物価上昇率が高止まりしたことや企業収益が好調さを維持したことなどを背景に、2年連続で高めの賃上げが実現する見通し。名目賃金の上昇に加えて物価上昇率の低下により実質賃金のマイナス幅は縮小する見込み。賃金と物価の好循環に注目。

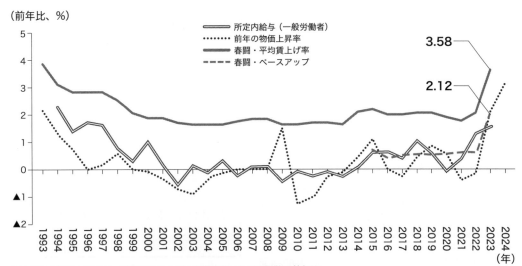

▽春闘の平均賃上げ率

(注) 前年の物価上昇率は、消費税引き上げの影響を除いたコア指数の前年比。
　　 2023年は1〜10月の単純平均値。

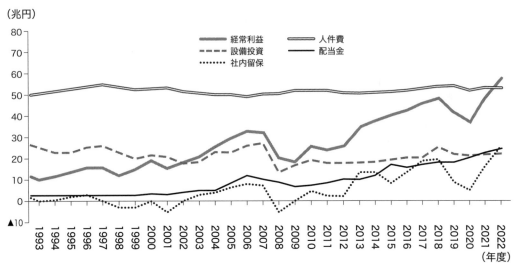

▽企業の経常利益と人件費

(注) 全業種（金融・保険業除く）、資本金10億円以上の企業。設備投資はソフトウェアを含む。

出所：丸紅経済研究所

図表 1-25　2023 年春闘の回答状況

## 2023 春闘、大企業の 8 割が「満額回答」、歴史的な賃上げ率の背景に人手不足

### 大企業は軒並み「満額回答」、30 年ぶりの高水準

3 月 15 日、2023 年の春闘は集中回答日を迎え、製造業を中心に大手企業が大幅な賃上げ方針を明らかにしました。自動車、電機、重工、飲料など、全体の 8 割が満額回答。連合による集計結果（24 日の 2 次集計結果）によると、基本給を一律に引き上げるベースアップ（ベア）と勤続年数が上がるごとに増える定期昇給を合わせた賃上げ率は平均 3.76%、30 年ぶりの高い水準となりました。

日立製作所は 25 年間で最高の月 7000 円のベア。また、三菱重工は 49 年ぶりの満額回答で月 1 万 4000 円のベアでした。過去 20 年間で最高水準の賃上げに踏み切ったトヨタが早期に満額回答を示したことが、賃上げムードを後押ししたとみられています。

### 賃上げの背景に人手不足

「歴史的賃上げ」と評される大手企業の動向には、少子高齢化による慢性的な人手不足が影響しています。優秀な人材、特に「デジタル人材（最先端のデジタル技術を活用する能力を持った人材）」の奪い合いが加熱するなか、「他社よりも回答が低かったら社員が離れる」という強い危機感がうかがえます。23 年 3 月期の連結営業損益が 200 億円の赤字見通しと発表したばかりの

| トヨタ自動車 | 賃上げ・賞与で満額回答 |
|---|---|
| ホンダ | 月 1 万 9000 円 |
| 日産自動車 | 月 1 万 2000 円 |
| 三菱自動車 | 月 1 万 3000 円 |
| 三菱重工業 | ベア 1 万 4000 円 |
| 川崎重工業 | ベア 1 万 4000 円 |
| IHI | ベア 1 万 4000 円 |
| NEC | ベア 7000 円 |
| パナソニック HD | ベア 7000 円 |
| 富士通 | ベア 7000 円 |
| 東芝 | ベア 7000 円 |
| 三菱電機 | ベア 7000 円 |
| シャープ | ベア 7000 円 |
| 日立製作所 | ベア 7000 円 |
| サントリー | ベア 1 万円 |
| サッポロビール | ベア 9000 円 |
| 日本航空 | ベア 7000 円 |
| 全日空 | ベア 6000 円 |

シャープですら、人材確保のためにはやむを得ないとして、ベア月額 7000 円アップの満額回答でした。

学生の就職活動も売り手市場が続いていますから、企業も初任給や給与を引き上げてアピールしなければなりません。日本の労働市場も、他の先進国のレベルにはまだ遠いとはいえ、徐々に流動性が増しています。

### 中小企業も賃上げ傾向だが、依然として経営は苦しい

出所：共闘連絡会議資料

図表 1-26　2024 年春季生活闘争確認事項

## I. 当面の闘いの進め方

1. 共闘連絡会議の設置と運営について

1）2024春季生活闘争方針にもとづき、下表のとおり、5つの部門別共闘連絡会議を36構成組織によって設置する。

| 共闘連絡会議 | 金属 | 化学・食品・製造等 | 流通・サービス・金融 | インフラ・公益 | 交通・運輸 |
|---|---|---|---|---|---|
| 登録数 | 5 | 7 | 8 | 10 | 10 |
| 代表者 | 金子晃浩<br>（自動車総連会長） | 堀谷俊志<br>（JEC 連合会長） | 松浦昭彦<br>（UA ゼンセン会長） | 安藤京一<br>（情報労連委員長） | 成田幸隆<br>（運輸労連委員長） |
| 幹事 | 神保政史<br>（電機連合委員長）<br><br>安河内賢弘<br>（JAM 会長）<br><br>津村正男<br>（基幹労連委員長） | 松浦昭彦<br>（UA ゼンセン会長）<br><br>伊藤敏行<br>（フード連合会長） | 勝田年彦<br>（生保労連委員長）<br><br>櫻田あすか<br>（サービス連合会長） | 石川幸徳<br>（JP 労組委員長）<br><br>壬生守也<br>（電力総連会長） | 木村敬一<br>（私鉄総連委員長） |
| 登録構成組織 | 自動車総連<br>電機連合<br>ＪＡＭ<br>基幹労連<br>全電線 | ＵＡゼンセン<br>ＪＥＣ連合<br>フード連合<br>ゴム連合<br>紙パ連合<br>印刷労連<br>セラミックス連合 | ＵＡゼンセン<br>自治労<br>生保労連<br>損保労連<br>サービス連合<br>全国農団労<br>全労金<br>労済労連 | 自治労<br>基幹労連<br>ＪＰ労組<br>電力総連<br>情報労連<br>全国ガス<br>全水道<br>メディア労連<br>ヘルスケア労協<br>森林労連 | 自治労<br>運輸労連<br>私鉄総連<br>ＪＲ連合<br>航空連合<br>海員組合<br>交通労連<br>ＪＲ総連<br>全自交労連<br>労供労連 |

出所：共闘連絡会議資料

図表1-27　一人当たり名目賃金・実質賃金の推移

過去30年にわたり、我が国の一人当たり賃金はおおむね横ばい

(1) 一人当たり名目賃金の推移
(1991年=100)

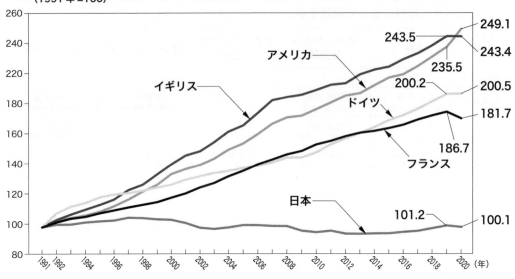

(2) 一人当たり実質賃金の推移
(1991年=100)

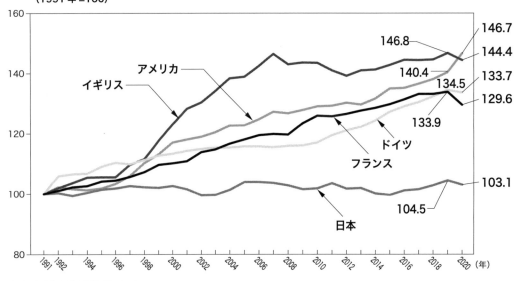

出所：経済協力開発機構「OECD.Stat」

図表 1-28　円はプラザ合意直後の水準近くまで下落

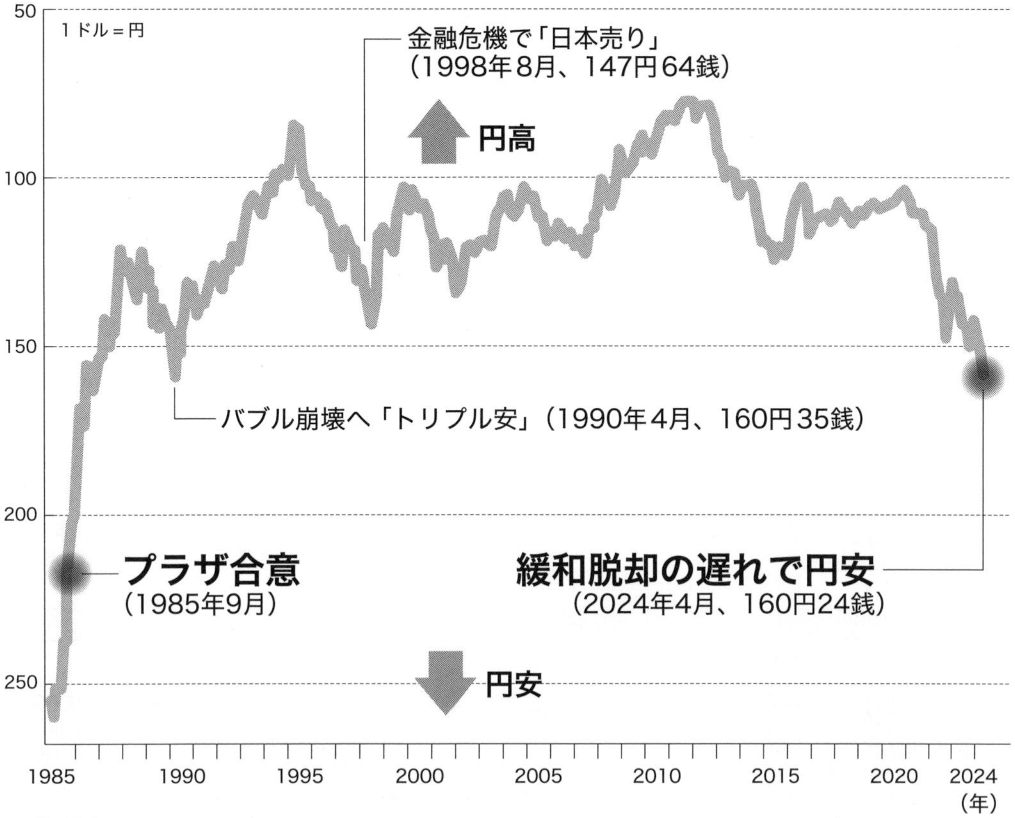
1ドル＝円
50
100
150
200
250
金融危機で「日本売り」
（1998年8月、147円64銭）
円高
バブル崩壊へ「トリプル安」（1990年4月、160円35銭）
プラザ合意
（1985年9月）
緩和脱却の遅れで円安
（2024年4月、160円24銭）
円安
1985
1990
1995
2000
2005
2010
2015
2020
2024
（年）

出所：環境都市構想研究所

図表1-29 都銀、長信銀、信託銀の主な変遷

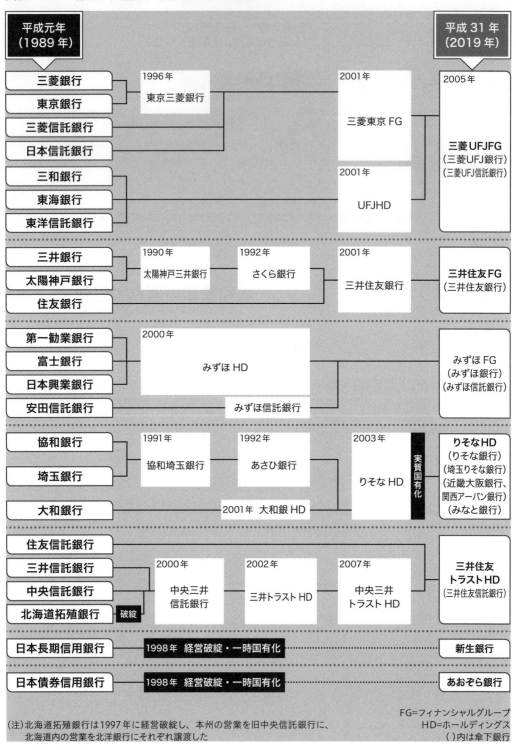

(注)北海道拓殖銀行は1997年に経営破綻し、本州の営業を旧中央信託銀行に、北海道内の営業を北洋銀行にそれぞれ譲渡した

出所：環境都市構想研究所

## 図表 1-30　日本の生産性（労働生産性）

GDP の向上を、私たち一人ひとりの問題として捉えるためには、これまで取られてきた個々の施策だけでなく、これらの大本にある日本の"生産性"から考える必要があります。

なお、生産性の向上に必要なことは基本的に次の2点ですから、この点に注目して捉えていきます。

　①労働の効率（スピード）を上げる、

　②労働の質を上げる、

　（注）そのための方策例

　　　・従業員のモチベーションの向上

　　　・業務プロセスの可視化・改善

　　　・ノンコア業務の外注化

　　　・IT ツール・システム導入による業務の DX 化

　　　・従業員の労働環境・処遇の改善

日本の労働者一人当たりの労働生産性（就業者一人当たりの付加価値）は、2022年時点で、85,329ドルでした。これは、OECD 38 カ国の中で31位です。そしてこの傾向が過去20数年間変わっていません。なお、就業一時間当たりの付加価値は 52.3 ドル。

### OECD 加盟諸国の労働生産性
（2022 年・就業者 1 人当たり／38 カ国比較）

| 順位 | 国名 | US ドル |
|---|---|---|
| 1 | アイルランド | 255,296 |
| 2 | ノルウェー | 219,359 |
| 3 | ルクセンブルグ | 182,738 |
| 4 | アメリカ | 160,715 |
| 5 | スイス | 157,639 |
|  |  |  |
| 15 | ドイツ | 125,163 |
|  |  |  |
| 19 | イギリス | 112,351 |
|  |  |  |
| 27 | 韓国 | 92,508 |
|  |  |  |
| 31 | 日本 | 85,329 |
|  |  |  |
|  | OECD 平均 | 115,954 |

出所：日本生産性本部「労働生産性の国際比較（2023 年）」

## 図表 1-31　2013 年以降の金融政策の変遷

| 年 | | 日本銀行の金融政策の変遷（2013 年以降） |
|---|---|---|
| 2013 | 1 月 | 「デフレ脱却と持続的な経済成長の実現のための政府・日本銀行の政策連携について（共同声明）」の公表<br>「物価安定の目標」の導入 |
| | 4 月 | 「量的・質的金融緩和」の導入<br>・金融市場調節の操作目標を、無担保コールレート（翌日物）からマネタリーベースに変更<br>・マネタリーベース・コントロールの採用：年間約 60 〜 70 兆円のペースで増加<br>・長期国債買入れの拡大と年限長期化<br>・ETF、J-REIT の買入れ拡大 |
| 2014 | 10 月 | 「量的・質的金融緩和」の拡大<br>・マネタリーベース目標の拡大：年間約 60 〜 70 兆円→年間約 80 兆円<br>・長期国債買入れの拡大と年限長期化<br>・ETF、J-REIT の買入れ拡大 |
| 2015 | 12 月 | 「量的・質的金融緩和」を補完するための諸措置の導入<br>・新たな ETF 買入れ枠の設定<br>・長期国債買入れの年限長期化 |
| 2016 | 1 月 | 「マイナス金利付き量的・質的金融緩和」の導入<br>・金融機関が保有する日本銀行当座預金の一部に▲ 0.1％のマイナス金利を適用 |
| | 7 月 | 金融緩和の強化<br>・ETF 買入れ枠の拡大 |
| | 9 月 | 「長短金利操作付き量的・質的金融緩和」の導入<br>・長短金利操作（イールドカーブ・コントロール）<br>・オーバーシュート型コミットメント |
| 2018 | 7 月 | 政策金利のフォワードガイダンスを導入 |
| 2020 | 4 月 | 金融緩和の強化<br>・CP、社債買入れの増額<br>・新型コロナ対応金融支援特別オペの拡充<br>・国債のさらなる買入れ |
| 2021 | 3 月 | 「より効果的で持続的な金融緩和を実施していくための点検」を実施<br>・貸出促進付利制度の創設<br>・長期金利の変動幅について明確化（± 0.1％程度→± 0.25％程度）<br>・連続指値オペ制度の導入 |
| 2022 | 12 月 | 長期金利の変動幅を拡大<br>・± 0.25％程度→± 0.5％程度 |
| 2023 | 4 月 | 政策金利のフォワードガイダンスを削除 |
| | 7 月 | 長短金利操作の柔軟化<br>・長期金利の変動幅± 0.5％程度を目途とした上で、長短金利操作について、より柔軟に運用 |

（備考）日本銀行等資料により作成。

出所：内閣府「令和５年度　年次経済財政報告」

## 図表 1-32　日本の金融政策〜植田日銀後の修正

**植田日銀の下で進むYCC政策の修正、2024年前半にもマイナス金利解除か**

・日銀はマクロ的な需給環境、持続的な賃上げ、基調的なインフレ、海外経済の動向、副作用などを考慮。物価見通し公表時に政策修正か。

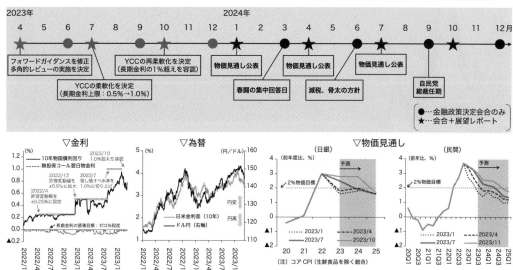

(注) 2024年3月19日、日銀は金融政策決定会合においてマイナス金利政策の解除を決めました。

出所：丸紅経済研究所

図表 1-33　日本の長期金利の推移

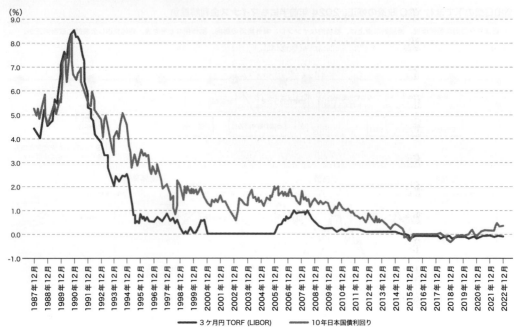

※短期金利：2022年12月までLIBOR、2023年1月以降TORFを使用

出所：環境都市構想研究所

# 2

Theme

# 官僚

図表 2-1 日本の歴代総理大臣一覧（含む主な出来事）

図表 2-2 国会に議席を有する政党

図表 2-3 政党再編等の歴史

図表 2-4 歴代内閣の内閣支持率推移

図表 2-5 自民党の派閥の主な系譜

図表 2-6 勝海舟語録（政治家の心得）

## 図表 2-1　日本の歴代総理大臣一覧（含む主な出来事）

| 代 | 総理大臣名 | 在任期間 | 主な出来事 | 備考 |
|---|---|---|---|---|
| 1 | 伊藤博文 | 1885年12月〜<br>1888年4月 | 長州藩 | 枢密院設置 |
| 2 | 黒田清隆 | 1888年4月〜<br>1889年10月 | 薩摩藩、条約改正反対運動で辞任 | 1889年 大日本帝国憲法 |
| - | 三條實美 | 1889年10月〜<br>1889年12月 | 公家、総理大臣兼任 | |
| 3 | 山縣有朋 | 1889年12月〜<br>1891年5月 | 長州藩 | 第1回衆議院選挙 |
| 4 | 松方正義 | 1891年5月〜<br>1892年8月 | 薩摩藩、選挙干渉追及により辞任 | |
| 5 | 伊藤博文 | 1892年8月〜<br>1896年8月 | 長州藩、内閣不一致により辞任 | 日清戦争、下関条約 |
| - | 黒田清隆 | 1896年8月〜<br>1896年9月 | 薩摩藩 | ロシア、フランス、ドイツ<br>による三国干渉 |
| 6 | 松方正義 | 1896年9月〜<br>1898年1月 | 薩摩藩、地租増徴で辞任 | |
| 7 | 伊藤博文 | 1896年1月〜<br>1898年6月 | 長州藩、元老間不一致により辞任 | |
| 8 | 大隈重信 | 1898年6月〜<br>1898年11月 | 憲政党、憲政党と憲政本党分裂により辞任 | |
| 9 | 山縣有朋 | 1898年11月〜<br>1900年10月 | 長州藩 | 中国義和団事件 |
| 10 | 伊藤博文 | 1900年10月〜<br>1901年5月 | 立憲政友会、内閣不一致により辞任 | |
| - | 西園寺公望 | 1901年5月〜<br>1901年6月 | 枢密院議長と内閣総理大臣の兼務 | |
| 11 | 桂　太郎 | 1901年6月〜<br>1906年1月 | 桂・タフト協定、日比谷焼打騒擾事件により辞任 | 1902年 日英同盟<br>1904年 日露戦争 |
| 12 | 西園寺公望 | 1906年1月〜<br>1908年7月 | 立憲政友会、第1次〜3次日韓協約、元老対立により辞任 | |
| 13 | 桂　太郎 | 1908年7月〜<br>1911年8月 | 韓国併合、人心低下による辞任 | 伊東博文狙撃され死亡 |
| 14 | 西園寺公望 | 1911年8月〜<br>1912年12月 | 立憲政友会、陸軍との対立により辞任 | 明治天皇 大喪の礼 |
| 15 | 桂　太郎 | 1912年12月〜<br>1913年2月 | 立憲同志会、憲政擁護運動により辞任 | |
| 16 | 山本權兵衛 | 1913年2月〜<br>1914年4月 | 立憲政友会、シーメンス事件により辞任 | |
| 17 | 大隈重信 | 1914年4月〜<br>1916年10月 | 立憲同志会、対華21カ条要求、倒閣運動による辞任 | 第一次世界大戦参戦 |
| 18 | 寺内正毅 | 1916年10月〜<br>1918年9月 | シベリア出兵、米騒動により引責辞任 | 1917年 ロシア革命 |
| 19 | 原　敬 | 1918年09月〜<br>1921年11月 | 立憲政友会、在任中に暗殺、最初の本格的な政党内閣 | 尼港事件<br>国際連盟加入 |
| - | 内田康哉 | 1921年11月〜<br>1921年11月 | 臨時兼任（外務大臣） | |
| 20 | 高橋是清 | 1921年11月〜<br>1922年6月 | 立憲政友会、内閣不一致による辞任 | ワシントン会議、四国（日本・イギリス・<br>アメリカ・フランス）条約、日英同盟破棄 |
| 21 | 加藤友三郎 | 1922年6月〜<br>1923年8月 | シベリア撤兵、在任中に病死 | |
| - | 内田康哉 | 1923年8月〜<br>1923年9月 | 前総理大臣の死去に伴う臨時兼任 | 関東大震災 |
| 22 | 山本權兵衛 | 1923年9月〜<br>1924年1月 | 関東大震災復興諸対策、皇太子狙撃事件により辞任 | |
| 23 | 清浦奎吾 | 1924年1月〜<br>1924年6月 | 貴族院議員中心内閣、護憲三派に敗北して退陣 | |
| 24 | 加藤高明 | 1924年6月〜<br>1926年1月 | 憲政会、普通選挙法、治安維持法、在任中に病死 | |
| 25 | 若槻禮次郎 | 1926年1月〜<br>1927年4月 | 憲政会、幣原外交 | 大正天皇 大喪の礼 |
| 26 | 田中義一 | 1927年4月〜<br>1929年7月 | 立憲政友会、張作霖事件処理による辞任 | 満洲某重大事件 |
| 27 | 濱口雄幸 | 1929年7月〜<br>1931年4月 | 立憲民政党、在任中遭襲撃、辞任 | 世界恐慌<br>ロンドン軍縮会議 |
| 28 | 若槻禮次郎 | 1931年4月〜<br>1931年12月 | 立憲民政党、内閣不一致により辞任 | 満州事変 |
| 29 | 犬養　毅 | 1931年12月〜<br>1932年5月 | 立憲政友会、金本位制離脱、5.15事件により死亡 | 上海事変<br>満州国建国 |
| 30 | 齋藤　實 | 1932年5月〜<br>1934年7月 | 国際連盟脱退、帝人事件により辞任 | |
| 31 | 岡田啓介 | 1934年7月〜<br>1936年3月 | 2.26事件により辞任 | 美濃部達吉「天皇機関説」 |
| 32 | 廣田弘毅 | 1936年3月〜<br>1937年2月 | 日独伊防共協定 | |
| 33 | 林　銑十郎 | 1937年2月〜<br>1937年6月 | 食い逃げ解散、衆議院敗北による辞任 | |
| 34 | 近衞文麿 | 1937年6月〜<br>1939年1月 | 日中戦争開戦、国家総動員法 | 盧溝橋事件 |
| 35 | 平沼騏一郎 | 1939年1月〜<br>1939年8月 | 独ソ不可侵条約を受けて辞任 | |
| 36 | 阿部信行 | 1939年8月〜<br>1940年1月 | 米価引上げの混乱による辞任 | |
| 37 | 米内光政 | 1940年1月〜<br>1940年7月 | 陸軍との対立による辞任 | |
| 38〜39 | 近衞文麿 | 1940年7月〜<br>1941年10月 | 閣内不一致により辞任 | 日独伊軍事同盟<br>大政翼賛会結成 |
| 40 | 東條英機 | 1941年10月〜<br>1944年7月 | サイパン島陥落により辞任 | 太平洋戦争開戦 |

## 2 官僚

| 代 | 総理大臣名 | 在任期間 | 主な出来事 | 備考 |
|---|---|---|---|---|
| 41 | 小磯國昭 | 1944年7月〜1945年4月 | 閣内不一致のため辞任 | 東京大空襲<br>沖縄戦 |
| 42 | 鈴木貫太郎 | 1945年7月〜1945年8月 | ポツダム宣言受諾に伴う辞任 | 広島・長崎被爆<br>終戦の詔 |
| 43 | 東久邇宮稔彦王 | 1945年8月〜1945年10月 | 主権喪失下・挙国一致内閣、GHQ指令拒否による辞任 | 治安維持法廃止 |
| 44 | 幣原喜重郎 | 1945年10月〜1946年5月 | 主権喪失下・挙国一致内閣、日本進歩党総裁 | |
| 45 | 吉田 茂 | 1946年5月〜1947年5月 | 主権喪失下・日本自由党、衆院選敗北のため辞任 | 公職追放、極東裁判開始、<br>独禁法 |
| 46 | 片山 哲 | 1947年5月〜1948年3月 | 主権喪失下・社会・民主・国協連立、党内対立のため辞任 | |
| 47 | 芦田 均 | 1948年3月〜1948年10月 | 主権喪失下・社会・民主・国協連立、昭電疑獄事件により辞任 | |
| 48〜51 | 吉田 茂 | 1948年10月〜1954年12月 | (第2次〜第5次) 1951年サンフランシスコ講和条約 | ILO加盟<br>NHKテレビ開始 |
| 52〜54 | 鳩山一郎 | 1954年12月〜1956年12月 | (第1次〜第3次) 日本民主党 | 日ソ国交回復 |
| 55 | 石橋湛山 | 1956年12月〜1957年2月 | 自由民主党政権、病気のため辞任 | 日本国連加盟<br>日ソ通商条約 |
| 56〜57 | 岸 信介 | 1957年2月〜1960年7月 | (第1次〜第2次) 自由民主党、日米安保承認に伴う辞任 | 日米安保条約 |
| 58〜60 | 池田勇人 | 1960年7月〜1964年11月 | (第1次〜第3次) 自由民主党、国民所得倍増計画 | 東京オリンピック<br>東海道新幹線 |
| 61〜63 | 佐藤榮作 | 1964年11月〜1972年7月 | (第1次〜第3次) 自由民主党、日韓基本条約、日ソ貿易協定 | 赤字国債発行、資本自由化、<br>沖縄返還 |
| 64〜65 | 田中角榮 | 1972年7月〜1974年12月 | (第1次〜第2次) 第四次中東戦争、石油危機、金脈で辞任 | 日中国交正常化 |
| 66 | 三木武夫 | 1974年12月〜1976年12月 | 自由民主党、ロッキード疑惑事件 | 先進国ランブイエ会議<br>〃 サンファン会議 |
| 67 | 福田赳夫 | 1976年12月〜1978年12月 | 自由民主党、日中友好平和条約、総裁選敗北のため辞任 | |
| 68〜69 | 大平正芳 | 1978年12月〜1980年6月 | (第1次〜第3次) 東京サミット、在任中死去 | 韓国朴射殺事件<br>ソ連アフガン侵攻 |
| - | 伊東正義 | 1980年6月〜1980年7月 | 前総理死亡のため臨時代理 | |
| 70 | 鈴木善幸 | 1980年7月〜1982年1月 | 自由民主党、総裁任期満了により退任 | イラン・イラク戦争 |
| 71〜73 | 中曽根康弘 | 1982年1月〜1987年11月 | (第1次〜第3次) 東京サミット、任期満了 | 米軍グレナダ侵攻<br>日航ジャンボ事故 |
| 74 | 竹下 登 | 1987年11月〜1989年6月 | 自由民主党、リクルート事件により辞任 | 青函トンネル、瀬戸大橋、<br>昭和天皇逝去 |
| 75 | 宇野宗佑 | 1989年6月〜1989年8月 | 自由民主党、参院選敗北により辞任 | 消費税実施<br>天安門事件 |
| 76〜77 | 海部俊樹 | 1989年8月〜1991年11月 | (第1次〜第2次) 自由民主党、湾岸戦争 | ゴルバチョフ就任、ソ連崩壊、<br>ドイツ統一 |
| 78 | 宮澤喜一 | 1991年11月〜1993年8月 | 自由民主党、PKO法成立、衆院選敗北のため辞任 | ソ連邦消滅 |
| 79 | 細川護熙 | 1993年8月〜1994年4月 | 非自民・非共産連立、日本新党、佐川急便事件で辞任 | |
| 80 | 羽田 孜 | 1994年4月〜1994年6月 | 非自民・非共産連立、新生党党主、内閣不信任により辞任 | 関西空港開港 |
| 81 | 村山富市 | 1994年6月〜1996年1月 | 自社さ連立、日本社会党委員長、日米自動車対立終結 | 阪神淡路大震災 |
| 82〜83 | 橋本龍太郎 | 1996年11月〜1998年7月 | (第1次〜第2次) 自社さ連立→自由民主党、参院選敗北で辞任 | 拓殖銀、山一破綻 |
| 84 | 小渕恵三 | 1998年7月〜2000年4月 | (第1次〜第2次) 自由民主党→自公保連立へ、病気のため辞任 | |
| - | 青木幹雄 | 2000年4月〜2000年4月 | 臨時代理 | ロシア革命・プーチン大統領<br>就任 |
| 85〜86 | 森 喜朗 | 2000年4月〜2001年4月 | 自公保連立、九州沖縄サミット、内閣支持率低下による辞任 | ニューヨーク、ワシントン同時<br>多発テロ |
| 87〜89 | 小泉純一郎 | 2001年4月〜2006年9月 | (第1次〜第3次) 自公保連立→自公連立へ、任期満了 | 北朝鮮訪問<br>有事関連法成立 |
| 90 | 安倍晋三 | 2006年9月〜2007年9月 | 自公連立、参院選敗北による辞任 | |
| 91 | 福田康夫 | 2007年9月〜2008年9月 | 自公連立、内閣支持率低下のため辞任 | 郵政民営化 |
| 92 | 麻生太郎 | 2008年9月〜2009年9月 | 自公連立、衆院選敗北のため辞任 | オバマ大統領 |
| 93 | 鳩山由紀夫 | 2009年9月〜2010年6月 | 民社国連立→民国連立へ、内閣支持率低下のため辞任 | |
| 94 | 菅 直人 | 2010年6月〜2011年9月 | 民国連立、東日本大震災、福島原発事故 | アメリカ・ビンラディン殺害<br>カダフィ政権崩壊 |
| 95 | 野田佳彦 | 2011年9月〜2012年12月 | 民国連立、尖閣諸島国有化 | 習近平国家主席へ |
| 96〜98 | 安倍晋三 | 2012年12月〜2020年9月 | 自公連立、特定秘密保護法 | 韓国大統領 (女性初) 朴槿恵 |
| 99 | 菅 義偉 | 2020年9月〜2021年10月 | 自公連立 | |
| 100〜101 | 岸田文雄 | 2021年10月〜 | (第1次〜第3次) 自公連立 | |

(注) 通算在職日数ランキング：1位 安倍晋三 3,188日／2位 桂 太郎 2,886日／3位 佐藤榮作 2,798日／
　　　4位 伊藤博文 2,720日／5位 吉田 茂 2,616日

出所：環境都市構想研究所

## 図表 2-2　国会に議席を有する政党

・2023年（令和5年）12月21日時点。**太字**表記は、政権与党。
・院内会派の人数とは一致しない。

| 名称<br>（英語名称） | 設立年月日 | 届出上の<br>代表者 | 衆議院<br>議席数 | 参議院<br>議席数 | 国会<br>計 |
|---|---|---|---|---|---|
| **自由民主党**<br>**Liberal Democratic Party** | 1955年11月15日 | 岸田文雄 | 261 | 118 | 379 |
| 立憲民主党<br>The Constitutional Democratic Party of Japan | 2020年 9月15日 | 泉健太 | 95 | 38 | 133 |
| 日本維新の会<br>Japan Innovation Party | 2015年11月 2日 | 馬場伸幸 | 41 | 20 | 61 |
| **公明党**<br>**Komeito** | 1964年11月17日 | 山口那津男 | 32 | 27 | 59 |
| 日本共産党<br>Japanese Communist Party | 1922年 7月15日 | 志位和夫 | 10 | 11 | 21 |
| 国民民主党<br>Democratic Party For the People | 2020年 9月11日 | 玉木雄一郎 | 7 | 10 | 17 |
| れいわ新選組<br>Reiwa Shinsengumi | 2019年 4月 1日 | 山本太郎 | 3 | 5 | 8 |
| 教育無償化を実現する会<br>Association for Realizing Free Education | 2023年12月21日 | 前原誠司 | 4 | 1 | 5 |
| 社会民主党<br>Social Democratic Party | 1945年11月 2日 | 福島瑞穂 | 1 | 2 | 3 |
| みんなでつくる党<br>The Collaborative Party | 2013年 6月17日 | 大津綾香 | 0 | 2 | 2 |
| 参政党<br>Party of Do It Yourself | 2020年 3月17日 | 神谷宗幣 | 0 | 1 | 1 |
| 無所属 | | | 10 | 12 | 22 |
| 欠員 | | | 1 | 1 | 2 |
| 計（定数） | | | 465 | 248 | 713 |

出所：環境都市構想研究所

## 図表 2-3 政党再編等の歴史

(数字は結党(解党)年月 2022.7.15 現在)

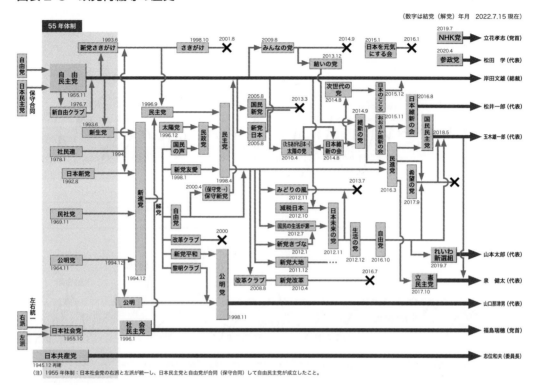

出所：環境都市構想研究所

図表 2-4　歴代内閣の内閣支持率推移

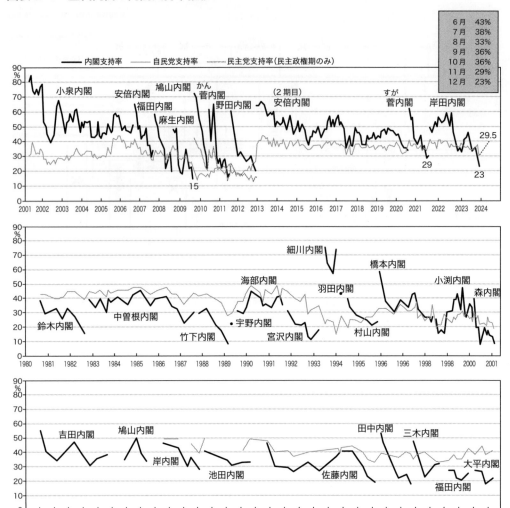

（注）森内閣以前は毎日新聞世論調査。当初は年数回だった調査が毎月調査が行われるようになったのは小渕内閣以降。小泉内閣以降は「NHK政治意識月齢調査」（2017年4月より携帯電話調査を加える）。2019年10月は台風19号の影響で調査中止。

資料：NHK放送文化研究所「政治意識月齢調査」、毎日新聞「毎索（データベース）・毎日ヨロンサーチ」

出所：環境都市構想研究所

図表 2-5　自民党の派閥の主な系譜

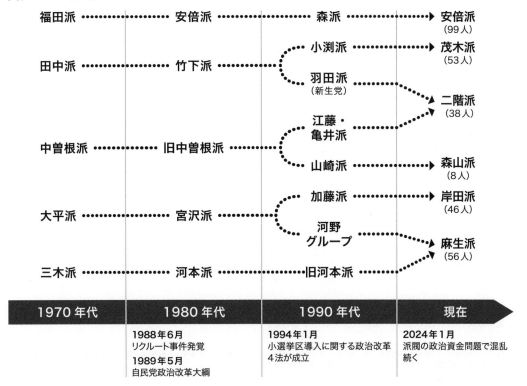

出所：環境都市構想研究所

図表 2-6　勝海舟語録（政治家の心得）

# 政治家の心得：「氷川清話」より

・政治家の秘訣は、何もない。ただただ「正心誠意」の四文字ばかりだ。この四文字に拠りてやりさえすれば、これに心服しない者はないはずだ。

・外交の極意も「正心誠意」。ごまかしなどをやりかけると、かえって向こうから、こちらの弱点を見抜かれるのだ。外交上のことは、なにわれに一片の至誠と、断乎たる気骨さえあるなら、国威を宣揚することも決して難しくはない。貧富強弱によって、国々を別に見ることをしないで、公平無私の眼を以って、世界の大勢上から観察を下して、その映ってくるままにこれを断ずるのだ。

・事に当たって、予め見込みをたてておくのは一番悪い。何にも考えたり、目論んだりせぬ。ただただ一切の思慮を捨ててしまって妄想や邪念が、霊智を曇らすことのないようにしておくばかりだ。すなわち、明鏡止水のように、心を研ぎ澄ませておくばかりだ。こうしておくと、機に臨み変に応じて事に処する方策が浮かび出ること、あたかも影の形に従い、響きの声に応ずるがごとくになるものだ。

・政治をするには、学問や知識は二番目で、至誠奉公の精神が一番肝心。また、政治は理屈ばかりでいくものではない。実地について、人情や世態をよくよく観察し、その事情に精通しなければだめだ。へたな政論を聞くよりも、無学の徒を相手に話すほうがいい。彼らの話は、純粋無垢で、しかもその中に人生の一大道理が籠っているからだ。

・改革というものは、公平でなくてはいけない。そして大きいものから始めて、小さいものを後にするのがよい。言いかえれば、改革者が一番に自分を改革するのさ。

・自分の相場が下落したとみたら、じっとかがんでおれば、しばらくすると、また上がってくるものだ。その上がり下がり十年間の辛抱ができる人は、すなわち大豪傑だ。

・広い天下に自分に賛成する者が一人もいなくても、常に世の中には道というものがあると思って、楽しめばいいのだ。

・天下の安危に関する仕事をやった人でなくては、そんなに後世に知られるものではない。ちょっと芝居をやったくらいでは、天下に名は上がらないさ。

・平生小児視している者の中に、存外非常の傑物があるものだから、上に立つものは、よほど公平な考えを以て人物に注意していないと、国家のため大変な損をすることがある。

・天下の大勢を達観し、事局の大体を明察して、万事その機先を制するのが政治の本体だ。これがすなわち経綸というものだ。この大本さえ定まれば、小策などはどうでもよいのさ。

・困苦艱難に際会すると、誰でもここが大切の関門だと思って一所懸命になるけれど、これが一番の毒だ。世間に始終ありがちな困難が、一々頭脳にこたえるようでは、とても大事業はできない。ここはシナ流儀に平気で澄ましこむだけの余裕がなくてはいけない。そう一所懸命になっては、とても根気が続かない。世路の険悪観に来たって、坦々たる大道のごとくになる、練磨と余裕とが肝要だ。

・シナは、さすがに大国だ。その国民に一種気長く大きなところがあるのは、なかなか短気な日本人などは及ばないよ。この美風は、万事の上に現れている。例の日清戦争のときにも、北洋艦隊は全滅させられ、旅順港や威海衛などの要害の地が、ことごとく日本人の手に落ちても、かの国民はいっこう平気で、少しも驚かなかった。人はその無神経なのを笑うけれども、大国民の気風は、かえってこの中に認められるのだ。

・丁汝昌も、いつか俺に言ったことがあった。「わが国は、貴国に比べると、万事につけて進歩は鈍いけれど、その代わり一度動き始めると、決して退歩はしない」と言ったが、シナの恐るべきところは、実にこの辺にあるのだ。この間の日清戦争には、うまく勝ったけれども、かれこれの長所短所を考え合わし、俺は将来のことを案じるよ。

出所：「氷川清話」

# 3
Theme
# 地方自治

| | | |
|---|---|---|
| 図表 3-1 | 地方公共団体の会計 | |
| 図表 3-2 | 令和 3 年度普通会計決算の概況（歳入・歳出） | |
| 図表 3-3 | 令和 3 年度普通会計歳入・歳出の内訳表 | |
| 図表 3-4 | 令和 6 年度総務省所管予算（案）一般会計の概要 | |
| 図表 3-5 | 一般会計歳出 | |
| 図表 3-6 | 国内総生産（支出側、名目）と地方財政（令和 3 年度） | |
| 図表 3-7 | 公的支出の状況（令和 3 年度） | |
| 図表 3-8 | ふるさと納税の 5 つのステップ | |
| 図表 3-9 | ふるさと納税額：地方自治体ベスト 5（令和 4 年度） | |

図表 3-1　地方公共団体の会計

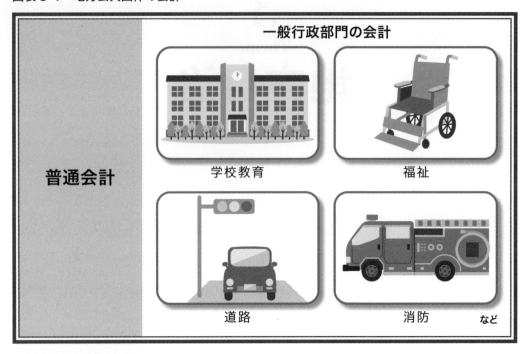

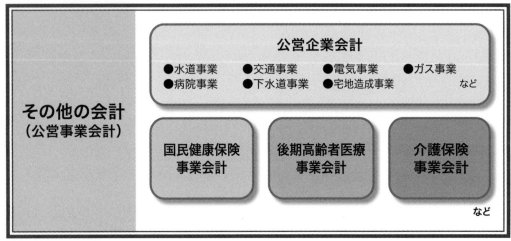

出所：総務省ホームページ

図表 3-2 令和 3 年度普通会計決算の概況（歳入・歳出）

○歳入……128 兆 2,911 億円（前年度比　1 兆 7,562 億円減、1.4% 減）

通常収支分　127 兆 1,431 億円（前年度比 1 兆 452 億円減、0.8% 減）
東日本大震災分 1 兆 1,480 億円（　同　　　7,109 億円減、38.2% 減）

○歳出……123 兆 3,677 億円（前年度比　2 兆 911 億円減、1.7% 減）

通常収支分　122 兆 4,000 億円（前年度比 1 兆 5,385 億円減、1.2% 減）
東日本大震災分　　9,677 億円（　同　　　5,526 億円減、36.4% 減）

| 区 分 | | 令和 3 年度 | 令和 2 年度 | 増減額 | 増減率 |
|---|---|---|---|---|---|
| 歳入総額 | | 128 兆 2,911 億円 | 130 兆 472 億円 | ▲ 1 兆 7,562 億円 | ▲ 1.4% |
| | 通常収支分 | 127 兆 1,431 億円 | 128 兆 1,883 億円 | ▲ 1 兆 452 億円 | ▲ 0.8% |
| | 東日本大震災分 | 1 兆 1,480 億円 | 1 兆 8,589 億円 | ▲ 7,109 億円 | ▲ 38.2% |
| 歳出総額 | | 123 兆 3,677 億円 | 125 兆 4,588 億円 | ▲ 2 兆 911 億円 | ▲ 1.7% |
| | 通常収支分 | 122 兆 4,000 億円 | 123 兆 9,385 億円 | ▲ 1 兆 5,385 億円 | ▲ 1.2% |
| | 東日本大震災分 | 9,677 億円 | 1 兆 5,203 億円 | ▲ 5,526 億円 | ▲ 36.4% |

出所：総務省

## 図表 3-3　令和 3 年度普通会計歳入・歳出の内訳表

### 歳入

(単位：億円、%)

| 区　分 | | 令和 3 年度 | | 令和 2 年度 | | 比較 | |
|---|---|---|---|---|---|---|---|
| | | 決算額 | 構成比 | 決算額 | 構成比 | 増減額 | 増減率 |
| 地方税 | ① | 424,089 | 33.1 | 408,256 | 31.4 | 15,833 | 3.9 |
| うち個人住民税 | | 133,597 | 10.4 | 133,487 | 10.3 | 111 | 0.1 |
| うち法人関係二税 | | 72,109 | 5.6 | 64,429 | 5.0 | 7,680 | 11.9 |
| 地方譲与税 | ② | 24,468 | 1.9 | 22,323 | 1.7 | 2,144 | 9.6 |
| 地方特例交付金等 | ③ | 4,547 | 0.4 | 2,256 | 0.2 | 2,291 | 101.5 |
| 地方交付税 | ④ | 195,049 | 15.2 | 169,890 | 13.1 | 25,159 | 14.8 |
| うち特別交付税 | | 10,746 | 0.8 | 9,957 | 0.8 | 789 | 7.9 |
| うち震災復興特別交付税 | | 964 | 0.1 | 4,007 | 0.3 | ▲3,043 | ▲75.9 |
| (一般財源) ①＋②＋③＋④ | | 648,153 | 50.5 | 602,725 | 46.3 | 45,428 | 7.5 |
| 国庫支出金 | | 320,716 | 25.0 | 374,557 | 28.8 | ▲53,841 | ▲14.4 |
| うち普通建設事業費支出金 | | 22,918 | 1.8 | 22,024 | 1.7 | 894 | 4.1 |
| うち災害復旧事業費支出金 | | 4,029 | 0.3 | 5,555 | 0.4 | ▲1,525 | ▲27.5 |
| うち新型コロナウイルス感染症対応地方創生臨時交付金 | | 69,358 | 5.4 | 32,575 | 2.5 | 36,782 | 112.9 |
| うち新型コロナウイルス感染症緊急包括支援交付金 | | 29,029 | 2.3 | 30,211 | 2.3 | ▲1,182 | ▲3.9 |
| うち子育て世帯等臨時特別支援事業費補助金 (子育て世帯への臨時特別給付) | | 18,495 | 1.4 | － | － | 18,495 | 皆増 |
| うちその他新型コロナウイルス感染症対策関係国庫支出金 | | 37,863 | 3.0 | 18,227 | 1.4 | 19,636 | 107.7 |
| うち特別定額給付金給付事業費補助金等 | | － | － | 127,560 | 9.8 | ▲127,560 | 皆減 |
| 地方債 | | 117,454 | 9.2 | 122,607 | 9.4 | ▲5,153 | ▲4.2 |
| うち臨時財政対策債 | | 44,213 | 3.4 | 31,116 | 2.4 | 13,097 | 42.1 |
| その他 | | 196,588 | 15.2 | 200,583 | 15.4 | ▲3,995 | ▲2.0 |
| うち繰入金 | | 28,385 | 2.2 | 38,530 | 3.0 | ▲10,145 | ▲26.3 |
| うち繰越金 | | 42,659 | 3.3 | 33,031 | 2.5 | 9,629 | 29.2 |
| うち貸付金元利収入 | | 70,979 | 5.5 | 78,744 | 6.1 | ▲7,765 | ▲9.9 |
| 歳入合計 | | 1,282,911 | 100.0 | 1,300,472 | 100.0 | ▲17,562 | ▲1.4 |

※1　個人住民税は、配当割及び株式等譲渡所得割を含む。
※2　法人関係二税は、住民税（法人分）と事業税（法人分）の合計である。
※3　国庫支出金には、交通安全対策特別交付金及び国有提供施設等所在市町村助成交付金を含む。

### 目的別歳出

(単位：億円、%)

| 区　分 | 令和 3 年度 | | 令和 2 年度 | | 比較 | |
|---|---|---|---|---|---|---|
| | 決算額 | 構成比 | 決算額 | 構成比 | 増減額 | 増減率 |
| 総務費 | 124,318 | 10.1 | 225,346 | 18.0 | ▲101,028 | ▲44.8 |
| 民生費 | 313,130 | 25.4 | 286,942 | 22.9 | 26,188 | 9.1 |
| うち災害救助費 | 488 | 0.0 | 1,032 | 0.1 | ▲544 | ▲52.7 |
| 衛生費 | 113,751 | 9.2 | 91,202 | 7.3 | 22,549 | 24.7 |
| 労働費 | 2,832 | 0.2 | 3,264 | 0.3 | ▲432 | ▲13.2 |
| 農林水産業費 | 33,045 | 2.7 | 34,106 | 2.7 | ▲1,061 | ▲3.1 |
| 商工費 | 149,802 | 12.1 | 115,336 | 9.2 | 34,467 | 29.9 |
| 土木費 | 126,858 | 10.3 | 126,902 | 10.1 | ▲44 | ▲0.0 |
| 消防費 | 20,040 | 1.6 | 21,250 | 1.7 | ▲1,210 | ▲5.7 |
| 警察費 | 32,923 | 2.7 | 33,211 | 2.6 | ▲288 | ▲0.9 |
| 教育費 | 177,896 | 14.4 | 180,961 | 14.4 | ▲3,065 | ▲1.7 |
| 災害復旧費 | 7,063 | 0.6 | 10,047 | 0.8 | ▲2,983 | ▲29.7 |
| 公債費 | 126,650 | 10.3 | 120,636 | 9.6 | 6,013 | 5.0 |
| うち臨時財政対策債元利償還額 | 42,186 | 3.4 | 37,727 | 3.0 | 4,459 | 11.8 |
| その他 | 5,370 | 0.4 | 5,387 | 0.4 | ▲17 | ▲0.3 |
| 歳出合計 | 1,233,677 | 100.0 | 1,254,588 | 100.0 | ▲20,911 | ▲1.7 |

出所：総務省

図表 3-4 令和6年度総務省所管予算（案）一般会計の概要

| 令和6年度予算額（案） | 18兆2,107億円 |
|---|---|
| 令和5年度予算額 | 16兆8,625億円 |
| 比較増減額 | 13,482億円 |

（億円）

| 区分 | 令和6年度<br>予算額（案）A | 令和5年度<br>予算額B | 比較増減額<br>（A−B）C | 増減率<br>（C／B）% |
|---|---|---|---|---|
| 地方交付税等財源繰入れ | 177,863 | 163,992 | 13,871 | 8.5 |
| 一　般　歳　出 | 4,244 | 4,633 | ▲390 | ▲8.4 |
| 　恩　　給　　費 | 699 | 891 | ▲191 | ▲21.4 |
| 　その他政策的経費 | 3,544 | 3,743 | ▲199 | ▲5.3 |
| 総 務 省 所 管 合 計 | 182,107 | 168,625 | 13,482 | 8.0 |

※　計数はそれぞれ四捨五入しているため、計が一致しない場合がある。

出所：閣議資料

図表3-5　一般会計歳出

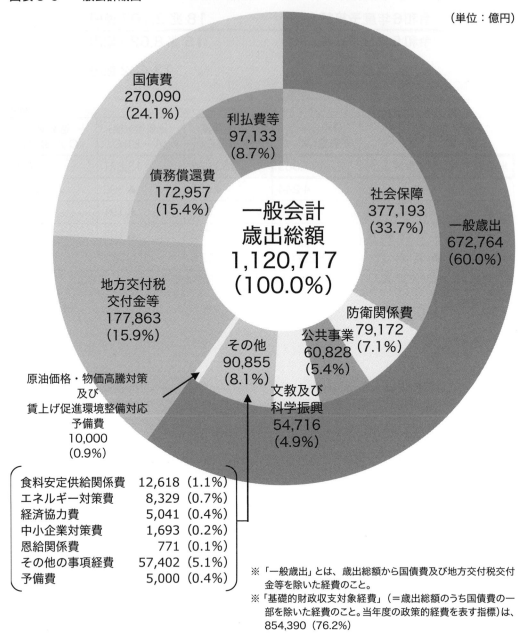

（注１）計数については、それぞれ四捨五入によっているので、端数において合計とは合致しないものがある。
（注２）一般歳出における社会保障関係費の割合は56.1％。
（注３）再掲（図表1-19）

出所：総務省「令和5年版　地方財政白書」

3 地方自治

図表 3-6 国内総生産（支出側、名目）と地方財政（令和3年度）

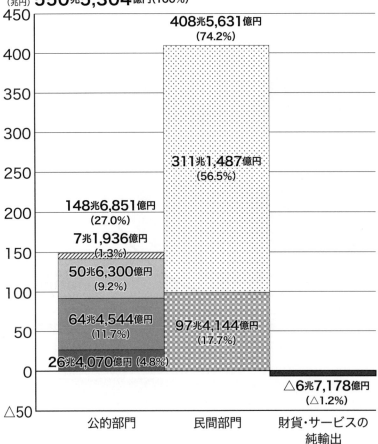

出所：総務省「令和5年版 地方財政白書」

図表 3-7　公的支出の状況（令和3年度）

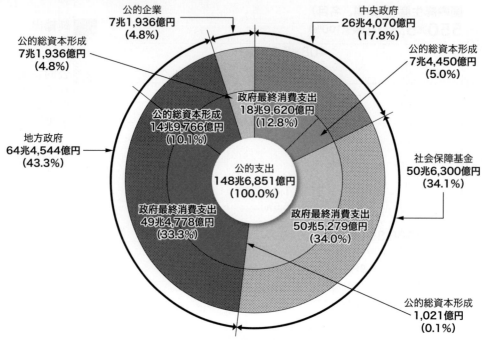

　地方政府による支出は、公的支出の43.3%（前年度44.2%）を占め、最も大きな割合となっている。
　また、政府最終消費支出及び公的総資本形成に占める地方政府の割合をみると、政府最終消費支出においては前年度と比べると0.8ポイント低下の41.6%、公的総資本形成においては前年度と比べると0.1ポイント低下の50.4%となっている。

出所：総務省「令和5年版　地方財政白書」

3 地方自治

図表 3-8　ふるさと納税の 5 つのステップ

**STEP 1** 寄付したい 自治体 を探す

▼

**STEP 2** もらえる 特産品 や プロジェクト を選ぶ

▼

**STEP 3** 寄付を申込み 寄付金 を送る

▼

**STEP 4** お礼の 特産品 を受取る

▼

**STEP 5** 寄付金の 受領証 を保管　確定申告 する

ワンストップ特例 の申請書を返送する　確定申告 しない

出所：環境都市構想研究所

**図表 3-9　ふるさと納税額：地方自治体ベスト 5（令和 4 年度）**

| No. | 自治体名 | 寄付件数（前期比） | 寄付金額（前期比） | 前年順位 | 順位上昇 |
|---|---|---|---|---|---|
| 1 | 宮崎県都城市 | 1,004,337件（1.44倍） | 19,592,614,702円（1.34倍） | 2 | +1 |
| 2 | 北海道紋別市 | 1,289,418件（1.17倍） | 19,432,906,241円（1.27倍） | 1 | -1 |
| 3 | 北海道根室市 | 829,461件（1.07倍） | 17,612,782,239円（1.21倍） | 3 | 0 |
| 4 | 北海道白糠町 | 926,034件（1.12倍） | 14,833,646,400円（1.18倍） | 4 | 0 |
| 5 | 大阪府泉佐野市 | 923,581件（1.03倍） | 13,771,905,130円（1.21倍） | 5 | 0 |

出所：環境都市構想研究所

# 4

Theme

# 都市開発

図表 4-1　　都市政策と都市開発の歴史

図表 4-2　　日本における都市化の進展

図表 4-3　　都市計画制度の構造

図表 4-4　　都市開発の実現手段としての都市開発諸制度について

図表 4-5　　都市開発諸制度の比較

図表 4-6　　都市再生制度に関する基本的な枠組み

図表 4-7　　都市再生特別地区

図表 4-8　　都市再生緊急整備地域

図表 4-9　　国家戦略特別区域法の活用

図表 4-10　渋谷駅周辺の再開発

図表 4-11　新宿駅周辺の再開発（令和 6 年 1 月時点）

図表 4-12　日本橋周辺の再開発

図表 4-13　東京駅前常盤橋プロジェクト

図表 4-14　高輪ゲートウェイシティのまちづくり

図表 4-15　大井町駅周辺の再開発

図表 4-16　中野駅周辺の再開発（令和 4 年 12 月時点）

図表 4-17　田町駅周辺の再開発

図表 4-18　スマートシティ先行モデルプロジェクト15 事業が設定している達成目標値一覧

図表 4-19　令和 5 年度スマートシティ関連事業の選定結果

図表 4-20　官民連携プラットフォーム

図表 4-21　デジタル田園都市国家構想総合戦略の全体像

## 図表 4-1　都市政策と都市開発の歴史

| 年代 | 区分 | 都市政策 | | 社会の動き |
|---|---|---|---|---|
| ～1945年 | | 1919年 | 都市計画法(旧法)市街地建築物法(建築基準法の前身)<br>用途ゾーニング/都市計画制限/区画整理制度 | |
| 1945～1955年 | 戦後<br>復興期 | 1946年 | 特別都市計画法制定(戦災復興事業) | 1946年日本国憲法公布 |
| | | 1950年 | 建築基準法制定/土地収用法制定<br>住宅政策3本柱(公庫、公営、公団)による住宅不足解消 | 1953年昭和の大合併 |
| | | 1954年 | 土地区画整理法の制定 | |
| 1955～1973年 | 高度経済<br>成長期 | 1963年 | ニュータウン開発(千里NT・多摩NTなど)によるドーナツ化現象 | 1964年東海道新幹線<br>1964年東京五輪<br>1969年東名高速道路<br>全線開通 |
| | | 1969年 | 都市計画法　用途地域/市街化区域・調整区域/開発許可制度<br>⇒無秩序な市街地拡大を抑制<br>都市再開発法の制定　地方から都市部への大規模な人口流入 | |
| 1973～1986年 | 安定<br>成長期 | 1975年 | 大都市地域における住宅地等の供給促進に関する特措法制定<br>モータリゼーション社会へ⇒郊外居住、中心市街地の人口減少 | 1973年オイルショック |
| | | 1980年 | 地区計画制度の創設（街の将来像を共有、地区として纏まりをもった街づくり、地区施設の整備)⇒当初は規制強化型<br>主要駅周辺で市街地再開発及び区画整理等による基盤整備 | 1982年自動車保有<br>4千万台突破<br>1986年赤坂六本木再開発 |
| | | 1985年 | 新都市拠点整備事業の創設　'87民間都市開発推進特措法 | |
| 1986～1991年 | バブル景気 | 1988年 | 再開発地区計画制度導入（工場跡地や未利用地の土地利用転換、公共施設の整備と用途容積を緩和)⇒規制緩和型へ | 1988年青函トンネル |
| | | 1989年 | 土地基本法制定 | 1990年前後品川、汐留の<br>再開発始動 |
| | | 1990年 | 大都市法改正　'90用途別容積型地区計画(住宅容積緩和) | |
| 1991～2012年 | バブル崩壊<br>以降<br><br>地球環境<br>震災復興<br>都市再生 | 1992年 | 容積適正配分地区計画(歴史的建物などを保全、容積再配分) | 1995年阪神淡路大震災<br>1997年京都議定書 |
| | | 1997年 | 防災街区整備地区計画　神戸市中央区地区計画による復興 | |
| | | 1998年 | 中心市街地活性化推進法　中心市街地の衰退・空洞化 | 2005年人口減少社会へ |
| | | 2001年 | 内閣府都市再生本部　内閣府を中心に公民連携して都市課題<br>(環境・防災・国際化)に応じた都市再生 | |
| | | 2002年 | 都市再生特別措置法　'05地域再生法<br>都市再生緊急整備地域(63)/特定地域(12)/特別地区(73)/<br>民間都市再生事業(77)/国際競争拠点(7)など | |
| | | 2003年 | 構造改革特区(小泉純一郎)全国380区域 | |
| | | 2008年 | 環境モデル都市(13)　'12(7)　'13(3)　'11環境未来都市(11) | |
| | | 2010年 | 次世代エネルギー・社会システム実証事業(スマートシティ) | |
| | | 2011年 | 総合特別区域法(菅直人)国際戦略総合特区(7)/地域活性化総合特区(36)/復興特区 | 2011年東日本大震災 |
| 2012年～ | アベノミックス<br><br>金融緩和・<br>財政政策<br>地方創生 | 2013年 | 国家戦略特区(安倍晋三)岩盤規制撤廃　3本の矢「成長戦略」<br>東京：国際ビジネス拠点　日比谷/虎ノ門/大手町/八重洲/品川<br>関西：医療等イノベーション拠点　他全国各地に改革拠点 | 2012年尖閣国有化 |
| | | 2014年 | 都市機能立地支援事業/都市再構築戦略事業：中心・生活拠点区域にコンパクトシティづくり支援 | 2014年虎ノ門ヒルズ完成 |
| | | 2015年 | 国土・都市・地域政策の基本方針　国際競争力の強化、地域の多様性と個性の発揮、住民の主体性と協働性の尊重など | 2015年北陸新幹線 |
| | | 2016年 | コンパクト・ネットワーク型都市、立地適正化計画、地域公共交通網形成計画、スマートシティ、ウォーカブルシティ | 2016年北海道新幹線<br>2018年胆振東部地震<br>2019年令和元年<br>2020年新型コロナ感染症 |
| | | 2020年 | コロナ後のニューノーマルに対応した都市政策 | |
| | | 2023年 | デジタル田園都市国家構想総合戦略(23～27D国家構想) | |

(注)地方創生：東京一極集中を是正し、地方の人口減少に歯止めをかけ日本全体の活力を上げることを目的とした一連の政策。2014年9月の第2次安倍改造内閣において、地方創生担当大臣として石破茂氏が就任。まち・ひと・しごと地方創生本部を立ち上げ。まち・ひと・しごと創生法を制定。

資料：国土交通省「今後の市街地整備制度の在り方に関する検討会」資料を環境都市構想研究所が再整理、追記

出所：国土交通省

## 4 都市開発

### 図表 4-2　日本における都市化の進展

DID（Densely Inhabited District の略）とは人口集中地区のことで、日本の国勢調査において設定される統計上の地区を意味する。市区町村の区域内で、人口密度が 1 平方キロメートルあたり 4,000 人以上の基本単位区が互いに隣接して人口が 5,000 人以上となる地区がこれに該当する。
令和 2 年国勢調査では、人口集中地区の人口は 8,829 万人で、総人口の 70.0%、その面積は国土の 3.5% を占める。【DID 解説：総務省統計局】

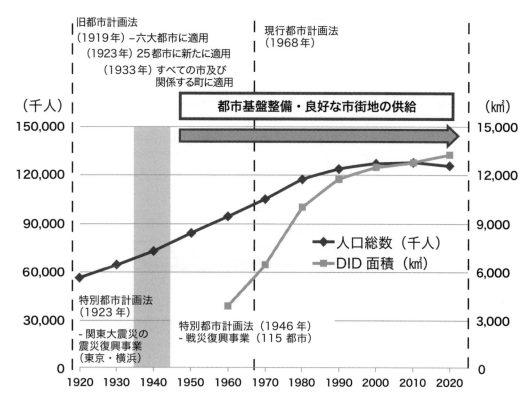

資料：人口：総務省統計局『国勢調査報告』による各年 10 月 1 日現在人口（中位推計値）
　　　DID 面積：総務省統計局『国勢調査報告』による各年 10 月 1 日現在面積
出所：国土交通省都市局都市計画課「都市計画法制」

図表 4-3 都市計画制度の構造

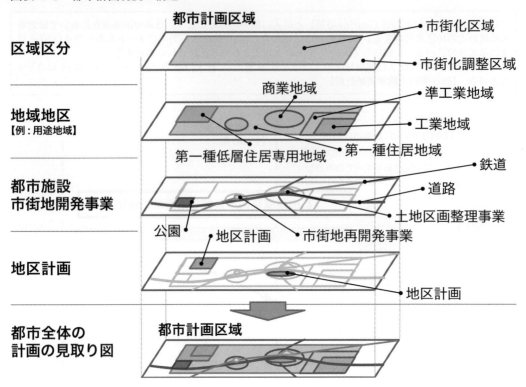

出所:国土交通省都市局都市計画課「都市計画法制」

## 図表 4-4 都市開発の実現手段としての都市開発諸制度について

都市開発諸制度とは、公開空地の確保など公共的な貢献を行う建築計画に対して、容積率や斜線制限などの建築基準法に定める形態規制を緩和することにより、市街地環境の向上に寄与する良好な都市開発の誘導を図る制度であり、下図に示す1）再開発等促進区を定める地区計画 2）高度利用地区 3）特定街区 4）総合設計 の4制度をいう。

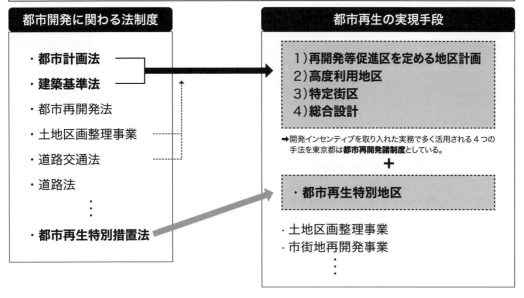

出所：雨宮克也・東京大学大学院非常勤講師　資料

図表 4-5 都市開発諸制度の比較

| | 用途 | 容積 | 斜線 | 高さ | 日影 |
|---|---|---|---|---|---|
| 1)<br>再開発等促進区 | 緩和あり<br>(特定行政庁の許可) | 緩和あり<br>(地区整備計画で定める<br>容積率を上限として特<br>定行政庁が認定) | 緩和あり<br>(特定行政庁の許可)<br>道路・隣地・北側斜線 | 一種、二種低層住専、<br>田園住居の絶対高さの<br>適用除外（条件あり） | 整備計画区域内のみ日<br>影規制条例の適用区域<br>の対象外 |
| 2)<br>高度利用地区 | 緩和なし | 緩和あり<br>(都市計画で定める容積<br>率上限) | 緩和あり<br>(都市計画で定める容積<br>率上限) | 緩和なし | 高度利用地区内のみ日<br>影規制条例の適用区域<br>の対象外 |
| 3)<br>特定街区 | 緩和なし | 緩和あり<br>(都市計画で定める容積<br>率上限) | 緩和あり<br>(適用除外)<br>道路・隣地・北側斜線 /<br>高度地区 | 一種、二種低層住専、<br>田園住居の絶対高さの<br>適用除外 | 適用除外 |
| 4)<br>総合設計 | 緩和なし | 緩和あり<br>(特定行政庁の許可) | 緩和あり<br>(特定行政庁の許可)<br>道路・隣地・北側斜線 | 一種、二種低層住専、<br>田園住居の絶対高さの<br>適用除外<br>(特定行政庁の許可) | 緩和なし |

特定行政庁の許可：建築主事のいる地方公共団体（都道府県・市町村など）の長
建築主事：「建築基準適合判定資格者検定」に合格し、市町村または都道府県知事が任命した職員

出所：東京都「都市開発諸制度活用方針」に基づき環境都市構想研究所が編集

## 図表 4-6　都市再生制度に関する基本的な枠組み

東京都が活用を促す4つの都市開発諸制度は、建築規制の緩和を認める特例制度であるが、2002年都市再生特別措置法制定により指定される「都市再生特別地区」は、既存の制限をいったん適用除外とする制度である。

注）令和4年12月22日現在（都市再生特別地区数は令和4年9月30日現在、都市再生整備計画に基づく財政支援件数については令和4年4月1日現在）

出所：国土交通省都市局まちづくり推進課「都市再生制度に関する基本的な枠組み」

図表 4-7　都市再生特別地区

## 都市再生特別地区とは？

・都市再生特別措置法（2002＜平成 14 ＞年施行）により創設された都市計画法による地域地区の一つ

・都市再生緊急整備地域内において、**既存の用途地域等に基づく用途、容積率等の規制を適用除外**とした上で、**自由度の高い計画**を定めることができる

・都道府県の都市計画により決定

出所：東京都整備局

図表 4-8　都市再生緊急整備地域

# 都市再生緊急整備地域（平成14年～）

都市の再生の拠点として、都市開発事業等を通じて緊急かつ重点的に市街地の整備を推進すべき地域として国が政令で定めたもの

# 特定都市再生緊急整備地域（平成24年～）

緊急整備地域のうち、都市開発事業等を通じて緊急かつ重点的に市街地の整備を推進することが都市の国際競争力の強化を図る上で特に有効な地域として国が政令で定めたもの

# 地域整備方針

各地域の「整備目標」や「都市開発事業を通じて増進すべき都市機能」などについて、国が政令で定めたもの

# 都市再生緊急整備地域の指定状況（令和5年3月現在）

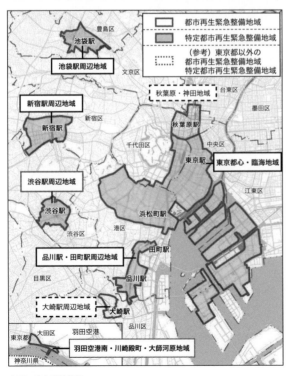

### 都市再生緊急整備地域
8地域　3,000ha

### 特定都市再生緊急整備地域
6地域　2,700ha

出所：東京都整備局

**図表 4-9　国家戦略特別区域法の活用**

# 都市計画法の特例

・国際都市の形成を図るため必要な施設の立地を促進するため、通常の都市計画手続きの一部を省略可能とするもの（ワンストップ化）

・都では、都市再生特別地区の決定手続きにおいては、国家戦略特区（都市計画法の特例）の活用を原則としている
　⇒国際競争力の強化を力強く推進

＜国家戦略特別区域法＞
**第21条（都市計画法の特例）**　国家戦略特別区域会議が、第八条第二項第二号に規定する特定事業として、国家戦略都市計画建築物等整備事業を定めた区域計画について、内閣総理大臣の認定を申請し、その認定を受けたときは、当該認定の日において、当該国家戦略都市計画建築物等整備事業に係る都市計画の決定又は変更がされたものとみなす。

出所：東京都整備局

## 図表4-10　渋谷駅周辺の再開発

・クリエイティブ・コンテンツ産業の集積・成長を促す施設や都市型観光を促す施設の拡充
・最新メディア技術を活用した魅力発信や情報発信を推進

出所：東急

図表 4-11　新宿駅周辺の再開発（令和6年1月時点）

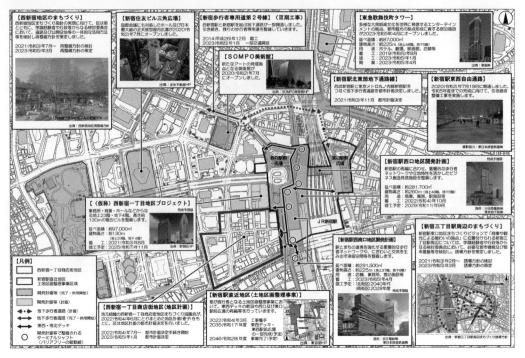

出所：東京都新宿区

図表 4-12　日本橋周辺の再開発

- 首都高は老朽化が進み、構造物の更新が急務
- 日本橋川周辺でのまちづくりの機運が向上
- この機会を捉え、**まちづくりと連携して首都高地下化に取り組む**
- 国際金融拠点にふさわしい品格のある都市景観の形成、歴史や文化を踏まえた日本橋の顔づくり

(参考) 首都高地下化完成：2040年予定

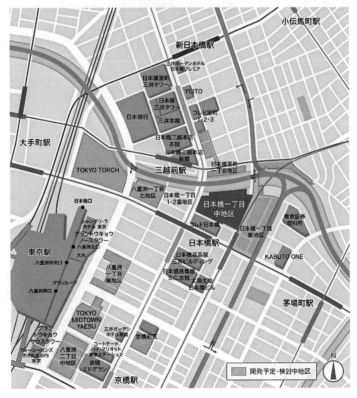

出所：首都高速道路、三井不動産

## 図表4-13 東京駅前常盤橋プロジェクト

「東京駅前常盤橋プロジェクト」は、国家戦略特別区域の認定事業として開発が進んでいる計画です。対象地域となっているのは、東京駅の北側で日本橋側に面した一帯。近隣は大手町や日本橋、丸の内などの一等地で、数多くの有名企業が本社を構えるエリアです。

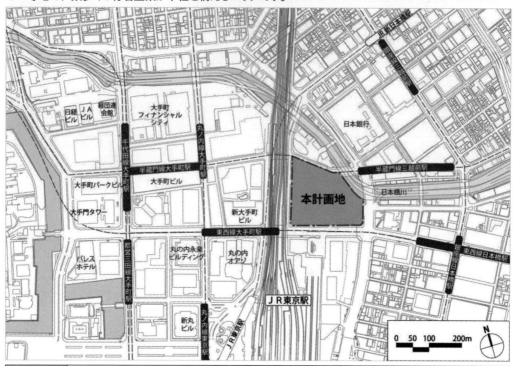

| 街区名称 | TOKYOTORCH | | | |
|---|---|---|---|---|
| 事業名称 | 大手町二丁目常盤橋地区第一種市街地再開発事業(施行者：三菱地所㈱) | | | |
| 計画地 | 東京都千代田区大手町2丁目、中央区八重洲1丁目 | | | |
| 敷地面積 | 約31,400㎡ | | | |
| 総延べ面積 | 約740,000㎡ | | | |
| 棟別諸元 | 常盤橋タワー<br>(A棟) | TorchTower<br>(B棟) | 変電所棟<br>(C棟) | 下水道局棟<br>(D棟) |
| 主要用途 | 事務所、店舗、駐車場等 | 事務所、ホテル、ホール、賃貸住宅、店舗、駐車場等 | 店舗、変電所、駐車場等 | 事務所、下水ポンプ所、駐車場等 |
| 延べ面積 | 約146,000㎡ | 約544,000㎡ | 約20,000㎡ | 約30,000㎡ |
| 階数／最高高さ | 地上38階・地下5階／約212m | 地上63階・地下4階／約390m | 地下4階 | 地上9階・地下3階／約53m |
| 着工(予定) | 2018年1月 | 2023年度 | I期2018年1月 | II期2023年度 | 2017年4月 |
| 竣工(予定) | 2021年6月末 | 2027年度(予定) | 2021年6月末 | 2027年度(予定) | 2022年3月末 |
| 設計監理 | ㈱三菱地所設計 | ㈱三菱地所設計 | ㈱三菱地所設計 | ㈱三菱地所設計 | ㈱三菱地所設計<br>日本水工設計㈱ |
| 施工 | 戸田建設㈱ | 未定 | 戸田建設㈱ | 三井住友建設㈱ | 未定 |
| 関係権利者 | 三菱地所㈱、東京都下水道局、㈱大和証券グループ本社、㈱三越伊勢丹、東京電力パワーグリッド㈱、有限会社大手町開発、独立行政法人都市再生機構常盤橋インベストメント特定目的会社、TOKYO390特定目的会社他 | | | |

4 都市開発

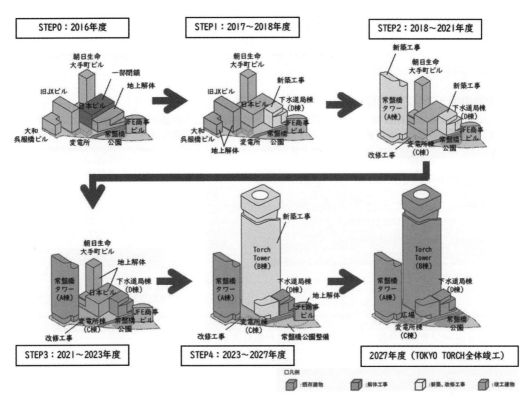

出所：三菱地所

図表 4-14　高輪ゲートウェイシティのまちづくり

- **複合棟Ⅰ・高輪ゲートウェイ駅周辺エリアを 2024 年度末（2025 年 3 月）に開業します。**

　国際交流拠点としての主要な機能である MICE 施設（コンベンション、カンファレンス、ビジネス支援施設）、オフィス、商業等を整備する複合棟Ⅰおよび駅周辺の広場・歩行者デッキ等を開業するとともに、高輪ゲートウェイ駅を全面開業します。

- **その他の棟・エリアは 2025 年度中に開業します。**

　高輪築堤の現地保存に伴う計画変更に関して、具体的な施工計画が確定したため、複合棟Ⅱ、文化創造棟、住宅棟および各棟周辺エリアは、2025 年度中に開業します。

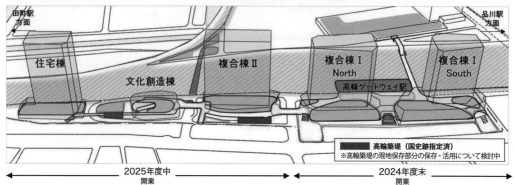

※画像はイメージです。今後、変更となる可能性があります。

出所：JR 東日本

## 4 都市開発

図表 4-15　大井町駅周辺の再開発

| | A-1 地区 | A-2 地区 |
|---|---|---|
| 事 業 主 体 | 東日本旅客鉄道株式会社 | |
| 所 在 地 | 東京都品川区広町二丁目及び大井一丁目各地内 | |
| 敷 地 面 積 | 約 22,300㎡ | 約 7,100㎡ |
| 適 用 制 度 | 土地区画整理法に基づく、土地区画整理事業<br>都市計画法に基づく、再開発等促進区を定める地区計画 | |
| 延 床 面 積 | 約 250,000㎡ | 約 9,100㎡ |
| 階　　　数 | 地上 26 階、地下 3 階 | 地上 2 階、地下 2 階 |
| 高　　　さ | 約 115m | 約 16m |
| 施 設 概 要 | オフィス：　　　　約 124,000㎡<br>商　　業：　　　　約 19,700㎡<br>ホ テ ル：　　　　285 室<br>賃 貸 住 宅：　　　　290 戸<br>駐 車 場：　　　　369 台 | 商　　業：　　　　約 1,100㎡<br>駐 車 場：　　　　106 台 |
| 運 営 会 社 | オフィス：　　　　株式会社JR東日本ビルディング<br>商　　業：　　　　株式会社アトレ<br>ホ テ ル：　　　　日本ホテル株式会社<br>賃 貸 住 宅：　　　　株式会社ジェイアール東日本都市開発 | |
| 開 業 予 定 | 2025 年度末 | |

※今後の検討により変更となる可能性があります。

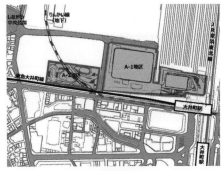

位置図

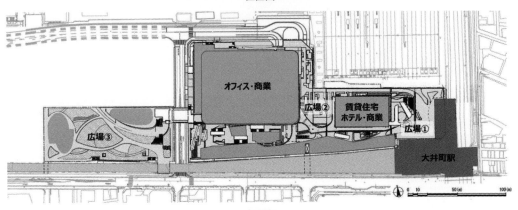

配置図

出所：JR 東日本

図表 4-16 中野駅周辺の再開発（令和4年12月時点）

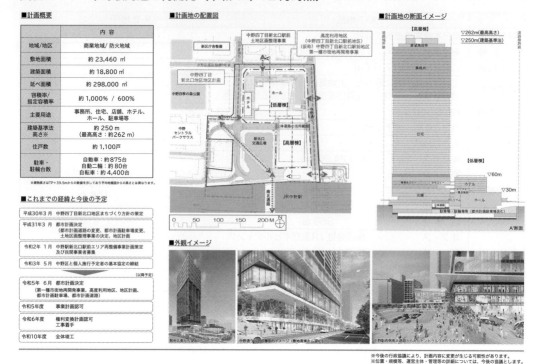

出所：東京都中野区「中野四丁目新北口駅前地区個人施行予定者作成資料」

## 図表 4-17　田町駅周辺の再開発

| 年 | 案件名 | # |
|---|---|---|
| 2020 | ムスブ田町完成 | ① |
| 2022 | 芝浜小学校開校 | ① |
|  | 港区立三田図書館、札の辻スクエア開業 | ④ |
| 2023 | Mita S-Garden | ⑦ |
|  | 東京三田再開発プロジェクト | ③ |
|  | 田町タワー | ⑤ |
| 2024 | 森永製菓芝浦ビル竣工予定 |  |
|  | 森永プラザビル着工準備 | ⑥ |
| 2025 | 高輪ゲートウェイ全街区竣工予定 | ⑧ |
|  | 田町駅前建替プロジェクト竣工 | ⑪ |
| 2027 | リニア開通（品川駅 - 名古屋駅） |  |
| 2030 | 芝浦一丁目プロジェクト | ② |
| 2031 | JR 羽田空港アクセス線 | ⑨ |
| 2032 | 東工大田町キャンパス再開発 | ⑩ |
| 2033 | 森永プラザビル再開発完了 | ⑥ |
| 2045 | リニア開通（品川駅 - 新大阪駅） |  |

出所：環境都市構想研究所

**図表 4-18　スマートシティ先行モデルプロジェクト１５事業が設定している達成目標値一覧**

| 分類 | 指標 | 達成項目 | 事業地域 | 達成目標 | 達成年度 |
|---|---|---|---|---|---|
| ❶スマートシティ機能全般の利用者満足度と経済効果 | 満足度 | 利用者満足度 | つくば | 47.2% 増 | 2024 年 |
| | 利用割合 | AI デバイス利用登録世帯割合 | けいはんな | 全世帯の10% | |
| | 経済効果 | 義務的経費比率 | 毛呂山町 | 48.5% 減 | 2024 年 |
| | | データ利活用による経済効果 | 大丸有 | 645 億円 / 年 | 2025 年 |
| ❷居住者・高齢者の健康や住みやすさ | 健康指標 | 平均歩行時間 | 札幌 | 20 分 / 日の増加（約 30% 増） | 2024 年 |
| | | 健康数値の改善割合 / 病院待ち時間 | 柏の葉 | 数値設定は今後 | |
| | | 歩数増に伴う医療費抑制額 | 大丸有 | 21 億円 / 年 | 2025 年 |
| | | 要介護等認定率 | 高蔵寺 | 14.9% から 20.8% 以下 | 2024 年 |
| | | 地域健康ポイントの利用世帯 | けいはんな | 高齢者世帯の 3% | |
| | | 外出率 / 歩行距離 | 松山 | 80%/0.5km 増 | 2030 年 |
| | | トリップ数 / 滞在時間 | 松山 | 3 トリップ / 人日 /0.5 時間増 | 2031 年 |
| | 住みやすさ | 高齢者が安心して暮らせると感じる割合 | つくば | 31.4% から 34.4% へ | 2024 年 |
| | | くらし満足度の向上 | 熱海・下田市 | 60 代以上で 1 割向上 | |
| | | 街なか居住人口 | ふじえだ | 1,000 人増 | 2029 年 |
| | | 25 歳〜29 歳の UIJ ターン者数 | ふじえだ | 100 人増 | 2029 年 |
| | | 子育て世代の転入者数 | ふじえだ | 250 人増 | 2029 年 |
| | | 関係人口 | ふじえだ | 500 人増 | 2029 年 |
| | | 転入・転居者数 | 高蔵寺 | 1,681 人 / 年から 1,721 人 / 年へ | 2024 年 |
| | | 空き家数 | 高蔵寺 | 432 人から 2,023 人へ | 2023 年 |
| | | 笑顔観測数 | 松山 | 500 人増 | 2030 年 |
| | 災害対応 | 災害時の通行止め日数 | 熱海・下田市 | 2 割削減 | |
| | | VR を活用した防災訓練による意識向上 | 熱海・下田市 | 数値設定は今後 | |
| ❸移動や物流の利便性 | 公共交通利用 | 公共交通利用者数 | 宇都宮 | 3,351 万人 / 年から 3,500 万人 / 年へ | 2022 年 |
| | | 公共交通利用者数 | 柏の葉 | 数値設定は今後 | |
| | | 自家用車利用割合 | つくば | 85.8% から 83.5% へ | 2024 年 |
| | | 自家用車依存率 | 毛呂山町 | 76% から 60% へ | 2030 年 |
| | | マイカーでの通勤率 | けいはんな | 40% から 35% へ | |
| | | 買物利用率 | けいはんな | 81% から 70% へ | |
| | モビリティサービス | 自動運転型モビリティサービス売上高 | 仙北市 | 4,300 千円 | 2030 年 |
| | | スマートモビリティの利用者数 | 豊洲 | 数値設定は今後 | |
| | | 支えあい交通サービスの利用件数 | 三次市 | 175 件 / 年から 350 件 / 年へ | 2020 年 |
| | | 域外移動サービスとの連携 | 三次市 | バス 1 社、タクシー 2 社以上 | 2020 年 |
| | | 遅い交通分担率 | 松山市 | 70% へ | 2030 年 |
| | ドローン他 | ドローン物資配送サービス売上高 | 仙北市 | 1,000 千円 | 2030 年 |
| | | ロボット導入経済効果 | 大丸有 | 17 億円 / 年 | 2025 年 |
| ❹地域の産業振興 | 域内総生産 | 職員一人当たりの域内総生産 | 益田市 | 10% 以上 | 2023 年 |
| | | パブリックスペース施設回遊度合い | 柏の葉 | 数値設定は今後 | |
| | 産業振興 | 新規進出企業数 | 毛呂山町 | 10 社 | 2030 年 |
| | | 農業産出額 | 仙北市 | 56.2 億円から 60 億円へ | 2030 年 |
| | | 商業施設等来訪者数 / 店舗売上高 | 豊洲 | 数値設定は今後 | |
| | | 商業施設等内各箇所滞留時間 | 豊洲 | 数値設定は今後 | |
| | 観光 | 観光消費額 | 札幌市 | 7,000 億円 / 年（20% 増） | 2024 年 |
| | | 観光宿泊者数 | 仙北市 | 514,256 人から 860,000 人へ | 2030 年 |
| | | 観光客の平均滞在時間 | 宇都宮 | 4.3 時間から 5 時間へ | 2022 年 |
| | | 地域の観光客数 | 宇都宮 | 77 万人 / 年から 93 万人 / 年へ | 2022 年 |
| | | VR コンテンツによる観光客数の増加 | 熱海・下田市 | 数値設定は今後 | |
| ❺エネルギー利用と CO2 削減 | CO2 排出 | CO2 削減量 | 柏の葉 | 数値設定は今後 | |
| | | CO2 排出量 | けいはんな | 327t/ 年減 | |
| | | 再エネによる CO2 削減量 | 宇都宮市 | 7,800t-CO2/ 年 | 2022 年 |
| | | 電力融通量の増加 | 柏の葉 | 数値設定は今後 | |
| | 水素 | 水素供給サービス売上高 | 仙北市 | 1.1 億円 | 2030 年 |
| ❻インフラ維持管理 | 行政コスト | 道路維持管理コスト削減 | 柏の葉 | 数値設定は今後 | |
| | | IoT 化によるインフラ維持管理コスト削減 | 益田市 | 20% 以上 | 2023 年 |
| | 利便性 | 行政視点での利便性向上 | 益田市 | NPS 50%（顧客満足度） | 2023 年 |

出所：15 事業の実行計画から環境都市構想研究所が課題ごとに再整理

## 図表4-19　令和5年度スマートシティ関連事業の選定結果

スマートシティの全国での計画的な実装に向けて、スマートシティ関連事業に係る合同審査会の評価を踏まえ、32地域、34事業を選定。

| 項番 | プロジェクト実施地域 | 選定事業 |
|---|---|---|
| 1 | 福島県会津若松市 | ■ |
| 2 | 福島県須賀川市 | ☆ |
| 3 | 群馬県前橋市 | ● |
| 4 | 埼玉県さいたま市 | ■ |
| 5 | 千葉県館山市、南房総市 | ○ |
| 6 | 千葉県柏市 | ■ |
| 7 | 東京都千代田区（大手町、丸の内、有楽町） | ■ |
| 8 | 東京都大田区（羽田地区） | ■ |
| 9 | 東京都渋谷区 | ■ |
| 10 | 神奈川県横浜市旭区 | □ |
| 11 | 神奈川県横須賀市、北海道札幌市、旭川市、他 | ● |
| 12 | 新潟県新潟市 | ○■ |
| 13 | 石川県加賀市 | ■ |
| 14 | 静岡県焼津市 | ○ |
| 15 | 愛知県岡崎市 | □■ |
| 16 | 愛知県春日井市 | ● |
| 17 | 三重県四日市市 | ■ |
| 18 | 三重県菰野町 | ● |
| 19 | 三重県多気町・大台町・明和町・度会町・大紀町・紀北町 | ○ |
| 20 | 大阪府、京都府、兵庫県、奈良県、滋賀県、三重県、和歌山県及び愛知県の一部 | ● |

| 項番 | プロジェクト実施地域 | 選定事業 |
|---|---|---|
| 21 | 兵庫県加古川市 | ■ |
| 22 | 奈良県川西町 | ○ |
| 23 | 和歌山県橋本市 | ☆ |
| 24 | 和歌山県有田市 | □ |
| 25 | 和歌山県すさみ町 | ■ |
| 26 | 岡山県吉備中央町 | |
| 27 | 福岡県、長崎県、佐賀県、大分県、宮崎県、熊本県、鹿児島県、沖縄県 | ● |
| 28 | 福岡県福岡市 | ○ |
| 29 | 熊本県 | □ |
| 30 | 熊本県荒尾市 | ■ |
| 31 | 沖縄県石垣市・竹富町 | ○ |
| 32 | 沖縄県南城市 | □ |

| | |
|---|---|
| 内閣府「未来技術社会実装事業」 | ☆ |
| 総務省「地域課題解決のためのスマートシティ推進事業」※1 | □ |
| 経済産業省「地域新MaaS創出推進事業」 | ○ |
| 国土交通省「日本版MaaS推進・支援事業」※2 | ● |
| 国土交通省「スマートシティ実装化支援事業」※3 | ■ |

※1　令和2年度までの施策名は「データ利活用型スマートシティ推進事業」、
　　　令和3年度は「データ連携促進型スマートシティ推進事業」
※2　令和元年度の施策名は「新モビリティサービス推進事業」
※3　令和3年度の施策名は「スマートシティモデルプロジェクト」

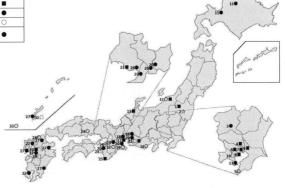

出所：内閣府ホームページ

図表 4-20　官民連携プラットフォーム

- 令和元年6月21日に閣議決定された「統合イノベーション戦略2019」などにおいて、スマートシティの事業推進にあたり、官民の連携プラットフォームの構築を行うことが明記された。
- 内閣府、総務省、経済産業省、国土交通省は、スマートシティの取り組みを官民連携で加速するため、企業、大学・研究機関、地方公共団体、関係府省などを会員とする「スマートシティ官民連携プラットフォーム」を設立した。

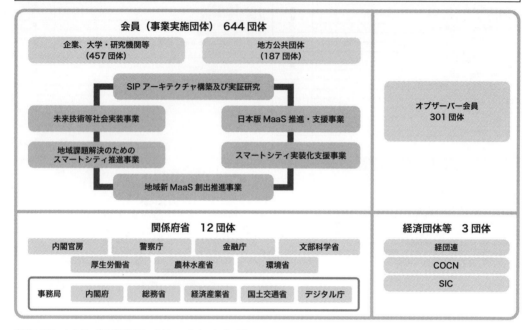

出所：スマートシティ官民連携プラットフォームホームページ

## 4 都市開発

### 図表 4-21　デジタル田園都市国家構想総合戦略の全体像

---

**総合戦略の基本的考え方**

▶ テレワークの普及や地方移住への関心の高まりなど、**社会情勢がこれまでとは大きく変化**している中、**今こそデジタルの力を活用して地方創生を加速化・深化**し、**「全国どこでも誰もが便利で快適に暮らせる社会」を目指す。**

▶ 東京圏への過度な一極集中の是正や多極化を図り、地方に住み働きながら、都会に匹敵する情報やサービスを利用できるようにすることで、**地方の社会課題を成長の原動力とし、地方から全国へとボトムアップの成長につ**なげていく。

▶ デジタル技術の活用は、その**実証の段階から実装の段階に着実に移行**しつつあり、デジタル実装に向けた各府省庁の施策の推進に加え、デジタル田園都市国家構想交付金等の活用により、**各地域の優良事例の横展開を加速化。**

▶ **これまでの地方別の取組**も、全国で取り組まれてきた中で**蓄積された成果や知見に基づき、改善を加えながら推進**していくことが重要。

**＜総合戦略のポイント＞**

● まち・ひと・しごと創生総合戦略を抜本的に改訂し、**2023 年度から 2027 年度までの5か年の新たな総合戦略**を策定。デジタル田園都市国家構想基本方針で定めた取組の方向性に沿って、**各府省庁の施策の充実・具体化**を図るとともに、**KPIとロードマップ（工程表）**を位置付け。

● 地方は、地域それぞれが抱える社会課題等を踏まえ、**地域の個性や魅力を生かした地域ビジョン**を再構築し、地方版総合戦略を改訂。地域ビジョン実現に向け、国は政府一丸となって総合的・効果的に支援する観点から、必要な施策間の連携をこれまで以上に強化するとともに、同様の社会課題を抱える複数の地方公共団体が連携して、効果的かつ効率的に課題解決に取り組むことができるよう、**デジタルの力も活用した地域間連携の在り方や推進策を提示。**

---

**施策の方向**

| デジタルの力を活用した地方の社会課題解決 | デジタル実装の基礎条件整備 |
|---|---|

| **デジタルの力を活用して地方の社会課題解決に向けた取組を加速化・深化** | 地方のデジタル実装を下支え | **デジタル実装の前提となる取組を国が強力に推進** |
|---|---|---|
| ❶ **地方に仕事をつくる**<br>スタートアップ・エコシステムの確立、中小・中堅企業 DX（キャッシュレス決済、シェアリングエコノミー等）、スマート農林水産業・食品産業、観光 DX、地方大学を核としたイノベーション創出　等<br><br>❷ **人の流れをつくる**<br>「転職なき移住」の推進、オンライン関係人口の創出・拡大、二地域居住等の推進、地方大学・高校の魅力向上、「女性や若者に選ばれる地域づくり」　等<br><br>❸ **結婚・出産・子育ての希望をかなえる**<br>結婚・出産・子育ての支援、仕事と子育ての両立など子育てしやすい環境づくり、こども政策における DX 等のデジタル技術を活用した地域の様々な取組の推進　等<br><br>❹ **魅力的な地域をつくる**<br>教育 DX、医療・介護分野 DX、地域交通・インフラ・物流 DX、まちづくり、文化・スポーツ、国土強靱化の強化等、地域コミュニティ機能の維持・強化　等 | | ❶ **デジタル基盤の整備**<br>デジタルインフラの整備、マイナンバーカードの普及促進・利活用拡大、データ連携基盤の構築（デジタル社会実装基盤全国総合整備計画の策定等）、ICT の活用による持続可能性と利便性の高い公共交通ネットワークの整備、エネルギーインフラのデジタル化　等<br><br>❷ **デジタル人材の育成・確保**<br>デジタル人材育成プラットフォームの構築、職業訓練のデジタル分野の重点化、高等教育機関等におけるデジタル人材の育成、デジタル人材の地域への還流促進、女性デジタル人材の育成・確保　等<br><br>❸ **誰一人取り残されないための取組**<br>デジタル推進委員の展開　デジタル共生社会の実現　経済的事情等に基づくデジタルデバイドの是正、利用者視点でのサービスデザイン体制の確立　等 |

---

**地域ビジョンの実現に向けた施策間連携・地域間連携の推進**

**＜モデル地域ビジョンの例＞**
- ■ スマートシティスーパーシティ　スマートシティ AiCT（福島県会津若松市）
- ■ 「デジ活」中山間地域　担い手減少に対応した自動草刈機の導入
- ■ 産学官連携都市　データを活用したスマート農業の取組（高知県・高知大学）
- ■ SDGs 未来都市　地域交通システムやコミュニケーションロボットの活用（宮城県石巻市）
- ■ 脱炭素先行地域　バイオマス発電所排熱による新産業の創出（岡山県真庭市）

**＜重要施策分野の例＞**
- ■ 地域交通のリ・デザイン　自動運転バスの運行（茨城県境町）
- ■ 遠隔医療　医療機器装備の移動診察車（長野県伊那市）
- ■ こども政策　保健師等とのオンライン相談（山梨県富士吉田市）
- ■ 地方創生テレワーク　空き蔵を活用したサテライトオフィスの整備（福島県喜多方市）
- ■ 教育 DX　オンラインによる遠隔合同授業（鹿児島県三島村）
- ■ 観光 DX　観光アプリを活用した混雑回避・人流分散（京都府京都市）

**地域ビジョン実現を後押し**

**＜施策間連携の例＞**

| 関連施策の取りまとめ | 重点支援 | 優良事例の横展開 | 伴走型支援 |
|---|---|---|---|
| 関係府省庁の施策を取りまとめ、地方にわかりやすい形で提示 | モデルとなる地域を選定し、選定地域の評価・支援 | 他地域のモデルとなる優良事例の周知・共有、横展開 | ワンストップ型相談体制の構築や地方支分部局の活用等による伴走型支援 |

**＜地域間連携の例＞**

| デジタルを活用した取組の深化 | 重点支援 | 優良事例の横展開 |
|---|---|---|
| 自治体間連携の枠組みにおけるデジタル活用の取組を促進 | 国が事業の採択や地域の選定等を行う際に、地域間連携を行う取組を評価・支援 | 地域間連携の優良事例を収集し、メニューブック等を通じて広く周知・共有 |

---

出所：内閣官房デジタル田園都市国家構想実現会議事務局

# 5

Theme

# 人口問題

| 図表 5-1 | 高齢化の現状 |
| 図表 5-2 | 高齢化の推移と将来推計 |
| 図表 5-3 | 日本の人口の推移 |
| 図表 5-4 | 日本の人口ピラミッドの変化 |
| 図表 5-5 | 都道府県別総人口と将来の推計 |
| 図表 5-6 | 都道府県別高齢化の推移 |
| 図表 5-7 | 世帯主の年齢階級別1世帯当たりの貯蓄残高、年間収入等 |
| 図表 5-8 | 世界人口の動向等 |
| 図表 5-9 | 世界の高齢化率の推移 |
| 図表 5-10 | これまでの政府による少子化対策経緯 |
| 図表 5-11 | 少子化対策の主なメニュー（2023年12月22日） |
| 図表 5-12 | 東京都への流入人口（2022年） |
| 図表 5-13 | 単独世帯は4割に迫る（2024年1月13日） |
| 図表 5-14 | 外国人雇用状況（令和3年10月末現在） |
| 図表 5-15 | 残留外国人数（令和5年6月末） |
| 図表 5-16 | 「非正規雇用」の現状と課題 |
| 図表 5-17 | 都道府県別転入超過数（2022、2023年） |
| 図表 5-18 | 3大都市圏の転入超過数の推移（1954～2023年） |
| 図表 5-19 | 転入超過数の多い上位20市町村（2023年） |
| 図表 5-20 | 年齢3区分別転入超過数の多い上位20市町村（2023年） |
| 図表 5-21 | 3大都市圏の転入超過数の推移（日本人移動者）2014～2023年 |

図表 5-1　高齢化の現状

単位：万人（人口）、％（構成比）

| | | 令和 4 年 10 月 1 日 | | |
| | | 総数 | 男 | 女 |
|---|---|---|---|---|
| 人口（万人） | 総人口 | 12,495 | 6,076 | 6,419 |
| | （性比） | | 94.7 | |
| | 65 歳以上人口 | 3,624 | 1,573 | 2,051 |
| | （性比） | | 76.7 | |
| | 65 〜 74 歳人口 | 1,687 | 807 | 880 |
| | （性比） | | 91.7 | |
| | 75 歳以上人口 | 1,936 | 766 | 1,171 |
| | （性比） | | 65.4 | |
| | 15 〜 64 歳人口 | 7,421 | 3,761 | 3,660 |
| | （性比） | | 102.7 | |
| | 15 歳未満人口 | 1,450 | 743 | 707 |
| | （性比） | | 105.0 | |
| 構成比 | 総人口 | 100.0 | 100.0 | 100.0 |
| | 65 歳以上人口（高齢化率） | 29.0 | 25.9 | 32.0 |
| | 65 〜 74 歳人口 | 13.5 | 13.3 | 13.7 |
| | 75 歳以上人口 | 15.5 | 12.6 | 18.2 |
| | 15 〜 64 歳人口 | 59.4 | 61.9 | 57.0 |
| | 15 歳未満人口 | 11.6 | 12.2 | 11.0 |

資料：総務省「人口推計」令和 4 年 10 月 1 日（確定値）
（注 1）「性比」は、女性人口 100 人に対する男性人口
（注 2）四捨五入の関係で、足し合わせても 100.0％ にならない場合がある。

出所：総務省「人口推計」

5 人口問題

図表5-2　高齢化の推移と将来推計

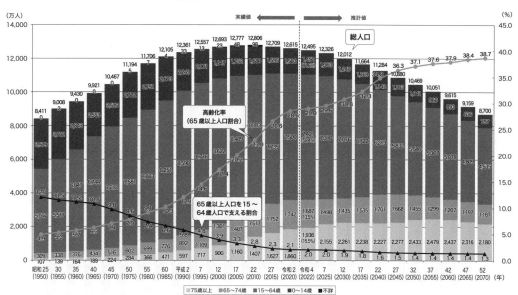

資料：棒グラフと実線の高齢化率については、2020年までは総務省「国勢調査」(2015年及び2020年は不詳補完値による。)、2022年は総務省「人口推計」(令和4年10月1日現在(確定値))、2025年以降は国立社会保障・人口問題研究所「日本の将来推計人口(令和5年推計)」の出生中位・死亡中位仮定による推計結果

(注1) 2015年及び2020年の年齢階級別人口は不詳補完値によるため、年齢不詳は存在しない。2022年の年齢階級別人口は、総務省統計局「令和2年国勢調査」(不詳補完値)の人口に基づいて算出されていることから、年齢不詳は存在しない。2025年以降の年齢階級別人口は、総務省統計局「令和2年国勢調査　参考表：不詳補完結果」による年齢不詳をあん分した人口に基づいて算出されていることから、年齢不詳は存在しない。なお、1950年～2010年の高齢化率の算出には分母から年齢不詳を除いている。ただし、1950年及び1955年において割合を算出する際には、(注2)における沖縄県の一部の人口を不詳には含めないものとする。
(注2) 沖縄県の昭和25年70歳以上の外国人136人(男55人、女81人)及び昭和30年70歳以上23,328人(男8,090人、女15,238人)は65～74歳、75歳以上の人口から除き、不詳に含めている。
(注3) 将来人口推計とは、基準時点までに得られた人口学的データに基づき、それまでの傾向、趨勢を将来に向けて投影するものである。基準時点以降の構造的な変化等により、推計以降に得られる実績や新たな将来推計との間には乖離が生じうるものであり、将来推計人口はこのような実績等を踏まえて定期的に見直すこととしている。
(注4) 四捨五入の関係で、足し合わせても100.0%にならない場合がある。

出所：総務省、国立社会保障・人口問題研究所

## 図表 5-3　日本の人口の推移

○ 日本の人口は近年減少局面を迎えている。2070年には総人口が9,000万人を割り込み、高齢化率は39％の水準になると推計されている。

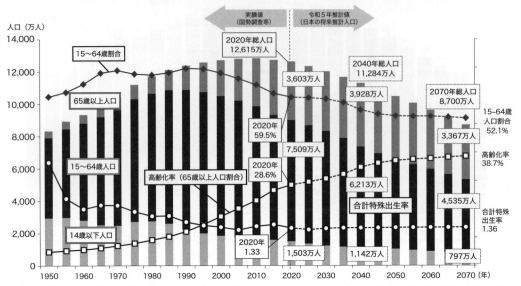

(備考) 2020年までの人口は総務省「国勢調査」、合計特殊出生率は厚生労働省「人口動態統計」、2025年以降は国立社会保障・人口問題研究所「日本の将来推計人口(令和5年推計)」(出生中位(死亡中位)推計)

出所：総務省「国勢調査」、国立社会保障・人口問題研究所

### 図表 5-4　日本の人口ピラミッドの変化

○団塊のジュニア世代が65歳となる2040年には、65歳以上が全人口の35%となる。
○2070年には、人口は8,700万人にまで減少するが、一方で、65歳以上は全人口の約39%となる。

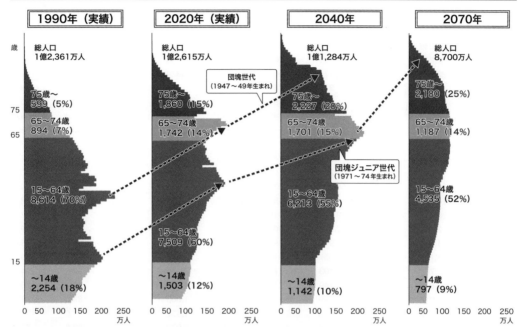

（備考）総務省「国勢調査」、国立社会保障・人口問題研究所「日本の将来推計人口（令和5年推計）」（出生中位（死亡中位）推計）

出所：総務省「国勢調査」、国立社会保障・人口問題研究所

## 図表 5-5　都道府県別総人口と将来の推計

| 地　　域 | 総人口（1,000 人） | | | | | | | 指数（令和2（2020）年=100） | |
|---|---|---|---|---|---|---|---|---|---|
| | 令和2年<br>(2020) | 令和7年<br>(2025) | 令和12年<br>(2030) | 令和17年<br>(2035) | 令和22年<br>(2040) | 令和27年<br>(2045) | 令和32年<br>(2050) | 令和17年<br>(2035) | 令和32年<br>(2050) |
| 全　　国 | 126,146 | 123,262 | 120,116 | 116,639 | 112,837 | 108,801 | 104,686 | 92.5 | 83.0 |
| 北 海 道 | 5,225 | 5,007 | 4,792 | 4,562 | 4,319 | 4,068 | 3,820 | 87.3 | 73.1 |
| 青 森 県 | 1,238 | 1,157 | 1,077 | 996 | 914 | 833 | 755 | 80.4 | 61.0 |
| 岩 手 県 | 1,211 | 1,138 | 1,066 | 995 | 924 | 853 | 783 | 82.2 | 64.7 |
| 宮 城 県 | 2,302 | 2,239 | 2,172 | 2,097 | 2,014 | 1,924 | 1,830 | 91.1 | 79.5 |
| 秋 田 県 | 960 | 888 | 819 | 752 | 686 | 622 | 560 | 78.3 | 58.4 |
| 山 形 県 | 1,068 | 1,005 | 945 | 886 | 828 | 769 | 711 | 83.0 | 66.6 |
| 福 島 県 | 1,833 | 1,732 | 1,640 | 1,546 | 1,449 | 1,349 | 1,247 | 84.4 | 68.0 |
| 茨 城 県 | 2,867 | 2,783 | 2,688 | 2,584 | 2,473 | 2,359 | 2,245 | 90.1 | 78.3 |
| 栃 木 県 | 1,933 | 1,867 | 1,802 | 1,732 | 1,658 | 1,581 | 1,502 | 89.6 | 77.7 |
| 群 馬 県 | 1,939 | 1,878 | 1,815 | 1,746 | 1,673 | 1,597 | 1,521 | 90.1 | 78.4 |
| 埼 玉 県 | 7,345 | 7,316 | 7,224 | 7,101 | 6,953 | 6,794 | 6,634 | 96.7 | 90.3 |
| 千 葉 県 | 6,284 | 6,258 | 6,179 | 6,076 | 5,956 | 5,824 | 5,690 | 96.7 | 90.5 |
| 東 京 都 | 14,048 | 14,199 | 14,349 | 14,459 | 14,507 | 14,483 | 14,399 | 102.9 | 102.5 |
| 神奈川県 | 9,237 | 9,201 | 9,122 | 9,012 | 8,869 | 8,703 | 8,524 | 97.6 | 92.3 |
| 新 潟 県 | 2,201 | 2,084 | 1,974 | 1,863 | 1,751 | 1,637 | 1,525 | 84.6 | 69.3 |
| 富 山 県 | 1,035 | 986 | 942 | 898 | 852 | 806 | 762 | 86.8 | 73.6 |
| 石 川 県 | 1,133 | 1,092 | 1,057 | 1,019 | 979 | 937 | 897 | 90.0 | 79.2 |
| 福 井 県 | 767 | 733 | 703 | 672 | 639 | 606 | 573 | 87.6 | 74.7 |
| 山 梨 県 | 810 | 782 | 749 | 716 | 681 | 646 | 612 | 88.4 | 75.5 |
| 長 野 県 | 2,048 | 1,974 | 1,899 | 1,822 | 1,743 | 1,663 | 1,582 | 89.0 | 77.2 |
| 岐 阜 県 | 1,979 | 1,901 | 1,820 | 1,734 | 1,646 | 1,557 | 1,468 | 87.6 | 74.2 |
| 静 岡 県 | 3,633 | 3,511 | 3,386 | 3,254 | 3,116 | 2,973 | 2,829 | 89.6 | 77.9 |
| 愛 知 県 | 7,542 | 7,453 | 7,346 | 7,211 | 7,050 | 6,870 | 6,676 | 95.6 | 88.5 |
| 三 重 県 | 1,770 | 1,703 | 1,637 | 1,568 | 1,496 | 1,422 | 1,347 | 88.6 | 76.1 |
| 滋 賀 県 | 1,414 | 1,399 | 1,376 | 1,346 | 1,309 | 1,267 | 1,223 | 95.2 | 86.5 |
| 京 都 府 | 2,578 | 2,518 | 2,445 | 2,361 | 2,267 | 2,170 | 2,076 | 91.6 | 80.5 |
| 大 阪 府 | 8,838 | 8,676 | 8,438 | 8,167 | 7,874 | 7,570 | 7,263 | 92.4 | 82.2 |
| 兵 庫 県 | 5,465 | 5,310 | 5,145 | 4,964 | 4,767 | 4,564 | 4,358 | 90.8 | 79.7 |
| 奈 良 県 | 1,324 | 1,272 | 1,215 | 1,151 | 1,083 | 1,015 | 950 | 86.9 | 71.8 |
| 和歌山県 | 923 | 875 | 827 | 778 | 728 | 679 | 632 | 84.3 | 68.5 |
| 鳥 取 県 | 553 | 527 | 503 | 479 | 454 | 430 | 406 | 86.5 | 73.3 |
| 島 根 県 | 671 | 640 | 610 | 581 | 553 | 525 | 497 | 86.6 | 74.1 |
| 岡 山 県 | 1,888 | 1,832 | 1,774 | 1,713 | 1,646 | 1,578 | 1,510 | 90.7 | 80.0 |
| 広 島 県 | 2,800 | 2,704 | 2,618 | 2,526 | 2,428 | 2,328 | 2,230 | 90.2 | 79.6 |
| 山 口 県 | 1,342 | 1,268 | 1,199 | 1,129 | 1,059 | 991 | 926 | 84.1 | 69.0 |
| 徳 島 県 | 720 | 679 | 640 | 601 | 561 | 520 | 481 | 83.5 | 66.8 |
| 香 川 県 | 950 | 911 | 875 | 838 | 800 | 762 | 724 | 88.2 | 76.2 |
| 愛 媛 県 | 1,335 | 1,267 | 1,203 | 1,139 | 1,074 | 1,008 | 945 | 85.3 | 70.8 |
| 高 知 県 | 692 | 648 | 608 | 568 | 528 | 488 | 451 | 82.1 | 65.2 |
| 福 岡 県 | 5,135 | 5,073 | 4,989 | 4,886 | 4,762 | 4,623 | 4,479 | 95.1 | 87.2 |
| 佐 賀 県 | 811 | 783 | 752 | 720 | 688 | 654 | 621 | 88.8 | 76.5 |
| 長 崎 県 | 1,312 | 1,230 | 1,159 | 1,086 | 1,012 | 940 | 869 | 82.7 | 66.2 |
| 熊 本 県 | 1,738 | 1,682 | 1,622 | 1,558 | 1,493 | 1,425 | 1,355 | 89.6 | 78.0 |
| 大 分 県 | 1,124 | 1,078 | 1,031 | 984 | 936 | 888 | 841 | 87.6 | 74.9 |
| 宮 崎 県 | 1,070 | 1,024 | 979 | 934 | 889 | 843 | 797 | 87.3 | 74.5 |
| 鹿児島県 | 1,588 | 1,518 | 1,448 | 1,378 | 1,309 | 1,240 | 1,171 | 86.8 | 73.7 |
| 沖 縄 県 | 1,467 | 1,462 | 1,459 | 1,451 | 1,438 | 1,419 | 1,391 | 98.9 | 94.8 |
| 減 少 県 | 39 | 46 | 46 | 46 | 46 | 47 | 47 | | |

出所：総務省「国勢調査」、国立社会保障・人口問題研究所

## 5 人口問題

### 図表 5-6 都道府県別高齢化の推移

| | 令和 4（2022）年 | | | 令和 27（2045）年 | 高齢化率の伸び（ポイント） |
|---|---|---|---|---|---|
| | 総人口（千人） | 65 歳以上人口（千人） | 高齢化率（％） | 高齢化率（％） | |
| 北海道 | 5,140 | 1,686 | 32.8 | 42.8 | 10.0 |
| 青森県 | 1,204 | 419 | 34.8 | 46.8 | 12.0 |
| 岩手県 | 1,181 | 408 | 34.6 | 43.2 | 8.6 |
| 宮城県 | 2,280 | 659 | 28.9 | 40.3 | 11.4 |
| 秋田県 | 930 | 359 | 38.6 | 50.1 | 11.5 |
| 山形県 | 1,041 | 362 | 34.8 | 43.0 | 8.2 |
| 福島県 | 1,790 | 586 | 32.7 | 44.2 | 11.5 |
| 茨城県 | 2,840 | 864 | 30.4 | 40.0 | 9.6 |
| 栃木県 | 1,909 | 572 | 29.9 | 37.3 | 7.4 |
| 群馬県 | 1,913 | 589 | 30.8 | 39.4 | 8.6 |
| 埼玉県 | 7,337 | 2,007 | 27.4 | 35.8 | 8.4 |
| 千葉県 | 6,266 | 1,753 | 28.0 | 36.4 | 8.4 |
| 東京都 | 14,038 | 3,202 | 22.8 | 30.7 | 7.9 |
| 神奈川県 | 9,232 | 2,383 | 25.8 | 35.2 | 9.4 |
| 新潟県 | 2,153 | 722 | 33.5 | 40.9 | 7.4 |
| 富山県 | 1,017 | 335 | 33.0 | 40.3 | 7.3 |
| 石川県 | 1,118 | 338 | 30.3 | 37.2 | 6.9 |
| 福井県 | 753 | 235 | 31.2 | 38.5 | 7.3 |
| 山梨県 | 802 | 252 | 31.5 | 43.0 | 11.5 |
| 長野県 | 2,020 | 657 | 32.5 | 41.7 | 9.2 |
| 岐阜県 | 1,946 | 604 | 31.0 | 38.7 | 7.7 |
| 静岡県 | 3,582 | 1,101 | 30.7 | 38.9 | 8.2 |
| 愛知県 | 7,495 | 1,920 | 25.6 | 33.1 | 7.5 |
| 三重県 | 1,742 | 531 | 30.5 | 38.3 | 7.8 |
| 滋賀県 | 1,409 | 378 | 26.8 | 34.3 | 7.5 |
| 京都府 | 2,550 | 755 | 29.6 | 37.8 | 8.2 |
| 大阪府 | 8,782 | 2,432 | 27.7 | 36.2 | 8.5 |
| 兵庫県 | 5,402 | 1,608 | 29.8 | 38.9 | 9.1 |
| 奈良県 | 1,306 | 423 | 32.4 | 41.1 | 8.7 |
| 和歌山県 | 903 | 307 | 34.0 | 39.8 | 5.8 |
| 鳥取県 | 544 | 180 | 33.1 | 38.7 | 5.6 |
| 島根県 | 658 | 229 | 34.7 | 39.5 | 4.8 |
| 岡山県 | 1,862 | 574 | 30.8 | 36.0 | 5.2 |
| 広島県 | 2,760 | 826 | 29.9 | 35.2 | 5.3 |
| 山口県 | 1,313 | 462 | 35.2 | 39.7 | 4.5 |
| 徳島県 | 704 | 246 | 35.0 | 41.5 | 6.5 |
| 香川県 | 934 | 302 | 32.4 | 38.3 | 5.9 |
| 愛媛県 | 1,306 | 443 | 33.9 | 41.5 | 7.6 |
| 高知県 | 676 | 244 | 36.1 | 42.7 | 6.6 |
| 福岡県 | 5,116 | 1,449 | 28.3 | 35.2 | 6.9 |
| 佐賀県 | 801 | 251 | 31.4 | 37.0 | 5.6 |
| 長崎県 | 1,283 | 435 | 33.9 | 40.6 | 6.7 |
| 熊本県 | 1,718 | 552 | 32.1 | 37.1 | 5.0 |
| 大分県 | 1,107 | 376 | 33.9 | 39.3 | 5.4 |
| 宮崎県 | 1,052 | 352 | 33.4 | 40.0 | 6.6 |
| 鹿児島県 | 1,563 | 523 | 33.5 | 40.8 | 7.3 |
| 沖縄県 | 1,468 | 344 | 23.5 | 31.4 | 7.9 |

資料：令和 4 年は総務省「人口推計」、令和 27 年は国立社会保障・人口問題研究所「日本の地域別将来推計人口（平成 30（2018）年推計）」

出所：総務省、国立社会保障・人口問題研究所

図表 5-7　世帯主の年齢階級別1世帯当たりの貯蓄残高、年間収入等

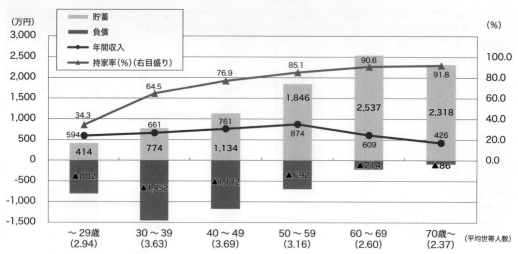

出所：総務省「家計調査（二人以上の世帯）」令和3年

5 人口問題

### 図表 5-8 世界人口の動向等

| | 昭和25（1950)年 | 令和2（2020)年 | 令和42（2060)年 ※中位推計 |
|---|---|---|---|
| 総 人 口 | 2,499,322 千人 | 7,840,953 千人 | 10,067,734 千人 |
| 65歳以上人口 | 128,208 千人 | 739,478 千人 | 1,882,275 千人 |
| 　先進地域 | 61,795 千人 | 245,874 千人 | 366,123 千人 |
| 　開発途上地域 | 66,413 千人 | 493,603 千人 | 1,516,152 千人 |
| 65歳以上人口比率 | 5.1 % | 9.4 % | 18.7 % |
| 　先進地域 | 7.7 % | 19.3 % | 29.5 % |
| 　開発途上地域 | 3.9 % | 7.5 % | 17.2 % |
| 平均寿命（男性） | 44.6 年 | 69.4 年 | 75.9 年 |
| 　同　　（女性） | 48.4 年 | 74.8 年 | 80.8 年 |
| 合計特殊出生率 | 4.86 | 2.35 | 2.06 |

資料：UN, World Population Prospects: The 2022 Revision

（注）先進地域とは、ヨーロッパ、北部アメリカ、日本、オーストラリア及びニュージーランドからなる地域をいう。開発途上地域とは、
　　　アフリカ、アジア（日本を除く）、中南米、メラネシア、ミクロネシア及びポリネシアからなる地域をいう。

出所：国連（UN）

図表 5-9　世界の高齢化率の推移

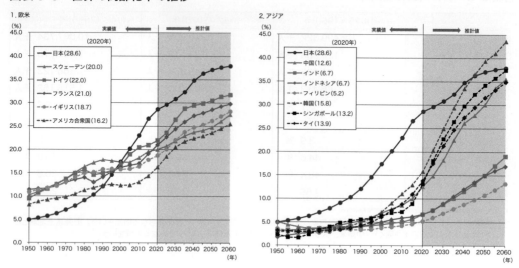

資料：UN, World Population Prospects: The 2022 Revision
ただし日本は、2020年までは総務省「国勢調査」、2025年以降は国立社会保障・人口問題研究所「日本の将来推計人口（令和5年推計）」の出生中位・死亡中位仮定による推計結果による。

出所：国連、総務省「国勢調査」など

## 図表 5-10 これまでの政府による少子化対策経緯

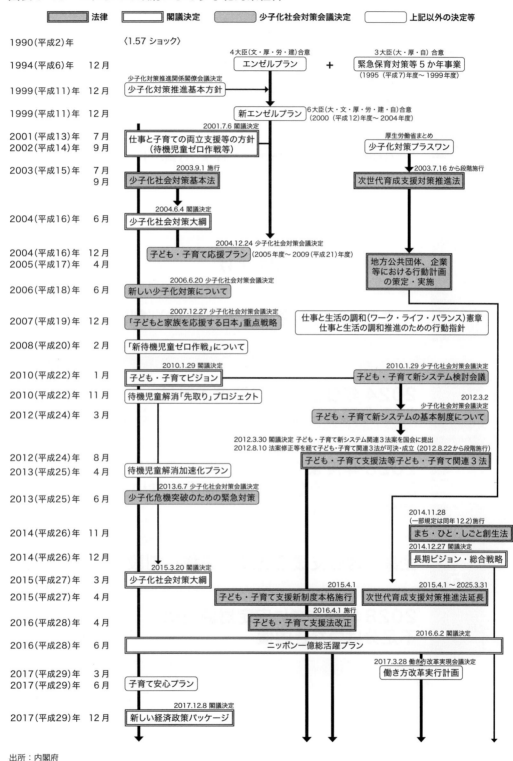

出所：内閣府

図表 5-11　少子化対策の主なメニュー（2023 年 12 月 22 日）

**具体策**

2024 年度にも児童手当を拡充。
所得制限を撤廃し高校卒業まで延長。
第 3 子は 0 歳から高校生まで月 3 万円

出産費用の保険適用導入の検討

奨学金制度の拡充

育休給付率の引き上げ

こども誰でも通園制度（仮称）創設

**財源の考え方**

2024 年度から 3 年間の予算は
年 3 兆円台半ば

2028 年度までに歳出改革を徹底し、
国民に実質的な追加負担を求めない。
増税はしない

企業を含む支援金制度（仮称）創設

2028 年度までに安定財源確保。
不足分はつなぎ国債

（注）こども未来戦略方針を基に作成

出所：閣議決定

図表 5-12　東京都への流入人口（2022 年）

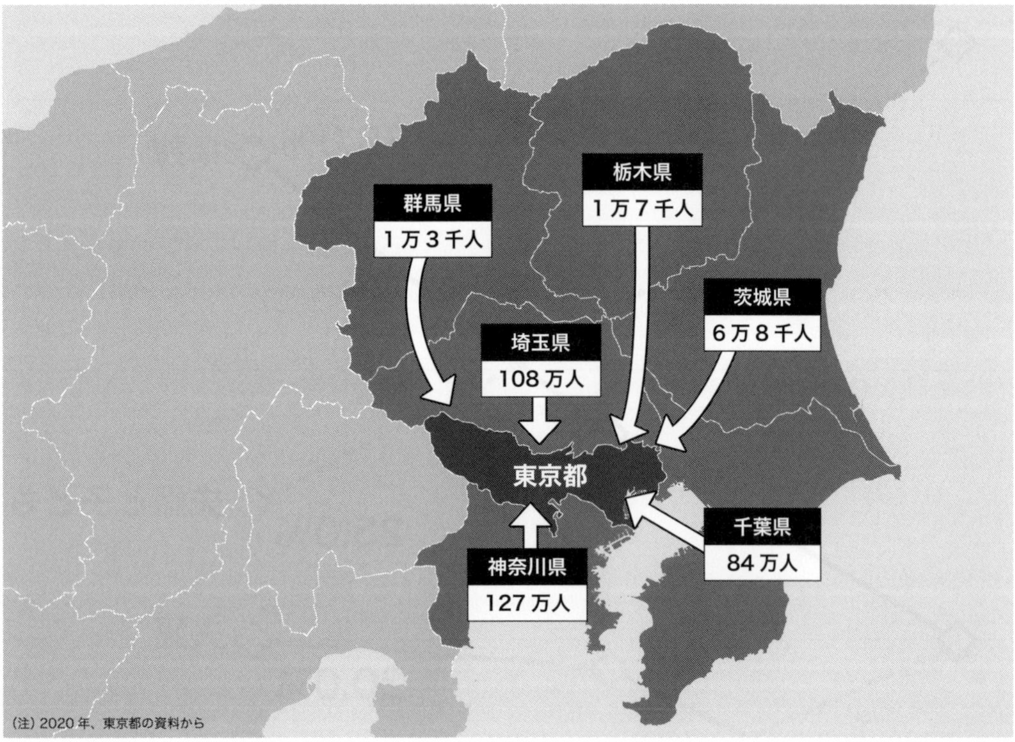

群馬県
1万3千人

栃木県
1万7千人

茨城県
6万8千人

埼玉県
108万人

東京都

千葉県
84万人

神奈川県
127万人

（注）2020 年、東京都の資料から

出所：東京都

図表5-13 単独世帯は4割に迫る（2024年1月13日）

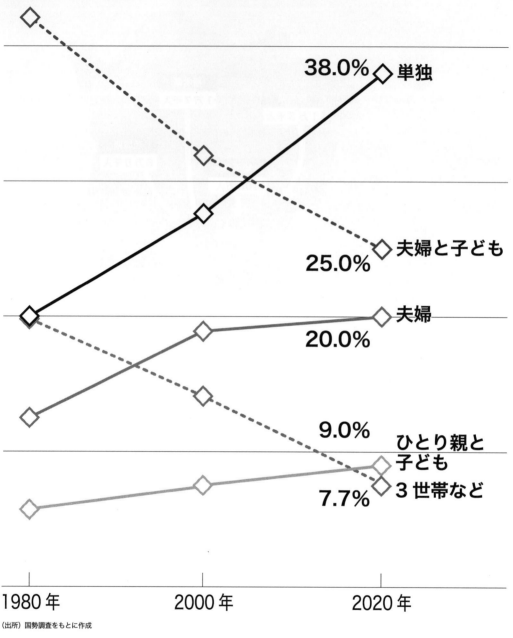

(出所) 国勢調査をもとに作成
出所：総務省「国勢調査」

5 人口問題

図表 5-14　外国人雇用状況（令和 3 年 10 月末現在）

## 労働者全体の状況について

外国人労働者数は 1,727,221 人（前年 1,724,328 人）。

前年比で 2,893 人増加し、届出が義務化されて以降、最高を更新したが、対前年増加率は 0.2% と、前年の 4.0% から 3.8 ポイントの減少。

国籍別では、ベトナムが最も多く 453,344 人（全体の 26.2%）。次いで中国 397,084 人（同 23.0%）、フィリピン 191,083 人（同 11.1%）の順。

在留資格別の対前年増加率をみると、「特定活動」が 44.7%、「専門的・技術的分野の在留資格」が 9.7%、「身分に基づく在留資格」が 6.2% であった一方、「技能実習」が -12.6%、「資格外活動」のうち「留学」が -12.7% となった。

## ○国籍別の状況

### 労働者数が多い上位 3 か国

| | | | |
|---|---|---|---|
| ・ベトナム | 453,344 人 | （全体の 26.2%） | （前年 443,998 人） |
| ・中国 | 397,084 人 | （同　　23.0%） | （同　419,431 人） |
| ・フィリピン | 191,083 人 | （同　　11.1%） | （同　184,750 人） |

### 対前年増加率が高い上位 3 か国

| | | | |
|---|---|---|---|
| ・ペルー | 31,381 人 | ［前年比 8.0% 増］ | （前年　29,054 人） |
| ・フィリピン | 191,083 人 | ［同　　3.4% 増］ | （同　184,750 人） |
| ・ブラジル | 134,977 人 | ［同　　2.9% 増］ | （同　131,112 人） |

## ○ 在留資格別の状況

### 労働者数が多い上位 3 資格

| | | | |
|---|---|---|---|
| ・身分に基づく在留資格 | 580,328 人 | （全体の 33.6%） | （前年 546,469 人） |
| ・専門的・技術的分野の在留資格 | 394,509 人 | （同　　22.8%） | （同　359,520 人） |
| ・技能実習 | 351,788 人 | （同　　20.4%） | （同　402,356 人） |

### 対前年増加率が高い上位 3 資格

| | | | |
|---|---|---|---|
| ・特定活動 | 65,928 人 | ［前年比 44.7% 増］ | （前年　45,565 人） |
| ・専門的・技術的分野の在留資格 | 394,509 人 | ［同　　9.7% 増］ | （同　359,520 人） |
| ・身分に基づく在留資格 | 580,328 人 | ［同　　6.2% 増］ | （同　546,469 人） |

## ○都道府県別の状況

### 労働者数が多い上位 3 都府県

| | | | |
|---|---|---|---|
| ・東京 | 485,382 人 | （全体の 28.1%） | （前年 496,954 人） |
| ・愛知 | 177,769 人 | （同　　10.3%） | （同　175,114 人） |
| ・大阪 | 111,862 人 | （同　　6.5%） | （同　117,596 人） |

### 対前年増加率が高い上位 3 県

| | | | |
|---|---|---|---|
| ・山梨 | 9,208 人 | ［前年比 10.1% 増］ | （前年　8,360 人） |
| ・茨城 | 43,340 人 | ［同　　9.8% 増］ | （同　39,479 人） |
| ・和歌山 | 3,390 人 | ［同　　8.8% 増］ | （同　3,115 人） |

出所：厚生労働省ホームページ

## 図表 5-15　残留外国人数（令和 5 年 6 月末）

> ・令和 5 年 6 月末の在留外国人数は 322 万 3,858 人（前年末比 14 万 8,645 人、4.8％増加）で、過去最高を更新

在留カード及び特別永住者証明書上に表記された国籍・地域の数は 195（無国籍を除く）でした。上位 10 か国・地域ではいずれも前年末に比べ増加しました。また、前年末 11 位だったミャンマーが 8 位となりました。

| | | | |
|---|---|---|---|
| (1) | 中国 | 788,495 人 | （+26,932 人） |
| (2) | ベトナム | 520,154 人 | （+30,842 人） |
| (3) | 韓国 | 411,748 人 | （+　436 人） |
| (4) | フィリピン | 309,943 人 | （+11,203 人） |
| (5) | ブラジル | 210,563 人 | （+ 1,133 人） |
| (6) | ネパール | 156,333 人 | （+16,940 人） |
| (7) | インドネシア | 122,028 人 | （+23,163 人） |
| (8) | ミャンマー | 69,613 人 | （+13,374 人） |
| (9) | アメリカ | 62,425 人 | （+ 1,621 人） |
| (10) | 台湾 | 60,220 人 | （+ 2,926 人） |

在留資格別では、「永住者」が最も多く、次いで、「技能実習」（注 3）、「技術・人文知識・国際業務」、「留学」、「特別永住者」の地位をもって在留する者となっています。

| | | | |
|---|---|---|---|
| (1) | 永住者 | 880,178 人 | （+16,242 人） |
| (2) | 技能実習 | 358,159 人 | （+33,219 人） |
| (3) | 技術・人文知識・国際業務 | 346,116 人 | （+34,155 人） |
| (4) | 留学 | 305,916 人 | （+ 5,278 人） |
| (5) | 特別永住者 | 284,807 人 | （− 4,173 人） |

在留外国人数が最も多いのは東京都の 62 万 7,183 人（前年末に比べ 3 万 1,035 人（5.2％）増）で全国の 19.5％を占め、以下、愛知県、大阪府、神奈川県、埼玉県と続いています。

| | | | |
|---|---|---|---|
| (1) | 東京都 | 627,183 人 | （+31,035 人） |
| (2) | 愛知県 | 297,248 人 | （+10,644 人） |
| (3) | 大阪府 | 285,272 人 | （+12,823 人） |
| (4) | 神奈川県 | 256,738 人 | （+10,948 人） |
| (5) | 埼玉県 | 221,835 人 | （+ 9,211 人） |

（注 1）「中長期在留者」とは、入管法上の在留資格をもって我が国に在留する外国人のうち、次の（1）から（4）までのいずれにも当てはまらない人です。
　　　　なお、次の（5）及び（6）に該当する人も中長期在留者には当たりません。
　　　　（1）「3 月」以下の在留期間が決定された人
　　　　（2）「短期滞在」の在留資格が決定された人
　　　　（3）「外交」又は「公用」の在留資格が決定された人
　　　　（4）（1）から（3）までに準ずるものとして法務省令で定める人（「特定活動」の在留資格が決定された台湾日本関係協会の本邦の事務所若しくは駐日パレスチナ総代表部の職員又はその家族の方）
　　　　（5）特別永住者
　　　　（6）在留資格を有しない人
（注 2）性別「その他」とは、旅券上の性別の記載に基づき、在留カードの性別表記が空欄となっている場合をいいます。
（注 3）技能実習は在留資格「技能実習 1 号イ、1 号ロ、2 号イ、2 号ロ、3 号イ及び 3 号ロ」の合算です。
（注 4）本資料における各割合値（％）は、表示桁数未満を四捨五入しています。

出所：出入国残留管理庁

## 図表 5-16 「非正規雇用」の現状と課題

### 【正規雇用労働者と非正規雇用労働者の推移】

○正規雇用労働者は、2015年に8年ぶりにプラスに転じ、9年連続で増加しています。
○非正規雇用労働者は、2010年以降増加が続き、2020年以降減少しましたが、2022年以降は増加しています。

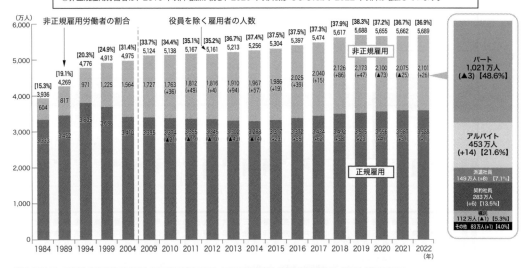

(備考) 1999年までは総務省「労働力調査（特別調査）」（2月調査）長期時系列表9、2004年以降は総務省「労働力調査（詳細集計）」（年平均）長期時系列表10
(注) 1) 2009年の数値は、2010年国勢調査の確定人口に基づく推計人口への切替による遡及集計した数値（割合は除く）。
2) 2010年から2014年までの数値は、2015年国勢調査の確定人口に基づく推計人口への切替による遡及集計した数値（割合は除く）。
3) 2015年から2021年までの数値は、2020年国勢調査の確定人口（新基準）への切替による遡及集計した数値（割合は除く）。
4) 2011年の数値、割合は、被災3県の補完推計値を用いて計算した値（2015年国勢調査基準）。
5) 雇用形態の区分は、勤め先での「呼称」によるもの。
6) 正規雇用労働者：勤め先での呼称が「正規の職員・従業員」である者。
7) 非正規雇用労働者：勤め先での呼称が「パート」「アルバイト」「労働者派遣事業所の派遣社員」「契約社員」「嘱託」「その他」である者。
8) 割合は、正規雇用労働者と非正規雇用労働者の合計に占める割合。

### 【賃金カーブ（時給ベース）】

○非正規雇用労働者は、正規雇用労働者に比べ、賃金が低いという課題があります。

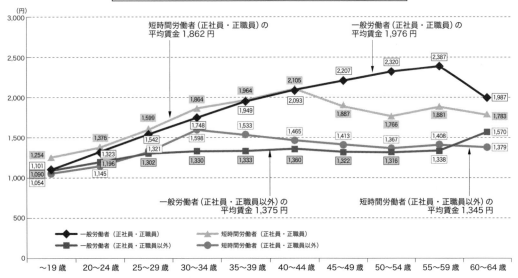

(備考) 厚生労働省「賃金構造基本統計調査」雇用形態別第1表（一般労働者、短時間労働者）より雇用環境・均等局作成
(注) 1) 賃金は、2022年6月分の所定内給与額。
2) 一般労働者：常用労働者のうち、「短時間労働者」以外の者。一般労働者の平均賃金は、所定内給与額を所定内実労働時間数で除した値。
3) 短時間労働者：同一事業所の一般の労働者より1日の所定労働時間が短い又は1日の所定労働時間が同じでも1週の所定労働日数が少ない労働者。
4) 正社員・正職員：事業所で正社員・正職員とする者。正社員・正職員以外：事業所で正社員・正職員以外の者。
5) 一部の労働者（特に短時間労働者）の賃金については、所定内実労働時間数の長短により影響を大きく受ける場合があることに留意が必要。

出所：総務省、厚生労働省

## 図表 5-17　都道府県別転入超過数（2022、2023年）

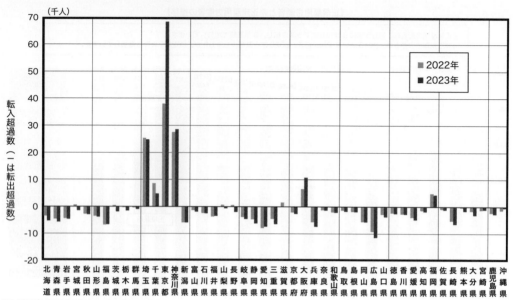

**転入超過は東京都など7都府県。東京都が最も拡大**
- 都道府県別の転入超過数をみると、転入超過となっているのは東京都、神奈川県、埼玉県など7都府県
- 転入超過数が最も拡大しているのは東京都（3万262人）
- 転出超過数は広島県が最も多く、最も拡大
- 長野県、茨城県、宮城県及び山梨県は前年の転入超過から転出超過へ転じる

出所：総務省

図表 5-18　3大都市圏の転入超過数の推移（1954～2023年）

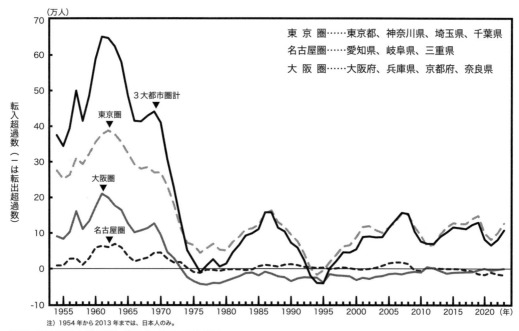

注）1954年から2013年までは、日本人のみ。

- 3大都市圏（東京圏、名古屋圏及び大阪圏）の転入超過数をみると、3大都市圏全体では10万7,635人の転入超過。前年に比べ2万6,681人の拡大
- 東京圏は12万6,515人の転入超過。前年に比べ2万6,996人の拡大
- 名古屋圏は1万8,321人の転出超過。前年に比べ2,103人の拡大
- 大阪圏は559人の転出超過。前年に比べ1,788人の縮小

出所：総務省

## 図表 5-19　転入超過数の多い上位 20 市町村（2023 年）

(人)

| 順位 | | 市町村 | 2023 年 | 2022 年 | 対前年増減数 | 順位 | | 市町村 | 2023 年 | 2022 年 | 対前年増減数 |
|---|---|---|---|---|---|---|---|---|---|---|---|
| 1 | ( 1) | 東京都特別区部（東京都） | 53,899 | 21,420 | 32,479 | 11 | (12) | 相模原市（神奈川県） | 2,321 | 3,110 | -789 |
| 2 | ( 3) | 大阪市（大阪府） | 12,966 | 9,103 | 3,863 | 12 | (10) | 船橋市（千葉県） | 2,318 | 3,172 | -854 |
| 3 | ( 5) | 横浜市（神奈川県） | 9,731 | 8,426 | 1,305 | 13 | (30) | 川口市（埼玉県） | 2,292 | 1,364 | 928 |
| 4 | ( 4) | 札幌市（北海道） | 8,933 | 8,913 | 20 | 14 | ( 7) | つくば市（茨城県） | 2,094 | 3,818 | -1,724 |
| 5 | ( 6) | 福岡市（福岡県） | 8,911 | 6,031 | 2,880 | 15 | (15) | 町田市（東京都） | 2,023 | 2,784 | -761 |
| 6 | ( 2) | さいたま市（埼玉県） | 7,631 | 9,282 | -1,651 | 16 | (27) | 松戸市（千葉県） | 1,888 | 1,545 | 343 |
| 7 | (17) | 川崎市（神奈川県） | 5,475 | 2,209 | 3,266 | 17 | (31) | 明石市（兵庫県） | 1,785 | 1,215 | 570 |
| 8 | ( 8) | 千葉市（千葉県） | 5,088 | 3,519 | 1,569 | 18 | (13) | 仙台市（宮城県） | 1,659 | 2,938 | -1,279 |
| 9 | (26) | 茅ヶ崎市（神奈川県） | 2,520 | 1,560 | 960 | 19 | (11) | 八王子市（東京都） | 1,637 | 3,161 | -1,524 |
| 10 | (25) | 平塚市（神奈川県） | 2,499 | 1,567 | 932 | 20 | (14) | 流山市（千葉県） | 1,627 | 2,786 | -1,159 |

注1）（　）内の数字は2022年の順位。
注2）東京都特別区部は1市として扱う。

**転入超過数が最も多いのは東京都特別区部**
●全国1,719市町村[注1]のうち、転入超過[注2]は511市町村で、全市町村の29.7%
　転出超過は1,208市町村で、全市町村の70.3%
●転入超過数が最も多い市町村は東京都特別区部（5万3,899人）、次いで大阪府大阪市（1万2,966人）、神奈川県横浜市（9,731人）など

注1）東京都特別区部は1市として扱う。
注2）転入超過数0の市町村（2町）については転入超過に含める。

出所：総務省

## 5 人口問題

### 図表 5-20　年齢 3 区分別転入超過数の多い上位 20 市町村（2023 年）

| 順位 | 0～14 歳 | 転入超過数（人） | 順位 | 15～64 歳 | 転入超過数（人） | 順位 | 65 歳以上 | 転入超過数（人） |
|---|---|---|---|---|---|---|---|---|
| 1 | さいたま市（埼玉県） | 988 | 1 | 東京都特別区部（東京都） | 74,309 | 1 | 札幌市（北海道） | 2,404 |
| 2 | 町田市（東京都） | 856 | 2 | 大阪市（大阪府） | 16,171 | 2 | 福岡市（福岡県） | 722 |
| 3 | 茅ヶ崎市（神奈川県） | 668 | 3 | 横浜市（神奈川県） | 10,200 | 3 | さいたま市（埼玉県） | 702 |
| 4 | つくば市（茨城県） | 535 | 4 | 川崎市（神奈川県） | 8,272 | 4 | 八王子市（東京都） | 504 |
| 5 | 札幌市（北海道） | 517 | 5 | 福岡市（福岡県） | 7,929 | 5 | 名古屋市（愛知県） | 483 |
| 6 | 八王子市（東京都） | 487 | 6 | 札幌市（北海道） | 6,012 | 6 | 千葉市（千葉県） | 446 |
| 7 | 箕面市（大阪府） | 466 | 7 | さいたま市（埼玉県） | 5,941 | 7 | 相模原市（神奈川県） | 443 |
| 7 | 明石市（兵庫県） | 466 | 8 | 千葉市（千葉県） | 4,302 | 8 | 高崎市（群馬県） | 428 |
| 9 | 柏市（千葉県） | 429 | 9 | 名古屋市（愛知県） | 2,750 | 9 | 青梅市（東京都） | 423 |
| 10 | 都城市（宮崎県） | 415 | 10 | 川口市（埼玉県） | 2,669 | 10 | 仙台市（宮城県） | 408 |
| 11 | 平塚市（神奈川県） | 368 | 11 | 船橋市（千葉県） | 2,293 | 11 | 柏市（千葉県） | 310 |
| 12 | 印西市（千葉県） | 367 | 12 | 市川市（千葉県） | 2,285 | 11 | 平塚市（神奈川県） | 310 |
| 13 | 奈良市（奈良県） | 360 | 13 | 平塚市（神奈川県） | 1,821 | 13 | 深谷市（埼玉県） | 290 |
| 14 | 千葉市（千葉県） | 340 | 14 | 尼崎市（兵庫県） | 1,802 | 14 | つくば市（茨城県） | 285 |
| 15 | 草津市（滋賀県） | 326 | 15 | 松戸市（千葉県） | 1,774 | 15 | 松山市（愛媛県） | 275 |
| 16 | 枚方市（大阪府） | 323 | 16 | 相模原市（神奈川県） | 1,763 | 16 | 熊本市（熊本県） | 265 |
| 17 | 江別市（北海道） | 322 | 17 | 茅ヶ崎市（神奈川県） | 1,701 | 17 | 旭川市（北海道） | 256 |
| 18 | 糸島市（福岡県） | 320 | 18 | 仙台市（宮城県） | 1,394 | 18 | 前橋市（群馬県） | 244 |
| 19 | 野田市（千葉県） | 304 | 19 | 明石市（兵庫県） | 1,365 | 19 | 太田市（群馬県） | 232 |
| 20 | 大津市（滋賀県） | 303 | 20 | 流山市（千葉県） | 1,285 | 20 | 奈良市（奈良県） | 229 |

注）東京都特別区部は 1 市として扱う。

●年齢 3 区分別の転入超過数は、0～14 歳は埼玉県さいたま市、15～64 歳は東京都特別区部、65 歳以上は北海道札幌市が最も多い

※本報告は、日本国内における人口移動の情報を集計したもので、国外からの転入者及び国外への転出者は含まれていません。
　したがって、転入超過数は、社会動態の全体を表したものではないため、御留意願います。
社会動態＝入国超過数（国外からの転入－国外への転出）＋転入超過数（国内移動の転入者数－国内移動の転出者数）

出所：総務省

## 図表 5-21　3 大都市圏の転入超過数の推移（日本人移動者）2014 ～ 2023 年

| 区分 | 2014 年 | 2015 年 | 2016 年 | 2017 年 | 2018 年 | 2019 年 | 2020 年 | 2021 年 | 2022 年 | 2023 年 |
|---|---|---|---|---|---|---|---|---|---|---|
| 3 大都市圏全体 | | | | | | | | | | |
| 　転入者数 | 782,086 | 813,906 | 795,328 | 796,693 | 808,772 | 816,306 | 767,651 | 751,990 | 766,689 | 777,968 |
| 　転出者数 | 685,203 | 704,993 | 689,158 | 690,718 | 688,519 | 686,102 | 683,039 | 688,293 | 689,620 | 676,517 |
| 　転入超過数 | 96,883 | 108,913 | 106,170 | 105,975 | 120,253 | 130,204 | 84,612 | 63,697 | 77,069 | 101,451 |
| 東京圏 | | | | | | | | | | |
| 　転入者数 | 468,576 | 487,251 | 477,790 | 481,289 | 491,003 | 497,660 | 459,096 | 446,808 | 459,077 | 468,064 |
| 　転出者数 | 359,168 | 367,894 | 359,922 | 361,510 | 355,403 | 352,084 | 361,091 | 366,367 | 364,666 | 353,262 |
| 　転入超過数 | 109,408 | 119,357 | 117,868 | 119,779 | 135,600 | 145,576 | 98,005 | 80,441 | 94,411 | 114,802 |
| 名古屋圏 | | | | | | | | | | |
| 　転入者数 | 118,208 | 122,609 | 119,006 | 117,509 | 118,026 | 116,168 | 111,015 | 110,481 | 110,642 | 110,286 |
| 　転出者数 | 119,011 | 123,699 | 121,369 | 122,488 | 125,466 | 127,683 | 123,290 | 121,718 | 124,351 | 123,872 |
| 　転入超過数 | -803 | -1,090 | -2,363 | -4,979 | -7,440 | -11,515 | -12,275 | -11,237 | -13,709 | -13,586 |
| 大阪圏 | | | | | | | | | | |
| 　転入者数 | 195,302 | 204,046 | 198,532 | 197,895 | 199,743 | 202,478 | 197,540 | 194,701 | 196,970 | 199,618 |
| 　転出者数 | 207,024 | 213,400 | 207,867 | 206,720 | 207,650 | 206,335 | 198,658 | 200,208 | 200,603 | 199,383 |
| 　転入超過数 | -11,722 | -9,354 | -9,335 | -8,825 | -7,907 | -3,857 | -1,118 | -5,507 | -3,633 | 235 |

注1）「-」は転出超過を表す。
注2）東京圏：東京都、神奈川県、埼玉県、千葉県
　　　名古屋圏：愛知県、岐阜県、三重県
　　　大阪圏：大阪府、兵庫県、京都府、奈良県
注3）3 大都市圏全体は、各大都市圏の単純合計

出所：総務省

# 6

Theme

# 食糧（食料）・農業問題

| | |
|---|---|
| 図表 6-1 | コメ、畜産物、油脂類の 1 人 1 年当たり消費量の変化 |
| 図表 6-2 | 食料消費構造の品目別供給熱量と自給率推移 |
| 図表 6-3 | 我が国の供給カロリーの国別構成（2021 年度） |
| 図表 6-4 | 農林水産物の輸出入額（2021 年） |
| 図表 6-5 | 農林水産物の輸出入額の推移（2002 〜 2021 年） |
| 図表 6-6 | 2022 年の農林水産物・食品の輸出額上位 20 カ国＋ EU |
| 図表 6-7 | 海外からの日本への主な農産物輸入ルート |
| 図表 6-8 | 農地面積の推移 |
| 図表 6-9 | 基幹的農業従事者数の推移 |

図表6-1 コメ、畜産物、油脂類の1人1年当たり消費量の変化

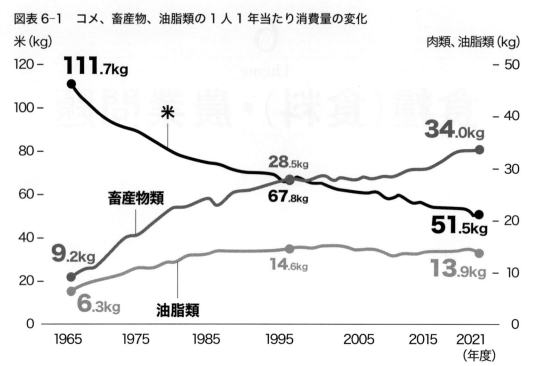

資料：農林水産省「食料需給表」を加工して作成　注：1人・1年あたり供給純食料を記載
出所：農林水産省

## 6 食糧（食料）・農業問題

図表 6-2 食料消費構造の品目別供給熱量と自給率推移

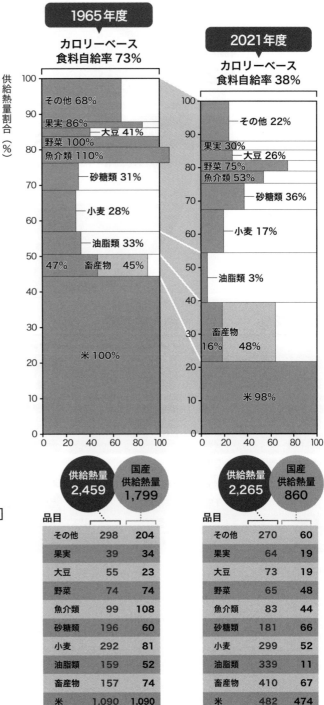

資料：農林水産省「昭和40年度と令和2年度の食料消費構造の比較」を加工して作成
出所：農林水産省

図表 6-3　我が国の供給カロリーの国別構成（2021年度）

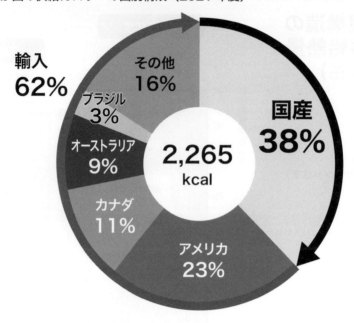

2021年度

**国産 38%**

| 米 | 21% |
|---|---|
| 砂糖類 | 3% |
| 小麦 | 2% |
| 野菜 | 2% |
| 魚介類 | 2% |
| 牛乳・乳製品 | 2% |
| いも類・でん粉 | 2% |
| 果実 | 1% |
| 大豆 | 1% |
| その他 | 3% |

**輸入 62%**

**アメリカ 23%**

| とうもろこし | 10% |
|---|---|
| 小麦 | 5% |
| 大豆 | 4% |
| 飼料作物 | 1% |
| その他 | 4% |

**カナダ 11%**

| なたね | 5% |
|---|---|
| 小麦 | 4% |
| その他 | 2% |

**オーストラリア 9%**

| 砂糖類 | 4% |
|---|---|
| 小麦 | 2% |
| なたね | 1% |
| 乳製品 | 1% |
| その他 | 1% |

**ブラジル 3%**

| とうもろこし | 2% |
|---|---|
| 大豆 | 1% |
| その他 | 1% |

**その他 16%**

| マレーシア | 3% |
|---|---|
| EU | 2% |
| 中国 | 2% |
| インドネシア | 2% |
| タイ | 1% |
| アルゼンチン | 1% |
| ニュージーランド | 1% |
| フィリピン | 1% |
| 南アフリカ | 1% |
| その他 | 2% |

出所：農林水産省

6 食糧（食料）・農業問題

図表 6-4　農林水産物の輸出入額（2021 年）

単位：億円

| 区　　分 | | 2021年 | 2020年 | 2021年 / 2020年 増減率(%) |
|---|---|---|---|---|
| 輸出 | **農林水産物** | 11,626 | 9,256 | 25.6 |
| | 農　産　物 | 8,041 | 6,552 | 22.7 |
| | 林　産　物 | 570 | 429 | 32.8 |
| | 水　産　物 | 3,015 | 2,276 | 32.5 |
| | （参考）総　額 | 830,914 | 683,991 | 21.5 |
| 輸入 | **農林水産物** | 101,796 | 88,965 | 14.4 |
| | 農　産　物 | 70,402 | 62,129 | 13.3 |
| | 林　産　物 | 15,280 | 12,188 | 25.4 |
| | 水　産　物 | 16,114 | 14,649 | 10.0 |
| | （参考）総　額 | 848,750 | 680,108 | 24.8 |
| 収支 | **農林水産物** | △ 90,170 | △ 79,709 | 13.1 |
| | （参考）総　額 | △ 17,836 | 3,883 | － |

資料：財務省「貿易統計」を基に農林水産省にて作成。
（参考）総額は、鉱工業品も含めた全ての品目の総計。

出所：農林水産省

図表6-5　農林水産物の輸出入額の推移（2002～2012年）

注：総輸出額は、鉱工業品も含めた全ての品目の総計。

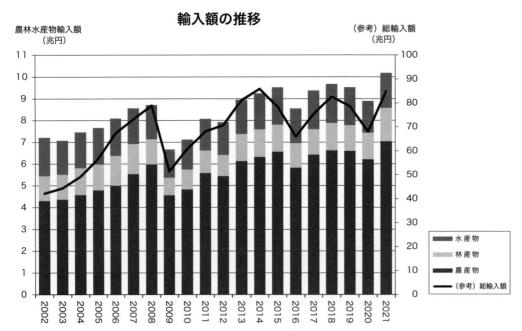

注：総輸入額は、鉱工業品も含めた全ての品目の総計。
出所：農林水産省

6 食糧（食料）・農業問題

## 図表 6-6　2022 年の農林水産物・食品の輸出額上位 20 カ国＋ EU

| 順位 | 輸出先国 | 輸出額(億円) | 前年比(%) | 構成比(%) | 輸出額内訳(億円) | | | 主な輸出品目 | | |
|---|---|---|---|---|---|---|---|---|---|---|
| | | | | | 農産物 | 林産物 | 水産物 | 1位 | 2位 | 3位 |
| 1 | 中華人民共和国 | 2,782 | +25.1 | 20.8 | 1,671 | 241 | 871 | ホタテ貝 | アルコール飲料 | 丸太 |
| 2 | 香港 | 2,086 | ▲ 4.8 | 15.6 | 1,315 | 16 | 755 | 真珠（天然・養殖） | アルコール飲料 | ホタテ貝（調製） |
| 3 | アメリカ合衆国 | 1,939 | +15.2 | 14.5 | 1,323 | 76 | 539 | アルコール飲料 | ぶり | ソース混合調味料 |
| 4 | 台湾 | 1,489 | +19.6 | 11.1 | 1,102 | 41 | 346 | りんご | アルコール飲料 | ホタテ貝 |
| 5 | ベトナム | 724 | +23.8 | 5.4 | 500 | 9 | 216 | 粉乳 | さば | 清涼飲料水 |
| 6 | 大韓民国 | 667 | +26.6 | 5.0 | 378 | 44 | 244 | ホタテ貝 | アルコール飲料 | たい |
| 7 | シンガポール | 554 | +35.3 | 4.1 | 451 | 6 | 96 | アルコール飲料 | 牛肉 | 小麦粉 |
| 8 | タイ | 506 | +14.9 | 3.8 | 262 | 9 | 235 | いわし | 豚の皮 | さば |
| 9 | フィリピン | 314 | +51.6 | 2.3 | 135 | 150 | 29 | 合板 | 製材 | たばこ |
| 10 | オーストラリア | 292 | +27.1 | 2.2 | 250 | 3 | 39 | アルコール飲料 | 清涼飲料水 | ソース混合調味料 |
| 11 | マレーシア | 234 | +33.5 | 1.7 | 186 | 3 | 45 | アルコール飲料 | 粉乳 | 牛肉 |
| 12 | オランダ | 228 | +17.0 | 1.7 | 152 | 5 | 72 | ホタテ貝 | アルコール飲料 | 牛肉 |
| 13 | カナダ | 176 | +24.4 | 1.3 | 141 | 2 | 33 | アルコール飲料 | 緑茶 | ソース混合調味料 |
| 14 | フランス | 133 | +5.1 | 1.0 | 122 | 2 | 9 | アルコール飲料 | ペプトン等 | 果汁 |
| 15 | ドイツ | 107 | ▲ 7.1 | 0.8 | 95 | 2 | 10 | 緑茶 | ラノリン | ソース混合調味料 |
| 16 | カンボジア | 107 | ▲ 45.2 | 0.8 | 104 | 0 | 2 | 牛肉 | 粉乳 | 豚の皮 |
| 17 | インドネシア | 106 | ▲ 2.5 | 0.8 | 58 | 8 | 40 | かつお・まぐろ類 | さば | 観賞用魚 |
| 18 | イギリス | 95 | +30.8 | 0.7 | 84 | 2 | 9 | アルコール飲料 | ソース混合調味料 | 牛肉 |
| 19 | アラブ首長国連邦 | 76 | +32.2 | 0.6 | 62 | 1 | 13 | 清涼飲料水 | 牛肉 | ソース混合調味料 |
| 20 | マカオ | 62 | +15.0 | 0.5 | 40 | 0 | 21 | アルコール飲料 | 真珠（天然・養殖） | 牛肉 |
| — | EU | 680 | +8.2 | 5.1 | 535 | 16 | 129 | アルコール飲料 | ホタテ貝 | ソース混合調味料 |
| — | 世界 | 13,372 | +15.0 | 100.0 | 8,862 | 638 | 3,873 | アルコール飲料 | ホタテ貝 | 牛肉 |
| — | 少額貨物 | 767 | +1.5 | — | — | — | — | — | — | — |
| — | 世界(少額貨物等含む) | 14,140 | +14.2 | — | — | — | — | — | — | — |

出所：農林水産省

図表6-7　海外からの日本への主な農産物輸入ルート

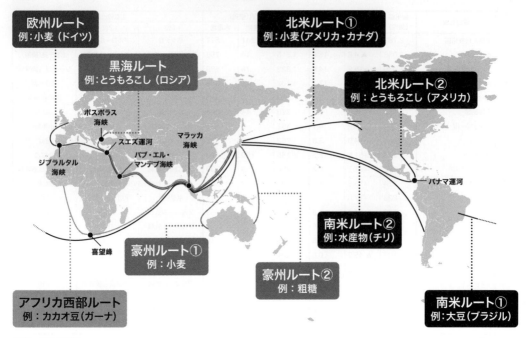

出所：農林水産省

### 図表 6-8　農地面積の推移

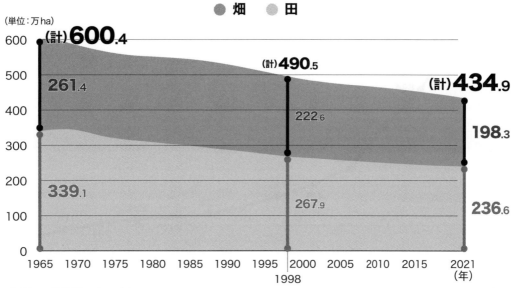

資料:「耕地および作付面積統計」を加工して作成
出所:農林水産省

図表6-9 基幹的農業従事者数の推移

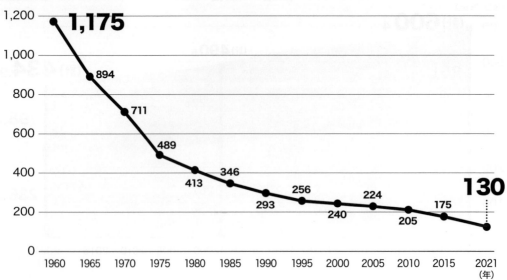

資料：農林水産省「農林業センサス」を加工して作成

出所：農林水産省

# 7

Theme

# 医療

図表 7-1　　国民皆保険制度の意義

図表 7-2　　我が国の医療制度の概要

図表 7-3　　制度区分別国民医療費

図表 7-4　　財源別国民医療費

図表 7-5　　国民医療費・対国内総生産（GDP）比率の年次推移

図表 7-6　　国民医療費の構造（令和 3 年度）

図表 7-7　　人類は感染症との闘いを繰り返してきた

図表 7-8　　新型コロナウイルス（COVID-19）統計情報

図表 7-9　　病床数、医師数等の国際比較（2017 年）

図表 7-10　　主要国の医療保険制度の概要

図表 7-1　国民皆保険制度の意義

## 国民皆保険制度の意義

○ 我が国は、国民皆保険制度を通じて世界最高レベルの平均寿命と保健医療水準を実現。
○ 今後とも現行の社会保険方式による国民皆保険を堅持し、国民の安全・安心な暮らしを保障していくことが必要。

【日本の国民皆保険制度の特徴】

① 国民全員を公的医療保険で保障。
② 医療機関を自由に選べる。(フリーアクセス)
③ 安い医療費で高度な医療。
④ 社会保険方式を基本としつつ、皆保険を維持するため、公費を投入。

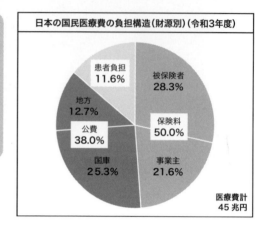

日本の国民医療費の負担構造(財源別)(令和3年度)

患者負担 11.6%
被保険者 28.3%
保険料 50.0%
事業主 21.6%
国庫 25.3%
公費 38.0%
地方 12.7%
医療費計 45兆円

出所：厚生労働省

## 図表7-2 我が国の医療制度の概要

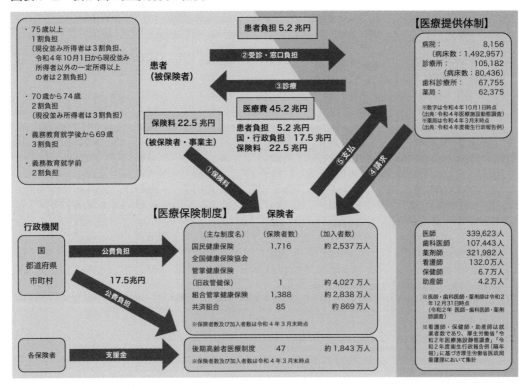

出所：厚生労働省

## 図表 7-3　制度区分別国民医療費

| 制 度 区 分 | 令和3年度（2021） | | 令和2年度（2020） | | 対前年度 | |
|---|---|---|---|---|---|---|
| | 国民医療費<br>（億円） | 構成割合<br>（%） | 国民医療費<br>（億円） | 構成割合<br>（%） | 増減額<br>（億円） | 増減率<br>（%） |
| 総　　　　　　数 | <u>450 359</u> | 100.0 | 429 665 | 100.0 | 20 694 | 4.8 |
| 公費負担医療給付分 | 33 136 | 7.4 | 31 222 | 7.3 | 1 914 | 6.1 |
| 医 療 保 険 等 給 付 分 | 205 706 | 45.7 | 193 653 | 45.1 | 12 053 | 6.2 |
| 医　療　保　険 | 202 569 | 45.0 | 190 562 | 44.4 | 12 007 | 6.3 |
| 被 用 者 保 険 | 111 508 | 24.8 | 102 934 | 24.0 | 8 574 | 8.3 |
| 被 保 険 者 | 62 134 | 13.8 | 57 532 | 13.4 | 4 602 | 8.0 |
| 被 扶 養 者 | 41 341 | 9.2 | 38 119 | 8.9 | 3 222 | 8.5 |
| 高 齢 者[1] | 8 033 | 1.8 | 7 283 | 1.7 | 750 | 10.3 |
| 国 民 健 康 保 険 | 91 060 | 20.2 | 87 628 | 20.4 | 3 432 | 3.9 |
| 高 齢 者 以 外 | 54 145 | 12.0 | 53 640 | 12.5 | 505 | 0.9 |
| 高 齢 者[1] | 36 915 | 8.2 | 33 988 | 7.9 | 2 927 | 8.6 |
| そ　　の　　他[2] | 3 137 | 0.7 | 3 091 | 0.7 | 46 | 1.5 |
| 後期高齢者医療給付分 | 157 246 | 34.9 | 152 868 | 35.6 | 4 378 | 2.9 |
| 患 者 等 負 担 分 | 54 270 | 12.1 | 51 922 | 12.1 | 2 348 | 4.5 |

注：1）被用者保険及び国民健康保険適用の高齢者は 70 歳以上である。
　　2）労働者災害補償保険法、国家公務員災害補償法、地方公務員災害補償法、独立行政法人日本スポーツ振興センター法、防衛省の職員の給
　　　　与等に関する法律、公害健康被害の補償等に関する法律及び健康被害救済制度による救済給付等の医療費である。

出所：厚生労働省

## 7 医療

### 図表 7-4 財源別国民医療費

| 財　　　　源 | 令和3年度（2021） | | 令和2年度（2020） | | 対前年度 | |
|---|---|---|---|---|---|---|
| | 国民医療費<br>（億円） | 構成割合<br>（%） | 国民医療費<br>（億円） | 構成割合<br>（%） | 増減額<br>（億円） | 増減率<br>（%） |
| 総　　　　　　数 | <u>450 359</u> | 100.0 | 429 665 | 100.0 | 20 694 | 4.8 |
| 公　　　　費 | 171 025 | 38.0 | 164 991 | 38.4 | 6 034 | 3.7 |
| 国　　　庫 | 114 027 | 25.3 | 110 245 | 25.7 | 3 782 | 3.4 |
| 地　　　方 | 56 998 | 12.7 | 54 746 | 12.7 | 2 252 | 4.1 |
| 保　　険　　料 | 224 957 | 50.0 | 212 641 | 49.5 | 12 316 | 5.8 |
| 事　業　主 | 97 376 | 21.6 | 91 483 | 21.3 | 5 893 | 6.4 |
| 被　保　険　者 | 127 581 | 28.3 | 121 159 | 28.2 | 6 422 | 5.3 |
| そ　の　他 | 54 378 | 12.1 | 52 033 | 12.1 | 2 345 | 4.5 |
| 患者負担（再掲） | 52 094 | 11.6 | 49 516 | 11.5 | 2 578 | 5.2 |

注：その他は患者負担及び原因者負担（公害健康被害の補償等に関する法律及び健康被害救済制度による救済給付等）である。

出所：厚生労働省

図表 7-5　国民医療費・対国内総生産（GDP）比率の年次推移

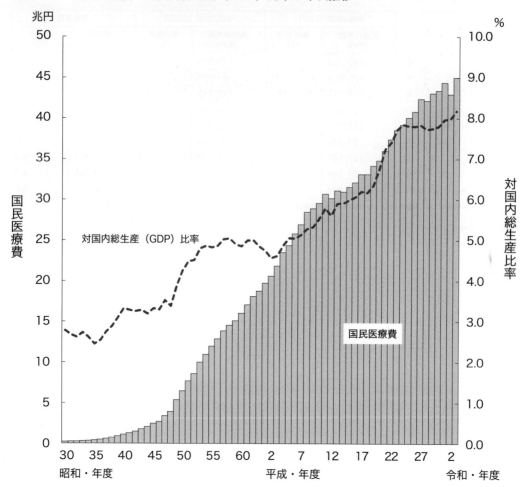

出所：厚生労働省

7 医療

## 図表 7-6 国民医療費の構造（令和3年度）

[国民医療費総額　45兆359億円、人口一人当たり国民医療費　358,800円]

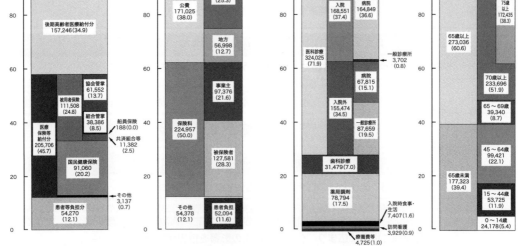

注：1）括弧なし数値は推計額（単位：億円）、括弧内の数値は構成割合（単位：％）である。
　　2）制度区分別国民医療費は令和3年度内の診療についての支払確定額を積み上げたものである（ただし、患者等負担分は推計値である）。

出所：厚生労働省

**図表 7-7　人類は感染症との闘いを繰り返してきた**

| | | |
|---|---|---|
| 14 世紀 | ペスト | 欧州で流行し、全人口の 3 分の 1 の人が亡くなったとされる<br>16 〜 17 世紀に繰り返し発生 |
| 17 〜 18 世紀 | 天然痘 | 米国やインドで流行 |
| 19 世紀 | 結核 | 産業革命とともに猛威をふるう |

| 1918 年 | スペイン風邪（インフルエンザ） |
|---|---|
| | 第 1 次世界大戦の終結を早めるきっかけになったとする見方もある |
| 1957 年 | アジア風邪（インフルエンザ） |
| 1968 年 | 香港風邪（インフルエンザ） |
| 2003 年 | 重症急性呼吸器症候群（SARS） |
| | 中国南部で発生し、コロナウイルスの脅威に世界が気づく |
| 2009 年 | 新型インフルエンザ |
| | 短期間で世界に広まり、グローバル化の影響を世界が認識 |
| 2012 年 | 中東呼吸器症候群（MERS） |
| | コロナウイルスが原因 |
| 2019 年〜 | 新型コロナウイルスによる感染が世界に拡大 |

出所：環境都市構想研究所

図表 7-8　新型コロナウイルス（COVID-19）統計情報

> データは、異なる時間に更新される複数のソースから収集され、常に整列するとは限りません。一部の場所では、完全な情報が提供されない場合があります。

## 日本の事例　　　更新日時 2023年12月31日 18：07（現地時間）

| 感染者数 | 死亡者数 |
|:---:|:---:|
| 33,803,572 | 74,694 |

## 世界全体の事例　　　更新日時 :2023年12月31日 18：07（現地時間）

| 感染者数 | 死亡者数 |
|:---:|:---:|
| 772,837,981 | 6,988,666 |

（注）2023年5月時点の感染者数
日本　　　　33,725,765
アメリカ　106,678,503
インド　　　44,949,671
フランス　　39,991,340
ドイツ　　　38,403,667
ロシア　　　22,855,451
中国　　　　　503,302
世界全体　687,225,609
資料：worldometers.info

出所：世界保健機関レポート

**図表 7-9　病床数、医師数等の国際比較（2017 年）**

（注）2016 年の値

| | 日本 | アメリカ | イギリス | ドイツ | フランス |
|---|---|---|---|---|---|
| 人口千人当たり<br>総病床数 | 13.1 | 2.8 | 2.5 | 8 | 6 |
| 人口千人当たり<br>急性期医療病床数 | 7.8 | 2.4 | 2.1 | 6 | 3.1 |
| 人口千人当たり<br>臨床医師数 | 2.4 | 2.6 | 2.8 | 4.3 | 3.2 |

日本の医師や病床数を主要国の中で比較しますと、1000人当たりの病床数はずば抜けて多いのですが、医師数は逆にかなり少ない方に属します。これに対して、日本医師会連合会の資料によると、一人の人が1年間に病院を利用する回数は、2019年時点で、OECDの多くの国の人が0.8～1回であることに対して、日本は1.8回ですから、一人の医師が接する患者の人数も、大変多いと言えます。

出所：厚生労働省「医療保障制度に関する国際関係資料」

7 医療

図表 7-10　主要国の医療保険制度の概要

| 国名 | 概要 | 負担 |
|---|---|---|
| 日本 | 公的皆保険 | 原則3割（自己負担の上限あり） |
| イギリス | 9割が税財源による医療、<br>1割が民間自費医療サービス | 公的は原則無料 |
| ドイツ | 皆保険<br>（9割が公的医療保険、1割が民間医療保険） | 原則無料 |
| アメリカ | 公的医療保険は下記の2種、<br>①65歳以上対象のメディケア<br>②低所得者対象のメディケイド | 保険により多種<br>（年間免責、定額負担、その他） |

出所：日本医師会資料

# 8

Theme

# 教育

図表 8-1 主な藩校・私塾・郷学
図表 8-2 戦後の教育制度の変遷
図表 8-3 令和の日本型学校教育の構築を目指して（令和 3 年 3 月答申：総論）
図表 8-4 不登校児童生徒数
図表 8-5 世界大学ランキング 2024

図表 8-1　主な藩校・私塾・郷学

| 名称 | 開祖 | 分類 | 年号 | 立地 |
|---|---|---|---|---|
| 明徳館 | 佐竹義和 | 藩校 | 寛政元年 | 久保田（現・秋田市） |
| 養賢堂 | 伊達吉村 | 藩校 | 元文元年 | 仙台 |
| 致道館 | 酒井忠徳 | 藩校 | 文化 2 年 | 鶴岡 |
| 日新館 | 松平容頌 | 藩校 | 寛政 11 年 | 若松（現・会津若松市） |
| 興譲館 | 上杉治憲 | 藩校 | 安永 5 年 | 米沢 |
| 弘道館 | 徳川斉昭 | 藩校 | 天保 12 年 | 水戸 |
| 昌平坂学問所 | 江戸幕府 | 官立 | 寛政 9 年 | 江戸 |
| 蘐園塾 | 荻生徂徠 | 私塾 | 宝永 6 年 | 江戸 |
| 芝蘭堂 | 大槻玄沢 | 私塾 | 天明 8 年 | 江戸 |
| 藤樹書院 | 中江藤樹 | 私塾 | 寛永 11 年 | 小川（現・高島市） |
| 古義堂 | 伊藤仁斎 | 私塾 | 寛文 2 年 | 京都 |
| 含翠堂 | 三輪執斎 | 郷学 | 享保 2 年 | 平野（現・大阪市） |
| 講学所 | 浅野吉長 | 藩校 | 享保 10 年 | 広島（後の修道中・高） |
| 適塾 | 緒方洪庵 | 私塾 | 天保 9 年 | 大阪 |
| 懐徳堂 | 中井甃庵 | 私塾 | 享保 9 年 | 大阪 |
| 洗心堂 | 大塩平八郎 | 私塾 | 文政 13 年 | 大阪 |
| 閑谷学校 | 池田光政 | 郷学 | 寛文 8 年 | 閑谷（現・備前市） |
| 花畠教場 | 池田光政 | 藩校 | 寛永 18 年 | 岡山 |
| 松下村塾 | 玉木文之進 | 私塾 | 天保 13 年 | 萩 |
| 明倫館 | 毛利吉元 | 藩校 | 寛永 18 年 | 萩 |
| 修猷館 | 黒田斉隆 | 藩校 | 天明 4 年 | 福岡 |
| 咸宜園 | 広瀬淡窓 | 私塾 | 文化 14 年 | 日田 |
| 鳴滝塾 | シーボルト | 私塾 | 文政 7 年 | 長崎 |
| 時習館 | 細川重賢 | 藩校 | 宝暦 5 年 | 熊本 |
| 造士館 | 島津重豪 | 藩校 | 安永 2 年 | 鹿児島 |

出所：環境都市構想研究所

## 図表 8-2　戦後の教育制度の変遷

| | | |
|---|---|---|
| 第二次世界大戦後 昭和時代後期 ～平成時代 | 戦争によって疲弊した国土を再建し、民主的で平和な国家を創造することが目指される。教育の機会均等と男女共学を原則とし、アメリカに倣った自由主義教育が導入された。 | |
| 1946年 （昭和21年） | 日本国憲法が公布され、教育を受ける権利、保護する子女に対し教育を受けさせる義務、義務教育の無償（以上、26条）、国による宗教教育の禁止（20条3項）、公の支配に属しない教育に対する公金支出の禁止（89条）などを定める。 | 日本国憲法 |
| 1947年 （昭和22年） | 旧教育基本法、学校教育法を公布。義務教育は9年（小学校6年、中学校3年を卒業するまで）。旧制大学は新制大学へ、旧制中学校は中学校と高等学校へ、国民学校は小学校へ、それぞれ変わった。いわゆる、「6・3・3・4制（小学校6年・中学校3年・高等学校3年・大学4年）」への移行（初等教育課程6年間・前期中等教育課程3年間・後期中等教育課程3年間・高等教育課程4年間）。 | 教育基本法、学校教育法。 |
| 1948年 （昭和23年） | 市町村立学校職員給与負担法、私立学校法を公布する。地方学事通則を廃止し、教育委員会法を公布する（教育委員公選制の実施）。 | 市町村立学校職員給与負担法、私立学校法、教育委員会法。 |
| 1949年 （昭和24年） | 教育公務員特例法、教育職員免許法、社会教育法を公布する。 | 教育公務員特例法、教育職員免許法、社会教育法。 |
| 1951年 （昭和26年） | 国際連合教育科学文化機関（ユネスコ）に加盟する。 | |
| 1952年 （昭和27年） | ユネスコ活動に関する法律を公布し、日本ユネスコ国内委員会を設置する。 | ユネスコ活動に関する法律 |
| 1953年 （昭和28年） | 中央教育審議会が第1回答申「義務教育に関する答申」をまとめる。 | |
| 1956年 （昭和31年） | 教育委員会法を廃止し、地方教育行政の組織及び運営に関する法律を公布する（教育委員公選制の廃止）。 | 地方教育行政の組織及び運営に関する法律 |
| 1974年 （昭和49年） | 学校教育の水準の維持向上のための義務教育諸学校の教育職員の人材確保に関する特別措置法（人確法）を公布する。 | 学校教育の水準の維持向上のための義務教育諸学校の教育職員の人材確保に関する特別措置法 |
| 1975年 （昭和50年） | 私立学校振興助成法を公布する。 | 私立学校振興助成法 |
| 1984年 （昭和59年） | 総合選択制の制度化。 | |
| 1994年 （平成6年） | 総合学科の制度化。 | 高等学校設置基準改定 |
| 2001年 （平成13年） | 中央省庁再編により、文部省と科学技術庁を併せて、文部科学省を設置する。 | 文部科学省設置法 |
| 2003年 （平成15年） | 国立大学法人法を公布する。 | 国立大学法人法 |
| 2006年 （平成18年） | 教育再生会議を設置する。改正教育基本法を公布する。 | 教育基本法 |
| 2007年 （平成19年） | 改正教育職員免許法を公布し、教員免許更新制を定める（施行は2009（平成21年）。全国学力・学習状況調査の実施。 | 教育職員免許法 |
| 2008年 （平成20年） | 教育再生懇談会を設置する。 | |

出所：文部科学省

図表 8-3　令和の日本型学校教育の構築を目指して（令和 3 年 3 月答申：総論）

## 1. 急激に変化する時代の中で育むべき資質・能力

### 社会背景

【急激に変化する時代】
■社会の在り方が劇的に変わる「Society5.0 時代」
■新型コロナウイルス感染症の感染拡大など先行き不透明な
「予測困難な時代」
■社会全体の
デジタル化・オンライン化、DX 加速の必要性

### 子供たちに育むべき資質・能力

一人一人の児童生徒が、自分のよさや可能性を認識するとともに、あらゆる他者を価値のある存在として尊重し、多様な人々と協働しながら様々な社会的変化を乗り越え、豊かな人生を切り拓き、持続可能な社会の創り手となることができるようにすることが必要

【ポイント】
✓ これらの資質・能力を育むためには、**新学習指導要領の着実な実施**が重要
✓ これからの学校教育を支える基盤的なツールとして、**ICT の活用**が必要不可欠

## 2. 日本型学校教育の成り立ちと成果、直面する課題と新たな動きについて

### 「日本型学校教育」とは？

**子供たちの知・徳・体を一体で育む学校教育**

■学習機会と学力の保障
■全人的な発達・成長の保障
■身体的・精神的な健康の保障

【新しい動き】

新学習指導要領の着実な実施

| 学校における働き方改革 | GIGA スクール構想 |

【成果】

| 国際的にトップクラスの学力 |
| 学力の地域差の縮小 |
| 規範意識・道徳心の高さ |

【今日の学校教育が直面している課題】

| 子供たちの多様化 | 情報化への対応の遅れ |
| 生徒の学習意欲の低下 | 少子化・人口減少の影響 |
| 教師の長時間労働 | 感染症への対応 |

「正解主義」や「同調圧力」への偏りからの脱却　　一人一人の子供を主語にする学校教育の実現

＼「日本型学校教育」の良さを受け継ぎ、更に発展させる／
**新しい時代の学校教育の実現**

## 3. 2020 年代を通じて実現すべき「令和の日本型学校教育」の姿

2020 年代を通じて実現を目指す学校教育
**「令和の日本型学校教育」の姿**

＼全ての子供たちの可能性を引き出す、個別最適な学びと、協働的な学びの実現／

### 子供の学び

✓ 「個別最適な学び」と「協働的な学び」が一体的に充実されている
✓ 各学校段階において、それぞれ目指す学びの姿が実現されている

#個別最適な学び　　#協働的な学び
#主体的・対話的で深い学び　　#ICT の活用

### 教職員の姿

✓ 環境の変化を前向きに受け止め、教職生涯を通じて学び続けている
✓ 子供一人一人の学びを最大限に引き出す教師としての役割を果たしている
✓ 子供の主体的な学びを支援する伴走者としての能力も備えている

#教師の資質・能力の向上　　#多様な人材の確保　　#家庭や地域社会との連携
#学校における働き方改革　　#教職の魅力発信　　#教職志望者の増加

### 子供の学びや教職員を支える環境

✓ ICT 環境の整備により全国の学校で指導・支援の充実、校務の効率化等がなされている
✓ 新しい時代の学びを支える学校教育の環境が整備されている
✓ 人口減少地域においても魅力的な教育環境が実現されている

#ICT 環境の整備　　#学校施設の整備
#少人数によるきめ細かな指導体制

出所：中央教育審議会

## 8 教育

**図表 8-4　不登校児童生徒数**

| | 不登校児童生徒数（人） | 学校内・外の機関等で相談・指導等を受けていない児童生徒数（人） | 割合 |
|---|---|---|---|
| 平成 28 年度 | 133,683 | 33,451 | 25.0% |
| 平成 29 年度 | 144,031 | 34,096 | 23.7% |
| 平成 30 年度 | 164,528 | 45,172 | 27.5% |
| 令和元年度 | 181,272 | 53,393 | 29.6% |
| 令和 2 年度 | 196,127 | 67,294 | 34.3% |
| 令和 3 年度 | 244,940 | 88,931 | 36.3% |

文部科学省「児童生徒の問題行動・不登校等生徒指導上の諸課題に関する調査」

出所：文部科学省

## 図表 8-5　世界大学ランキング 2024

| 順位 | 大学名 | 国名・地域名 | 総合スコア | 教育 | 研究環境 | 研究の質 | 産業 | 国際性 |
|---|---|---|---|---|---|---|---|---|
| 1 | オックスフォード大学 | イギリス | 98.5 | 96.6 | 100 | 99 | 98.7 | 97.5 |
| 2 | スタンフォード大学 | アメリカ | 98 | 99 | 97.8 | 99.6 | 100 | 87 |
| 3 | マサチューセッツ工科大学 | アメリカ | 97.9 | 98.6 | 96.2 | 99.7 | 100 | 93.8 |
| 4 | ハーバード大学 | アメリカ | 97.8 | 97.7 | 99.9 | 99.4 | 84.2 | 90.8 |
| 5 | ケンブリッジ大学 | イギリス | 97.5 | 95.8 | 100 | 98 | 87.9 | 97.4 |
|  |  |  |  |  |  |  |  |  |
| 12 | 清華大学 | 中国 | 92.4 | 95.3 | 98.1 | 93.2 | 99.9 | 51.7 |
|  |  |  |  |  |  |  |  |  |
| 14 | 北京大学 | 中国 | 91.8 | 95.6 | 97.3 | 87.2 | 98.8 | 70.2 |
|  |  |  |  |  |  |  |  |  |
| 29 | 東京大学 | 日本 | 83.1 | 93.9 | 94.2 | 67.8 | 100 | 49.7 |
|  |  |  |  |  |  |  |  |  |
| 32 | 南洋理工大学 | シンガポール | 82.3 | 66.2 | 80.9 | 94.5 | 99.7 | 93.3 |
|  |  |  |  |  |  |  |  |  |
| 35 | 香港大学 | 香港 | 80.3 | 65.6 | 72.3 | 96.4 | 95.2 | 96.8 |
|  |  |  |  |  |  |  |  |  |
| 55 | 京都大学 | 日本 | 75 | 85.4 | 84.3 | 60 | 100 | 45.7 |

（注）イギリスの高等教育情報誌「タイムズ・ハイヤー・エデュケーション」発表
　　　評価5つの基準と点数比率（　）
　　　「教育（学習環境）（29.5%）」「研究環境（29%）」「研究の質（30%）」「産業（4%）」「国際性・国際的展望（7.5%）」

出所：ウェブサイト MEMORUBA

# 9

Theme

# 情報・インターネット

| | | |
|---|---|---|
| 図表 9-1 | 移動通信システムの進化 | |
| 図表 9-2 | 世界の半導体生産の動向 | |
| 図表 9-3 | ICT 市場の動向 | |
| 図表 9-4 | 主な産業の GDP（情報通信産業のシェア） | |
| 図表 9-5 | 日本の大手事業者と GAFAM の研究開発費の比較（2021 年） | |
| 図表 9-6 | マイクロソフトとアップルの時価総額 | |
| 図表 9-7 | 不足する IT 人材 | |

図表9-1　移動通信システムの進化

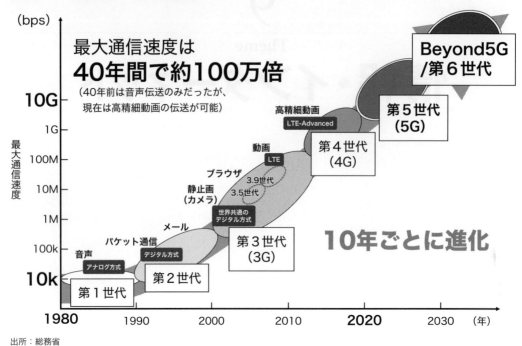

出所：総務省

図表 9-2 世界の半導体生産の動向

# 工場の着工、アメリカ・日本・ヨーロッパで加速

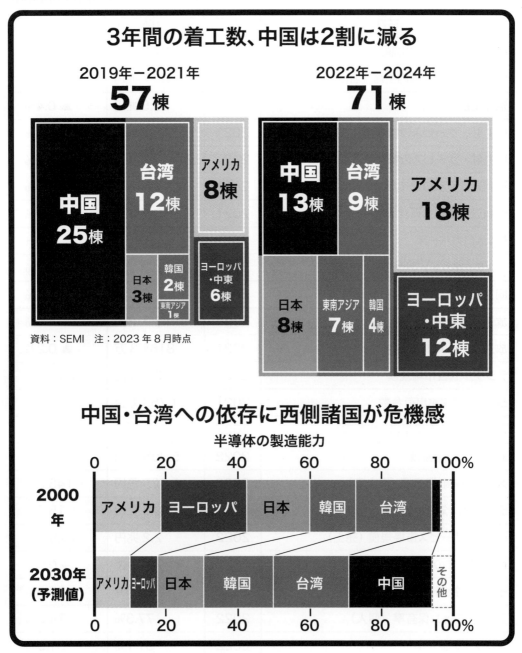

資料：SEMI　注：2023 年 8 月時点

資料：ボストン・コンサルティング・グループと米国半導体工業会
出所：環境都市構想研究所

**図表 9-3　ICT 市場の動向**

ICT：情報通信技術
Information and Communication Technology

| 項目 | 年度 | 金額 | 前年比 |
|---|---|---|---|
| ICT 市場規模（支出額） | 2022 | 27.2 兆円 | ＋ 5.2% |
| 情報通信産業の国内生産（名目） | 2021 | 52.7 兆円 | ＋ 0.8% |
| 情報化投資 | 2021 | 15.5 兆円 | ▲ 0.4% |
| ICT 財・サービスの輸入額（名目） | 2021 | 19.2 兆円 | ＋ 14.6% |
| ICT 財・サービスの輸出額（名目） | 2021 | 12 兆円 | ＋ 13.3% |
| 情報通信産業の研究費 | 2021 | 3.4 兆円 | ▲ 1.6% |
| 情報通信産業の研究者数 | 2021 | 15.7 万人 | ▲ 6.0% |
| 5G 人口カバー率 | 2021 | 93.2% | － |
| インターネットトラヒック | 2022 | 29.2Tbps | ＋ 23.7% |
| 固定系ブロードバンドの契約数 | 2021 | 4,383 万 | ＋ 2.7% |
| 放送事業者全体の売上高 | 2021 | 3.7 兆円 | ＋ 4.6% |
| 放送サービス加入者数 | 2021 | 8161.3 万 | ▲ 0.2% |
| デジタル広告市場規模 | 2022 | 3.1 兆円 | ＋ 13.7% |
| 5G 対応スマホ出荷台数 | 2021 | 1,753 万台 | ＋ 67.7% |
| 5G 基地局の市場規模（出荷額） | 2022 | 3,035 億円 | ＋ 6.2% |
| 動画配信市場規模 | 2022 | 5,305 億円 | ＋ 15.0% |
| メタバース市場規模（売上高） | 2022 | 1,825 億円 | ＋ 145.3% |
| データセンターサービス市場規模 | 2022 | 2.0 兆円 | ＋ 15.3% |
| クラウドサービス市場規模（売上） | 2022 | 2.2 兆円 | ＋ 29.8% |
| NICTER でのサイバー攻撃関連の通信数 | 2022 | 約 5,266 億 | ＋ 0.9% |
| インターネット利用率（個人） | 2022 | 84.9% | 82.9%※ |
| スマートフォン保有率（個人） | 2022 | 77.3% | 74.3%※ |
| テレワーク導入率 | 2022 | 51.7% | 51.9%※ |
| IoT・AI の導入状況 | 2022 | 13.5% | 14.9%※ |

※前年比増減ではなく前年の割合を記載

出所：総務省

図表 9-4　主な産業の GDP（情報通信産業のシェア）

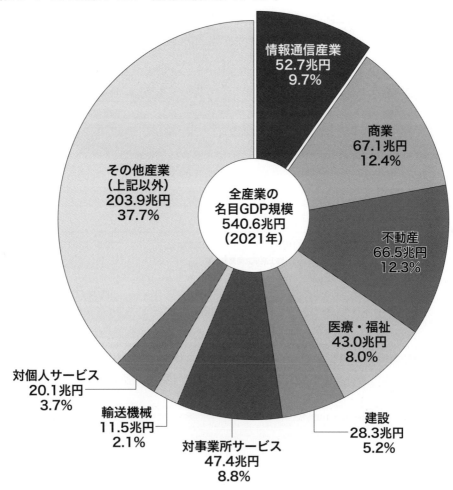

出所：総務省

図表 9-5　日本の大手事業者と GAFAM の研究開発費の比較（2021 年）

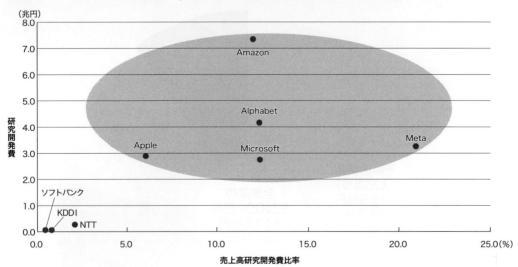

出所：各企業のアニュアルレポートなど

図表 9-6　マイクロソフトとアップルの時価総額

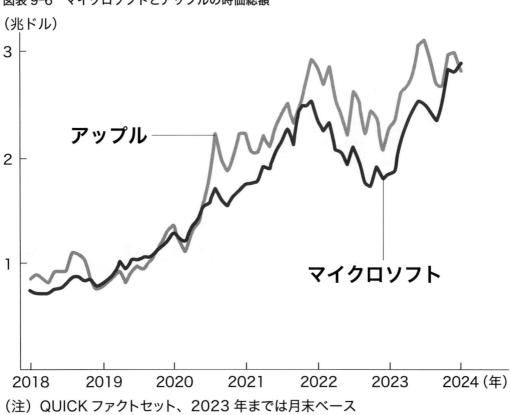

（注）QUICKファクトセット、2023年までは月末ベース
出所：情報通信グリッド社

図表 9-7　不足する IT 人材

○IT人材需給に関する試算では、人材のスキル転換が停滞した場合、2030年には先端IT人材が54.5万人不足。

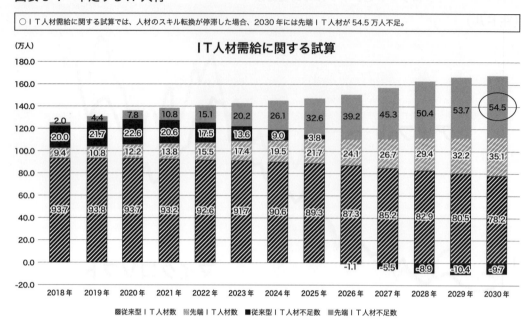

出所：経済産業省委託調査「IT人材需給に関する調査（みずほ情報総研）」2019年3月

# 10
**Theme**

# 生成AI

図表 10-1　　AI 用語解説

図表 10-2　　AI の歴史

図表 10-3　　AI の発展と利活用の進化

図表 10-4　　国別 AI ランキング（トップ 10）の推移

図表 10-5　　組織別 AI ランキング（トップ 10）の推移

図表 10-6　　AI の実用化における機能領域

図表 10-7　　IMD 世界デジタル競争力ランキング

図表 10-8　　メタバース

## 図表 10-1　AI 用語解説

| シンギュラリティ | 人間によって作られたAIが人間の能力を超える時点のこと。「2045年問題＝暴走の危機」 |
|---|---|
| RPA | ロボティック・プロセス・オートメーションのこと。本来は人間が行ってきた機械的な、コンピューターによって代行させようとする試みのこと。 |
| データマイニング | 膨大な量の情報から質が良く適当なデータを抽出すること。 |
| アノテーション | データに対して言葉によって意味づけを与えること（タグ付け）。データへのアノテーションによって、データから正確に情報を読み取ることが可能。 |
| 機械学習 | 明示的にプログラムしなくても学習する能力をコンピューターに与える研究分野のこと。データ内にあるパターンを学習することで、コンピューターによって未知のデータに対して自発的にルールを獲得できる。 |
| ディープラーニング | 深層学習のこと。人間の脳内にある神経細胞を模倣して作られる。神経細胞を模倣した部分を「ニューラルネットワーク」と呼ぶ。これは多層構造をしているので複雑な関数でも高い精度で近似した内部表現が可能。 |
| 過学習 | AIが学習しすぎてしまい未知のデータへの予測精度が下がってしまうこと。人間が介入して学習させるデータの量を調節することが必要となる。 |
| 自然言語処理 | 人間が日常的に用いる言葉をコンピューターで処理する技術。コンピューターは言語を理解して会話ができるわけではない。文章をさまざまな要素に分解（形態素分析、構文分析、意味解析、文脈解析）してコンピューターで処理させている。 |
| データサイエンス | AIにデータを読み込ませて出力された結果の原因を分析すること。 |
| 画像認識 | 人間と同じように画像に何が写っているのか認識することができる技術のこと。 |
| 音声認識 | AIが人間の声を聞きとりテキストに変換する技術のこと。長時間の会議でも音声認識を搭載したAIを活用すれば迅速に文字起こしが可能となる。 |
| ChatGPT | G（Generative）：生成する<br>P（Pre-Trained）：事前学習<br>T（Transformer）：変成<br>高度なAI技術によって、人間のように自然な会話ができるAIチャットサービスのこと。<br>2022年11月、OpenAI社が開発、爆発的な人気の革新的無料サービス。 |
| GPT-4 | 2023年11月に開発されたChatGptの最新モデル。これまでできなかった、画像や音声を読み込んでテキストに出力することが可能。 |
| GAN | 敵対的生成ネットワークのこと。これは、「画像生成器」と「画像識別器」という2つのニューラルネットワークによって構成されている。これを交互に競合させることによって、本物に近い偽物データを生成することが可能となる。 |
| ディープフェイク | ディープラーニングとフェイクを合わせた造語。ディープラーニングを用いて作成された、嘘（フェイク）の映像のこと。例えば、一国の大統領による政治的な発言を、嘘の画像で国民を扇動することも可能となるため、国際的・社会的に問題化されている。 |
| VAE | 変分自己符号化器のこと。訓練用のデータから特徴量を抽出し、元の画像と似た画像を生成して出力することができる。 |
| データセット | ディープラーニングを普及させる要因となったのは、インターネットを通じてデータの収集が可能になったこと。現在では、深層学習に用いられるデータセットが一般に公開されている。<br>【データセットの一例】<br>Minist=手書き数字の画像データセット<br>ImageNet=2万以上の物体名、1400万枚の画像の収録<br>YouTube-8M=YouTube動画のセット<br>Cifar-100=100種類の画像を各600枚収録 |
| サポートベクターマシン | データの集合を分類するための手法。データを分析するための境界線とデータの最短距離をマージンとして値を分類するのによい決定境界線を求めることができる。 |
| レコメンド | ECサイトで顧客への最適な商品をお勧めする機能のこと。膨大な量のデータをAIによる計算と結果を活用したアルゴリズムに基づいて行われる商品やサービスを購入する個人の検索履歴や購買履歴などの属性を求めて分析できる。 |
| 転移学習 | 既存の学習モデルを新しい課題のデータに利用する方法。 |
| クラスタリング | 与えられているデータをいくつかのクラスタに分類すること。典型的な手法として、k-means法（平均法）がある。これは、データをk個のクラスタに分けて、各クラスタの重心に最も近い点をランダムに設定し、その繰り返しによって、分析手法の精度を高めること。 |

出所：環境都市構想研究所

### 図表 10-2　AI の歴史

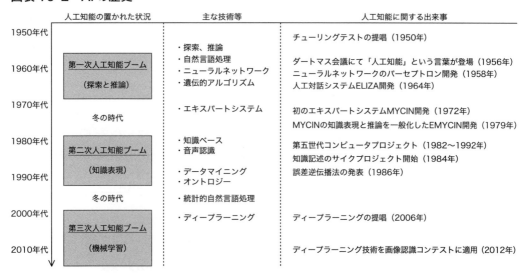

出所：総務省「ICT の進化が雇用と働き方に及ぼす影響に関する調査研究」平成 28 年、Marketing Base

図表10-3　AIの発展と利活用の進化

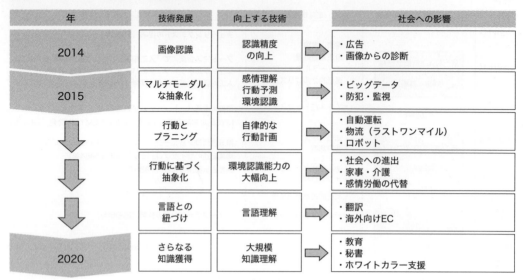

出所：総務省「ICTの進化が雇用と働き方に及ぼす影響に関する調査研究」平成28年

**図表 10-4　国別 AI ランキング（トップ 10）の推移**

|    | 2020 年 | 2021 年 | 2022 年 |
|----|---------|---------|---------|
| 1  | アメリカ | アメリカ | アメリカ |
| 2  | 中国 | 中国 | 中国 |
| 3  | イギリス | イギリス | イギリス |
| 4  | フランス | カナダ | ドイツ |
| 5  | カナダ | フランス | カナダ |
| 6  | ドイツ | ドイツ | フランス |
| 7  | スイス | スイス | 韓国 |
| 8  | 日本 | 韓国 | スイス |
| 9  | 韓国 | 日本 | イスラエル |
| 10 | イスラエル | イスラエル | 日本 |

※ Thundermark Capital が、論文数などを基に研究をリードする国や企業・大学等をランキング

出所：Thundermark Capital

**図表10-5　組織別AIランキング（トップ10）の推移**

|  | 2020年 | 2021年 | 2022年 |
|---|---|---|---|
| 1 | Google（アメリカ） | Google（アメリカ） | Google（アメリカ） |
| 2 | Stanford University（アメリカ） | Stanford University（アメリカ） | MIT（アメリカ） |
| 3 | MIT（アメリカ） | MIT（アメリカ） | Stanford University（アメリカ） |
| 4 | Carnegie Mellon University（アメリカ） | UC Berkeley（アメリカ） | Carnegie Mellon University（アメリカ） |
| 5 | UC Berkeley（アメリカ） | Carnegie Mellon University（アメリカ） | UC Berkeley（アメリカ） |
| 6 | Microsoft（アメリカ） | Microsoft（アメリカ） | Microsoft（アメリカ） |
| 7 | University of Oxford（イギリス） | University of Oxford（イギリス） | University of Oxford（イギリス） |
| 8 | Facebook（アメリカ） | Facebook（アメリカ） | Tsinghua University（中国） |
| 9 | Princeton University（アメリカ） | Tsinghua University（中国） | Facebook（アメリカ） |
| 10 | Cornell University（アメリカ） | Princeton University（アメリカ） | UC Los Angeles（アメリカ） |

※ Thundermark Capital が、論文数などを基に研究をリードする国や企業・大学等をランキング

出所：Thundermark Capital

**図表 10-6　AI の実用化における機能領域**

| 識別 | 音声認識 |
|---|---|
| | 画像認識 |
| | 動画認識 |
| | 言語解析 |

| 予測 | 数値予測 |
|---|---|
| | マッチング |
| | 意図予測 |
| | ニーズ予測 |

| 実効 | 表現生成 |
|---|---|
| | デザイン |
| | 行動最適化 |
| | 作業の自動化 |

出所：総務省「ICT の進化が雇用と働き方に及ぼす影響に関する調査研究」平成 28 年

**図表 10-7　IMD 世界デジタル競争力ランキング**

| 順位 | 国・地域 |
|------|---------|
| 1 | アメリカ |
| 2 | オランダ |
| 3 | シンガポール |
| 4 | デンマーク |
| 5 | スイス |
| 6 | 韓国 |
| 7 | スウェーデン |
| 8 | フィンランド |
| 9 | 台湾 |
| 10 | 香港 |
| 19 | 中国 |
| 31 | スペイン |
| **32** | **日本** |
| 33 | マレーシア |

出所：JETRO ビジネス短信

デジタル技術を導入・活用する能力を比較した「世界デジタル競争力ランキング」をJETROのビジネス短信が伝えています。これは、スイスの国際経営開発研究所（IMD）が、64カ国・地域を対象に、政府・企業・社会の変革につながるデジタル技術を導入・活用する能力を、以下の3点からランク付けし評価したものとされています。

　①知識：人材や教育・訓練、科学に対する取り組み、

　②技術：規制および技術の枠組みと資本、

　③将来への準備：デジタルトランスフォーメーション（DX）に対する社会の準備度合い、

　この中で日本が特に不得意な点は、上級管理職の国際経験、デジタルスキルの習得、企業の機会と脅威に対する対応の速さ、企業の俊敏性、ビッグデータや分析の活用とされています。

**［デジタル化を推進するためには、どうしたら良いでしょうか］**

　デジタル化を推進するため各所で強力な政策が進められていますが、これらを更に加速するためには、私たち自身が、これによってどれだけ効率化できるか、便利になるかを知って、積極的に導入していくことが必要です。このためには、現在行政機関や関係機関で進められている普及体制に加えて、マスコミなどによる積極的な解説や照会活動を通じて、多くの人が日常生活の中で、自然に認識していくことができる体制が必要です。

## 図表 10-8　メタバース

### メタバースとは
メタバースとは、インターネットを利用した 3 次元の仮想空間やサービスを表します。現実世界とは異なるもう一つの世界と捉えるとよいでしょう。英語の「超越 (meta)」と「宇宙 (universe)」をかけ合わせた造語であり、現段階では明確な定義がありません。2022 年時点では、主に「アバターが自由に活動できる仮想空間サービス」として認識されています。
新型コロナウイルスの世界的な大流行によって、現実世界で行われていたイベントや経済活動を仮想世界で継続できるようにする目的にもメタバースは結び付けられ、世界規模で注目を集めるようになりました。

### メタバースと VR の違い
メタバースとよく混同されがちなものに、「VR：Virtual Reality」があります。VR は、仮想世界において現実世界のような体験ができる「技術」です。メタバースは VR などの技術を活用し形成された「空間やサービス」であり、技術と空間・サービスという違いがあります。
VR はエンターテインメントの分野で注目されていますが、教育や医療などの分野でも利用されており、ビジネス面での活用も期待されています。
このような技術を用いて形成される空間やサービスがメタバースです。

### メタバースのメリット・デメリット
メタバースは多くのメリットをもたらす反面、利用する際にはいくつかの注意点も知っておかなければなりません。

### メリット
現場に行かなくても臨場感が得られる
感染症対策
新たなユーザー体験の創出
新たなビジネスの創出
メタバースは仮想空間上に現実世界と同じような体験を得られる空間を作り出します。そのため、例えば音楽フェスなどでは自宅にいながら臨場感を味わえるなどのメリットがあります。
また、外出する必要がなく、コロナ禍では感染症対策としても有効です。メタバース事業は発展途上であり、これからさまざまなサービスが実現することでしょう。そのため、新たなユーザー体験やビジネスの創出のチャンスがあります。

### デメリット
技術やコストの負担
専用のセキュリティ対策が必要
法整備が追いついていない
反対に、メタバースのデメリット・注意点として、環境を構築するための技術やコストの負担が挙げられます。その他にも、インターネットを活用するためセキュリティ対策は欠かせず、メタバース特有の対策も必要になるでしょう。
加えて、まだ法整備が追いついておらず、ハラスメントの問題や青少年が引き起こすトラブルを防ぐ手段の整備も不十分な状態です。これから徐々に法整備は進むと予想されますが、現時点における注意点として覚えておきましょう。

### メタバースの活用例
メタバースの活用例としてわかりやすいものは、VR ヘッドセットを使用してゲームの世界に自身を投影しプレイするものでしょう。そのため、エンターテインメント分野における技術と思われがちですが、メタバースの活用例はエンターテインメント分野のみにとどまりません。
例えば、仮想空間上にショッピングモールを構築し、ユーザーは自分の分身であるアバターを自由に動かしてショッピングできるメタバースの活用事例があります。また、不動産業界ではアバターを使って部屋を内見したり、医療業界では外科手術などの遠隔施術のシミュレーションをしたりと、すでに多くの活用例が報告されている状況です。
一般企業においても、オフィスを仮想化した「仮想オフィス」を活用し、より効率的なテレワーク環境を実現している活用例もあります。

### ビジネスで活かせる？メタバースでなにができるのか
先ほど紹介した仮想オフィスのように、メタバースを業務で活用することも可能です。仮想オフィスであれば、遠隔地にいながらオフィスで働いているときと同じように従業員同士がコミュニケーションを取ることができますし、リモート会議やリモート研修などでは臨場感を付与することができます。
また、展示会などのイベントをメタバースで開催すれば、日本国内にとどまらず世界各地から来場者を募ることができるでしょう。
メタバースはインターネットを利用した 3 次元の仮想空間やサービスのことで、2022 年時点では主に「アバターが自由に活動できる仮想空間サービス」として認識されています。ビジネスの分野においても活用が期待されており、今後さらに重要性が増すと考えられるため、今のうちからメタバースに注目しておくことをお薦めします。
日立ソリューションズ・クリエイトでは、「仮想オフィスサービス」を提供しています。メタバースのような 3 次元ではなく 2 次元空間ですが、その分 PC への負荷が小さく、スムーズに動作します。社員の顔写真を仮想オフィスのフロアマップなどに表示する、雑談ルームを作成するなどの機能があり、オンライン上でオフィス勤務に近い環境を構築可能です。

出所：環境都市構想研究所

# 11
Theme
# 地球環境

図表 11-1　　地球環境問題

図表 11-2　　地球環境問題（世界地域別地球環境破壊要因）

図表 11-3　　日本の年平均気温偏差

図表 11-4　　日本の温室効果ガス排出量（2020 年度）

図表 11-5　　「カーボンニュートラル」（2020 年 10 月）

図表 11-6　　2050 年カーボンニュートラル実現に向けた課題と対応のポイント

図表 11-7　　カーボンニュートラルへの転換イメージ

図表 11-8　　主要各国のカーボンニュートラル目標

図表 11-9　　2030 年時点の目標削減率（2013 年比）

図表 11-10　カーボンニュートラルに向けた各国の政策の方向性

図表 11-11　GX：グリーントランスフォーメーション

図表 11-12　グリーン成長戦略の概要（令和 3 年 6 月 18 日策定）

図表 11-13　GX 投資額試算（10 年間累積）

図表 11-14　カーボンニュートラルの産業イメージ

図表 11-15　COP の歴史

**図表11-1　地球環境問題**

　近年、地球の温暖化、オゾン層の破壊など、地球環境の悪化が世界的な規模で懸念されています。また、開発途上国においては工業化に伴い、かつて先進国が経験したような公害問題も顕在化してきています。

　現在の地球環境問題の多くが、私たちの日常のライフスタイルと深く係わっており、そのためまず私たちひとりひとりが地球にやさしい日常生活を送ることを心がけて、足元から行動していかなければなりません。

　そして、このかけがえのない地球を次世代に引き継いでいこうではありませんか。ここでは、地球的規模での環境問題とされている9つの問題を取りあげて説明していますので、この機会に地球と私たちの関係について考えてみて下さい。

1　地球の温暖化
2　オゾン層の破壊
3　酸性雨
4　熱帯林の減少
5　砂漠化
6　野生生物の種の減少
7　海洋汚染
8　有害廃棄物の越境移動
9　開発途上国の公害問題

**THINK GLOBALLY, ACT LOCALLY**
考えは地球的規模で、行動は足元から

出所：環境省

## 図表 11-2　地球環境問題（世界地域別地球環境破壊要因）

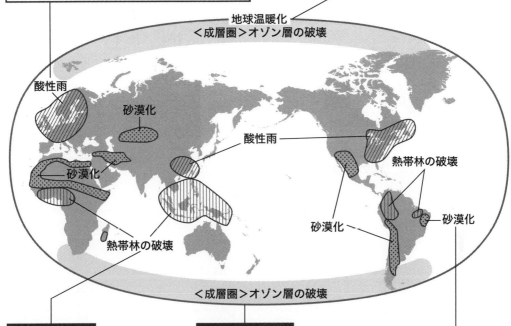

**酸性雨**
- **場所**　工業が盛んな欧米、近年工業化が急速に進んだ中国など
- **主な要因**　工場や自動車などから排出される窒素酸化物や硫黄酸化物
- **影響**　森林の枯死、建造物の溶解、湖沼の生物の死滅

**地球温暖化**
- **場所**　地球全体
- **主な要因**　化石燃料の使用によって発生する二酸化炭素などの温室効果ガスの増加
- **影響**　海面上昇、生態系への悪影響

**熱帯林の破壊**
- **場所**　主にカリマンタン（ボルネオ）島やアマゾン川流域
- **主な要因**　木材輸出や開発のための森林伐採や、大規模な焼畑農業
- **影響**　野生生物種の減少、地球温暖化

**オゾン層の破壊**
- **場所**　ほぼ地球全体で起こっているが、特に北極・南極付近の成層圏で顕著
- **主な要因**　スプレーの噴射剤やエアコンの冷媒などに使われてきたフロン
- **影響**　紫外線の増加→生物に影響（人体では、皮膚がん・白内障の増加）

**砂漠化**
- **場所**　アフリカのサハラ砂漠南縁のサヘル、中央アジア、中国内陸部、北アメリカのグレートプレーンズなど
- **主な要因**　干ばつ、過耕作・過放牧・薪炭材の過伐採、不適切な灌漑による塩害
- **影響**　農業生産の低下による食料不足、難民の増加

出所：環境都市構想研究所

図表 11-3　日本の年平均気温偏差

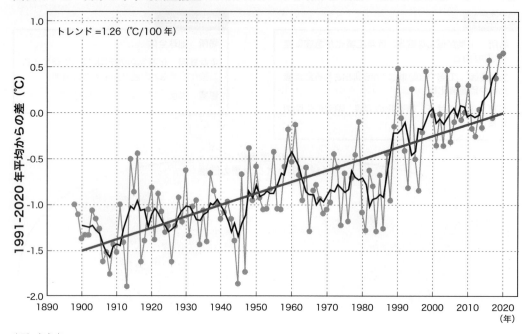

出所：気象庁

11 地球環境

図表11-4　日本の温室効果ガス排出量（2020年度）

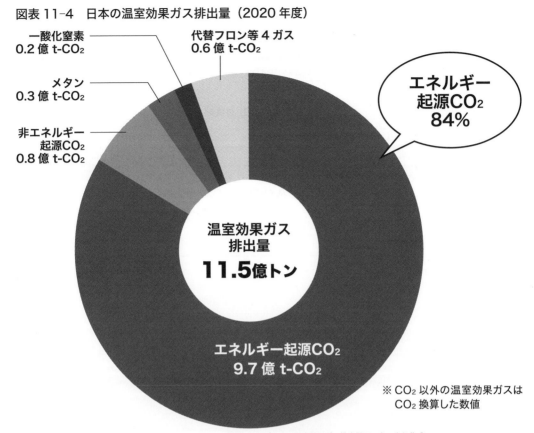

資料：GIO「日本の温室効果ガス排出量データ」より作成

出所：温室効果ガスインベントリオフィス

## 図表 11-5 「カーボンニュートラル」（2020 年 10 月）

> 「我が国は、2050 年までに、温室効果ガスの排出を全体としてゼロにする、すなわち 2050 年カーボンニュートラル、脱炭素社会の実現を目指すことを、ここに宣言いたします」

ここで第一に着目すべきは、「温室効果ガス」というワードです。つまり、日本が目指す「カーボンニュートラル」は、$CO_2$ だけに限らず、メタン、$N_2O$（一酸化二窒素）、フロンガスを含む「温室効果ガス」を対象にすると述べているわけです。

### 温室効果ガス（GHG）の種類

| | |
|---|---|
| 二酸化炭素 | |
| メタン | |
| 一酸化二窒素 | |
| フロンガス | ハイドロフルオロカーボン類 |
| | パーフルオロカーボン類 |
| | 六フッ化硫黄 |
| | 三フッ化窒素 |

出所：菅義偉総理大臣所信表明

図表 11-6　2050 年カーボンニュートラル実現に向けた課題と対応のポイント

● 2050年に向けては、**温室効果ガス排出の8割以上を占めるエネルギー分野の取組**が重要。

　➡ ものづくり産業がGDPの2割を占める産業構造や自然条件を踏まえても、**その実現は容易なものではなく**、実現へのハードルを越えるためにも、**産業界、消費者、政府など国民各層が総力を挙げた取組**が必要。

● 電力部門は、再エネや原子力などの**実用段階にある脱炭素電源を活用**し着実に脱炭素化を進めるとともに、**水素・アンモニア発電やCCUS/カーボンリサイクルによる炭素貯蔵・再利用を前提とした火力発電などのイノベーションを追求**。

● 非電力部門は、**脱炭素化された電力による電化を進める**。電化が困難な部門 (高温の熱需要等) では、水素や合成メタン、合成燃料の活用などにより脱炭素化。特に**産業部門においては、**水素還元製鉄や人工光合成などの**イノベーションが不可欠**。

　➡ **脱炭素イノベーションを日本の産業界競争力強化につなげるためにも、「グリーンイノベーション基金」などを活用し、総力を挙げて取り組む**。

　➡ 最終的に、$CO_2$の排出が避けられない分野は、**DACCSやBECCS、森林吸収源など**により対応。

● 2050年カーボンニュートラルを目指す上でも、**安全の確保を大前提に、安定的で安価なエネルギーの供給確保は重要**。この前提に立ち、2050年カーボンニュートラルを実現するために、**再エネについては、主力電源として最優先の原則のもとで最大限の導入に取り組み、水素・CCUSについては、社会実装を進める**とともに、**原子力については、国民からの信頼確保に努め、安全性の確保を大前提に、必要な規模を持続的に活用**していく。

● こうした取組など、安価で安定したエネルギー供給によって国際競争力の維持や国民負担の抑制を図りつつ2050年カーボンニュートラルを実現できるよう、**あらゆる選択肢を追求する**。

出所：資源エネルギー庁「エネルギー白書」令和5年

図表 11-7　カーボンニュートラルへの転換イメージ

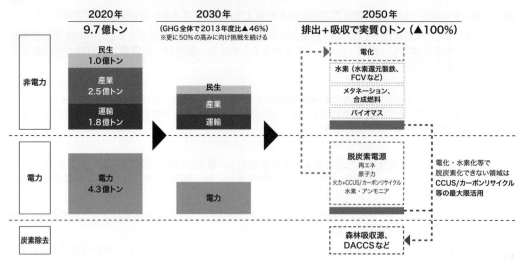

出所：資源エネルギー庁「エネルギー白書」令和4年

11 地球環境

図表 11-8　主要各国のカーボンニュートラル目標

| | NDC 目標 (2030 年目標) | | (参考)<br>2013 年比の<br>2030 年目標の水準 | カーボンニュートラル目標<br>(ネットゼロ達成時期) |
| --- | --- | --- | --- | --- |
| | 削減率 | 基準年 | | |
| イギリス | 68% 以上 | 1990 年 | 54.6% 減 | 2050 年 |
| ブラジル | 50% | 2005 年 | 48.7% 減 | 2050 年 |
| 日本 | 46% | 2013 年 | 46.0% 減 | 2050 年 |
| アメリカ | 50 〜 52% | 2005 年 | 45.6% 減 | 2050 年 |
| EU | 55% | 1990 年 | 41.6% 減 | 2050 年 |
| 韓国 | 40% | 2018 年 | 23.7% 減 | 2050 年 |
| 中国 | 65% | 2005 年 | 14.1% 増 | 2060 年 |
| インド | 45% | 2005 年 | 99.2% 増 | 2070 年 |

NDC：Nationally Determined Contribution（国が決定する貢献）
（注 1）日本の基準年は 2013「年度」、目標年は 2030「年度」（カーボンニュートラル目標は 2050「年」）
（注 2）中国の NDC 目標（65%）は GDP 当たりの $CO_2$ 排出量の削減率
（注 3）インドの NDC 目標（45%）は GDP 当たりの温室効果ガス排出量の削減率

資料：RITE 分析結果等を基に経済産業省作成

出所：経済産業省

**図表11-9　2030年時点の目標削減率（2013年比）**

| 国　名 | 2030年時点の目標削減率（2013年比） |
|---|---|
| イギリス | -54.6% |
| スイス | -49.4% |
| ブラジル | -48.7% |
| **日本** | **-46.0%** |
| アメリカ | -45.6% |
| サウジアラビア | -43.3% |
| EU27 | -41.6% |
| カナダ | -40.4% |
| 南アフリカ | -33.3% |
| 韓国 | -23.7% |
| ウクライナ | -23.0% |
| オーストラリア | -18.4% |
| メキシコ | -0.4% |
| タイ | 7.0% |
| カザフスタン | 8.6% |
| 中国 | 14.1% |
| マレーシア | 23.1% |
| ロシア | 51.8% |
| インド | 99.2% |
| インドネシア | 131.0% |
| パキスタン | 234.6% |

（注）日本は、基準年・目標年ともに「年」ではなく「年度」

資料：RITE分析結果を基に経済産業省作成

出所：経済産業省

## 11 地球環境

### 図表 11-10　カーボンニュートラルに向けた各国の政策の方向性

| | 水素 | 再エネ | 電化 | 原子力 |
|---|---|---|---|---|
| アメリカ | 税額控除等により、クリーン水素製造を促進 | 税額控除等により、太陽光・風力等の導入を促進 | 家庭部門等への電化の支援に加え、EVメーカー等への支援でEV普及も促進 | 老朽原子力発電所への支援や税額控除等により、原子力発電を促進 |
| EU | グリーン水素の生産能力拡大と、コスト競争力の向上を促進 | 再エネ導入目標を引き上げ、再エネの導入を促進 | ヒートポンプの導入等により、産業界の電化を促進 | 原子力を持続可能な活動として認識 |
| イギリス | 低炭素水素の生産能力の拡大を促進 | クリーンな国産エネルギー拡大に向け太陽光・風力等の導入を促進 | 公共充電設備の拡充等により、EVの普及を促進 | クリーンな国産エネルギー拡大に向け、原子炉の新設を促進 |
| ドイツ | 国内での生産能力拡大と輸入調達の強化を促進 | 2035年の電力供給をほぼ再エネでまかなうため、再エネの導入を促進 | ヒートポンプの導入等により、建築分野の電化を促進 | 廃止していく方針 |
| フランス | エネルギー集約型産業におけるグリーン水素の活用を促進 | 行政手続きの簡素化等により、太陽光・風力等の導入を促進 | EV補助金やリース制度構築等により、EVの普及を促進 | 次世代原子炉の建設と、原子炉の開発を促進 |
| インド | 送電料金の支払免除等により、グリーン水素等の製造を促進 | 太陽光を中心に再エネの導入を促進 | EV補助金や充電インフラ整備等により、EVの普及を促進 | 増加する電力需要への対応として原子力の活用を促進 |
| 韓国 | 水素分野のネットワーク構築等により、水素経済の実現を促進 | 電源構成に占める再エネの拡大に向け、再エネの導入を促進 | EV補助金の拡充等により、EVの普及を促進 | 中断していた原子炉の建設再開に加え、原子炉の開発や輸出を促進 |

（注）日本については、図表 11-6 を参照。
　　　中国については、図表 11-8 および図表 11-9 を参照。
資料：各国政府資料等より経済産業省作成

出所：経済産業省

図表 11-11　GX：グリーントランスフォーメーション

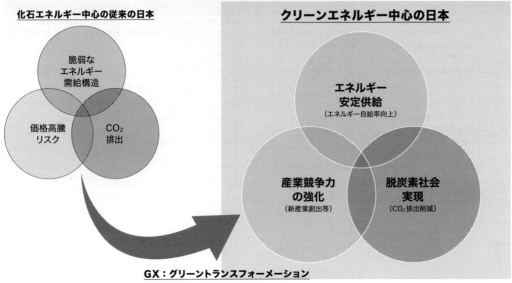

出所：環境都市構想研究所

## 図表 11-12　グリーン成長戦略の概要（令和 3 年 6 月 18 日策定）

● 温暖化への対応を、経済成長の制約やコストとする時代は終わり、「成長の機会」と捉える時代に突入している。

● 実際に、研究開発方針や経営方針の転換など、「ゲームチェンジ」が始まっている。
　この流れを加速すべく、グリーン成長戦略を推進する。

●「イノベーション」を実現し、革新的技術を「社会実装」する。
　これを通じ、2050 年カーボンニュートラルだけでなく、$CO_2$ 排出削減にとどまらない「国民生活のメリット」も実現する。

### 2050 年に向けて成長が期待される、14 の重点分野を選定。

・高い目標を掲げ、技術のフェーズに応じて、実行計画を着実に実施し、国際競争力を強化。　・2050 年の経済効果は約 290 兆円、雇用効果は約 1,800 万人と試算。

| 洋上風力・太陽光・地熱 | 水素・燃料アンモニア | 次世代熱エネルギー | 原子力 | 自動車・蓄電池 | 半導体・情報通信 | 船舶 |
|---|---|---|---|---|---|---|
| ・2040 年、3,000〜4,500万 kW の案件形成【洋上風力】<br>・2030 年、次世代型で 14 円/kWh を視野【太陽光】 | ・2050 年、2,000 万トン程度の導入【水素】<br>・東南アジアの 5,000 億円市場【燃料アンモニア】 | ・2050 年、既存インフラに合成メタンを 90%注入 | ・2030 年、高温ガス炉のカーボンフリー水素製造技術を確立 | ・2035 年、乗用車の新車販売で電動車 100% | ・2040 年、半導体・情報通信産業のカーボンニュートラル化 | ・2028 年よりも前倒しでゼロエミッション船の商業運航実現 |
| **1** | **2** | **3** | **4** | **5** | **6** | **7** |

| 物流・人流・土木インフラ | 食料・農林水産業 | 航空機 | カーボンリサイクル・マテリアル | 住宅・建築物・次世代電力マネジメント | 資源循環関連 | ライフスタイル関連 |
|---|---|---|---|---|---|---|
| ・2050 年、カーボンニュートラルポートによる港湾や、建設施工等における脱炭素化を実現 | ・2050 年、農林水産業における化石燃料起源の $CO_2$ ゼロエミッション化を実現 | ・2030 年以降、電池などのコア技術を、段階的に技術搭載 | ・2050 年、人工光合成プラを既製品並み【CR】<br>・ゼロカーボンスチールを実現【マテリアル】 | ・2030 年、新築住宅・建築物の平均で ZEH・ZEB【住宅・建築物】 | ・2030 年、バイオマスプラスチックを約 200 万トン導入 | ・2050 年、カーボンニュートラル、かつレジリエントで快適なくらし |
| **8** | **9** | **10** | **11** | **12** | **13** | **14** |

### 政策を総動員し、イノベーションに向けた、企業の前向きな挑戦を全力で後押し。

**❶ 予算**
・グリーンイノベーション基金（2 兆円の基金）
・経営者のコミットを求める仕組み
・特に重要なプロジェクトに対する重点的投資

**❷ 税制**
・カーボンニュートラル投資促進税制
　（最大 10%の税額控除・50%の特別償却）

**❸ 金融**
・多排出産業向け分野別ロードマップ
・TCFD 等に基づく開示の質と量の充実
・グリーン国際金融センターの実現

**❹ 規制改革・標準化**
・新技術に対応する規制改革
・市場形成を見据えた標準化
・成長に資するカーボンプライシング

**❺ 国際連携**
・日米・日 EU 間の技術協力
・アジア・エネルギー・トランジション・イニシアティブ
・東京ビヨンド・ゼロ・ウィーク

**❻ 大学における取組の推進等**
・大学等における人材育成
・カーボンニュートラルに関する分析手法や統計

**❼ 2025 年日本国際博覧会**
・革新的イノベーション技術の実証の場
　（未来社会の実験場）

**❽ 若手ワーキンググループ**
・2050 年時点での現役世代からの提言

出所：閣議資料

図表 11-13　GX 投資額試算（10 年間累積）

| 電源脱炭素化/燃料転換 | 年間 約 5 兆円 | ✓ 再エネ（FIT 制度/FIP 制度等による導入）<br>✓ 水素・アンモニア（水素・アンモニアインフラ整備のための投資）<br>✓ 蓄電池の製造（車載用・定置用） |
|---|---|---|
| 製造工程の脱炭素化等 | 年間 約 2 兆円 | ✓ 製造工程の省エネ・脱炭素化（次世代製造プロセス技術、CN 発電等設備等）<br>✓ 産業用ヒートポンプ、コージェネレーション設備等の導入 |
| エンドユース | 年間 約 4 兆円 | ✓ 省エネ性能の高い住宅・建築物の導入<br>✓ 次世代自動車の導入 |
| インフラ整備 | 年間 約 4 兆円 | ✓ 系統増強費用（マスタープラン）<br>✓ 電動車用インフラ整備（充電ステーション、水素ステーション）<br>✓ デジタル社会への対応（半導体製造拠点、データセンターの整備） |
| 研究開発等 | 年間 約 2 兆円 | ✓ カーボンリサイクル（$CO_2$ 分離回収、合成メタン、合成燃料、SAF 等）<br>✓ カーボンニュートラルに資する製造工程の開発（水素還元製鉄等）<br>✓ 原子力（革新炉等の研究開発）<br>✓ 先進的な CCS 事業の実施 |

脱炭素に関連する投資額を、それぞれ一定の仮定のもとで積み上げた場合、2030 年において単年で約 17 兆円が最低限必要となります。
結果、GX への投資額が 10 年間で約 150 兆円が必要であると結論づけられました。

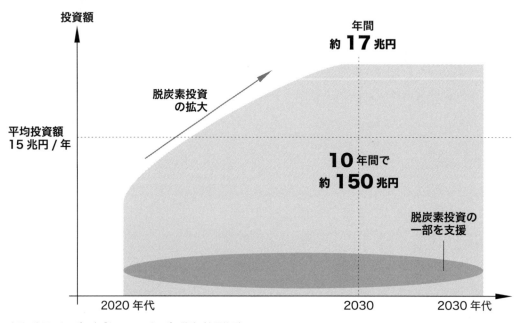

出所：資源エネルギー庁「クリーンエネルギー戦略（中間整理）」

図表 11-14 カーボンニュートラルの産業イメージ

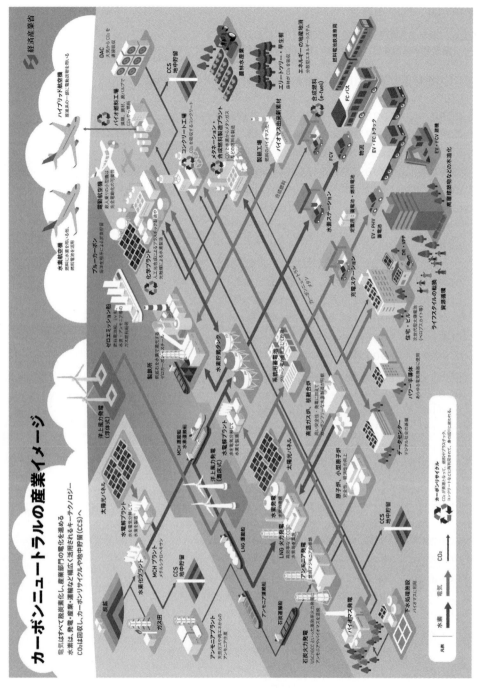

出所：経済産業省

## 図表 11-15　COP の歴史

**気候変動に関する国際連合枠組条約（UNFCCC）**
**署名　1992年6月4日　　発効　1994年3月21日**

### UNFCCC締結国会議（COP＝Conference of the Parties）の歴史

| | | |
|---|---|---|
| COP1 | 1995.3 | ドイツ　ベルリン |
| COP2 | 1996.7 | スイス　ジュネーブ |
| COP3 | 1997.12 | 日本　京都 |

温室効果ガスの削減目標を定める「京都議定書」を採択

| | | |
|---|---|---|
| COP4 | 1998.11 | アルゼンチン　ブエノスアイレス |
| COP5 | 1999.10 | ドイツ　ボン |
| COP6 | 2000.11 | オランダ　ハーグ |
| COP7 | 2001.10 | モロッコ　マラケシュ |
| COP8 | 2002.10 | インド　ニューデリー |

途上国と先進国との対立、「共通だが差異ある責任」を再確認

| | | |
|---|---|---|
| COP9 | 2003.12 | イタリア　ミラノ |
| COP10 | 2004.12 | アルゼンチン　ブエノスアイレス |
| COP11 | 2005.11 | カナダ　モントリオール |
| COP12 | 2006.11 | ケニア　ナイロビ |
| COP13 | 2007.12 | インドネシア　バリ |
| COP14 | 2008.12 | ポーランド　ポズナニ |
| COP15 | 2009.12 | デンマーク　コペンハーゲン |
| COP16 | 2010.11 | メキシコ　カンクン |
| COP17 | 2011.11 | 南アフリカ共和国　ダーバン |
| COP18 | 2012.11 | カタール　ドーハ |
| COP19 | 2013.11 | ポーランド　ワルシャワ |
| COP20 | 2014.12 | ペルー　リマ |
| COP21 | 2015.11 | フランス　パリ |

パリ協定の採択、「新たな枠組みの交渉テキスト案」

| | | |
|---|---|---|
| COP22 | 2016.11 | モロッコ　マラケシュ |
| COP23 | 2017.11 | ドイツ　ボン |
| COP24 | 2018.12 | ポーランド　カトヴィツエ |

パリ協定の実施指針の採択、先進国と途上国の共通ルール化

| | | |
|---|---|---|
| COP25 | 2019.12 | スペイン　マドリード |
| COP26 | 2021.10 | イギリス　グラスゴー |

排出削減対策のない石炭火力発電の段階的削減で合意

| | | |
|---|---|---|
| COP27 | 2022.11 | エジプト　シャルム |
| COP28 | 2023.11 | UAE　ドバイ |

この10年で化石燃料からの脱却を加速させることを明記。ただし、化石燃料全般の「段階的廃止」という原案は棄却。再生可能エネルギーの設備容量を30年までに世界で30倍に増やすことを明記。低炭素技術として、二酸化炭素を排出しない原子力発電の価値を認める。

出所：環境都市構想研究所

# 12

Theme

## エネルギー総論

# 全般的な動向、政策、計画等

図表 12-1　第 6 次エネルギー基本計画の全体像

図表 12-2　2030 年度におけるエネルギー需給見通しのポイント①

図表 12-3　2030 年度におけるエネルギー需給見通しのポイント②

図表 12-4　日本のエネルギーバランス・フロー概要（2021 年度）

図表 12-5　実質 GDP とエネルギー効率の推移

図表 12-6　エネルギー需要と GDP の推移

図表 12-7　エネルギー需要の GDP 弾性値

図表 12-8　一人あたりの名目 GDP と一次エネルギー消費量（2021 年）

図表 12-9　我が国の一次エネルギー供給構成比の推移

図表 12-10　主要国の一次エネルギー自給率比較（2020 年）

図表 12-11　主要国のエネルギー自給率とロシアへのエネルギー別依存度

図表 12-12　一次エネルギー供給・電源構成

図表 12-13　日本の化石燃料輸入先（原油・LNG・石炭）2021 年

図表 12-14　エネルギー源別輸入 CIF 価格推移（円建て）

図表 12-15　エネルギー製品別輸入額推移（原油・LNG・石炭）

図表 12-16　国際原油価格、石炭輸入価格、LNG 輸入価格の比較

図表 12-17　中東地域～日本（主要航路）比較

図表 12-18　主要石油輸出港からわが国までの距離とタンカー運賃

図表 12-19　主要石油輸出港からの原油タンカー所要日数

図表 12-20　チョークポイントリスクの推移

図表 12-21　主な国内資源開発企業の変遷

図表 12-22　コージェネレーション普及状況（2023 年 8 月）

図表 12-1　第 6 次エネルギー基本計画の全体像

● 新たなエネルギー基本計画では、**2050 年カーボンニュートラル（2020 年 10 月表明）**、**2030 年度の 46％削減、更に 50％の高みを目指して挑戦を続ける新たな削減目標（2021 年 4 月表明）**の実現に向けた**エネルギー政策の道筋**を示すことが重要テーマ。

➡　世界的な脱炭素に向けた動きの中で、**国際的なルール形成を主導**することや、**これまで培ってきた脱炭素技術**、**新たな脱炭素に資するイノベーション**により国際的な競争力を高めることが重要。

● 同時に、日本のエネルギー需給構造が抱える課題の克服が、もう一つの重要なテーマ。**安全性の確保を大前提**に、**気候変動対策を進める中でも、安定供給の確保やエネルギーコストの低減（S+3E）**に向けた取組を進める。

● エネ基全体は、主として、**①東電福島第一の事故後 10 年の歩み**、**②2050 年カーボンニュートラル実現に向けた課題と対応**、**③2050 年を見据えた 2030 年に向けた政策対応**のパートから構成。

---

注）

「第 7 次エネルギー基本計画」については、2025 年 3 月の閣議決定を目指して、2024 年 5 月 15 日に有識者会議が経済産業省で開かれ、具体的な議論が始まった。

すでに政府は、GX 実行会議で「GX2040 ビジョン」を 2024 年度内に作成すると公表していることから、第 7 次エネルギー基本計画を同じビジョンと統合するエネルギーベストミックス（電源構成）を策定するものと考えられる。

齋藤健経済産業相は会議で、「日本はエネルギー政策における戦後最大の難所にある。将来のあるべき姿を示していただきたい」と挨拶した。

（環境都市構想研究所）

---

出所：閣議資料

## 図表 12-2　2030 年度におけるエネルギー需給見通しのポイント①

● 今回の見通しは、2030 年度の新たな削減目標を踏まえ、徹底した省エネルギーや非化石エネルギーの拡大を進める上での需給両面における**様々な課題の克服を野心的に想定した場合**に、**どのようなエネルギー需給の見通しとなるかを示すもの**。

● 今回の野心的な見通しに向けた施策の実施に当たっては、**安定供給に支障が出ることのないよう、施策の強度、実施のタイミングなどは十分考慮する必要**。（例えば、非化石電源が十分に導入される前の段階で、直ちに化石電源の抑制策を講じることになれば、電力の安定供給に支障が生じかねない）

| | | (2019 年度 ⇒ 旧ミックス) | 2030 年度ミックス（野心的な見通し） |
|---|---|---|---|
| 省エネ | | (1,655 万 kl ⇒ 5,030 万 kl) | 6,200 万 kl |
| 最終エネルギー消費（省エネ前） | | (35,000 万 kl ⇒ 37,700 万 kl) | 35,000 万 kl |

**電源構成**

発電電力量：
10,650 億 kWh
⇓
約 9,340
億 kWh 程度

| | (2019 年度 ⇒ 旧ミックス) | 2030 年度ミックス（野心的な見通し） |
|---|---|---|
| 再エネ | (18% ⇒ 22 ～ 24%) | 36 ～ 38%※ |
| | 太陽光 6.7% ⇒ 7.0%<br>風力 0.7% ⇒ 1.7%<br>地熱 0.3% ⇒ 1.0 ～ 1.1%<br>水力 7.8% ⇒ 8.8 ～ 9.2%<br>バイオマス 2.6% ⇒ 3.7 ～ 4.6% | ※現在取り組んでいる再生可能エネルギーの研究開発の成果の活用・実装が進んだ場合には、38% 以上の高みを目指す。 |
| 水素・アンモニア | ( 0% ⇒ 0%) | 1% |
| 原子力 | ( 6% ⇒ 20 ～ 22%) | 20 ～ 22% |
| LNG | (37% ⇒ 27%) | 20% |
| 石炭 | (32% ⇒ 26%) | 19% |
| 石油等 | ( 7% ⇒ 3%) | 2% |

（再エネの内訳）
太陽光 14 ～ 16%
風力 5%
地熱 1%
水力 11%
バイオマス 5%

**（＋非エネルギー起源ガス・吸収源）**

| | (2019 年度 ⇒ 旧ミックス) | 2030 年度ミックス（野心的な見通し） |
|---|---|---|
| 温室効果ガス削減割合 | (14% ⇒ 26%) | 46%<br>更に 50% の高みを目指す |

出所 : 閣議資料

図表 12-3　2030年度におけるエネルギー需給見通しのポイント②

● **野心的な見通しが実現した場合**の3E

　　➡ **エネルギーの安定供給(Energy Security)**
　　　　**エネルギー自給率**(*1)⇒**30%**程度(旧ミックス：おおむね25%程度)

　　➡ **環境への適合(Environment)**
　　　　温室効果ガス削減目標のうち**エネルギー起源$CO_2$**の削減割合⇒**45%**程度(旧ミックス：25%)

　　➡ **経済効率性(Economic Efficiency)**
　　　　**①コストが低下した再エネの導入拡大**や**②IEAの見通し通りに化石燃料の価格低下**(*2)が
　　　　実現した場合の**電力コスト**

　　　　　⇒ 電力コスト全体　**8.6〜8.8兆円**程度　　　(旧ミックス：9.2〜9.5兆円)(*3)
　　　　　　 kWh当たり　　　**9.9〜10.2円/kWh**程度　(旧ミックス：9.4〜9.7円/kWh)(*4)

*1　資源自給率に加え、サプライチェーンの中でコア技術を自国で確保し、その革新を世界の中でリードする「技術自給率」(国内のエネルギー消費に対して、自国技術で賄えているエネルギー供給の程度)を向上させることも重要である。

*2　世界銀行やEIA(米国エネルギー情報局)は、直近の見通しにおいて、化石燃料の価格が上昇すると見込んでいる。

*3　発電コスト検証WGを踏まえ(IEA「World Energy Outlook 2020」の公表済政策シナリオ(STEPS)の値を採用)、FIT買取費用、燃料費、系統安定化費用についてそれぞれ約5.8〜6.0兆円、約2.5兆円、約0.3兆円と試算(系統安定化費用には変動再エネの導入に伴う火力発電の熱効率低下による損失額及び起動停止コストのみ算入。実際の系統の条件によって増加する可能性がある)。

*4　「電力コスト」÷「発電電力量から送電によるロス等を除いた電力需要量」により機械的に算出。電気料金とは異なる。実際の電気料金は、託送料金なども含まれ、また、電源の稼働状況、燃料価格、電力需要によって大きく左右されるため正確な予測は困難。

出所：閣議資料

12 エネルギー総論

## 図表12-4 日本のエネルギーバランス・フロー概要（2021年度）

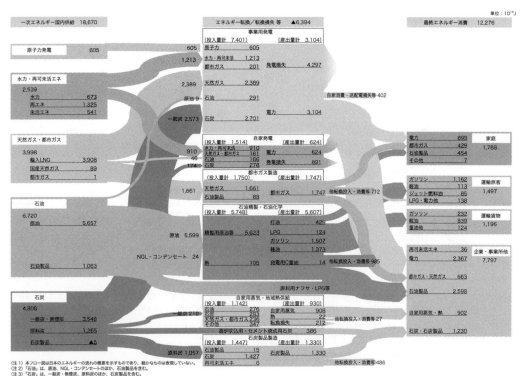

出所：資源エネルギー庁「総合エネルギー統計」

図表 12-5 実質 GDP とエネルギー効率の推移

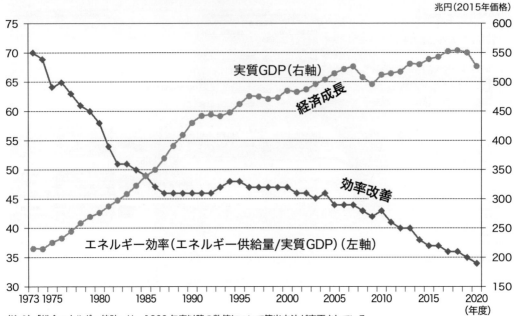

(注1)「総合エネルギー統計」は、1990年度以降の数値について算出方法が変更されている。
(注2) 1979年度以前の GDP は日本エネルギー経済研究所推計。

出所：資源エネルギー庁「総合エネルギー統計」、内閣府「国民経済計算」

## 図表 12-6　エネルギー需要と GDP の推移

（兆円、石油換算百万トン）

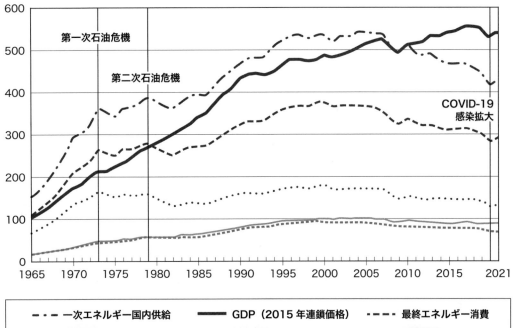

出所：日本エネルギー経済研究所「エネルギー・経済統計要覧」

**図表 12-7　エネルギー需要の GDP 弾性値**

| 年度 | 1965-1970 | 1970-1980 | 1980-1990 | 1990-2000 | 2000-2010 | 2010-2021 |
|---|---|---|---|---|---|---|
| GDP（2015年連鎖価格） | 11.0% | 4.7% | 4.5% | 1.2% | 0.5% | 0.5% |
| 一次エネルギー国内供給 | 14.3% | 2.5% | 2.1% | 1.4% | -0.4% | -1.6% |
| 最終エネルギー消費 | 14.2% | 2.3% | 2.0% | 1.5% | -1.0% | -1.5% |
| 一次エネルギー国内供給弾性値 | 1.29 | 0.54 | 0.45 | 1.15 | -0.69 | -3.22 |
| 最終エネルギー消費弾性値 | 1.29 | 0.48 | 0.44 | 1.27 | -1.97 | -2.96 |

出所：日本エネルギー経済研究所「エネルギー・経済統計要覧」

## 図表12-8　1人あたりの名目GDPと一次エネルギー消費量（2021年）

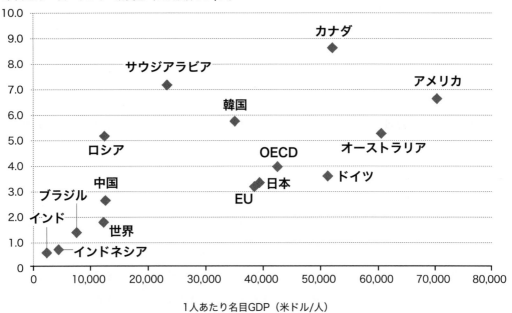

出所：資源エネルギー庁「エネルギー白書」

図表 12-9　我が国の一次エネルギー供給構成比の推移

(単位：%)

| エネルギー／年度 | 石油 | 石炭 | 天然ガス | 原子力 | 水力 | 再生可能・未活用エネルギー |
|---|---|---|---|---|---|---|
| 1995 | 53.8 | 16.6 | 11.6 | 12.3 | 3.5 | 2.3 |
| 1996 | 52.7 | 16.7 | 12.0 | 12.5 | 3.3 | 2.4 |
| 1997 | 50.8 | 17.0 | 12.4 | 12.9 | 3.6 | 2.5 |
| 1998 | 50.3 | 16.3 | 12.9 | 13.6 | 3.8 | 2.4 |
| 1999 | 50.3 | 17.1 | 13.4 | 12.6 | 3.4 | 2.4 |
| 2000 | 49.0 | 18.4 | 13.8 | 12.6 | 3.4 | 2.4 |
| 2001 | 48.2 | 19.1 | 13.9 | 12.6 | 3.3 | 2.4 |
| 2002 | 48.1 | 19.6 | 14.2 | 11.5 | 3.2 | 2.8 |
| 2003 | 48.3 | 20.3 | 15.0 | 9.4 | 3.7 | 2.9 |
| 2004 | 46.3 | 21.8 | 14.7 | 10.9 | 3.6 | 2.8 |
| 2005 | 49.0 | 20.3 | 13.8 | 11.2 | 2.8 | 3.1 |
| 2006 | 47.0 | 20.5 | 15.1 | 11.1 | 3.2 | 3.2 |
| 2007 | 47.1 | 21.3 | 16.4 | 9.7 | 2.7 | 3.2 |
| 2008 | 46.5 | 21.5 | 16.8 | 9.7 | 2.9 | 3.2 |
| 2009 | 45.3 | 20.3 | 17.4 | 11.1 | 3.0 | 3.0 |
| 2010 | 43.5 | 21.5 | 17.2 | 10.6 | 3.0 | 3.6 |
| 2011 | 45.9 | 21.3 | 21.3 | 4.0 | 3.2 | 3.9 |
| 2012 | 47.2 | 22.6 | 22.5 | 0.6 | 3.0 | 4.0 |
| 2013 | 45.7 | 24.2 | 22.5 | 0.4 | 3.1 | 4.1 |
| 2014 | 44.6 | 24.4 | 23.6 | 0.0 | 3.3 | 4.2 |
| 2015 | 44.7 | 24.2 | 22.3 | 0.4 | 3.4 | 4.6 |
| 2016 | 41.4 | 26.5 | 24.9 | 0.8 | 3.4 | 3.1 |
| 2017 | 37.6 | 25.1 | 22.8 | 2.8 | 3.5 | 8.2 |
| 2018 | 37.6 | 25.1 | 22.9 | 2.8 | 3.5 | 8.2 |
| 2019 | 37.1 | 25.3 | 22.4 | 2.8 | 3.5 | 8.8 |
| 2020 | 36.3 | 24.9 | 23.7 | 1.8 | 3.7 | 9.6 |

出所：資源エネルギー庁「総合エネルギー統計（エネルギーバランス表）」

## 12 エネルギー総論

図表12-10 主要国の一次エネルギー自給率比較（2020年）

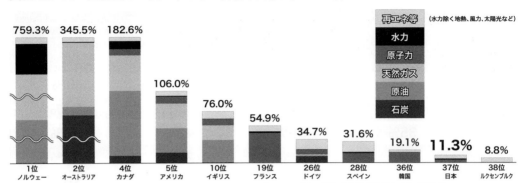

(注) ロシアと中国の自給率のデータは公表されていないが、一定の手法により、推定すると以下の通り。ロシア 178%　中国 83%（LNG経済研究会・大先一正氏作成）
資料：IEA「World Energy Balances 2021」の 2020 年推計値、日本のみ資源エネルギー庁「総合エネルギー統計」の 2020 年度確報値。※表内の順位は OECD38 カ国中の順位

出所：国際エネルギー機関（IEA）、資源エネルギー庁「総合エネルギー統計」

**図表 12-11　主要国のエネルギー自給率とロシアへのエネルギー別依存度**

| | エネルギー自給率（2021年） | ロシアへの依存度（2020 年の輸入量におけるロシア比率）　※日本のみ 2021年 | | |
| --- | --- | --- | --- | --- |
| | | 石油 | 天然ガス | 石炭 |
| 日本 | 13% | 4% | 9% | 11% |
| イタリア | 23% | 11% | **31%** | **56%** |
| ドイツ | 35% | **34%** | **43%** | **48%** |
| フランス | 54% | 0% | **27%** | **29%** |
| イギリス | 61% | 11% | 5% | **36%** |
| アメリカ | 104% | 1% | 0% | 0% |
| カナダ | 186% | 0% | 0% | 0% |

資料：World Energy Balances 2022、BP統計、EIA、Oil Information、Cedigaz統計、Coal Information、貿易統計

出所：World Energy Balance 2022 ほか

## 図表12-12　一次エネルギー供給・電源構成

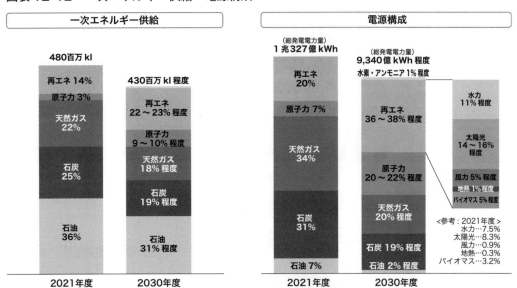

資料：資源エネルギー庁「総合エネルギー統計」の2021年度速報値、2030年度におけるエネルギー需給の見通し（関連資料）
※四捨五入の関係で、合計が100%にならない場合がある
※再エネ等（水力除く地熱、風力、太陽光など）は未活用エネルギーを含む

出所：閣議資料

図表 12-13　日本の化石燃料輸入先（原油・LNG・石炭）2021年

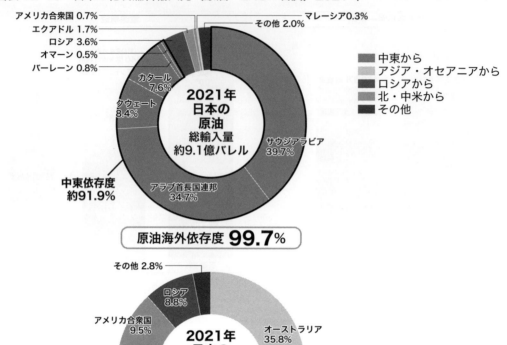

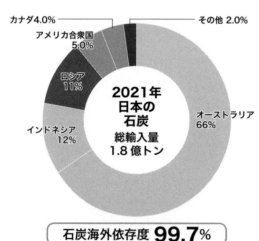

※海外依存度は総合エネルギー統計より、年度ベース

出所：財務省「日本貿易統計」

## 12 エネルギー総論

### 図表 12-14　エネルギー源別輸入 CIF 価格推移（円建て）

| 年度 | 通関レート(円/ドル) | 原油(円/kL) | ナフサ(化学)(円/kL) | ガソリン(円/kL) | 灯油(円/kL) | 軽油(円/kL) | A重油(円/kL) | 石炭(円/トン) | 原料炭(円/トン) | 一般炭(円/トン) | LPG(円/トン) | LNG(円/トン) | 年度 |
|---|---|---|---|---|---|---|---|---|---|---|---|---|---|
| 1965 | 360.00 | 4,461 | 4,976 | 8,974 | 21,735 | 7,901 | 7,343 | 5,666 | 5,643 | 14,333 | 13,128 | N.A. | 1965 |
| 1970 | 360.00 | 4,144 | 5,398 | 3,956 | 12,935 | 6,958 | 7,270 | 7,625 | 7,635 | 9,588 | 10,847 | 9,841 | 1970 |
| 1973 | 273.50 | 8,343 | 11,529 | 11,561 | 24,154 | 17,744 | 13,208 | 7,035 | 7,034 | N.A. | 13,555 | 10,201 | 1973 |
| 1975 | 298.69 | 22,643 | 25,373 | 28,108 | 84,669 | 26,898 | 25,882 | 16,674 | 16,779 | 10,699 | 40,949 | 26,587 | 1975 |
| 1980 | 218.67 | 47,629 | 53,770 | 52,481 | 73,185 | 61,022 | 57,583 | 14,460 | 14,674 | 12,100 | 73,826 | 62,681 | 1980 |
| 1985 | 224.05 | 38,340 | 38,329 | 42,914 | 46,962 | 39,216 | 44,639 | 12,504 | 13,238 | 10,024 | 54,765 | 58,181 | 1985 |
| 1990 | 141.95 | 20,326 | 23,549 | 27,288 | 31,739 | 29,122 | 26,382 | 8,203 | 8,655 | 7,206 | 27,190 | 28,729 | 1990 |
| 1991 | 133.33 | 15,795 | 19,643 | 22,355 | 22,977 | 23,351 | 20,245 | 7,517 | 7,985 | 6,609 | 23,834 | 25,578 | 1991 |
| 1992 | 125.47 | 15,217 | 17,045 | 19,345 | 21,910 | 21,691 | 19,587 | 6,792 | 7,211 | 5,990 | 22,416 | 23,463 | 1992 |
| 1993 | 108.31 | 11,417 | 12,260 | 14,492 | 17,657 | 17,751 | 16,122 | 5,537 | 5,893 | 4,881 | 17,799 | 18,899 | 1993 |
| 1994 | 99.98 | 10,856 | 11,644 | 13,448 | 15,263 | 14,993 | 14,566 | 4,827 | 5,130 | 4,348 | 18,938 | 16,754 | 1994 |
| 1995 | 95.84 | 11,057 | 11,480 | 14,017 | 18,499 | 15,824 | 15,200 | 5,129 | 5,392 | 4,781 | 21,426 | 17,235 | 1995 |
| 1996 | 111.94 | 15,291 | 16,293 | 18,206 | 22,644 | 21,239 | 20,742 | 5,969 | 6,353 | 5,457 | 29,578 | 22,355 | 1996 |
| 1997 | 122.48 | 14,482 | 17,789 | 21,717 | 19,385 | 22,844 | 18,975 | 6,153 | 6,696 | 5,437 | 28,400 | 23,545 | 1997 |
| 1998 | 128.37 | 10,306 | 12,881 | 17,067 | 13,640 | 13,122 | 14,033 | 5,738 | 6,304 | 5,016 | 21,413 | 18,908 | 1998 |
| 1999 | 111.95 | 14,529 | 16,049 | 19,151 | 21,438 | 20,434 | 18,458 | 4,312 | 4,638 | 3,917 | 27,568 | 20,306 | 1999 |
| 2000 | 109.92 | 19,618 | 21,546 | 24,027 | 26,062 | 25,670 | 23,445 | 4,079 | 4,302 | 3,816 | 38,060 | 27,655 | 2000 |
| 2001 | 124.77 | 18,643 | 19,971 | 23,489 | 22,365 | 23,523 | 22,241 | 5,098 | 5,289 | 4,913 | 34,756 | 28,600 | 2001 |
| 2002 | 122.39 | 21,032 | 21,927 | 25,990 | 27,447 | 25,182 | 25,555 | 4,749 | 5,116 | 4,376 | 37,443 | 28,091 | 2002 |
| 2003 | 113.52 | 20,950 | 23,595 | 26,674 | 26,608 | 25,820 | 25,215 | 4,504 | 4,866 | 4,133 | 36,112 | 28,024 | 2003 |
| 2004 | 107.47 | 26,156 | 30,209 | 34,847 | 37,751 | 34,248 | 33,612 | 6,517 | 7,079 | 5,997 | 42,115 | 29,746 | 2004 |
| 2005 | 112.79 | 39,736 | 40,370 | 45,594 | 56,896 | 49,626 | 46,837 | 9,138 | 11,057 | 7,265 | 58,099 | 37,401 | 2005 |
| 2006 | 116.92 | 46,662 | 47,873 | 53,587 | 60,361 | 55,814 | 51,939 | 8,966 | 10,540 | 7,454 | 63,286 | 43,120 | 2006 |
| 2007 | 114.87 | 56,375 | 59,398 | 63,856 | 77,511 | 68,531 | 60,018 | 9,508 | 10,271 | 8,752 | 79,677 | 50,873 | 2007 |
| 2008 | 100.51 | 58,620 | 59,205 | 60,437 | 40,888 | 62,669 | 65,029 | 17,547 | 21,700 | 13,721 | 75,070 | 66,017 | 2008 |
| 2009 | 93.07 | 40,388 | 39,488 | 42,153 | 48,311 | 48,906 | 40,527 | 11,020 | 13,529 | 9,106 | 54,534 | 43,029 | 2009 |
| 2010 | 86.09 | 45,399 | 45,484 | 49,112 | 61,349 | 53,659 | 54,351 | 12,117 | 15,081 | 9,818 | 66,137 | 50,299 | 2010 |
| 2011 | 78.98 | 56,684 | 52,957 | 62,378 | 67,995 | 66,654 | 64,987 | 14,398 | 18,680 | 11,334 | 73,099 | 64,970 | 2011 |
| 2012 | 82.64 | 59,358 | 55,253 | 63,093 | 73,972 | 66,631 | 65,331 | 12,097 | 14,319 | 10,493 | 80,213 | 71,538 | 2012 |
| 2013 | 99.95 | 69,226 | 65,454 | 74,638 | 83,600 | 79,522 | 85,924 | 11,982 | 13,495 | 10,788 | 93,177 | 83,693 | 2013 |
| 2014 | 109.20 | 61,273 | 61,155 | 70,624 | 68,301 | 75,763 | 75,250 | 10,871 | 11,863 | 10,115 | 80,574 | 87,061 | 2014 |
| 2015 | 120.38 | 37,035 | 40,843 | 48,319 | 45,921 | 42,902 | 49,724 | 9,734 | 10,557 | 9,096 | 52,957 | 54,382 | 2015 |
| 2016 | 108.42 | 32,523 | 33,110 | 37,539 | 49,072 | 39,425 | 37,166 | 10,108 | 12,015 | 8,772 | 44,734 | 39,364 | 2016 |
| 2017 | 111.06 | 39,825 | 40,135 | 46,167 | 55,057 | 51,491 | 47,323 | 13,361 | 16,325 | 11,405 | 57,814 | 48,591 | 2017 |
| 2018 | 110.63 | 50,272 | 47,764 | 55,432 | 60,999 | 63,012 | 60,785 | 15,067 | 17,716 | 13,346 | 61,587 | 60,362 | 2018 |
| 2019 | 108.78 | 46,388 | 40,906 | 47,798 | 54,636 | 53,220 | 51,298 | 12,669 | 14,980 | 11,018 | 50,171 | 53,527 | 2019 |
| 2020 | 106.01 | 28,867 | 29,637 | 31,281 | 39,205 | 38,075 | 37,314 | 9,500 | 11,094 | 8,456 | 47,268 | 41,258 | 2020 |
| 2021 | 111.93 | 54,513 | 54,228 | 58,234 | 67,740 | 62,059 | 63,105 | 19,299 | 21,550 | 17,967 | 82,200 | 70,021 | 2021 |

出所：財務省「日本貿易統計」

## 図表12-15　エネルギー製品別輸入額推移（原油・LNG・石炭）

| 年度 | 鉱物性燃料 価額 | | 原油及び粗油 | | 数量 | 石油製品 価額 | | 液化天然ガス 価額 | | 数量 | 石炭 価額 | | 数量 | 年度 |
|---|---|---|---|---|---|---|---|---|---|---|---|---|---|---|
| | (十億円) | (百万ドル) | (十億円) | (百万ドル) | (千kL) | (十億円) | (百万ドル) | (十億円) | (百万ドル) | (千トン) | (十億円) | (百万ドル) | (千トン) | |
| 1965 | 601 | 1,690 | 396 | 1,099 | 88,486 | 112 | 311 | – | – | | 93 | 278 | 17,675 | 1965 |
| 1970 | 1,495 | 4,163 | 853 | 2,371 | 205,260 | 249 | 691 | 10 | 27 | 977 | 383 | 1,094 | 51,665 | 1970 |
| 1973 | 3,207 | 11,567 | 2,416 | 8,673 | 290,096 | 368 | 1,321 | 24 | 86 | 2,364 | 399 | 1,483 | 57,832 | 1973 |
| 1975 | 7,792 | 26,123 | 5,906 | 19,757 | 260,690 | 726 | 2,423 | 133 | 444 | 5,005 | 1,028 | 3,485 | 62,446 | 1975 |
| 1980 | 15,766 | 72,193 | 11,790 | 54,025 | 248,163 | 1,852 | 8,424 | 1,063 | 4,878 | 16,965 | 1,057 | 4,854 | 73,131 | 1980 |
| 1985 | 12,284 | 55,031 | 7,446 | 33,400 | 194,570 | 2,042 | 9,147 | 1,619 | 7,255 | 27,831 | 1,175 | 5,217 | 93,937 | 1985 |
| 1990 | 8,552 | 61,455 | 4,873 | 35,255 | 240,096 | 1,751 | 12,501 | 1,036 | 7,411 | 36,077 | 883 | 6,229 | 107,634 | 1990 |
| 1991 | 6,641 | 49,936 | 3,518 | 26,518 | 223,125 | 1,293 | 9,696 | 971 | 7,282 | 37,952 | 850 | 6,370 | 113,026 | 1991 |
| 1992 | 6,677 | 53,270 | 3,876 | 30,946 | 255,103 | 1,125 | 8,963 | 914 | 7,299 | 38,976 | 754 | 6,008 | 110,947 | 1992 |
| 1993 | 5,065 | 46,753 | 2,888 | 26,651 | 253,193 | 789 | 7,279 | 757 | 7,001 | 40,076 | 622 | 5,742 | 112,326 | 1993 |
| 1994 | 5,037 | 50,517 | 2,928 | 29,389 | 269,756 | 804 | 8,057 | 710 | 7,118 | 42,374 | 585 | 5,857 | 121,237 | 1994 |
| 1995 | 5,262 | 54,666 | 2,902 | 30,153 | 262,426 | 945 | 9,780 | 753 | 7,829 | 43,689 | 652 | 6,794 | 127,093 | 1995 |
| 1996 | 7,131 | 63,434 | 3,961 | 35,225 | 258,952 | 1,341 | 11,921 | 1,038 | 9,225 | 46,445 | 776 | 6,935 | 130,008 | 1996 |
| 1997 | 7,027 | 57,367 | 3,871 | 31,592 | 266,909 | 1,159 | 9,470 | 1,138 | 9,293 | 48,349 | 836 | 6,825 | 135,853 | 1997 |
| 1998 | 5,136 | 40,040 | 2,618 | 20,365 | 253,691 | 825 | 6,492 | 936 | 7,298 | 49,478 | 744 | 5,782 | 129,649 | 1998 |
| 1999 | 6,477 | 58,614 | 3,644 | 33,035 | 251,010 | 1,160 | 10,529 | 1,058 | 9,559 | 52,112 | 596 | 5,322 | 138,125 | 1999 |
| 2000 | 8,631 | 78,442 | 4,931 | 44,847 | 251,349 | 1,561 | 14,166 | 1,498 | 13,596 | 54,157 | 615 | 5,591 | 150,773 | 2000 |
| 2001 | 8,107 | 65,128 | 4,435 | 35,663 | 237,848 | 1,304 | 10,469 | 1,556 | 12,482 | 54,421 | 791 | 6,341 | 155,098 | 2001 |
| 2002 | 8,954 | 73,413 | 5,150 | 42,223 | 244,861 | 1,455 | 11,938 | 1,546 | 12,684 | 55,018 | 773 | 6,315 | 162,669 | 2002 |
| 2003 | 9,079 | 80,168 | 5,132 | 45,334 | 244,903 | 1,492 | 13,201 | 1,640 | 14,442 | 58,538 | 758 | 6,693 | 168,373 | 2003 |
| 2004 | 11,222 | 104,614 | 6,362 | 59,313 | 243,209 | 1,837 | 17,141 | 1,726 | 16,088 | 58,018 | 1,196 | 11,138 | 183,569 | 2004 |
| 2005 | 16,308 | 144,092 | 9,989 | 88,246 | 251,371 | 2,462 | 21,723 | 2,166 | 19,135 | 57,917 | 1,625 | 14,384 | 177,793 | 2005 |
| 2006 | 18,447 | 157,860 | 11,364 | 97,280 | 243,561 | 2,699 | 23,082 | 2,730 | 23,348 | 63,309 | 1,608 | 13,759 | 179,339 | 2006 |
| 2007 | 22,244 | 195,330 | 13,693 | 120,358 | 243,068 | 3,215 | 28,202 | 3,475 | 30,523 | 68,306 | 1,784 | 15,569 | 187,588 | 2007 |
| 2008 | 24,482 | 239,640 | 13,640 | 132,652 | 232,989 | 2,996 | 29,188 | 4,498 | 44,637 | 68,135 | 3,255 | 32,263 | 185,514 | 2008 |
| 2009 | 15,260 | 164,853 | 8,587 | 92,851 | 212,698 | 1,981 | 21,421 | 2,855 | 30,884 | 66,354 | 1,816 | 19,477 | 164,775 | 2009 |
| 2010 | 18,144 | 211,615 | 9,756 | 113,814 | 215,013 | 2,536 | 29,592 | 3,549 | 41,392 | 70,562 | 2,262 | 26,335 | 186,637 | 2010 |
| 2011 | 23,132 | 293,261 | 11,894 | 150,700 | 209,839 | 3,275 | 41,496 | 5,404 | 68,616 | 83,183 | 2,525 | 32,025 | 175,379 | 2011 |
| 2012 | 24,668 | 297,904 | 12,526 | 151,164 | 211,021 | 3,671 | 44,269 | 6,214 | 75,023 | 86,865 | 2,223 | 27,028 | 183,769 | 2012 |
| 2013 | 28,413 | 283,940 | 14,826 | 148,203 | 214,182 | 3,831 | 38,240 | 7,342 | 73,346 | 87,731 | 2,343 | 23,455 | 195,589 | 2013 |
| 2014 | 25,099 | 231,563 | 11,860 | 110,014 | 193,548 | 3,357 | 30,993 | 7,755 | 71,038 | 89,071 | 2,040 | 18,725 | 187,692 | 2014 |
| 2015 | 16,061 | 133,159 | 7,368 | 61,021 | 198,993 | 2,221 | 18,422 | 4,545 | 37,729 | 83,571 | 1,864 | 15,472 | 191,550 | 2015 |
| 2016 | 13,139 | 120,623 | 6,181 | 56,817 | 190,060 | 1,655 | 15,143 | 3,336 | 30,640 | 84,749 | 1,915 | 17,541 | 189,415 | 2016 |
| 2017 | 16,251 | 146,421 | 7,283 | 65,609 | 182,857 | 2,287 | 20,615 | 4,076 | 36,748 | 83,888 | 2,553 | 22,988 | 191,084 | 2017 |
| 2018 | 19,094 | 172,386 | 8,721 | 78,726 | 173,477 | 2,605 | 23,504 | 4,862 | 43,903 | 80,553 | 2,841 | 25,662 | 188,527 | 2018 |
| 2019 | 16,566 | 152,251 | 7,980 | 73,324 | 172,033 | 2,093 | 19,231 | 4,095 | 37,662 | 76,498 | 2,367 | 21,762 | 186,875 | 2019 |
| 2020 | 10,589 | 100,037 | 4,058 | 38,335 | 140,532 | 1,699 | 16,064 | 3,150 | 29,769 | 76,357 | 1,644 | 15,504 | 172,999 | 2020 |
| 2021 | 19,845 | 176,472 | 8,017 | 71,377 | 147,056 | 3,146 | 28,029 | 5,004 | 44,402 | 71,459 | 3,548 | 31,497 | 183,818 | 2021 |

注：(1) 1965年度〜1975年度の鉱物性燃料は、原油及び粗油、石油製品、液化天然ガス、石炭の合計値。
　　(2) 1965年度〜1975年度の石炭は、原料炭と一般炭の合計値。

出所：財務省「日本貿易統計」、「外国貿易概況」

12 エネルギー総論

### 図表12-16　国際原油価格、石炭輸入価格、LNG輸入価格の比較

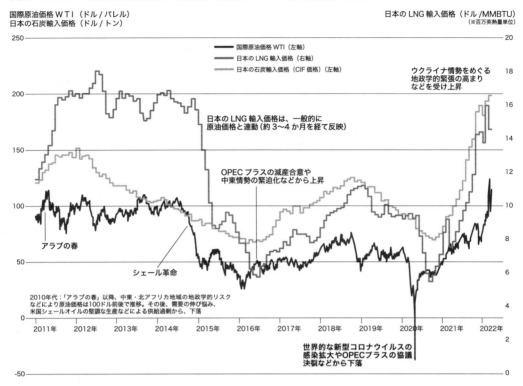

出所：財務省「日本貿易統計」

図表12-17　中東地域～日本（主要航路）比較

| 海峡名称 | 場所 | 海峡幅 | 水深 | 備考 |
|---|---|---|---|---|
| ホルムズ海峡 | ペルシャ湾とオマーン湾の間 | 33km | 75－100m | 日本向けタンカーの8割通過　年間約3,400隻通過 |
| マラッカ海峡 | 南シナ海とインド洋 | 65km | 一部地域25m | 大型タンカーの通過制限あり　船舶通過　9万隻（2005年） |
| ロンボク海峡 | インドネシアバリ島とロンボク島の間 | 18－40km | 250m | 大型船航路 |
| マカッサル海峡 | ボルネオ・カリマンタン島付近 | 100km |  | ロンボク海峡経由多し　大型船ルート |
| スンダ海峡 | インドネシアジャワ島とスマトラ島の間 | 24km | 20m |  |
| バシー海峡 | フィリピンバシー島 | 100km | 1,500m |  |

参考：東京湾
　　　湾口幅　20.9km
　　　最大水深　700m
　　　　なお、内湾部の水深　120m
　　　通過船舶数　約500隻／日

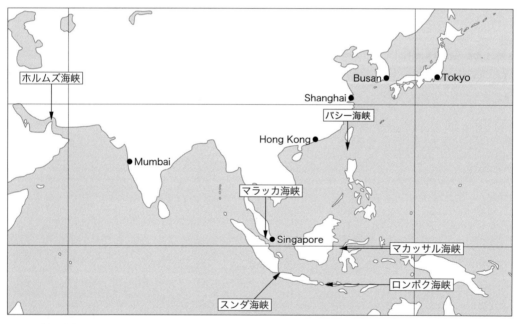

出所：環境都市構想研究所

200

## 図表 12-18　主要石油輸出港からわが国までの距離とタンカー運賃

(単位：ドル / トン)

| 地　域 | 国　名 | 積　出　港 | 距　離<br>(海里) | 2021.1.1 | 2022.1.1 |
|---|---|---|---|---|---|
| 中　　　　東 | サ ウ ジ ア ラ ビ ア | ラ ス ・ タ ヌ ラ | 6,594 | 20.46 | 22.33 |
| | イ　　ラ　　ン | カ ー グ 島 | 6,654 | 21.23 | 23.11 |
| | イ　　ラ　　ク | バ ス ラ | 6,788 | 20.67 | 23.80 |
| | ク ウ ェ ー ト | ミ ナ ・ ア ル ・ ア マ デ ィ | 6,718 | 21.23 | 23.14 |
| | 旧 中 立 地 帯 | ラ ス ・ ア ル ・ カ フ ジ | 6,685 | 20.76 | 22.68 |
| | カ　タ　ー　ル | メ サ イ ー ド | 6,543 | 20.80 | 22.68 |
| | ア ブ ダ ビ | ジ ュ ベ ル ・ ダ ン ナ | 6,483 | 20.58 | 22.43 |
| 東 南 ア ジ ア | イ ン ド ネ シ ア | デ ュ マ イ | 3,094 | 11.58 | 12.56 |
| | ブ ル ネ イ | セ リ ア | 2,437 | 9.52 | 10.29 |
| | シ ン ガ ポ ー ル | シ ン ガ ポ ー ル | 2,892 | 10.46 | 11.35 |
| 東 ア ジ ア | ロ　シ　ア | ナ ホ ト カ | 905 | 5.80 | 6.16 |
| | 中　　　　国 | 大 連 | 1,244 | 6.39 | 6.89 |
| | 韓　　　　国 | ウ ル サ ン | 667 | 4.78 | 5.11 |
| | 台　　　　湾 | 高 雄 | 1,337 | 6.30 | 6.76 |
| 西 ア フ リ カ | ナ イ ジ ェ リ ア | フ ォ ル カ ド ス | 11,017 | 32.73 | 35.79 |
| 北 ア メ リ カ | ア メ リ カ | ロ サ ン ゼ ル ス | 4,840 | 16.33 | 17.89 |
| | メ キ シ コ | サ リ ナ ・ ク リ ス | 6,600 | 20.65 | 22.59 |
| 南 ア メ リ カ | ベ ネ ズ エ ラ | プ エ ル ト ・ ラ ・ ク ル ツ | 8,361 | 28.78 | 31.65 |
| | ペ ル ー | プ エ ル ト ・ バ ヨ バ ー ル | 8,000 | 24.86 | 27.15 |
| 大 洋 州 | オ ー ス ト ラ リ ア | ジ ー ロ ン | 4,901 | 16.95 | 18.52 |

※世界の主要石油積出港から日本（横浜）までの基準タンカー運賃。
　単位ドル / トン、フォルカドス〜横浜はケープタウン経由、プエルト・ラ・クルツ〜横浜はパナマ経由。

出所：出光タンカー資料

図表12-19　主要石油輸出港からの原油タンカー所要日数

## 前提条件

1. サウジアラビア　ラスタヌラ港
2. 日本との距離（6,600海里＝12,220キロ）
3. 巡航速度：15ノット（時速約28キロ）
4. 除く：輸送用バンカーオイルの給油時間
5. 除く：積み込み時間
6. 除く：2港積み

## 片道の所要日数

12,220キロ÷28÷24時間＝約20日間

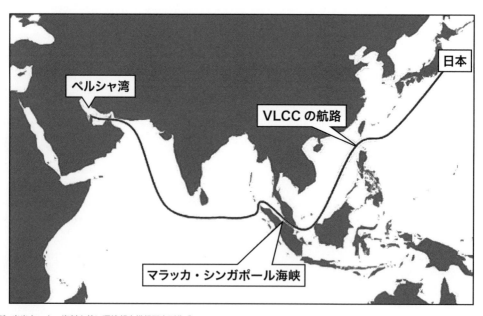

出所：出光タンカー資料を基に環境都市構想研究所作成

## 図表 12-20　チョークポイントリスクの推移

| チョークポイント<br>比率 (%) | 2000年代 | 2015年 | 2021年 |
|---|---|---|---|
| フランス | 71.8 | 65.5 | 51.8 |
| ドイツ | 45.0 | 58.4 | 56.8 |
| イギリス | 12.7 | 8.5 | 7.9 |
| アメリカ | 48.3 | 42.5 | 22.2 |
| 中国 | 142.5 | 149.6 | 152.0 |
| 日本 | 177.8 | 167.7 | 183.2 |
| 韓国 | 163.6 | 175.8 | 168.5 |

(注1) チョークポイントを通過する各国の輸入原油の数量を合計し、総輸入量に対する割合をチョークポイント比率として計算。チョークポイントを複数回通過する場合は、数量を都度計上するため、チョークポイント比率は100%を超えることもある。

(注2) チョークポイント比率が低いほど、チョークポイント通過せずに輸入できる原油が多いため、リスクが低いという評価になる。

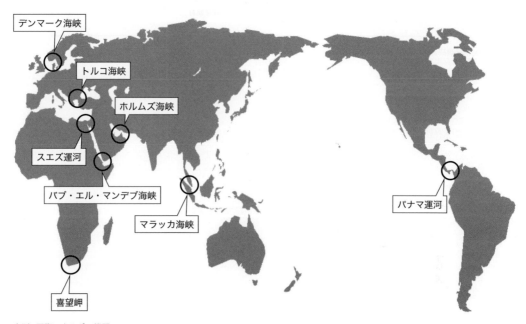

出所：国際エネルギー機関

図表 12-21　主な国内資源開発企業の変遷

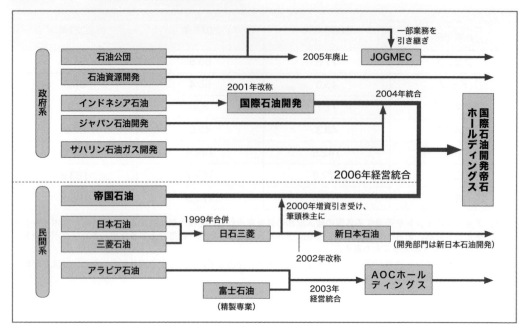

出所：環境都市構想研究所

## 図表12-22　コージェネレーション普及状況（2023年8月）

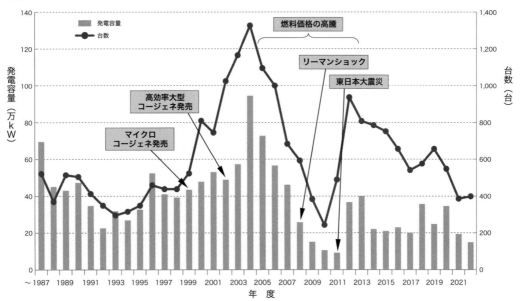

- 2004年度までは、コージェネ導入発電容量・台数は、効率の高い新型コージェネの発売等もあって順調に伸びていました。
- 2005年度以降、燃料価格の高騰、2008年度のリーマンショックを受けて、コージェネ導入発電容量・台数は大きく落ち込みました。
- しかし、2011年の東日本大震災以降、電源確保へのニーズの高まり（BCP：事業継続計画）等から、まず、台数が回復し、その後、2013年度までコージェネ導入発電容量も回復しました。
- 2014年度以降は2018、2020年度の特殊要因で発電容量が大きい年度を除くと、年度によってばらつきは見られるものの平均で年間20万kW程度が導入されています。
- 2022年度のコージェネ発電容量は、民生用は増加しましたが産業用が大幅に減少し、2021年度と比べて合計で4.1万kW減少しました。

出所：コージェネレーション・エネルギー高度利用センター

# 石油

図表 12-23　我が国の過去の石油危機の概要

図表 12-24　日本の石油元売り会社の再編動向（2022 年 7 月現在）

図表 12-25　原油の輸入先（2021 年度）

図表 12-26　原油の輸入量と中東依存度の推移

図表 12-27　原油の輸入価格と原油輸入額が輸入全体に占める割合

図表 12-28　製油所の所在地と原油処理能力（2023 年 3 月）

図表 12-29　備蓄の種類

図表 12-30　国家石油備蓄基地

図表 12-31　IEA 加盟国の石油備蓄日数比較（2021 年 3 月時点）

図表 12-32　石油備蓄の現況（令和 5 年 4 月）

図表 12-33　原油輸入 CIF 価格の推移（1965 年〜）

図表 12-34　原油の円建ておよびドル建て CIF 価格・円レートの推移

図表 12-35　WTI 価格見通し

図表 12-36　OPEC 諸国の石油収入推移

## 図表 12-23　我が国の過去の石油危機の概要

| 時期 | 第一次石油危機<br>(1973年10月～1974年8月) | 第二次石油危機<br>(1978年10月～1982年8月) | 湾岸危機<br>(1990年8月～1991年2月) | ハリケーン「カトリーナ」被害<br>(2005年8月～2005年12月) |
|---|---|---|---|---|
| 危機の経緯 | 第四次中東戦争を契機にアラブ石油輸出諸国の原油供給削減 | イラン革命の進展によりイラン原油供給中断と湾岸におけるタンカー輸送の途絶 | イラクによるクウェート侵攻。イラクに経済制裁。湾岸戦争へ発展 | 大型ハリケーン「カトリーナ」によるアメリカメキシコ湾岸エリアの石油関連施設への被害 |
| 一次エネルギー供給に占める石油の割合 | 77.4%(1973年度) | 71.5%(1979年度) | 58.3%(1990年度) | 50.0%(2003年度)<br>※熱量換算による比較 |
| 原油価格上昇幅<br>(危機直前とピーク時の比較(ドル/バレル)) | アラビアン・ライト公示価格<br>3.9倍<br>1973年10月 → 1974年1月<br>3.0　　　　11.6 | アラビアン・ライト・スポット<br>(当用買い) 3.3倍<br>1978年9月 → 1980年11月<br>12.8　　　　42.8 | ドバイ・スポット<br>2.2倍<br>1990年7月 → 1990年9月<br>17.1　　　　37.0 | ドバイ・スポット<br>1.1倍<br>2005年7月 → 2005年9月<br>52.83　　　56.54 |
| 原油輸入価格<br>期中最高値(CIF, 円/ℓ) | 21.5円 | 57.0円 | 27.6円 | 42.7円 |
| ガソリン小売価格<br>期中最高値(円/ℓ) | 114円 | 177円 | 142円 | 131円 |
| 備蓄水準 | 67日分(1973年10月末)<br>民間備蓄：67日分<br>国家備蓄：ゼロ | 92日分(1978年12月末)<br>民間備蓄：85日分<br>国家備蓄：7日分 | 142日分(1990年12月末)<br>民間備蓄：88日分<br>国家備蓄：54日分 | 170日分(2005年9月末)<br>民間備蓄：80日分<br>国家備蓄：90日分 |
| 原油輸入量 | 2億8,861万kℓ(1973年度) | 2億7,714万kℓ(1979年度) | 2億3,848万kℓ(1990年度) | 2億4,181万kℓ(2004年度) |
| わが国総輸入額に占める原油輸入全額のシェア(%) | 23%(1973年度) | 43%(1980年度) | 19%(1990年度) | 20%(2005年) |
| 原油の中東依存度 | 77.5%(1973年度) | 75.9%(1979年度) | 71.5%(1990年度) | 89.5%(2004年度) |
| 為替レート(円/ドル) | 298円(1974年8月) | 273円(1982年11月) | 128円(1990年11月) | 113円(2005年10月) |
| 当時の状況と政府の対応 | ・トイレットペーパーなどの買いだめ<br>・行政指導に基づく元売仕切・小売価格設定(1974年3月～8月)<br>・石油業法に基づく標準額の設定(1975年12月～1976年5月)<br>・大口電力の使用規制、マイカー使用の自粛<br>・緊急時二法の施行(1973年12月)<br>・石油備蓄法の施行(1976年4月) | ・民間備蓄の一部取り崩し(1979年4月～1980年8月)<br>・行政指導に基づく元売仕切価格の設定(1979年3月～1982年4月)<br>・官庁の暖房温度19度、冷房温度28度設定など省エネ対策を実施<br>・省エネルックが話題に<br>・省エネ法施行(1979年6月)<br>・代エネ法施行(1980年5月) | ・原油の高値買いの自粛要請<br>・製品輸入を抑え、国内生産主体の供給体制へ移行<br>・行政指導に基づく元売仕切価格の設定(「月決め方式」(1990年9月～1991年4月))<br>・民間備蓄の一部取り崩し(4日分)<br>・官庁、民間の冷房温度28度設定、マイカーの経済運転など省エネ対策を施行 | ・ガソリン輸入の自粛要請<br>・民間備蓄の一部取り崩し(3日分) |

| 時期 | 原油価格高騰<br>(2007年1月～2008年7月) | 東日本大震災<br>(2011年3月～5月) | コロナ危機<br>(2020年2月～) |
|---|---|---|---|
| 危機の経緯 | 原油価格は、新興国の需要増などにより2004年夏ごろから上昇、2007年ごろから投機資金の流入によりさらに高騰した。 | 3月11日に発生した東日本大震災により、東北地方および関東圏の需給が混乱した。 | 新型コロナウイルス(COVID-19)の世界的な感染拡大で石油需要が激減。これにOPECとロシアなどを含めた産油国の一時的なシェア争いが重なり原油価格が急落した。 |
| 一次エネルギー供給に占める石油の割合 | 42.7%(2008年度) | 40.3%(2010年度) | 37.6%(2018年度) |
| 原油価格上昇幅<br>(危機直前とピーク時の比較(ドル/バレル)) | NYMEX・WTI<br>2.5倍<br>2007年1月3日 → 2008年7月11日<br>58.32　　　　147.50 | NYMEX・WTI<br>▲2.9%<br>2011年3月10日 → 2011年5月20日<br>102.70　　　　99.49 | NYMEX・WTI<br>2020年2月17日 → 2020年4月20日<br>52.1　　　　▲37.6 |
| 原油輸入価格<br>期中最高値(CIF, 円/ℓ) | 92.0円 | 58.4円 | 16.5円(2020年6月、期中最安値) |
| ガソリン小売価格<br>期中最高値(円/ℓ) | 185円 | 153円 | 125円(消費税10%) |
| 備蓄水準 | 182日分(2008年8月末)<br>民間備蓄：85日分<br>国家備蓄：97日分 | 193日分(2011年3月末)<br>民間備蓄：79日分<br>国家備蓄：114日分 | 244日分(2020年5月末)<br>民間備蓄：99日分<br>国家備蓄：140日分、<br>産油国共同備蓄5日分 |
| 原油輸入量 | 2億2,441万kℓ(2008年度) | 2億1,436万kℓ(2010年度) | 1億7,304万kℓ(2019年度) |
| わが国総輸入額に占める原油輸入全額のシェア(%) | 21.8%(2008年度) | 18.4%(2010年度) | 10.3%(2019年度) |
| 為替レート(円/ドル) | 107円(2008年7月) | 82円(2011年3月) | 109円(2020年5月) |
| 当時の状況と政府の対応 | ・原油価格の上昇にともない小売価格が上昇<br>・ユーザーの買い控え、車離れが進む<br>・原油価格および小売価格を下げるため、国家備蓄および民間備蓄の要望が高まるも対応は行われず<br>・2008年9月のリーマンショック前後から原油価格が急落し、小売価格も下落した<br>・急激な国内需要の低下は、原油価格が下落しても回復せず、エネルギー供給高度化法(2009年8月施行)など過剰精製設備の見直しに向けた動きに繋がる | ・地震により東北・関東地方の製油所、油槽所の多くが停止、一時的に供給量が激減<br>・被災地では道路が寸断、多くのSSが被害を受け、製品供給が困難に<br>・東北地方は物資輸送や移動、暖房用の石油製品需要が激増<br>・関東圏ユーザーの買い占め行動<br>・西日本の製油所の能力引き上げ・東日本への製品転送などでバックアップ<br>・3月14日に民間備蓄の一部取り崩し(3日分)、続いて3月21日に追加取り崩し(22日分)、民間備蓄の取り崩し措置は、5月20日で終了 | ・2019年末頃に中国・武漢でウイルスが確認。2020年に入り世界的に感染が拡大し各地で都市封鎖(ロックダウン)が行われた<br>・3月11日にWHOがパンデミック宣言<br>・日本国内では4月7日に緊急事態宣言が発令され人々が外出を自粛(5月25日までに解除)<br>・世界的に人の移動が制限されたことで、ジェット燃料の需要が激減。ガソリンや軽油の需要も落ちたが、巣ごもり需要で灯油やプロパンガスの需要は比較的底堅かった |

出所：石油通信社「石油資料」

## 図表12-24　日本の石油元売り会社の再編動向（2022年7月現在）

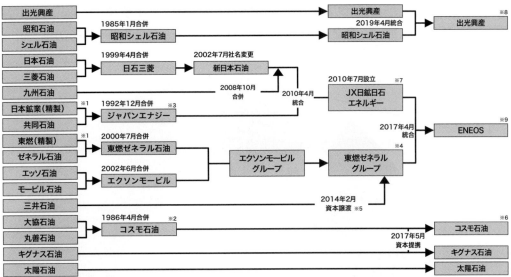

※1　元売ではなく精製専業会社
※2　1984年4月に2社の精製部門を分社化・統合した旧・コスモ石油を設立
※3　1992年12月合併時の社名は日鉱共石、その後1993年12月にジャパンエナジーに社名変更
※4　2012年6月1日に東燃ゼネラル石油を中心とした新体制に移行（エクソンモービルはEMGマーケティングに社名変更）
※5　2014年2月4日に三井石油は東燃ゼネラル石油の子会社となりMOCマーケティングに社名変更
※6　2015年10月1日、ホールディングス制（コスモエネルギーホールディングスを設立し、コスモ石油、コスモ石油マーケティング、コスモエネルギー開発を子会社化）に移行
※7　2016年1月1日、JXエネルギーへ社名変更
※8　2019年7月1日、昭和シェル石油の全事業を出光興産に吸収分割
※9　2017年4月統合時の社名はJXTGエネルギー、その後2020年6月にENEOSに社名変更
（注）上図で示したほかに、各社間において精製・物流の提携を行っている

出所：石油連盟「今日の石油産業2022」

図表12-25　原油の輸入先（2021年度）

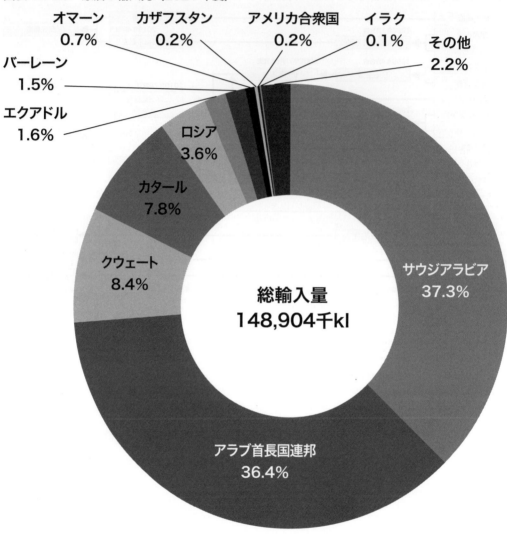

出所：資源エネルギー庁「資源・エネルギー統計年報」

## 12 エネルギー総論

### 図表12-26 原油の輸入量と中東依存度の推移

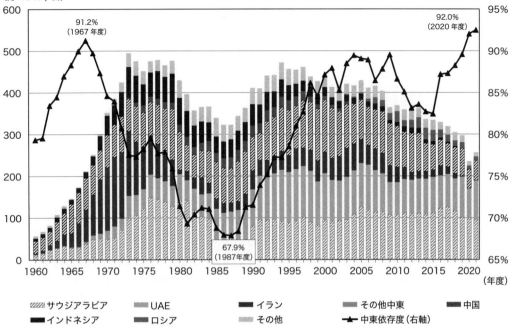

出所：資源エネルギー庁「資源・エネルギー統計年報・月報」

図表12-27　原油の輸入価格と原油輸入額が輸入全体に占める割合

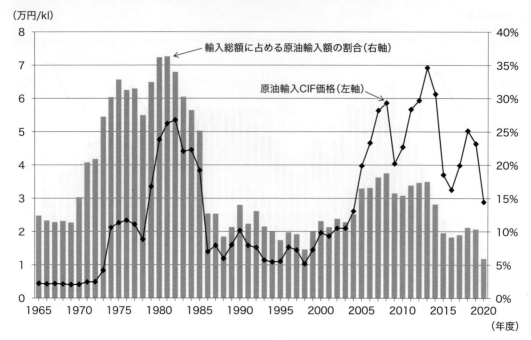

出所：財務省「日本貿易統計」

## 図表 12-28 製油所の所在地と原油処理能力（2023年3月）

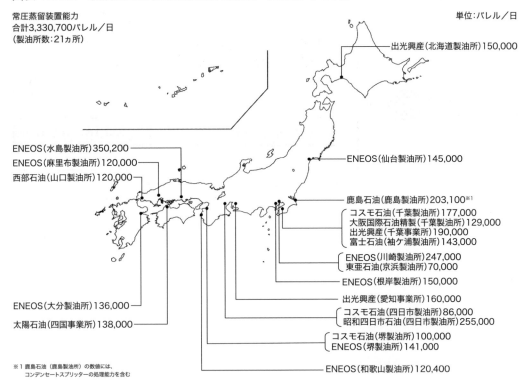

常圧蒸留装置能力
合計3,330,700バレル／日
（製油所数：21ヵ所）

単位：バレル／日

- 出光興産（北海道製油所）150,000
- ENEOS（仙台製油所）145,000
- 鹿島石油（鹿島製油所）203,100[※1]
- コスモ石油（千葉製油所）177,000
- 大阪国際石油精製（千葉製油所）129,000
- 出光興産（千葉事業所）190,000
- 富士石油（袖ケ浦製油所）143,000
- ENEOS（川崎製油所）247,000
- 東亜石油（京浜製油所）70,000
- ENEOS（根岸製油所）150,000
- 出光興産（愛知事業所）160,000
- コスモ石油（四日市製油所）86,000
- 昭和四日市石油（四日市製油所）255,000
- コスモ石油（堺製油所）100,000
- ENEOS（堺製油所）141,000
- ENEOS（和歌山製油所）120,400
- ENEOS（水島製油所）350,200
- ENEOS（麻里布製油所）120,000
- 西部石油（山口製油所）120,000
- ENEOS（大分製油所）136,000
- 太陽石油（四国事業所）138,000

※1 鹿島石油（鹿島製油所）の数値には、コンデンセートスプリッターの処理能力を含む

出所：石油通信社「石油資料」

図表12-29 備蓄の種類

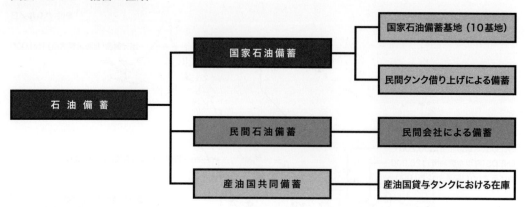

出所:環境都市構想研究所

図表 12-30　国家石油備蓄基地

出所：資源エネルギー庁「エネルギー白書」

図表 12-31　IEA 加盟国の石油備蓄日数比較（2021 年 3 月時点）

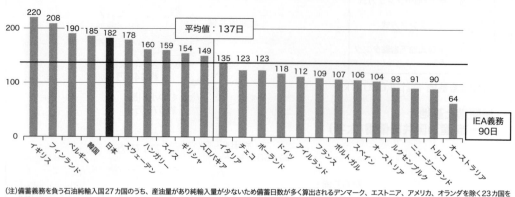

(注) 備蓄義務を負う石油純輸入国27カ国のうち、産油量があり純輸入量が少ないため備蓄日数が多く算出されるデンマーク、エストニア、アメリカ、オランダを除く23カ国を比較した。
資料：IEA「Oil Stocks of IEA Countries」を基に作成
出所：国際エネルギー機関

## 図表12-32　石油備蓄の現況（令和5年4月）

1．我が国の石油備蓄は、国家備蓄、民間備蓄、産油国共同備蓄、の3つの方法により実施しています。

2．令和5年2月末現在の我が国の石油備蓄は、以下の通りです。

|  | 【備蓄日数】 | 【製品換算】 | 【保有量】 |
|---|---|---|---|
| 国家備蓄 | 137日分 | 4,259万kl<br>(≒2.7億バレル) | 原油　4,332万kl<br>(≒2.7億バレル) |
|  | 129日分 ＜IEA基準＞ |  | 製品　　143万kl<br>(≒0.09億バレル) |
| 民間備蓄 | 79日分 | 2,461万kl<br>(≒1.5億バレル) | 原油　1,097万kl<br>(≒0.7億バレル) |
|  | 76日分 ＜IEA基準＞ |  | 製品　1,419万kl<br>(≒0.9億バレル) |
| 産油国共同備蓄 | 8日分 | 245万kl<br>(≒0.15億バレル) | 原油　　258万kl<br>(≒0.16億バレル) |
|  | 7日分 ＜IEA基準＞ |  |  |
| 合　　計 | 224日分 | 6,965万kl<br>(≒4.4億バレル) | 合計 7,249万kl<br>(≒4.6億バレル) |
|  | 213日分 ＜IEA基準＞ |  |  |

(注) 1. 四捨五入のため内数と計は一致しないこともある。
2. 【備蓄日数】は石油備蓄法に基づき、国内の石油消費量をもとに計算したもの。また、当該【備蓄日数】とともにIEA基準で試算した備蓄日数（石油ガスを含む。）を併記している。なお、当該日数については、計算に使用する値が異なるため、IEA公表の数字と必ずしも一致しない。

3．国家備蓄は、昭和53年度から開始しています。石油備蓄目標では、産油国共同備蓄の1／2とあわせて輸入量の90日分程度（IEA基準）に相当する量を下回らないとしています。

4．民間備蓄は、昭和50年度に石油備蓄法を制定（平成13年に「石油の備蓄の確保等に関する法律」に改正）し、石油精製業者、特定石油販売業者及び石油輸入業者に備蓄を義務づけており、備蓄義務量は平成5年度以降消費量の70日分となっています。

5．産油国共同備蓄は、日本国内の民間原油タンクを産油国の国営石油会社に政府支援の下で貸与し、当該社が東アジア向けの中継・備蓄基地として利用しつつ、我が国への原油供給が不足する際には、当該原油タンクの在庫を我が国向けに優先供給する事業です。

出所：資源エネルギー庁石油精製備蓄課

図表 12-33　原油輸入 CIF 価格の推移（1965 年～）

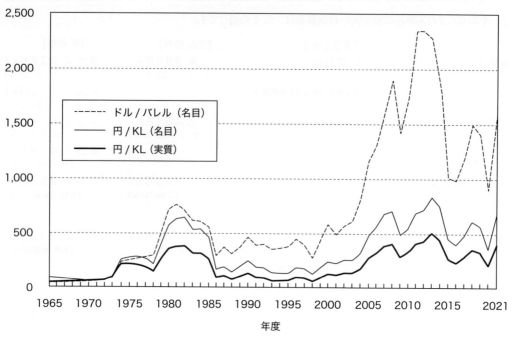

注：円建てCIF価格は2015年基準のGDPデフレータを用いて実質化した。

出所：財務省「日本貿易統計」

## 図表12-34　原油の円建ておよびドル建てCIF価格・円レートの推移

(注) WTI（West Texas Intermediate）原油は米国の代表的な指標原油。
オクラホマ州クッシングの原油集積基地渡し価格。2020年4月のマイナス価格は、売主がお金を支払い、買主はお金を受取ることを意味する。

出所：財務省「日本貿易統計」、米国エネルギー情報局データ

図表12-35　WTI価格見通し

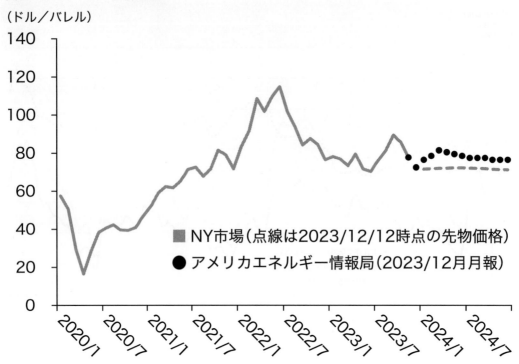

出所：米国エネルギー情報局

図表 12-36　OPEC 諸国の石油収入推移

（単位：百万USドル）

| 年 | 2016 | 2017 | 2018 | 2019 | 2020 |
|---|---|---|---|---|---|
| アルジェリア | 18,638 | 22,353 | 26,092 | 22,674 | 13,169 |
| アンゴラ | 25,935 | 31,550 | 36,323 | 32,246 | 18,704 |
| コンゴ | － | － | 4,455 | 7,072 | 3,687 |
| エクアドル | 5,442 | 6,914 | 9,832 | － | － |
| 赤道ギニア※ | － | 4,689 | 5,353 | 2,644 | 1,769 |
| ガボン | 4,198 | 3,695 | 4,218 | 4,767 | 2,875 |
| イラン | 41,123 | 52,728 | 60,198 | 19,233 | 7,656 |
| イラク | 43,753 | 59,730 | 68,192 | 80,027 | 44,287 |
| クウェート | 41,461 | 50,683 | 58,393 | 52,433 | 35,231 |
| リビア | 9,313 | 15,014 | 17,141 | 24,188 | 5,711 |
| ナイジェリア | 27,788 | 38,607 | 54,513 | 45,106 | 27,730 |
| サウジアラビア | 134,373 | 159,742 | 194,358 | 202,370 | 119,369 |
| ＵＡＥ | 45,559 | 65,641 | 74,940 | 49,636 | 32,943 |
| ベネズエラ | 25,142 | 31,449 | 34,674 | 22,492 | 7,960 |
| OPEC 合計 | 445,683 | 578,293 | 644,227 | 564,889 | 321,091 |

資料：OPEC統計
※赤道ギニアは2017年加盟、コンゴは2018年加盟、エクアドルは2020年脱退。

出所：石油通信社「石油資料」

# LNG・天然ガス、石炭

図表 12-37　我が国の LNG 輸入量（国別推移）

図表 12-38　我が国の LNG 輸入量の国別推移

図表 12-39　LNG の輸入先（2020 年度）

図表 12-40　天然ガスの国産、輸入別の供給量

図表 12-41　世界の主要地域の LNG 輸入量の推移

図表 12-42　LNG 輸入価格推移

図表 12-43　LNG 輸入価格と原油輸入価格の推移

図表 12-44　世界の主要地域における天然ガス価格推移

図表 12-45　国内石油・天然ガス開発の主要プロジェクト

図表 12-46　南関東ガス田

図表 12-47　日本の LNG 基地一覧図

図表 12-48　日本の LNG 購入量（都市ガス会社・電力会社）2022 年

図表 12-49　天然ガスの用途別消費量

図表 12-50　都市ガスの用途別消費量

図表 12-51　アメリカの天然ガスパイプラインの整備状況

図表 12-52　アメリカの LNG 液化基地（2023 年 9 月現在）

図表 12-53　欧州の天然ガスパイプライン網

図表 12-54　中国の主な天然ガスパイプライン（2019 年 10 月）

図表 12-55　我が国の石炭種別輸入先（2020 年度）

## 図表 12-37　我が国の LNG 輸入量（国別推移）

単位：千 t

| 年度 | アメリカ | ペルー | 他中南米 | ロシア | 他欧州 | アラブ首長国連邦 | カタール | オマーン | 他中東 | ナイジェリア | 赤道ギニア | 他アフリカ | ブルネイ | インドネシア | マレーシア | 他アジア | パプアニューギニア | オーストラリア | 輸入計 | 年度 |
|---|---|---|---|---|---|---|---|---|---|---|---|---|---|---|---|---|---|---|---|---|
| 1969 | 182 | — | — | — | — | — | — | — | — | — | — | — | — | — | — | — | — | — | 182 | 1969 |
| 1970 | 977 | — | — | — | — | — | — | — | — | — | — | — | — | — | — | — | — | — | 977 | 1970 |
| 1973 | 989 | — | — | — | — | — | — | — | — | — | — | — | 1,375 | — | — | — | — | — | 2,364 | 1973 |
| 1975 | 1,017 | — | — | — | — | — | — | — | — | — | — | — | 3,988 | — | — | — | — | — | 5,005 | 1975 |
| 1980 | 872 | — | — | — | — | 2,001 | — | — | — | — | — | — | 5,418 | 8,674 | — | — | — | — | 16,965 | 1980 |
| 1985 | 990 | — | — | — | — | 2,257 | — | — | — | — | — | — | 5,188 | 14,825 | 4,572 | — | — | — | 27,831 | 1985 |
| 1990 | 982 | — | — | — | — | 2,272 | — | — | — | — | — | — | 5,254 | 17,609 | 6,775 | — | — | 3,185 | 36,077 | 1990 |
| 1991 | 1,010 | — | — | — | — | 2,666 | — | — | — | — | — | — | 5,284 | 17,878 | 7,026 | — | — | 4,087 | 37,952 | 1991 |
| 1992 | 1,009 | — | — | — | — | 2,513 | — | — | — | — | — | — | 5,277 | 18,414 | 7,169 | — | — | 4,595 | 38,976 | 1992 |
| 1993 | 1,105 | — | — | — | — | 2,484 | — | — | — | — | — | — | 5,545 | 17,931 | 7,690 | — | — | 5,321 | 40,076 | 1993 |
| 1994 | 1,173 | — | — | — | — | 3,488 | — | — | — | — | — | — | 5,481 | 18,498 | 7,580 | — | — | 6,155 | 42,374 | 1994 |
| 1995 | 1,221 | — | — | — | — | 4,098 | — | — | — | — | — | — | 5,507 | 17,476 | 8,559 | — | — | 6,827 | 43,689 | 1995 |
| 1996 | 1,338 | — | — | — | — | 4,418 | 293 | — | — | — | — | — | 5,511 | 18,120 | 9,489 | — | — | 7,276 | 46,445 | 1996 |
| 1997 | 1,194 | — | — | — | — | 4,653 | 2,383 | — | — | — | — | — | 5,444 | 18,206 | 9,444 | — | — | 7,025 | 48,349 | 1997 |
| 1998 | 1,304 | — | — | — | — | 4,523 | 3,310 | — | — | — | — | — | 5,330 | 17,987 | 9,789 | — | — | 7,235 | 49,478 | 1998 |
| 1999 | 1,189 | — | — | — | — | 4,690 | 4,940 | — | — | — | — | — | 5,582 | 18,232 | 10,231 | — | — | 7,247 | 52,112 | 1999 |
| 2000 | 1,260 | — | — | — | — | 4,802 | 6,000 | 123 | — | — | — | — | 5,715 | 18,123 | 10,923 | — | — | 7,211 | 54,157 | 2000 |
| 2001 | 1,266 | — | — | — | — | 4,853 | 6,386 | 161 | — | — | — | — | 6,004 | 16,444 | 11,296 | — | — | 7,489 | 54,421 | 2001 |
| 2002 | 1,253 | — | — | — | — | 4,633 | 6,640 | 867 | — | — | — | — | 6,011 | 17,522 | 10,881 | — | — | 7,212 | 55,018 | 2002 |
| 2003 | 1,242 | — | 56 | — | — | 5,256 | 6,608 | 1,656 | — | — | — | — | 6,367 | 17,490 | 12,219 | — | — | 7,644 | 58,538 | 2003 |
| 2004 | 1,210 | — | 55 | — | — | 5,107 | 6,762 | 1,104 | — | 112 | — | — | 6,357 | 15,545 | 13,154 | — | — | 8,612 | 58,018 | 2004 |
| 2005 | 1,250 | — | 56 | — | — | 5,371 | 6,396 | 1,101 | — | — | — | 174 | 6,165 | 13,813 | 13,136 | — | — | 10,456 | 57,917 | 2005 |
| 2006 | 1,127 | — | 276 | — | — | 5,262 | 7,707 | 2,864 | — | 165 | — | 740 | 6,393 | 13,951 | 12,220 | — | — | 12,606 | 63,309 | 2006 |
| 2007 | 776 | — | 599 | — | 61 | 5,571 | 8,129 | 3,699 | — | 1,020 | 561 | 2,575 | 6,641 | 13,605 | 13,252 | — | — | 11,816 | 68,306 | 2007 |
| 2008 | 699 | — | 339 | — | 62 | 5,549 | 8,095 | 3,064 | — | 1,820 | 1,174 | 1,761 | 6,110 | 13,949 | 13,339 | — | — | 12,174 | 68,135 | 2008 |
| 2009 | 563 | — | 163 | 4,339 | 902 | 5,092 | 8,011 | 2,785 | — | 233 | 1,345 | 60 | 5,988 | 12,746 | 12,570 | — | — | 12,457 | 66,354 | 2009 |
| 2010 | 557 | — | 111 | 5,978 | — | 5,085 | 7,720 | 2,661 | 119 | 756 | 294 | 545 | 5,940 | 12,930 | 14,617 | — | — | 13,248 | 70,562 | 2010 |
| 2011 | 242 | 752 | 262 | 7,772 | 403 | 5,638 | 14,301 | 4,227 | 362 | 3,337 | 2,124 | 963 | 6,176 | 7,906 | 15,126 | — | — | 13,592 | 83,183 | 2011 |
| 2012 | 208 | 872 | 381 | 8,366 | 529 | 5,544 | 15,252 | 3,794 | 248 | 4,531 | 2,850 | 1,274 | 5,914 | 5,776 | 14,269 | — | — | 17,057 | 86,865 | 2012 |
| 2013 | — | 368 | 281 | 8,584 | 846 | 5,282 | 16,173 | 4,229 | 502 | 3,892 | 1,796 | 1,055 | 4,772 | 6,568 | 15,005 | — | — | 18,377 | 87,731 | 2013 |
| 2014 | 253 | — | 121 | 8,514 | 902 | 5,695 | 16,500 | 3,002 | 957 | 5,108 | 659 | 692 | 4,431 | 5,184 | 15,316 | — | 3,403 | 18,336 | 89,071 | 2014 |
| 2015 | 157 | 148 | 57 | 7,106 | 449 | 5,639 | 13,212 | 2,491 | 103 | 3,717 | 449 | 701 | 4,072 | 6,392 | 15,602 | 133 | 4,018 | 19,123 | 83,571 | 2015 |
| 2016 | 479 | 120 | 57 | 7,709 | 394 | 4,863 | 11,907 | 2,526 | — | 1,801 | 540 | 377 | 4,044 | 6,652 | 15,549 | 122 | 4,107 | 23,502 | 84,749 | 2016 |
| 2017 | 940 | 474 | 227 | 7,062 | 71 | 4,739 | 9,863 | 2,837 | — | 1,360 | 57 | 342 | 4,013 | 6,663 | 14,238 | 210 | 3,966 | 26,826 | 83,888 | 2017 |
| 2018 | 2,829 | 462 | — | 6,386 | 389 | 4,736 | 9,692 | 2,631 | — | 1,053 | 64 | 392 | 4,320 | 4,759 | 9,960 | — | 3,431 | 29,449 | 80,553 | 2018 |
| 2019 | 4,166 | 636 | — | 6,315 | — | 1,444 | 8,593 | 2,951 | — | 1,062 | 69 | 61 | 4,249 | 3,369 | 9,938 | — | 3,604 | 29,970 | 76,498 | 2019 |
| 2020 | 6,168 | 875 | — | 6,390 | 15 | 1,033 | 9,119 | 2,395 | — | 1,487 | 137 | 128 | 4,015 | 2,139 | 10,469 | 30 | 3,454 | 28,442 | 76,357 | 2020 |
| 2021 | 5,606 | 284 | 108 | 6,799 | 29 | 1,395 | 7,058 | 2,229 | — | 541 | 187 | 280 | 4,011 | 2,170 | 9,787 | 149 | 3,484 | 27,342 | 71,459 | 2021 |

出所：財務省「日本貿易統計」

## 図表 12-38　我が国のLNG輸入量の国別推移

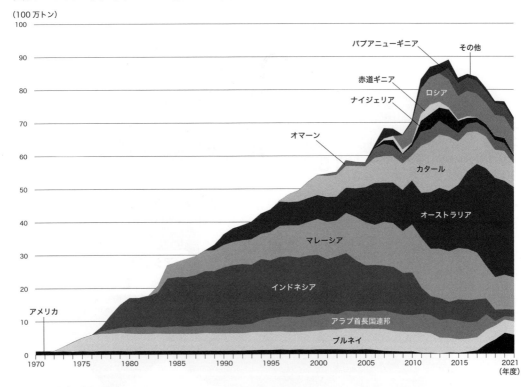

出所：財務省「日本貿易統計」

図表12-39　LNGの輸入先（2020年度）

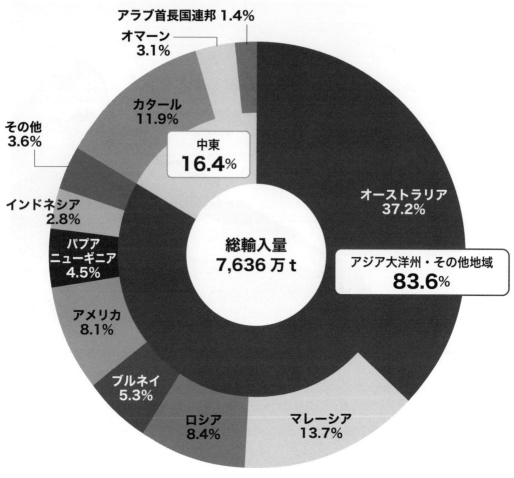

出所：財務省「日本貿易統計」

12 エネルギー総論

図表 12-40　天然ガスの国産、輸入別の供給量

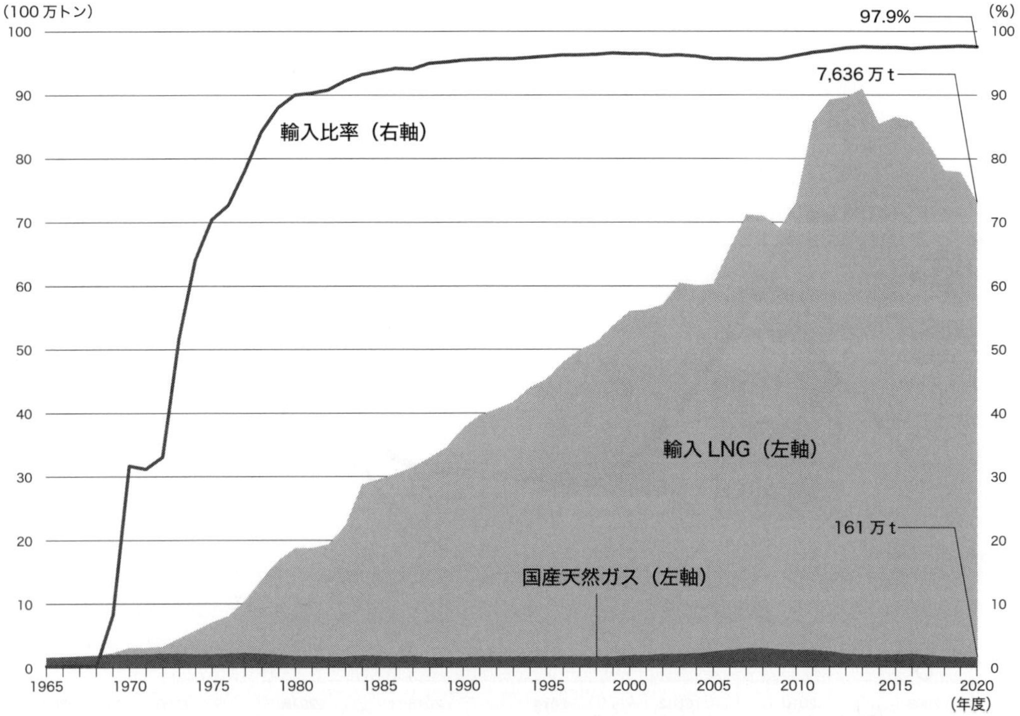

（100万トン）　　　　　　　　　　　　　　　　　　　　　　97.9%　　　　（％）

資料：経済産業省「エネルギー生産・需給統計年報」、「資源・エネルギー統計」、「電力調査統計月報」、「ガス事業統計月報」、財務省「日本貿易統計」を基に作成

出所：資源エネルギー庁「エネルギー生産需給統計」など

図表12-41　世界の主要地域のLNG輸入量の推移

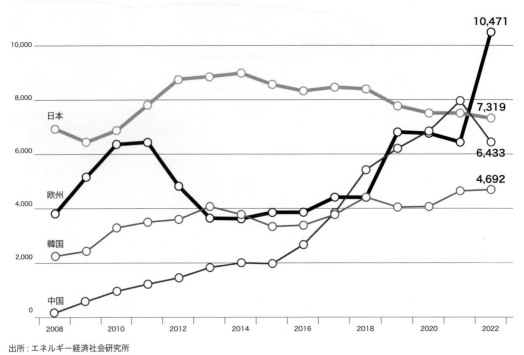

出所：エネルギー経済社会研究所

## 12 エネルギー総論

### 図表 12-42　LNG 輸入価格推移

(単位：円 / トン)

| 年度＼輸入国 | アメリカ | ブルネイ | UAE | インドネシア | マレーシア | アルジェリア | オーストラリア | カタール | オマーン | 平　均 |
|---|---|---|---|---|---|---|---|---|---|---|
| 1999 | 18,431 | 18,774 | 18,062 | 22,025 | 19,259 | － | 20,500 | 20,162 | － | 20,306 |
| 2000 | 25,456 | 25,667 | 26,390 | 29,835 | 26,539 | － | 26,591 | 27,788 | 30,265 | 27,667 |
| 2001 | 27,447 | 28,415 | 29,272 | 28,013 | 29,364 | － | 28,655 | 28,569 | 29,124 | 28,605 |
| 2002 | 27,688 | 26,953 | 27,688 | 27,975 | 27,933 | － | 27,509 | 27,731 | 26,783 | 28,090 |
| 2003 | 27,468 | 26,689 | 27,582 | 29,329 | 27,403 | － | 27,714 | 27,726 | 29,391 | 28,032 |
| 2004 | 28,549 | 27,156 | 27,522 | 34,097 | 28,135 | － | 27,880 | 28,919 | 33,388 | 29,747 |
| 2005 | 35,629 | 33,024 | 34,209 | 46,785 | 34,812 | 91,553 | 34,072 | 37,458 | 52,140 | 37,427 |
| 2006 | 40,453 | 35,843 | 41,878 | 48,408 | 39,805 | 60,822 | 39,415 | 46,594 | 51,250 | 43,209 |
| 2007 | 36,832 | 43,636 | 45,687 | 54,949 | 51,113 | 73,603 | 44,839 | 51,982 | 49,423 | 50,893 |
| 2008 | 40,532 | 72,791 | 61,169 | 54,866 | 69,073 | 95,464 | 61,296 | 74,519 | 61,959 | 66,022 |
| 2009 | 46,296 | 43,598 | 43,171 | 39,941 | 44,173 | 34,260 | 42,537 | 50,785 | 30,652 | 42,701 |
| 2010 | 55,553 | 55,029 | 53,367 | 44,353 | 53,471 | 34,260 | 53,089 | 56,451 | 32,416 | 50,092 |
| 2011 | 57,400 | 59,446 | 57,458 | 47,452 | 59,479 | 73,233 | 56,639 | 62,300 | 39,539 | 55,344 |
| 2012 | 64,859 | 76,105 | 75,272 | 78,925 | 77,091 | 73,298 | 66,828 | 75,140 | 48,607 | 71,538 |
| 2013 | － | 86,885 | 87,691 | 90,249 | 89,458 | 88,616 | 78,368 | 87,839 | 62,320 | 83,697 |
| 2014 | 85,447 | 90,205 | 89,642 | 92,468 | 92,598 | 82,620 | 86,268 | 89,761 | 58,951 | 85,329 |
| 2015 | 47,887 | 59,791 | 52,141 | 58,508 | 53,824 | 55,930 | 54,653 | 53,696 | 48,754 | 54,418 |
| 2016 | 72,860 | 43,173 | 37,361 | 41,956 | 38,012 | 40,589 | 40,327 | 35,594 | 43,553 | 39,364 |
| 2017 | 61,360 | 49,944 | 48,700 | 50,094 | 48,112 | 71,096 | 49,085 | 46,442 | 49,116 | 48,544 |
| 2018 | 60,256 | 62,201 | 64,419 | 61,458 | 56,512 | － | 62,119 | 60,926 | 52,960 | 60,436 |
| 2019 | 50,972 | 56,648 | 45,497 | 55,727 | 50,864 | 40,778 | 54,959 | 56,059 | 49,850 | 53,540 |
| 2020 | 52,384 | 36,810 | 39,191 | 40,881 | 36,205 | － | 42,237 | 37,941 | 45,016 | 41,241 |
| 2021 | 77,844 | 66,108 | 85,244 | 76,824 | 64,065 | 75,708 | 69,869 | 63,027 | 66,394 | 70,021 |

出所：財務省「日本貿易統計」

図表12-43　LNG輸入価格と原油輸入価格の推移

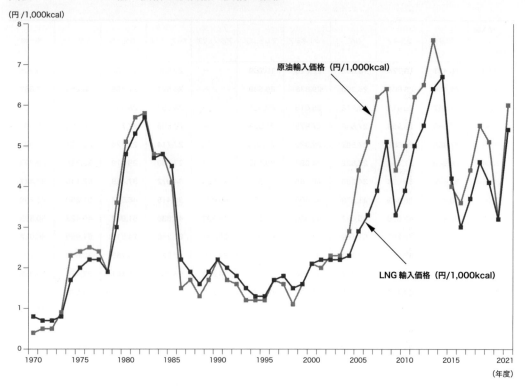

出所：財務省「日本貿易統計」を基に環境都市構想研究所作成

## 図表12-44　世界の主要地域における天然ガス価格推移

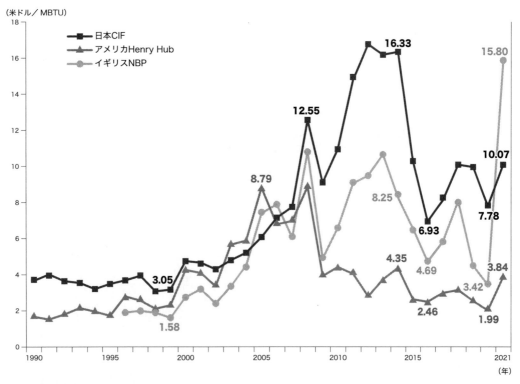

出所:BP統計2022

図表 12-45　国内石油・天然ガス開発の主要プロジェクト

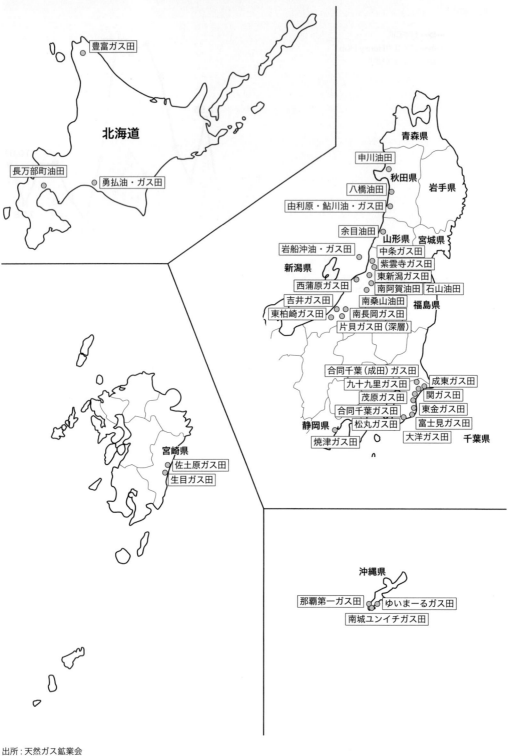

出所：天然ガス鉱業会

図表12-46　南関東ガス田

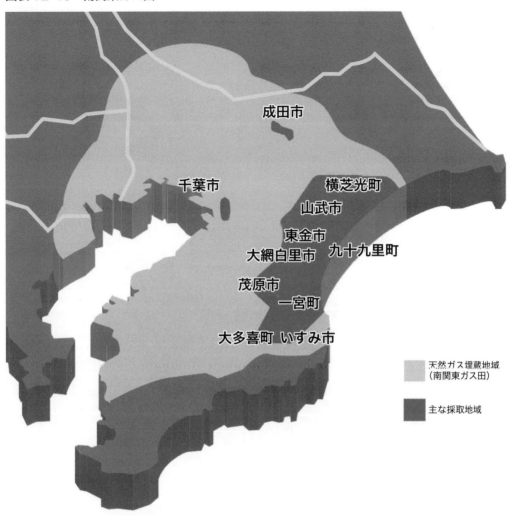

出所：天然ガス鉱業会

図表 12-47　日本の LNG 基地一覧図

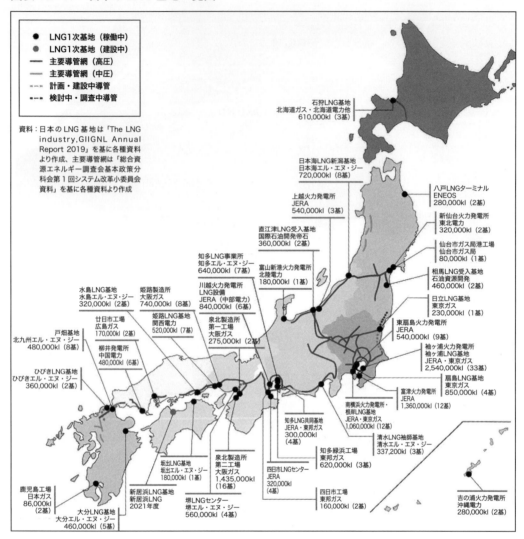

出所：総合資源エネルギー調査会基本政策分科会資料など

## 図表 12-48　日本の LNG 購入量（都市ガス会社・電力会社）2022 年

| 社名 | 購入量（万トン） | 社名 | 購入量（万トン） |
|---|---|---|---|
| 東京ガス | 1,290.3 | JERA | 2,832.1 |
| 大阪ガス | 1,060.8 | 関西電力 | 536.0 |
| 東邦ガス | 276.0 | 東北電力 | 377.4 |
| 静岡ガス | 132.4 | 九州電力 | 360.0 |
| 北海道ガス | 77.1 | 中国電力 | 174.2 |
| 西部ガス | 69.8 | 四国電力 | 48.0 |
| 広島ガス | 36.6 | 北陸電力 | 43.9 |
| 仙台市ガス局 | 14.3 | 北海道電力 | 31.4 |
| 日本ガス | 13.6 | 沖縄電力 | 27.3 |
| 計 | 2,970.9 | 計 | 4,430.3 |

出所：石油通信社「石油資料」

図表12-49 天然ガスの用途別消費量

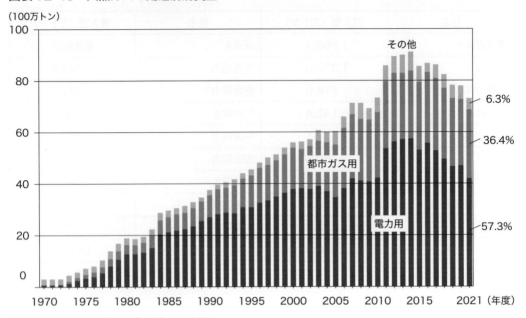

出所：資源エネルギー庁「エネルギー白書」2023年版

図表 12-50　都市ガスの用途別消費量

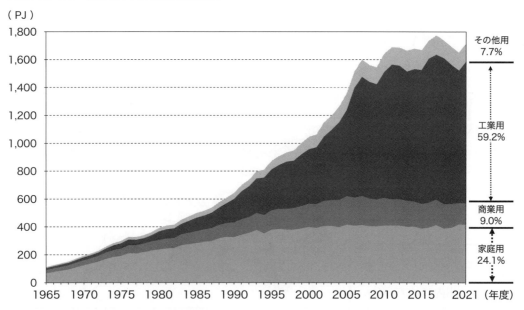

出所：資源エネルギー庁「エネルギー白書」2023年版

図表 12-51　アメリカの天然ガスパイプラインの整備状況

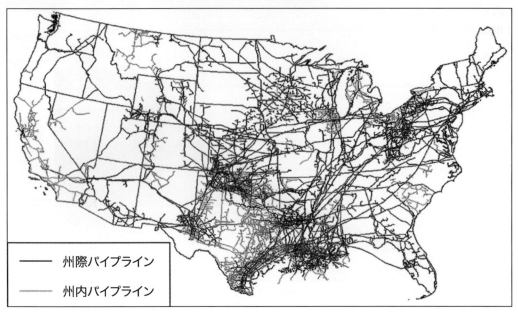

　アメリカでは、ガス田と需要地を結ぶ形で整備されてきた。1931 年に初の長距離輸送パイプラインがインディアナ―シカゴ間に建設され、1960 年代には全国的なネットワークが張り巡らされた。現在、主要な生産地域周辺を中心として、総延長約 50 万 km（30 万マイル）の各州際及び州内の輸送パイプライン網が発達している。各州へのガス供給はこうしたパイプラインによって行われている。

出所：米国エネルギー情報局

12 エネルギー総論

図表 12-52　アメリカの LNG 液化基地（2023 年 9 月現在）

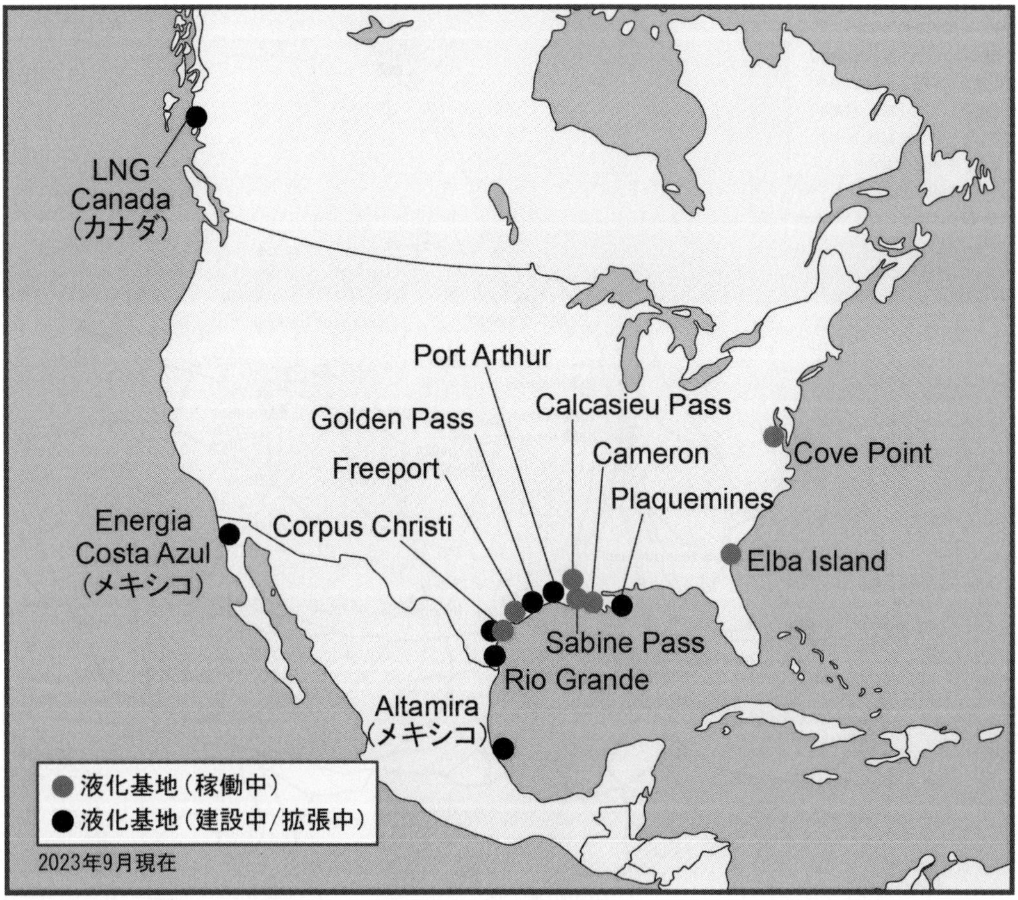

資料：JOGMEC「海外石油天然ガス動向」2023.3.23 ブリーフィング」2023.10.19

出所：エネルギー・金属鉱物資源機構（JOGMEC）

図表 12-53　欧州の天然ガスパイプライン網

資料：JOGMEC「欧州の天然ガス・LNG 情勢を読む」2014.11
出所：エネルギー・金属鉱物資源機構（JOGMEC）

## 図表 12-54 中国の主な天然ガスパイプライン（2019年10月）

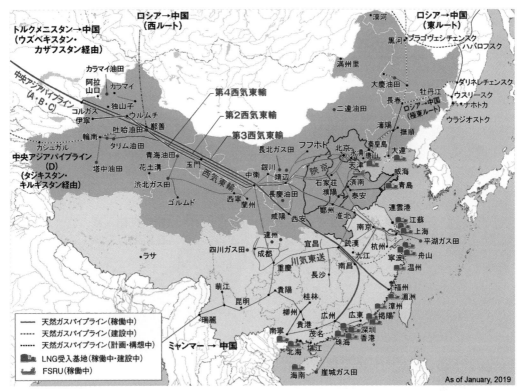

資料：JOGMEC ブリーフィング資料 2019.10.3

| パイプライン名 | | 稼働開始年 | ルート | 距離(km) | 年間能力(10億m³) | 口径(inch) | 所有者 |
|---|---|---|---|---|---|---|---|
| 陝京パイプライン | | 1997年 | 陝西省靖辺（中国）－北京（中国） | 860 | 35 | 26 | PetroChina, 北京控股 |
| 西気東輸 | | 2005年 | 新疆タリム盆地－上海市 | 3,839 | 12 | 40 | PetroChina |
| 第二西気東輸 | | 2011年 | 新疆ウイグル自治区－広東省広州市 | 9,242 | 30 | 48 | PetroChina |
| 第三西気東輸 | | 2015年 | 新疆ウイグル自治区－福建省 福州市 | 5,220 | 30 | 48 | PetroChina |
| Central Asian Gas Pipeline (CAGP) | Aルート | 2009年 | Gedaim（トルクメニスタン）－新疆ウイグル自治区 Horgos | 1,833 | 30 | 42 | CNPC, Turkmengaz, Uzbekneftegas, KazMunayGas |
| | Bルート | 2010年 | | 1,833 | | | |
| | Cルート | 2014年 | | 1,830 | 25 | | |
| | Dルート | 建設中 | ウズベキスタン－新疆ウイグル自治区 | 1,000 | 30 | | 中石油中亜天然気管道公司, Tajiktransgaz |
| Myanmar - China | | 2013年 | Kyauk Phyu（ミャンマー）－雲南省 昆明 －広西壮族自治区 貴港 | 2,520 | 12 | 40 | South-East Asia Pipeline Company (CNPC 50.9%, Daewoo 25.041%, ONGC Videsh 8.347%, MOGE 7.365%, KOGAS 4.1735%, GAIL 4.1735%) |
| シベリアの力 (Power of Siberia) | Phase-1 | 2019年 | Yakutia（ロシア）－黒竜江省（中国） | 3,000 | 38 | 56 | Gazprom |
| | Phase-2 | 2023年(計画中) | Irkutsk（ロシア）－Yakutia（ロシア）※上記に接続 | | | | |

資料：JOGMEC「世界の主要パイプラインプロジェクト」

出所：エネルギー・金属鉱物資源機構（JOGMEC）

図表12-55　我が国の石炭種別輸入先（2020年度）

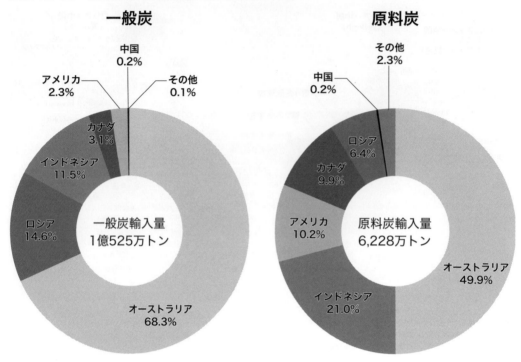

出所：財務省「日本貿易統計」

# 13
Theme
# 電力

図表 13-1　2030 年度の電源構成（第 6 次エネルギー基本計画）

図表 13-2　日本の電源構成（2020 年度実績と 2030 年度目標）

図表 13-3　水力発電所の所在地と規模（40 万 kW 以上）

図表 13-4　火力発電所の所在地と規模（150 万 kW 以上）

図表 13-5　地域間連携線の増強（2023 年 6 月）

図表 13-6　欧州の電力輸出入の状況（2020 年：フランスの例）

図表13-1 2030年度の電源構成(第6次エネルギー基本計画)

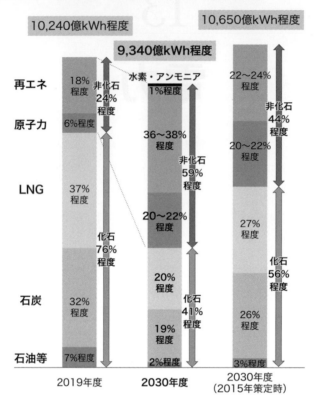

| [億kWh] | 発電電力量 | 電源構成 |
|---|---|---|
| 石油等 | 190 | 2% |
| 石炭 | 1,780 | 19% |
| LNG | 1,870 | 20% |
| 原子力 | 1,880〜2,060 | 20〜22% |
| 再エネ | 3,360〜3,530 | 36〜38% |
| 水素・アンモニア | 90 | 1% |
| 合計 | 9,340 | 100% |

※数値は概数であり、合計は四捨五入の関係で一致しない場合がある

| [億kWh] | 発電電力量 | 電源構成 |
|---|---|---|
| 太陽光 | 1,290〜1,460 | 14〜16% |
| 風力 | 510 | 5% |
| 地熱 | 110 | 1% |
| 水力 | 980 | 11% |
| バイオマス | 470 | 5% |

※数値は概数

出所:閣議資料

13 電力

図表13-2　日本の電源構成（2020年度実績と2030年度目標）

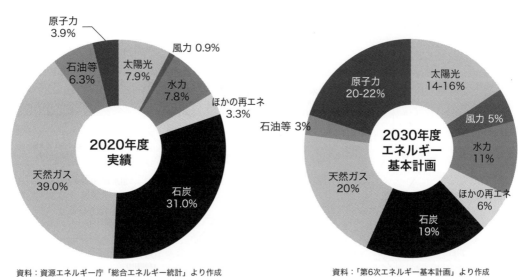

資料：資源エネルギー庁「総合エネルギー統計」より作成　　資料：「第6次エネルギー基本計画」より作成
出所：閣議資料

245

図表13-3　水力発電所の所在地と規模（40万kW以上）

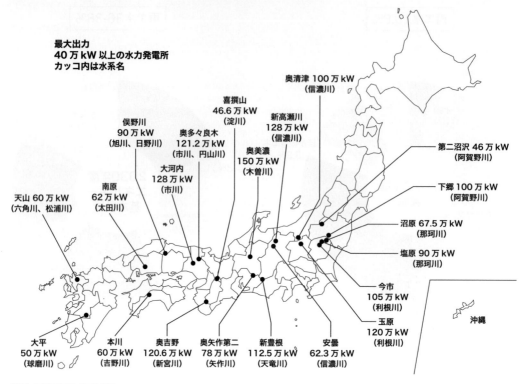

出所：石油通信社「石油資料」

13 電力

## 図表 13-4　火力発電所の所在地と規模（150万kW以上）

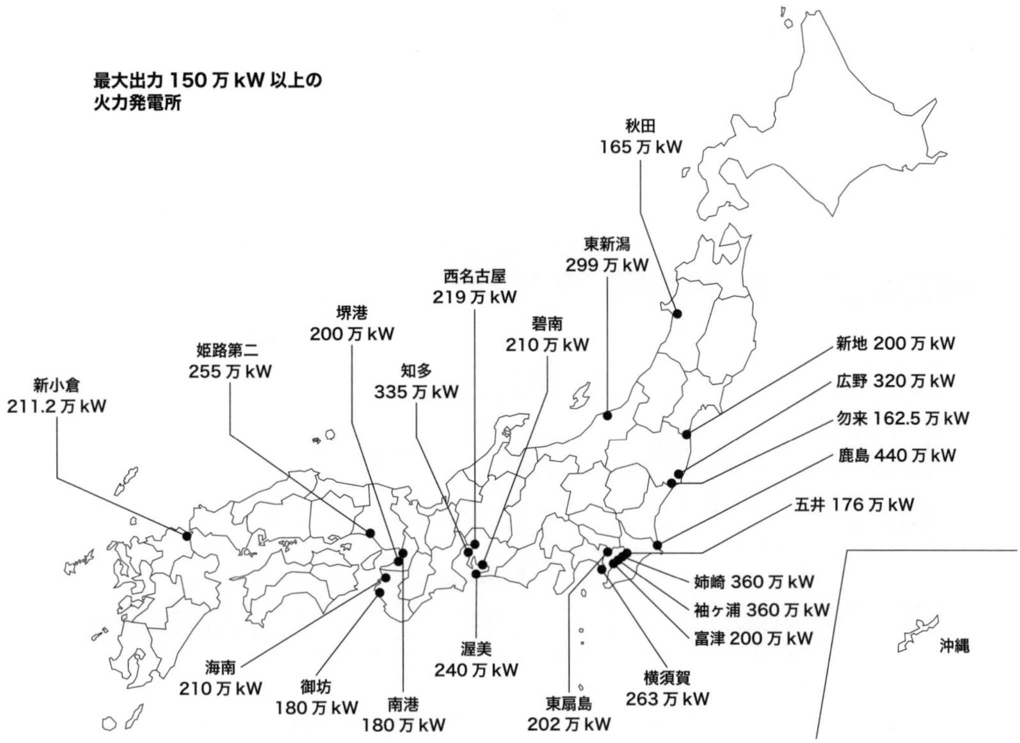

最大出力150万kW以上の
火力発電所

秋田
165万kW

東新潟
299万kW

西名古屋
219万kW

新地 200万kW

広野 320万kW

勿来 162.5万kW

鹿島 440万kW

碧南
210万kW

堺港
200万kW

姫路第二
255万kW

知多
335万kW

新小倉
211.2万kW

五井 176万kW

姉崎 360万kW

袖ヶ浦 360万kW

富津 200万kW

沖縄

海南
210万kW

御坊
180万kW

南港
180万kW

渥美
240万kW

東扇島
202万kW

横須賀
263万kW

出所：石油通信社「石油資料」

247

図表13-5　地域間連携線の増強（2023年6月）

● 地域間連系線の直近の整備状況と今後の見通しは以下のとおり。

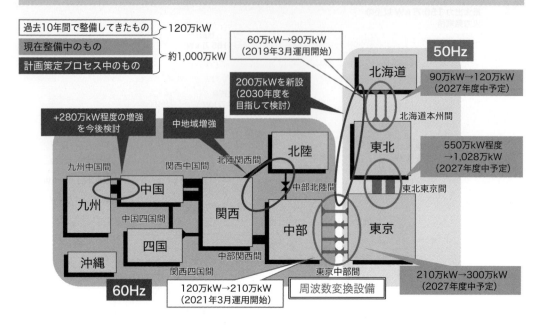

資料：第52回再エネ大量導入・次世代電力NW小委員会（2023年6月21日）資料2より抜粋（一部修正）
出所：経済産業省

図表13-6 欧州の電力輸出入の状況（2020年：フランスの例）

（単位：100万kWh）

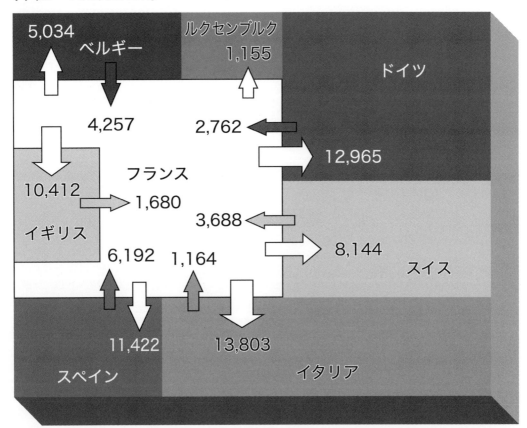

（注1）本図における輸出入の数字は、物理的な電力量の推移を示したもの。
（注2）電力が他の国を回って元の国に戻ってきた場合や、ある国を電力が通過した場合には、いずれも輸出量と輸入量の両方に加えている。

資料：IEA「Electricity Information 2022 edition」を基に作成
出所：国際エネルギー機関（IEA）

# 14

Theme

# 原子力

図表 14-1 　今後の原子力政策の方向性と行動指針の概要（令和 5 年 4 月）

図表 14-2 　日本の原子力発電炉（運転中、建設中、計画中など）（2023 年 12 月）

図表 14-3 　原子力発電所マップ（2023 年 8 月時点）

図表 14-4 　主要原子力発電国における設備利用率の推移

図表 14-5 　各国・地域の現状一覧

図表 14-6 　世界の原子力発電設備容量（2020 年 1 月現在）

図表 14-7 　核燃料サイクル

図表 14-8 　核燃料サイクルと地層処分

## 図表 14-1　今後の原子力政策の方向性と行動指針の概要（令和5年4月）

### 今後の原子力政策の方向性と行動指針の概要

●「第六次エネルギー基本計画」、「原子力利用に関する基本的考え方」に則り、GX実行会議における議論等を踏まえ、今後の原子力政策の主要な課題、その解決に向けた対応の方向性、関係者による行動の指針を整理する。これに基づき、今後の取組を具体化する。

| 再稼働への<br>総力結集 | 既設炉の<br>最大限活用 | 次世代革新炉<br>の開発・建設 | バックエンド<br>プロセス加速化 | サプライチェーンの<br>維持・強化 | 国際的な共通課題<br>の解決への貢献 |
|---|---|---|---|---|---|
| **(自主的安全性の向上)**<br>・「安全神話からの脱却」を不断に問い直す<br>→事業者が幅広い関係者と連携した安全マネジメント改革<br>**(立地地域との共生)**<br>・地域ごとの実情やニーズに即した対応の強化<br>→将来像別割など、地域ニーズに応じた多面的支援・横展開<br>・防災対策の不断の改善、自治体サポートの充実・強化<br>→実効的な意見交換・連携の枠組み構築と支援の強化等<br>**(国民各層とのコミュニケーション)**<br>・一方通行的な情報提供にとどまらない、質・量の強化・充実、継続的な取り直しと改善検討<br>→目的や対象の再整理、コンテンツ・ツールの多様化・改善 | **(運転期間の取扱い)**<br>・原子力規制委員会による安全性の確認がなければ、運転できないことは大前提<br>・利用政策の観点から、運転期間の在り方を整理<br>→地域・国民の理解確保や制度適用性等にも配慮し、現行制度と同様に期間上限は引き続き設定<br>→エネルギー供給の「自己決定力」確保、GX「牽引役」、安全への不断の組織改善を果たすこと等を確認した上で、一定の停止期間についてはカウントから除外<br>・理解確保や研究開発の進展、国際基準の動向等も継続評価し、必要に応じた見直し実施を明確化<br>**(設備利用率の向上)**<br>・安全性確保を大前提に、自己決定力やGX等に貢献<br>→規制当局との共通理解の醸成を図りつつ、運転サイクルの長期化、運転中保全の導入拡大等を検討 | **(開発・建設に向けた方針)**<br>・原子力の価値実現、技術・人材維持・強化に向けて、地域理解を前提に、次世代革新炉の開発・建設に取り組む<br>→廃炉を決定した原発の敷地内での建て替えを対象に、バックエンド問題の進展も踏まえつつ具体化<br>→その他の開発・建設は、再稼働状況や理解確保等の進展等、今後の状況を踏まえ検討<br>**(事業環境整備のあり方)**<br>・原子力の価値実現に向けた次世代革新炉への投資促進<br>→実証炉開発への政策支援<br>→収入安定化に資する制度措置の検討・具体化等<br>**(研究開発態勢の整備)**<br>・官民のリソースを結集して、実効的な開発態勢を整備<br>→将来見通しの明確化・共有、プロジェクトベースでの支援、「司令塔機能」の確立等<br>→アメリカ、イギリス、フランス等との戦略的な連携による自律的な次世代革新炉の研究開発の推進<br>→フュージョンエネルギー・イノベーション戦略の推進に向けた、関連産業の育成、研究開発の加速<br>**(基盤インフラ整備・人材育成等)**<br>・次世代革新炉の研究開発や、そのための人材育成の基礎を構築<br>→基盤的研究開発やインフラ整備に対する必要な支援の加速<br>・医療用ラジオアイソトープの国内製造や研究開発の推進等<br>→JRR-3や常陽を用いた製造<br>→研究炉・加速器による製造のための技術開発支援 | **(核燃料サイクルの推進)**<br>・再処理工場竣工目標の実現、プルサーマル推進や使用済燃料貯蔵能力拡大への対応を強化<br>→事業者と規制当局とのコミュニケーション緊密化等、安全審査等への確実・効率的な対応<br>・事業者が連携した地元理解に向けた取組強化、国による支援・主体的対応<br>**(廃炉の円滑化)**<br>・着実・効率的な廃炉の実現、クリアランス物利用の理解促進<br>→知見・ノウハウの蓄積・共有や資金の確保等を行う制度措置<br>→クリアランス物の理解活動強化、リサイクルビジネスとの連携<br>**(最終処分の実現)**<br>・事業の意義、貢献いただく地域への敬意等を社会に広く共有、国の主体的取組を抜本強化するため、政府一丸となって、かつ、政府の責任で取り組む<br>→関係府省庁連携の体制構築<br>→国主導での理解活動の推進<br>→NUMO・事業者の地域に根ざした理解活動の推進<br>→技術基盤の強化、国際連携の強化 | **(国内のサプライチェーンの維持・強化)**<br>・企業の個別の実情に応じたハンズオンで機動的なサポート等、支援態勢を構築<br>・国による技能継承の支援、大学・高専との連携による現場スキルの習得推進等、戦略的な人材の確保・育成<br>・プラントメーカーとの連携・地方経済産業局の活用による、部品・素材の供給途絶対策、事業承継支援等へのサポート<br>**(海外プロジェクトへの参画支援)**<br>・技術・人材の維持に向けて、海外での市場機会の獲得を官民で支援<br>→海外プロジェクトへの参画を目指す官民連携チーム組成、実績・強みの対外発信等<br>→関係組織の連携による海外展開に向けた積極的な支援 | **(国際連携による研究開発促進やサプライチェーン構築等)**<br>・主要国が共通して直面する当面の課題に貢献<br>→G7会合等を活用した国際協力の更なる深化<br>→サプライチェーンの共同構築に向けた戦略提携<br>→アメリカ、イギリス、フランス等との戦略的な連携による自律的な次世代革新炉の研究開発の推進<br>**(原子力安全・核セキュリティの確保)**<br>・ウクライナを始め、世界の原子力安全・核セキュリティ確保に貢献<br>→ウクライナに対するIAEAの取組支援、同志国との連携による原子力施設の安全確保等への支援<br>→原子力施設の安全確保等に向けた国際社会との連携強化 |

出所：原子力関係閣僚会議

## 14 原子力

### 図表 14-2　日本の原子力発電炉（運転中、建設中、計画中など）（2023年12月）

#### 運転中（運転可能炉）

| 会社名 | 発電炉名 | 炉型 | 出力 MWe | 運転開始 | 運転年数 | 原子炉設置（変更）許可手続き 審査申請 | 原子炉設置（変更）許可手続き 審査書案 了承/決定 | 工事計画認可 | 営業運転再開 | 現在の停止・発電状況 （　）内は停止開始、停止期間、停止理由などを表す |
|---|---|---|---|---|---|---|---|---|---|---|
| 日本原電 | 東海第二 | BWR | 1,100 | 1978.11.28 | 45 | 2014.05.20 | 2018.07.04/2018.09.26 | 2018.10.18 | | (2011.03.11)（12年9ヶ月）（東北地震による停止）2018.11.7 運転延長認可。特重施設を含めた安全対策工事は、2024.9月完了予定。 |
| 　 | 敦賀 2 | PWR | 1,160 | 1987.02.17 | 36 | 2015.11.05 | | | | (2011.05.07)（12年7ヶ月）（浸出地料特別調査） |
| 北海道電力 | 泊 1 | PWR | 579 | 1989.06.22 | 34 | 2013.07.08 | | | | (2011.04.22)（12年7ヶ月）（定期検査） |
| 　 | 泊 2 | PWR | 579 | 1991.04.12 | 32 | 2013.07.08 | | | | (2011.08.26)（12年3ヶ月）（定期検査） |
| 　 | 泊 3 ＊ | PWR | 912 | 2009.12.22 | 13 | 2013.07.08 | | | | (2012.05.05)（11年7ヶ月）（定期検査） |
| 東北電力 | 女川 2 | BWR | 825 | 1995.07.28 | 28 | 2013.12.27 | 2019.11.27/2020.02.26 | 2021.12.23 | | (2010.11.06)（13年1ヶ月）（定期検査）安全対策工事は、2024.2月末まで予定。2024.5月発送電開始予定。 |
| 　 | 女川 3 ＊ | BWR | 825 | 2002.01.30 | 21 | | | | | (2011.03.11)（12年9ヶ月）（東北地震による停止） |
| 　 | 東通 1 | BWR | 1,100 | 2005.12.08 | 18 | 2014.06.10 | | | | (2011.02.06)（12年10ヶ月）（定期検査） |
| 東京電力 | 柏崎刈羽 1 | BWR | 1,100 | 1985.09.18 | 38 | | | | | (2011.08.06)（12年4ヶ月）（定期検査） |
| 　 | 柏崎刈羽 2 | BWR | 1,100 | 1990.09.28 | 33 | | | | | (2007.07.06)（16年5ヶ月）（トラブルに伴う停止） |
| 　 | 柏崎刈羽 3 | BWR | 1,100 | 1993.08.11 | 30 | | | | | (2007.07.16)（16年4ヶ月）（新潟地震に伴う停止） |
| 　 | 柏崎刈羽 4 | BWR | 1,100 | 1994.08.11 | 29 | | | | | (2007.07.16)（16年4ヶ月）（新潟地震に伴う停止） |
| 　 | 柏崎刈羽 5 | BWR | 1,100 | 1990.04.10 | 33 | | | | | (2012.01.25)（11年10ヶ月）（定期検査） |
| 　 | 柏崎刈羽 6 | ABWR | 1,356 | 1996.11.07 | 27 | 2013.09.27 | 2017.10.04/2017.12.27 | | | (2011.08.20)（12年6ヶ月）（定期検査） |
| 　 | 柏崎刈羽 7 | ABWR | 1,356 | 1997.07.02 | 26 | 2013.09.27 | 2017.10.04/2017.12.27 | 2020.10.14 | | (2011.08.23)（12年3ヶ月）安全対策工事了期終は、未定。 |
| 中部電力 | 浜岡 3 | BWR | 1,100 | 1987.08.28 | 36 | 2015.06.16 | | | | (2010.11.29)（13年1ヶ月）（定期検査） |
| 　 | 浜岡 4 ＊ | BWR | 1,137 | 1993.09.03 | 30 | 2014.02.14 | | | | (2011.05.13)（12年6ヶ月）（経産大臣要請による停止） |
| 　 | 浜岡 5 | BWR | 1,380 | 2005.01.18 | 18 | | | | | (2011.05.14)（12年6ヶ月）（経産大臣要請による停止） |
| 北陸電力 | 志賀 1 | BWR | 540 | 1993.07.30 | 30 | | | | | (2011.03.01)（12年9ヶ月）（再循環ポンプ触部対策） |
| 　 | 志賀 2 ＊ | ABWR | 1,206 | 2006.03.15 | 17 | 2014.08.12 | | | | (2011.03.11)（12年8ヶ月）（定期検査） |
| 関西電力 | 美浜 3 | PWR | 826 | 1976.12.01 | 47 | 2015.03.17 | 2016.08.03/2016.10.05 | 2016.10.26 | 2021.07.27 | 2016.6.29 運転期間終了、2023.10.25 停止／定期検査開始。2024.9.1より低率水電開始予定。2月中に定期検査終了予定。 |
| 　 | 高浜 1 | PWR | 826 | 1974.11.14 | 49 | 2015.03.17 | 2016.02.24/2016.04.20 | 2016.06.10 | 2023.08.28 | 2016.6.20 運転期間延長認可。2021.3.17 安全対策工事完了、特重施設（設置期間 2021.6.9）は 2023.8.31 運転開始。2023.9.20 発電再開。3月15日定期検査開始。 |
| 　 | 高浜 2 | PWR | 826 | 1975.11.14 | 48 | 2015.03.17 | 2016.02.24/2016.04.20 | 2016.06.10 | 2023.10.16 | 2016.6.20 運転期間延長認可、2022.1.31 安全対策工事完了、特重施設（設置期間 2021.6.9）は 2023.9.15 運転開始。3月15日発電再開。 |
| 　 | 高浜 3 ＊＊ | PWR | 870 | 1985.01.17 | 38 | 2013.07.08 | 2014.12.17/2015.02.12 | 2015.06.04 | 2016.02.26 | 2023.4.26 運転開始後定期検査、9.18停止より核燃料検査実施。1.21事業者開始。2025.1.30頃の定期営業運転再開予定。3.28開始予定。2023 4.25 電気事業連合会報発表。 |
| 　 | 高浜 4 ＊＊ | PWR | 870 | 1985.06.05 | 38 | 2013.07.08 | 2014.12.17/2015.02.12 | 2015.10.09 | 2017.06.16 | 2022.6.6停止／定期検査実施。11.6発電再開。12.1営業運転再開。2025.1.30頃の次回定期検査開始予定。3.28事業者開始予定。2023 4.25 電気事業連合会報発表。 |
| 　 | 大飯 3 ＊ | PWR | 1,180 | 1991.12.18 | 31 | 2013.07.08 | 2017.02.22/2017.05.24 | 2017.08.25 | 2018.04.10 | 特重施設（設置期間 2022.8.24）より核燃料検査、停止期間（設置期間 2022.8.24）は2022.3月停止／定期検査実施。10.27発送電開始、11.21営業運転再開。 |
| 　 | 大飯 4 | PWR | 1,180 | 1993.02.02 | 30 | 2013.07.08 | 2017.02.22/2017.05.24 | 2017.06.25 | 2018.05.08 | (2012.01.27)（11年10ヶ月）（定期検査） |
| 中国電力 | 島根 2 ＊ | BWR | 820 | 1989.02.10 | 34 | 2013.12.25 | 2021.06.23/2021.09.15 | 2023.08.30 | | (2012.01.27)（11年10ヶ月）（定期検査）安全対策工事は、2024年6月完了予定。2024年8月発電開始予定。 |
| 四国電力 | 伊方 3 ＊＊ | PWR | 890 | 1994.12.15 | 28 | 2013.07.08 | 2015.05.20/2015.07.15 | 2016.03.23 | 2016.09.07 | 特重施設（設置期間2022.8.24）は2022.12.6／定期運転再開。6.26営業運転再開。 |
| 九州電力 | 玄海 3 ＊＊ | PWR | 1,180 | 1994.03.18 | 29 | 2013.07.12 | 2016.11.09/2017.01.18 | 2017.09.14 | 2018.05.16 | 2023.5.16 停止／定期検査。2023.1.30 営業運転再開。2023.11.16 停止より定期検査。 |
| 　 | 玄海 4 ＊＊ | PWR | 1,180 | 1997.07.25 | 26 | 2013.07.12 | 2016.11.09/2017.01.18 | 2017.09.14 | 2018.07.19 | 2023.2.16 停止／定期検査実施。4.23 発送電開始。9.19 営業運転再開。 |
| 　 | 川内 1 ＊ | PWR | 890 | 1984.07.04 | 39 | 2013.07.08 | 2014.07.16/2014.09.10 | 2015.03.16 | 2015.09.10 | 2023.5.16 営業運転再開。6.18 発電開始。 |
| 　 | 川内 2 ＊ | PWR | 890 | 1985.11.28 | 38 | 2013.07.08 | 2014.07.16/2014.09.10 | 2015.05.22 | 2015.11.17 | 2023.11.22 停止より定期検査開始。 |
| **小計** | **33基** | | **33,083** | 運転年数別基数：40年〜：4基／30〜39年：17基／30〜29年：12基 | | **25基 (24,838MWe)** | **17基/17基 (17,065MWe/17,065MWe)** | **16基 (15,709MWe)** | **12基 (11,608MWe)** | 停止期間：平均12年11ヶ月。停止開始の明確、川内1・2号機、高浜1・4号機、伊方3号機、玄海3・4号機、美浜3号機は除く。 |

#### 建設中

| 会社名 | 発電炉名 | 炉型 | 出力 MWe | 着工（工事） | 運転開始 | 新基準への審査申請 |
|---|---|---|---|---|---|---|
| 電源開発 | 大間 ＊ | ABWR | 1,383 | 2008.05 | 未定 | 2014.12.16 |
| 東京電力 | 東通 1 | ABWR | 1,385 | 2011.01 | 未定 | |
| 中国電力 | 島根 3 | ABWR | 1,373 | 2005.12 | 未定 | 2018.8.10 |
| **小計** | **3基** | | **4,141** | | | |

#### 計画中

| 会社名 | 発電炉名 | 炉型 | 出力 MWe | 着工（工事） | 運転開始 |
|---|---|---|---|---|---|
| 日本原電 | 敦賀 3 | APWR | 1,538 | 未定 | 未定 |
| 　 | 敦賀 4 | APWR | 1,538 | 未定 | 未定 |
| 東北電力 | 東通 2 | ABWR | 1,385 | 未定 | 未定 |
| 中国電力 | 上関 1 | ABWR | 1,373 | 未定 | 未定 |
| 　 | 上関 2 | ABWR | 1,373 | 未定 | 未定 |
| 九州電力 | 川内 3 | APWR | 1,590 | 未定 | 未定 |
| **小計** | **6基** | | **8,797** | | |

#### 廃止

| 発電炉名 | 炉型 | 出力 MWe | 運転終了又は廃止 | 備考 |
|---|---|---|---|---|
| JPDR | BWR | 12 | 1976.03.18 | 1996.04.31 解体撤去完了 |
| ふげん | ATR | 165 | 2003.03.29 | 2008.02.12 廃止措置開始 2040年度完了予定 |
| 東海 | GCR | 166 | 1998.03.31 | 2001 体廃止措置開始 2030 年度完了予定 |
| 浜岡 1 | BWR | 540 | 2009.01.30 | 2009.11.18 廃止措置開始 2036 年度完了予定 |
| 浜岡 2 | BWR | 840 | 2009.01.30 | 2009.11.18 廃止措置開始 2036 年度完了予定 |
| 福島第一・1 | BWR | 460 | 2012.04.19 | |
| 福島第一・2 | BWR | 784 | 2012.04.19 | 冷温停止（2011年12月）から約30〜40年後、廃止措置完了予定 |
| 福島第一・3 | BWR | 784 | 2012.04.19 | |
| 福島第一・4 | BWR | 784 | 2012.04.19 | |
| 福島第一・5 | BWR | 784 | 2014.01.31 | （1〜6号機併せた実機実証試験に活用） |
| 福島第一・6 | BWR | 1,100 | 2014.01.31 | （1〜6号機併せた実機実証試験に活用） |
| 敦賀 1 | BWR | 357 | 2015.04.27 | 2039 年度廃止措置完了予定 |
| 美浜 1 | PWR | 340 | 2015.04.27 | 2045 年度廃止措置完了予定 |
| 美浜 2 | PWR | 500 | 2015.04.27 | 2045 年度廃止措置完了予定 |
| 島根 1 | BWR | 460 | 2015.04.30 | 2045 年度廃止措置完了予定 |
| 伊方 1 | PWR | 566 | 2016.05.10 | 2056 年度廃止措置完了予定 |
| もんじゅ | FBR | 280 | 2017.12.06 ＊ | 2047 年度廃止措置完了予定 |
| 大飯 1 | PWR | 1,175 | 2018.03.01 | 2048 年度廃止措置完了予定 |
| 大飯 2 | PWR | 1,175 | 2018.03.01 | 2048 年度廃止措置完了予定 |
| 伊方 2 | PWR | 566 | 2018.05.23 | 2058 年度廃止措置完了予定 |
| 女川 1 | BWR | 524 | 2018.12.21 | 2053 年度廃止措置完了予定 |
| 玄海 2 | PWR | 559 | 2019.04.09 | 2064 年度廃止措置完了予定 |
| 福島第二・1 | BWR | 1,100 | 2019.09.30 | 2064 年度廃止措置完了予定 |
| 福島第二・2 | BWR | 1,100 | 2019.09.30 | 2064 年度廃止措置完了予定 |
| 福島第二・3 | BWR | 1,100 | 2019.09.30 | 2064 年度廃止措置完了予定 |
| 福島第二・4 | BWR | 1,100 | 2019.09.30 | 2064 年度廃止措置完了予定 |
| **27基** | | **17,880** | | ＊廃止措置計画可申認可日 |

#### ＜参考＞日本の商業原子力発電所の平均設備利用率の推移（単位：％）

| | 1月 | 2月 | 3月 | 4月 | 5月 | 6月 | 7月 | 8月 | 9月 | 10月 | 11月 | 12月 | 年間 |
|---|---|---|---|---|---|---|---|---|---|---|---|---|---|
| 2011 年 | 66.1 | 70.8 | 58.3 | 50.9 | 40.9 | 36.8 | 33.9 | 28.4 | 26.6 | 18.5 | 20.1 | 15.1 | 38.0 |
| 2012 年 | 10.3 | 6.1 | 4.2 | 2.0 | 0.3 | 0.0 | 3.1 | 5.1 | 5.2 | 5.2 | 5.3 | 5.3 | 4.4 |
| 2013 年 | 5.3 | 5.3 | 5.3 | 5.2 | 5.2 | 5.3 | 5.1 | 1.4 | 0.0 | 0.0 | 0.0 | 0.0 | 3.6 |
| 2014 年 | 0.0 | 0.0 | 0.0 | 0.0 | 0.0 | 0.0 | 0.0 | 0.0 | 0.0 | 0.0 | 0.0 | 0.0 | 0.0 |
| 2015 年 | 0.0 | 0.0 | 0.0 | 0.0 | 0.0 | 0.0 | 0.0 | 0.9 | 2.2 | 2.7 | 4.4 | 4.5 | 1.2 |
| 2016 年 | 4.5 | 4.5 | 5.2 | 4.5 | 4.5 | 4.5 | 5.4 | 5.6 | 4.8 | 4.4 | 4.6 | 5.0 | 4.8 |
| 2017 年 | 4.5 | 4.6 | 6.7 | 6.8 | 7.3 | 10.4 | 11.0 | 11.0 | 11.1 | 9.1 | 9.0 | 9.0 | 8.4 |
| 2018 年 | 8.8 | 6.7 | 8.7 | 10.7 | 11.8 | 14.6 | 17.2 | 15.0 | 19.1 | 19.8 | 23.8 | 24.7 | 15.0 |
| 2019 年 | 25.0 | 25.0 | 25.0 | 23.1 | 20.1 | 18.8 | 19.4 | 17.6 | 16.7 | 20.9 | 23.0 | 22.8 | 21.4 |
| 2020 年 | 20.9 | 23.0 | 21.7 | 20.3 | 19.7 | 20.0 | 18.3 | 13.7 | 9.8 | 5.4 | 8.1 | 15.5 | 16.2 |
| 2021 年 | 10.9 | 13.1 | 16.1 | 20.8 | 22.3 | 22.2 | 27.4 | 27.9 | 28.3 | 26.3 | 23.0 | 26.0 | 22.1 |
| 2022 年 | 27.5 | 24.4 | 17.0 | 15.6 | 21.3 | 25.5 | 24.8 | 20.5 | 17.5 | 18.5 | 17.5 | 19.6 | 24.0 | 18.7 |
| 2023 年 | 27.7 | 25.4 | 23.5 | 26.3 | 27.2 | 28.4 | 29.2 | 33.2 | 29.5 | 29.6 | 28.6 | | |

・この他に中部電力浜岡 6、東京電力東通 2 が計画中（経営計画・電源開発計画等に掲載されている発電炉のみ記載）。

・大間の安全対策工事は2024年後半、工事完了は2029年後半を予定。島根3の安全対策工事完了予定は2024年度上期を予定。　＊印＝旧基準でのMOX許可取得。

・各社の経営計画・電源開発計画等に掲載されている発電炉のみの記載。

出所：日本原子力産業協会

図表 14-3　原子力発電所マップ（2023 年 8 月時点）

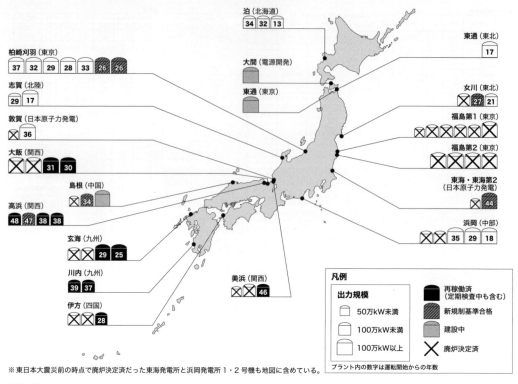

※ 東日本大震災前の時点で廃炉決定済だった東海発電所と浜岡発電所1・2号機も地図に含めている。

出所：資源エネルギー庁

## 図表 14-4　主要原子力発電国における設備利用率の推移

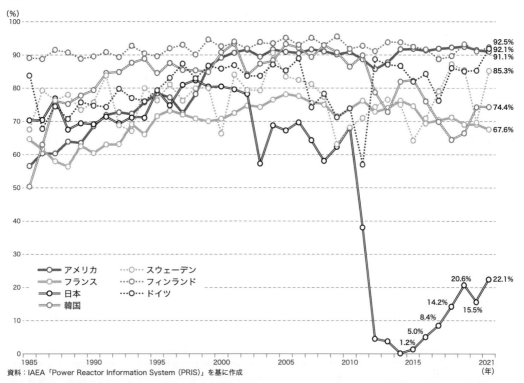

資料：IAEA「Power Reactor Information System (PRIS)」を基に作成

出所：国際原子力機関（IAEA）

**図表 14-5　各国・地域の現状一覧**

| 国・地域名<br>(発電能力順) | 基数 | 発電能力<br>[万 kW] | 発電量 [TWh] | 設備利用率 [%] | 発電電力量<br>構成比率 [%] |
|---|---|---|---|---|---|
| アメリカ | 93 | 9,928 | 812 | 91 | 19 |
| フランス | 56 | 6,404 | 379 | 68 | 69 |
| 中国 | 51 | 5,328 | 408 | 88 | 5 |
| 日本 | 33 | 3,308 | 71 | 22 | 7 |
| ロシア | 34 | 2,951 | 222 | 83 | 19 |
| 韓国 | 24 | 2,342 | 158 | 74 | 26 |
| カナダ | 19 | 1,451 | 93 | 73 | 14 |
| ウクライナ | 15 | 1,382 | 86 | 71 | 57 |
| イギリス | 12 | 849 | 46 | 54 | 15 |
| スペイン | 7 | 740 | 57 | 87 | 21 |
| スウェーデン | 6 | 707 | 53 | 85 | 31 |
| インド | 22 | 678 | 47 | 73 | 3 |
| ベルギー | 7 | 623 | 50 | 92 | 51 |
| ドイツ | 3 | 429 | 69 | 92 | 12 |
| チェコ | 6 | 421 | 31 | 84 | 37 |

(注) 基数・発電能力は 2022 年 1 月 1 日時点。発電量・設備利用率・発電電力量構成比率は 2021 年時点 (年ベース)。

資料：基数・発電能力は日本原子力産業協会「世界の原子力発電開発の動向 2022 年版」を基に作成、発電量・発電電力量構成比率は IEA「World Energy Balance 2022 年版」を基に作成、設備利用率は IAEA「Power Reactor Information System (PRIS)」を基に作成

出所：国際エネルギー機関 (IEA)、国際原子力機関 (IAEA)、日本原子力産業協会

図表14-6　世界の原子力発電設備容量（2020年1月現在）

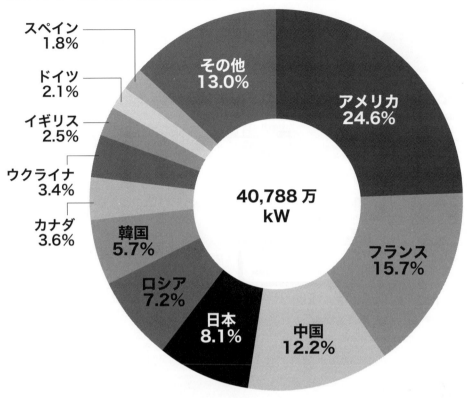

出所：日本原子力産業協会「世界の原子力発電開発の動向 2021年版」

## 図表14-7 核燃料サイクル

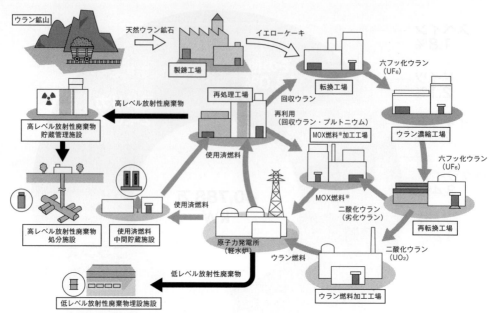

※MOX（Mixed Oxide）燃料：プルトニウムとウランの混合燃料
出所：日本原子力文化財団「原子力・エネルギー図面集」

## 図表 14-8 核燃料サイクルと地層処分

日本は、原子力発電所の使用済燃料を再処理し、回収されるウランとプルトニウムを再利用しつつ、廃棄物の発生量を抑える「核燃料サイクル」を推進しています。

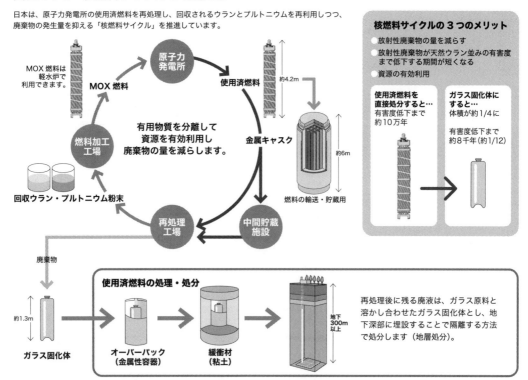

出所：日本原子力文化財団「原子力・エネルギー図面集」

# 15
## Theme
# 再生可能エネルギー

| 図表 15-1 | 再生可能エネルギー（再エネ）：2030 年に向けた政策対応のポイント |
| 図表 15-2 | 水素・アンモニア：2030 年に向けた政策対応のポイント |
| 図表 15-3 | 主要国の発電電力量に占める再エネ比率の比較 |
| 図表 15-4 | 各国の再エネ発電導入容量（2020 年実績） |
| 図表 15-5 | 各国の太陽光発電導入容量（2020 年実績） |
| 図表 15-6 | 世界の累積太陽光発電設備容量（2020 年） |
| 図表 15-7 | 再エネ海域利用法の施行状況（2021 年 9 月） |

図表 15-1　再生可能エネルギー（再エネ）：2030 年に向けた政策対応のポイント

●S+3E を大前提に、再エネの**主力電源化を徹底**し、再エネに**最優先の原則で取り組み**、国民負担の抑制と地域との共生を図りながら**最大限の導入**を促す。

【具体的な取組】

➤**地域と共生する形での適地確保**
→改正温対法に基づく再エネ促進区域の設定**（ポジティブゾーニング）による太陽光・陸上風力の導入拡大**、再エネ海域利用法に基づく**洋上風力の案件形成加速**などに取り組む。

➤**事業規律の強化**
→太陽光発電に特化した技術基準の着実な執行、小型電源の事故報告の強化等による**安全対策強化**、地域共生を円滑にするための**条例策定の支援**などに取り組む。

➤**コスト低減・市場への統合**
→FIT・FIP 制度における**入札制度の活用**や**中長期的な価格目標の設定**、発電事業者が市場で自ら売電し市場連動のプレミアムを受け取る**FIP 制度により再エネの市場への統合**に取り組む。

➤**系統制約の克服**
→連系線等の**基幹系統をマスタープランにより「プッシュ型」で増強**するとともに、**ノンファーム型接続をローカル系統まで拡大**。再エネが石炭火力等より優先的に基幹系統を利用できるように、**系統利用ルールの見直し**などに取り組む。

➤**規制の合理化**
→風力発電の導入円滑化に向け**アセスの適正化**、地熱の導入拡大に向け**自然公園法・温泉法・森林法の規制の運用の見直し**などに取り組む。

➤**技術開発の推進**
→建物の壁面、強度の弱い屋根にも設置可能な**次世代太陽電池の研究開発・社会実装**を加速、**浮体式の要素技術開発**を加速、**超臨界地熱資源**の活用に向けた**大深度掘削技術の開発**などに取り組む。

出所：閣議資料

15 再生可能エネルギー

図表 15-2　水素・アンモニア：2030年に向けた政策対応のポイント

● カーボンニュートラル時代を見据え、**水素を新たな資源として位置付け、社会実装を加速。**

● 長期的に安価な水素・アンモニアを**安定的かつ大量に供給**するため、**海外からの安価な水素活用、国内の資源を活用した水素製造基盤を確立。**

  ➢ **国際水素サプライチェーン、余剰再エネ等を活用した水電解装置による水素製造の商用化、光触媒・高温ガス炉等**の高温熱源を活用した**革新的な水素製造技術の開発**などに取り組む。

  ➢ 水素の供給コストを、**化石燃料と同等程度の水準まで低減**させ、**供給量の引上げ**を目指す。
    コスト：現在の100円/Nm$^3$→2030年に30円/Nm$^3$、2050年に20円/Nm$^3$以下に低減
    供給量：現在の約200万t/年→2030年に最大300万t/年、2050年に2,000万t/年に拡大

● 需要サイド（発電、運輸、産業、民生部門）における水素利用を拡大。

  ➢ 大量の水素需要が見込める**発電部門**では、2030年までに、**ガス火力への30%水素混焼や水素専焼、石炭火力への20%アンモニア混焼**の導入・普及を目標に、**混焼・専焼の実証の推進**や非化石価値の適切な評価ができる環境整備を行う。また、2030年の電源構成において、**水素・アンモニア1%を位置付け。**

  ➢ **運輸部門**では、**FCVや将来的なFCトラック**などの更なる導入拡大に向け、**水素ステーションの戦略的整備**などに取り組む。

  ➢ **産業部門**では、水素還元製鉄などの**製造プロセスの大規模転換**や水素等の燃焼特性を踏まえた**バーナー、大型・高機能ボイラーの技術開発**などに取り組む。

  ➢ **民生部門**では、純水素燃料電池も含む、**定置用燃料電池の更なる導入拡大**に向け、**コスト低減に向けた技術開発**などに取り組む。

出所：閣議資料

### 図表15-3 主要国の発電電力量に占める再エネ比率の比較

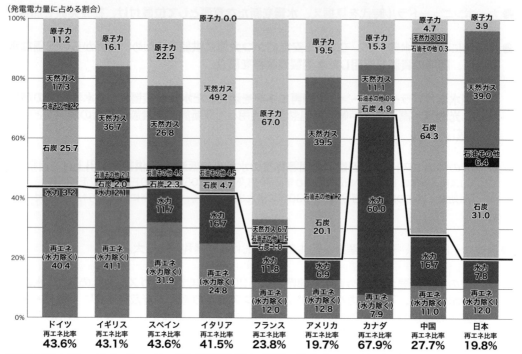

資料：IEA「Market Report Series - Renewables 2021（各国2020年時点の発電量）」、IEAデータベース、総合エネルギー統計（2020年度確報値）等より資源エネルギー庁作成

出所：国際エネルギー機関（IEA）、資源エネルギー庁「総合エネルギー統計」

15 再生可能エネルギー

図表 15-4　各国の再エネ発電導入容量（2020 年実績）

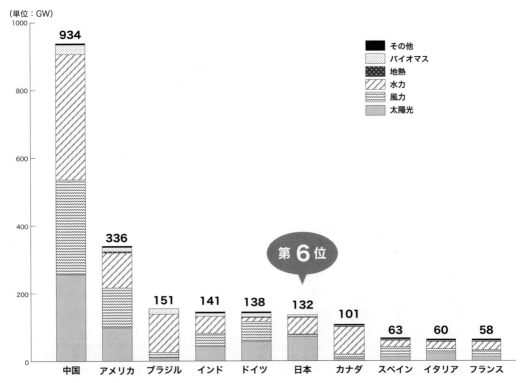

出所：国際エネルギー機関、資源エネルギー庁

図表 15-5　各国の太陽光発電導入容量（2020 年実績）

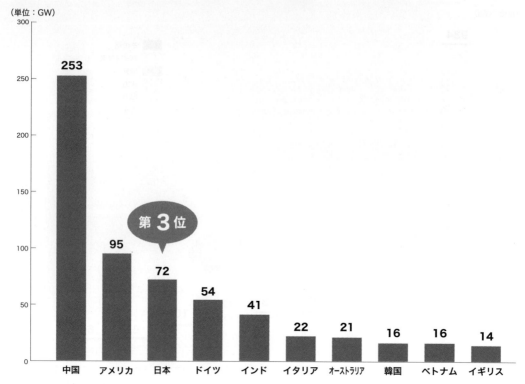

出所：国際エネルギー機関、資源エネルギー庁

図表 15-6　世界の累積太陽光発電設備容量（2020 年）

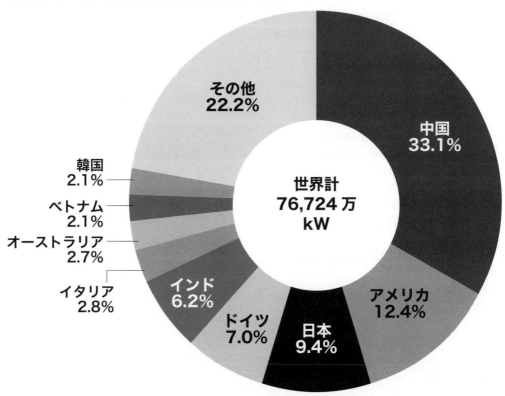

資料：IEA Photovoltaic Power Systems Programme「Trends in Photovlotanic Applications 2021」、「2021 Snapshot of Global PV Markets」を基に作成

出所：国際エネルギー機関（IEA）、資源エネルギー庁

図表 15-7 再エネ海域利用法の施行状況（2021年9月）

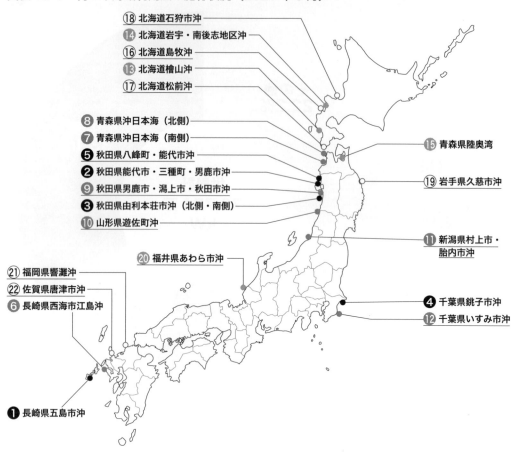

〈促進区域、有望な区域等の指定・整理状況（2021年9月13日）〉

| 区域名 | | 万kW |
|---|---|---|
| 促進区域 | ①長崎県五島市沖 | 1.7 |
| | ②秋田県能代市・三種町・男鹿市沖 | 47.88 |
| | ③秋田県由利本荘市沖（北側・南側） | 81.9 |
| | ④千葉県銚子市沖 | 39.06 |
| | ⑤秋田県八峰町・能代市沖 | 36 |
| 有望な区域 | ⑥長崎県西海市江島沖 | 30 |
| | ⑦青森県沖日本海（南側） | 60 |
| | ⑧青森県沖日本海（北側） | 30 |
| | ⑨秋田県男鹿市・潟上市・秋田市沖 | 21 |
| | ⑩山形県遊佐町沖 | 45 |
| | ⑪新潟県村上市・胎内市沖 | 35.70 |
| | ⑫千葉県いすみ市沖 | 41 |

一定の準備段階に進んでいる区域
⑬北海道檜山沖
⑭北海道岩宇・南後志地区沖
⑮青森県陸奥湾
⑯北海道島牧沖
⑰北海道松前沖
⑱北海道石狩市沖
⑲岩手県久慈市沖（浮体）
⑳福井県あわら市沖
㉑福岡県響灘沖
㉒佐賀県唐津市沖

【凡例】
●促進区域　●有望な区域
●一定の準備段階に進んでいる区域

※ 下線は2021年度新たに追加した区域
※ 容量の記載について、公募後の案件は選定事業者の計画に基づく発電設備出力量、それ以外は系統確保容量

出所：経済産業省

# 16

Theme

# 沖縄

図表 16-1　琉球史・日本史対照年表

図表 16-2　太平洋戦争における「沖縄戦」

図表 16-3　沖縄戦の戦闘経緯

図表 16-4　沖縄基地問題の歴史的経緯（2023 年 12 月 29 日）

図表 16-5　在沖米軍の施設・区域および返還施設の位置図

図表 16-6　沖縄の米軍基地の特徴

図表 16-7　在日米軍専用施設の数・面積（2020 年 3 月末）

図表 16-8　数字で見る沖縄の米軍基地

図表 16-9　連合軍占領下の日本の出来事

図表 16-10　日米地位協定と全文

図表 16-11　日米地位協定の問題点

## 図表 16-1　琉球史・日本史対照年表

| 年代<br>(西暦) | 時代 日本 | 時代 琉球・沖縄 | 琉球・沖縄に関する事項 | 日本に関する事項 |
|---|---|---|---|---|
| BC.18000 | 旧石器 | 旧石器時代 | 港川人などが居住する | |
| BC.500 | 縄文 | 貝塚時代 | | |
| AD.500 | 弥生 | | | |
| | 古墳 | | | |
| 753 | 奈良 | | 鑑真 阿児奈波島に漂着する | |
| 1187 | 平安 | グスク時代（舜天王統） | 舜天即位 | 1192年 源頼朝 鎌倉幕府を開く |
| 1260 | 鎌倉 | グスク時代（英祖王統） | 英祖即位 | 1274年、1281年 元寇<br>1338年 足利尊氏 室町幕府を開く |
| 1350 | | グスク時代（三山時代・察度王統） | 察度即位 | |
| 1372 | | | 中山王察度 明に進貢 南山と北山もそれに続く | |
| 1392 | | | 閩人三十六姓 帰化 | |
| 1429 | 室町 | 第一尚氏王統 | 尚巴志 三山を統一 **琉球王国** | 1404年 勘合貿易始まる |
| 1458 | | | 護佐丸・阿麻和利の乱 | 1467年 応仁の乱 |
| 1470 | | 第二尚氏王統 | 金丸 王位につき尚円と名乗る 第二尚氏王統が成立 | |
| 1500 | | | 尚真王 八重山での乱を鎮圧し支配体制を強化 | 1543年 鉄砲の伝来<br>1582年 本能寺の変 |
| 1589 | 安土桃山 | | 秀吉 朝鮮侵攻の軍役・夫役を琉球にも命じる | 1592年 文禄の役<br>1597年 慶長の役<br>1600年 関ヶ原の戦い |
| 1605 | | | 野國總管 福州より甘藷の苗を持ち帰る | |
| 1609 | | | **薩摩の琉球侵攻**により幕藩体制に組み込まれる | |
| 1719 | 江戸 | | 組踊 初演 | |
| 1853 | | | ペリーの来航 | 1854年 日米和親条約<br>1858年 日米修好通商条約 |
| 1859 | | | 牧志・恩河事件 | 1867年 大政奉還<br>1871年 廃藩置県 |
| 1872 | 明治 | | **琉球藩**設置 | |
| 1879 | | | **琉球処分**を強行し**沖縄県**を設置 | 1889年 大日本帝国憲法発布<br>1894年 日清戦争（〜1895年）<br>1904年 日露戦争（〜1905年） |
| | | 大正 | | 1914年 第一次世界大戦<br>1937年 日中戦争<br>1939年 第二次世界大戦<br>1941年 アジア太平洋戦争 |
| 1944 | 昭和 | | 学童疎開船 対馬丸遭難 10・10空襲 | |
| 1945 | | | **沖縄戦** 4月1日沖縄本島上陸<br>6月23日 沖縄における日本軍の組織的戦闘終結 米軍統治へ | 8月　広島、長崎へ原爆投下<br>ポツダム宣言受諾<br>1946年 日本国憲法発布 |
| 1959 | | | 宮森小学校に米軍機墜落 | |
| 1972 | | | 施政権が日本に返還される **日本復帰** | |
| 2000 | 平成 | | 「琉球王国のグスク及び関連遺産群」が世界遺産に登録される | |
| 2010 | | | 組踊が「人類の無形文化遺産の代表的な一覧表」に記載（登録）される | |

出所：環境都市構想研究所

## 16 沖縄

**図表 16-2　太平洋戦争における「沖縄戦」**

| | | |
|---|---|---|
| 1941（昭和16）年 | 12月 8日 | 日本海軍、真珠湾への奇襲攻撃 |
| 1942（昭和17）年 | 6月 5日 | ミッドウエー海戦で日本海軍敗北 |
| 1943（昭和18）年 | 6月25日 | 学徒戦時動員体制確立要綱 |
| 1944（昭和19）年 | 2月25日 | 決戦非常措置要綱 |
| | 8月22日 | 学童疎開船「対馬丸」撃沈、学童784人死亡 |
| | 10月10日 | 沖縄大空襲 |
| 1945（昭和20）年 | 1月20日 | 第二次防衛召集 |
| | 3月17日 | 硫黄島の日本守備隊、玉砕 |

| | | |
|---|---|---|
| | 3月26日 | 米軍、慶良間列島に上陸、地上戦開始 |
| | 4月 1日 | 米軍、読谷、嘉手納、北谷に上陸 |
| | 4月 7日 | 戦艦「大和」、九州南方にて撃沈される |
| | 4月16日 | 米軍、伊江島に上陸 |
| 沖縄戦 | 5月13日 | 米軍、首里を占領 |
| | 6月13日 | 日本海軍部隊壊滅 |
| | 6月19日 | 日本軍の組織的抵抗の終了 |
| | 6月23日 | 牛島第32軍司令官、糸満市摩文仁にて |
| | 7月 2日 | 米軍が沖縄作戦の終了を宣言 |

| | | |
|---|---|---|
| | 7月26日 | 連合軍、ポツダム宣言を発表 |
| | 8月 6日 | 広島に原爆投下さる |
| | 8月 8日 | ソ連、日ソ中立条約を破棄、9日、侵攻開始 |
| | 8月 9日 | 長崎に原爆投下さる |
| | 8月15日 | 終戦の詔書 |
| | 9月 2日 | 東京湾のミズーリ号で降伏文書の調印 |
| | 9月 7日 | 南西諸島の日本軍が降伏文書に調印 |
| 1952（昭和27）年 | 4月28日 | サンフランシスコ講和条約の発効により沖縄が米国施政権下に入る |
| 1972（昭和47）年 | 5月15日 | 沖縄復帰 |

**沖縄戦の死者数**
全戦没者総合計　200,656人、うち、沖縄県出身軍人・軍属　8,228人、他都道府県出身兵 65,908人、一般県民　94,000人　日本合計　188,136人（昭和32年琉球政府推計値）、米軍 12,520人（米軍政府資料）

出所：環境都市構想研究所

271

図表16-3 沖縄戦の戦闘経緯

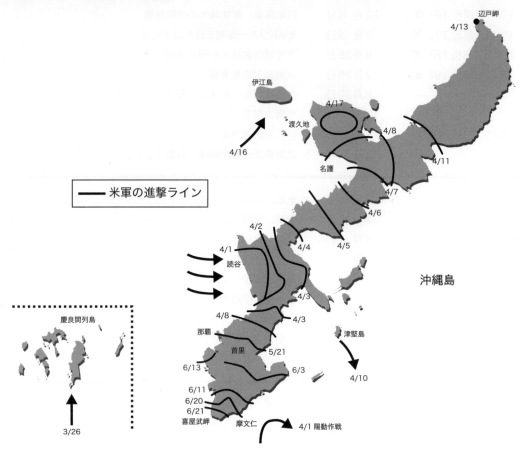

出所:沖縄県平和祈念資料館

## 16 沖縄

**図表 16-4　沖縄基地問題の歴史的経緯（2023 年 12 月 29 日）**

肩書は当時

| | |
|---|---|
| 1945 年 | 沖縄戦、米軍が占領し基地建設始める |
| 1952 年 | サンフランシスコ講和条約と日米安保条約が発効。日本は主権回復し、沖縄は切り離される |
| 1953 年 | 「銃剣とブルドーザー」と呼ばれる米軍の強制土地収用が始まる |
| 1972 年 | 沖縄、日本復帰。日本国憲法適用。復帰前後、本土の米軍基地は 3 分の 1 に縮小し、沖縄に 7 割が集中する構図となる |
| 1995 年 | 米兵による少女暴行事件。翌月、抗議の県民総決起大会 |
| | **「一番に守るべき幼い少女の尊厳を守ることができなかったことを心の底からおわびしたい」**（大田昌秀知事が県民大会で） |
| 1996 年 | 日米両政府が 5〜7 年以内の普天間飛行場返還で合意。県内移設が条件に |
| 1998 年 | 大田昌秀知事が県内移設拒否 |
| 1999 年 | 稲嶺惠一知事が名護市辺野古沖への移設について「軍民共用」や「15 年使用期限」の条件つきで容認 |
| | **「目に見える解決策を提示することが使命。県内移設はベストではないがベターな選択」**（稲嶺知事が会見で） |
| 2004 年 | 普天間飛行場に隣接する沖縄国際大に米軍ヘリが墜落 |
| 2006 年 | 小泉政権が辺野古沿岸を埋め立てる現行案に米政府と合意。県が求めた「軍民共用」などの条件は立ち消えに |
| 2009 年 | 「県外移設」を掲げた民主党政権が誕生。翌年断念 |
| 2012 年 | 普天間飛行場に米軍輸送機オスプレイが初配備 |
| 2013 年 | 12 月 27 日、「県外」を公約した仲井真弘多知事が辺野古埋め立てを承認 |
| | **「普天間を 5 年以内に運用停止するという（安倍）総理の確約を得た」**（仲井真知事が会見で） |
| 2015 年 | 翁長雄志知事が埋め立て承認を取り消し |
| | **「普天間問題の原点は強制接収されたものだということ。（沖縄が）自ら差し出した基地は一つもない」**（翁長知事が会見で） |
| 2016 年 | 4 月、米軍属による女性殺害事件が発生 |
| | 12 月、普天間所属のオスプレイが名護市の浅瀬で大破 / 最高裁で翁長知事の「承認取り消し」は違法とする判決 |
| 2017 年 | 国が辺野古の護岸工事に着手 |
| 2018 年 | 12 月、辺野古南側で土砂投入開始 |
| 2019 年 | 1 月、政府、地盤改良工事が必要な軟弱地盤の存在認める |
| | 2 月、辺野古埋め立ての賛否を問う県民投票で、反対が 7 割超 |
| 2021 年 | 11 月、玉城デニー知事が防衛省による軟弱地盤対策の設計変更申請を不承認 |
| 2023 年 | 9 月、最高裁で玉城知事が承認しないのは違法と判決 |
| | 10 月、国が代執行訴訟を起こす |
| | **「国と県との対話によって解決の道を探ることこそが最善の方法だ」**（玉城知事が法廷で） |
| | 12 月、代執行訴訟で県敗訴。国が地方自治体の事務を初めて代執行 |

出所：環境都市構想研究所

## 図表16-5 在沖米軍の施設・区域および返還施設の位置図

(注1) 沖縄本島及びその周辺地域の施設区域（平成29年1月1日現在）を表示しています。
(注2) 既に返還された施設のうち、返還後の跡地利用が完了している施設及び返還面積が狭小な施設は表示していません。
(注3) 施設名横の□、■及び■の括弧書きは一部返還合意を示しています。
(注4) 以下の施設については「日米安全保障協議委員会(2+2)共同発表」（平成24年4月）において施設名が変更されています。

出所：沖縄県知事室

## 16 沖縄

### 図表 16-6　沖縄の米軍基地の特徴

国土面積約 0.6% の沖縄県に、全国の米軍専用施設面積の約 70.27% が集中している。

**在日米軍基地面積の比較**

| 所在 | 『専用施設』 | | | 共同使用施設を含む『米軍施設』 | | |
|---|---|---|---|---|---|---|
| | 面積(km²) | 全国の『専用施設』に占める割合 | 都道府県面積(国土)に対する割合 | 面積(km²) | 全国の『米軍施設』に占める割合 | 都道府県面積(国土)に対する割合 |
| 沖縄 | 184.944 | 70.27% | 8.11% | 187,082 | 19.09% | 8.23% |
| 沖縄以外 | 78.231 | 29.73% | 0.02% | 793,320 | 80.90% | 0.21% |
| 全国 | 263.176 | 100% | 0.07% | 980,402 | 100% | 0.21% |

出所：環境都市構想研究所

図表 16-7　在日米軍専用施設の数・面積（2020 年 3 月末）

| 都道府県 | 施設・区域数 | 施設面積（千㎡） | 構成比率（%） | 順位 |
|---|---|---|---|---|
| （全国） | 78 | 263,067 | 100 | |
| （本土） | 47 | 78,232 | 29.7 | |
| 沖縄県 | 31 | 184,836 | 70.3 | 1 |
| 青森県 | 4 | 23,743 | 9.0 | 2 |
| 神奈川県 | 11 | 14,731 | 5.6 | 3 |
| 東京都 | 6 | 13,193 | 5.0 | 4 |
| 山口県 | 2 | 8,672 | 3.3 | 5 |

出所：沖縄県知事室

## 図表 16-8　数字で見る沖縄の米軍基地

**1 在日米軍施設・区域(専用施設)面積**

|  | 本土 | 沖縄県 |
|---|---|---|
| 面積 | 7,749.4ha | 18,609.2ha |
| 割合 | 29.4% | 70.6% |

※平成29年1月1日現在

面積

**2 軍人数**

|  | 本土 | 沖縄県 |
|---|---|---|
| 軍人数 | 10,869人 | 25,843人 |
| 割合 | 29.6% | 70.4% |

※平成23年6月末現在

軍人数の割合

**3 軍別構成割合(軍人数)**

|  | 本土 |  | 沖縄県 |  |
|---|---|---|---|---|
| 陸軍 | 1,070人 | 9.8% | 1,547人 | 6.0% |
| 海軍 | 1,208人 | 11.1% | 2,159人 | 8.4% |
| 空軍 | 6,371人 | 58.6% | 6,772人 | 26.2% |
| 海兵隊 | 2,220人 | 20.4% | 15,365人 | 59.5% |
| 計 | 10,869人 |  | 25,843人 |  |

※平成23年6月末現在

**4 米軍関係の航空機関連事故件数※**

| 墜落 | 不時着 | その他 | 計 |
|---|---|---|---|
| 47 | 518 | 144 | 709 |

**5 米軍演習による原野火災※**

| 件数 | 焼失面積 (㎡) |
|---|---|
| 602 | 約38,163,866 |

(東京ドーム816個分の面積に相当)

**6 米軍構成員等による犯罪検挙件数※**

| 凶悪犯 | 粗暴犯 | 窃盗犯 | 知能犯 | 風俗犯 | その他 | 計 |
|---|---|---|---|---|---|---|
| 576 | 1,067 | 2,939 | 237 | 71 | 1,029 | 5,919 |

※沖縄の本土復帰 [昭和47 (1972) 年] から平成28年末まで (4〜6まで)

**7 米軍構成員等が第一当事者の交通事故発生状況**

| 件数 |  |  |  | 死傷者数 |  |  |
|---|---|---|---|---|---|---|
| 軍人 | 軍属 | 家族 | 計 | 死者 | 負傷者 | 計 |
| 2,623 | 406 | 584 | 3,613 | 82 | 4,024 | 4,106 |

※件数は昭和56年以降、死傷者数は平成2年以降の累計 (平成28年末まで)

出所：沖縄県知事室

図表 16-9　連合軍占領下の日本の出来事

## 1945（昭和20）年

| | |
|---|---|
| 8月14日 | 連合国に対して条件付きでのポツダム宣言受諾意思を通告し、昭和天皇の聖断を経て、詔勅によりポツダム宣言の正式受諾を通告 |
| 8月15日 | 昭和天皇が終戦の詔書を日本国民に発表（玉音放送） |
| 8月15日 | 鈴木貫太郎内閣総辞職 |
| 8月17日 | 東久邇内閣成立 |
| 8月18日 | ソ連軍、千島列島へ侵略開始（占守島で日ソ交戦）、満州国消滅 |
| 8月30日 | マッカーサー元帥、厚木飛行場に到着 |
| **9月 2日** | **日本政府、戦艦ミズーリで降伏文書調印** |
| 9月 8日 | 連合国軍、東京に進駐、都内の建物600箇所以上を接収 |
| 9月16日 | 連合国軍本部が横浜から皇居前の第一生命ビルに移転 |
| **9月27日** | **昭和天皇、マッカーサーを訪問** |
| 10月 4日〜10日 | **「自由の指令」**、特別高等警察の廃止、政治犯の釈放など |
| 10月9日 | 幣原喜重郎内閣発足 |
| 10月11日 | **女性の解放と参政権の授与、労働組合組織化の奨励と児童労働の廃止、学校教育の自由化、経済の集中排除と経済制度の民主化などを指令** |
| 10月15日 | **治安維持法の廃止** |
| 10月24日 | 国際連合発足 |
| 11月 | 日本共産党、日本自由党、日本社会党、日本進歩党などが結党 |
| 12月 7日 | **農地解放指令**（農地の小作人への分配） |

## 1946（昭和21）年

| | |
|---|---|
| 1月 1日 | 昭和天皇「人間宣言」 |
| 1月 4日 | **軍人・戦犯および軍国主義者とみなした政治家・大学教授・企業経営者などの公職追放を指示** |
| 4月10日 | 女性参政権が認められた新選挙法に基づく**衆議院議員総選挙** |
| 4月22日 | 幣原内閣総辞職 |
| 5月 3日 | **極東国際軍事裁判（東京裁判）開廷**（1948年11月　最終判決） |
| 5月22日 | 自由党政権の吉田内閣成立 |
| 11月 3日 | **日本国憲法公布** |

## 1947（昭和22）年

| | |
|---|---|
| 1月 4日 | 第二次公職追放を指示 |
| 1月31日 | **2・1ゼネスト中止命令** |
| 3月31日 | 教育基本法（6・3・3制など）、学校教育法公布 |

| | |
|---|---|
| 4月22日 | 第一回参議院議員通常選挙 |
| 4月16日 | **独占禁止法公布** |
| 5月 3日 | **日本国憲法施行** |
| 6月 1日 | 片山内閣成立 |
| 7月11日 | 米国政府、連合国に対して、対日講和会議の開催を提案 |

## 1948（昭和23）年

| | |
|---|---|
| 2月10日 | 片山内閣総辞職 |
| 2月25日 | **ロイヤル米陸軍長官、日本再軍備計画について検討を示唆** |
| 3月10日 | 芦田均内閣成立 |
| 8月15日 | 朝鮮半島北緯38度線以南に「大韓民国」成立 |
| 9月17日 | 朝鮮半島北緯38度線以北に「朝鮮民主主義人民共和国」成立 |
| 10月 7日 | 芦田内閣総辞職 |
| 10月19日 | 第二次吉田内閣成立 |
| 12月23日 | 吉田内閣、衆議院解散 |

## 1949（昭和24）年

| | |
|---|---|
| 2月16日 | 第三次吉田内閣成立 |
| 3月 1日 | GHQ経済顧問ジョセフ・ドッジ、**収支均衡予算の編成**を指示 |
| 4月23日 | **1ドル360円の単一為替レート設定**（25日から実施） |
| 7月〜8月 | 国鉄三大ミステリー事件発生（下山事件、三鷹事件、松川事件） |
| 9月15日 | 税制の抜本的改編を発表**（シャウプ勧告）** |
| 10月 1日 | 中国共産党毛沢東、「中華人民共和国」成立、蒋介石、台湾に逃亡 |

## 1950（昭和25）年

| | |
|---|---|
| 6月25日 | 朝鮮戦争勃発（〜1953年）在日米軍出動、日本、前線基地化 |
| 7月24日 | 共産党幹部の逮捕と共産党員の排除（レッドパージ） |
| 8月10日 | **警察予備隊（75000名）設置**、海上保安庁増員（8000名） |
| 11月24日 | 米国政府、「対日講和7原則」を発表、日本への請求権放棄と日米共同防衛の提案などを明記 |

## 1951（昭和26）年

| | |
|---|---|
| 4月11日 | マッカーサー、トルーマン大統領と朝鮮戦争の進め方で対立 |
| 4月16日 | マッカーサー帰国、後任はマシュー・リッジウエイ中将 |
| 9月 8日 | **サンフランシスコで日本との平和条約締結、併せて日米安全保障条約を締結** |

## 1952（昭和27）年

| | |
|---|---|
| 2月28日 | **日米行政協定（後の日米地位協定）を締結** |
| 4月28日 | **サンフランシスコ条約の発効、日本の主権回復** |

出所：環境都市構想研究所

## 図表 16-10　日米地位協定と全文

**日米地位協定**

正式な名称:日本国とアメリカ合衆国との間の相互協力及び安全保障条約第六条（注1）に基づく施設及び区域並びに日本国における合衆国軍隊の地位に関する協定

● 1960（昭和35）年1月19日に締結された在日米軍に関する地位協定

● 同年同月同日に締結された「新・日米安全保障条約」と併せて締結されたもので、「旧・日米安全保障条約」における「日米行政協定」（注2）を承継するもの

（注1）

**日米安全保障条約第六条**

侵略に対する抑止力としての日米安保条約の機能が有効に保持されていくためには、わが国が、平素より米軍の駐留を認め、米軍が使用する施設・区域を必要に応じて提供できる体制を確保しておく必要がある。第六条はそのための規定。施設・区域の使用に関連する具体的事項及びわが国における駐留米軍の法的地位に関しては、日米間の別個の協定によるべき旨を定めている。これが、「日米地位協定」。（外務省ホームページ）

（注2）

**日米行政協定**

1951年9月　8日　「日米安全保障条約」（旧・日米安全保障条約）締結
1952年2月28日　「日米行政協定」調印
1960年1月19日　「日米行政協定」は、「新・安全保障条約」の調印とともに、新協定たる「日米地位協定」に承継された

**（日米地位協定の全文）**

| | |
|---|---|
| 前文 | 第13条　課税 |
| 第 1 条　軍隊構成員、軍属、家族の定義 | 第14条　特殊契約者 |
| 第 2 条　施設及び区域の許与、決定、返還、特殊使用 | 第15条　歳出外資金諸機関 |
| 第 3 条　施設及び区域内外の管理 | 第16条　日本国法令の尊重 |
| 第 4 条　施設及び区域の返還、原状回復、補償 | 第17条　刑事裁判権 |
| 第 5 条　船舶及び航空機の出入及び移動 | 第18条　民事請求権 |
| 第 6 条　航空・通信の体系、航空・航行施設に関する協力 | 第19条　外国為替管理 |
| 第 7 条　公益事業の利用 | 第20条　軍票 |
| 第 8 条　気象業務の提供 | 第21条　軍事郵便局 |
| 第 9 条　米軍人、軍属及びその家族の出入国 | 第22条　在日米人の軍事訓練 |
| 第10条　運転免許証及び車両 | 第23条　軍及び財産の安全措置 |
| 第11条　関税及び税関検査の免除 | 第24条　経費の分担 |
| 第12条　労務規定 | 第25条　合同委員会 |
| | 第26条　発効、予算上及び立法上の措置 |
| | 第27条　改正 |
| | 第28条　終了 |
| | 末文 |

出所：環境都市構想研究所

図表 16-11　日米地位協定の問題点

## ヨーロッパ各国との比較

| | 国内法 | 管理権 | 訓練・演習 | 航空機事故 |
|---|---|---|---|---|
| 日本 | 原則不適用 | 立入り権明記無し | 航空特例法等により規制できず | 捜索等を行う権利を行使しない |
| ドイツ | 原則適用 | 立入り権明記<br>立入りパス支給 | ドイツ側の承認が必要 | ドイツ側が現場を規制、調査に主体的に関与 |
| イタリア | 原則適用 | 基地はイタリア司令部の下<br>イタリア司令官常駐 | イタリア側の承認が必要 | イタリア検察が証拠品を押収 |
| ベルギー | 原則適用 | 地方自治体の<br>立入り権確保 | 自国軍よりも厳しく規制 | （未確認） |
| イギリス | 原則適用 | 基地占有権はイギリス<br>イギリス司令官常駐 | イギリス側による<br>飛行禁止措置等明記 | イギリス警察が<br>現場を規制、捜索 |

# 抜本的な見直しに向けた動き

**【沖縄県の取り組み】**

・日米地位協定の抜本的見直しに特化した要請（1995 年、2000 年、2017 年）

**【全国の取り組み】**

・全国知事会では、日米地位協定の見直しを含む「米軍基地負担に関する提言」を 2018 年、2020 年の 2 度にわたって決議。提言の実現を政府に要請

・沖縄県外の地方議会においても、同様の趣旨の意見書が可決する動きが広がっている（2021 年 1 月までに 199 議会で可決）

**全国知事会の提言（2020 年）の要旨**

1　飛行訓練など基地の外における米軍の演習・訓練を必要最小限とすること

2　日米地位協定を抜本的に見直し、航空法令や環境法令などの国内法令を原則として米軍にも適用させること

3　米軍人等による事件・事故に対し、具体的かつ実効的な防止策を提示し、継続的に取組みを進めること

4　施設ごとの必要性や使用状況等を点検した上で、基地の整理・縮小・返還を促進すること

5　在日米軍における新型コロナウイルス感染症防止対策の徹底強化、関係自治体等への迅速かつ適切な情報提供

出所：環境都市構想研究所

# 17
## Theme
# 防衛

図表 17-1 防衛関係費（当初予算）の推移（〜令和 5 年）

図表 17-2 各国の防衛費の推移（〜 2023 年）

図表 17-3 各国の国防費と対 GDP 比（2021 年：ドルベース）

図表 17-4 世界軍事力ランキング（2023 年）

図表 17-5 自衛官の定数と現員数の推移

図表 17-6 各種協定締結状況（2023 年 3 月末現在）

図表 17-7 我が国の BMD 整備（弾道ミサイル防衛）への取り組みの変遷

図表 17-8 中国海警局に所属する船舶などの尖閣諸島周辺領海への侵入日数等

図表 17-9 自衛隊と在日米軍の主な配置

図表 17-10 在日米軍主要部隊・戦力展開状況

## 図表 17-1　防衛関係費（当初予算）の推移（～令和５年）

(単位：億円、%)

| 年度 | GNP・GDP（当初見通し）(A) | 一般会計歳出 (B) | 対前年度伸び率 | 一般歳出 (C) | 対前年度伸び率 | 防衛関係費 (D) | 対前年度伸び率 | 防衛関係費の対GNP・GDP比 (D/A) | 防衛関係費の対一般会計歳出比 (D/B) | 防衛関係費の対一般歳出比 (D/C) |
|---|---|---|---|---|---|---|---|---|---|---|
| 昭和30 (1955) | 75,590 | 9,915 | △0.8 | 8,107 | △2.8 | 1,349 | △3.3 | 1.78 | 13.61 | 16.6 |
| 40 (1965) | 281,600 | 36,581 | 12.4 | 29,198 | 12.8 | 3,014 | 9.6 | 1.07 | 8.24 | 10.3 |
| 50 (1975) | 1,585,000 | 212,888 | 24.5 | 158,408 | 23.2 | 13,273 | 21.4 | 0.84 | 6.23 | 8.4 |
| 60 (1985) | 3,146,000 | 524,996 | 3.7 | 325,854 | △0.0 | 31,371 | 6.9 | 0.997 | 5.98 | 9.6 |
| 平成3 (1995) | 4,928,000 | 709,871 | △2.9 | 421,417 | 3.1 | 47,236 | 0.9 | 0.959 | 6.65 | 11.2 |
| 17 (2005) | 5,115,000 | 821,829 | 0.1 | 472,829 | △0.7 | 48,301 | △1.0 | 0.944 | 5.88 | 10.2 |
| | | | | | | 48,564 | △1.0 | 0.949 | 5.91 | 10.3 |
| 25 (2013) | 4,877,000 | 926,115 | 2.5 | 539,774 | 5.3 | 46,804 | 0.8 | 0.960 | 5.05 | 8.67 |
| | | | | | | 47,538 | 0.8 | 0.975 | 5.13 | 8.81 |
| 26 (2014) | 5,004,000 | 958,823 | 3.5 | 564,697 | 4.6 | 47,838 | 2.2 | 0.956 | 4.99 | 8.47 |
| | | | | | | 48,848 | 2.8 | 0.976 | 5.09 | 8.65 |
| 27 (2015) | 5,049,000 | 963,420 | 0.5 | 573,555 | 1.6 | 48,221 | 0.8 | 0.955 | 5.01 | 8.41 |
| | | | | | | 49,801 | 2.0 | 0.986 | 5.17 | 8.68 |
| 28 (2016) | 5,188,000 | 967,218 | 0.4 | 578,286 | 0.8 | 48,607 | 0.8 | 0.937 | 5.03 | 8.41 |
| | | | | | | 50,541 | 1.5 | 0.974 | 5.23 | 8.74 |
| 29 (2017) | 5,535,000 | 974,547 | 0.8 | 583,591 | 0.9 | 48,996 | 0.8 | 0.885 | 5.03 | 8.40 |
| | | | | | | 51,251 | 1.4 | 0.926 | 5.26 | 8.78 |
| 30 (2018) | 5,643,000 | 977,128 | 0.3 | 588,958 | 0.9 | 49,388 | 0.8 | 0.875 | 5.05 | 8.39 |
| | | | | | | 51,911 | 1.3 | 0.920 | 5.31 | 8.81 |
| 令和元 (2019) | 5,661,000 | 994,291 (1,014,571) | 3.8 | 599,359 (619,639) | 5.2 | 50,070 | 1.4 | 0.884 | 5.04 | 8.35 |
| | | | | | | 52,574 | 1.3 | 0.929 | 5.18 | 8.48 |
| 2 (2020) | 5,702,000 | 1,008,791 (1,026,580) | 1.2 | 617,184 (634,972) | 2.5 | 50,688 | 1.2 | 0.889 | 5.02 | 8.21 |
| | | | | | | 53,133 | 1.1 | 0.932 | 5.18 | 8.37 |
| 3 (2021) | 5,595,000 | 1,066,097 | 3.8 | 669,020 | 5.4 | 51,235 | 1.1 | 0.916 | 4.81 | 7.66 |
| | | | | | | 53,422 | 0.5 | 0.955 | 5.01 | 7.99 |
| 4 (2022) | 5,646,000 | 1,075,964 | 0.9 | 673,746 | 0.7 | 51,788 | 1.1 | 0.917 | 4.81 | 7.69 |
| | | | | | | 54,005 | 1.1 | 0.957 | 5.02 | 8.02 |
| 5 (2023) | 5,719,000 | 1,143,812 | 6.3 | 727,317 | 8.0 | 66,001 | 27.4 | 1.154 | 5.77 | 9.07 |
| | | | | | | 68,219 | 26.3 | 1.193 | 5.96 | 9.38 |

出所：防衛省「防衛白書」

## 図表 17-2　各国の防衛費の推移（〜 2023 年）

| 国名 ＼ 年度 | 2018 | 2019 | 2020 | 2021 | 2022 | 2023 |
|---|---|---|---|---|---|---|
| | 49,388 | 50,070 | 50,688 | 51,235 | 51,788 | 66,001 |
| 日本（億円） | 51,911 | 52,574 | 53,133 | 53,422 | 54,005 | 68,219 |
| 日本 / 対前年度伸び率（%） | 0.8 | 1.4 | 1.2 | 1.1 | 1.1 | 27.4 |
| | 1.3 | 1.3 | 1.1 | 0.5 | 1.1 | 26.3 |
| アメリカ（百万ドル） | 600,683 | 653,986 | 690,420 | 717,581 | 726,632 | 771,260 |
| アメリカ / 対前年度伸び率（%） | 5.6 | 8.9 | 5.6 | 3.9 | 1.3 | 6.1 |
| 中国（億元） | 11,070 | 11,899 | 12,680 | 13,553 | 14,505 | 15,537 |
| 中国 / 対前年度伸び率（%） | 8.3 | 7.5 | 6.6 | 6.8 | 7.1 | 7.2 |
| ロシア（億ルーブル） | 28,270 | 29,974 | 31,688 | 35,761 | 46,787 | 49,816 |
| ロシア / 対前年度伸び率（%） | -0.9 | 6.0 | 5.7 | 12.9 | 30.8 | 6.5 |
| 韓国（億ウォン） | 431,581 | 466,971 | 501,527 | 528,401 | 546,112 | 570,143 |
| 韓国 / 対前年度伸び率（%） | 7.0 | 8.2 | 7.4 | 5.4 | 3.4 | 4.4 |
| オーストラリア（百万豪ドル） | 36,231 | 38,562 | 42,612 | 44,568 | 47,979 | 51,028 |
| オーストラリア / 対前年度伸び率（%） | 3.0 | 6.4 | 10.5 | 4.6 | 7.7 | 6.4 |
| イギリス（百万ポンド） | 37,800 | 38,800 | 41,400 | 46,000 | 48,200 | 50,900 |
| イギリス / 対前年度伸び率（%） | 5.0 | 2.6 | 6.7 | 11.1 | 4.8 | 5.6 |
| フランス（百万ユーロ） | 42,700 | 44,400 | 46,000 | 47,700 | 49,600 | 53,100 |
| フランス / 対前年度伸び率（%） | 4.7 | 4.0 | 3.6 | 3.7 | 4.0 | 7.1 |
| ドイツ（百万ユーロ） | 38,520 | 43,228 | 45,053 | 46,930 | 50,495 | 58,526 |
| ドイツ / 対前年度伸び率（%） | 4.1 | 12.2 | 4.2 | 4.2 | 7.6 | 15.9 |

出所：防衛省「防衛白書」

図表 17-3　各国の国防費と対GDP比（2021年：ドルベース）

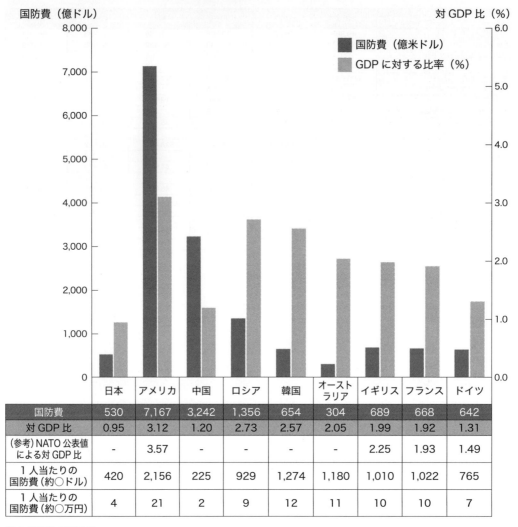

出所：防衛省「防衛白書」

**図表 17-4　世界軍事力ランキング（2023年）**

世界の軍事力ランキングでは、日本の軍事力が世界の7番目になっています。これは、各国の軍備や兵力、財政状況、地理的条件などから軍事力指数（パワーインデックス）を算出してランク付けしたもので、スコアが0に近いほど軍事力が高いとされています。なお、韓国は前年の6位から5位へ、日本は8位から7位へランキングを上げています。

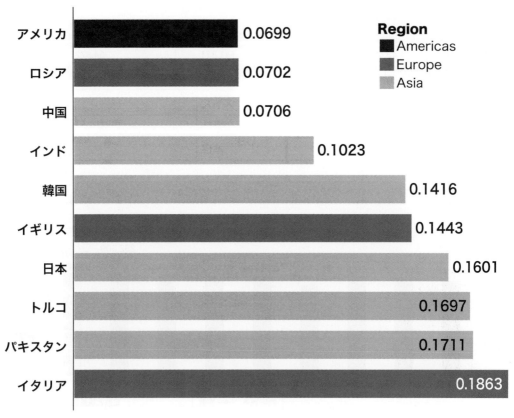

出所:BUSINESS INSIDER

## 図表17-5 自衛官の定数と現員数の推移

(2023.3.31現在)

| 区分 | 陸上自衛隊 | 海上自衛隊 | 航空自衛隊 | 統合幕僚監部等 | 合計 |
|---|---|---|---|---|---|
| 定　　員 | 150,500 | 45,293 | 46,994 | 4,367 | 247,154 |
| 現　　員 | 137,024 | 43,106 | 43,694 | 4,019 | 227,843 |
| 充足率(%) | 91.0 | 95.2 | 93.0 | 92.0 | 92.2 |

| 区分 | 非任期制自衛官 ||| 任期制自衛官 ||
|---|---|---|---|---|---|
|  | 幹部 | 准尉 | 曹 | 士 ||
| 定　　員 | 46,487 | 4,924 | 141,371 | 54,372 ||
| 現　　員 | 43,166 (2,712) | 4,677 (117) | 138,900 (9,866) | 24,519 (3,723) | 16,581 (3,448) |
| 充足率(%) | 92.9 | 95.0 | 98.3 | 75.6 ||

(注) 1　現員の ( ) は女子で内数
　　 2　定員は予算定員

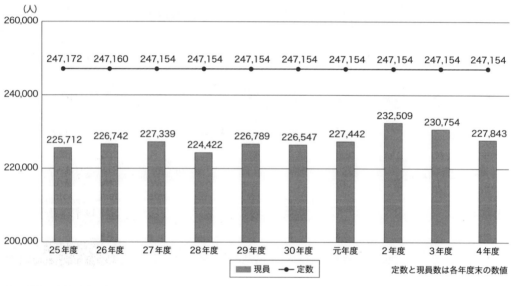

出所：防衛省「防衛白書」

## 図表 17-6　各種協定締結状況（2023 年 3 月末現在）

| | 安保・防衛協力文書 | 地位協定・円滑化協定 | 防衛装備品・技術移転協定等 | 物品役務相互提供協定（ACSA） | 情報保護協定 |
|---|---|---|---|---|---|
| アメリカ | 日米安全保障条約<br>　1951 年 9 月　署名<br>　1952 年 4 月　発効<br>　1960 年 1 月　署名<br>　1960 年 6 月　発効<br>日米防衛協力のための指針（ガイドライン）<br>　1978 年 11 月　策定<br>　1997 年 9 月　策定<br>　2015 年 4 月　策定<br>　1996 年 4 月　日米安全保障共同宣言 | 日米地位協定<br>1960 年 1 月　署名<br>1960 年 6 月　発効<br>2015 年 9 月　環境補足協定署名・発効<br>2017 年 1 月　軍属補足協定署名・発効 | 日米相互防衛援助協定<br>　1954 年 3 月　署名<br>　1954 年 5 月　発効<br>対米武器技術供与取極<br>　1983 年 11 月　締結（交換公文）<br>対米武器・武器技術供与取極<br>　2006 年 6 月　締結（交換公文） | 1996 年 4 月　署名<br>1996 年 10 月　発効<br>1998 年 4 月　署名<br>1999 年 9 月　改正<br>2004 年 2 月　署名<br>2004 年 7 月　改正<br>2016 年 9 月　署名<br>2017 年 4 月　発効 | 2007 年 8 月　署名・発効 |
| オーストラリア | 2003 年 9 月　覚書署名<br>2007 年 3 月　日豪安全保障共同宣言<br>2008 年 12 月　改定<br>2022 年 10 月　新たな日豪安全保障共同宣言 | 2022 年 1 月　日豪円滑化協定署名 | 2014 年 7 月　署名<br>2014 年 12 月　発効 | 2010 年 5 月　署名<br>2013 年 1 月　発効<br>2017 年 1 月　署名<br>2017 年 9 月　発効 | 2012 年 5 月　署名<br>2013 年 3 月　発効 |
| インド | 2008 年 10 月　日印安全保障共同宣言<br>2014 年 9 月　覚書署名 | | 2015 年 12 月　署名<br>2016 年 3 月　発効 | 2020 年 9 月　署名<br>2021 年 7 月　発効 | 2015 年 12 月　署名・発効 |
| インドネシア | 2015 年 3 月　覚書署名 | | 2021 年 3 月　署名・発効 | ― | ― |
| ベトナム | 2011 年 10 月　覚書署名（防衛協力・交流）<br>2015 年 9 月　覚書署名（PKO 分野）<br>2018 年 4 月　日越共同ビジョン署名<br>2019 年 5 月　覚書署名（防衛産業間協力）<br>2021 年 11 月　覚書署名（サイバー分野）<br>2021 年 11 月　覚書署名（衛生分野） | | 2021 年 9 月　署名・発効 | | |
| フィリピン | 2012 年 7 月　意図表明文書署名<br>2015 年 1 月　覚書署名 | | 2016 年 2 月　署名<br>2016 年 4 月　発効 | ― | ― |
| タイ | 2019 年 11 月　覚書署名 | | 2022 年 5 月　署名・発効 | ― | ― |
| ラオス | 2019 年 10 月　覚書署名 | | ― | ― | ― |
| マレーシア | 2018 年 9 月　覚書署名 | | 2018 年 4 月　署名・発効 | ― | ― |
| 韓国 | 2009 年 4 月　意図表明文書署名 | | ― | 2011 年 1 月　日韓防衛相会談で、意見交換を進めることで一致 | 2016 年 11 月　署名・発効 |
| イギリス | 2004 年 1 月　覚書署名<br>2012 年 6 月　改定<br>2017 年 8 月　日英安全保障共同宣言 | 2023 年 1 月　日英円滑化協定署名 | 2013 年 7 月　署名・発効 | 2017 年 1 月　署名<br>2017 年 8 月　発効 | 2013 年 7 月　署名<br>2014 年 1 月　発効<br>2014 年 10 月　改正議定書署名<br>2015 年 4 月　改正議定書発効 |
| フランス | 2014 年 7 月　意図表明文書署名 | | 2015 年 3 月　署名<br>2016 年 12 月　発効 | 2018 年 7 月　署名<br>2019 年 6 月　発効 | 2011 年 10 月　署名・発効 |
| カナダ | 2010 年 11 月　日加安全保障共同宣言 | | ― | 2018 年 4 月　署名<br>2019 年 7 月　発効 | 2022 年 10 月、日加外相会談で、情報保護協定の正式交渉を開始することで一致 |
| ニュージーランド | 2013 年 8 月　覚書署名 | | | 2014 年 7 月　日 NZ 首脳会談で、検討することで一致 | 2022 年 4 月、日 NZ 首脳会談で、情報保護協定の正式交渉を開始することで一致 |
| NATO | 2014 年 5 月　日・NATO 国別パートナーシップ協力計画（IPCP）発表 | | ― | ― | 2010 年 6 月　署名・発効 |
| ドイツ | ― | | 2017 年 7 月　署名・発効 | 2023 年 3 月　日独 2+2 で、自衛隊とドイツ軍の共同活動を促進するための法的枠組みの整備を目指すことで一致 | 2021 年 3 月　署名・発効 |
| イタリア | 2012 年 6 月　意図表明文書署名<br>2017 年 5 月　覚書署名 | | 2017 年 5 月　署名<br>2019 年 4 月　発効 | ― | 2016 年 3 月　署名<br>2016 年 6 月　発効 |
| スウェーデン | 2013 年 12 月　覚書署名 | | 2022 年 12 月　署名・発効 | ― | ― |
| ロシア | 1999 年 8 月　覚書署名<br>2006 年 1 月　改定 | | ― | ― | ― |

出所：防衛省「防衛白書」

## 図表 17-7 我が国の BMD 整備（弾道ミサイル防衛）への取り組みの変遷

|  |  |
|---|---|
| 1993年 | 5月29日：北朝鮮が1発の弾道ミサイルを発射、日本海上に落下 |
| 1995年 | 「我が国の防空システムの在り方に関する総合的調査研究」及び「日米弾道ミサイル防衛共同研究」開始 |
| 1998年 | 8月31日：北朝鮮が日本上空を越える1発の弾道ミサイルを発射<br>海上配備型上層システムの一部を対象とした「弾道ミサイル防衛（BMD）に係わる日米共同技術研究」について安保会議了承 |
| 1999年 | 能力向上型迎撃ミサイルを対象とした共同研究開始 |
| 2002年 | 米国が BMD の初期配備を決定 |
| 2003年 | 「弾道ミサイル防衛システムの整備等について」を安保会議及び閣議で決定し、わが国 BMD の整備を開始 |
| 2005年 | 自衛隊法改正（弾道ミサイル等に対する破壊措置）<br>「弾道ミサイル防衛用能力向上型迎撃ミサイルに関する日米共同開発」に関して安保会議及び閣議で決定 |
| 2006年 | 7月5日：北朝鮮が7発の弾道ミサイルを発射、6発は日本海上に落下、1発は発射直後に爆発 |
| 2007年 | ペトリオット PAC-3 の部隊配備開始<br>イージス艦による SM-3 発射試験開始 |
| 2009年 | 3月27日：初めて弾道ミサイル等に対する破壊措置命令を発令<br>4月5日：北朝鮮が「人工衛星」と称する1発の弾道ミサイルを発射、東北地方上空から太平洋に通過<br>7月4日：北朝鮮が7発の弾道ミサイルを発射、日本海上に落下 |
| 2012年 | 3月30日：弾道ミサイル等に対する破壊措置命令を発令<br>4月13日：北朝鮮が「人工衛星」と称する1発の弾道ミサイルを発射、1分以上飛翔し、数個に分かれて黄海上に落下<br>12月7日：弾道ミサイル等に対する破壊措置命令を発令<br>12月12日：北朝鮮が「人工衛星」と称する1発の弾道ミサイルを発射、沖縄県上空から太平洋に通過 |
| 2014年 | 北朝鮮が3月、6月及び7月に弾道ミサイル計11発を発射 |
| 2015年 | 3月2日：北朝鮮が2発の弾道ミサイルを発射、いずれも約500km飛翔し、日本海上に落下 |
| 2016年 | 北朝鮮が「人工衛星」と称するものを含め、1年間に23発の弾道ミサイルを発射<br>2月3日：弾道ミサイル等に対する破壊措置命令を発令<br>12月22日：国家安全保障会議（NSC）9大臣会合において、弾道ミサイル防衛用能力向上型迎撃ミサイル（SM-3 ブロック IIA）の共同生産・配備段階への移行について決定 |
| 2017年 | 北朝鮮が2月以降、17発の弾道ミサイルを発射<br>6月22日：SM-3 ブロック IIA 海上発射試験実施<br>12月19日：陸上配備型イージス・システム（イージス・アショア）2基の導入について国家安全保障会議決定及び閣議決定 |
| 2018年 | 1月31日：米国が SM-3 ブロック IIA 発射試験実施<br>6月1日：イージス・アショア2基の配備候補地（秋田県陸上自衛隊新屋演習場、山口県陸上自衛隊むつみ演習場）を公表<br>7月30日：イージス・アショアの構成品（LMSSR）を選定<br>10月26日：米国が SM-3 ブロック IIA 海上発射試験実施<br>10月29日：イージス・アショア配備に係わる各種調査を開始<br>12月11日：米国が SM-3 ブロック IIA 発射試験実施 |
| 2019年 | 北朝鮮が5月以降、25発の弾道ミサイル等を発射<br>5月27日・28日：イージス・アショア配備に係わる各種調査の結果及び防衛省の検討結果を秋田県・山口県の首長等に説明<br>12月17日：イージス・アショア配備に係わる再調査の結果を踏まえた再説明を山口県の首長等に実施 |
| 2020年 | 北朝鮮が3月に8発の弾道ミサイルを発射<br>6月15日：イージス・アショアの配備に関するプロセスの停止を発表<br>12月18日：イージス・アショアに替えて、イージス・システム搭載艦2隻を整備することを国家安全保障会議決定及び閣議決定 |
| 2021年 | 北朝鮮が3月以降、6発の弾道ミサイル等を発射 |
| 2022年 | 北朝鮮が1月以降、59発の弾道ミサイル等を発射<br>11月16日：イージス艦による SM-3 ブロック IIA 海上発射試験実施 |
| 2023年 | 北朝鮮が1月以降、10発の弾道ミサイル等を発射（2023年5月31日時点） |

（備考）BMD 整備：弾道ミサイル防衛システム

出所：防衛省「防衛白書」

図表 17-8　中国海警局に所属する船舶などの尖閣諸島周辺領海への侵入日数等

| 西暦（暦年） | 期 | 侵入日数 | 侵入隻数 |
|---|---|---|---|
| 2018 年 | 1 〜 4 月 | 8 | 27 |
| 2018 年 | 5 〜 8 月 | 8 | 31 |
| 2018 年 | 9 〜 12 月 | 3 | 12 |
| 2019 年 | 1 〜 4 月 | 12 | 48 |
| 2019 年 | 5 〜 8 月 | 12 | 46 |
| 2019 年 | 9 〜 12 月 | 8 | 32 |
| 2020 年 | 1 〜 4 月 | 7 | 28 |
| 2020 年 | 5 〜 8 月 | 13 | 38 |
| 2020 年 | 9 〜 12 月 | 9 | 22 |
| 2021 年 | 1 〜 4 月 | 15 | 36 |
| 2021 年 | 5 〜 8 月 | 19 | 52 |
| 2021 年 | 9 〜 12 月 | 6 | 22 |
| 2022 年 | 1 〜 4 月 | 5 | 18 |
| 2022 年 | 5 〜 8 月 | 20 | 50 |
| 2022 年 | 9 〜 12 月 | 12 | 35 |
| 2023 年 | 1 〜 3 月 | 9 | 32 |

出所：防衛省「防衛白書」

図表17-9　自衛隊と在日米軍の主な配置

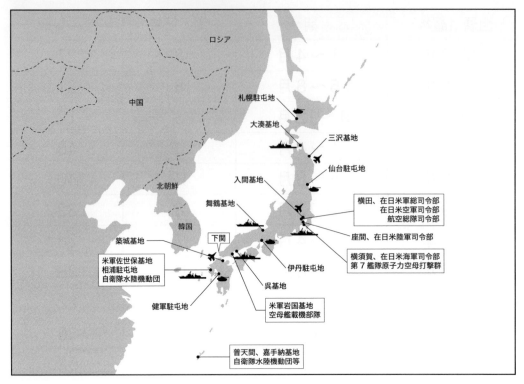

出所：環境都市構想研究所

# 17 防衛

## 図表 17-10　在日米軍主要部隊・戦力展開状況

※には、原子力推進艦船が寄港

在日米軍人数（2019年9月末）（注）
- 合　計：55,227
- 陸　軍：2,626
- 海　軍：20,392
- 空　軍：12,602
- 海兵隊：19,607

（注）米国防省HP掲載資料より

**三沢**
- 空軍：F-16 戦闘機
- 海軍：P-3C 哨戒機等

**車力**
- 陸軍：TPY-2 レーダー

**横田**
- 空軍：C-130 輸送機
- CV-22 オスプレイ等

在日米軍司令部
第5空軍司令部

**経ヶ岬**
- 陸軍：TPY-2 レーダー

**相模原**
- 第38防空砲兵旅団司令部

**座間**
- 第1軍団（前方）・在日米陸軍司令部

**岩国**
- 海兵隊：F/A-18 戦闘機
- F-35B 戦闘機
- EA-6 電子戦機
- KC-130 給油機等
- 海　軍：F/A-18 戦闘機等（空母艦載機）

**横須賀**※
- 在日米海軍司令部
- 海軍：空母「ロナルド・レーガン」×1
- 揚陸指揮艦「ブルー・リッジ」×1
- 巡洋艦（イージス艦）×3
- 駆逐艦（イージス艦）×7

**佐世保**※
- 海軍：揚陸艦×5、掃海艦×4

**厚木**
- 海軍：MH-60 ヘリ等

**ハンセン**
- 31stMEU（海兵隊）司令部

**トリイ**
- 陸軍：1個特殊作戦大隊

**コートニー**
- ⅢMEF（海兵隊）司令部

ホワイト・ビーチ（海軍）※

**嘉手納**
- 空軍：F-15 戦闘機、KC-135 給油機
- HH-60 ヘリ、E-3 空中警戒機
- 海軍：P-8A 哨戒機等
- 陸軍：ペトリオット PAC-3

**普天間**
- 海兵隊：MV-22 オスプレイ、CH-53 ヘリ、AH-1 ヘリ、UH-1 ヘリ等

出所：環境都市構想研究所

293

# 18
## Theme
# 中国

図表 18-1　中国近現代史（西欧列強による国土の蹂躙と国内権力闘争の歴史）

図表 18-2　列強の動きと中国の半植民地化、日清戦争までの経緯

図表 18-3　共産党、国務院、中央軍事員会のトップの変遷（2023 年 10 月 29 日）

図表 18-4　中国：中期経済見通し（2023 年 12 月）

図表 18-5　中国：経済・金融不安のリスク（2023 年 12 月）

図表 18-6　相手国別輸出入実績（2017 年）

図表 18-7　習近平語録

## 図表 18-1　中国近現代史（西欧列強による国土の蹂躙と国内権力闘争の歴史）

| 年代 | 大総統氏名 | コメント | 日本ほか |
|---|---|---|---|
| 1735〜1795 | 高宗（乾隆帝） | | 1722年　老中・田沼意次<br>1787年　寛政の改革<br>1789年　フランス革命 |
| 1796〜1820 | 仁宗（嘉慶帝） | | 1804年　ロシア・レザノフ来航<br>1811年　ロシア・ゴローニン来航 |
| 1820〜1850 | 宣宗（道光帝） | 1834年　イギリスアヘン販売禁止<br>1840〜42年　アヘン戦争<br>1842年　南京条約（西欧諸国＊との不平等条約）＊イギリス、オランダ、スウェーデン、スペイン | 1825年　異国船打払令<br>1828年　シーボルト事件<br>1837年　大塩平八郎乱<br>1841年　天保の改革<br>1842年　薪水給与令 |
| 1850〜1861 | 文宗（咸豊帝） | 1850〜1864年　太平天国の乱（洪秀全）<br>1856年　アロー号事件<br>1860年　ロシア・アメリカ・フランス・イギリスと天津条約 | 1853年　プチャーチン来航<br>1854年　日米和親条約<br>1858年　安政の大獄<br>1860年　桜田門外の変 |
| 1861〜1874 | 穆宗（同治帝） | 1864年　太平天国滅亡 | 1868年　明治維新 |
| 1874〜1908 | 徳宗（光緒帝）〈西太后〉 | 光緒帝と西太后の確執・抗争<br>1894年　日清戦争<br>1895年　日清講和条約（朝鮮の独立、遼東半島等の日本への割譲）<br>　　　　三国干渉により遼東半島を返還。その後、ドイツ（青島・山東半島）とロシア（旅順・大連）による国土蹂躙<br>1900年　義和団事件<br>1905年　孫文（三民主義）登場 | 1874年　台湾出兵（琉球の日本領土化）<br>1877年　西南の役<br>1889年　大日本帝国憲法<br>1894年　日清戦争<br>1902年　日英同盟成立<br>1904〜1905年　日露戦争 |
| 1908〜1912 | 宣統帝（溥儀） | 1911年　武昌蜂起（辛亥革命）<br>1912年　中華民国の成立、宣統帝退位、袁世凱 臨時大総統 | 1909年　伊藤博文暗殺<br>1910年　日韓併合 |
| 1913〜1916 | 袁世凱 大総統 | 1914年　孫文 中華革命党を結成 | 1914年　日本軍山東上陸、青島攻略<br>1914〜1918年　第一次世界大戦<br>1915年　対華21カ条要求 |
| 1916〜1916 | 黎元洪 | 1916年　袁世凱死去 | |
| 1917〜1918 | 馮国璋 | 1917年　ドイツ・オーストリアに宣戦 | 1917年　ロシア革命、シベリア出兵 |
| 1918〜1922 | 徐世昌 大総統 | 1919年　排日運動（五四運動）<br>1919年　孫文 中国国民党を組織 | 1919年　パリ講和会議、ヴェルサイユ条約<br>1920年　国際連盟成立 |
| 1922〜1923 | 黎元洪 | | 1923年　関東大震災 |
| 1923〜1924 | 曹錕 大総統 | 1924年　第一次国共合作 | |
| 1924〜1926 | 段祺瑞 臨時執政 | 1925年　孫文死亡、広東に国民政府成立 | 1925年　普通選挙法 |
| 1926〜1928 | 蒋介石 | 1926〜1928年　北伐開始（国民党の大革命）<br>1927年　上海クーデター<br>1928年　北伐終了、中華民国南京政府の成立 | 1927年　山東出兵<br>1928年　張作霖を爆殺（満州某重大事件） |
| 1928〜1931 | 蒋介石 国民政府首席 | | 1929年　ニューヨーク株価大暴落<br>　　　　（世界恐慌開始） |
| 1931〜1943 | 林森 首席 | 1933年　廬山会議（毛沢東台頭）<br>1934〜1936年　中国共産党大長征<br>1936年　西安事件（張学良が蒋介石を監禁）<br>1937年　第二次国共合作<br>1940年　汪兆銘 南京新政府 | 1931年　柳条湖事件、満州事変、上海事変<br>1932年　5・15事件<br>1932年　国際連盟脱退<br>1932年　満州国建国宣言<br>1936年　2・26事件<br>1936年　日独伊防共協定<br>1937年　盧溝橋事件、日中戦争開始<br>1938年　国家総動員法<br>1939年　ノモンハン事件<br>1940年　日独伊軍事同盟<br>1941年　太平洋戦争起こる<br>1942年　ミッドウェー海戦、ソロモン沖戦 |

| | | | |
|---|---|---|---|
| 1943 〜 1946 | 蒋介石 国民政府首席 | 1945年 毛沢東「連合政府論」、ソ連軍満州に侵入、<br>蒋介石・毛沢東会談<br>1945年11月 国共内戦始まる | 1943年 ガダルカナル敗退<br>1945年 米軍沖縄上陸<br>1945年 終戦<br>1946年 日本国憲法 |
| 1948 | 蒋介石 総統 | | |
| 1949 | 李宗仁 総統代理 | 1949年 蒋介石台湾へ | |
| 1949 〜 1959 | 毛沢東 国家首席<br>（中華人民共和国成立） | 1954年 中華人民共和国憲法公布<br>1956年 「百花斉放・百家争鳴」運動<br>1958年 「社会主義建設の総路線＝大躍進」の失敗、<br>「人民公社建設」の失敗 | 1951年 講和条約（日米安保調印）<br>1956年 日ソ共同宣言（国交回復） |
| 1959 〜 1968 | 劉少奇 国家主席 | 1959〜1961年 大旱魃<br>1966年 文化大革命開始<br>〜1976年 毛沢東・林彪路線成立、紅衛兵旋風<br>1968年 劉少奇失脚<br>1968年 下放 | 1960年 日米安保条約更新調印<br>1964年 東京オリンピック開催<br>1968年 小笠原諸島返還 |
| 1969 〜 1976 | 〈国家主席空席〉<br>毛沢東 | 1969年 毛・林体制<br>1971年 林彪による毛沢東暗殺計画<br>1971年 中華人民共和国国連加盟<br>1972年 林彪失脚<br>1973年 孔子批判、批林整風<br>1975年 鄧小平 副首相、国家主席廃止<br>1976年 周恩来死亡、天安門事件、鄧小平失脚、毛沢東死去、<br>四人組逮捕 | 1970年 日本万国博覧会開催、よど号事件<br>1972年 沖縄復帰、日中国交正常化<br>1973年 石油危機、変動相場制<br>1976年 ロッキード事件 |
| 1976 〜 1980 | 華国鋒 党主席・首相 | 1977年 鄧小平復活<br>1978年 日中平和友好条約<br>1979年 米中国交正常化 | |
| 1980 〜 1981 | 趙紫陽 首相 | 1980年 林彪、江青裁判<br>劉少奇名誉回復、文革批判、鄧・胡・趙による<br>トロイカ体制 | |
| 1982 | 胡耀邦 党主席 | | |
| 1983 〜 1988 | 李先念 国家主席 | | |
| 1987 | 胡耀邦解任 | | |
| 1988 〜 1993 | 楊尚昆 国家主席 | 1989年 第二次天安門事件<br>1989年 江沢民総書記就任<br>1992年 李鵬 首相、日本天皇中国訪問 | 1989年 昭和天皇崩御 |
| 1993 〜 2003 | 江沢民 国家主席 | 1995年 地下核実験実施<br>1997年 香港復帰、一国二制度スタート<br>1998年 朱鎔基 首相就任<br>1999年 マカオ返還<br>2002年 胡錦濤 総書記 | 1995年 阪神淡路大震災<br>1995年 オウム真理教強制捜査<br>2002年 小泉首相北朝鮮訪問 |
| 2003 〜 2013 | 胡錦濤 国家主席 | 2003年 温家宝 首相<br>2004年 江沢民軍事委主席辞任<br>2008年 習近平 国家副主席へ抜擢<br>2011年 中国、日本を抜いてGDP世界2位<br>2012年 習近平 党中央委員総書記に就任、<br>党中央軍事委員会首席に就任 | 2003年 有事法制関係三法成立<br>2004年 陸上自衛隊イラク派遣 |
| 2013 〜 | 習近平 国家主席 | 2014年 南シナ海 中国・フィリピン対立<br>〃 ベトナムと対立<br>2017年 米中会談<br>2020年 武漢で新型コロナウイルス発生 | |

出所：環境都市構想研究所

図表 18-2 列強の動きと中国の半植民地化、日清戦争までの経緯

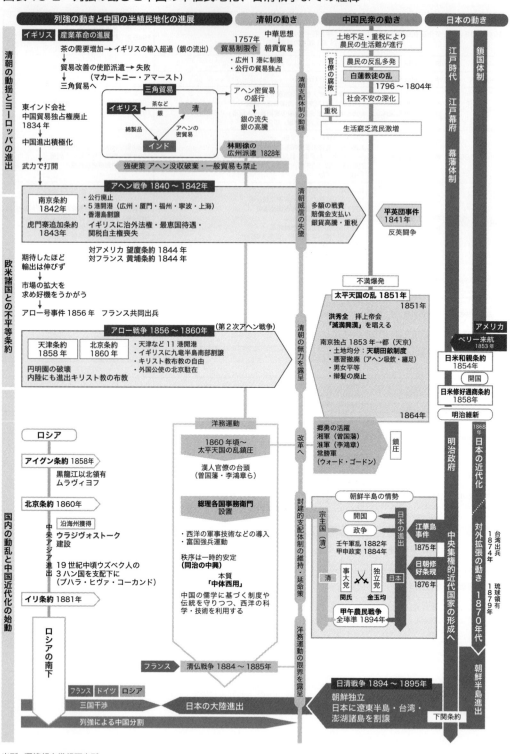

出所：環境都市構想研究所

**図表 18-3　共産党、国務院、中央軍事員会のトップの変遷（2023年10月29日）**

| 共産党トップ | | 国務院の総理（首相） | | 中央軍事委員会主席 | |
|---|---|---|---|---|---|
| 毛沢東<br>党主席 | 1945年〜<br>1976年 | 周恩来 | 1949年〜<br>1976年 | 毛沢東 | 1954年〜<br>1976年 |
| 華国鋒<br>党主席 | 1976年〜<br>1981年 | 華国鋒 | 1976年〜<br>1980年 | 華国鋒 | 1976年〜<br>1981年 |
| 胡耀邦<br>総書記 | 1980年〜<br>1987年 | 趙紫陽 | 1980年〜<br>1987年 | 鄧小平 | 1981年〜<br>1989年 |
| 趙紫陽<br>総書記 | 1987年〜<br>1989年 | 李鵬 | 1988年〜<br>1998年 | | |
| 江沢民<br>総書記 | 1989年〜<br>2002年 | 朱鎔基 | 1998年〜<br>2003年 | 江沢民 | 1989年〜<br>2004年 |
| 胡錦濤<br>総書記 | 2002年〜<br>2012年 | 温家宝 | 2003年〜<br>2013年 | 胡錦濤 | 2004年〜<br>2012年 |
| 習近平<br>総書記 | 2012年〜 | 李克強 | 2013年〜<br>2023年 | 習近平 | 2012年〜 |
| | | 李強 | 2023年〜 | | |

(注) 敬称略。周恩来は1949〜1954年は政務院の総理。胡耀邦は1981〜1982年は党主席

出所：環境都市構想研究所

図表 18-4　中国：中期経済見通し（2023年12月）

**成長鈍化継続。住宅市場の調整に加え、
中期では人口減少や地経学リスクが重しに**

▽実質GDP成長率

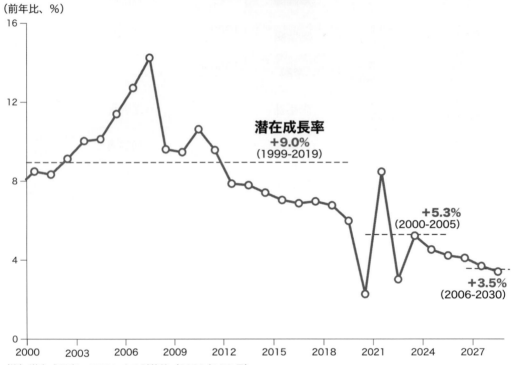

（注）潜在成長率：ADBによる試算値（2022年12月）
（備考）IMF「世界経済見通し」2023年10月版　2023～2025年：経済研究所

▽ダウンサイドリスク要因

| 住宅市場の調整 | ・2022年以降、1990年代末の市場取引移行後最も困難な局面に。バブル抑制策等による開発企業の経営悪化を受け、**完工遅れ**物件は地方都市を中心に拡大。完工遅れへの不安が**買い控え**を誘発する恐れも |
|---|---|
| 政策バッファーの狭まり | ・住宅セクターの停滞を発端とした景気減速・金融不安に一定程度の金融・財政政策支援が可能となるも、**地方政府の高債務**やシャドーバンキングの膨張が政策運営の足かせに |
| 地経学リスクの高まり | ・生産性の損失：先端技術の輸入や**対中投資の減少**<br>・輸出の停滞：再エネ、電気自動車(EV)など |
| 潜在成長率の低下 | ・潜在成長率は、生産要素（**生産年齢人口の減少・資本ストックの伸び鈍化**）の制約および、生産性の伸び鈍化から低下の方向にある |

出所：丸紅経済研究所

図表 18-5 中国：経済・金融不安のリスク（2023年12月）

## 一部の開発企業の経営悪化を契機に住宅市場が縮小。
## 都市化が中長期的な下支え要因

▽住宅不況の主な波及経路

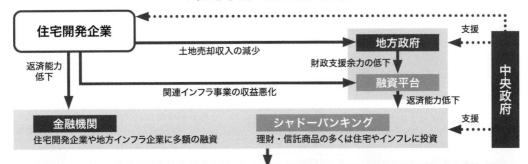

### ▽不動産セクターの経済・金融・財政へのインパクト

|  | 不動産<br>関連活動 | 不動産セクター向け<br>金融機関融資残高 | 不動産・インフラ向け<br>信託投資 | 地方政府関連債務(IMF試算) ||| 
|---|---|---|---|---|---|---|
|  |  |  |  | 融資平台 | その他 | 合計 |
| 兆元 | 30 | 53 | 9 | 34 | 39 | 73 |
| GDP比、% | 25% | 44% | 7% | 28% | 32% | 60% |
| 統計時点 | 2022年 | 2023年9月末 | 2023年6月末 | 2022年末 |||

（備考）中国国家統計局、中国人民銀行、中国信託業協会、IMF「2022年中国経済年次審査報告書」

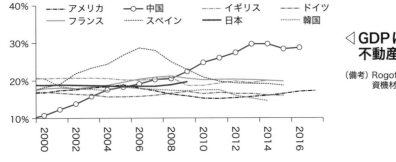

◁GDPに占める
不動産関連活動の割合

（備考）Rogoff and Yang 建設投資や
資機材投資の波及効果を含む

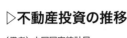

▷不動産投資の推移

（備考）中国国家統計局

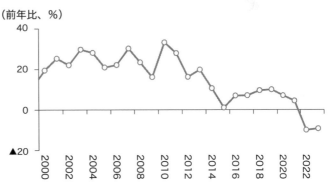

（前年比、%）

出所：丸紅経済研究所

図表 18-6　相手国別輸出入実績（2017 年）

■輸出

| おもな貿易相手国・地域と貿易額 | 輸出 | 輸出総額 | | 2兆2,635億2,200万ドル［2017年］ | |
|---|---|---|---|---|---|
| | | 順位 | 国名 | 貿易額 | シェア率 |
| | | 1 | アメリカ | 4,297億5,500万ドル | 19.00% |
| | | 2 | 香港 | 2,793億4,700万ドル | 12.30% |
| | | 3 | 日本 | 1,373億2,400万ドル | 6.10% |
| | | 4 | 韓国 | 1,027億5,100万ドル | 4.50% |
| | | 5 | ドイツ | 711億4,400万ドル | 3.10% |
| | | 6 | インド | 680億6,400万ドル | 3.00% |

■輸入

| おもな貿易相手国・地域と貿易額 | 輸入 | 輸入総額 | | 1兆8,409億8,200万ドル［2017年］ | |
|---|---|---|---|---|---|
| | | 順位 | 国名 | 貿易額 | シェア率 |
| | | 1 | 韓国 | 1,775億800万ドル | 9.6% |
| | | 2 | 日本 | 1,656億5,300万ドル | 9.0% |
| | | 3 | 台湾 | 1,553億8,600万ドル | 8.4% |
| | | 3 | アメリカ | 1,539億4,300万ドル | 8.4% |
| | | 4 | ドイツ | 969億5,400万ドル | 5.3% |
| | | 5 | オーストラリア | 948億2,200万ドル | 5.2% |

出所：環境都市構想研究所

## 図表 18-7　習近平語録

・ 私は中華民族の偉大な復興を実現することこそが、中華民族が近代以来抱き続けてきた最も偉大な夢だと信じている。

・ 1人1人の前途・運命はすべて、国と民族の前途・運命と密接に繋がっている。

・ 中国の夢の実現には必ず中国精神を宣揚せねばならない。

・ 中日は一衣帯水の隣国であり、両国の友好の土台は民間にあり、両国人民の友好の未来は若い世代に託されている。

・ 祖国の完全統一という歴史的課題は必ず果たされなければならないし、必ず果たされるだろう。

・ 台湾問題は中国の内政であり、中国の核心的利益と中国人民の民族感情に関わり、外国からのいかなる干渉も許さない。

・ 大きな時代には大きなビジョンが必要。大きなビジョンには大きな知恵が必要。

・「勝者総取り」をやめて「各方面のウィンウィン」に転じ、アジア太平洋の発展というケーキを共に大きくしていくことが必要。

・ 人生は古い殻にこもり現状に満足する者にではなく、勇気をもって改革と核心に取り組む者に多くのチャンスを与えるべし。

・ アジア各国は一つ一つが灯りのようなもの。互いに繋がりあうことで、アジアの夜空を照らすべき。

・ 腐敗は、党の崩壊と国家の滅亡に繋がる可能性がある。

・ 私たちが自然環境に与える損害は、結果的にはすべて私たちに付きまとうように跳ね返ってくる。これは私たちが向き合わなければならない現実だ。

・ 13億人もの人々を飢えから守ることは、中国による全人類にとって最大の貢献だった。

・ 中国は主要かつ責任ある国としての役割を今後も果たし続けていく。

出所：環境都市構想研究所

# 19

Theme

# アメリカ

図表 19-1　アメリカ歴代大統領と主な政策等（含む日本年表）

図表 19-2　好戦国・アメリカの歴史（1775 年〜現在）

図表 19-3　アメリカ 13 州（独立戦争時の 13 植民地）

図表 19-4　フランスから買った領地

図表 19-5　過去のアメリカ大統領選挙の結果（1980 年〜現在）

図表 19-6　アメリカ大統領選挙の仕組み（2023 年 12 月）

図表 19-7　アメリカの輸出入相手国（2020 年）

図表 19-8　アメリカの対中輸出入品目別（2020 年）

図表 19-9　日米同盟にかかわる主な経緯

図表 19-10　ヘンリー・キッシンジャー語録

## 図表 19-1　アメリカ歴代大統領と主な政策等（含む日本年表）

| 代 | 大統領氏名 | 政党 | 期 | 在任期間 | コメント | 日本ほか |
|---|---|---|---|---|---|---|
| 1 | ジョージ・ワシントン | 無所属 | 1～2 | 1789～1797年 | ・建国の父 | 1787年　寛政の改革<br>1789年　フランス革命 |
| 2 | ジョン・アダムズ | 連邦党 | 3 | 1797～1801年 | 1789年　アメリカ海軍の創設 | 1799年　蝦夷地直轄 |
| 3 | トーマス・ジェファーソン | 民主共和党 | 4～5 | 1801～1809年 | ・アメリカ独立宣言起草者<br>1803年　フランスよりルイジアナ取得 | 1804年　ロシア・レザノフ来航 |
| 4 | ジェームス・マディスン | 民主共和党 | 6～7 | 1809～1817年 | ・アメリカ合衆国憲法の父 | 1811年　ロシア・ゴローニン来航 |
| 5 | ジェームズ・モンロー | 民主共和党 | 8～9 | 1817～1825年 | 1823年　モンロー主義、スペインからフロリダ取得 | |
| 6 | ジョン・クインシー・アダムズ | 民主共和党 | 10 | 1825～1829年 | 1825年　イリー運河開通 | 1825年　異国船打払令 |
| 7 | アンドリュー・ジャクソン | 民主党 | 11～12 | 1829～1837年 | 1830年　ボルチモア＆オハイオ鉄道開通 | 1828年　シーボルト事件 |
| 8 | マーティン・ヴァン・ビューレン | 民主党 | 13 | 1837～1841年 | 1837年　モールス通信機 | 1837年　大塩平八郎乱<br>1840年　アヘン戦争 |
| 9 | ウィリアム・ヘンリー・ハリソン※ | ホイッグ党 | 14 | 1841年 | | 1841年　天保の改革 |
| 10 | ジョン・タイラー | ホイッグ党 | 14 | 1841～1845年 | 1844年　モールス通信成功 | |
| 11 | ジェームズ・ノックス・ポーク | 民主党 | 15 | 1845～1849年 | 1845～1848年　テキサス併合、イギリスからオレゴン取得、メキシコからカリフォルニア獲得 | 1846～1867年　孝明天皇 |
| 12 | ザカリー・テイラー※ | ホイッグ党 | 16 | 1849～1850年 | | |
| 13 | ミラード・フィルモア | ホイッグ党 | 16 | 1850～1853年 | 1848～1850年　カリフォルニア・ゴールドラッシュ | 1853年　プチャーチン、ペリー来航 |
| 14 | フランクリン・ピアース | 民主党 | 17 | 1853～1857年 | | 1854年　日米和親条約 |
| 15 | ジェームズ・ブキャナン | 民主党 | 18 | 1857～1861年 | | 1858年　日米修好通商条約、安政の大獄<br>1860年　桜田門外の変 |
| 16 | エイブラハム・リンカーン※ | 共和党 | 19～20 | 1861～1865年 | 1861～1865年　南北戦争<br>1863年　奴隷解放宣言 | 1862年　坂下門外の変、寺田屋事件、生麦事件、薩英戦争 |
| 17 | アンドリュー・ジョンソン | 民主党 | 20 | 1865～1869年 | 1867年　ロシアからアラスカ購入 | 1867年　王政復古<br>1868年　明治維新 |
| 18 | ユリシーズ・シンプソン・グラント | 共和党 | 21～22 | 1869～1877年 | | 1871年　岩倉使節団 |
| 19 | ラザフォード・バーチャード・ヘイズ | 共和党 | 23 | 1877～1881年 | 1880～1890年　鉄道大建設時代 | 1877年　西南の役 |
| 20 | ジェームズ・エイブラム・ガーフィールド※ | 共和党 | 24 | 1881～1881年 | | |
| 21 | チェスター・アラン・アーサー | 共和党 | 24 | 1881～1885年 | 1882年　ロックフェラー、スタンダード石油設立 | 1882年　日銀開業 |
| 22 | スティーブン・グロバー・クリーブランド | 民主党 | 25 | 1885～1889年 | 1889年　パン・アメリカ会議 | 1889年　大日本帝国憲法発布 |
| 23 | ベンジャミン・ハリソン | 共和党 | 26 | 1889～1893年 | | |
| 24 | スティーブン・グロバー・クリーブランド | 民主党 | 27 | 1893～1897年 | | 1894年　日清戦争 |
| 25 | ウィリアム・マッキンリー※ | 共和党 | 28～29 | 1897～1901年 | 1898年　ハワイ併合<br>1899年　中国に対する門戸開放 | |
| 26 | セオドア・ルーズベルト | 共和党 | 29～30 | 1901～1909年 | 1901年　テキサス大油田発見<br>1903年　パナマ、コロンビアから独立 | 1904～1905年　日露戦争<br>1905年　ポーツマス条約 |
| 27 | ウィリアム・ハワード・タフト | 共和党 | 31 | 1909～1913年 | | 1910年　日韓併合 |
| 28 | トマス・ウッドロー・ウィルソン | 民主党 | 32～33 | 1913～1921年 | 1914～1918年　第一次世界大戦<br>1920年　国際連盟設立 | 1918年　シベリア出兵 |
| 29 | ウォレン・ガメイリアル・ハーディング※ | 共和党 | 34 | 1921～1923年 | | 1923年　関東大震災 |
| 30 | ジョン・カルビン・クーリッジ・ジュニア | 共和党 | 34～35 | 1923～1929年 | 1927年　リンドバーグ横断 | 1925年　普通選挙法<br>1926年　昭和元年<br>1928年　張作霖事件 |
| 31 | ハーバート・クラーク・フーヴァー | 共和党 | 36 | 1929～1933年 | 1929～1930年　世界恐慌 | 1931年　満州事変 |
| 32 | フランクリン・デラノ・ルーズベルト※ | 民主党 | 37～40 | 1933～1945年 | 1941年　パールハーバー<br>1941～1945年　第二次世界大戦 | 1941年　日米開戦<br>1945年　ポツダム宣言 |
| 33 | ハリー・S・トルーマン | 民主党 | 40～41 | 1945～1953年 | 1947年　トルーマン・ドクトリン(対ソ連押え込み)<br>1950～1953年　朝鮮戦争 | 1946年　憲法公布、独立<br>1950年　レッドパージ、日米安保条約 |
| 34 | ドワイト・デイビッド・アイゼンハワー | 共和党 | 42～43 | 1953～1961年 | 1953年　マッカーシー旋風<br>1957年　アイク中東特別教書 | |
| 35 | ジョン・フィッツジェラルド・ケネディ※ | 民主党 | 44 | 1961～1963年 | 1962年　キューバ危機<br>1963年　ケネディー暗殺 | |
| 36 | リンドン・ベインズ・ジョンソン | 民主党 | 44～45 | 1963～1969年 | 1964年　公民権法成立<br>1965年　ベトナム戦争開始 | 1964年　日本IMF8条国へ |
| 37 | リチャード・ミルハウス・ニクソン | 共和党 | 46～47 | 1969～1974年 | 1971年　ニクソンショック、金ドル交換停止、米ソ和解 | 1973年　石油危機、日中国交正常化、ドル変動相場制へ |
| 38 | ジェラルド・ルドルフ・フォード・ジュニア | 共和党 | 47 | 1974～1977年 | 1975年　ベトナム戦争終結 | 1976年　ロッキード事件 |
| 39 | ジェームズ・アール・カーター | 民主党 | 48 | 1977～1981年 | 1979年　米中国交正常化<br>1980年　イラン断交 | 1979年　東京サミット<br>1982年　日航機事故 |
| 40 | ロナルド・ウィルソン・レーガン | 共和党 | 49～50 | 1981～1989年 | 1987年10月　株大暴落、米ソ首脳マルタ会談 | 1989年　昭和天皇崩御 |
| 41 | ジョージ・ハーバート・ウォーカー・ブッシュ | 共和党 | 51 | 1989～1993年 | 1991年　湾岸戦争<br>1991年12月　ソ連崩壊 | |
| 42 | ウィリアム・ジェファーソン・クリントン | 民主党 | 52～53 | 1993～2001年 | 1998年11月　ベルリンの壁崩壊 | 1995年　阪神淡路大震災 |
| 43 | ジョージ・ウォーカー・ブッシュ | 共和党 | 54～55 | 2001～2009年 | 2001年9月　アメリカ同時テロ<br>2003年　イラク戦争<br>2008年　リーマンショック | 2002年　北朝鮮から拉致被害者帰国 |
| 44 | バラク・フセイン・オバマ2世 | 民主党 | 56～57 | 2009～2017年 | | 2011年　東日本大震災 |
| 45 | ドナルド・ジョン・トランプ | 共和党 | 58 | 2017～2021年 | 2020年～　コロナ感染症 | 2019年　5月消費税10% |
| 46 | ジョセフ・ロビネット・バイデン・ジュニア | 民主党 | 59 | 2021年～ | 2021年　米国連邦議会にトランプ派乱入<br>2022年　ロシア・ウクライナ侵攻 | 2021年　東京オリンピック |

※在任中死亡

出所：環境都市構想研究所

## 図表 19-2　好戦国・アメリカの歴史（1775 年〜現在）

アメリカ独立戦争（イギリス、原住民族）　　　　　　　　　　　　　　（1775 〜 1783 年）
チェロキー・アメリカ戦争（チェロキー族）　　　　　　　　　　　　　（1776 〜 1795 年）
北西インディアン戦争（西部インディアン同盟民族）　　　　　　　　　（1785 〜 1793 年）
疑似戦争（カリブ海、フランス、スペイン）　　　　　　　　　　　　　（1798 〜 1800 年）
第一次バーバリ戦争（トリポリ沖、モロッコスルタン国）　　　　　　　（1801 〜 1805 年）
テカムセ戦争（北西部領土、テカセム民族同盟）　　　　　　　　　　　（1811 年）
米英戦争（北アメリカ東部、イギリス、テカセム同盟民族）　　　　　　（1812 〜 1815 年）
クリーク戦争（アメリカ南部、原住民族）　　　　　　　　　　　　　　（1813 〜 1814 年）
第二次バーバリ戦争（地中海、オスマン領アルジェリア）　　　　　　　（1815 年）
第一次セミノール戦争（フロリダ、スペイン領フロリダ）　　　　　　　（1817 〜 1818 年）
アリカラ戦争（ミズーリ川、アリカラ族）　　　　　　　　　　　　　　（1823 年）
ウィネベーゴ戦争（イリノイ、ミシガン、ホーチャンク族）　　　　　　（1827 年）
ブラックホーク戦争（イリノイ、ミシガン、ホーチャンク族）　　　　　（1832 年）
テキサス革命（テキサス、メキシコ共和国）　　　　　　　　　　　　　（1835 〜 1836 年）
第二次セミノール戦争（フロリダ、セミノール族）　　　　　　　　　　（1835 〜 1842 年）
米墨戦争（テキサス、カリフォルニア、メキシコ）　　　　　　　　　　（1846 〜 1848 年）
カイユース戦争（オレゴン、カイユース）　　　　　　　　　　　　　　（1847 〜 1855 年）
アパッチ戦争（南西部、アパッチ族・ユト族）　　　　　　　　　　　　（1851 〜 1900 年）
カンザス戦争（カンザ、ミズーリ、親奴隷制民族）　　　　　　　　　　（1854 〜 1861 年）
ピュージェット戦争（ワシントン準州、原住民族）　　　　　　　　　　（1855 〜 1856 年）
ローグ川戦争（ローグ谷、ローグリバー族）　　　　　　　　　　　　　（1855 〜 1856 年）
第三次セミノール戦争（フロリダ、セミノール族）　　　　　　　　　　（1855 〜 1858 年）
ヤキマ戦争（ワシントン準州、ヤカマ族）　　　　　　　　　　　　　　（1855 〜 1858 年）
アロー戦争（中国、清）　　　　　　　　　　　　　　　　　　　　　　（1856 〜 1859 年）
ユタ戦争（ユタ準州、ワイオミング、モルモン族）　　　　　　　　　　（1857 〜 1858 年）
ナバホ戦争（ニューメキシコ、ナバホ族）　　　　　　　　　　　　　　（1858 〜 1866 年）
第一次・第二次コルティナ戦争（テキサス、メキシコ）　　　　　　　　（1859 〜 1861 年）
パイユート戦争（ネバダ州、パイユート民族）　　　　　　　　　　　　（1860 年）
南北戦争　　　　　　　　　　　　　　　　　　　　　　　　　　　　　（1861 〜 1865 年）
ヤヴァパイ戦争（アリゾナ、ヤヴァパイ民族）　　　　　　　　　　　　（1861 〜 1875 年）
ダコダ戦争（ミネソタ、ダコダ、スー族）　　　　　　　　　　　　　　（1862 年）
コロラド戦争（コロラド、シャイアン族）　　　　　　　　　　　　　　（1863 〜 1865 年）
スネーク戦争（オレゴン、ネバタ、パイユート族）　　　　　　　　　　（1864 〜 1868 年）
パウダー川戦争（パウダーリバー郡、スー族）　　　　　　　　　　　　（1865 年）
レッドクラウド戦争（パウダーリバー郡、ラコタ族）　　　　　　　　　（1866 〜 1868 年）
コマンチェ戦役（アメリカ西部、コマンチェ族）　　　　　　　　　　　（1867 〜 1875 年）
辛未洋擾（江華島、李氏朝鮮）　　　　　　　　　　　　　　　　　　　（1871 年）
モードック戦争（カリフォルニア、モードック族）　　　　　　　　　　（1872 〜 1873 年）
レッド川戦争（テキサス、シャイアン族）　　　　　　　　　　　　　　（1874 〜 1875 年）
ラス・クエバス戦争（テキサス、メキシコ）　　　　　　　　　　　　　（1875 年）
ブラックヒルズ戦争（モンタナ州、ラコタ族）　　　　　　　　　　　　（1876 〜 1877 年）
バッファロー・ハンター戦争（オレゴン、コマンチェ族）　　　　　　　（1876 〜 1877 年）
ネズ・パース戦争（オレゴン、アイダホ、ネズパース族）　　　　　　　（1877 年）
バノック戦争（アイダホ、バノック族）　　　　　　　　　　　　　　　（1878 年）
シャイアン戦争（オクラホマ、シャイアン族）　　　　　　　　　　　　（1878 〜 1879 年）
シープイーター・インディアン戦争（ショショーニ族）　　　　　　　　（1879 年）

| | |
|---|---|
| ビクトリオ戦争（メキシコ、アパッチ族） | （1879～1881年） |
| ホワイト川戦争（コロラド、コト族） | （1879～1880年） |
| クロウ戦争（モンタナ、クロウ族） | （1887年） |
| パインリッジ戦役（サウスダコタ、スー族） | （1890～1891年） |
| カルザ戦争（テキサス、メキシコ、ガルシスタス族） | （1891～1893年） |
| ヤクイ戦争（アリゾナ、メキシコ、ヤクイ族） | （1896～1918年） |
| 第二次サモア内戦（サモア、マタアファ・ドイツ帝国） | （1898～1899年） |
| 米西戦争（キューバ、プエルトリコ、スペイン） | （1898年） |
| 米比戦争（フィリピン） | （1899～1902年） |
| モロの反乱（フィリピン、モロ族） | （1899～1913年） |
| 義和団の乱（中国、義和団、清） | （1899～1901年） |
| クレージー・スネイクの反乱（オクラホマ、クリーク族） | （1909年） |
| 国境戦争（メキシコ国境、メキシコ・ドイツ） | （1910～1919年） |
| 黒人の反乱（バナナ戦争・キューバ） | （1912年） |
| ニカラグア占領（バナナ戦争、ニカラグア） | （1912～1933年） |
| ブラフ戦争（ユタ・コロラド、コト族） | （1914～1915年） |
| ベラクルス戦争（メキシコ革命の一部、メキシコ） | （1914年） |
| ハイチ占領（バナナ戦争の一部、ハイチ反乱軍） | （1915～1934年） |
| ドミニカ共和国占領（バナナ戦争の一部、ドミニカ共和国） | （1916～1924年） |
| 第一次世界大戦（連合国、中央同盟国） | （1914～1918年） |
| ロシア内戦（モンゴル、ロシア） | （1918～1920年） |
| ポージー戦争（ユタ、コト族）（インディアン最後の反乱） | （1923年） |
| 第二次世界大戦（連合国と枢軸国の戦い） | （1941～1945年） |
| ブリーガー作戦（中華人民共和国、中国共産党） | （1945～1949年） |
| 朝鮮戦争（朝鮮、中国、ソ連） | （1950～1953年） |
| ベトナム戦争（ベトナム、カンボジア、北ベトナム、中国） | （1965～1975年） |
| レバノン危機（レバノン、レバノン反対派） | （1958年） |
| ドミニカ内戦（ドミニカ、ドミニカ立憲派） | （1965～1966年） |
| 朝鮮DMZ紛争（朝鮮半島境界線） | （1966～1969年） |
| レバノン介入（多国籍軍、イスラム聖戦機構） | （1982～1984年） |
| グレナダ侵攻（グレナダ、グレナダ人民革命政府） | （1983年） |
| パナマ侵攻（パナマ） | （1989～1990年） |
| 湾岸戦争（イラク、クエート、多国籍軍とイラク） | （1990～1991年） |
| ソマリア内戦第一次介入（多国籍軍、ソマリア同盟） | （1992～1995年） |
| ボスニア・ヘルツゴビナ紛争（多国籍軍、ユーゴスラビア） | （1994～1995年） |
| ハイチ介入（アメリカ、アルゼンチン） | （1994～1995年） |
| コソボ紛争（セルビア、多国籍軍、ユーゴスラビア） | （1998～1999年） |
| アフガニスタン紛争（多国籍軍、アルカーイダターリーバン） | （2001～2021年） |
| イラク戦争（多国籍軍とイラク聖戦アルカーイダ） | （2003～2011年） |
| ソマリア内戦第二次介入（欧州連合、アル・シャバブ） | （2007年～） |
| オーシャン・シールド作戦（インド洋、ソマリア沖海賊） | （2009～2016年） |
| リビアへの国際介入（国際連合国） | （2011年） |
| オブザーバント・コンパス作戦（ウガンダ神の抵抗軍） | （2011～2017年） |
| アメリカによるリビア介入（リビアISIL） | （2015～2019年） |
| イラクへのアメリカ主導の介入 | （2014年～） |
| シリアへのアメリカ主導の介入 | （2014年～） |

出所：環境都市構想研究所

図表19-3 アメリカ13州（独立戦争時の13植民地）

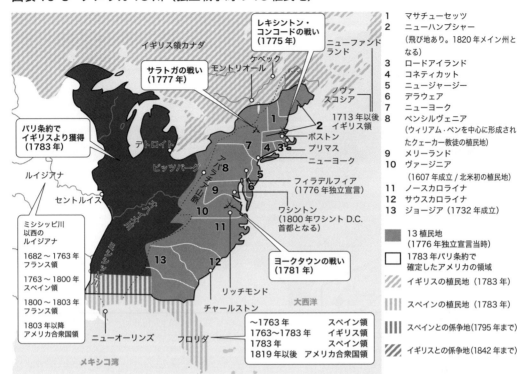

出所：環境都市構想研究所

図表 19-4　フランスから買った領地

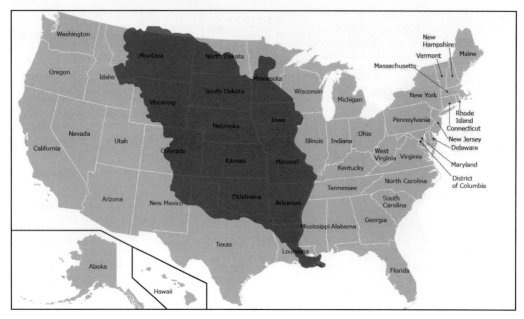

出所：環境都市構想研究所

図表 19-5　過去のアメリカ大統領選挙の結果（1980 年～現在）

| 民主党 | | 共和党 |
|---|---|---|
| カーター<br>獲得選挙人数<br>**49** | 1980 年 | **レーガン**<br>獲得選挙人数<br>**489** |
| モンデール<br>**13** | 1984 年 | **レーガン**<br>**525** |
| デュカキス<br>**111** | 1988 年 | **ブッシュ**<br>（41 代）<br>**426** |
| **ビル・クリントン**<br>**370** | 1992 年 | ブッシュ<br>（41 代）<br>168 |
| **ビル・クリントン**<br>**379** | 1996 年 | ドール<br>159 |
| ゴア<br>**266** | 2000 年 | **ブッシュ**<br>（43 代）<br>**271** |
| ケリー<br>**251** | 2004 年 | **ブッシュ**<br>（43 代）<br>**286** |
| **オバマ**<br>**365** | 2008 年 | マケイン<br>**173** |
| **オバマ**<br>**332** | 2012 年 | ロムニー<br>**206** |
| ヒラリー・クリントン<br>**227** | 2016 年 | **トランプ**<br>**304** |
| **バイデン**<br>**306** | 2020 年 | トランプ<br>**232** |

（注）敬称略、太枠は勝者。選挙人投票で選挙結果に従わず両党の候補以外に投票した選挙人がいた
　　　年は獲得選挙人数の合計が 538 人にならない。

出所：米国立公文書館

図表19-6 アメリカ大統領選挙の仕組み（2023年12月）

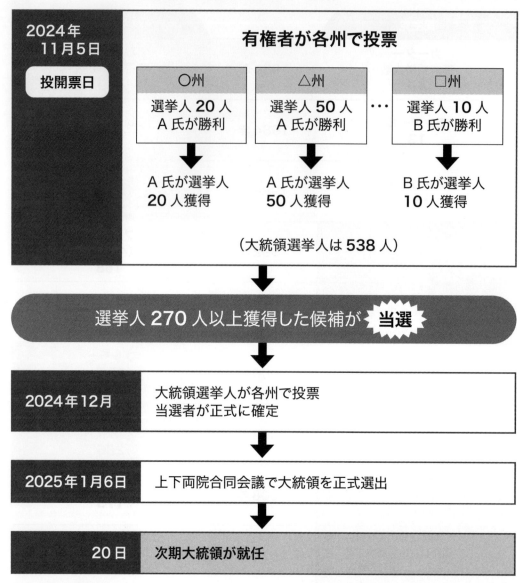

出所：環境都市構想研究所

図表19-7 アメリカの輸出入相手国（2020年）

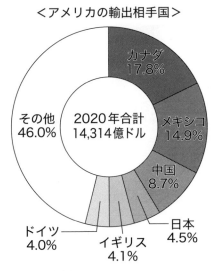
<アメリカの輸出相手国>

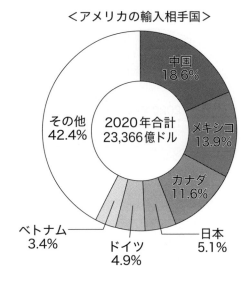
<アメリカの輸入相手国>

出所：米国商務省

図表19-8 アメリカの対中輸出入品目別（2020年）

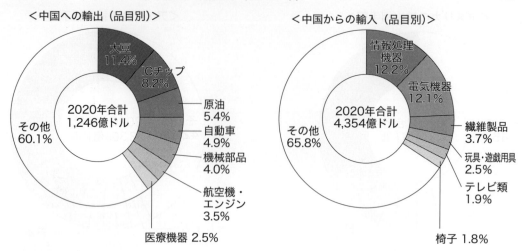

出所：米国商務省

## 図表 19-9 日米同盟にかかわる主な経緯

|  |  |  |
|---|---|---|
| 1951（昭和26）年 | | 旧「日米安全保障条約」承認 |
| 1952（昭和27）年 | 旧日米安保条約の時代 | 「同条約」発効 |
| 1958（昭和33）年 | | 藤山・ダレス会談（日米安保条約改定同意） |
| 1960（昭和35）年 | 安保改定と新日米安保条約 | 「日米安全保障条約」承認・発効 |
| 1968（昭和43）年 | | （小笠原諸島復帰） |
| 1969（昭和44）年 | | 佐藤・ニクソン会談（安保条約継続、沖縄施政権返還） |
| 1972（昭和47）年 | | （沖縄復帰） |
| 1976（昭和51）年 | 78指針の策定と拡大する日米防衛協力 | （日米防衛協力小委員会設置合意） |
| 1978（昭和53）年 | | 1978年の「日米防衛協力のための指針」策定 |
| 1991（平成3）年 | | （旧ソ連の崩壊、冷戦の終結） |
| 1996（平成8）年 | 冷戦の終結と97指針の策定 | 「日米安全保障共同宣言」（橋本・クリントン会談） |
| | | 「SACO最終報告」 |
| 1997（平成9）年 | | 1997年の「日米防衛協力のための指針」策定 |
| 2001（平成13）年 | | （アメリカ同時多発テロ） |
| 2003（平成15）年 | アメリカ同時多発テロ以降の日米関係 | 「世界の中の日米同盟」（小泉・ブッシュ会談） |
| 2006（平成18）年 | | 「再編の実施のための日米ロードマップ」策定 |
| | | 「新世紀の日米同盟」（小泉・ブッシュ会談） |
| | | 「世界とアジアのための日米同盟」（安倍・ブッシュ会談） |
| 2007（平成19）年 | | 「かけがえのない日米同盟」（安倍・ブッシュ会談） |
| 2010（平成22）年 | | 日米安全保障条約締結50周年 |
| 2012（平成24）年 | | 「未来に向けた共通のビジョン」（野田・オバマ会談） |
| 2013（平成25）年 | | 「日米防衛協力のための指針」見直し合意 |
| 2014（平成26）年 | | 「アジア太平洋およびこれを越えた地域の未来を形作る日本と米国」（安倍・オバマ会談） |
| 2015（平成27）年 | 新たな安全保障環境と新指針の策定 | 新「日米防衛協力のための指針」策定 日米共同ビジョン声明（安倍・オバマ会談） |
| 2017（平成29）年 | | 共同声明（安倍・トランプ会談） |
| 2018（平成30）年 | | 共同声明（安倍・トランプ会談） |
| 2020（令和2）年 | | 日米安全保障条約締結60周年 |
| 2021（令和3）年 | | 共同声明（菅・バイデン会談） |
| 2022（令和4）年 | 国家安全保障戦略・国家防衛戦略・防衛力整備計画の策定 | 共同声明（岸田・バイデン会談） |
| 2023（令和5）年 | | 共同声明（岸田・バイデン会談） |

出所：防衛省「防衛白書」

## 図表 19-10　ヘンリー・キッシンジャー語録

・ロシアは自分の国の国境がもともとどこにあったのか、自分でも分からない。それほど侵略を続けて大きくなった。領土の一部でも返すことになれば、世界各国から返還の要求が出て、手がつけられなくなる。

・中国は地政学的に見てそろそろ限界にきていることは間違いない。石油だけでなく、水の不足という大きな問題を抱えている。中国がこのまま大きくなり続けるのは不可能であろう。

・一番大切なのは、国境を越えた友人を大切にする度量。人脈ネットワーキングが持てないのは外交ができないのと同義語である。

・チャンスは貯金できない。

・日本の政治家は議論しているだけで、どうにもならない。政治というのはしゃべることではなく、行動することだ。

・どんな人間と付き合うかで人生は決まる。

・何かについて、完全に確信を持つには、そのことを何でも知っているか、何も知らないかのいずれかだ。

・真に新しいものは、何事であれ、人々の不評を買うものです。だから勇気が必要なのです。

・ほかに選択がない時、心は驚くほど明晰になるものだ。

・どこに行こうとしているのか分からなければ、どんな道を知っていても、辿り着くことはない。

・世界の人が住んでいる土地と彼らのご先祖について、ちゃんと勉強しなさい。勉強した上で、自分の足で歩いて回って人々と触れ合って、初めて世界の人のことが分かる。

・私は自分に宗教心があるとは思いません。しかし、私は、人間が理解できないさまざまな力の存在を信じていますし、本質的に不可知の部分があることとも信じています。したがって、人間は常に畏敬の念と謙虚さを持つ必要があるのです。

出所：環境都市構想研究所

# 20
**Theme**

# ロシア

図表 20-1　ロシアの歴史

図表 20-2　ソ連の崩壊（構成共和国の主権宣言・独立宣言）

図表 20-3　ロシアへの輸出品目（2021 年）

図表 20-4　ロシアからの輸入品目（2021 年）

図表 20-5　日本の対ロシア貿易（貿易収支）推移

図表 20-6　プーチン語録

## 図表 20-1　ロシアの歴史

〈中世ロシア（9世紀〜14世紀）→ 近世ロシア（15世紀〜18世紀）〉

| | |
|---|---|
| 862年 | ノヴゴロド建設（リューリクによる最初のロシア国家） |
| 882年 | リューリクの子イーゴリによるキエフ征服 |
| 1136年 | ノヴゴロド共和国の成立（ノヴゴロド公の追放） |
| 1236年 | モンゴル帝国、ルーシに侵攻 |
| 1243年 | モンゴル帝国（ジョチ・ウルス＝キプチャク・ハン国）がルーシを征服：「タタールのくびき」支配 |
| 1263年 | モスクワ大公国の成立 |
| 1453年 | オスマン帝国による東ローマ帝国の滅亡 → モスクワ大公国、「第三のローマ」「正教会の擁護者」 |
| 1547年 | ロシア・ツァーリ国の成立（キエフ大公国、モンゴル帝国からの脱却） |
| 1605年 | ロシア・ポーランド戦争（ポーランド軍の追放とモスクワ開放 → 1613年 ロマノフ朝の成立） |
| 1762年 | エカチェリーナ2世即位 → 近代化政策 |
| 1792年 | ラクスマン日本訪問（漂着の大黒屋光太夫随行）→ 最初の遣日使節 |

〈近代ロシア（19世紀〜20世紀）〉

| | |
|---|---|
| 1803年 | ナポレオン戦争（南下を企てたナポレオンの侵攻 → 失敗） |
| 1812年 | ロシア戦役（祖国戦争）→ フランス軍に勝利 |
| 1853年 | クリミア戦争（〜 1856年）<br>（聖地エルサレムの管理権をめぐるオスマン帝国・フランス・イギリス連合国との戦い → 敗北） |
| 1904 〜 1905年 | 日露戦争（ロシアの南下政策による朝鮮、満州をめぐる支配権戦争 → ロシア敗北） |
| 1914年 | 第一次世界大戦（連合国側で参戦 → 劣勢、物資不足、長期化 → ツァーリ政府に反発） |
| 1917年 | 大規模ストライキ → 鎮圧側が寝返り → ニコライ2世退位 → ロマノフ朝の終焉 → レーニン登場 |
| 1918年 | 日本、シベリア出兵 → 撤退<br>第一次世界大戦終結（ヴェルサイユ条約） |
| 1922年 | ソビエト連邦の成立 → 1924年 レーニン死後にスターリン政権へ（〜 1953年） |
| 1939年 | 独ソ不可侵条約の締結（ソ連とドイツがポーランドに侵攻 → 第二次世界大戦へ）<br>ノモンハン事件（満州の国境をめぐる日本との紛争 → 日本敗退・撤退） |
| 1945年 | 日本へ宣戦布告（8月8日）<br>1945年2月 ヤルタ会談での密約、日ソ中立条約破棄、9月2日終結 |
| 1953年 | フルシチョフ就任（〜 1964年）<br>1956年 日ソ国交回復（シベリア抑留終了）<br>1962年 キューバ危機（ソ連のミサイル基地建設） |
| 1964年 | ブレジネフ（〜 1982年）<br>1979年 アフガニスタン紛争（〜 1989年）<br>1980年 モスクワオリンピック（西側ボイコット） |
| 1982年 | アンドロポフ（〜 1984年）、チェルネンコ（〜 1985年） |
| 1985年 | ゴルバチョフ（〜 1991年）、ペレストロイカ（政治改革）、グラスノスチ（情報公開）<br>1986年 チェルノブイリ原発事故、1989年 東欧革命、1990年 東西ドイツ統一、<br>1991年 ソ連崩壊 |
| 1991年 | エリツィン（〜 1999年）ロシア連邦共和国の成立<br>1993年 来日、1997年 日露首脳会議、クラスノヤルスク合意 |
| 2000年 | プーチン（2000〜2008年）、メドベージェフ（2008〜2012年）、プーチン再就任（2012年〜）<br>2014年 クリミア侵攻（ロシアに併合）<br>2020年 憲法改正（領土割譲の禁止）<br>2022年 ウクライナ侵攻、安倍・プーチン会談（27回） |

出所：環境都市構想研究所

図表 20-2　ソ連の崩壊（構成共和国の主権宣言・独立宣言）

| 構成共和国 | 主権宣言 | 国号変更 | 独立宣言 | 独立承認 |
|---|---|---|---|---|
| エストニア・ソビエト社会主義共和国 | 1988年11月16日 | 1990年5月8日：エストニア共和国 | 1991年8月20日 | 1991年9月6日 |
| リトアニア・ソビエト社会主義共和国 | 1989年5月26日 | 1990年3月11日：リトアニア共和国 | 1990年3月11日 | |
| ラトビア・ソビエト社会主義共和国 | 1989年7月28日 | 1990年5月4日：ラトビア共和国 | 1990年5月4日 | |
| アゼルバイジャン・ソビエト社会主義共和国 | 1989年10月5日 | 1991年8月30日：アゼルバイジャン共和国 | 1991年8月30日 | 1991年12月26日 |
| グルジア・ソビエト社会主義共和国 | 1990年5月26日 | 1990年11月14日：グルジア共和国 | 1991年4月9日 | |
| ロシア・ソビエト連邦社会主義共和国 | 1990年6月12日 | 1991年12月25日：ロシア連邦 | 1991年12月12日 | |
| ウズベク・ソビエト社会主義共和国 | 1990年6月20日 | 1991年8月31日：ウズベキスタン共和国 | 1991年8月31日 | |
| モルダヴィア・ソビエト社会主義共和国 | 1990年6月23日 | 1991年5月23日：モルドバ共和国 | 1991年8月27日 | |
| ウクライナ・ソビエト社会主義共和国 | 1990年7月16日 | 1991年8月24日：ウクライナ | 1991年8月24日 | |
| 白ロシア・ソビエト社会主義共和国 | 1990年7月27日 | 1991年9月19日：ベラルーシ共和国 | 1991年12月10日 | |
| トルクメン・ソビエト社会主義共和国 | 1990年8月22日 | 1991年10月27日：トルクメニスタン | 1991年10月27日 | |
| アルメニア・ソビエト社会主義共和国 | 1990年8月23日 | 1990年8月23日：アルメニア共和国 | 1991年9月21日 | |
| タジク・ソビエト社会主義共和国 | 1990年8月24日 | 1991年8月31日：タジキスタン共和国 | 1991年9月9日 | |
| カザフ・ソビエト社会主義共和国 | 1990年10月25日 | 1991年12月10日：カザフスタン共和国 | 1991年12月16日 | |
| キルギス・ソビエト社会主義共和国 | 1990年12月15日 | 1991年2月5日：キルギスタン共和国 | 1991年8月31日 | |

出所：環境都市構想研究所

図表20-3　ロシアへの輸出品目（2021年）

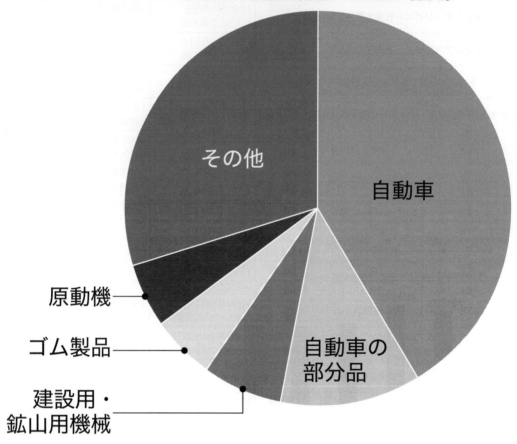

出所：財務省「貿易統計」

図表20-4　ロシアからの輸入品目（2021年）

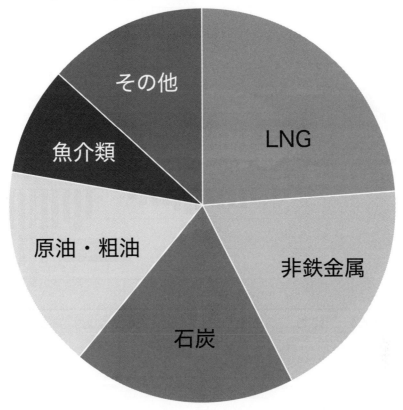

出所：財務省「貿易統計」

図表20-5　日本の対ロシア貿易（貿易収支）推移

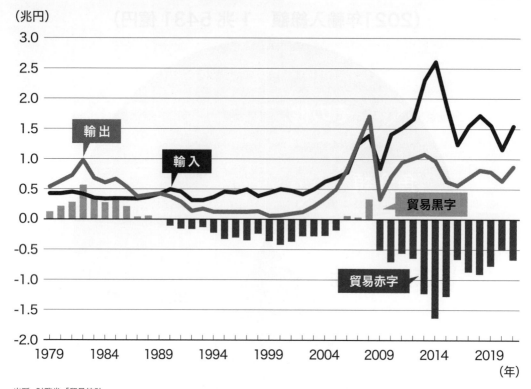

出所：財務省「貿易統計」

## 図表 20-6　プーチン語録

・謝罪は一回すれば十分だ。（ドイツとソ連の間の不可侵条約の突如廃棄について）

・女性とは議論も口論もしない方が良い。（３０年間連れ添った日夫人との離婚時の発言）

・私は人生を通じ、柔道に取り組んできた。私の家には嘉納治五郎の像があり、毎日見ている。毎日、日本の
　ことを思い出している。（北方領土交渉時の発言）

・柔道は相手への敬意を養う。単なるスポーツではなく、哲学だと思う。

・便所にいても捕まえて、奴らをぶち殺してやる。（チェチェンのテロリストに対して）

・我々が理解せねばならないのは、引き換えに何を受け取るか、ということだ。

・ソ連崩壊を惜しまない者には心がない。ソ連の復活を欲する者には頭がない。

・我々の敵はテロリストでなく、ジャーナリストだ。

・私はたぶん悪いキリスト教徒かもしれない。頬を殴られたら違う頬を出せというが、私はまだそんなことはでき
　ない。殴られたらそう答える。そうしないといつまでも殴られっぱなしだ。

・まだ地上でやるべきことがある。（バイカル湖で潜水艇に乗った後、記者団から「今度は宇宙船ですか」と聞
　かれた時の言葉）

・中世のように、（汚職する者の）手を切り落としてしまえばいい。そうするだけで、わいろを要求しなくなるはずだ。

・ソ連の崩壊は２０世紀最大の地政学的破局だ。

・我々は誰も敵とはしないし、誰であっても我々の敵になることはお勧めしない。

出所：環境都市構想研究所

# 21

**Theme**

# ウクライナ

図表 21-1　ウクライナの 100 年

図表 21-2　日本とウクライナの比較

図表 21-3　ロシアによるウクライナ侵攻後の動き（現地時間）

図表 21-4　ウクライナ要人の来日実績

図表 21-5　国際情勢の一層の複雑化（2023 年 12 月）

図表 21-1　ウクライナの100年

| | |
|---|---|
| 1922年12月 | ソビエト連邦を構成する国（構成共和国）に |
| 1939年 9月 | ドイツ軍ポーランド侵攻（第二次世界大戦の開戦） |
| 1941年 6月 | ドイツ軍、ソ連に侵攻、ウクライナを一時占領 |
| 1945年 | 第二次世界大戦終結、東西冷戦の開始 |
| 1954年 | クリミア半島の帰属がロシアからウクライナに変更 |
| 1962年 | キューバ危機、米ソ核戦争寸前 |
| 1986年 4月 | チョルノービリ原発事故 |
| 1989年12月 | 米ソ首脳「冷戦終結」宣言　　東欧革命 |
| 1991年12月 | ソ連崩壊、ウクライナ独立 |
| 1994年12月 | ウクライナ核放棄、米英ロが同国の安全保障を約束 |
| 2000年 5月 | ロシア、プーチン大統領就任（旧ソ連の国々の連携強化を主張） |
| 2005年 1月 | 親欧米のユシチェンコ氏が大統領に |
| 2010年 2月 | 親ロシアのヤヌコビッチ氏が大統領に |
| 2012年 5月 | ロシア、プーチン大統領再就任 |
| 2013年11月 | ヤスコビッチ政権、EUとの連合協定の交渉を中止 |
| 2014年 2月 | 首都キーウなどでヤスコビッチ政権への抗議活動の激化 |
| 2014年 3月 | ロシア、ウクライナ・クリミア半島を一方的に編入 |
| 2014年 6月 | 親欧米のポロシェンコ氏が大統領に |
| 2014年 | ウクライナ政府軍と親ロシア系勢力との間で紛争 |
| 2019年 5月 | 親欧米のゼレンスキー氏が大統領に（EU、NATO加盟に前向き） |
| 2021年 7月 | プーチン大統領が「統一論文」（ロシア・ウクライナはひとつ）を発表 |
| 2021年 9月 | ロシア、ベラルーシ軍がウクライナ国境付近で合同演習 |
| 2021年12月 | ロシア、ウクライナのNATO非加盟求める条約草案を発表 |
| 2022年 2月 | ロシア、ベラルーシ軍、再び合同演習 |
| 2022年 2月 | ロシア、一方的にウクライナ東部2州を国家承認 |
| 2022年 2月 | 2月24日、ロシア軍がウクライナ侵攻を開始 |

出所：環境都市構想研究所

図表 21-2　日本とウクライナの比較

|  | ウクライナ | 日本 | 両国の比較 |
|---|---|---|---|
| 人口 | 4159万人（クリミアを除く）（2021年） | 1億2614万6000人（2020年） | 日本はウクライナの約3倍 |
| 国土面積 | 60万3700平方キロメートル | 37万7975平方キロメートル | ウクライナは日本の約1.6倍 |
| 首都 | キーウ（キエフ） | 東京 |  |
| 最大都市 | キーウ（キエフ） | 東京都区部 |  |
| 政体 | 議会共和制 | 議院内閣制 立憲君主国 |  |
| 公用語 | ウクライナ語 | 指定なし（事実上：日本語） |  |
| 国教 | なし<br>伝統的宗教としてウクライナ正教及び東方カトリック教。その他、ローマ・カトリック教、イスラム教、ユダヤ教など | なし |  |
| GDP（名目） | 1555億8200万米ドル（2020年） | 5兆648億7300万米ドル（2020年） | 日本はウクライナの約33倍 |

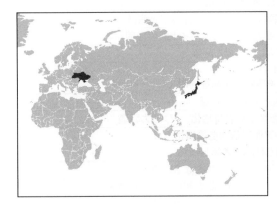

**政治**
独立承認　　　　　1991年　12月28日
関係成立　　　　　1992年　 1月26日
大使館開館　　　　在ウクライナ 1993年1月
　　　　　　　　　在京 1994年9月

**経済**
日本の輸出額　　　541.8億円（2020年）
日本の輸入額　　　568.8億円（2020年）

**文化**
在ウクライナ日本人　　251人　（2021年12月）
在日ウクライナ人　　1,860人　（2021年 6月）

**地理**
時差　　　　　　　7時間

出所：環境都市構想研究所

図表 21-3　ロシアによるウクライナ侵攻後の動き（現地時間）

| 2022 年 | | |
|---|---|---|
| 2 月 24 日 | ロシア | **軍事作戦決行を発表**　ウクライナ首都などで爆発音 |
| | ウクライナ | ゼレンスキー大統領が全土に戒厳令、ロシアと断交 |
| 25 日 | 国連 | 安保理、**ロシア非難決議否決**　ロシアが拒否権行使 |
| 26 日 | アメリカと EU が国際決済網の **SWIFT からロシア排除を表明**<br>日本も後日、参加表明 | |
| 27 日 | ロシア | プーチン大統領が核戦力を「特別態勢」に移すよう命令 |
| 28 日 | ロシアとウクライナが **1 回目の停戦協議**　隔たり大きく終了 | |
| 3 月 14 日 | 国連 | グテレス事務総長「核戦争、起こり得る」 |
| | ロシア政府系テレビのスタッフ、生放送中に「戦争反対」訴え | |
| 16 日 | 国際司法裁判所、ロシアに**侵攻の即時停止**命じるもロシア拒否 | |
| 23 日 | ウクライナ | ゼレンスキー大統領、日本の国会で演説「**制裁継続を**」 |
| 4 月 25 日 | ロシア | 外相、核戦争の可能性に「リスクは十分ある」 |
| 5 月 11 日 | ウクライナ砲撃でロシア領内初死者と一部ロシア報道 | |
| 16 日 | ウクライナ | 南東部の要衝**マリウポリ、事実上陥落** |
| 21 日 | ウクライナ | 大統領、**侵攻前の領土回復**で「**勝利と見なす**」と報道 |
| 23 日 | 国連 | 世界の避難民、**初の 1 億人超**に　ウクライナ侵攻影響 |
| 6 月 10 日 | ウクライナ | 自国兵士の死者が **1 万人**に上ったと発表 |
| 29 日 | NATO、**スウェーデン・フィンランド加盟**に合意<br>アメリカ・バイデン大統領、**欧州の米軍戦力増強**を表明 | |
| 30 日 | ウクライナ | ロシアから黒海要衝のズメイヌイ島奪還 |
| 7 月 5 日 | ロシア軍、ウクライナの**ザポロジエ原発を軍事基地化**　アメリカ報道 | |
| 11 日 | ロシア | ウクライナ全住民の**ロシア国籍取得を簡素化** |
| 8 月 2 日 | 国連 | ウクライナの国外難民 **1000 万人超**と発表 |
| 9 月 21 日 | ロシア | 部分動員令を発出　国防相によると**対象は 30 万人** |
| 30 日 | ロシア | プーチン大統領、ウクライナ東・**南部 4 州の「併合」決定** |
| 10 月 5 日 | ウクライナ | 大統領、南部のロシア占領地を**相次いで奪還**と発表 |
| 8 日 | ウクライナ南部クリミア半島とロシアを結ぶ**クリミア橋で爆発** | |
| 11 月 9 日 | ロシア | ロシア国防相、州都ヘルソンから撤退命令 |
| 15 日 | ミサイルがポーランドに着弾<br>ウクライナ軍の迎撃ミサイルとの見方が強まる | |
| 2023 年 | | |
| 3 月 17 日 | 国際刑事裁判所がプーチン大統領に逮捕状<br>ウクライナからの子供連れ去りで戦争犯罪の疑い | |
| 21 日 | 岸田首相がキーウを電撃訪問、ゼレンスキー大統領と会談 | |
| 4 月 4 日 | フィンランド | フィンランドが NATO に正式加盟 |
| 5 月 20 日 | ゼレンスキー大統領が来日、21 日に広島での G7 サミットに出席 | |
| 6 月 23 日 | ワグネル創始者のプリゴジン氏が武装反乱、24 日に進軍停止 | |
| 8 月 23 日 | プリゴジン氏の自家用ジェット機が墜落、死亡を確認 | |
| 9 月 13 日 | プーチン大統領が北朝鮮・金正恩氏と首脳会談 | |

出所：環境都市構想研究所

図表 21-4　ウクライナ要人の来日実績

- ■　1995年3月 - レオニード・クチマ大統領
- ■　2005年7月 - ヴィクトル・ユシチェンコ大統領
- ■　2008年3月 - ヴォロディームィル・オフルィーズコ外相
- ■　2009年3月 - ユリア・ティモシェンコ首相
- ■　2011年1月 - ヴィクトル・ヤヌコーヴィチ大統領
- ■　2012年3月 - ヴォロディミル・リトヴィン最高会議議長
- ■　2015年3月 - パウロ・クリムキン外相
- ■　2015年4月 - 最高会議議員団
- ■　2016年4月 - ペトロ・ポロシェンコ大統領
- ■　2017年6月 - ウクライナ・日本友好議員連盟一行
- ■　2017年2月〜3月 - アンドリー・パルビー最高会議議長
- ■　2019年10月 - ウォロディミル・ゼレンスキー大統領
- ■　2023年5月 - ウォロディミル・ゼレンスキー大統領
- ■　2023年9月 - ルスラン・ステファンチュク最高会議議長

出所：環境都市構想研究所

図表21-5　国際情勢の一層の複雑化（2023年12月）
**米中対立、ロシアのウクライナ侵攻に加えて中東情勢の不安定化が新たな問題に**

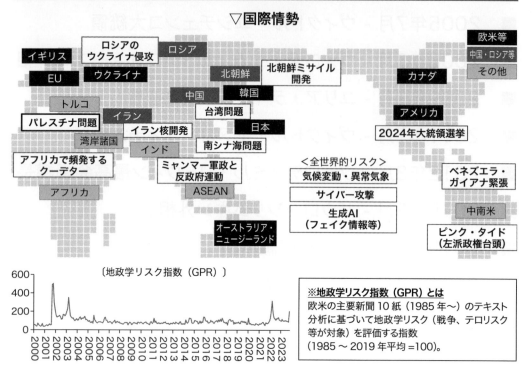

▽国際情勢

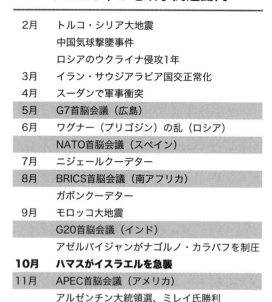

▽2023年の地政学関連動向

|  |  |
|---|---|
| 2月 | トルコ・シリア大地震 |
|  | 中国気球撃墜事件 |
|  | ロシアのウクライナ侵攻1年 |
| 3月 | イラン・サウジアラビア国交正常化 |
| 4月 | スーダンで軍事衝突 |
| 5月 | G7首脳会議（広島） |
| 6月 | ワグナー（プリゴジン）の乱（ロシア） |
|  | NATO首脳会議（スペイン） |
| 7月 | ニジェールクーデター |
| 8月 | BRICS首脳会議（南アフリカ） |
|  | ガボンクーデター |
| 9月 | モロッコ大地震 |
|  | G20首脳会議（インド） |
|  | アゼルバイジャンがナゴルノ・カラバフを制圧 |
| **10月** | **ハマスがイスラエルを急襲** |
| 11月 | APEC首脳会議（アメリカ） |
|  | アルゼンチン大統領選、ミレイ氏勝利 |

資料：各種報道、Economic Policy Uncertainty等

出所：丸紅経済研究所

# 22
Theme

# 中東

図表 22-1 　中東：イスラエル・パレスチナ情勢（2023 年 12 月）

図表 22-2 　イスラエルとパレスチナ自治区

図表 22-3 　パレスチナ問題の歴史

図表 22-4 　イギリスの中東外交〜いわゆる「三枚舌外交」について

図表 22-1　中東：イスラエル・パレスチナ情勢（2023 年 12 月）

## 2023年10月のハマス攻撃をきっかけに中東情勢が急速に悪化

### ▽イスラエル・パレスチナ関係

|  |  |  |
|---|---|---|
| 1947 年 | | 国連総会、パレスチナ分割決議を採択（国連決議 181 号 II） |
| 1948 年 | | イスラエル建国（**第一次中東戦争**） |
| 1956 年 | | **スエズ戦争（第二次中東戦争）** |
| 1967 年 | | **六日間戦争（第三次中東戦争）**、安保理決議 242 |
| 1973 年 | | ヨム・キプール戦争（**第四次中東戦争**） |
| 1978 年 | | **キャンプデービッド合意**（翌年、エジプト・イスラエル平和条約） |
| 1982 年 | | イスラエル、レバノン侵攻（**レバノン戦争、第五次中東戦争**とも） |
| 1987 年 | | 第一次インティファーダ（反イスラエル闘争） |
| 1993 年 | | **オスロ合意**（ガザ・ヨルダン川西岸のパレスチナ暫定自治合意） |
| 1995 年 | | オスロ合意 II（パレスチナ暫定自治政府設立） |
| | | イスラエルのラビン首相暗殺（和平反対派のユダヤ人青年の犯行） |
| 2000 年 | | キャンプデービッド会議（合意不成立）。第二次インティファーダ |
| 2005 年 | | ガザ地区からイスラエル軍・入植者が撤退（同地区の封鎖強化） |
| 2006 年 | | ハマスがパレスチナ自治評議会で過半数獲得、ファタハと連立政権 |
| 2007 年 | | ハマス、ファタハと決裂しガザを武力制圧（同地区を実効支配） |
| 2014 年 | 6 月 | ハマス、ファタハと暫定統一政権を発足（2015 年に解散） |
| | 7 月 | イスラエルがガザ侵攻（1973 年以来最多の死傷者） |
| 2020 年 | 1 月 | アメリカ・トランプ政権が中東和平案「繁栄への平和」を発表 |
| | 8 月 | **アブラハム合意**（UAE 等とイスラエルの国交正常化） |
| 2021 年 | 5 月 | ガザ地区のハマスとイスラエル軍の間で大規模な戦闘が発生 |
| 2022 年 | 8 月 | PIJ がイスラエル軍と戦闘（ハマスは戦闘に参加せず） |
| | 12 月 | 極右政党と協力したネタニヤフ政権樹立 |
| 2023 年 | 6 月 | イスラエル軍がヨルダン川西岸のハマス、PIJ に大規模攻撃 |
| | 9 月 | イスラエル・サウジアラビア国交正常化観測が強まる |
| | 10 月 7 日 | ハマスがイスラエルに対して大規模攻撃を実施 |
| | 10 月 27 日 | イスラエル軍、ガザ地区内で本格的な地上作戦を開始 |
| | 11 月 15 日 | 国連安保理、ガザ地区に関する決議案を採択 |

### ▽中東地域への影響

イスラエル・パレスチナ情勢の悪化は、中東地域全体に大きく影響：

①**イスラエル・アラブ諸国の関係悪化**：2020 年のアブラハム合意や最近のイスラエル・サウジアラビア間の国交正常化交渉などの動きは停滞・逆流を余儀なくされる（既にバーレーンは在イスラエル大使の引き上げ及び経済交流停止を決定）。

②**イスラエル（アメリカ）・イランの緊張拡大**：アメリカはハマスを支援するイランの本格介入を警戒し、中東周辺における抑止態勢を強化（2 個の空母打撃群派遣など）。

③**域内武装勢力の活動活発化**：ヒズボラ、フーシ派等の「抵抗の枢軸」勢力がイスラエルやアメリカ軍への武力行使などを活発化。周辺海域での貨物船拿捕やドローンによる攻撃も発生。

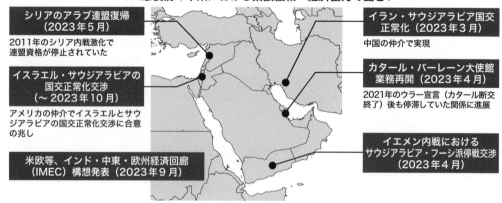

＜ハマス急襲前の中東における緊張緩和・経済協力の動き＞

- シリアのアラブ連盟復帰（2023 年 5 月）
  2011年のシリア内戦激化で連盟資格が停止されていた
- イスラエル・サウジアラビアの国交正常化交渉（～2023 年 10 月）
  アメリカの仲介でイスラエルとサウジアラビアの国交正常化交渉に合意の兆し
- 米欧等、インド・中東・欧州経済回廊（IMEC）構想発表（2023 年 9 月）
- イラン・サウジアラビア国交正常化（2023 年 3 月）
  中国の仲介で実現
- カタール・バーレーン大使館業務再開（2023 年 4 月）
  2021年のウラー宣言（カタール断交終了）後も停滞していた関係に進展
- イエメン内戦におけるサウジアラビア・フーシ派停戦交渉（2023 年 4 月）

出所：丸紅経済研究所

22 中東

図表 22-2　イスラエルとパレスチナ自治区

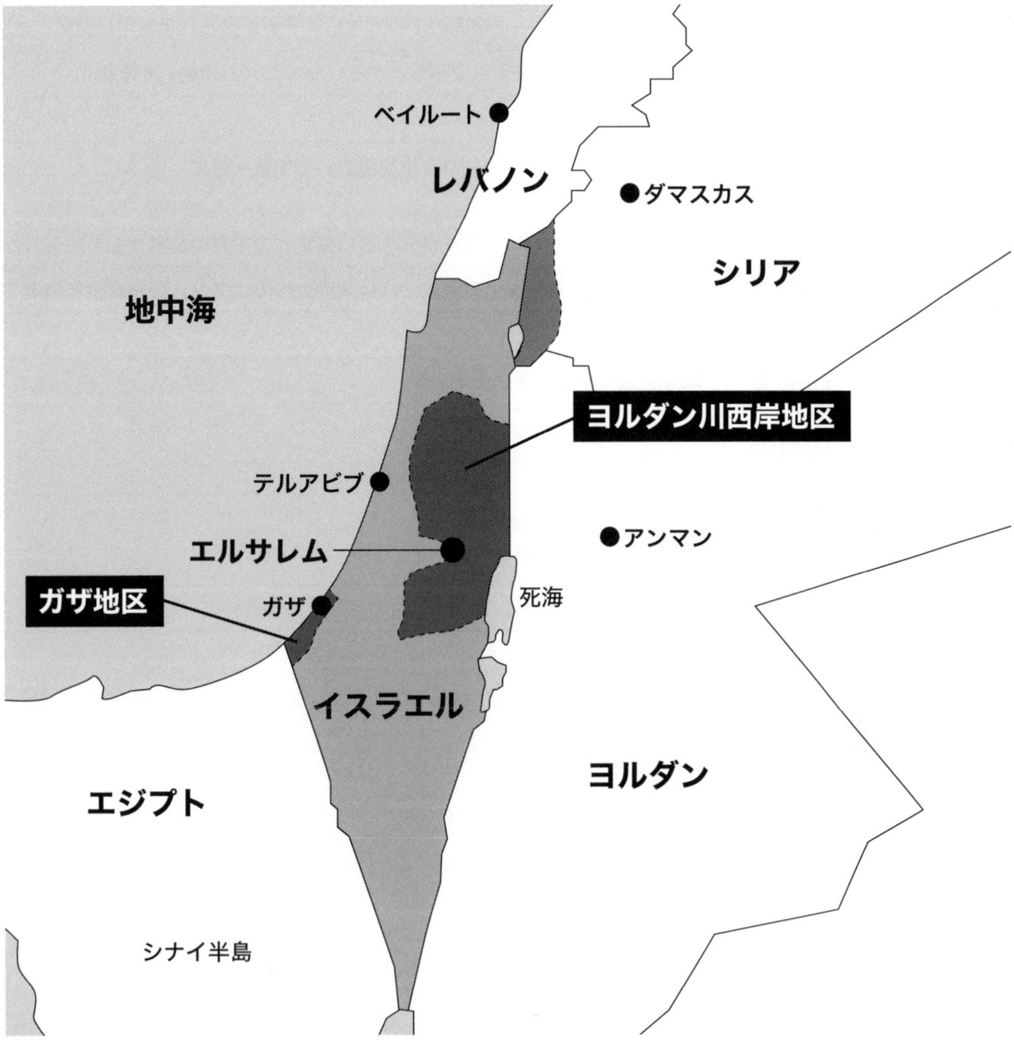

出所：環境都市構想研究所

333

**図表 22-3　パレスチナ問題の歴史**

| | |
|---|---|
| **2000年前** | ユダヤ人たちがローマ帝国によってパレスチナを追われ世界中に離散 |
| **19世紀末** | ユダヤ人がパレスチナに戻ろうとする「シオニズム運動」が本格化 |
| **1914年** | 第1次世界大戦開始 |
| **1915年** | イギリス、「フセイン・マクマホン協定」で中東一帯に<br>アラブ国家の建設を約束 |
| **1916年** | イギリス・フランス、「サイクス・ピコ協定」で中東の分割支配を約束 |
| **1917年** | イギリス、「バルフォア宣言」でパレスチナへのユダヤ人国家建設を約束 |
| **1939年** | 第2次世界大戦開始 |
| **1947年** | 国連総会でパレスチナ分割決議 |
| **1948年** | ユダヤ人国家イスラエル建国<br>パレスチナ人は反発 |
| **1948～1973年** | 第1次～第4次中東戦争<br>周辺アラブ諸国が軍事的に介入 |
| **1993年** | オスロ合意によりパレスチナに暫定自治区を設置 |

出所：環境都市構想研究所

## 22 中東

### 図表 22-4　イギリスの中東外交～いわゆる「三枚舌外交」について

1914 年 7 月に勃発した**第一次世界大戦**\*のさなか、イギリスは中東地域をめぐり、それぞれ 3 つの約束を別の相手と交わした。これが、その後の中東問題を引き起こす原因となったと言われている。

> \* **第一次世界大戦（1914 ～ 1918 年）**。　オーストリアがセルビアに宣戦布告で開始。ドイツがオーストリアを支援し、ロシアがセルビアを支援、結果、連合国側（イギリス、フランス、ロシア、イタリア、日本、アメリカ）、中央同盟国側（ドイツ、オーストリア＝ハンガリー帝国、オスマン帝国、ブルガリア帝国）の大規模な戦争となった。大戦後、ドイツ帝国、オーストリア＝ハンガリー帝国、オスマン帝国、ロシア帝国が崩壊。

### ①アラブ民族との間で結んだ「フセイン・マクマホン協定」（1915 年 9 月）

イスラム教シャリーフのフサイン（フセイン）イヴァン・アリーとイギリスの駐エジプト高級弁務官のヘンリー・マクマホンとの間で交わした書簡の一部。この時期、アラブはオスマン帝国の支配下にあり、一方のイギリスは、ドイツやオスマン帝国とも交戦状態にあった。　こうしたなかで、イギリスはアラブ人に対して「今次大戦後、アラブ人のオスマントルコ帝国からの独立を支持する」と約束し、その代わりにアラブ人がオスマン帝国に反乱を起こすことを求めた。イギリスは交戦中のオスマン帝国の疲弊を狙ったのである。この協定に基づき、アラブのフセインはオスマン帝国に反乱（アラブの反乱）を起こし、ヒジャーズ王国の設立を宣言し、最終的にはオスマン帝国からの独立はなしえたものの、次の「サイクス・ピコ協定」によって、結果的には、以前に約束されたイギリスからの話ほどではなく、獲得できた領土はごく小さなものであった。なお、「アラブの反乱」を描いた映画「アラビアのロレンス」の主人公はイギリス軍人であるＴ・Ｅ・ロレンス。

### ②フランスとロシアとの間で結んだ「サイクス・ピコ協定」（1916 年 5 月）

しかし、1916 年 5 月、イギリスは、一方でフランス、ロシアとの間で「サイクス・ピコ協定」（イギリスの中東専門家マーク・サイクスとフランスの外交官フランソア・ジョルジュ・ピコの間で結ばれた協定）によって、アラブ地域のイギリス、フランス、ロシアでの分割を密約していた。すなわち、イギリスは地中海とイランに挟まれた地域の南側、フランスはその北側、そして、ロシアは黒海東南の沿岸部などの地域を勢力圏とし、パレスチナは国際管理地域とすることを決めた密約・合意であった。このような事情から、イギリスの要請を受けてフセインが起こしたアラブの反乱\*によって獲得した領土はごくわずかであり、結果的には、領土はイギリスやフランスという大国に奪われたことになり、その後のロシア革命（1917年）によって、ロシア帝国を転覆したソビエト政府がこの密約を暴露したことによって、アラブ人のイギリス、フランスなどへの反感は極に達した。

> \* 映画「アラビアのロレンス」の主人公、Ｔ・Ｅ・ロレンスの述懐。「アラブ人を欺いてきた私は名誉となることは何一つしていないと思う。多くの人間を火中に投じて最悪の死に至らしめることになったのだ」「戦争が終わればアラブ人に対する約束など反故同然の紙切れになってしまうことは私には分かっていた。私はどんな罪に問われるのだろうか」。

### ③ユダヤ人に示した「バルフォア宣言」（1917 年 11 月）\*

イギリスの外務大臣だったアーサー・バルフォアがユダヤ系イギリス人の富豪ウオルター・ロスチャイルドに向けた書簡。この書簡でイギリスは、パレスチナにおけるユダヤ人居住区の建設に賛同する旨を伝えた。当時のユダヤ世界では、故郷パレスチナにユダヤ人が安住できる国を建設しようというシオニズム運動が盛んになっており、この宣言はこの運動を支持する、という表明であった。これは、当時のイギリスの厳しい財政事情からユダヤ人の主張を尊重する意思を表明することにより、彼らから財政的支援を引き出したい、という思惑であった。

> \* イギリスからの支持も得たユダヤ人は、世界各地から次々とパレスチナの地に移住し、折しもヨーロッパを中心にユダヤ人の排斥運動が高まってきたこともあって、その流れは加速しもともとパレスチナの地に住んでいたアラブ人との衝突が起こるようになり、ユダヤ人とイスラム系アラブ人との対立は徐々に後戻りできないものとなった。その後、第二次世界大戦後にユダヤ人がパレスチナにユダヤ人国家のイスラエルを建国するに至り、ユダヤ人とアラブ人の対立は決定的になった。これも、発端はイギリスの安易すぎる外交展開ではなかったか。

出所：環境都市構想研究所

# 23

## Theme
# その他

| | | |
|---|---|---|
| 図表 23-1 | 日本領海概念図 |
| 図表 23-2 | 北方領土問題（地図・面積・人口） |
| 図表 23-3 | 北方領土問題（歴史的経緯と政府の見解） |
| 図表 23-4 | 尖閣諸島問題（地図） |
| 図表 23-5 | 尖閣諸島問題（平和条約・沖縄返還協定の見解） |
| 図表 23-6 | 竹島問題（地図、平和条約上見解） |
| 図表 23-7 | G7・G20、グローバルサウス |
| 図表 23-8 | 世界の宗教別信者数 |
| 図表 23-9 | 我が国の宗教別信者数 |
| 図表 23-10 | 仏教の流れ |
| 図表 23-11 | 神道の流れ |
| 図表 23-12 | 新聞の発行部数と世帯数の推移 |
| 図表 23-13 | 技能オリンピックの成績（2007 年〜現在） |
| 図表 23-14 | 世界競争力ランキング（日本：総合 35 位） |
| 図表 23-15 | 世界幸福度ランキング（2023 年度） |
| 図表 23-16 | OECD 諸国の年間平均年収（2022 年） |
| 図表 23-17 | 過去の大地震と地震動予測地図（2022 年版） |
| 図表 23-18 | 能登半島地震の緊急復旧作業状況（国道 249 号、県道等、能越自動車道等） |
| 図表 23-19 | 年齢階級別の死因上位 3 位 |
| | 先進 7 カ国＋韓国の 15 〜 34 歳の死因上位 3 位 |
| 図表 23-20 | 孤独感の主な属性別結果 |
| 図表 23-21 | 犯罪率の国際比較（OECD）- 犯罪被害者数の対人口比 |
| 図表 23-22 | 世界で治安の良い国ランキング（2024 年版） |
| 図表 23-23 | 国民が自分自身について思っていること |
| 図表 23-24 | 管理職になりたい人の割合 |
| 図表 23-25 | 石橋湛山賞の歴代受賞者 |
| 図表 23-26 | 武力紛争のリスト |
| 図表 23-27 | 陸上男子 100m の世界記録・日本記録の推移 |
| 図表 23-28 | 男子マラソンの日本記録の推移 |
| 図表 23-29 | 女子マラソンの世界記録・日本記録の推移 |
| 図表 23-30 | 競泳男子 100m 自由形の世界記録・日本記録の推移 |

図表 23-1　日本領海概念図

なお、本概念図は、外国との境界が未画定の海域における地理的中間線を含め便宜上図示したものです。

| 国土面積 | 約38万km$^2$ |
| --- | --- |
| 領海（含：内水） | 約43万km$^2$ |
| 接続水域 | 約32万km$^2$ |
| 排他的経済水域（含：接続水域） | 約405万km$^2$ |
| 延長大陸棚※ | 約18万km$^2$ |
| 領海（含：内水）＋排他的経済水域（含：接続水域） | 約447万km$^2$ |
| 領海（含：内水）＋排他的経済水域（含：接続水域）＋延長大陸棚※ | 約465万km$^2$ |

※　排他的経済水域及び大陸棚に関する法律第2条第2号が規定する海域

出所：海上保安庁

## 図表23-2 北方領土問題（地図・面積・人口）

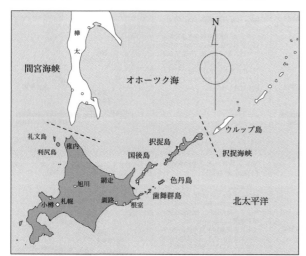

面積

| 名称 | 面積<br>(平方キロ) | 比較<br>(平方キロ) |
|---|---|---|
| （全体） | 5,003 [100%] | 千葉県 5,158<br>福岡県 4,986 |
| 歯舞群島 | 95 [2%] | 小笠原諸島 104 |
| 色丹島 | 251 [5%] | 隠岐本島 242 |
| 国後島 | 1,490 [30%] | 沖縄本島 1,207 |
| 択捉島 | 3,168 [63%] | 鳥取県 3,507 |

人口（人）

| 名称 | 日本人人口<br>(1945年当時) | ロシア人人口<br>(2022年1月) |
|---|---|---|
| （全体） | 17,291 | 18,757 |
| 歯舞群島 | 5,281 | － |
| 色丹島 | 1,038 | 3,251 |
| 国後島 | 7,364 | 8,725 |
| 択捉島 | 3,608 | 6,781 |

日本の北海道本島から4島で最も近い歯舞群島のうち、最も本島側にある貝殻島は、北海道根室市の東端である根室半島の納沙布岬から沖合わずか3.7キロメートル（km）地点に位置する。歯舞群島のうち最大の志発島は納沙布岬から25.5kmである。

また色丹島は納沙布岬から73.3km、択捉島は144.5kmの距離である。

さらに4島で2番目に大きい国後島は北海道の野付半島からわずか16.0km地点に位置する。標津町にある北方領土館からは天候の良い日には国後島を眺めることができる。

出所：外務省ホームページ

## 図表 23-3　北方領土問題（歴史的経緯と政府の見解）

**日魯通好条約（1855年）**

日本は、ロシアに先んじて北方領土を発見・調査し、遅くとも19世紀初めには四島の実効的支配を確立しました。19世紀前半には、ロシア側も自国領土の南限をウルップ島（択捉島のすぐ北にある島）と認識していました。日露両国は、1855年、日魯通好条約において、当時自然に成立していた択捉島とウルップ島の間の両国国境をそのまま確認しました。

1) 1855年の日魯通好条約に基づく国境線

**樺太千島交換条約（1875年）**

日本は、樺太千島交換条約により、千島列島（＝この条約で列挙されたシュムシュ島（千島列島最北の島）からウルップ島までの18島）をロシアから譲り受けるかわりに、ロシアに対して樺太全島を放棄しました。

2) 1875年の樺太千島交換条約に基づく国境線

**ポーツマス条約（1905年）**

日露戦争後のポーツマス条約において、日本はロシアから樺太（サハリン）の北緯50度以南の部分を譲り受けました。

3) 1905年のポーツマス条約に基づく国境線

**サンフランシスコ平和条約（1951年9月）**

日本は、サンフランシスコ平和条約により、ポーツマス条約で獲得した樺太の一部と千島列島に対するすべての権利、権原及び請求権を放棄しました。しかし、そもそも北方四島は千島列島の中に含まれません。また、ソ連は、サンフランシスコ平和条約には署名しておらず、同条約上の権利を主張することはできません。

4) 1951年のサンフランシスコ平和条約に基づく国境線

出所：外務省ホームページ

図表 23-4　尖閣諸島問題（地図）

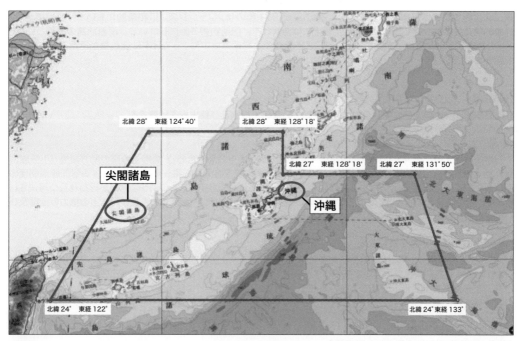

周辺地図

1958年に中国の地図出版社が出版した『世界地図集』
「尖閣諸島」を「尖閣群島」と明記し、沖縄の一部として取り扱っている
（外務省ホームページより）

出所：外務省ホームページ

## 図表 23-5　尖閣諸島問題（平和条約・沖縄返還協定の見解）

第二次世界大戦後、日本の領土を法的に確定した1951年のサンフランシスコ平和条約において、尖閣諸島は、同条約第2条に基づいて日本が放棄した領土には含まれず、同条約第3条に基づいて、南西諸島の一部としてアメリカ合衆国の施政下に置かれました。1972年発効の沖縄返還協定によって日本に施政権が返還された地域にも含まれています。

### 【参考：サンフランシスコ平和条約第2条】
（b）日本国は、台湾及び澎湖諸島に対するすべての権利、権原及び請求権を放棄する。

### 【参考：サンフランシスコ平和条約第3条】
　日本国は、北緯二十九度以南の南西諸島（琉球諸島及び大東諸島を含む。）孀婦岩の南の南方諸島（小笠原群島、西之島及び火山列島を含む。）並びに沖の鳥島及び南鳥島を合衆国を唯一の施政権者とする信託統治制度の下におくこととする国際連合に対する合衆国のいかなる提案にも同意する。このような提案が行われ且つ可決されるまで、合衆国は、領水を含むこれらの諸島の領域及び住民に対して、行政、立法及び司法上の権力の全部及び一部を行使する権利を有するものとする。

### 【参考：沖縄返還協定第1条】
2　この協定の適用上、「琉球諸島及び大東諸島」とは、行政、立法及び司法上のすべての権力を行使する権利が日本国との平和条約第三条の規定に基づいてアメリカ合衆国に与えられたすべての領土及び領水のうち、そのような権利が千九百五十三年十二月二十四日及び千九百六十八年四月五日に日本国とアメリカ合衆国との間に署名された奄美群島に関する協定並びに南方諸島及びその他の諸島に関する協定に従ってすでに日本国に返還された部分を除いた部分をいう。

### 【参考：沖縄返還協定　合意された議事録】
　第一条に関し、同条2に定義する領土は、日本国との平和条約第三条の規定に基づくアメリカ合衆国の施政の下にある領土であり、千九百五十三年十二月二十五日付けの民政府布告第二十七号に指定されているとおり、次の座標の各点を順次に結ぶ直線によって囲まれる区域内にあるすべての島、小島、環礁及び岩礁である。

北緯二十八度東経百二十四度四十分
北緯二十四度東経百二十二度
北緯二十四度東経百三十三度
北緯二十七度東経百三十一度五十分
北緯二十七度東経百二十八度十八分
北緯二十八度東経百二十八度十八分
北緯二十八度東経百二十四度四十分

尖閣諸島は、第二次世界大戦後、サンフランシスコ平和条約第3条に基づき、南西諸島の一部としてアメリカ合衆国の施政下に置かれ、1972年発効の沖縄返還協定（「琉球諸島及び大東諸島に関する日本国とアメリカ合衆国との間の協定」）によって日本に施政権が返還されました。サンフランシスコ講和会議におけるダレス米国代表の発言及び1957年の岸信介総理大臣とアイゼンハワー大統領との共同コミュニケに明示されているとおり、我が国が南西諸島に対する残存する（又は潜在的な）主権を有することを認めていました。

また、米国は、日米安全保障条約第5条の適用に関し、尖閣諸島は1972年の沖縄返還の一環として返還されて以降、日本国政府の施政の下にあり、日米安全保障条約は尖閣諸島にも適用されるとの見解を明確にしています。

尖閣諸島の久場島及び大正島については、1972年の沖縄返還の際に、その時点で中国が既に独自の主張を始めていたにもかかわらず、日米地位協定に基づき「日本国」における施設・区域として我が国から米国に提供されて今日に至っています。

出所：外務省ホームページ

## 図表 23-6　竹島問題（地図、平和条約上見解）

### 竹島の領有権に関する日本の一貫した立場

■ 竹島は、歴史的事実に照らしても、かつ国際法上も明らかに日本固有の領土です。

■ 韓国による竹島の占拠は、国際法上何ら根拠がないまま行われている不法占拠であり、韓国がこのような不法占拠に基づいて竹島に対して行ういかなる措置も法的な正当性を有するものではありません。

■ 日本は竹島の領有権を巡る問題について、国際法にのっとり、冷静かつ平和的に紛争を解決する考えです。

■（注）韓国側からは、日本が竹島を実効的に支配し、領有権を再確認した1905年より前に、韓国が同島を実効的に支配していたことを示す明確な根拠は提示されていません。

所在地図

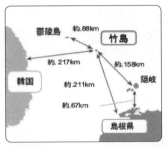
周辺地図

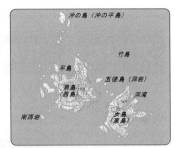
詳細地図
（出典：国土地理院ウェブサイト）

### サンフランシスコ平和条約における竹島の取扱い

1. 1951（昭和26）年9月に署名されたサンフランシスコ平和条約は、日本による朝鮮の独立承認を規定するとともに、日本が放棄すべき地域として「済州島、巨文島及び鬱陵島を含む朝鮮」と規定しました。

2. この部分に関する米英両国による草案内容を承知した韓国は、同年7月、梁（ヤン）駐米韓国大使からアチソン米国務長官宛の書簡を提出しました。その内容は、「我が政府は、第2条 a 項の『放棄する』という語を『（日本国が）朝鮮並びに済州島、巨文島、鬱陵島、独島及びパラン島を含む日本による朝鮮の併合前に朝鮮の一部であった島々に対するすべての権利、権原及び請求権を1945年8月9日に放棄したことを確認する。』に置き換えることを要望する。」というものでした。

3. この韓国側の意見書に対し、米国は、同年8月、ラスク極東担当国務次官補から梁大使への書簡をもって次のとおり回答し、韓国側の主張を明確に否定しました。
「・・・合衆国政府は、1945年8月9日の日本によるポツダム宣言受諾が同宣言で取り扱われた地域に対する日本の正式ないし最終的な主権放棄を構成するという理論を（サンフランシスコ平和）条約がとるべきだとは思わない。ドク島、または竹島ないしリアンクール岩として知られる島に関しては、この通常無人である岩島は、我々の情報によれば朝鮮の一部として取り扱われたことが決してなく、1905年頃から日本の島根県隠岐島支庁の管轄下にある。この島は、かつて朝鮮によって領有権の主張がなされたとは見られない。・・・」
これらのやり取りを踏まえれば、サンフランシスコ平和条約において竹島は我が国の領土であるということが肯定されていることは明らかです。

4. なお、1954年に韓国を訪問したヴァン・フリート大使の帰国報告にも、竹島は日本の領土であり、サンフランシスコ平和条約で放棄した島々には含まれていないというのが米国の結論であると記されています。

出所：外務省ホームページ

図表 23-7　G7・G20、グローバルサウス

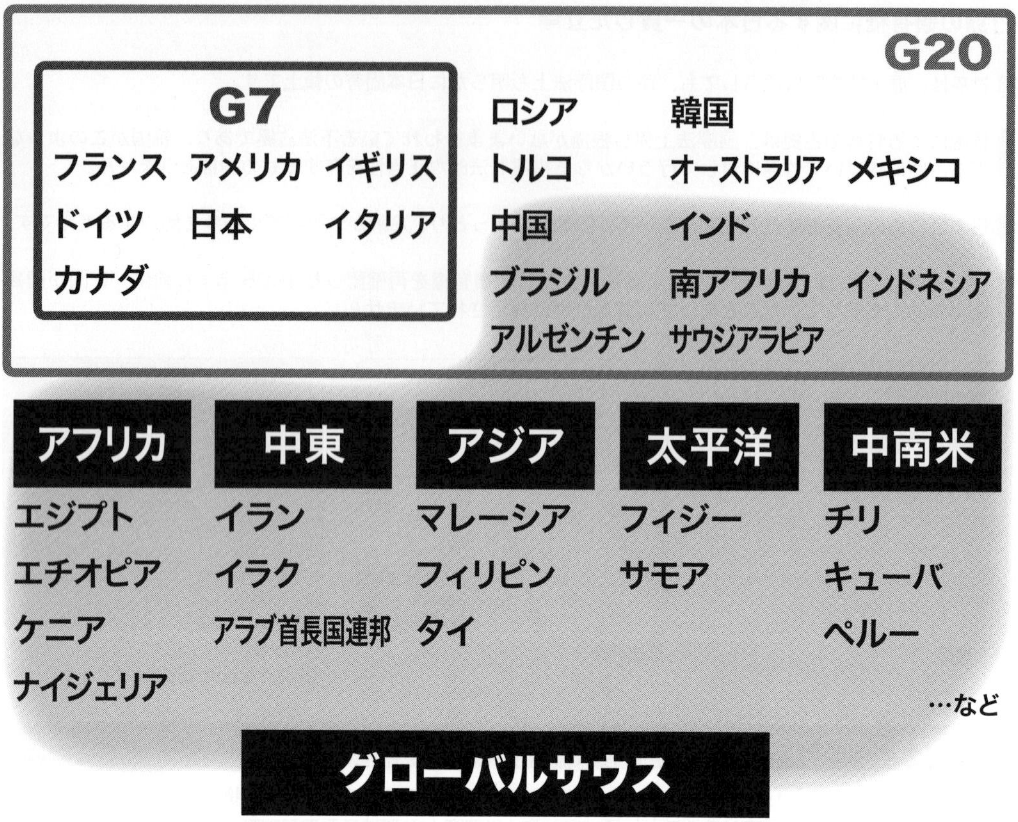

**G20**

**G7**
フランス　アメリカ　イギリス
ドイツ　　日本　　　イタリア
カナダ

ロシア　　　　韓国
トルコ　　　　オーストラリア　メキシコ
中国　　　　　インド
ブラジル　　　南アフリカ　　インドネシア
アルゼンチン　サウジアラビア

| アフリカ | 中東 | アジア | 太平洋 | 中南米 |
|---|---|---|---|---|
| エジプト | イラン | マレーシア | フィジー | チリ |
| エチオピア | イラク | フィリピン | サモア | キューバ |
| ケニア | アラブ首長国連邦 | タイ | | ペルー |
| ナイジェリア | | | | |

…など

**グローバルサウス**

**「グローバルサウス」**

　以前は、経済的に発展途上である国々や地域に対して、「第三世界」とか「発展途上国」といった用語が使われてきたが、これらは社会経済的な不平等や格差を強調するものであることからあまり使われなくなってきた。現在は、これらの国々や地域に対して、「グローバルサウス」という表現が多く使われており、これは、グローバル資本主義の段階を含意するとともに、支配と抵抗の様式、搾取・阻害などを経験する被支配集団や「抵抗する」諸集団・政治的アクターを示す「概念」としても使われている。

　特徴としては、人口が多い、食糧が不足している、人口やGDPが急速に増加するなど急成長している、経済や政治の世界において影響力が増加し、G20などの国際舞台で活躍している、ことが挙げられる。

---

**G7** 先進7カ国（7カ国＋EU）

1975年にアメリカ、イギリス、フランス、西ドイツ、日本、イタリアの6カ国による首脳会議を実施。その後、カナダが加わりG7に。東西冷戦終結後、ロシアが加わり98年にG8となったが、2014年のクリミア半島の併合などでロシアを除くG7に戻った

---

**G20** 20カ国・地域

1999年に財務大臣・中央銀行総裁会議を開催。
2008年から首脳会議も実施

---

**G77** 国連における途上国の協力グループ

1964年、第1回国際連合貿易開発会議（UNCTAD）で、アジア、アフリカ、南米の開発途上国の発言力を高めるため「開発途上77カ国共同宣言」に署名した国によって設立。現在、加盟国は134カ国

---

出所：環境都市構想研究所

図表23-8　世界の宗教別信者数

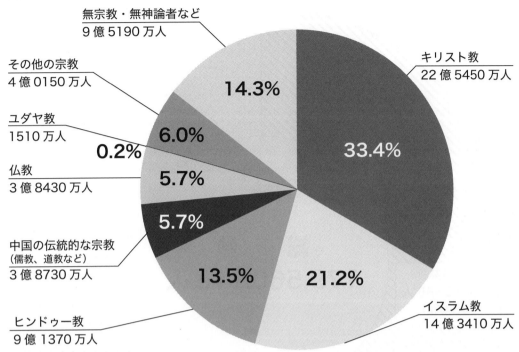

総人口：67億4960万人として計算
キリスト教、イスラム教、仏教の三大宗教が全体の61.3%を占める。また、宗教人口は仏教よりもヒンドゥー教の方が多い。

出所：ブリタニカ・ジャパン「ブリタニカ国際年鑑2009」

図表23-9　我が国の宗教別信者数

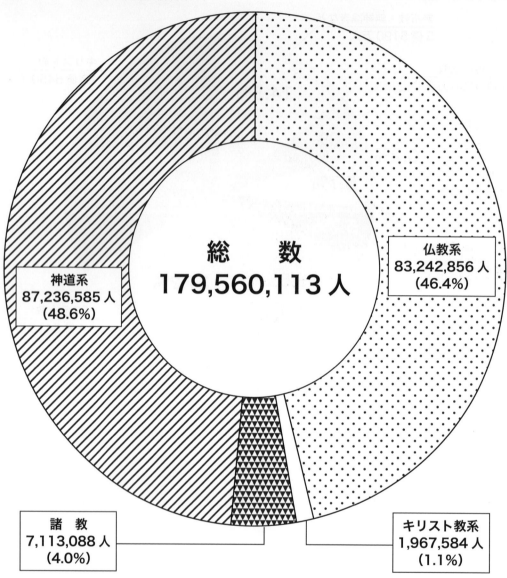

注）総数が総人口数を上回る理由：この調査は、宗教法人を回答者として申告制で行うため、必然的に多めに申告する傾向にある。神道や仏教は他教の信者となったり無宗教を表明する者でも生家が所属する寺院の檀家にカウントされている場合がある。

出所：文化庁「宗教年鑑」令和4年版

## 23 その他

図表23-10 仏教の流れ

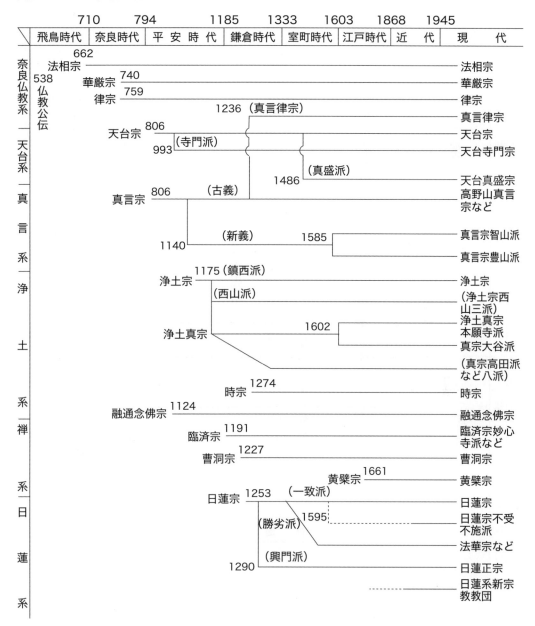

出所：文化庁「宗教年鑑」令和4年版

図表 23-11　神道の流れ

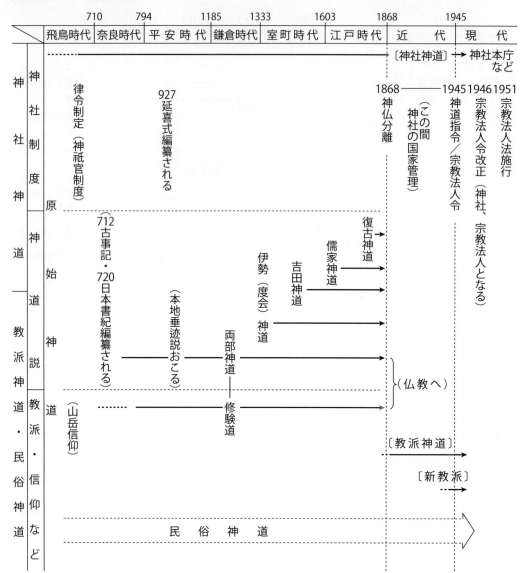

出所：文化庁「宗教年鑑」令和4年版

## 図表 23-12　新聞の発行部数と世帯数の推移

各年 10 月
(単位＝部)

|  | 合計 | 種類別 || 発行形態別 ||| 1世帯当たり部数 | 世帯数 |
|---|---|---|---|---|---|---|---|---|
|  |  | 一般紙 | スポーツ紙 | セット部数 | 朝刊単独部数 | 夕刊単独部数 |  |  |
| 2022年 | 30,846,631 | 28,694,915 | 2,151,716 | 5,928,317 | 24,400,468 | 517,846 | 0.53 | 58,226,982 |
| 2021年 | 33,027,135 | 30,657,153 | 2,369,982 | 6,484,982 | 25,914,024 | 628,129 | 0.57 | 57,849,163 |
| 2020年 | 35,091,944 | 32,454,796 | 2,637,148 | 7,252,724 | 27,064,065 | 775,155 | 0.61 | 57,380,526 |
| 2019年 | 37,811,248 | 34,877,964 | 2,933,284 | 8,422,099 | 28,554,249 | 834,900 | 0.66 | 56,996,515 |
| 2018年 | 39,901,576 | 36,823,021 | 3,078,555 | 9,025,146 | 29,993,652 | 882,778 | 0.70 | 56,613,999 |
| 2017年 | 42,128,189 | 38,763,641 | 3,364,548 | 9,700,510 | 31,487,725 | 939,954 | 0.75 | 56,221,568 |
| 2016年 | 43,276,147 | 39,821,106 | 3,455,041 | 10,413,426 | 31,889,399 | 973,322 | 0.78 | 55,811,969 |
| 2015年 | 44,246,688 | 40,691,869 | 3,554,819 | 10,874,446 | 32,365,532 | 1,006,710 | 0.80 | 55,364,197 |
| 2014年 | 45,362,672 | 41,687,125 | 3,675,547 | 11,356,360 | 32,979,682 | 1,026,630 | 0.83 | 54,952,108 |
| 2013年 | 46,999,468 | 43,126,352 | 3,873,116 | 12,396,510 | 33,552,159 | 1,050,799 | 0.86 | 54,594,744 |
| 2012年 | 47,777,913 | 43,723,161 | 4,054,752 | 12,876,612 | 33,827,147 | 1,074,154 | 0.88 | 54,171,475 |
| 2011年 | 48,345,304 | 44,091,335 | 4,253,969 | 13,235,658 | 33,975,622 | 1,134,024 | 0.90 | 53,549,522 |
| 2010年 | 49,321,840 | 44,906,720 | 4,415,120 | 13,877,495 | 34,259,015 | 1,185,330 | 0.92 | 53,362,801 |
| 2009年 | 50,352,831 | 45,659,885 | 4,692,946 | 14,727,162 | 34,399,779 | 1,225,890 | 0.95 | 52,877,802 |
| 2008年 | 51,491,409 | 46,563,681 | 4,927,728 | 15,715,332 | 34,403,818 | 1,372,259 | 0.98 | 52,324,877 |
| 2007年 | 52,028,671 | 46,963,136 | 5,065,535 | 16,408,728 | 34,174,558 | 1,445,385 | 1.01 | 51,713,048 |
| 2006年 | 52,310,478 | 47,056,527 | 5,253,951 | 16,789,314 | 34,047,660 | 1,473,504 | 1.02 | 51,102,005 |
| 2005年 | 52,568,032 | 47,189,832 | 5,378,200 | 17,111,533 | 33,927,821 | 1,528,678 | 1.04 | 50,382,081 |
| 2004年 | 53,021,564 | 47,469,987 | 5,551,577 | 17,341,993 | 34,066,442 | 1,613,129 | 1.06 | 49,837,731 |
| 2003年 | 52,874,959 | 47,282,645 | 5,592,314 | 17,464,928 | 33,781,260 | 1,628,771 | 1.07 | 49,260,791 |
| 2002年 | 53,198,444 | 47,390,027 | 5,808,417 | 17,616,627 | 33,900,896 | 1,680,921 | 1.09 | 48,637,789 |
| 2001年 | 53,680,753 | 47,559,052 | 6,121,701 | 18,013,395 | 33,862,600 | 1,804,758 | 1.12 | 48,015,251 |
| 2000年 | 53,708,831 | 47,401,669 | 6,307,162 | 18,187,498 | 33,702,727 | 1,818,606 | 1.13 | 47,419,905 |

朝夕刊セットを1部として計算
セット紙を朝・夕刊別に数えた場合は、36,774,948部（2022年10月現在）
世帯数は2014年から1月1日現在、2013年までは3月31日現在の住民基本台帳による

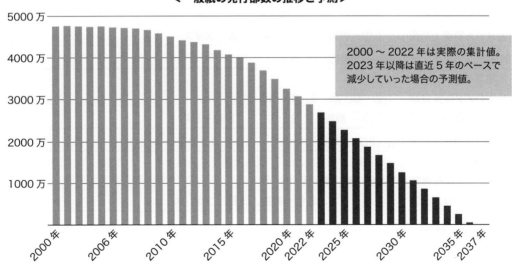

＜一般紙の発行部数の推移と予測＞

2000～2022年は実際の集計値。
2023年以降は直近5年のペースで減少していった場合の予測値。

出所：日本新聞協会経営業務部調べ

図表 23-13　技能オリンピックの成績（2007 年〜現在）

**第 46 回 特別開催（日本を含む 15 の国・地域による分散開催）（2022 年）**

| 出場選手数 | ：59 名 |
|---|---|
| 日本のメダル獲得数 | ：金…8、銀… 5 、銅…5 |
| 金メダル獲得上位国 | ：1 位…中国、2 位…韓国、3 位…日本 |

**第 45 回 ロシア連邦・カザン大会（2019 年）**

| 出場選手数 | ：48 名 |
|---|---|
| 日本のメダル獲得数 | ：金…2、銀…3、銅…6 |
| 金メダル獲得上位国 | ：1 位…中国、2 位…ロシア、3 位…韓国 |

**第 44 回 アラブ首長国連邦・アブダビ大会（2017 年）**

| 出場選手数 | ：45 名 |
|---|---|
| 日本のメダル獲得数 | ：金…3、銀…2、銅…4 |
| 金メダル獲得上位国 | ：1 位…中国、2 位…スイス、3 位…韓国 |

**第 43 回 ブラジル・サンパウロ大会（2015 年）**

| 出場選手数 | ：45 名 |
|---|---|
| 日本のメダル獲得数 | ：金…5、銀…3、銅…5 |
| 金メダル獲得上位国 | ：1 位…韓国、2 位…ブラジル、3 位…日本、オーストリア、中国、南チロル・イタリア、チャイニーズタイペイ |

**第 42 回 ドイツ・ライプツィヒ大会（2013 年）**

| 出場選手数 | ：45 名 |
|---|---|
| 日本のメダル獲得数 | ：金…5、銀…4、銅…3 |
| 金メダル獲得上位国 | ：1 位…韓国、2 位…スイス、3 位…チャイニーズタイペイ、4 位…日本、オーストリア |

**第 41 回 イギリス・ロンドン大会（2011 年）**

| 出場選手数 | ：44 名 |
|---|---|
| 日本のメダル獲得数 | ：金…11、銀…4、銅…4 |
| 金メダル獲得上位国 | ：1 位…韓国、2 位…日本、3 位…スイス |

**第 40 回 カナダ・カルガリー大会（2009 年）**

| 出場選手数 | ：45 名 |
|---|---|
| 日本のメダル獲得数 | ：金…6、銀…3、銅…5 |
| 金メダル獲得上位国 | ：1 位… 韓国、2 位…スイス、3 位…日本 |

**第 39 回 日本・静岡大会（2007 年）**

| 出場選手数 | ：51 名 |
|---|---|
| 日本のメダル獲得数 | ：金…16、銀…5、銅…3 |
| 金メダル獲得上位国 | ：1 位…日本、2 位…韓国、3 位…フランス |

出所：環境都市構想研究所

## 図表 23-14　世界競争力ランキング（日本：総合 35 位）

**IMD「世界競争力年鑑」2023年　総合順位**

| 順位 | 国名 | 2022年からの順位差 | 順位 | 国名 | 2022年からの順位差 | 順位 | 国名 | 2022年からの順位差 |
|---|---|---|---|---|---|---|---|---|
| 1 | デンマーク | △0 | 23 | イスラエル | △2 | 45 | キプロス | ▲5 |
| 2 | アイルランド | △9 | 24 | オーストリア | ▲4 | 46 | ハンガリー | ▲7 |
| 3 | スイス | ▲1 | 25 | バーレーン | △5 | 47 | トルコ | △5 |
| 4 | シンガポール | ▲1 | 26 | エストニア | ▲4 | 48 | ルーマニア | △3 |
| 5 | オランダ | △1 | 27 | マレーシア | △5 | 49 | ギリシャ | ▲2 |
| 6 | 台湾 | △1 | 28 | 韓国 | ▲1 | 50 | クロアチア | ▲4 |
| 7 | 香港 | ▲2 | 29 | イギリス | ▲6 | 51 | ラトビア | ▲16 |
| 8 | スウェーデン | ▲4 | 30 | タイ | △3 | 52 | フィリピン | ▲4 |
| 9 | アメリカ | △1 | 31 | ニュージーランド | △0 | 53 | スロバキア | ▲4 |
| 10 | UAE | △2 | 32 | リトアニア | ▲3 | 54 | ヨルダン | △2 |
| 11 | フィンランド | ▲3 | 33 | フランス | ▲5 | 55 | ペルー | ▲1 |
| 12 | カタール | △6 | 34 | インドネシア | △10 | 56 | メキシコ | ▲1 |
| 13 | ベルギー | △8 | **35** | **日本** | **▲1** | 57 | ブルガリア | ▲4 |
| 14 | ノルウェー | ▲5 | 36 | スペイン | △0 | 58 | コロンビア | ▲1 |
| 15 | カナダ | ▲1 | 37 | カザフスタン | △6 | 59 | ボツワナ | ▲1 |
| 16 | アイスランド | △0 | 38 | クウェート | − | 60 | ブラジル | ▲1 |
| 17 | サウジアラビア | △7 | 39 | ポルトガル | △3 | 61 | 南アフリカ | ▲1 |
| 18 | チェコ | △8 | 40 | インド | ▲3 | 62 | モンゴル | ▲1 |
| 19 | オーストラリア | △0 | 41 | イタリア | △0 | 63 | アルゼンチン | ▲1 |
| 20 | ルクセンブルク | ▲7 | 42 | スロベニア | ▲4 | 64 | ベネズエラ | ▲1 |
| 21 | 中国 | ▲4 | 43 | ポーランド | △7 | | | |
| 22 | ドイツ | ▲7 | 44 | チリ | △1 | | | |

注：2022年からの順位差は2022年版順位からの上昇（△）、下落（▲）幅を示す。

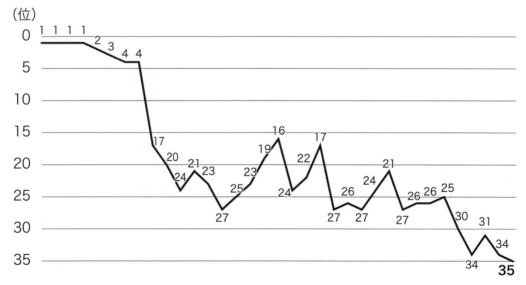

**日本の総合順位の推移**

出所：国際経営開発研究所「世界競争力年鑑」2023年を基に三菱総合研究所作成

**図表 23-15　世界幸福度ランキング（2023 年度）**

| | | |
|---|---|---|
| 1位 | フィンランド | 7.804 |
| 2位 | デンマーク | 7.586 |
| 3位 | アイスランド | 7.530 |
| 4位 | イスラエル | 7.473 |
| 5位 | オランダ | 7.403 |
| 6位 | スウェーデン | 7.395 |
| 7位 | ノルウェー | 7.315 |
| 8位 | スイス | 7.240 |
| 9位 | ルクセンブルク | 7.228 |
| 10位 | ニュージーランド | 7.123 |
| 15位 | アメリカ | 6.894 |
| 16位 | ドイツ | 6.892 |
| 19位 | イギリス | 6.796 |
| 21位 | フランス | 6.661 |
| 46位 | キプロス | 6.130 |
| **47位** | **日本** | **6.129** |
| 48位 | クロアチア | 6.125 |
| 57位 | 韓国 | 5.951 |
| 64位 | 中国 | 5.818 |
| 70位 | ロシア | 5.661 |
| 135位 | シエラレオネ | 3.138 |
| 136位 | レバノン | 2.392 |
| 137位 | アフガニスタン | 1.859 |

（※中国は 2020、2021年の平均、ほかの国は 2020
～ 2022年の平均）

注）ランキング要因
① 経済水準　　　② 社会的支援水準　③ 健康寿命
④ 人生の選択度　⑤ 寛容さ　　　　　⑥ 腐敗のなさ

出所：持続可能な開発ソリューション・ネットワーク（SDSN）

図表 23-16　OECD 諸国の年間平均年収（2022 年）

| 順位 | 国名 | US ドル |
|------|------|---------|
| 1 | スイス | 97,327 |
| 2 | アイスランド | 97,233 |
| 3 | ルクセンブルク | 79,706 |
| 4 | アメリカ | 77,463 |
| 5 | ノルウェー | 67,954 |

| 15 | イギリス | 50,139 |
|------|------|---------|

| 17 | ドイツ | 47,869 |
|------|------|---------|

| 20 | 韓国 | 36,012 |
|------|------|---------|
| 21 | 日本 | 34,393 |
| 22 | イタリア | 33,202 |

| 24 | スペイン | 30,658 |
|------|------|---------|

| 30 | チリ | 19,773 |
|------|------|---------|

出所：GLOVAL NOTE

図表 23-17　過去の大地震と地震動予測地図（2022年版）

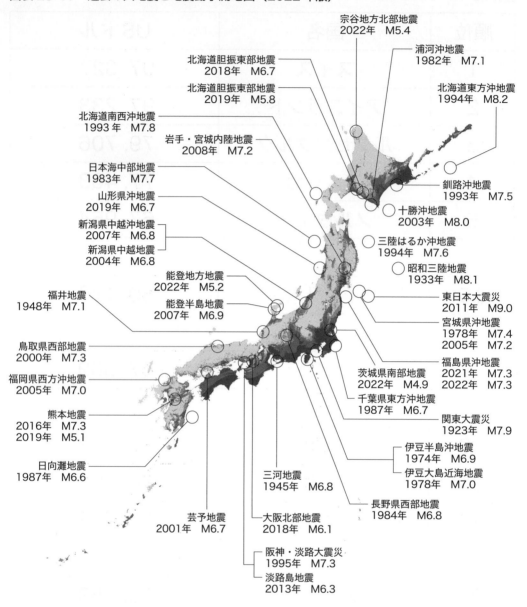

**今後30年間に震度6弱以上の揺れに見舞われる確率**

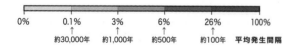

資料：国立研究開発法人 防災科学技術研究所　確率論的地震動予測地図より

出所：防災科学技術研究所「確率論的地震動予想地図」

## 図表 23-18　能登半島地震の緊急復旧作業状況（国道 249 号、県道等、能越自動車道等）

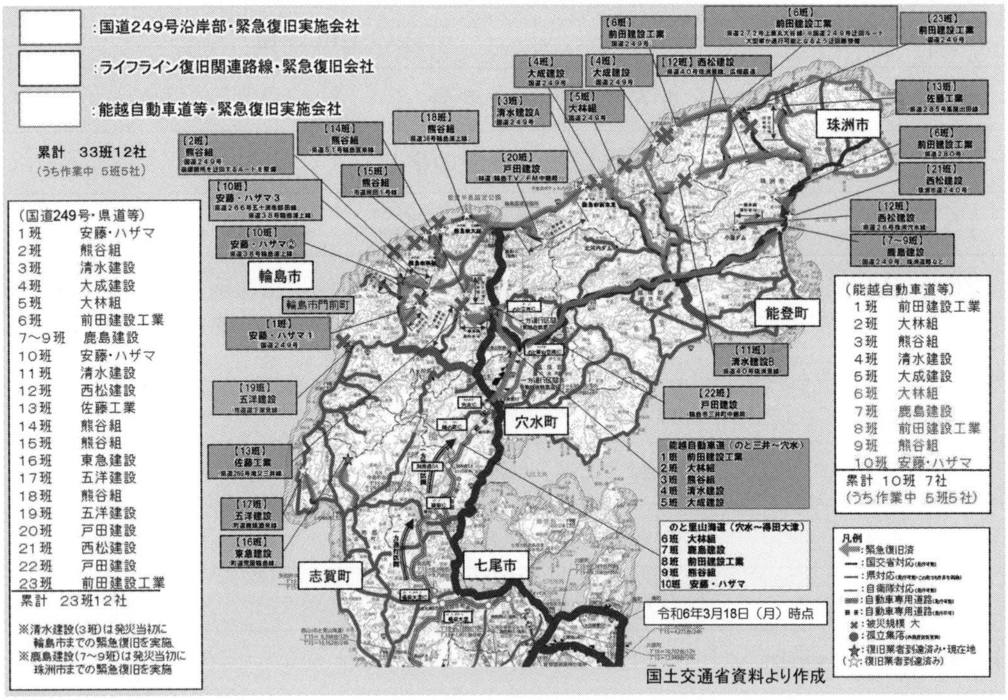


出所 : 日本建設業連合会

図表 23-19　年齢階級別の死因上位 3 位

| 年齢 | 死因の上位 3 位 |
|---|---|
| 全体 | がん / 心疾患 / 老衰 |
| 10 〜 14 | がん / 自殺 / 不慮の事故 |
| 15 〜 19 | 自殺 / 不慮の事故 / がん |
| 20 〜 24 | 自殺 / 不慮の事故 / がん |
| 25 〜 29 | 自殺 / がん / 不慮の事故 |
| 30 〜 34 | 自殺 / がん / 不慮の事故 |
| 35 〜 39 | 自殺 / がん / 心疾患 |
| 40 〜 44 | がん / 自殺 / 心疾患 |
| 45 〜 49 | がん / 自殺 / 心疾患 |

出所：厚生労働省「人口動態統計」

先進 7 カ国＋韓国の 15 〜 34 歳の死因上位 3 位

| | 1 位 | 2 位 | 3 位 |
|---|---|---|---|
| 日本 | 自殺（16.3） | 事故 | がん |
| フランス | 事故 | 自殺（7.9） | その他 |
| ドイツ | 事故 | 自殺（7.5） | がん |
| カナダ | 事故 | 自殺（10.6） | がん |
| アメリカ | 事故 | 自殺（14.1） | 殺人 |
| イギリス | 事故 | 自殺（7.4） | がん |
| イタリア | 事故 | がん | 自殺（4.1） |
| 韓国 | 自殺（16.3） | 事故 | がん |

自殺の欄の（　　）は自殺率

出所：厚生労働省「自殺対策白書」／フランス 2014 年、カナダ 2013 年、それ以外は 2015 年のデータ

## 図表 23-20 孤独感の主な属性別結果

あなたはどの程度、孤独であると感じることがありますか。

|  | 令和4年 | 令和3年 |
|---|---|---|
| しばしばある・常にある | 4.9% | 4.5% |
| 時々ある | 15.8% | 14.5% |
| たまにある | 19.6% | 17.4% |
| ほとんどない | 40.6% | 38.9% |
| 決してない | 18.4% | 23.7% |
| 無回答 | 0.6% | 0.9% |

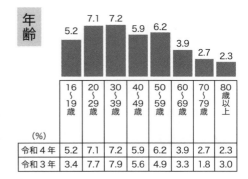

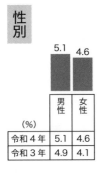

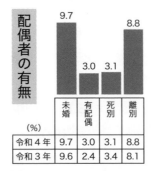

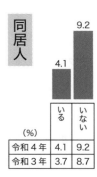

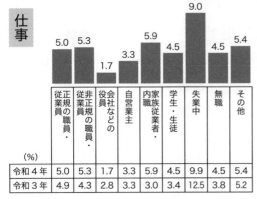

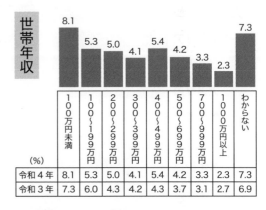

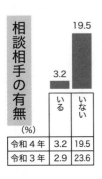

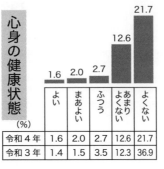

※令和4年からの新設問

出所：内閣官房孤独・孤立対策担当室

図表23-21 犯罪率の国際比較（OECD）——犯罪被害者数の対人口比

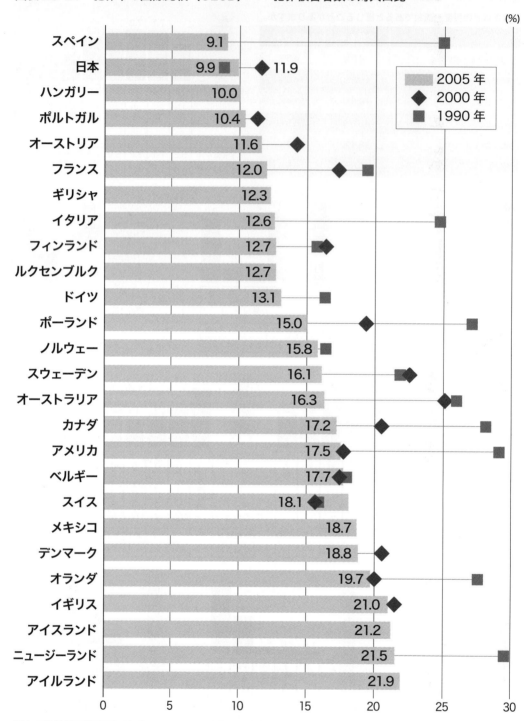

（注）国連地域間犯罪司法研究所（UNICRI）と国連薬物・犯罪局（UNODC）によって実施された「国際犯罪被害調査」による。
（資料）OECD Factbook 2006・2009

出所：経済協力開発機構（OECD）

## 23 その他

図表 23-22　世界で治安の良い国ランキング（2024 年版）

| 最新順位 | 国名 | 前回順位 |
| --- | --- | --- |
| 1 位 | アイスランド | 1 位 |
| 2 位 | デンマーク | 3 位 |
| 3 位 | アイルランド | 2 位 |
| 4 位 | ニュージーランド | 6 位 |
| 5 位 | オーストリア | 4 位 |
| 6 位 | シンガポール | 10 位 |
| 7 位 | ポルトガル | 8 位 |
| 8 位 | スロベニア | 4 位 |
| 9 位 | 日本 | 9 位 |
| 10 位 | スイス | 11 位 |
| 11 位 | カナダ | 13 位 |
| 12 位 | チェコ | 7 位 |
| 13 位 | フィンランド | 16 位 |
| 14 位 | クロアチア | 15 位 |
| 15 位 | ドイツ | 17 位 |
| 16 位 | オランダ | 21 位 |
| 17 位 | ブータン | 12 位 |
| 18 位 | ハンガリー | 14 位 |
| 19 位 | マレーシア | 19 位 |
| 20 位 | ベルギー | 24 位 |

出所：経済平和研究所

図表 23-23 国民が自分自身について思っていること

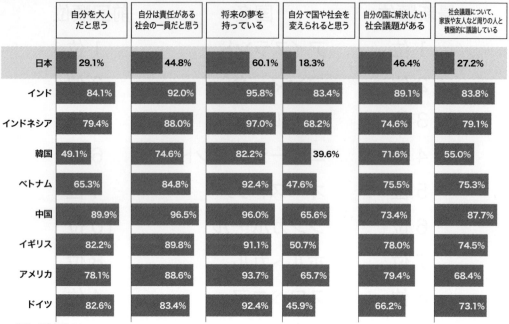

出所：日本財団

私たちの自分自身や国の将来に対する期待の多さに関しては、日本財団が2019年に行った調査があります。これはインド、インドネシア、韓国、ベトナム、中国、イギリス、アメリカ、ドイツの若者（17〜19歳各1,000人）を対象に行った意識調査ですが、日本人の国や自分自身の将来に対する期待の多さが、ずば抜けて低いという結果が得られています。

図表23-24 管理職になりたい人の割合

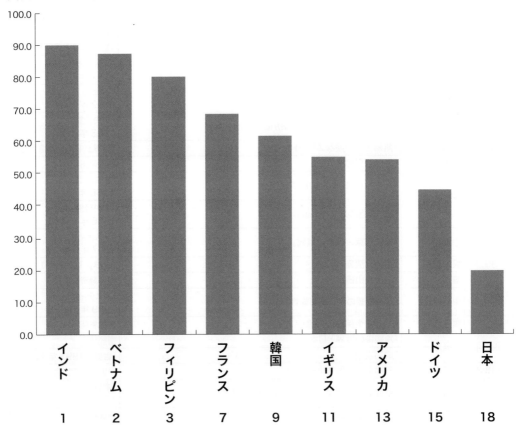

出所：パーソル総合研究所

**図表 23-25　石橋湛山賞の歴代受賞者**

| | | | |
|---|---|---|---|
| 1980 年 | 飯田経夫 | 「高い自己調整能力をもつ日本経済」 | 『現代経済』1979 年冬号 |
| 1981 年 | 叶芳和 | 「農業革命を展望する」 | 『経済評論』1980 年 11 月号 |
| 1982 年 | 長谷川慶太郎 | 「世界が日本を見倣う日」 | 『文藝春秋』1981 年 11 月号 |
| 1983 年 | 天谷直弘 | 「日米「愛憎」関係 今後の選択」 | 『Voice』1982 年 1 月号 |
| 1984 年 | 宮崎勇 | 「陽はまた昇る－経済力の活用と国際的な貢献」 | 『中央公論』1983 年 7 月号 |
| 1985 年 | 竹内啓 | 「無邪気で危険なエリートたち」 | 『世界』1984 年 2 月号 |
| 1986 年 | 松山幸雄 | 『国際対話の時代』 | 朝日新聞社 |
| 1987 年 | 大沼保昭 | 「歴史と文明のなかの経済摩擦」 | 『中央公論』1986 年 8 月号 |
| | | 「経済摩擦の歴史的地位」 | 『中央公論』1986 年 9 月号 |
| 1988 年 | 中谷巌 | 「責任国家・日本の選択」 | 『アスティオン』1987 年冬号 |
| 1989 年 | 坂本義和 | 「平和・開発・人権」 | 『世界』1989 年 1 月号 |
| 1990 年 | 増田弘 | 『石橋湛山研究』 | 東洋経済新報社 |
| | 中西輝政 | 「日米同盟の新しい可能性」 | 『アスティオン』1989 年 10 月号 |
| 1991 年 | 鴨武彦 | 『国際安全保障の構想』 | 岩波書店 |
| 1992 年 | 船橋洋一 | 『冷戦後の世界と日本』 | 講談社 |
| | | 「成功物語」 | 『世界』1991 年 12 月号 |
| 1993 年 | 姜克實 | 『石橋湛山の思想史的研究』 | 早稲田大学出版会 |
| 1994 年 | 寺島実郎 | 「新経済主義宣言－政治改革論議を超えて」 | 『中央公論』1994 年 2 月号 |
| 1995 年 | 伊藤元重 | 『挑戦する流通』 | 講談社 |
| 1996 年 | 田中直毅 | 『新しい産業社会の構想』 | 日本経済新聞社 |
| | | 『アジアの時代』 | 東洋経済新報社 |
| 1997 年 | 八代尚宏 | 『日本的雇用慣行の経済学』 | 日本経済新聞社 |
| 1998 年 | 鶴田俊正 | 『規制緩和－市場の活性化と独禁法』 | ちくま新書 |
| 1999 年 | 猪木武徳 | 「競争社会の二つの顔－生存のためそして遊戯として」 | 『中央公論』1998 年 5 月号 |
| 2000 年 | 奥村洋彦 | 『現代日本経済論－「バブル経済」の発生と崩壊』 | 東洋経済新報社 |
| 2001 年 | 井堀利宏 | 『財政赤字の正しい考え方－政府の借金は何故問題なのか』 | 東洋経済新報社 |
| 2002 年 | 植草一秀 | 『現代日本経済政策論』 | 岩波書店 |
| 2003 年 | 神野直彦 | 『地域再生の経済学－豊かさを問い直す』 | 中公新書 |
| 2004 年 | 橘木俊詔 | 『家計からみる日本経済』 | 岩波新書 |
| 2005 年 | 藤原帰一 | 『平和のリアリズム』 | 岩波書店 |
| 2006 年 | 小菅信子 | 『戦後和解』 | 中公新書 |
| 2007 年 | 毛里和子 | 『日中関係―戦後から新時代へ』 | 岩波新書 |
| 2008 年 | 原田泰 | 『日本国の原則―自由と民主主義を問い直す』 | 日本経済新聞出版社 |
| 2009 年 | 深津真澄 | 『近代日本の分岐点―日露戦争から満州事変前夜まで』 | ロゴス社 |
| 2010 年 | 若田部昌澄 | 『危機の経済政策』 | 日本評論社 |
| 2011 年 | 牧野邦昭 | 『戦時下の経済学者』 | 中央公論新社 |
| 2012 年 | 齊藤誠 | 『原発危機の経済学――社会科学者として考えたこと』 | 日本評論社 |
| 2013 年 | 該当作なし | | |

| 2014 年 | 松元雅和 | 『平和主義とは何か―政治哲学で考える戦争と平和』 | 中公新書 |
| | 白井聡 | 『永続敗戦論―戦後日本の核心』 | 太田出版 |
| 2015 年 | 若宮啓文 | 『戦後 70 年保守のアジア観』 | 朝日新聞出版 |
| 2016 年 | 翁邦雄 | 『経済の大転換と日本銀行』 | 岩波書店 |
| 2017 年 | 水島治郎 | 『ポピュリズムとは何か―民主主義の敵か、改革の希望か』 | 中央公論新社 |
| 2018 年 | 新井紀子 | 『AI vs. 教科書が読めない子どもたち』 | 東洋経済新報社 |
| 2019 年 | 該当作なし | | |
| 2020 年 | 山本章子 | 『日米地位協定―在日米軍と「同盟」の 70 年』 | 中央公論新社 |
| 2021 年 | 宇野重規 | 『民主主義とは何か』 | 講談社現代新書 |
| | 西野智彦 | 『ドキュメント 日銀漂流――試練と苦悩の四半世紀』 | 岩波書店 |
| 2022 年 | 筒井清輝 | 『人権と国家――理念の力と国際政治の現実』 | 岩波新書 |
| | 千々和泰明 | 『戦争はいかに終結したか――二度の大戦からベトナム、イラクまで』 | 中公新書 |
| 2023 年 | 三浦まり | 『さらば、男性政治』 | 岩波新書 |
| | ケネス・盛・マッケルウェイン | 『日本国憲法の普遍と特異――その軌跡と定量的考察』 | 千倉書房 |

出所：環境都市構想研究所

図表 23-26　武力紛争のリスト

1.ソマリア内戦（1991年以降）：
　　場所：ソマリア、ケニア
　　累計死亡者数：506,000人以上
　　**2021年の死亡者数**：3,532人
　　**2022年の死亡者数**：928人

2.シリア内戦（2011年以降）：
　　場所：シリア
　　累計死亡者数：500,000人以上
　　**2021年の死亡者数**：5,828人
　　**2022年の死亡者数**：1,101人

3.スーダン民族暴力（2011年以降）：
　　場所：南スーダン
　　累計死亡者数：386,000人以上
　　**2021年の死亡者数**：1,986人
　　**2022年の死亡者数**：327人

4.ボコハラムによる内戦（2009年以降）：
　　場所：ナイジェリア、カメルーン、
　　　　　ニジェール、チャド
　　累計死亡者数：358,000人以上
　　**2021年の死亡者数**：8,000人
　　**2022年の死亡者数**：1,487人

5.イラク戦争（2003年以降）：
　　場所：イラク
　　累計死亡者数：328,000人以上
　　**2021年の死亡者数**：2,605人
　　**2022年の死亡者数**：307人

6.ダルフール紛争（2003年以降）：
　　場所：スーダン
　　累計死亡者数：301,000人以上
　　**2021年の死亡者数**：1,364人
　　**2022年の死亡者数**：177人

7.コロンビア紛争（1964年以降）：
　　場所：コロンビア
　　累計死亡者数：221,000人以上
　　**2021年の死亡者数**：1,399人
　　**2022年の死亡者数**：464人

出所：環境都市構想研究所

（参考）2020年または2021年に、1万人以上の
　　　　死亡者を出した場所。

①ミャンマー内戦（1948年以降）：
　　場所：アジア、ミャンマー
　　累計死亡者数：150,000から210,000人
　　**2021年の死亡者数**：2,440から11,114人
　　**2022年の死亡者数**：4,360人以上

②イエメン危機・イエメン内戦（2011年以降）：
　　場所：アジア、イエメン、サウジアラビア、
　　　　　アラブ首長国連邦
　　累計死亡者数：377,000人
　　**2021年の死亡者数**：26,573から31,048人
　　**2022年の死亡者数**：3,701から5,099人

③ウクライナ紛争・ロシアのウクライナ侵攻
　（2014年以降）：
　　場所：ヨーロッパ、ウクライナ、ロシア
　　累計死亡者数：13,300人以上
　　**2021年の死亡者数**：149人
　　**2022年の死亡者数**：12,500から15,500人以上

④ティグレ紛争（2020年以降）：
　　場所：アフリカ、エチオピア、エリトリア、スーダン
　　累計死亡者数：23,620から100,000人
　　**2021年の死亡者数**：7,940から19,200人
　　**2022年の死亡者数**：420人

⑤2023年イスラエル・パレスチナ戦争
　（2023年以降）：
　　場所：アジア、ガザ地区
　　累計死亡者数：17,450人

図表 23-27　陸上男子 100 mの世界記録・日本記録の推移

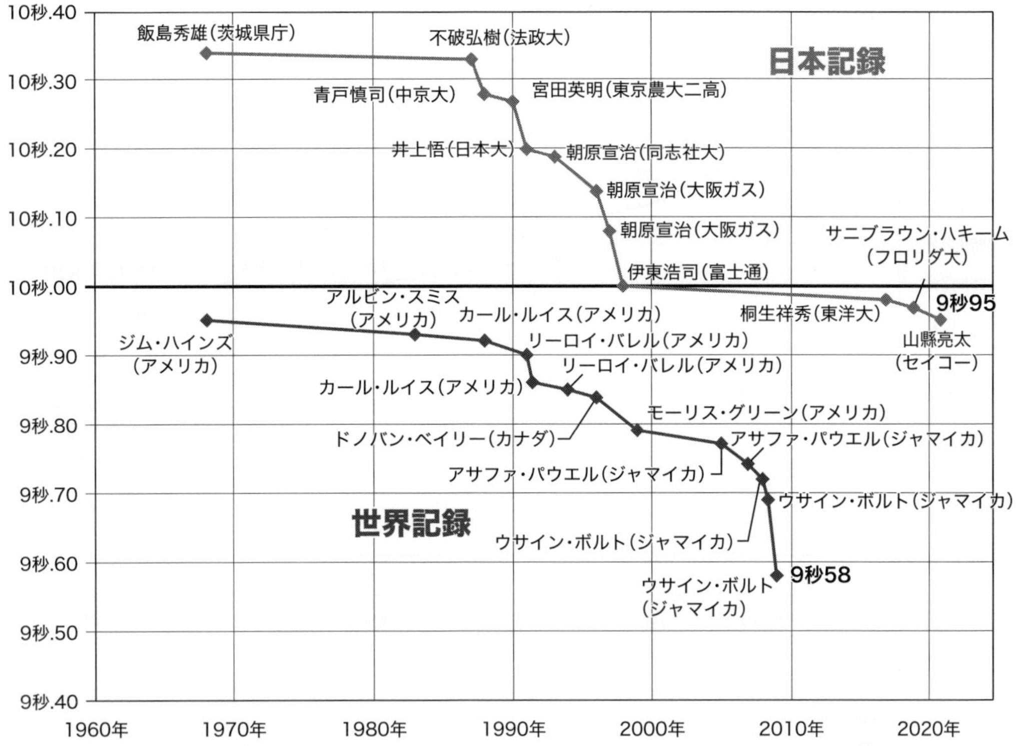


出所：環境都市構想研究所

図表23-28 男子マラソンの日本記録の推移

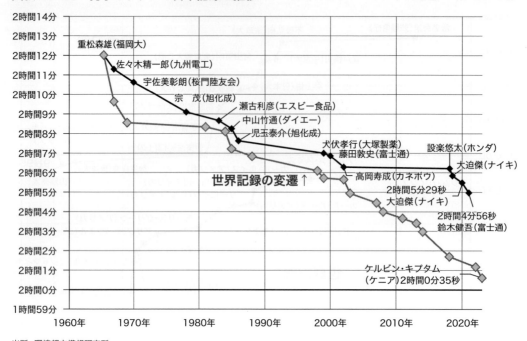

出所：環境都市構想研究所

## 23 その他

図表23-29 女子マラソンの世界記録・日本記録の推移

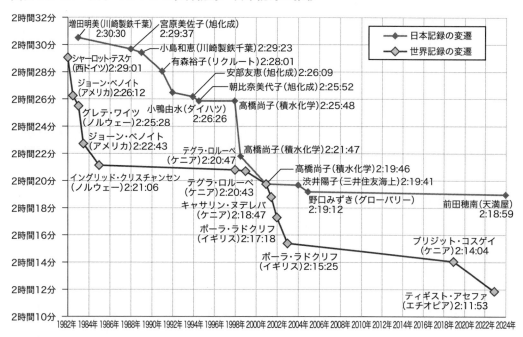

出所：環境都市構想研究所

図表 23-30　競泳男子 100m 自由形の世界記録・日本記録の推移

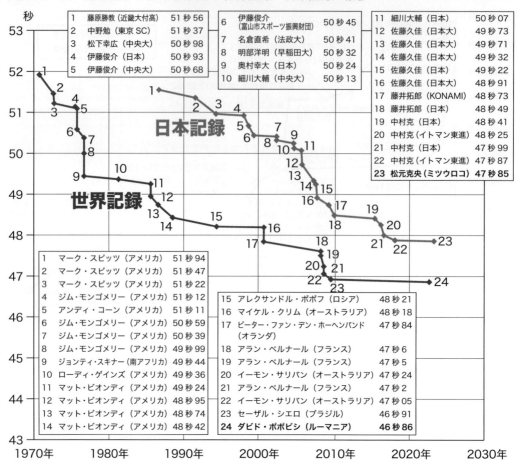

出所：環境都市構想研究所

# 第二部
# 論文編

# 1

**Theme**
**経済**

# 日本再生の道：経済編

### 大正大学 客員教授
## 小峰隆夫

こみね・たかお　1947年、埼玉県生まれ。1969年、東京大学経済学部卒業後、経済企画庁入庁。同庁経済研究所長、同庁物価局長、同庁調査局長などを経て法政大学教授。2017年から大正大学教授（現在は同大客員教授）。日本経済研究センター理事・研究顧問も務める。専門は日本経済論、経済政策論。主な著書に『平成の経済』（2019年、日本経済新聞出版、読売・吉野作造賞）、『私が見てきた日本経済』（2023年、日本経済新聞出版）など。

# はじめに

日本経済は1990年代以降、「失われた30年」と称されるほど苦しい状態を続けてきた。筆者は、2020年に『平成の経済』（日本経済新聞出版）という書籍を著し、1990年代以降の厳しい日本経済の動きを分析した。この時代の日本経済は、それまで経験したことのないような多くの課題に直面した。不良債権問題、デフレの進行、アジア通貨危機、金融危機、東日本大震災、リーマンショックなどがそれである。

その中の多くの課題は、未解決のまま平成時代に引き継がれ、今日に至っている。そこで本稿では、これら未解決の諸問題のうちで、筆者が強い関心を持っている4つの課題について考察することとしたい。それは、①デフレからの脱却、②財政再建、③人口減少への対応、④基礎的成長率の引き上げ（いわゆる成長戦略）である。

## 1. デフレからの脱却

バブル崩壊後、「デフレからの脱却」は長い間、政府の大きな経済政策の目標であり続けてきた。ここで注意してほしいのは、「デフレとは何か」、「デフレからの脱却とは何か」という定義の問題だ。まず、「デフレ」の定義から考えよう。かつては漠然と「デフレ」というのは、「物価が上がらず、景気が悪い状態だ」と考えられていた。

しかし、1990年代以降は、景気が良くても悪くても物価は上がらなかったことから、物価と景気の間には一義的な関係はないことがわかってきた。そこで、内閣府は2001年3月に「持続的な物価下落」をデフレと定義した。

このデフレから脱却するうえで主役を演じたのが金融政策であった。1990年代末以降の金融政策は、「ゼロ金利政策」→「量的緩和」→「時間軸の明確化」→「株式、J-REIT（日本版不動産投資信託）」などのリスク資産の買い入れ」という具合に、前例のない対応をとっていった。

そして、2013年以降のいわゆるアベノミクスのもとで、さらに思い切った措置に踏み込んでいく。すなわち、①2％の物価安定目標の早期実現を目指すという「インフレターゲットの採用」（2013年）、②マネタリーベースの2倍増、国債買い入れの2倍増などの黒田東彦・日本銀行総裁のもとでの異次元金融緩和の開始（2013年）、③マイナス金利の導入（2016年）、④イールドカーブ・コントロールの実施（2016年）などがそれである。

しかし、次第にこうした金融政策の限界が明らかになっていった。まず、効果がなかった。2％の物価上昇目標がいつまで経っても実現できなかったことが、その何よりの証拠だ。また、効果がないどころか、弊害も目立ってきた。①マイナス金利が金融機関の収益を悪化させたこと、②金利全体がコントロールされてしまったので、長期金利の持つ情報（景気の先行き期待、インフレ期待など）が得られなくなったこと、③国債の買い入れにより、財政規律が失われたこと、④超低金利が続いたため、本来退出すべき企業がいつまでも生き残ることになったこと、などである。

こうした状況は、2022年のロシアによるウクライナ侵攻によって国際資源価格が上昇し、輸入価格が上昇し始めたことによって一変した。消費者物価上昇率（総合）は、2022年4月に2％を上回った。あれだけの金融緩和によっても実現しなかった物価目標が、輸

入価格の上昇によっていとも簡単に実現してしまったのである。

こうして物価が上昇してくると、国民は生活が苦しくなったと不満を訴えるようになった。当然のことである。これに対して政府は、補助金を投入して、ガソリン、電気、ガス料金を抑制し、企業に物価上昇をカバーするような賃上げを求めた。賃上げを求める声はあたかも国民運動のように盛り上がり、その結果、2024年の春闘の賃上げ率は5.1%となった。

筆者は、こうした物価の動きから見て、日本経済はすでにデフレから脱却していると考えている。消費者物価上昇率（総合）は、最新時点（2024年7月）ですでに2年以上も物価目標を上回る状態が続いている。にもかかわらずデフレからの脱却という見当違いの政策目標を掲げることは、国民のウェルビーイング（幸福）を損なうことになるだろう。

まず、デフレからの脱却を目指すということは、要するに「物価が下がらないようにする」ということなのだが、国民が求めているのは「物価が上がらないようにする」ことである。デフレからの脱却という目標は、国民の希望に反しているのだ。

また、為替の変化が国民を苦しめることになった。2022年以降の輸入インフレに対して欧米諸国は、物価上昇を抑制すべく金融を引き締めたが、日本はデフレからの脱却を目指していたため、金融の超緩和状態を続けた。このため内外金利差が拡大し、円建てでみた輸入価格がさらに上昇した。

デフレから脱却したからには、われわれはポストデフレ時代の経済政策を目指すべきだ。

第1に、物価については、デフレからの脱却を目指すのではなく、インフレの防止を目指すべきである。これは平時においては当然のことだ。

第2に、金融政策も当然正常化すべきだ。前述のように、異次元緩和はデフレ脱却に無力だったのみならず、国民のウェルビーイングを損なうこととなった。日本銀行は、2024年3月に、イールドカーブ・コントロールなどの長短金利操作付き量的・質的金融緩和の枠組みの見直しやマイナス金利政策の解除を決定し、政策金利を短期金利（オーバーナイト物の無担保コールレート）としたうえで、短期金利について0～0.1%程度で推移するよう促すこととした。これからも正常化を目指すべきである。

第3に、現在政府が目指している「賃金と物価の好循環」というスローガンも軌道修正が必要だ。物価が上がってその分賃金が上昇し、その賃金コストの上昇分だけ物価が上がるという循環を繰り返していると、確かに物価の上昇は続くのだが、実質賃金は不変なので、国民生活はまったく良くならない。実質賃金を引き上げるには、付加価値生産性を引き上げて、物価以上の賃金上昇を実現する必要がある。それは、後述する成長政策そのものだといえる。

## 2. 深刻化する財政

日本の財政の状況は、国際的に見ても極めて悪化している。代表的な指標である国と地方を合わせた長期債務残高の名目国内総生産（GDP）比は、2024年には255%と見込まれている。[1]主要7カ国（G7）の中で圧倒的に最悪である（次にこの比率が高いのはイタリアの143.2%）。

日本の財政が長期的に悪化の度合いを強めてきた背景としては、①1990年代以降、ほとんど毎年のように、秋には補正予算が組まれて、経済対策が打ち出されてきたこと、②金融危機と不良債権処理、リーマンショック、東日本大震災、新型コロナウイルス感染症など、想定外の外生的ショックが次々に生じたこと、③高齢化の進行で、年金、医療、介護などの社会保障関係費が構造的に毎年増加していること、④デフレ的な経済が続き、名目成長率が低迷したため、歳入が増えにくかったこと、⑤デフレ対策としての超低金利状態が続いたため、国債発行に伴う金利負担が抑制され、財政規律が緩んでいたことなどがある。

これからの財政を考えたときに重要なのは、前述のように日本経済がデフレから脱却したことだ。物価の上昇が高まり、日本銀行は異次元緩和を終了させ、金利を引き上げ始めている。長期金利の上昇は当然国債発行金利の上昇を引き起こし、利払い費も増えることになる。これまでのように、財政を打ち出の小づちのように使うことは許されなくなる。

利払い費が増えていくと、政策的な分野に予算を振り向けることが難しくなる。いわゆる「財政の硬直化」である。また、利払い費が増えていくと、日本国債の信用が失われ、それが極端に進むと、国債の引き受け手が不足し、金利がさらに上昇したり、資金が海外に流出したりする。これは財政破綻のひとつの形態である。

財政赤字は、現時点で大きな問題を生じさせているわけではないが、このまま赤字が累積していくと、いずれは何らかの形で国民のウェルビーイングを大きく損なうことにな

る。現時点で大きな問題がないだけに、危機意識が強まりにくい。また、いつどんな形で大問題になるかを明確に示すことはできないので、財政危機を呼びかける議論が「オオカミ少年」の議論になりやすい。

こうした困難を乗り越えて、財政再建を進めるためには、次のような対応が必要だ。

第1は、しっかりした財政再建目標を定め、それを確実に実行して行くことだ。政府は、2024年6月に決定した骨太方針「経済財政運営と改革の基本方針」で、2025年度の国・地方を合わせた基礎的財政収支（プライマリバランス。以下、PB）黒字化を目指し、さらに、債務残高のGDP比の安定的な引き下げも目指すという方針を確認した。

名目成長率の高まりで税収が増えている一方で、金利上昇の影響はまだ小さいので、この2025年のPB黒字目標は達成される可能性がある。しかし、その場合でも、PBの黒字化は財政再建の第一歩に過ぎないことに留意すべきだ。PBの黒字化は、「一定の条件のもとで政府債務の名目GDP比が上昇はしない」ということを意味しているだけであり、高水準の財政赤字は依然として残り続ける。したがって、その後に続く「債務残高の安定的な引き下げ」こそが重要なのであり、そのためには、PBの黒字幅を増やしていかなければならないのだ。

第2に、こうした厳しい財政再建を進めていくためには、どうしても時の総理の強いリーダーシップが必要だ。近年の総理を見ていると、歳出の拡大に熱心な場合が多いので、「財政再建に本気で取り組む総理などいるのか」と思う人もいるだろうが、かつては存在した。例えば、1996年1月に発足した橋本龍太郎内閣は、消費税の引き上げ（3%から5%

へ）を実現し、具体的な歳出削減を盛り込んだ財政構造改革法を成立させた。2001年4月に成立した小泉純一郎内閣も「小さな政府」を掲げていただけあって歳出削減については熱心で、任期中には、需要刺激型の景気対策は控えられ、公共事業の抑制方針も貫かれた。今後は、こうした例に倣って内閣を挙げての財政改革が推進されることが求められれる。

第3に、これまでにない新たな工夫も必要だろう。財政は、もともと国民の意識と専門家の認識が乖離しやすい。東京財団政策研究所が行ったアンケート調査[2]によると、日本の財政の現状については、「財政赤字は大変な問題だ」という認識については経済学者（「当てはまると思う」44.3％。以下、同じ）も国民（40.4％）も大きな差はない。しかし、「財政赤字の原因は何だと思うか」という質問について、経済学者は「社会保障費（72.0％）」という答えが最も多いのに対して、国民は「政治の無駄遣い（71.5％）」が最も多い。つまり、一般国民は、「財政赤字を放置してはならない」という認識はあるのだが、では自らがそのコストを負担するかというと、「無駄をなくせば良い（自分は負担しない）」という態度なのである。そして政治は、こうした一般国民の姿勢をくみ取ろうとするから、負担の議論は避けることになる。

こうした状況を打開して、少しでも経済政策の中身を経済学者の認識に近づけるためには「独立財政委員会」のような仕組みが必要ではないか。これは、先進諸国ではすでに多様な形態で存在しているもので、政府や国会から独立した機関が、財政予測の提供、特定の政策が財政に及ぼす影響の分析、財政政策に関する提言などを行うというものである。

市場の力で強引に財政再建が実現するのは避けたい。何とかわれわれ自身の力で財政再建を進めたいものだ。

## 3. 人口減少への対応

日本の人口は2010年以降減少を続けている。これに対して政府は、少子化対策に力を入れている。2023年12月に決まった「こども未来戦略」では、「こうした急速な少子化・人口減少に歯止めをかけなければ、我が国の経済・社会システムを維持することは難しく、……」、「2030年代までに少子化トレンドを反転できなければ、……持続的な経済成長も困難となる」といった危機感にあふれた言葉が並んでいる。

しかし、「少子化に歯止めをかける」というのが「人口減少をストップさせる」ということであれば、それは不可能だと考えるべきである。国立社会保障・人口問題研究所の人口予測（2023年発表）は、出生率、死亡率についてそれぞれ「低位」、「中位」、「高位」の3種類の前提があり、これを組み合わせて、全部で9つのケースが示されている。この中で、人口の減少度合いが最も小さいのは、「出生率高位、死亡率低位」のケースなのだが、この場合でも、2020年に1億2600万人だった人口総数は、2070年には9700万人まで減少する。また、国連の2024年版の『世界人口推計』では、日本の人口について、2100年に7700万人になるとしている。

人口減少が避けられないことは、出生率（合計特殊出生率、ひとりの女性が一生の間に産む平均的な子どもの数）の動きからも確かめられる。人口減少をストップさせるには出生率は2.07以上である必要がある（これを「人口の置き換え水準」という）。ところが、

最新の2023年の出生率は1.20である。置き換え水準とはかなりの開きがある。

「強力な少子化対策を講じれば出生率は上がるだろう」と考える人も多いだろうが、これも簡単ではない。出生率の一種として「希望出生率」というものがある。これは、結婚したい人はすべて結婚し、産みたいと考える子ども数が希望どおり実現した場合の出生率である。この希望出生率は、新型コロナ感染症が日本を襲う前は1.8程度であった。しかし、筆者のグループの計算では、コロナ後はこの希望出生率が1.6程度に低下している。若者の経済状態を改善しても、子育ての教育費負担を軽減しても、出生率は1.6以上には高まらないということである。

こうした状況を踏まえると、これからは人口減少を所与として、国民のウェルビーイングを高めていくという方向に向かうべきだろう。筆者は、これを「スマートシュリンク（賢く縮む）」と呼んでいる。スマートシュリンクを進めるに当たっては、次のような点に留意すべきである。

第1に、「シュリンク（縮む）」という言葉には負のイメージが伴いやすいが、そうではない。多くの人は、人口が減ると、経済も国民の所得も税収も減っていく世界をイメージするかもしれない。しかし、すでに日本は2010年ごろから人口減少社会に入っているのだが、2010年と2023年と比較してみると、GDP（実質）は9.1％、同名目は17.1％、個人消費（名目）は12.1％、企業の経常利益は122.2％（法人企業ベース、2010年度と2022年度の比較）、国税収入は67.8％増えている。

人口が減っても、現実の経済は、生産性が上がり、付加価値が増えて、拡大し続けているのである。その生産性は、今後さらに高めることが可能だ。もちろん、人口は増えたほうが経済にはプラスである。しかし、人口は増えないのだから、人口減少の負の影響を克服して、スマートシュリンクを進めることこそが、ほとんど唯一の国民のウェルビーイングを高める道である。

第2に、スマートシュリンクは、すでに各方面で実践されている。政府は成長戦略を掲げて成長率を高めようとしている。次第に厳しさを増す人手不足に対して、企業は省労働力型の技術を導入したり、女性や高齢者を積極的に採用したり、新商品を開発して付加価値生産性を高めようとしている。いずれも、人口減少に伴う成長率の低下や、人手不足を克服しようとするスマートシュリンクの動きである。こうしたすでに進んでいる動きをばらばらに進めるのではなく、スマートシュリンクという考え方のもとに、整合的・効率的に進めていくことが求められている。

第3に、人口減少が不可避であるにもかかわらず、無理に人口を増やそうとすることは、国民のウェルビーイングを損なう。政府は、2024年に人口減少に歯止めをかけるために、年間3.6兆円もの少子化対策を実行していくことを決めた。しかし、大規模な予算を投じても、少子化に歯止めをかけることは至難の業である。3.6兆円は過剰な資源投入となり、財政赤字だけが残って国民の重荷となる可能性が高い。もちろん、少子化対策は不必要だといっているわけではない。より実態に即した目標を掲げて、資源の投入を効率化すべきである。

## 4. 成長戦略の課題

　最後に、より高い経済成長を目指すという成長戦略について考える。最後にこの問題を考えるのは、これまで述べてきた3つの課題に対応するには、成長率を高めていくことが決定的に重要となるからである。

　第1のデフレからの脱却については、賃金上昇⇒物価上昇という「賃金と物価の好循環」を実現するだけではデフレからは脱却しても国民生活水準は向上しない。物価上昇⇒物価以上の賃金上昇という、より力強い好循環が必要となる。そのためには、企業の付加価値生産性が高まる必要があり、それはまさに成長力が高まるということなのである。

　第2の深刻化する財政については、力強い成長があれば、歳入が増え、財政再建が進みやすくなることはいうまでもない。

　第3の人口減少への対応については、「人口減少＝経済の縮小ではない」ということは、まさに生産性の上昇によって示されるわけであり、これも経済の成長に直結する。

　こうして多くの問題解決の鍵を握っている経済成長なのだが、これまでのところあまり成績が良いとはいえない。一国の経済が中長期的に達成可能な成長率は「潜在成長率（または基礎的成長率）」と呼ばれる。この潜在成長率は、人的資源（働く人の数）、資本ストック（利用可能な設備）、技術進歩などによって決まる。

　内閣府の資料によって主要先進諸国の潜在成長率を比較してみると、アメリカ2.2％、カナダ2.0％、フランス1.4％、イギリス1.2％、イタリア1.1％、ドイツ0.8％に対して日本は0.6％である[3]。さらに、その要因を分解してみると、日本は、労働投入の寄与が先進

諸国中で唯一マイナスとなっており、資本投入のプラス寄与が他の先進諸国より低い。労働投入がマイナスとなっているのは、人口減少で働き手が減少しているためである。企業の資本投入が他の先進諸国より劣るのは、バブル崩壊以降、日本の企業が先行きの不透明さに対応するため、収益を賃金引き上げや設備投資に振り向けるのを控えてきたためであろう。

　では、今後、潜在成長率を高めていくためにはどうしたら良いか。これは「成長戦略」そのものである。民主党政権時代も含めて、歴代の政権は繰り返し成長戦略を打ち出してきた。それでも日本の潜在成長率が低迷し続けているということは、「そもそも政策的に潜在成長率を引き上げることは極めて難しい」ということを示しているように思われる。起死回生の妙手はないということをお断りしたうえで、以下、筆者の考えを述べよう。

　筆者は、人口減少に伴う労働力不足にいかに対応するかが最も重要だと考えている。それは、人手不足への対応という点で、日本は大きな転機を迎えようとしているからだ。日本では、これまで人手不足を補うのに女性や高齢者の労働力率を引き上げてきた。人口動態との関係でみると次のようになる。2010年と2023年を比較してみよう。この間に総人口は373万人減少したが、生産年齢人口（15〜64歳）は779万人も減っている。ところが、この間に就業者数は456万人増えている。高齢者と女性の非正規労働の増加が主因だ。女性の非正規は196万人、男性高齢者の非正規は106万人増えている。つまり、日本は、生産年齢人口の減少を女性と高齢者の労働力を増やすことで乗り越えてきたのだ。筆者は、これを「動員型の対応」と呼んでいる。

しかし、詳しい計算は省略するが、この動員型対応は限界に達しつつある。これからの日本経済は、動員型ではなく、生産性の向上で人口減少に対応していくことが求められる。その場合必要になるのが働き方改革の徹底だ。かねてから指摘されているように、日本の働き方は、長期雇用・年功賃金型のメンバーシップ型から、流動的労働移動と同一労働同一賃金のジョブ型へと転換することにより、労働力の流動性を高めていく必要がある。生産性の低い分野から、将来性のある生産性の高い分野に働く人がシフトすることによって、生産性や賃金は上がりやすくなる。企業は、生き残りをかけて本気でジョブ型への移行を進めるべきだ。

〈脚注〉
1　国際通貨基金（IMF）、"World Economic Outlook"、2023 年 10 月
2　東京財団政策研究所、「経済学者及び国民全般を対象とした経済・財政についてのアンケートと調査」、2023 年 5 月
3　内閣府、「月例経済報告参考資料」、2024 年 8 月

## 2

**Theme**
## 官僚

# 日本再生に向けて
# 「官僚」が果たす役割

社会保障経済研究所 代表
## 石川和男

いしかわ・かずお　1965 年、福岡県生まれ。東京大学工学部資源開発工学科
卒業。1989 年に通商産業省（現：経済産業省）入省。エネルギー、保安・環
境政策などに関わる。2007 年退官後 2008 年まで内閣官房に勤務。2011 年
から社会保障経済研究所代表。現在は民間企業の顧問など多数を務めながら政
策提言を行う。著書に『原発の正しい「やめさせ方」』（2013 年、PHP 新書）
など。2022 年 4 月から BS テレ東「石川和男の危機のカナリア」アンカー。

# 1. 中央官庁の官僚、国への想い

　日本の再生のために、官僚とその制度はどうあるべきか。筆者は経済産業省で、政策、法律案を練る官僚として19年間勤務した。その自分の体験に照らしながら、この問題を考えてみたい。

　「官僚」といっても国家公務員は令和元年（2019年）末で約58万5000人、地方公務員が約274万人もいる。その中で、筆者の経験した東京・霞が関の中央官庁の官僚、特に政策や法律の立案に関わる、いわゆる「キャリア」官僚のあり方に絞って話を進めよう。

　筆者は理系出身で、東京大学の資源開発工学という珍しい学科を卒業した。技官として1989年に通商産業省、現在の経済産業省に入省した。政策づくりを期待されるいわゆる「キャリア」と呼ばれる職種だ。しかし激務が続き、今から考えると自己管理能力の乏しさも重なって、重い病気にかかった。しばらく閑職に就かせてもらい療養に努めたが、完治をせずに2007年に退官した。療養が続いて税金から俸給をいただくことに、国と国民の皆様、さらに組織に申し訳ないと思ったためだ。

　幸いなことに病気は、今では完治した。退官後は政治任用として内閣官房で、1年程度働いたあとで2008年から民間に転じた。現在は、民間でいくつかの企業と顧問、取締役の形で関わってビジネスをしながら、政治への提言、政策の起案も行なっている。無給で2020年から2年間、経済産業省のアドバイザーとして法案づくりも手伝った。BSテレ東の番組「石川和男の危機のカナリア」という政策議論番組のアンカーにもなった。こうした民間での経験から官僚組織の問題点も見えるようになった。

　一方で官僚時代の働きが人脈、そして新たな出会いを生み、今の自分をつくっている。当時から現在まで共に働く、役所の優秀な諸先輩、同僚、後輩の皆さん、筆者を支えてくれた関係者の方に感謝している。

　中央官庁の官僚は、その数が少ないので、一般の人には馴染みが薄いだろう。ステレオタイプのその人々へのイメージは、「威張り散らし、役所の利益や利権を守ろうとする悪い人たち」というものかもしれない。だが、筆者はそのような官僚は見たことがない。国のあるべき姿、日本全体にとっての利益を追求するべきする人ばかりだった。

　また、官僚を「日本を動かしている集団」という巨大な存在と思う人や、日本経済が緩やかに衰退するなかで官僚に「成果を出していない」と批判する人もいるだろう。確かに日本の政策決定で中央官庁の官僚は重要な役割を果たしている。また、その成果が以前よりも少なくなっていることは確かだ。しかし、国の政策は、中央官庁の官僚だけが決めているわけではない。合理性だけで政策は決まらないし、周辺状況の変化で問題が悪化する場合もある。力不足はあるかもしれないが、官僚だけが悪いわけではない。

　日本の行政の仕組みでは、建前では立法権は一応国会にあり、その法律に基づいて行政府は政策を実施する。しかし、実際には、行政府の霞が関の中央官庁の官僚が、法律案の作成、それに伴う政策立案を行っている。複雑な現代社会では、議員だけで法律を作ることはかなり難しい。また議員立法も多くは官僚が支援している。国会の重要な仕事である立法、国政の調査は、日本では中央官庁の協力がなければできないようになっている。

官僚制度は、普通の国でなくすことはできないし、日本でもそうだ。また政策を考え続ける中央官庁の官僚集団は必要だ。官僚への批判だけではなく、それをうまく活用する方法を議論して日本全体が豊かになることを考えなければならない。

## 2. ずれてしまったエネルギー自由化

中央官庁の官僚の仕事が、どのようなものかを知ってもらうため、筆者の経験を紹介しよう。特に2つの仕事、エネルギー自由化と構造改革特区を巡る仕事を振り返る。

日本では、1950年代から電力・ガス会社に地域での事業独占を認める代わりに、供給義務を課していた。それを自由化しようという議論が1980年代から始まった。自由化の第一弾が1995年前後に、第二弾が2000年前後に行われた。自由化が行われたのは産業分野向けのみで、地域独占は残る部分自由化が行われた。

しかし、2011年の東日本大震災と東京電力の福島第一原子力発電所事故のあとで、電力会社が社会的に批判され、地域独占も問題視された。電力自由化が民主党の政治主導で始まった。経済産業省、自民党政権もそれを継承して、2020年までに発送電分離の形でそれが達成された。原則として、今ではエネルギーに自由に事業者は参入、ビジネスができる。しかし、制度づくりはまだ続いている。自由化の弊害が出ているためだ。

この政策の評価は立場によって違うが、筆者は問題点が数多くあると思う。中でも値上げが問題だ。2020年から国際的なエネルギー価格の上昇傾向を受けて、電力、都市ガス、液化石油（LP）ガスの値上げが著しい。特に家庭向けでは上昇幅が産業向けよりも大きい。大口需要家は交渉力があるが、各世帯は交渉力が小さいためだ。弱い立場の人に皺寄せがくるのは当然の帰結だ。さらに自由化によって採算性が不透明になり、発電事業者は設備投資を抑制している。その結果、電力不足や停電の危機が生じた。筆者は、単純な自由化は多くの問題を引き起こすと考えている。これは政策の失敗の一例だ。

筆者は、第二弾のエネルギー自由化まで関わった。1995年前後のエネルギー自由化の第一弾で、筆者は原子力以外の電気、都市ガス、LPガス、石油の保安の規制緩和に関わった。

エネルギー業界はしっかりした真面目な会社が多い。また事故を起こしたら自分たちの社員が危害を受け、地元との関係もおかしくなる。そのために保安を真面目に行っている。それを評価し、保安は自主規制を増やして役所の規制を減らそうと主張した。筆者の提案は、業界の支持を受けた。消費者団体も賛成した。値下げにつながると思ったからだ。しかし、省内には事故が起こったらどうするのかとの抵抗があった。また、保安規制に多くの人が雇用され、天下りが数多くいた。当時20代と若かった筆者の主張はある程度受け入れられたものの、異論のせいで全面採用に至らずに「引き分け」になった。ただ省内の一部には、筆者の行動を評価してくれる人がいた。

また、第二弾の自由化の際には、筆者を含めて別部署にいた複数の官僚が呼ばれた。当時、省内の一部の人が性急な自由化論を打ち出してしまい、電力、ガス業界と役所との関係がギクシャクした。筆者たちは幹部から急に担当になることを命じられた。そして「業

界との関係を立て直せ」、「電力、ガスの料金を上げるな」との2つの条件をつけられた。

筆者は、公益事業部ガス事業課の総括班長になり、さらに「公益事業制度改正審議室」のメンバーも兼任した。自由化を積極的に進めようと言う人たちは、省内、そして外部にもいた。それに対抗し、業界の意見を聞き、政策を修正した。筆者たちの話が通り、自由化は大口で打ち止め、消費者などの末端までは自由化しない形になった。つまり、「部分自由化」で問題を収めた。これは今でも間違っていない政策判断であったと思う。

## 3. 広がったが、日本を変えられなかった規制緩和

その後、2001年の森喜朗内閣になってから、経済産業省の大臣官房に異動になった。そこでは、いわゆる「構造改革特区」の原案を発案した。現在は立憲民主党の衆議院議員である後藤祐一氏と、無所属の衆議院議員である福島伸享氏とチームを組んだ。当時は中国の「特区」の成功が伝えられていた。日本全体でいきなり規制緩和を行うことは難しい。そこで、中国の例などを参考に、最初は規制緩和特区をつくり、それを広げて社会を変えようと考えた。

そのときは森喜朗政権の末期で、のちに首相となる麻生太郎自民党政調会長に内々提案したところ、高い評価を受けて採用してもらえた。新しくできた小泉純一郎政権では福田康夫官房長官が応援し、小泉首相に上げたら国の重点政策になった。

特区構想を具体化していくなかで、私のチームは側面支援に勤しんだ。特区の第1号は群馬県太田市の英語教育だった。それまでの法案づくりでできた人脈を使い、群馬県の政治家、首長に根回しをした。また群馬県選出で、当時の小泉政権で大きな影響力を持っていたのちの首相の福田官房長官に協力をいただいた。

最初は「規制緩和特区」という名称だったが、小泉首相の政策に合わせ「構造改革特区」に名前を変えた。内閣府で担当大臣まで置かれ、鴻池祥肇参議院議員が就任した。法案成立のときに経済産業省で仕事をしていた筆者と後藤氏を呼んでいただき、「支援を感謝する」とお礼を述べていただいた。

しかし、この特区でも日本は変わらなかった。いくつかの規制緩和の動きをつくったが、立ち消えになる例も多かった。

2つの筆者の経験を見れば次のことがわかるだろう。ひとつの政策、法案づくりには大変な調整が必要だ。そして状況やタイミングで政策の影響が変わることもある。官僚は、日本に影響を与えられることもあるが、当然ながらその影響は限定的であり、日本という大きな国をたやすく、そして大きく動かせない。

## 4. 無駄の多い官僚の仕事

官僚の役割を国の視点から見たあとで、次に個人として、職業としての中央官庁の役人はどのようなものか、筆者の考えを述べてみよう。官僚の仕事の良いところと悪いところを列挙しよう。

悪い点は官僚の仕事に合理性が乏しいことだ。時間度外視、そしてコスト感覚がない。これは民間に出て、自分でお金を稼ぐ経験をして、そのおかしさがわかった。中にいると気づかないのだ。

そして仕事には無駄なことが多かった。法律づくりでは、意味のない説明と資料作成に時間とエネルギーが割かれた。これは国会答弁でもそうだった。今でも現役の中央省庁の官僚が国会質問のために長時間待機をさせられて苦しんでいる。

また長時間労働、滅私奉公の精神は、個人の幸せに結びつくかはわからない。筆者は懸命に仕事に取り組んでいたが、病に倒れてしまった。経済産業省には体を壊した人が異様に多い。長時間労働のためだろう。今になって振り返ると、筆者は自己管理能力の欠如もあり、仕事に夢中になり、自分の体の悲鳴を聞かなかった。また同世代より収入の点では特に魅力的ではない。そして役所の権限が縮小し、社会の目が厳しくなるなかで、再就職、「天下り」は今後厳しくなるだろう。

一方で良いところもたくさんあった。仕事のやりがいは感じられた。参議院本会議で、自分の作った法律が全会一致で成立したときに、議場でその場に立ち会った。大変な興奮をした。国を動かしたという感動は忘れられない。

そして仕事そのものが人脈という財産を産んだ。法律の作成は、さまざまな立場の人と関わる。筆者は、できる限り人々と懸命に調整をした。その結果、お互いにわかり合い、深い関係を持てた。その人脈が次の仕事につながり、今に至っている。

また自分の経験から、日本の国の仕組みを知った。法律は、問題があれば変えるためにあると思った。今も政策の提言を一民間人として続けている。筆者の意見を聞いてくれる政治家、有識者、関係者の方がいるのはありがたいが、これは官僚として実務、行政の動き方を知っているためだろう。官僚という仕事は、さまざまな学びの機会を筆者に提供してくれた。

# 5. 「役割分担」で政治家と 官僚の適切な関係をつくる

その官僚の役割が今、社会から厳しく問われている。それを考える材料として官僚と重要なステークホルダー、政治家、そして企業との関係について、考えを述べたい。

政治、経済界、官僚との関係は、「役割分担」で考えるべきであろう。社会の中で、ひとりだけで大きなことは成し遂げられない。チームをつくり、協業して、力を大きくすることが必要だ。それぞれの仕事、立場を決め、役割を果たさなければいけない。その役割の中ではすべての当事者の関係は対等だ。

例えば、どのスポーツでもポジションごとに、やるべき仕事がある。野球では、ピッチャーがボールを投げ、キャッチャーがそれを受け止め、打たれたらそのボールを受け止め、攻撃側をアウトにする内野手、外野手がいる。そしてルールがある。その役割分担を機能させる野球チームは強い。残念ながら日本の各所で、その役割分担がうまく機能せず、お互いへの批判が増えているような印象だ。

そこで政治と官僚の関係を考えてみよう。かつて小泉首相がやったように、スローガンだけを示して、あとは官僚が考えろというのは無責任で官僚主導になってしまう。民主党政権では「政治がすべてを決める」と叫んだが、そんなことは不可能で行政は混乱してしまった。

理想は、これまで述べたように、適切な役割分担であろう。問題に関わる人々が対等な立場で責任を果たす。ただし、責任は国民に

委任される政治のほうが大きい。官僚も適切な中身の政策や案を出し、政治家がそれを選び、実現させ、責任が明確になる仕組みをつくる義務を負う。そのような形を、解決の必要なそれぞれの問題でつくり出すべきだ。

言葉は良くないが、官僚の世界では政治家を動かすことを「使う」という。業績を上げた政治家は、官僚に「使われる」ふりをして、実は官僚を上手に使っていた。政策を出させて選択し、そこに自分の政治的利益になることを加えて、状況を動かしていた。

見事な政治手法に感心した政治家は何人もいる。直近では第二次政権での安倍晋三首相、菅義偉官房長官は、官僚を働かせ、日本のために役立たせた。通商産業大臣の経験者では亡くなった橋本龍太郎元首相や与謝野馨氏、梶山静六氏、現役では甘利明氏が、そうした官僚を使いこなした優れた政治家だと思う。こうした方々の優れた先例を参考に、政治と官僚の関係を見直すべきだと思う。

そして当事者、特に政治家と官僚は、常に議論、コミュニケーションをして、役割分担の範囲を確認してほしい。顔を合わせて問題を語り合うことを続けることでも、状況は違ってくる。これまで名前を挙げた優れた自民党の政治家の多くは、丁寧に官僚を扱ってきた。その丁寧さが今、政治家のほうで減っている。議員のレベルが下がったというわけではないだろう。一種の平和ボケだ。さまざまな問題があるにも関わらず、なんとか回ってしまっているのが今の日本の状況だ。真剣に政策の話をせず、官僚に任せきり、もしくは重要な問題に手をつけずに解決に動かない状況になっている。

そして政治家も官僚も何かを成し遂げるというエネルギーが少し消えている。「悪だく

み」をすることが減ってしまった。そして好奇心を失っている。政治家も官僚も「偉くなりたい」という向上心は、以前と同じように見られる。しかし、リスクをとって何かを成し遂げる意欲が薄れているように思う。これは問題だ。

残念ながら、官僚に威張ることを「政治主導」と勘違いする政治家、官僚を人として認めずこき使う、罵倒する政治家がいる。官僚に対して時間を守る、約束を守るという人間関係の基本さえできない政治家もいる。現実を知らないのに政策を勝手につくる政治家もいる。そうした行為は改めてもらいたいし、決して日本のためにも、人として自分のためにもならない。

# 6. 官僚と経済界の関係、行き過ぎた禁止は危険

もうひとつの重要な関係である経済界と官僚の関係を考えてみよう。もちろん両者の癒着は批判されるべきである。しかし最近は、官僚と企業が関係を持つことさえ悪いという批判が出ている。これも極端な考えだ。

例えば、原子力規制では、担当する原子力規制委員会や原子力規制庁が原子力関係者や事業者との関係を絶って情報交換もせずに、一方的に規制を押しつける形になっている。福島第一原子力発電所事故の反省のため、公正な行政のためという理由だ。しかし、その結果を見ると、行政が独善的になり、非合理な過剰規制が行われている。そのために原子力発電所の稼働も遅れている。

この関係で問題になるのは「天下り」、つまり官僚が権限を利用して、関係業界の企業に高給で中途採用されることだろう。それは

許されないが、官民の交流を一律禁止にするのは問題だ。雇用が流動化するなかで、役所時代と関係のない仕事に関わる人も増えている。

例えば、筆者は民間で活動し、複数の企業の顧問、取締役を務めている。官庁にお願いして会社に押し込んでもらっているわけではない。自分でプロジェクトなどを企画し資金調達をして企業に提案、また知見を提供してほしいと言う申し出を受け、そこに勤めている。自分でビジネスを行う元官僚が増えるなかで、その関係を規制しようというのはおかしい。

## 7. 試験選抜を廃止、国会に 「政策局」を〜未来への提言

では、中央官庁の未来像はどうあるべきか。筆者は自分の経験した「キャリア官僚」、つまり中央官庁の政策を担当する官僚の在り方についてアイデアを出してみたい。

今後は人工知能（AI）などを活用し、これまで述べたような無駄をなくせば、官僚全体の数も、キャリア官僚の数はある程度減らせる。中央官庁の場合では、無駄な規制、そして国会対応を減らせば、キャリア官僚は、筆者の感覚では5分の1にできると思う。必要のない雑務を減らして、政策・立法を考えること専念できるようにすれば、日本の国益のためにもなるだろう。また数を減らせば待遇も少し厚くできるはずだ。

また官僚の場合は、大卒・院卒の人々を想定した試験によるキャリア官僚の選抜は減らすべきではないだろうか。新卒採用はやめたほうがよい。少子化で人がいないということに加えて、民間でお金の回し方を現場で経験した人こそ公務員としてふさわしい。筆者は、民間に出て、お金を動かす、物を売って儲ける、ビジネスをする、自由に発言して個人で責任を取るという、民間では当たり前かもしれないが、まったく官僚でできないことを経験した。民間を経験した人材が練る政策は、必ず国民が受け入れやすいものになる。中央官庁の雰囲気は大きく変わり、国民から遊離することもなくなる。

筆者は「キャリア」と呼ばれる官僚の仕組みは、残したほうがよいと考える。これは、今も少し残る「特権」的身分を残すためとか、権力を集中させるためではない。役割分担で、合理的に国を動かすためだ。

例えば、警察官という捜査や治安維持のプロ、消防士という消火のプロの仕事があり、それぞれの仕事は奥深い。そういう現場の公務員の意見を政策に反映させることは必要だが、中央官庁で国会答弁作成などのキャリア官僚のやる仕事をさせるのは才能と努力の無駄遣いだ。官僚の身分や職種を固定的にする必要はないが、それぞれの役割ごとにグループにまとめて専門性を高めてもらうことが必要だ。

さらにひとつ提案すると、国会に「政策局」をつくるべきと考える。筆者の経験で話したとおり、政策と立法は、現代の日本では一体となっている。行政側だけでなく、議会から政策と法律を提案できるようにする組織があってよい。どの党からの提案も受け入れるのだ。ここでは天下りの形ではなく、官僚出身者が活躍できるだろう。政策の選択肢が複数あれば、国民も良いほうを選べるし、政策の内容がより磨かれるはずだ。

今は官僚がすべてを仕切る時代ではないし、そもそも官僚だけで国は動かせない。し

かし、シンクタンク的な役割を担い、政策を練る組織は必ず必要で、日本の霞が関の中央官庁はその役割を果たせる存在だ。

　近年、さまざまな立場の人から官僚への批判が向けられる。問題があれば、それは当然修正されるべきだ。しかし、やみくもに批判をすることは合理的でない。日本の中央官庁の官僚を活用し、日本のために役立てる工夫が今こそ求められている。

# 3

**Theme**
## 地方自治

# 地方自治とは何ぞや

元宮城県知事
## 浅野史郎

あさの・しろう　1948 年、岩手県大船渡市生まれ。宮城県仙台市で育つ。19
70 年、東京大学法学部卒業後、厚生省（現：厚生労働省）に入省。1993 年
に同省退官後、宮城県知事選挙に出馬し当選。以降 3 期 12 年間にわたり務める。
2005 年、4 選不出馬を表明し任期満了で宮城県知事を退任。2006 〜 2013
年に慶應義塾大学総合政策部教授、2013 〜 2021 年に神奈川大学特別招聘教
授。2021 年から土屋総研特別研究員、現職。

地方自治とは何ぞや。日本国憲法では第8章の「地方自治」に「地方公共団体の組織及び運営に関する事項は、地方自治の本旨に基づいて、法律でこれを定める」(第92条)とある。ここでいう「地方自治の本旨」とは、一般的には住民自治と団体自治の2つであると理解されている。

住民自治とは、地域の住民が地域的な行政需要を自己の意思に基づき自己の責任において充足することをいう。団体自治とは、国から独立した地域団体を設けその団体が自己の事務を自己の機関によりその団体の責任において処理することをいう(塩野宏、『行政法Ⅲ・行政組織法(第3版)』、118頁)。

地方自治の意義・効能という観点からは、各種の説明がなされる。列挙すれば、「自由」、「民主性」、「効率性」、「政策の実験室」、「政府の役割分担」である(柴田直子/松井望、『地方自治論入門』、1頁)。

学術的には、このように説明されているが、これでは何が問題なのかわからない。そこで、地方自治が関与する具体的な問題について論評することをもって、地方自治のありよう、あるべき姿に迫りたい。

基本的には、国は地方自治を尊重することが求められる。地方自治が大事にされ、尊重されることは、国全体にとってもよいことである。国が勝つか、自治体が勝つかといった文脈で語られるのは間違いである。

国(各省)が自治体の活動に介入するのは避けるべきである。そうであるのに、国の自治体への介入は広く頻繁になされている。国は介入しているという自覚はない。これが問題である。以下、具体的事例について問題点を明らかにしていく。

まず、国庫補助金について。

2002年(平成14年)、小泉純一郎内閣のもと、三位一体改革が議論された。地方分権の議論の一環として議論された。地方分権が権力・権限を中央(各省)から地方自治体に移譲することに主眼があるのとは違って、三位一体改革は地方の財政について「税源」、「補助金」、「地方交付税」を一体として改革するというものである。「三位一体改革」といわれても何のために改革するのかわからない。「地方財政自立改革」といった副題を付したらよかったのではないか。

当時の全国知事会は、三位一体改革に強い関心を持ち積極的に議論を進めていた。特に力を入れていたのが国庫補助金の一部の廃止である。国(各省のこと)から自治体の行う事業に対する国(各省のこと)から得られる補助金には、その事業のやり方について細かい制限が付されている。この制限が自治体の事業遂行の自由を奪っている。こういう補助金を「ひも付き補助金」と知事たちは呼んでいた。知事会はひも付き補助金を廃止せよと主張したのである。国庫補助金の中には良い補助金と悪い補助金がある。ひも付き補助金は悪い補助金。悪い補助金を廃止せよということである。

この議論の最中に小泉首相が「補助金・負担金の削減をやる。金額は3兆円だ」と言明した。3兆円と金額まではっきり言ったので、「これは本気だ」と知事会は色めき立った。全国知事会は総額3兆円になる補助金つき事業の廃止リスト作成に取り掛かった。知事会の中では、どの事業をリストに入れるかが議論になり、白熱の議論が展開された。

2004年8月18、19日の2日間、新潟市で開催された全国知事会ではリストの原案に反対する知事も多数おり、最後は多数決で決め

ることとされた。そう決断したのは知事会の会長である梶原拓・岐阜県知事（当時）だった。それまでの知事会では、案件はすべて満場一致。「決を採る」というのは歴史的決断であった。採決の結果は40対7で原案が了承された。これで、150項目3兆2000億円の廃止リストの全国知事会案がまとまった。この案は地方6団体（全国知事会、全国市長会、全国町村会、全国都道府県議会議長会、全国市議会議長会、全国町村議会議長会）でも了承された。知事会から6日後の同月25日、この廃止リストは梶原拓・全国知事会会長から小泉首相に手渡された。

　ここから、とんでもない大どんでん返しが始まる。

　三位一体改革の地方案は、2004年末に出された政府案では最も大事なところが抜き去られたものになっていた。2007年末に出された追加の政府案でも同様だが、地方案では「補助金の廃止」としていたのが「補助金の削減」になっていた。具体的には、国庫補助金・負担金の補助率を引き下げ、それによって補助金の額を減らすというものだった。知事会はひも付き補助金を廃止することで事業遂行の自由度を獲得する、そういう意味で具体的な事業名150項目を廃止リストに挙げていた。政府案は補助金額を削減するというもの。廃止と削減ではまるっきり違う。

　三位一体改革は、地方側の財政的な裁量の余地を広げることが目的だったはずであるが、政府案ではそれがまるっきり無視された。政府側は、初めから補助金の廃止などやる気はなかったのだろう。小泉首相が言ったのは、「3兆円の補助金の削減」であり廃止ではなかった。政府側の騙し討ちといってもよい。知事会側には無力感だけが残った。

　政府側は、霞が関各省の「補助金死守」の声を受けて対応したといえる。各省が国庫補助金を手離したくない理由は何か。また自治体は補助金の弊害をどう捉えているのか。まず、弊害について考えてみる。

　県道整備に国庫補助金を得ると、国の定める道路構造令に従わなければならない。交通量が少ない山間地の県道は、随所に待避所を設置するなどの工夫をすれば1車線で十分である。ところが、道路構造令では2車線と決められているので、それができない。これは不合理であり補助金の弊害といえる。

　知的障害者、身体障害者、精神障害者、高齢者が一緒に使えるデイサービスをつくろうとする自治体も、国庫補助金をもらう限りは補助金交付要綱に抵触するので、「みんなが利用できるデイサービス」はあきらめなければならない。これも補助金の弊害である。

　次に、霞が関各省が国庫補助金にこだわる理由について考えてみる。

　「補助金」というものはない。必ず、前に事業名がつく。県道整備費補助金、特別養護老人ホーム整備費補助金、港湾改修費補助金などなど数えようによっては数千の補助金項目がある。そして、そのそれぞれに担当課がある。県道整備費補助金は国土交通省道路局路政課、特別養護老人ホーム整備費補助金は厚生労働省老健局高齢者支援課、港湾改修費補助金は国土交通省港湾局計画課（実際は各地方整備局）である。

　各県は、担当課に補助金交付申請書を提出する。補助金の原資（各県に交付する補助金の総額。毎年の予算折衝で財務省が決める）は、各県が要求する補助金の総計額より少ない場合が多い。そうなると、担当課は箇所付けにおいていくつかの県の要求を切らなけれ

ばならない。

　各省の担当課はどこに箇所付けをするか決める権限がある。これは権力といってもよい。各省、各担当課はこの権力を保持していたい。死守する。

　こういった補助金を廃止すれば、各県は自分たちの判断で事業をやるかやらないか、事業をどのような形で実施するか決めることができる。補助金交付申請、担当課への説明、箇所付けの要求といった煩雑な事務はしなくてよくなる。補助金が交付されてからも、各省の担当課が作成する補助金交付要綱に忠実に従った事業を実施する義務も免れる。よいことだらけである。

　補助金が廃止となれば各省各課にとっても、あまり生産的でない事務（補助金分配業）から解放される。47都道府県を相手にして申請受付、申請内容の精査、県とのやりとりがある。大変な業務量であり、箇所付けをする担当課の労力と時間は大変な量となる。補助金を廃止すれば、もっと大事な仕事に人員も労力もかけられるのに……。

　次に地方創生について。

　地方自治を考えるうえで国と地方自治体の役割分担という観点から、地方創生という施策の進め方には問題がある。「国が主導する地方創生」というおかしな形が見えている。

　安倍晋三首相（当時）が地方創生を最も重要な内政課題として取り上げ、その推進に力を入れていた。歴代政権は、田中角栄内閣の「列島改造論」、竹下登内閣の「ふるさと創生事業」など、手を変え、品を変え、名称を変えて、何度も地方創生に挑んできた。しかし、それらの政策は失敗の連続である。

　地方創生の政策は国が主導して進めてきた。国主導の地方創生はうまくいかないこと

は、これまでの失敗の歴史が教えている。地方創生の主役は、地方自治体であり、地域の住民たちであるのに……。

　地方創生、地域振興は、地域（自治体）自身が、悩み苦しみ、知恵を絞り、地域の組織、人材を動員して進めるべきものである。地域には住民の生活の営みがあり、独特の文化伝統と自然環境がある。国の役所、役人が上から目線でやってできるものではない。

　地方には地方の生き方がある。地域の人口が減るのは衰退か、高齢化率が高いのは悪いことか、所得が低いのはダメか。数字的指標だけが地域の力を表すとは限らない。逆に、ストレスなき生活、伸び伸び育つ子どもたち、美しい自然環境に囲まれた生活、家族団らん、こういった指標化できない価値こそが地方の魅力である。

　国からのお声掛りで始まった地方創生。現状を見ても成功例はほとんど見られない。これから先も好転する兆しは見えない。

　「国のお声掛りで始まった」というところが失敗の原因である。国は自治体の衰退、人口の減少、その裏返しとしての人口の東京一極集中、これらに危機感を持った。現在の状況を国難と思っている。だから、地方に「地域振興を進めなさい」と号令をかけた。「ヨーイドン」で全国1740の市区町村に一斉にスタートさせた。危機感を覚えておらず、「今のままでいい、今のままがいい」と思っている自治体もあるのに、ヨーイドンの一斉スタートである。

　国のお声掛かりはまだある。自治体は地域再生計画を作成し、内閣総理大臣の認定を受けることで、その地域再生計画に記載した事業の実施に当たり、地方創生推進交付金の交付を受けることができる。誰がどういう経緯

でこの地域再生計画を作成したか。地域の住民たちの関与はあったのか。自治体の中には計画作成をコンサルタント会社に丸投げする自治体も少なくない。

地域再生の主役は地域の住民たちである。国でもない、自治体でもない。自分たちがまったく関与していない官製の計画、そんな計画に沿った事業を実施する主体になれるはずがない。しかも地域の住民たちは心の準備もできていない。

本来あるべき形は次のようにして始まる。「このままではこの地域が消滅してしまう」という危機感を共有していることが前提であるが、その危機感に押されて「なんとかしなければならない」と考える住民が複数出てくる。どんな事業をすれば地域再生に資するのかについての作戦会議が始まる。会議は参加と熟議、まさに民主主義である。住民自治の発現である。そこで決まった事業の実施に財源が必要なら自治体にお願いして、国に対する地方創生推進交付金の交付申請をしてもらう。こういう手続きを踏んで採用された事業には、住民たちは積極的に関与し自らが実行役として活躍することが期待される。なにしろ、住民たちが中心になって作った計画なのだから。

これが地方自治である。国から「この事業にとりかかれ」と言われても、それを（今は）やらない自由がある。機が熟してから動き出す。それも自分たちなりにやらしてもらう。これが地方自治の基本である。本来の地方創生は、まさにこの地方自治の精神で成し遂げるべきものである。ああそれなのに、それなのに……。

次に、平成の大合併について。

平成の大合併は、地方分権が一大ブームと

なるなか、市町村を地方分権の受け皿にしたいという国会議員の強い意向のもとに始まり、それが国全体の取り組みへと拡大した。国は、市町村の行財政基盤の強化と行政の効率化を目標にして総力を挙げて合併を推進した。平成11年（1999年）4月に始まり平成22年（2010年）3月まで11年間続いた平成の大合併。この間、全国の市町村数は3232から1727に減った。

平成の大合併が成功だったのか、失敗だったのか。大失敗だったとする見方もある。

「人口が減ることが明らかな中、合併で自治体の規模を大きくしても人口問題は解決しない。住民の高齢化でサービス需要は高まるが、人口減でそれに対応する職員は確保できない」（河合雅司・人口減少対策総合研究所理事長）。

合併が良かったか、良くなかったかの評価を現に合併した自治体に聞いてみた結果がある。行政側の評価と住民側の評価は異なっている。各種アンケートなどによれば、住民の反応としては、「合併して悪くなった」、「合併しても住民サービスが良くなったと思わない」、「良いとも悪いとも言えない」と言った声が多く、「合併して良かった」という評価もあるが、全体としては合併に否定的評価がなされている。一方、行政側の評価は肯定的なものが多い。

平成の大合併の最大の問題は、国がヨーイドンの号令をかけて合併を一斉にやらせようとしたことである。合併したら、財政的に大きな優遇措置を受けられるとして、市町村を合併に誘導した。

一方、個々の自治体の状況はまちまちである。合併しようという機運が高まっているところだけではない。合併などしなくても、自

治体として普通にやっていける自信がある自治体のほうが多い。そういう自治体が合併へと動くのは、「このままでは行財政の基盤が保てない」と自覚したときである。

ここでいう「自治体」には、住民の姿はない。自治体の為政者側の事情である。住民は「このままでは行財政の基盤が保てない」などと考えるはずがない。今のままがよいというのが大多数である。市町村合併の議論においては、為政者側と住民側で乖離が生じる。住民自治を尊重するなら、合併を成立させることは期待できない。為政者側が住民を合併へと誘導していくしかない。そして、これが、実際に市町村合併が成り立つ際の図式である。

平成の大合併では、政令指定都市が新たに6つも誕生した。さいたま市、静岡市、堺市、浜松市、新潟市、岡山市である。指定要件である「人口が80万人」の人口基準が70万人に引き下げられたことも大量誕生の要因である。相模原市、静岡市は71万人、岡山市は70万人、熊本市は73万人で政令指定都市になった。旧基準では政令指定都市になれていなかった。

こういったなかで「合併はしない」と宣言した自治体がいくつかある。

富山県舟橋村は面積3.47km²、日本一小さな自治体である。昭和の初めから終戦後まで村長を務めた稲田健治さんは「舟橋村は日本のモナコになる」と宣言して、合併に反対した。平成の大合併に巻き込まれず、舟橋村が合併を選択しなかった一番大きな理由は、村にある小学校（1校）、中学校（1校）が合併したら統合されてなくなってしまうという危機感があったからである。

さらに、平成に入ってから、上下水道やデ

イサービスセンター、特別養護老人ホームなどインフラ整備が進んだ。富山地方鉄道の船橋駅の駅舎と一体化した蔵書9万冊の図書館も開館した。施設も整備され合併するメリットもなかった。平成の初めには1400人だった村の人口は、現在、3100人を超えている。富山駅から電車で15分という交通利便性に加え、子育てや教育の環境が整っていることから子育て世代が転入したことが人口倍増につながった。

福島県矢祭町は、2001年（平成13年）「合併しない宣言」をした。「小泉内閣が合併を進めた背景が国の財政だけだった。この国をどうするかではなく、財政中心主義で地方交付税を減らすことが目的だった。だから合併しないと宣言したのだ」と当時の根本良一町長は言った。地方自治の尊厳を重んじての判断だった。

「合併しない宣言」に続いて、矢祭町は自治基本条例を制定した。第1条には「自立するためのあらゆる施策を講じ、人口減少に歯止めをかけ、適正規模の共同社会を目指す」とある。合併しないでやっていくという決意が読み取れる。第10条は「町民の参加」として「矢祭町の希望ある将来は、すべての町民の連帯と創造的な諸活動によって確立されなければならない。矢祭町は、町民の不断の努力と連携することによって、魅力ある町づくりを推進する」と町民を巻き込んでの町づくりを謳っている。

以上、三位一体改革（国庫補助金の問題）、地方創生、平成の大合併の事例について述べてきた。これらの事例から今後の地方自治のあり方について考察する。

これらの事例を通じていえるのは、国が地方自治を大事なものとして尊重し、地方自治

を育てていくという姿勢に欠けているということである。なぜ国は地方自治を尊重しないのだろうか。その答えは歴史の中にある。

明治期に制定された大日本帝国憲法には、地方自治に関する規定が設けられていなかった。その理由は、地方制度関係規定が憲政不可欠の内容事項と考えられなかったことにある。また、町村自治については関係者の間で異論がなかったが、府県のあるべき姿について政府部内に意見不一致があったこともその理由として挙げられている。

明治維新で新政府ができたが、遅れてきた日本としては早急に国力を高め、欧米列強と渡り合える力を示さなければならない。富国強兵、産業を興し、軍備を整えることが急がれた。そのためには中央集権で進めなければならない。地方自治を育てるといった発想は湧いてこなかった。

戦後の日本国憲法では「第8章 地方自治」に4条規定されている。同時期に「地方自治法」が制定された。法律上は地方自治を尊重する国の姿勢が現れている。しかし、制度的にはそうであっても、実態的には大日本帝国憲法下での中央集権の思想は残っている。その事例として、ひも付き国庫補助金を死守する各省、地方創生を中央集権で進める矛盾、市町村合併を無理やり進める総務省、不十分な地方分権、こういった形で現れている。

各省が補助金分配業のような無駄な事務をやめることが必要である。また、地方自治体が自発的にやるべき事業に国が介入したり、指導する（パターナリズム＝家父長的温情主義）のをやめることも求められる。

地方自治の本旨は、団体自治と住民自治であるといわれている。ここまで書いてきたのは、ほとんどが団体自治に関する論点であっ

た。住民自治はそもそもあまり話題にならない。実は、そのことこそが地方自治の大きな問題である。

「地方自治は民主主義の最良の学校」（イギリスの法学者ジェームス・ブライス）といわれるのは、自治体が（国全体に比べて）圧倒的に区域が狭いので住民と為政者の距離が近く、住民の意見を反映させやすいことにある。

「自治体は自由と民主主義を育てる」ということをフランスの政治思想家アレクシス・ド・トックヴィルは、1835年に上梓した自著『アメリカのデモクラシー』で強調する。その中の感動的な言葉を引用する。

「自由な人民の力が住まうのは、地域共同体の中なのである。地域自治の制度が自由にとって持つ意味は、学問に対する小学校のそれに当たる。この制度によって自由は人民の手のとどくところにおかれる。それによって人民は自由の平穏な行使の味を知り、自由の利用に慣れる。地域自治の制度なしでも国民は自由な政府を持つことはできる。しかし自由の精神は持てない」。

地方自治が住民の自由の精神を育てる。地方自治は住民に民主主義の何たるかを教える。地方自治と民主主義は一体である。地方自治が確立していなければ、本物の民主主義は育たない。「本物の民主主義」の反対語は「お任せ民主主義」である。我が国が本物の民主主義国家になるためには、本物の地方自治の確立が不可欠である。

# 4

Theme
## 都市開発

# 都市再生の新しい姿

都市計画家
東京大学名誉教授
## 伊藤 滋

いとう・しげる　1931 年、東京都生まれ。東京大学農学部林学科・同大工学部建築学科卒業、同大大学院工学系研究科建築学専攻、工学博士。専攻は都市計画。同大名誉教授。伊藤滋都市計画事務所主宰。国土交通省都市計画中央審議会会長、財務省国有財産の活用に関する有識者会議座長、内閣官房都市再生戦略チーム座長などを歴任。

# 1. 都市再生特区の誕生とその背景

2002年に小泉純一郎内閣によって創設された都市再生特別地区（特区）は、大都市の市街地では、それまでよりも建物を思い切ってより高く、より大きくする「高度利用」を目的に設けられたもので、現在も多くの超高層建物がこの制度を利用して建てられている。特区創設前の都市計画法では、すべての建物の高さと容積率に制限があったため、政府が特別の許可を与えて、特定の地区については個別の建物を高くし、容積も大きくできるようにした。そういう建物をどんどんつくってゆかないと、世界の都市間競争で日本は負けてしまう、そういう議論が20世紀の終わりごろに起こったことが背景にあった。

こうした議論は、1998年の小渕恵三内閣のころから始まり、その議論の中心に筆者がいたことから首相が筆者を呼び、当時の石原慎太郎・東京都知事たちと「都市再生推進懇談会」を発足させて具体的な対応策を話し合い、その結果を小渕首相に提出することになっていた。そうした流れのなかで筆者が軍師となり、都市再生特区をいくつかの大都市につくり、特区では建物の高さや容積を大きくできる勧告を総理に提出した。都市再生特区の一番の謳い文句は「国際都市間競争」であった。各国の主要都市の国際競争が激しくなるなかで、日本の都市が耐えられえるかどうか、それが当時の一番の話題であった。

例えば、当時の中国・上海市では、黄浦江と長江河口に挟まれた浦東新区に、それまで原野であった地区を、中国政府が国家の重大発展と改革開放戦略の任務を受け持つ総合機能区である「国家級新区」に指定し、世界から資本と企業を呼び込んで上海再開発を始めた。筆者たちが都市再生特区の議論を始めたころ、上海ではすでに都市開発が始まっていた。中国政府は、上海の国家級新区に特別の思いをかけていたから、世界の都市間競争の中で負けないように建物の高さや容積率を大幅に緩和し、スピード感を持って進めようという強い意気込みが感じられた。

そうした国際的な都市間競争の背景がありながら、日本の大都市は法規制をのんきに守るだけでよいのかという議論になり、わが国でも都市再生特区の必要性の議論が高まることとなった。「上海に負けてはいられない」、「東京も頑張ろう」、そうした思いが東京や日本の都市に都市再生特区を導入する具体的な大きなきっかけになったと思う。21世紀に入り、日本の大都市も上海に負けないような超高層、超容積率の市街化区域を決めることが東京や大阪などで始まった。これまでの容積規制や形態規制をやめて、日本の大都市の中で高度利用を進めてゆくことになった。

高さや容積率の制限緩和については、補足して触れておかなければならないことがある。それは、日本では必ず「地震」の課題がついてくることである。地震の話がどこから出てきたかといえば、1995年1月の阪神・淡路大震災である。阪神・淡路大震災が発災したときに筆者は、神戸の六甲山全体が崩壊し、土砂が神戸の街全体を埋め尽くしてしまったのではないかと恐怖心を抱いたことを覚えている。そのとき筆者は、住宅・都市計画の国際会議のメンバーとしてイタリア・ローマで会議に出席していた。当地で阪神・淡路大震災の報道に接した筆者は、不安を感じながらすぐに帰国した。上海で都市開発の動きがあり、そして、日本での都市再生特区をより具

体的に実行に移す、その引導を渡したのが阪神・淡路大震災であった。

小渕内閣、森内閣を引き継いだ小泉純一郎氏が総理に就任すると、建設省事務次官だった牧野徹氏が総理の特別補佐官に任命され、東京都知事の石原慎太郎も加わり、筆者も入って国家を挙げて新しい都市計画の形態規制をつくることを始めた。そして、巨大都市で新しい形態のもとで20年ほど世の中に送り出し続けていると、大都市だけでなく、その効果は札幌から沖縄まで中心市街地の再開発事業として全国の都市に広がっていった。2023年現在、都市再生特区による整備事業は、全国52の地域で竣工し、これらを含め都市再生特区に決定されている地域は118地区に及んでいる。

## 2. 超高層、巨大容積率からの転換の兆し

現在も都市再生特区による再開発は国内の各都市で続いているが、そうした一方で、21世紀に入ると、なんでもかんでも建物を高く、大きくという開発手法を続けてもよいものだろうかという、一種の自己反省の動きが起こってきた。自己反省の中には、経済的な意味や都市科学的な意味だけではなく、21世紀の文明の中で都市が変化してゆく際に、なんでも野放しにしておくのはおかしいという批判も出てきた。ただ、世界中でこの自己反省の動きが起こったかというとそうではない。ニューヨークをみればわかるように、アメリカでは自己反省の意識は薄い。ジェイン・ジェイコブズのような大都市批判の社会科学者はいたものの、そうしたゆき過ぎの社会的な動きを部分的にとどめようとする動きが出てく

るのもまた日本の動きである。日本人は、感覚的に嗅ぎ取ることが得意だから、それを新しい反省の種として再検討しようと動き出すのもまた日本であった。

日本が自己反省の引き金を引いたのは、実はヨーロッパの都市づくりの動きである。特に地方中心部に大都市が多いドイツやフランスでは、こんなに高く、広い建物をつくり続けてよいのかという疑問が起こっていた。イギリスはその中間にいて、建物の超高層化を続けてゆくべきか、あるいは中低層の建物もつくるべきかと逡巡していた。都市計画的には中途半端な存在になってしまった。そうしたヨーロッパの巨大都市の迷いが日本にも跳ね返ってきて、日本の学者や評論家たちの間からも、アメリカ的な超高層巨大化への批判が起こってきた。しかし、日本の実業界の動きは、アメリカの大都市の動きに同調していた。

こうした動きは、特に2020年ごろから、日本は本当に超高層化、巨大化のままでよいのかという議論が、建築系の技術者だけでなく社会科学系の学者の間からも出てくるようになった。また、アメリカの東海岸でも、自省的な建築の動きを重視するヨーロッパの影響を受けながら、見直しを叫ぶ人たちの声が大きくなってきた。2001年の9.11同時多発テロで、ミノル・ヤマサキ設計の世界貿易センター（WTC）の超高層ツインビルがテロリストたちによって何ら防ぐ手立てもなく破壊されたことが、アメリカでの批判的な動きに影響を与えたかもしれない。破壊されたWTCの跡地は「グラウンドゼロ」と呼ばれ、再建・復興のための議論や検討が繰り広げられた。その議論の中では、かつてのWTCよりもより巨大な超高層ビルを建てようという

意見は必ずしも大きくなかったように思う。

　重要なことは、21世紀の西欧社会の街並みについて、都市科学を議論する都市計画家や社会科学系の学者は、街をどのように使いやすく親しみやすくつくらなければならないかということを、21世紀的に見直し、考え直す論調がはっきりと私たちの目の前に浮かび上がってきたことである。社会科学的な領域を含め、もっと議論しなければならないという声が大きくなった。それが20世紀末から21世紀初めにかけての世界的な流れであったと思う。

# 3. 街づくりを核とした　都市再開発

　もうひとつ筆者が強調したいことは、権威主義的な建築物はいらないという、21世紀的な市民運動の動きが鮮明になったことである。象徴的な例を挙げると、1989年にソビエト連邦が崩壊し、翌年、東西に分断されていたドイツのベルリンが統合された。これは、西ドイツの市街地が東ドイツの市街地を圧倒したことを意味している。そして、新しいベルリンの街をどうするかが検討された。最初に取り上げられたひとつが、プロシア時代に建てられた「ベルリン王宮」の復興であった。15世紀半ばに建てられたベルリン王宮は、1701年にはプロイセン王国国王の、1871年からはドイツ帝国皇帝のそれぞれの居城として使われた。それが第二世界大戦末期の空襲で廃墟となり、1950年に東ドイツ政府によって取り壊された。そして、東西ドイツの統一が実現すると、ベルリン王宮の復興が最初に進められたのである。

　このとき、統一国家となったドイツは、復興のシンボルとしてこの地に超高層ビルを建てることはしなかった。ドイツ政府はあえて中層のベルリン王宮を復元し、市民に親しまれる「フンボルトフォーラム」に生まれ変わらせたのである。9.11の復興としてアメリカ政府は、グラウンドゼロに再び巨大でより超高層化したビルを、槇文彦氏の作品も含め4〜6棟つくり上げた。マンハッタン・ウォール街の21世紀の復活であった。このアメリカが超高層建築を建てたのとは対照的に、新生ドイツ政府はドイツの象徴である王宮の復興を選んだのである。ドイツ政府が選んだベルリン復興のシンボルは、世界中の都市再開発に大きなインパクトを与えた。そして街づくりの手法としても非常に重要な意味を持つと考えられるようになった。

　日本の市街地再開発でも、21世紀になると都市をどのようにつくり替えてゆくかを考えるときに、「街並み」という言葉がしばしば使われるようになった。街並みを市民がかよう通りとその通りの両側に建つ建物群とを全体として捉え、通りとそこに並ぶ建物群を一体化する市民に対する街づくりである。街全体でシェアし、そこに大きな建物（突起物）を建てるのではなく、街の建物は「街区」という街のグループの中で語られることである。「とおり」を骨組みの軸として、街をつくり上げてゆく再開発的手法である。そうした街づくりをベースに再開発を進める事例が、日本の中で見られるようになった。その傾向は不思議なことにここ10年の間に、「街並みの復興」として語られるようになってきた。

　日本では今、2つの議論が賑やかである。都市の中心に優れた建築物をまずつくり、その周りに従属する建築群を配置する丹下健三

氏的な街づくり手法と、街並みを都市の中心に置く伊東豊雄氏的な手法の2つの流れが、現在の街づくりの専門家の中に共存している。イギリスでも日本と同様に、超高層型に思い切って既存の形態を一変してしまうような街づくりと、もうひとつは昔ながらの町家のような長屋をつくってゆく街づくりの流れがロンドンの中で起こっている。内容は異なるが、東京でも超高層ビルを中心とした巨大再開発だけでなく、通常の街並みを順次巨大化してゆく再開発を考える動きが徐々に広がってきている。

実は、日本における都市再開発の2つの議論の萌芽は東京都庁舎のコンペ案に見ることができる。1990年に竣工した東京都庁舎は、丹下健三氏の設計によるゴシック建築様式の超高層建築物である。だが、1986年に実施された9社による新都庁舎コンペでは、磯崎新氏の庁舎を中低層で広げた案が丹下案とはまったく逆の発想によるものであったため、建築・都市の専門家のみならず市民からも多くの関心を集めた。当時は、まだ超高層ビルによる都市再開発が主流とされていたため、丹下案は市民に抵抗なく受け入れられたが、磯崎案も少なからず共感を得ていたように思う。

30年ほど前、都市の姿を変えようとしていたときに、超高層と巨大容積化という都心の変形、都心のつくり替えをけん引していたのが丹下健三氏であった。それが21世紀に入ると、超高層と巨大容積化の街づくりが果たしてよいのかという考えが、東京の中でも批判的な検討として起こってきた。磯崎氏の中低層で広がる提案は、21世紀の都市再開発における街づくりの手法を先取りした考え方として、大変興味深いものがあると筆者は考えている。今後の東京や日本の都市の再開発事業における議論のひとつとしても非常に興味深いものがある。

もうひとつ、東京の市街地再開発の計画で興味深いことが起こっている。今、東京の市街地の中で建物をつくり替えるときは2つの流れがある。ひとつは、民間が巨大資本を投入し、時間をかけてゆっくりと巨大都市をつくる動きである。これは、資本の論理から考えると別段おかしなことではない。江戸時代の屋敷町を継承してとしてきた千代田区番町で進められている「二番町再開発計画」がこれに当てはまる。計画では、地区計画の高さ制限60mを変更し、150mの超高層ビル1棟を中心に再開発を進める考えである。この二番町再開発計画に対しては、超高層ビルを1棟だけつくるのではなく、ヨーロッパ型の中低層街区をつなげてゆく再開発にするべきだという議論が出てきている。この議論は、建築家だけでなく都市計画家の中でも起こっている。

従来のように超高層で巨大容積型の再開発を行う提案、そして、中低層建築をつなげてゆき市民の生活感覚に馴染む街づくりを進めようとする提案、この2つの提案がぶつかり合っているのが現状ではないかと思う。これは、東京や大阪だけでなく、札幌、神戸、横浜といった地方都市が巨大になればなるほど、2つの議論は一層激しさを増すことになるであろう。その結果、市民の生活感覚に馴染む街並みを形成する再開発のほうが、今後は主流になってくるのではないか。あくまでも私見ではあるが、筆者はそのように考えている。

## 4. Urban redevelopment と Urban rehabilitation

開発手法の異なる2つの流れは、ニューヨークにおいても見ることができる。ニューヨークには、超高層・巨大容積率の再開発もあれば、小規模な庭付き低層ビルの街並みの再開発まであり、現代の都市再開発は実に多様化してきていることを筆者は感じた。ニューヨークのマンハッタン地区では、この2つの流れを同時に見ることができる。ひとつは、高速鉄道のペンシルベニア駅周辺を対象とした再開発で、世界中の資本が協働して行っている「ハドソン・ヤード地区」のオフィスビル街再開発である。そしてもうひとつは、食肉加工用の家畜を搬送していた旧高架貨物鉄道路線を歩行者専用の遊歩道につくり替えた「ハイライン地区」の再開発である。大規模再開発と小規模再開発がマンハッタンの南部地区で同時に行われているのである。都市計画用語でいえば、前者は Urban redevelopment、後者は Urban rehabilitation である。

筆者は、2023年10月にニューヨークを訪れた際に、この2つの再開発地区を実際に見ることができた。前者のハドソン・ヤード地区再開発は、驚くほど巨大であった。特に外部空間を造形的に仕上げた彫刻的な再開発のモニュメントには、多くの人々が集まっていた。また、後者の旧高架貨物鉄道敷地を緑道に替えて遊歩道として整備したハイラインが、ニューヨーク市民だけでなく海外からの多くの観光客を集めていたことに、筆者は格別の感銘を受けた。

ハイラインの遊歩道そのものは、緑化事業は別にして特に驚かされるようなところはなかった。筆者が最も感心したことは、高架貨物鉄道沿いに古くからあった多くの4、5階建ての小規模ビル街で働いている住人たちが、内部景観に大きな関心を持っていたことである。高架線のときは背を向けていた住民たちが遊歩道に変わると窓を開けて眺められるようにし、さまざまな方法で室内緑化をする住民の姿と、遊歩道に国内外の多くの観光客が同時に見られた。鉄道高架沿いの住宅地と遊歩道の新しい動きとが握手するようになり、遊歩道利用者と周辺の住民がつながる良い雰囲気の街が生まれたのである。これは、rehabilitation 型の再開発で街並みをつくり替えてゆくという、再開発の根本的な議論に深く結びついている。筆者は、それを感じて深く感銘したのである。仕事をしている人たちの雰囲気が実にゆったりとくつろいでいて、その仕事場を楽しんでいる様子が外景観として美しく眺められことを、観光客の筆者たちはありありと感じ取ることができた。

## 5. ベルリン王宮 vs. 江戸城天守閣

ソビエト連邦の崩壊で東西ドイツの統一が実現したとき、政府が最初に取り掛かった事業のひとつが「ベルリン王宮」の復興であったことはすでに述べた。ドイツの歴史的遺産を代表するベルリン王宮の復活は、第二次世界大戦後の45年間の東西冷戦時代を経て、1990年のドイツ統一からおよそ30年で「フンボルトフォーラム」（2020年オープン）を復興させた。それは、半世紀近く分断されていたベルリン市民の長年にわたる念願であり、市民の熱意を立法や行政がしっかりと受け止め、30年という時間の中で計画を確実に進めて実現した。しかも、ベルリン王宮は、旧ドイツ帝国の懐古的な歴史遺産として復興

したのではなかった。21世紀の市民社会に寄り添う形で、美術館をはじめ民族学博物館、レストラン、劇場、映画館、講堂など、市民が求めるドイツ文化の多彩な内容で復興を成し遂げたのである。筆者は都市計画家として、特にその点に深い感銘を覚えるのである。

筆者がベルリン王宮の復興に深い関心を持つのには理由がある。1995年1月17日に阪神・淡路大震災が発災したとき、筆者は、海外にいて神戸の街の崩壊に不安を抱きながら帰国したことはすでに触れた。実はその翌日から、筆者は東京都庁で「第2回　東京・ベルリン　シンポジウム」（東京都・ベルリン市共催）の分科会の座長を務めることになっていた。本会議では、ドイツ統一で首都に復活したベルリンと東京の間で、両都市が抱える課題について意見交換を行いながら、両都市の歴史や文化を踏まえた未来像を探るシンポジウムが開催された。

このシンポジウムでは、ベルリンの担当者がベルリン王宮を復興して、プロイセン時代の世界最大のプロシア的コレクションを活かしてゆくと高らかに宣言した。これを聞いた筆者は、東京にもたくさんの歴史的な文化遺産があり、これらを活かした文化的な都市の振興を進める考えを、ベルリンの担当者に伝えたのである。

第二次世界大戦で日本とドイツは共に敗戦国となった。だが、敗戦後の復興については、筆者はドイツの姿勢や取り組みに学ぶべきことがたくさんあると考えている。ドイツは30年かけて、ベルリン王宮を新生ドイツ市民の文化振興のためにフンボルトフォーラムとして見事に再生させた。それに対し東京は、残念ながらそれに匹敵するような再生事業は行われてこなかった。議論が高まること

すらなかった。

ただ、筆者にはひとつだけ希望がある。それは「江戸城天守閣」の復興である。江戸城天守閣は、1657年の明暦の大火で焼失したときに、江戸幕府4代将軍・徳川家綱が当時の賢明な後見人であった会津藩主・保科正之の幕府財政を破たんさせるという進言を聞き入れ、天守閣復興を一時的に休止することを決めた。以来、今日に至るまで江戸城天守閣は400年近く復元されることはなかった。問題は、第二次世界大戦後80年を経ても、江戸城天守閣の復興は議論ばかりが続けられるだけで、具体的な動きには至らず、このままでは単なる議論に終わり無形化することが案じられることである。

その対極にあるのがドイツのベルリン王宮の復興である。築城から600年（1451年）、旧プロシア帝国から323年（1701年）、旧ドイツ帝国から153年（1871年）に至って、フンボルトフォーラムは現代版王宮として復活したのである。筆者は、東京においてもフンボルトフォーラムに匹敵する、現代の市民社会に根差した江戸城天守閣の復興を一刻も早く実現したいと願っている。

国際競争力を持つ都市は、市街地再開発による近代化とともに市民社会の足元をしっかりと見つめている。ベルリンのフンボルトフォーラムも、ニューヨークのハイラインもこうした重要な視点を忘れてはいない。日本の大都市では、超高層、巨大容積率の都市再開発は盛んであるが、歴史的文化遺産を活かした再開発が行われていない。市民も政治家もあまり関心がないように見える。それは極めて残念なことであり、江戸城天守閣の復興は、日本そして東京の再生にとって早急に取り組むべき課題であると思っている。

# 5

Theme
## 人口問題

# 地方消滅と地方創生
## 日本の地域政策、この10年の功罪

### 東京都立大学 教授
# 山下祐介

やました・ゆうすけ　1969年、富山県生まれ。九州大学大学院文学研究科社会学専攻博士課程中退。同大助手、弘前大学准教授などを経て2011年より東京都立大学教授、現職。専攻は都市社会学、地域社会学、環境社会学。著書に『限界集落の真実』、『東北発の震災論』、『地方消滅の罠』、『地域学入門』（共にちくま新書）、『地域学をはじめよう』（岩波ジュニア新書）、『都市の正義が地方を壊す』（PHP研究所）。共著に『人間なき復興』（ちくま文庫）、『原発避難論』（明石書店）、『被災者発の復興論』（岩波書店）など。

## 1. 地方創生と地方消滅
### ～ 2つの10年検証

　地方創生（まち・ひと・しごと創生）が始まってもうすぐ10年になる（まち・ひと・しごと創生会議の設置は2014年9月3日）。

　日本政府の地方創生は、元は日本創成会議という民間団体が発表したレポート『ストップ少子化・地方元気戦略』に端を発している。

　この民間レポートは、のちに中公新書『地方消滅』となったので、10年後の検証と併せてこれを『地方消滅レポート』と略称する（10年前は、その中心にいた元総務大臣・増田寛也氏の名前をとって「増田レポート」とも呼ばれた）。

　政府の地方創生と、民間の地方消滅レポート。後者から前者は派生したが、その中身を見ると違いも大きい。他方でしかし、その本質は根深いところでつながっているようでもある。

　この2つの立場を解読し、そこから日本が人口減少社会を迎えてどのように対処しようとしているのか、その本質にあるものについて考えてみたい。

　発端は地方消滅論である。その論理をまずはじっくりと確認しよう。

## 2. 地方消滅レポートの
### 消滅可能性自治体について

　2014年5月に発表された日本創成会議による地方消滅レポートは、2040年までに全国の市町村の約半数に当たる896自治体が消滅する可能性があると警告し、日本社会に大きな衝撃を与えた。このレポートは、これまで人口減少問題を「あるのにない」かのよ

うに振る舞ってきたことに強い警鐘を鳴らし、取り組むきっかけにもなったともされている。

　しかし、その中身には矛盾が多く、その後10年の経緯をみると、むしろ事態を悪化させたというべきである。また、レポートには、現役官僚（当時）数名が関わったとされ、ある種の陰謀（クーデター？）という面が拭えない。

**消滅可能性リスト**

　ここではまず、地方消滅の根拠とされた、「若年女性人口の減少率」について考えてみよう。国立社会保障・人口問題研究所（社人研）は、全国統計を用いて日本の人口減少の行方を予測しているが、このレポートでは、各市町村の将来人口推計から「若年女性人口の減少率」を割り出して、その減少率が50％以上となる自治体（若い女性の数が半分以下になる自治体）を「消滅可能性自治体」と名付け、リストを公表した。[1] 消滅可能性自治体は、10年前は896団体、これに対し10年後は744団体となり、若干の改善がみられるが、うち283団体は悪化しているという。ちなみに全国の自治体数は1741で、744はその43％に当たる。

**子どもを産める若い女性の数が自治体の存続を決める？──過密都市／東京一極集中こそが問題の核心**

　10年前すでに、こうした数字で「消滅」を語ることにはさまざまな批判が上がっていた。とはいえ、こうしたやり方自体は、どこか国民に、「地方自治体に危機感を持ってもらう」ものとして受け入れられてもきた。

　だが、この議論は、その矛先を間違えてい

る。そして、それは大変危険な錯誤である。

①レポートは、子どもを産むことができる女性の数が、地域間で偏っていることを問題視する。だが、女性が全国のどこにいようが、総人口は変わらない。本当の問題は、若年女性の地域間の偏りではなく、日本全体の出生率・出生数が低いことにある。

②その際、合計特殊出生率を地域別にみると、実は東京都が最も低く、首都圏及び大都市を抱える府県がそれに続く。首都及び大都市は、地方から若い人口を吸収しておきながら、その場所で子どもが生まれていない。このことが日本社会全体の人口減につながっている。

10年目の地方消滅レポートは、この②を新たに「ブラックホール型自治体」として示している。だが、それだけであり、あいかわらず問題の所在を地方だけにみる。それどころか気味の悪いことに、こうして各自治体の若年女性の数をリスト化し、その争奪を競わせようとしておきながら、次のようにも述べるのである。「（自治体には）若年人口を近隣自治体間で奪い合うかのような状況もみられる。こうしたゼロサムゲームのような取り組みは、結果として出生率向上に結びつくわけでなく、日本全体の人口減少の基調を変えていく効果は乏しい」と。一方で、競争を煽りながら、他方でその競争を批判する。

だが、①で示したように、過疎は過密とセットであり、それだけなら人口は減らず、問題にはならない。問題は過密の側にあり、そこでは人口を消費するだけで再生する力がないということである。東京一極集中が人口減少の正体である。

だとすると、その解決法は2つしかない。過密の側の出生力を上げること（少子化対策、子育て支援、結婚支援）。もうひとつは、過密側から過疎側へと人をできるだけ送り返すこと（地方移住）。

## 選択と集中、強靱化戦略による生産性の向上

これに対し、地方消滅レポートの描いた問題解決策はこうであった。

10年前のレポートでは、それは「選択と集中」である。地方中枢拠点都市（20万人以上）を防衛線にし、その向こうにある小規模自治体からは予算を引き上げろと。コンパクトシティ[2]という言葉もこの文脈で用いられた。「すべての集落に十分なだけの対策を行う財政的余裕はない（『地方消滅』49頁）、「いずれは廃村……」、「すべての町は救えない」（『中央公論2014年7月号』）というわけである。

だが、こうした予算削減がレポートの本意ではない。さらに、これまで地方にかけてきた予算を引き上げて、もっと別のことに振り向けよと主張するのである。おそらくここにこのレポートの真の目的はある。例えば、日本創成会議の別のレポートではイノベーション投資（具体的にはインター・リニア・コライダーの誘致）が提唱されていた。

10年目の検証レポートでは、もはやそこまで勢いのある主張はなくなっている。だが、論調は変わらず、新レポートはこうなっている。戦略は2つだ。

ひとつは「定常化戦略」で、これはいわゆる少子化対策。これに対し、もうひとつは「強靱化戦略」が強調されている。

強靱化戦略とは「質的な強化を図り、現在より小さい人口規模でも、多様性に富んだ成長力のある社会を構築する戦略」だという。ともかく生産性を高め、少ない人口でさらに効率よく働く仕組みを求めている。

子育て支援で少子化を解消することだけでは足りず、各地・各職場での生産性を上げよというわけである。

## 矛盾した内容——目的は人口減阻止ではなく、公共投資先の転換（地方から都市へ、暮らしから経済へ）にある

以上をまとめるなら、このレポートの主張はこうである。

日本社会は人口減少に入っている。その原因は少子化にある。さらに、その少子化の原因は東京一極集中にある。東京一極集中を止め、少子化を阻止しなくてはならない。

だが、その出口（手法）は「選択と集中」である。末端から予算を引き上げて都市に集中的に投下し、経済・財政の効率化、生産性の向上に資する。でなければ人口減少を迎えて、日本経済は持たないと。

集中（選択と集中）で集中（東京一極集中）を止めるという矛盾。それどころか、少子化と都市への過剰集中の間にある関係を問題だといっておきながら、その解決を末端農村の切り捨て、都市へのさらなる投資と、経済重視の対策強化におく。これも矛盾。

まったく矛盾した論理と内容で、何を目的にしたものかわからなくなっている。

ともかく結局、このレポートの本質を捉えるなら、その目的は、少子化＝人口減少問題の解決にはあらず、むしろ地方切り捨ての正当化にあり（なぜなら人口は減り、女性もいなくなって、早晩消滅するのだから）、地方の暮らしやインフラへの投資を切り上げて、イノベーション（技術革新）や生産性向上に振り向けるべきだという、都市産業への公共投資を（おそらく経済界の意向に沿って）誘う内容になっているということができる。表

向きそう見えないように工夫されているが、結論はそうである。

10年前、このレポートは日本社会に大きな影響を与えた。しかし、少子化に向き合わないレポートが少子化阻止に効果ある提言ができるはずもない。10年経って行われた彼らの検証に対し、メディアはかなり批判的であった。

しかしまた、末端切り捨てや、地方の暮らし／インフラ投資を抑え、イノベーションなどへの産業投資に振り向けていこうという圧力は近年非常に強まっており、レポートが意図した方向へと日本社会は着実に向かっている（転がり落ちている）ようにもみえる。

## 他方で、地方では子育て資源の撤退が進む——過疎地のインフラ外し、外部者発の復興

というのも、少子化を巡る問題はこの10年でさらに深刻化していて、多くの地域で、そこで子育てするのに多くの支障が生じ始めているからである。

出産できる病院がなくなっている。そもそも産婦人科医が足りない。さらに保育所、小中学校の撤退・統廃合が進み、平成合併前の町村で学校がない場所も出てきている。高校進学率が100％近くになっている現状のなかで、その高校がいま都市部でさえ削減されており、さらにそこへ通う公共交通までもが縮小している。

他方でJRのために新幹線は造られ、しかもそのために在来線はJRの負担から離れ、赤字路線だけが地方に委ねられていく。リニア新幹線も着工した。

そして、まだ通っている子どもがいる学校を廃校にしたあとで、別のオルタナティブ校を造り、全国に入学募集がかけられる

ような案件もでてきている（筆者による現代ビジネス誌上での広島県福山市の事例を参照。https://gendai.media/list/author/yusukeyamashita）。

東日本大震災の被災地では、そこに暮らしていた被災者は追い出され、別の人が来て復興イノベーションを担っている（山下祐介・横山智樹編、『被災者発の復興論』、岩波書店、2024年）。

いま起きていることはただ末端を切ることではなく、そこに別の者が公共投資を携えてやって来て、地元の人に変わって何かを行うことである。しかも大事なことはそうした事業のほとんどが公共投資抜きには成り立たず、過疎地や被災地の活性化策としても成功していないことである（それならば、元のまま維持していればよかったのに）。

そもそも過疎対策の失敗は、インフラ投資の偏向（選択と集中）にあり、国策に原因があって、自治体（都道府県・市町村）の政策の失敗ではない。

人口減少対策もまた、国が行った2000年代の改革の失敗やその後のインフラ外しが原因となっている可能性が高い（第三次ベビーブームの不在。詳しくは拙著『「都市の正義」が地方を壊す』PHP新書、2018年を参照）のだが、では、政府はこの問題に対して、どう取り組んできたのか。地方消滅論は民間レポートに過ぎない。では、それを受けてスタートしたという政府の地方創生はどうだったのだろうか。

# 3. 地方創生における「競争」と「淘汰」

**政府が促した競争と、メディアが煽った淘汰**

まず、日本政府は「選択と集中」という方針はとっていない。当時の安倍晋三首相も「なくなってよい地域はない」とはっきり述べていた。この姿勢は、今回の10年レポートでも変わっていない。

だが、10年前に地方創生が始まったとき、「自治体間の競争」になってしまった。

もちろん政府のいう競争は、政策競争だったようだ。おそらく一部の自治体で先例をつくり、それを各地に移していくということだったろう。

ところが当時はとにかく「競争」だった。それも競争で負けた地域は切り捨てられ、「淘汰」もやむを得ないという雰囲気がメディアの中で広がっていた。

自治体間の競争は「自分さえ生き残ればよい」という人口・予算獲得競争になった。ふるさと納税も推奨された（これは返礼品競争になり、事実上の〈こうしたことができる富裕層への〉減税になった）。経済にこだわる政府（特に安倍政権はローカル・アベノミクスを主張した）は、やがて「稼ぐ」競争を地方に促したが、自治体が直接稼げるはずもない。結局、政府がつくる地方創生メニューの獲得が自治体の生きる唯一の道となり、地方分権は後退し、政府の権力集中は強まった。

こうした方向へと地域政策を歪めたきっかけこそが、先の地方消滅レポートだったことになる。それから10年が経ち、今や「選択と集中」、「競争と淘汰」の論理が政策の中に不気味な影を落している。本来、地域政策に切り捨てなどあってはならないのだが、その切

り捨てを正当化する雰囲気が次第に強まってきている。

## 10年検証——何も前進はなかった？

こうして出発から歪められた地方創生だったが、では10年経ってどうか。

先の地方消滅レポートは、その10年検証を発表する際に、かなり露骨に政府を批判し、国は何もしてこなかった、自分たちの警告をしっかり受け止めなかったと出張していた。

それに対する国の10年検証の報告書（「地方創生10年の取り組みと今後の推進方向」）だが、そこでも人口減少・東京一極集中の流れは変えられなかったとしている。

確かにそのとおりであり、出生率・出生数はこの10年でさらに下がって最低記録を更新し続けており、その原因とされる東京への人の流れも止まっていない。

それならば、地方創生の10年は無駄であったのかということだが、筆者の目から見ればそうでもない。政府の立場からは自賛しにくいものかもしれないが、それでもこの10年、政府も含めて国民全体でこの問題に取り組み、なすべきことの方向性は見えてきているからである。

## 着実に進んだ地方移住という流れ

まず強調すべきことは、2014年当時、まだぼんやりとしたものしかなかった地方移住（首都圏など大都市圏から、地方／村落への積極的な人口移動）が、この10年で明確な流れとなっていることである。

そもそも地方移住は人生に関わるので、政策で誘導したからといって実現するものではない。それがどこにもみられる現象になったというのは、十分な「成果」である。

しかも地方移住はしばしば、結婚や子育てを伴う。明らかに出生力や子育て問題と正の関係がある。

問題はむしろ、せっかく若い人が戻ってきたのに学校・病院・商店・公共交通など、子育てに必要なインフラがなくなっていること、さらに今もその撤退が進められていることである。

国がやるべき仕事は、この流れを支え、それを抑止する力を止めることである。例えば、国土交通省の「小さな拠点」のような施策が、小さいながらもその効果を上げている例になるが、地方移住・田園回帰、さらには観光交流促進のためにも、これまで縮小してきた学校や公共交通の再建維持が今後の重要な争点になるだろう。

## 「異次元の少子化対策」が示した、子育て応援の世論喚起効果

さらに岸田政権になって、いわゆる子育て支援もまたひとつの大きな流れになった。このことも、10年前を振り返れば前向きの流れと捉えてよい。

2014年当時、具体的な少子化対策は「保育所の待機児童の解消」どまりだった。しかし、それでは「女性も働け」なのか、少子化対策なのかわからない（むしろ、女性よ、まずは働け。働いた人にのみ支援は向けられる、になっていた）。

それに対して岸田政権以降は明確に「異次元の少子化対策」を示した。選挙対策のためのバラマキとも揶揄されたが、内容はどうあれ、その世論喚起効果は非常に大きかったといえる。10年前は、学校がうるさい、保育園の子どもの声がうるさいなどとさえ問題になり、通勤電車に子連れで乗ることもはばから

れた。子どもが邪魔者にされていた。10年経って少子化問題の問題性が国民に浸透し、今は子どもを抱えている親たちを支えようという雰囲気が広がりつつある。これもこの10年の大きな成果と考えてよい。

## 少子化対策はまずは意識づくりから——小さな自治体から、地方分権から始まる

とはいえここで大事なことは、人口減少・少子化対策は政策でなんとかする（できる）ことではないということである。それを自覚することが大切である。

すべては人生に関わっている。政策が上から何かの型にはめることによって、せっかく再生しようという動きが壊れることもある。

地方移住も同じである。例えば、これだけお金をあげるから来ませんか、というのではまともな地方移住にはならない。

他方で、子どもの医療費補助や保育料の無料化、給食費の無償化、高校・大学の授業料無料化などは、確かにすべてお金に関わることなので、これだけをみればただばらまいているだけにみえるかもしれない。

しかし大事なことは、例えば、子どもの医療費無料化の話にしても政府が始めたものではなく、小さな過疎自治体で始めたことであり、このことが心を伴う政策につながって、ばらまきに終わらず、社会全体で子どもの成長に責任を持とうという意識が醸成されるきっかけになってきたことだ。

生きた少子化対策の具体像は、みな小さな自治体で始められたものである。地方自治体で行った工夫が政府やマスコミによって吸い上げられ、そこから全国に広まっていく、このプロセスが大切なのである。

すべて社会の基本は、家族・地域・学校・職場にあり、要するに具体的な人間の小さな現場にある。そうした現場に最も近く寄り添い、生の声を直接吸い上げることができる小さな自治体のこの10年の試行錯誤こそが、現在の少子化対策の具体像を結ぶのに不可欠だった。

そして何より地方移住こそが実は、全国過疎の先進地で10年どころか20年、30年かけて積み上げてきた成果が全国に広まったものである。

人口減少が止まらないなかで、今もなお限界集落のほとんどが消えていないのも、やはりまた人々が帰って、あるいは通って地域を支えているからである。

これらのことは、今回の政府の報告書にも記載され、その冒頭に「地域が抱える課題は、地域ごとにさまざまであるなか、地方創生の推進に当たっては、それぞれの自治体が主体的に行う創意工夫の取組を国が後押しすることを基本」とすると明言されている。

これに対し、例の民間報告書・地方消滅レポートを見ると、国主導の強い体制づくり（中央集権型の人口戦略推進本部の設置）を露骨に提案する内容となっている。そこには、「総理直属の（政府に対して）勧告権を有する強力な審議会」の設置までもが謳われていて分権的な視点に欠ける。そもそも最初のレポートが、「地方分権という狭い枠組み」ではなく、「広域ブロック行政」で集権化を促すものであった。地方分権の否定もまた地方消滅レポートの目的のひとつである。

だが、東京一極集中とは、（東京都は一地方なので、本当は東京一極集中ではなく）首都一極集中であり、国家への権力一極集中のことである。それが少子化の原因となっているのだから、少子化問題の解消は地方分権に

よると、その解を引き出すことができる。政府の方がよほど、国と地方の関係において何が大事なのかをきちんとわきまえているようである。

### デジタル化で少子化解決？

では、この10年検証に掲げられている今後の政府の取り組み方が正当かというと、そう単純なものでもない。

まず検証報告書が非常に小部であり、ほとんど内容がない。この10年について、政府はうまく把握できてないということは明白である。

それどころか、この小部の報告書から具体的な内容を拾うと「デジタル化」しか出てこない。

そもそもこの報告書の主体が、内閣府地方創生推進事務局と共に内閣官房デジタル田園都市国家構想実現会議事務局になっている。

それを受けてであろう、報告書はあたかも地方のデジタル化が進めば少子化や東京一極集中が解決できるような内容ともなっており、かなり異様といってよい。

だが、デジタル化が進めば人が外に出なくなり、交流・移住はもとより人々の接触が減って、むしろますます少子化に向かうだろう。コロナ禍をきっかけにデジタル化が進み、その必要性が実感されたが、コロナ禍対策の本当の反省から出てくるものは、もっと人々が直接交渉し、議論し、さまざまな問題を具体的に解決していくべきだということである。デジタル化は、多少はそのサポートとなろうが、少子化解決の手段などでは決してない。何が何でもデジタル化を推進する、まさしくこの考え方こそが地方自治の否定である。

どうも政府の検証報告書には、少子化問題の解決とは別に、ともかく国の「デジタル化を進めたい」という力が強く働いていて、その力によって、少子化にしっかり取り組もうとする当たり前の政策サイドの声が封殺されているかのようである。政治主導がここでも、国民の声、若い人たちの声、政策担当者の良心の声をかき消し、政権がやりたいことをやるという力によって押しつぶされている。

結局、民間報告書も、政府の地方創生も少子化に向き合うといいながら、まったく別の方向を向いている。どちらも10年間、目を反らし続けてきたのであり、これに対し国民や自治体の一部が、その問題性に気づいて解決への道を少しずつ探り、手法を模索してきたのだということができる。

## 4. 再生への道とその芽

### 2000年代改革がもたらしたもの

今、日本の国の政策現場は、総合的に複雑な問題を解明し、解消しようとする力を失っている。その理由として、2000年代以降の行財政改革の影響を考えるのがよいだろう。

筆者は、この問題に関連して、特に国土庁解体が一番大きかったとみる。

国全体の方向性や必要な政策のあり方を、政権や内閣がどうあれ、国民全体の公約数として示してきたのが国土庁である。その国土庁が解体されてしまったことが、現在の政策無能力状態を生んだひとつの原因になっているようだ。

見かけ上は、国土庁の機能は内閣府という形に改変された。しかし、今や内閣府は、政治主導を実現する場に成り下がっており、国民のための政策形成機関とはいいがたい。政権・政治が変われば中身が変わる、それどこ

ろか政策形成そのものが、次の選挙に勝つためだけのものへと転換したのがこの10年の大きな変化である。

さらに2000年代の出来事として、平成の市町村大合併が大きい。地方消滅レポートは「消滅可能性自治体」という形で危機感を煽ったが、自治体はこの平成大合併で実際に大量に消滅したのである。約3000が約1700に。その結果どうなったか。

末端からの都市への撤退が相次ぎ、過疎化・人口減少・東京一極集中が止まらなくなった。止まらない東京一極集中の原因のひとつは、この平成の自治体合併である。

すべては2000年代の「選択と集中」が呼び込んだものだと考えると、いま起きている事態はよく理解できてくる。

### 人口減少と東京一極集中——解決のためにどうすればよいか

人口減少と東京一極集中。これをとにかく止めなくてはならない。では、何が必要か。

まず単純にいえば、2000年代の改革が、人口減少が止まらなくなったきっかけとなっているのは明らかだから、この改革を見直し、元に戻すことを考える必要があるということだ。

その際、いわゆる非正規雇用がこの間増えてきたこと、何より格差の拡大が、少子化が止まらない原因になっていないか、急ぎ検証する必要がある。多分そうだろう。

要するに、この間に行われた国の改革に、私たち国民は騙されたのだ。そして、その間隔はおそらく10年ではなく、少なくとも30年であろう。1970年代の家族・地域に少しでも戻すことができれば、この問題は解決する。このころは、ちょうど合計特殊出生率2.0の

社会が実現していたのだから。

また、東京一極集中に対しては、地方分権こそがその対策の基本だということにも注意したい。

2000年代の三位一体改革の中で、地方分権だけが蔑ろにされ、国家の中央集権が極端に強まった。

今や国政選挙が最も大事であり、少子化対策も国主導でといわれているが、本当は効果ある少子化対策のためには、地方分権によって都道府県や市町村がさまざまな権限や財布を持ち、いろいろな政策を試行錯誤できる体制が必要なのである。そしてこれもまた、まずは1990年代に戻すことだということになる。

### 価値の正常化

だが、少子化という問題解決のために最も必要なことはやはり、国民の心理、みんなの意識、価値観の正常化である。

すべて社会問題の原因は価値にある。大切なことは、2000年代以降の価値、競争、効率性、選択や決定の重視（これを当時は格好良く「新自由主義」などと呼んだ）は、社会的価値としては誤りであり、それに対しこのときまで私たちが広く長く共有していた価値、助け合い、支え合い、お互いさまこそが正しい社会的価値であったということだ。「選択と集中」から、「多様なものの共生」へ。選択は排除とセットであり、排除は不安のうちに上意下達の画一的な体制を導く。これに対し多様なものが多様なまま包摂されること、それが安心を生み、強い社会を実現する。この当たり前の助け合い、支え合いの社会に戻らなくてはならない。

私たちは元の秩序に戻るべきである。助け

合い、支え合い、お互いさまこそが私たち
の社会の基本を担う価値であった。（日本の
1990年代から始まる一連の）2000年代改革
は要するに、その意図的な政策によって、こ
うした大事な社会の価値そのものを壊したの
である。

そして今、中央集権によるデジタル化推進
の強い力が、さらなる私たちの社会の破壊を
目論んでいるかのようである。

そうした政治的現状に対し、「そんな政策
では人口減少・東京一極集中は止まらない」、
「そんなこともわからないのか」と言う声を、
暮らしの場から、地方から、職場から発さな
くてはならない。が、その悲鳴が悲鳴にさえ
ならないところに日本社会の抱える価値問題
の深刻さがある。みなのこの思い込みをどう
解くか。ともかく、こうして人口減少・少子
化＝東京一極集中の問題とは、経済的/政治
的問題である前に、文化的/認識論的問題な
のである。

## ズレは小さい、思い込みから逃れる

最後に、そのためにももうひとつだけ、論
点を付け加えておきたい。日本では、少子化
の解消はもはや不可能だと言う声をよく聞
く。しかし、出生率を2.0に戻すのがそこま
で大変なことなのか。このことをもっときち
んと考える必要がある。

10年前の地方創生には、「希望出生率を叶
える」という文言もあった。

日本では、実は人々が希望どおりに結婚し、
子どもを産めば、ちょうど合計特殊出生率は
2.0になる。それを実現できずにいるのは非
常にわずかなズレに過ぎない。

かつては5人産んでも2人しか生き残れな
い時代もあった。それに対し、今は5人も10
人も産む必要はない。一人ひとりの子どもを
生み、大切に育てること。それを大変なこと
であるかのように受け取っているとしたら、
このことが真の問題なのである。

人口減少と東京一極集中。すべてを何か、
抗うことのできない力が働いているかのよう
に考えることが、社会の罠になっている。私
たちが逃れなければならない罠は、私たちの
内部にある「こうなるはずだ」という思い込
みである。思い込むから確かにそうなってい
く。その思い込みから脱したとき、私たちが
望む本来の暮らしのあり方が見えてくるはず
だ。それは少なくともデジタルなもの、バー
チャルなものではないはずである。そして、
この思い込みと、文明の衝突、西洋社会/文
化との出会いが深く関係しているようであ
る。東アジアが抱える社会問題を、経済/政
治問題である前に一度、文化葛藤的問題であ
ると考えてみる必要があるように思われる。

〈脚注〉
1 10年検証の資料は北海道総合研究調査会で公開。
 https://www.hit-north.or.jp/information/2024/04/24/2171/
2 コンパクトシティ論には2通りある。ひとつは、肥大化した都市をコンパクトにし、周辺農村や中小都市と
 のバランスを保つこと。もうひとつは、農山漁村を引き上げて、都市部に集住させること。現在の日本では、
 いつのまにか後者の意味で「コンパクト化」が使われるようになっている。

**6**

**Theme**
# 食糧（食料）・農業問題

# 日本の食料安全保障と農業の方向性

資源・食糧問題研究所 代表
## 柴田明夫

しばた・あきお　1951 年、栃木県生まれ。1976 年、東京大学農学部農業経済学科卒業後、丸紅に入社。同社鉄鋼第一本部、同社調査部を経て、2000 年に同社経済研究所産業調査チーム長、2001 年に丸紅経済研究所主席研究員、2010 年に同研究所代表。2011 年から資源・食糧問題研究所代表、現職。主な著書に『資源インフレ』、『食糧争奪』（共に日本経済新聞出版社）、『食糧危機が日本を襲う』（角川 SS コミュニケーションズ）など。

# はじめに

「農政の憲法」とされる改正食料・農業・農村基本法が2024年5月、ほぼ4半世紀ぶりに成立した。同年6月には関連する3つの法案も十分な審議なしに成立した。「食料安全保障の確保」が基本理念に位置づけられたとして、一部の農業界にも評価するムードもあるが、改正に至るプロセスを振り返ると評価できる点は少ない。改正法では、食料安全保障を「良質な食料が合理的な価格で安定的に供給され、国民一人ひとりが入手できる状態」と定義している。しかし、いま日本では、この供給の安定性が脅かされるようになった。

世界の食糧（注：食糧は基礎食料である穀物、食料は穀物、野菜、果物、食肉、水産物など食料品全般）・農業市場は限られた国・企業による市場支配が進んでおり、食糧は戦略商品の色彩を強めているためだ。

## 1. 世界の穀物市場、3つの岩盤需要：限られるプレーヤー

足元の穀物価格は、2022年2月のロシアによるウクライナ侵攻前のレベルまで戻り、鎮静化している。背景には、2023〜2024年の潤沢な供給がある。米国農務省（USDA）によれば、2024/2025年度（2024年後半〜2025年前半）の世界の穀物生産量は28億3028万tで、2年連続で過去最高を更新する見通しだ（図表1）。世界の穀物市場に関するUSDAの評価も、拡大する供給および需要、貿易量。そしてわずかに低下する期末在庫量といったものになる。ただ、ウクライナがロシアに対して越境攻撃を行うなど、ウクライナ情勢が緊迫していることは要注意だ。ロシ

アの攻撃によりウクライナの港湾が再び大きな被害を受け、輸出が停止するような事態になれば、供給不安が一気に高まる恐れはある。

また、潤沢な供給とはいえ、世界の穀物消費量は過去一貫して生産量を上回っており、需給バランスが崩れているわけではない。堅調な需要の背景には、①飼料穀物需要の拡大、②バイオ燃料需要の拡大、③中国の輸入拡大がある。

ちなみに、世界のトウモロコシ需要量（12億2187万t）の6割強は飼料向けで、小麦需要量（8億402万t）の2割弱が飼料向けだ。また、米国のトウモロコシ需要（1億4796万t）の4割強がエタノール向けとなっている。さらに、世界のトウモロコシ輸入量（1億8585万t）の1割以上は中国であり、大豆に至っては世界の輸入量（1億7728万t）の6割強を中国一国が占める。世界の穀物市場では、この3つの岩盤ともいえる需要構造があるために、需給バランスが大きく崩れることはない。逆に、世界的な供給不安に対しては価格急騰となって過剰に反応する傾向があるため要注意だ。

世界の穀物貿易量も約5億tと過去最高レベルにある。穀物貿易量は、1980年代から2000年代初めまで2億t強で推移してきたが、21世紀に入って2倍以上に増えたことになる。これを見る限り世界の穀物市場はより安定性を高めているはずである。しかし、足元のマーケットは、むしろ一段と不安定化しているといえよう。

この理由のひとつは、市場でのプレーヤーが特定国に限られるためだ。トウモロコシの世界貿易量（輸出）は、足元は1億9147万tだが、輸出国は米国、ブラジル、アルゼンチン、ウクライナの4カ国で9割近くを占める。大

### 図表1　世界の穀物生産・消費＆期末在庫率の推移

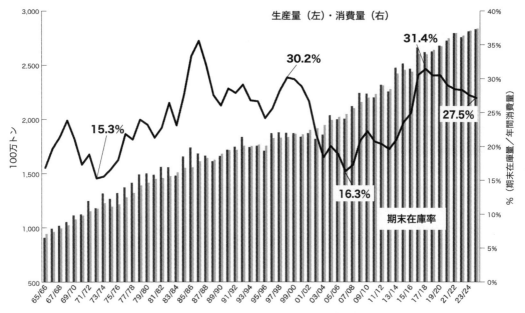

出所：USDA、2024年8月12日

豆の場合は、ブラジルと米国でやはり9割弱だ。

国際穀物市場は「薄いマーケット」と呼ばれる。基礎食料である穀物は、国内での消費が優先され、余った分が輸出という形で国際市場に供される。このことは、国際穀物価格が世界需給のわずかな変化を一段と増幅させた形で大きく乱高下することを意味する。足元の穀物貿易量は5億tに迫っても、生産量に対する貿易比率は17〜18％に限られることから、生産・輸出国で穀物需給が変化すれば、国際マーケットにしわ寄せがくる。それは、穀物価格が激しく変動するなかで、大豆、小麦、トウモロコシは投機マネーの対象となりやすく、「国際市況商品」と称される。この結果、世界の穀物市場は、これら主要輸出国の産地天候、輸出政策などの影響を受けやすくなる。

## 2. フードメジャーによる市場支配

さらに、世界食料のサプライチェーン（供給網）は、これらフードメジャーにより支配されているのが実情であり、その解明なしには日本の食料安保は担保されない。

世界の食料に関する調査会社ETCグループは、「FOOD BARONS 2022」で、2020年の世界の農産物貿易額を1兆3300億ドルと推計しており、このうちの少なくとも40％は、カーギル（米国）、コフコ（COFCO＝中糧集団、中国）、アーサー・ダニエル・ミッドランド（ADM、米国）など上位10社が占めると指摘している（図表2）。

これらフードメジャーは、穀物、大豆・油糧種子、畜産物、砂糖などを調達し、加工、輸送、融資、貿易など多様な事業を地球規模で行っている。しかし、こうした国際的なサ

図表2　世界食糧市場におけるフードメジャー

| 2020年 | | 1,330,000 |
|---|---|---|
| 農産物（穀物、食品） | シェア% | 100万㌦ |
| カーギル（米国） | 10.1 | 134,000 |
| コフコ（中糧集団、中国） | 7.9 | 105,000 |
| アーサー・ダニエルズ・ミッドランド（ADM 米国） | 4.8 | 64,000 |
| ウィルマート（シンガポール） | 3.8 | 50,530 |
| ブンゲ（米国） | 3.1 | 41,400 |
| 伊藤忠商事（日本） | 2.7 | 35,908 |
| ルイ ドレイフュス（オランダ） | 2.5 | 33,600 |
| バイテラ　グループ（オランダ） | 2.1 | 28,114 |
| オーラム・インターナショナル（シンガポール） | 1.9 | 24,701 |
| コナグラ（米国） | 0.8 | 11,054 |
| 計 | **40%** | |

出所：ETC グループ、"FOODBARONS 2022"

プライチェーンは、それぞれ独自のもので不透明であり、全体像を把握するのは困難だ。特にカーギル、ルイ・ドレイフュス、バイテラは、同族企業のため、情報は公開されていない。中国のCOFCOは国営企業であり、これまた実態は闇の中だ。しかも、カーギルなどフードメジャー6社は2021年3月、「コヴァンティス（Covantis）」と称する穀物・油糧種子などのサプライチェーンデジタル管理プラット事業を開設し、新たな市場の囲い込みに乗り出している。彼らが、有事の際に食料を日本向けに優先して供給してくれるという保証はない。

　農業資材分野でも寡占化が進んでいる。世界の種子産業界では、M&A（合併・買収）を通じた再編が進み、2018年以降はバイエル（ドイツ）、コルテバ（米国）、ケムチャイナ（中国）のビッグ3へと収れん。2020年の世界の種子市場規模450億ドルのうち、ビッグ3のシェアは47%を占める。農薬市場でも2020年の市場規模（624億ドル）のうち、ケムチ

ャイナ、バイエル、BASF、コルテバの4社で63%を占めている。化学肥料、農業機械業界でも寡占化が進んでいる。

さらに、ここにきてデジタル農業（精密農業）の潮流下で注目を集めている。農業・農産物市場へは、GAFA（グーグル、アップル、フェイスブック、アマゾン）はじめマイクロソフト、IBM、中国のアリババやテンセントなど、巨大IT（情報技術）ビジネスも参入しており、寡占化は業界を超えて加速しそうだ。

　こうした、巨大多国籍アグリビジネスによる市場の囲い込みは、健全な競争が成立しない。このため、穀物をはじめ農産品の価格上昇を招きやすいといった問題が指摘されている。

## 3.「アグフレーション」の再来

　世界の食糧市場では、2007 ～ 2008年にかけても小麦はじめ農産物価格が一斉に騰勢を強めるといった事態が生じた（図表3）。当

図表3　原油・穀物価格の長期推移

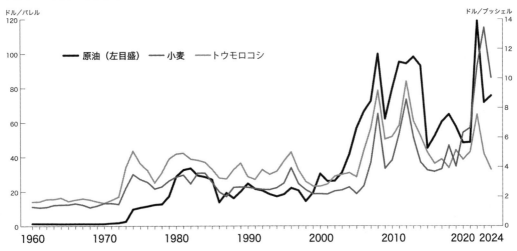

出所：CBOT、NYMEXのデータより筆者作成

時、市場関係者の間では「アグフレーション（農産物インフレ）」という言葉が使われた。

この言葉の出どころは、英国のエコノミスト誌（2007年12月8日号）の「安い食品時代の終わり」と題する巻頭社説だ。「農家は高値に応じて増産に努めているが、食品の高値時代は長期にわたる」と予測。なぜなら、アグフレーションは途上国の不可逆的な食生活の変化によるものだからだ。

加えて、米国の飽くなきエタノール生産への補助金が自ら高値を招くことになった。バイオ燃料需要の割合は、米国産トウモロコシの量の3分の1を占めていた。「SUV（sport utility viehicle）の燃料タンクいっぱいのエタノールは、年間1人を養うに足るトウモロコシの量に匹敵する。世界の穀物在庫は急減した。

思えば当時、「途上国の不可逆的な食生活の変化」をもたらしていた最大要因は、いわゆるBRICs（ブラジル、ロシア、インド、中国）時代の到来であった。人口大国のBRICs の急速な工業化と所得水準の向上は、農産物に限らず、原油や非鉄金属など、あらゆる一次産品価格を押し上げたことで「コモディティ・スーパーサイクル」と称された。その後、価格は鎮静化したものの、上昇の芽が摘み取られたわけではなく、この10年余は次の上昇に向けたエネルギーが醸成された時代でもあったといえよう。2020年に入り、新型コロナウイルス感染症のパンデミック（世界的大流行）を契機に、再びあらゆる農産物価格の上昇が見られるようになった。「アグフレーション」の再来である。

## 4. 弱体化する日本農業：食料安全保障に動き出した日本

ウクライナ危機を契機とした輸入食料価格（特に小麦、トウモロコシ）の高騰に対し、政府・自民党内では、食料安全保障を議論すべきとの論調が高まった。「食料安全保障に関する検討委員会」が発足し、「農政の憲法」

と位置づけられる改正食料・農業・農村基本法（以下、改正基本法）が2024年5月に成立した。25年ぶりの改正である。その勢いで関連3法（食料供給困難事態対策法、農地関連法、スマート農業技術の活用の促進に関する法）もあっという間に成立した。

政府・農林水産省は、「1999年の基本法制定当時とは、前提となる社会情勢や今後の見通しなどが変化している」と指摘。そのうえで、「気候変動による食糧生産の不安定化や世界的な人口増加などに伴う食料争奪の激化、食料の『武器化』、災害の頻発化・激甚化など、食料がいつでも安価で輸入できる状況が続くわけではないことが明白となるなかで、食料安全保障を抜本的に強化するための政策を確立する」と謳っている。

この基本認識はよいとしても、筆者には、今後の展開方向が一向に見えてこなかった。新たな基本法を制定するというのであれば、現行の基本法下で進められてきた農業政策の反省の上に立って、新たな展開方向が語らなければならない。それは国内生産の拡大であるはずであるからだ。

しかし、改正基本法では、輸入総自由化（農業の外部化）からの脱却、食料自給率の向上、備蓄強化、水田機能の見直し、再生産可能な価格保障など、危機打開のための切実な課題を棚上げしている。

21世紀に入ってひたすら日本が追求してきたのは、グローバルなマーケットを前提に、食料輸入の拡大すなわち農業の外部化であったのだ。その脆弱性が、ここ数年の新型コロナウイルス・パンデミックによる物流の寸断、米中貿易摩擦、常態化する異常気象そして2つの戦争（ロシア・ウクライナ戦争、イスラエル・イスラム組織ハマス戦争）によって現

れているのだ。1999年の基本法制定以降の農業を取り巻く情勢変化を見ると、政府予算と農林水産物輸入額が増加したものの、人口、農林水産関係予算、基幹的農業従事者、農地面積、農業総産出額、生産農業所得、食料自給率のいずれもが減少している（図表4）。その結果、平時における国民一人ひとりの食料安全保障が脅かされる状況となっているのだ。この意味では、今回見直されている基本法については、どれだけ農業の外部化（食料輸入からの依存）を修正するかが問われているのである。すなわち、「食料をできるだけ国内で作るために政策的な援助をすることには重要な意味があるのだ」ということを認め、食料安全保障戦略を策定するということである。

改めて、「国家の食料安全保障」といった場合、「高い食料自給率」と「安心できる水準の備蓄」の確保ということになるだろう。「高い食料自給率（自給率の向上）」を達成するためには、「国内生産の増大」が一丁目一番地であって、「輸入拡大」ではない。「食料備蓄」についても、農林水産省は財政負担の問題から、国が買って保管する備蓄米の水準引き下げを示唆している。しかも、農林水産省・基本法検証部会は、穀物備蓄の全量を国内に保管する考えを見直し、民間在庫や海外の倉庫にある在庫、日本向け契約栽培分なども備蓄として評価するよう提起している。経済合理性の名のもとに、備蓄軽減の方向で調整しようとしているのだ。気候変動や戦争など輸入リスクの高まりを考えれば、これまでよりも国内生産を重視し、備蓄を厚くするのが食料安全保障の基本中の基本であろう。しかし、そうした議論は一向に交わされなかったようだ。

図表4　農業を巡る情勢変化

| | 制定時 | | 現在 |
|---|---|---|---|
| | 1999年 | | 2024年2月 |
| 総人口 | 1億2667万人 | ⬊ | 1億2399万人 |
| 政府予算<br>（当初） | 82兆円 | ⬈ | 113兆円<br>（24年度） |
| うち農林水産関係予算 | 3兆4056億円 | ⬊ | 2兆2686億円 |
| 基幹的農業従事者 | 234万人 | ⬊ | 116万人<br>（23年） |
| 農地面積 | 487万ha | ⬊ | 430万ha<br>（23年） |
| 農業総産出額 | 9兆3638億円 | ⬊ | 9兆15億円<br>（22年） |
| 生産農業所得 | 3兆6365億円 | ⬊ | 3兆1051億円<br>（22年） |
| 農林水産物輸入額 | 7兆591億円 | ⬈ | 13兆4224億円<br>（22年） |
| 食料自給率<br>（熱量） | 40% | ⬊ | 38%<br>（22年度） |
| 〃　（金額） | 72% | ⬊ | 58% |

出所：2024年2月29日付日本農業新聞

## 5. 淘汰の時代の加速主義：<br>「農業はもっと減ってよい」?

　日本の農業は弱体化というよりもむしろ崩壊の過程にある。農林水産省によれば、国内の農業経営体数が2024年に88万3300となり、調査を始めた2005年以降で初めて90万を下回った（図表5）。高齢化で個人農家の離農が進んだためで、2005年（200.9万）の4割の水準まで落ち込んだ格好だ。近年、農業経営体の減少は加速傾向にあり、農業生産

をいかに維持するかが最大の課題となっている。しかし、農林水産省は、全農業経営体の4.4％を占める団体経営体の数が2023年に2.5％増加し、3万3000経営体になったことを評価している（なお、団体経営体数は、2024年には4万1000経営体になった）。

　全国の農家の約8割は「食えていない」一方で、「売り上げ規模3000万円以上の農家数」は増えている。こうした農業の産業化・集約化が加速している現状を考えると、生産性の低い農家（特に中山間地の水田農業）は早急に撤退すべきだとする考え方も一部の官

図表5　日本の農業の構造変化（単位1000戸、1000人）

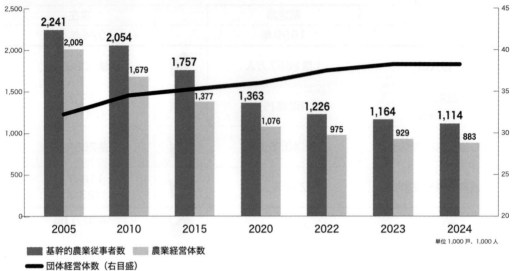

出所：農林水産省

僚や企業農家にはある。

　しかし、この「いずれ消滅する運命にあるのならば、いっそのこと早くなくなってほしい」という加速主義的な考え方は危険である。なぜなら加速主義は単一の未来がくると考え、そこを目指そうとするものだからだ。そもそも未来は単一ではない。そもそも、われわれは現在をどう生きるか、どう対応するかによって未来を複数化することができるはずである。より良い未来を選択すべきである。特に農業の場合、優れた経営はどこにでもあり、大いに評価すべき話である。ただ、問題は、そうした優れた経営体が、日本農業全体、ひいては食料安全保障を担保することにはならないことだ。経済のグローバル化を背景に、規制緩和と市場原理を基軸とした新自由主義農政で、規模と効率を追い求め続けた結果、われわれは今日の「複合危機」を招くことになった。だからこそ今、食料安全保障が議論されているのである。

## 6. 日本の農地制度の変遷： マイクロファーミングの可能性

　食料の安定供給を確保する目的から、農地は、一般の土地とは異なる扱いをされている。しかし、日本の農地（耕地面積）は、1961年のピーク609万haから2022年の433万haまで一貫して減少傾向をたどり、最近は毎年2万～3万haずつ減っているのが実態である。しかも、農家の高齢化や過疎化により、全国には所有者のわからない農地が全耕地面積の4分の1を占める（2023年9月7日付日本農業新聞）。そこで改めて農地の減少をどう食い止めるか。

　アベノミクスの「攻めの農業」では、この担い手への農地集積を2023年までに80％にすると謳っている。農地集積＝規模拡大＝6次産業化＝付加価値＝輸出拡大をワンセットで進めていくという狙いがあった。しかし、

2023年3月末時点での担い手への農地集積率は59.5％と、80％にははるかに及ばない。もはや農地集積＝規模拡大を声高に謳うことはなくなるだろう。担い手だけでは、日本の農地も農業も維持することが困難と認めざるを得なくなっているためだ。

筆者は、農地所有について、これまでの担い手への集約＝規模拡大という方向から逆に農地規模を縮小（例えば、下限面積を1アール＝10m$^2$）して、農業を担うものを呼び込むという政策を進めたらどうだろうかと考える。当然、農業に関心のある素人が参入するわけだから、農業を知らない。そこは、土地持ち非農家あるいは自給的農家の出番で、新たに参入した素人に農業のイロハを伝授する。これまで農地を取得する際のネックは、農地法3条の中の許可基準のひとつに、「最低これだけの面積を経営しなければならない」という下限面積（50アール、北海道は2ha）があることだ。しかし、今やこの下限面積は地域の事情に応じて撤廃された。新たな農業者を呼び込む機会が増えた。

## おわりに：グレート・リプライシング時代の到来

世界の食糧市場には、不安定の火種が至るところにくすぶっている。現在、世界が直面しているのは「価格体系の上方シフト」であり、一過性のものではない。

ウクライナ危機は、国際社会が多極化に向かっていることを改めて示す格好となった。それは、自由民主主義的な社会と専制権威主義的社会との分断であり、金融資産を所有する欧米日と実物資産（エネルギー、金属、食糧などの重要物質）を支配するロシア、中国、中東産油国との対立でもある。この世界の分断は、結果として1990年代以降に加速した「グローバリゼーションの終えん」すなわち経済合理性だけを考えればよいとする時代の終えんをもたらすことになる。企業は、リショアリング（生産拠点の日本回帰）、適正在庫の再検討などを進めるようになった。「グレート・モデレーション（グローバル経済のなかで進んだ物価と金利の低位安定）」の時代は終わり、「グレート・リプライシング（価格大調整）」時代の到来ともいえよう。それは、食糧（食料）はじめエネルギー、鉱物資源、サービス、人件費などあらゆるコストが上昇する時代の到来である。特に食料、エネルギー、産業用メタル（金属）などあらゆる資源を海外に依存してきた日本にとっては、厳しい時代とならざるを得ない。

食糧は、工業製品と比べて安価で長期保存が効かないという意味で、極めて地域限定資源であり、地産地消が原則なのである。

# 7

Theme
**医療**

# 医療分野の課題と
# 将来の方向

みずほ証券
執行役員エクイティ調査部長
## 渡辺英克

わたなべ・ひでかつ　1966 年、東京都生まれ。1990 年、慶應義塾大学経済
学部卒業後、野村総合研究所に入社。1995 年に同社調査部でヘルスケアセク
ターを担当し、2000 年に興銀証券（現：みずほ証券）に転職、同社ヘルスケ
アセクター担当シニアアナリスト。2019 年、同社エクイティ調査部長兼シニ
アアナリスト。2024 年、同社執行役員エクイティ調査部長に就任（現職）。なお、
2018 年から中央大学大学院客員教授も務める。著書に『患者目線の医療改革』
（2019 年、日本経済新聞出版社）など多数。

# 1. 医療は、費用なのか市場なのか

　言葉の使い方から始めてみたい。少し古いが筆者の手元に2009年6月22日に日本経済新聞朝刊に掲載された「インタビュー領空侵犯」という記事のコピーがある。松井証券の松井道夫社長（当時）へのインタビュー記事で、「医療産業の育成、経産省に」という刺激的な見出しがある。

　公的医療保険がカバーしている規模は金額ベースで約45兆円であり、これを一般的に医療費と呼ぶ（2021年度）。そのうちの患者負担割合は12％、残りは税金や社会保険料から支払われている。美容外科や人間ドック、一部の歯科医療、一般用医薬品などは医療保険対象外なので、ここでいう医療費には含まれない。

　2000年から始まった公的介護保険の現在の規模は11兆円（2022年度）、このうち利用者負担割合は多くの人の場合10％で、残りは税金と介護保険料である。医療保険と介護保険は、方法や保険料を支払う対象者などは異なるものの、財源割合という点では似ている。

　介護の場合、「介護給付費」という言い方が一般的だが、介護ビジネス、介護産業という表現もメディアなどで日常的に使われている。在宅介護分野は、株式会社の参入が可能であり、株式上場を果たした介護系企業が多数あることなども、介護ビジネスという言葉が市民権を得ている理由であろう。

　一方、医療機関を営利目的で経営することは医療法で禁止されている。そういうこともあり、医療ビジネス、医療産業といった表現はほとんど見られない。しかし建前上、営利目的ではないにしても、病院の多くは法人税を支払う民間の医療法人である。「利潤の最大化」と「結果として利潤が残る」ことは本質的に異なるものの、仮に民間医療法人で、利潤が残らない状態が続くと、医療機器や建物などの設備更新ができず、また十分な賃金を従業員に払うこともできず、結局は経営を維持できなくなる。一定の利潤が大事であるという点では、医療法人と株式会社化された介護企業とで大きな違いはない。松井社長のインタビュー記事は、45兆円の医療分野を明確にビジネス対象としての「医療産業」といい切った点において、刺激的な問題提起であったといえよう。

　医療分野を産業あるいは市場と捉えるか、それとも医療費という費用として捉えるかは重要な論点であると考えられる。

　仮に産業ないし市場と捉えた場合には、規模が大きくなることは経済全体の成長や雇用吸収に資するので良いことであると考えられる。一方、費用と捉えた場合には、金額が大きくなれば、負担割合をどうするかという問題が生ずる。大きいことは良いこととはいえず、政策の方向性は費用の抑制であり、方向性が産業と費用では逆になり得る。このことは、後述する製薬産業の課題を考えるうえで重要と思われる。

　政策手段も異なってくる。産業と捉えた場合には、市場メカニズムを活用し、一定のルールのもとで参入と競争の促進を図ることが重要だが、費用と捉えた場合には、政府による価格統制や参入規制などの計画経済的手法が中心になる。診療報酬や薬価制度は広義でいう価格統制手段のひとつであるし、病床規制は、政府や地方自治体による総量規制の一環と捉えられる。

医療制度は、その国の歴史、文化などが深く関わっている。グローバリズムの時代といわれるが、医療制度に関しては、米国と欧州、日本では、制度が違うだけでなく、背後にある価値観や政府の役割などもまったく異なっている。他国の良いところを部分的に模倣しても、全体の整合性が崩れ矛盾を生む可能性がある。

医療は、今この瞬間にも多くの外来や入院患者が医療機関におり、働いている医療従事者も多数に上っている。いわゆる「構造改革」的にドラスティックな変更を伴うような現場での混乱は回避されるべきであり、また現実的でもない。

一方で、今の医療制度の課題、とりわけ「本格的な労働人口減少社会の到来」、「地方消滅」という大きな課題が目前に迫ったなかで、現状の延長線上の改革だけでは間に合わず、また実効性が乏しいのではないかという懸念が筆者の中にはある。

財源の多くが公的な資金であるために、費用を誰が負担するかという視点を外すことはできず、まずは医療費として捉えるべきであるものの、産業政策的な視点を今以上に持つべきではないかという問題意識が筆者にはある。「費用の抑制と産業政策」というのは、都合の良いところをつまみ食いしている感がなきにしもあらずではあるが、どちらか一方に偏るべきではないと考えられる。

## 2. どの層を意識した医療政策とすべきか

医療制度を巡る議論がわかりにくいことのもうひとつの理由は、健康な人か否か、富裕層か否かなど、どういう層をより意識しているかによって、議論のニュアンスや求められる政策が異なってくることが考えられる。

例えば、税制改革を取り上げてみよう。所得税と消費税、法人税のうちどれを引き上げるべきかという政策議論は常に紛糾する。所得税の累進課税強化と消費税率の引き上げは所得のあるなしで意見が分かれやすい。法人税率引き上げは経済界から反対される。誰もが賛成できるようなベストの税制は存在しないので、税制改革論議は国民コンセンサスを見極めながら慎重な議論が求められる。

医療も似た側面があり、これを表したのが図1である。右上の①の象限は「健康で、かつ所得の高い人」の層である。毎月高額の税金や社会保険料を支払っているにも関わらず、健康なために医療保険制度の恩恵を受けておらず、重税感、医療保険制度の不公平感を感じている層と考えられる。右下②は「健康だけれども所得の低い人」で、医療との関わりが少ない半面、重税感もあまりないので、医療制度に対して明確な強い意見を持たない、いわばノンポリ的な人と考えられる。左上③は「健康ではないけれども、高所得の人」である。例えば、完全個室型の高級なアメニティを提供できる医療機関や、例外的ではあるが保険外自費診療を選べるような人たちである。左下④は「健康ではなく、かつ低所得の人」、いわゆる「社会的弱者」と呼ばれる人たちで、社会福祉政策によって守られなければならない、セーフティネットの対象となる人たちである。この4つの象限のどの層を意識するか、どの立場に立脚するかによってあるべき医療制度や負担に対する考え方が異なってくる。

以上、まず第1に、費用と捉えるか、産業ないしは市場と捉えるかという視点、第2に、

図1 立場の違いで望むべき制度も変わる
（健康状態と所得）

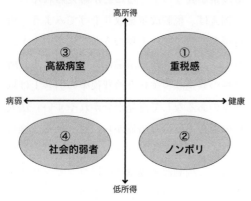

出所：筆者作成

4つのうちのどの層を特に意識するかによって政策の方向性や議論は異なってくる。筆者は、前者については費用、産業どちらかに偏るのではなく、両者のバランスを考慮したうえでの政策が必要、特に今後はより産業としての側面を意識せざるを得ないのではないかと考えている。後者については強固なセーフティネットは維持されたうえで、しかし各象限のバランスが大事であると考えている。

## 3. わが国の医療の評価

では、今の医療制度をどのように評価すべきであろうか。

筆者は、総じて日本の医療制度はそこそこ良くできた制度と考えている。もちろん反論はいくらでもあろう。先ほどの4象限でいえば、低所得者からすれば3割負担は高すぎるかもしれない。どの医療機関に行けばベストな治療を得られるかがわかりにくいという意見もあろう。それでも、そこそこ良くできた医療制度と考えるのは、良い医療制度の要件とされる、「質が高く、コストが低く医療資源にアクセスしやすい」という条件をおおむね備えていると考えられるからである。

医療の質は、いろいろな尺度が考えられ、ここでは乳児死亡率を取り上げてみたい。経済協力開発機構（OECD）の「OECD Health statistics」のデータによると、2021年の日本の乳児死亡率は1.7％で、フィンランドの1.6％、スウェーデンの1.8％と並んで最も低い水準にある（ドイツは3％、英国は4％）。一方、2022年の医療費の対国内総生産（GDP）比率では、日本は11.5％で、米国の16.6％、ドイツの12.7％より低く、英国の11.3％とほぼ並ぶ水準にある。ちなみに1995年のGDP比率では、米国が13.3％、ドイツが10.6％、英国が7.0％に対し日本は7.0％の水準であり、GDP比率の上昇幅は日本が4.5ポイントと最も高い。この間に日本の医療費が急上昇したというよりも、欧米各国に比べ日本が経済成長で遅れをとった結果、相対的にGDPに占める医療費比率がより上昇したと考えられる。経済の低成長化と急速な高齢化社会への移行のなかで、2000年代以降に診療報酬技術料の伸びの抑制や薬価の引き下げなどによって、高齢化や医療技術の進歩などに伴う医療費の伸び率を低めに抑えることができたと考えられる。

## 4. 医療の課題

一方で課題もみられる。ここでは、特に筆者が意識している点を述べてみる。

第1は、長期的にみて医師、看護師を含む医療従事者を安定的に確保できるかという点である。医師の職場離脱問題は、外科や産科、救命救急、麻酔科などを中心に以前からみられた問題で、ときどき大病院での集団退職な

どによって表面化することもあったので、必ずしも新しい課題ではない。しかし、求められる業務の質量両面における負荷の増大、医療費抑制が続くなかでの処遇引き上げの限界などから、医療現場で働き続けることの魅力やモチベーションが年々薄れてきている可能性がある。最近のパンデミックはさらに助長した可能性がある。

また、世代交代に伴って、若い人たちはよりドライな価値観を持つようになり、求人情報サービスなどの充実によって他の職種への転職が容易になったこともあり、医療従事者が医療現場から去っていくリスクが高まっている。労働人口減少時代にあって、若年層を中心に働き手の奪い合いがより顕著となるなかで、医療提供体制をいかに維持するかは現実の大きな課題になろうとしている。これは他の公共インフラサービスと似ている。近年では「地方消滅」が懸念されているが、無人地帯ではなく、そこに人が住んでいるなかで、どのように地域医療体制を持続させるかは深刻な課題になるであろう。

第2は、医薬品供給問題である。2020年のパンデミック以前からドラッグ・ロスの問題は指摘されていた。ドラッグ・ロスとは、欧米では承認されているものの日本では未承認もしくは開発の遅れなどから、日本での使用ができない医薬品が多数に上っているという問題である。希少疾患患者用の医薬品（オーファンドラッグ）問題もこの中に含まれよう。

また、近年では、後発医薬品の供給問題がこれに加わっている。後発医薬品の普及促進が進められているが、薬価の度重なる引き下げで製薬企業の事業継続のモチベーションが低下するなかで、各社の相次ぐ不祥事に伴う

生産停止や、新型コロナウイルスによる需要増加が加わり、咳止めや去痰薬など、以前では考えられなかったような基礎的医薬品の供給不足問題が生じている。

第3は、ゲートキーパー問題である。日本の医療の特徴は、コスト、医療の質、医療サービスへのアクセスの3つのバランスが比較的良いことが特徴であり、また長所であるといえる。しかし、フリーアクセス下での患者の大病院志向の弊害も指摘されるなか、厚生労働省は「かかりつけ医」制度を進めようとしている。ただし、そもそも「かかりつけ医」とは何なのかがはっきりしていない。本来的には「かかりつけ」ではなく、プライマリーケア医もしくは家庭医としての総合診療専門医を養成、配置することによって、かかりつけ機能を強化すべきであるが、この課題は進展していない。

第4は、財政悪化が進むなかで公的医療保険制度をどのように持続させるかという問題である。医療費の伸びは、人口動態の変化、診療報酬・薬価などの改定、医療技術の高度化などが要因とされている。公的医療保険の財源の多くは、社会保険料と税金から成っており、これは経済成長や国民所得に連動する。医療費の増加要因と医療費財源の増加要因が異なっていることが、医療保険制度の脆弱性につながっている。

このように課題がいろいろとあるなかで、政策を考えるうえで以下の視点についても述べたい。

第1には、日本の医療制度の長所を支えてきた診療報酬や薬価制度が、弊害を生み出しつつあるのではないかという懸念である。1990年代以降の経済の低成長化のなかにおいても、診療報酬や薬価のコントロールなど

によって、日本の医療提供体制は「そこそこのコストで、質を保ち、アクセシビリティも良い」という絶妙のバランスが維持されてきた。しかし、例えば、近年の後発医薬品の供給不足問題は、直接的には各社の不祥事、コーポレートガバナンスの問題ではあるものの、薬価の連続的な引き下げによって日本市場の魅力が薄れるなかで、先発薬メーカーを含めて基礎的な医薬品への事業継続意欲がそがれていると考えられる。

診療報酬や薬価を抑えることが優先されてきたなかで、それが理由のすべてではないにせよ、医療従事者の離脱や、製薬会社の投資意欲の減退などにつながっていることは否定できない。社会保障政策としての医療費コントロールと、産業政策的側面をいかに両立させるかを考えるべきであって、冒頭の問題提起とも関わってこよう。

老若男女、所得の大小に関わらず国民を広く対象とし、セーフティネットとしての側面も併せ持つ日本の公的医療保険制度の中に、近年の高コストの先端治療薬をどのように取り込んでいくかという問題は、公的医療保険制度のあり方とも関わってこよう。

ドラッグ・ロス問題は、薬価だけでなく、承認や治験プロセスも含む広範な課題が背景にあるが、製薬業界をどのように活気づかせるかという産業政策的な問題に行きつく。将来的には医療保険の二階建ても選択肢のひとつとして議論の余地があろう。

第2に、医療の問題は国民の健康をいかに守るかという点において国家的なテーマであり、国家安全保障の一環と捉えるべきである。かつては安全保障とは軍事のみを指していたが、昨今の米中・米ロ対立などで地政学的リスクの顕在化とサプライチェーンの分断が進

むなかで、半導体製品を中心とした経済安全保障、食料安全保障といったように、安全保障の概念もより広く捉えられるようになってきた。医療もその中に位置づけられるべきであると考える。

2020年のパンデミックを経て、政府内での政策決定プロセスから各医療現場に至るまでの、緊急時、非常時における課題がある程度浮き彫りになったように思える。ワクチンの緊急輸入問題だけでなく、海外輸入品に頼らざるを得ない医薬品や医療機器が数多く存在するなかで、国民の健康をいかに守るかという視点、そのための製薬産業や医療機器産業などへの産業政策ならびに緊急事態対処策など、長期的な戦略が必要であろう。

第3はスピード感である。前述したように医療制度には、「構造改革」的なドラスティックな変化による混乱は回避されるべきであり、また現実的でないと述べた。一方で、ドラスティックであることと、変化のスピードを上げることは別ものであると筆者は考える。混乱回避を優先し慎重に国民コンセンサスの形成を図ろうとするあまりに、現状追認もしくは変革の機を逸したことが、日本が経済的に世界から取り残されつつある原因なのではないかという思いがある。

医療制度、医療保険制度は、これまで十分に機能してきたものの、その成功体験の呪縛は、人口減少、地方消滅という大きな課題に対処するうえで、今後は阻害要因になり得るように思える。人口減少社会のなかでどのように新しい枠組みをつくっていくかという日本社会共通の課題を、医療も同じように抱えている。

# 5. 提言

## ①医療安全保障宣言

　医療を国家安全保障のひとつに明確に据えることを政府が宣言することである。宣言の中身としては、「国として平常時、非常時に関わらず国民の健康について責任を負う」、「そのための施策として、社会保障政策としての医療保険制度の安定運営に加えて、そこで働く医療従事者や受け皿となる医療機関、関連企業まで意識したうえでの産業政策的視点をこれまで以上に取り入れる」、「スピード感を持って関連する法律の制定、規制・基準・プロセスなどの緩和、財政措置などを行う」ことなどを挙げたい。

## ②理工系人材の育成

　人材面での医療の裾野は広い。創薬や先端医療機器分野などを例に挙げても、薬学、化学系人材だけでなく、工学、素材、ソフトウェア、情報技術（IT）に至るまで幅広い人材が開発に関わっている。しかしながら、日本においては、エレクトロニクス産業を中心とした先端分野などでの国際競争力の低下につれて、これらの人材供給の先細りなどの問題が生じている。義務教育や高等教育課程なども含めた理工系人材の戦略的育成を図るべきである。いわゆるポスドク問題についても、研究者が安心して研究を続けられるような環境づくりが必要である。目先の成果だけでなく、基礎研究も含め腰の据わった理工系人材の育成に長期的に取り組むべきである。

## ③デジタルトランスフォーメーション（DX）推進

　過去20年間の医療DXとは、病院内の情報システムにおいて、オーダーリングシステムならびに電子カルテシステムの普及が主だったものである。これらによって患者情報の記録が容易になったこと、総合病院などにおける患者情報の院内共有、各業務の効率化などが大きな効果としてみられた。

　しかし、これからの労働人口減少社会の本格到来にあたっては、新たな次元の医療DXが求められる。地方消滅時代においては遠隔診療が必須になるであろうし、救命救急などにおいては、患者の受診履歴と各病院の稼働状況などの可視化などで速やかな搬送も可能になると思われる。医療DXによって、労働人口減少社会での持続可能な医療提供体制が実現されねばならない。

## ④医師資格の多様化

　医師資格を将来的に、専門医、プライマリーケア医、一般医に多様化すべきと考える。これに基礎研究医を加えても良いであろう。狙いとしては、ゲートキーパー的役割としてのプライマリーケア医を地域医療の中核に据えることで、高機能病院や在宅医療、介護とのシームレスな連携を図ることである。これには医学教育的視点も必要であり、一朝一夕で達成できることではなく、医学界を巻き込んで長期的に取り組むべきと考えられる。

　近年では、難関国立大学医学部を卒業したにも関わらず、医師として定着していないという問題も一部に指摘されている。すでに医学部入試においては地域枠制度が取り入れられているが、例えば、国立大学医学部は学費全額無料、場合によっては生活費も支給する一方で、卒業後一定期間は基礎研究医師などを除いて、勤務医としての就労の義務化を図るなどのいわば「自治医科大学方式」に準じ

た制度を検討すべきと考える。

### ⑤国民意識の変容

　最後は国民意識の変容で、2点取り上げたい。1つ目は死生観、2つ目はトライ&エラーへの寛容な姿勢である。

　医療費の問題を突き詰めると最終的には終末期医療と関わってくる。医療費が高くなるので終末期医療を止めるというわけではないが、医療保険制度でカバーされている分、安心して最後まで医療処置を続けることができるという面があるのも事実である。終末期医療との向き合い方は一概にいえるものではなく、また強制されるものでもないが、事前に本人と家族との間で決められていれば良いが、明確でなかった場合においては、どこまで医療行為を続けるべきかという問題が生ずる。

　トライ&エラーについてであるが、新しい治療方法の開発、確立に至るまでには常にリスクがつきまとう。極端にいえば、社会が医療分野において、どこまで患者にとってリスクのある新しい治療や試みを許容できるかということと医療の進歩とは、ある程度比例するのではなかろうか。医療事故はなくすべきであるし、不幸にして発生したときにはしっかり検証されねばならないが、情緒的な報道や、事故発生時などの社会の極端な反応は、時には医療の進歩の阻害要因になり得るのではないか。われわれ一人ひとりが意識を変えていくことが、必要な医療、新しい医療を引き寄せていく条件のひとつと考える。

# 8
Theme
## 教育

# 日本再生の道を目指して：
# 教育編

元文部科学副大臣
## 鈴木 寛

すずき・かん、通称：すずかん　1964年、兵庫県生まれ。1986年に東京大学法学部卒業後、通商産業省（現：経済産業省）に入省。慶應義塾大学助教授を経て2001年に参議院議員選挙に当選。文部科学副大臣を2期務め、「コンクリートから人へ」の予算構造改革を断行。2014年に東京大学と慶應義塾大学の両教授（日本初の国立・私立大学クロスアポイントメント）に就任し、教育政策の研究・教育を行う。通商産業省時代に山口県に出向した際、訪れた松下村塾に感銘を受け、学生・社会人を対象とした「すずかんゼミ」を立ち上げる。「すずかんゼミ」からは、現在までに情報技術（IT）ベンチャー、社会起業家、教育、中央・地方官庁など、さまざまな分野で活躍中の人材を数多く輩出。「現代の松下村塾」と呼ばれている。東京大学公共政策大学院教授、慶應義塾大学大学院政策・メディア研究科特任教授、社会創発塾塾長、現職。

## 1. 政治のトップリーダーが長く務められる体制に

日本の政治にとっての大きな問題は、選挙での当選が政治家にとって最優先事項となっていること、そして、その選挙が頻繁にあり過ぎることだ。2001年から2024年まで、衆議院議員選挙、参議院議員選挙、統一地方選挙、東京都知事選挙のいずれの選挙もなかった年は、2002年、2006年、2008年、2018年の4回だけであった。政党・政治家たちは、ほぼ、毎年のようにやってくる選挙のことに気をとられ、長期的な政策立案に集中することが難しい。

選挙が頻繁に行われることにより、大臣や副大臣の任期が結果として短くなり過ぎるのは本当に問題だ。アメリカでは、大統領は4年、そして再選すれば8年といった長期的な任期が確保されており、将来のアメリカを見据えた政策が考えられる。日本も首相や大臣が基本的には4年、日本の知事や市町村長のようにじっくり腰を据えて取り組める環境を整えるべきである。この点は、憲法を改正してでも改めるべきである。

筆者は、文部科学副大臣や文部科学大臣補佐官として、のべ6人の大臣に仕えたが、そのすべての大臣の任期は1年に過ぎなかった。こうした短期任期の体制では、何かを成し遂げることは非常に難しい。重要な改革や政策を実現するためには、最低でも4年の任期が必要である。しっかりと準備や調査を行い、厳しい交渉や説得や調整を経て改革を断行し、その後の微修正も含め最終的に成果を上げるまでには、やはり時間がかかる。どんなに優秀な人材でも、1年の任期で十分な成果を出すことは難しい。

幸い筆者は、4期連続して文部科学大臣補佐官を務めさせていただけたので、大学入試改革（国立大学入試への総合型選抜の大幅導入、教科「情報」の共通テストでの入試化）、学習指導要領の改革（「総合的な探究の時間」、「理数探究」の導入、「公共」、「歴史総合」、「地理総合」などの社会科科目の抜本入れ替え）などに取り組むことができた。

さらに、任期の問題については、役人の局長職についても同様の問題がある。現在、局長は2年ごと、場合によっては1年で異動することが一般的で、かつ、同じ人物が複数の局長ポストを務めることも多い。局長は、1人が1ポストを4年務め、2ポストはやらないように改めるべきだと考える。局長職は、官僚キャリアの20、30年間、国の未来を考え続け、練りに練ってきた改革案を官僚人生の最後の4年で全力をかけて実現するようにすべきだ。

役人の任期は、憲法改正を伴わずとも変えることができる。一度限り、人件費など約20億円の予算措置を講じることで、4年間の任期制度を導入できる。現在の2年ごとの異動を4年ごとに変えると、初めは局長のポストが空かないので、幹部職員が局長就任まで、あと2年間待機するための人件費として全省庁でおおむね20億円の予算措置を1回講じることで問題は解決される。その2年間の待機期間で、海外や地方の実態把握、人脈を広げ、研さんを重ね、政策立案の準備をしてもらえばよい。その後は、4年間の任期で回っていく体制が可能となる。

さらに、憲法改正により首相・大臣の4年制や局長4年制が実現するまでの間は、知事や市長などに重要な役割を担わせることもひとつの改善策である。知事や市長は通常2期、

3期といった長期任期になることも多く、結果として8年、12年といった長期的な視野で政策を進めることができる。知事は、大統領制に近い権限を持っており、予算の配分にもダイナミックに取り組むことができるため、ひとまずは知事や市長に国の重要な課題を一部委譲することが望ましい。そのための知事や政令市長の役割見直し、権限拡大のための議論を進めるべきだ。

## 2. 選挙とメディアに振り回されない有権者を

　週刊誌やテレビ、SNSの存在が政治のあり方に大きく影響を与える。政治家たちは、メディアの注目を集めるために極端な発言をする傾向が強まり、真面目で未来志向のバランスのある議論が注目されにくい。1920年にリップマンは『世論』という本を書き、1964年にユルゲン・ハーバーマスは『公共性の構造転換』という著作を発表しているが、これらの著書で、商業メディアは、国民の中にあるステレオタイプを修正するよりも、新聞購買数やTV視聴率を重視し、読者や視聴者に受けそうな記事・番組づくりを優先してしまうと指摘しているが、100年経ってもその傾向は大きくは変わっていない。むしろ、近年は、SNSが普及し、よりその傾向が強まっているともいえる。

　政治やメディアの質は、結局は国民の民度を反映していると考えることもできるため、やはり教育が重要になってくる。

　筆者は、高校の学習指導要領に「公共」という授業を導入した。筆者自身、高校の教科書も執筆しているが、この教科は、物事をステレオタイプ的に捉えるのではなく、多様な

利害が錯綜し、多数の関係者間にさまざまな葛藤が生じるなかで、政策決定者は、苦渋の決断をしているということを理解し、高校生自身も、板挟みと想定外の状況下での課題解決力を養い、社会参画に必要な力を育成することを目的としている。近い将来の有権者である高校生が政治に対する理解を深め、政治家の動向を適切に判断できるようになることを期待している。本来であれば、この政治・政策リテラシー（読み書き能力）を高校生だけではなく、有権者全員に啓発していく必要がある。

　政治家が下す政治決定は、49対51のギリギリの決断を迫られることが少なくない。筆者は、「判断」と「決断」は異なるものとして考えている。判断とは、十分な情報と明確な基準に基づいて行われ、人工知能（AI）でも可能である。一方で決断とは、情報が十分にそろわない不確実な状況下で、それでも決めなければいけないときに行われる。この決断こそが政治の本質である。政治家に限らず、さまざまな「長」の付くリーダーは、このような難しい決断の仕事を担っている。

　しかし、近年、難しい決断を日々迫られるリーダーに対して、最低限の敬意も払われなくなりつつあるため、優秀な人財がそうした役割を担うことを逃避しつつある。優秀な人財からの官僚希望者、政治家希望者が、どんどん減っていることを食い止めることこそ、日本再生に不可欠である。

　例えば、シンガポールは小規模な国だからこそ、政治家や官僚の処遇を良くすることに力を入れている。給与を大幅に引き上げ、高校時代からの奨学金制度や留学補助など優秀な人材の育成にも取り組んでいる。また、官公庁と民間企業の間で人材が流動的に行き来

する「リボルビングドア」システムを導入している。これを参考に、政治家や官僚の仕事が大切ならば、給料を上げれば良いのではないかとの主張もあるが、筆者は、勤務条件の改善は急務であり、リボルビングドアにも賛成だが、給料の問題よりも、汚れ役、憎まれ役を担ってくれているリーダーへの人々からの最低限の敬意を醸成することのほうが重要であると考える。

　本来であれば、こうした国のかたちやガバナンスについての議論を、より高い次元で行うべきである。岸田総理の誕生時には、憲法改正が可能だと期待したが、裏金問題などがあり、その議論が進まなかったことは非常に残念だ。国の統治機構の見直しに関する憲法議論を深めることも必要である。

## 3. 15歳の日本の生徒はAI時代の金の卵

　2023年12月に経済協力開発機構（OECD）の国際学習到達度調査（PISA）2022年版の結果が発表された。OECD加盟国中、日本は、科学1位、数学1位、読解力2位となり、総合1位となった。15歳までの学力は世界トップレベルにある（図表1）。この成功は、小中学校の教員の努力とともに、保護者と全国で1000万人を超える教育ボランティアの存在によるものだ。学校と地域住民が連携する「コミュニティ・スクール構想」を筆者の恩師の金子郁容・慶應義塾大学名誉教授と共に提唱してから約25年、コミュニティ・スクールは全国1.8万校にボランティア1000万人にまで増え、部活や授業のサポートを行う教育ボランティアが増えている。これにより、少ない教育予算、生徒あたり教員数が低いなどの不利な状況があるにもかかわらず、日本の教育は世界一の水準を保っている。特に、数学レベル4以上が約45％という素晴らしい成績で、これは実数にしても、人口が日本の2.6倍あるアメリカにも迫り、AIを使いこなせる人材を育成の可能性という観点からは、将来AI時代を担う金の卵を、たくさん抱えているのが日本であるといえる。

## 4. 初等中等教育における改革は始動

　ただ、15歳の日本人の問題として、学力はトップだが、自己有用感、ウェルビーイング、

**図表1　国際学習到達度調査（PISA）2022年版**

※2022年は世界81カ国・地域の15歳69万人を対象に実施

| 順位 | 数学的リテラシー | 平均得点 | 読解力 | 平均得点 | 科学的リテラシー | 平均得点 |
|---|---|---|---|---|---|---|
| 1 | 日本 | 536 | アイルランド | 516 | 日本 | 547 |
| 2 | 韓国 | 527 | 日本 | 516 | 韓国 | 528 |
| 3 | エストニア | 510 | 韓国 | 515 | エストニア | 526 |
| 4 | スイス | 508 | エストニア | 511 | カナダ | 515 |
| 5 | カナダ | 497 | カナダ | 507 | フィンランド | 511 |
| | OECD平均 | 472 | OECD平均 | 476 | OECD平均 | 485 |

出所：OECD、「PISA2022」、2023年12月5日

自主性・自発性が低いという問題もある。ここは、2022年から始まった教育改革によって、対策が打たれ始めている。日本の教育は、2022年からの新たな学習指導要領と大学入試改革によって、大きく変わろうとしている。「公共」という教科が導入され、正義や正解がひとつではないことを教える。また、「総合的な探究の時間」、「理数探究」というカリキュラムも導入され、子どもたちが自ら探究し、さまざまな視点から物事を考える力を養うことが目指されている。

さらに、「STEAM」という教育理念が鍵となる。科学 (Science)、技術 (Technology)、工学 (Engineering)、芸術 (Art)、数学 (Mathematics) の分野を統合的に学ぶことが重視される。

また、ウェルビーイング、つまり「幸福とは何か」を再定義することも大切だとされ、教育の目的は、個人と社会のウェルビーイングを向上させることだとされている。従来は、国内総生産 (GDP) の増加や所得の向上が幸福の指標であったが、それだけでは捉えきれない多様な幸福のあり方が認識され始めている。このように教育の変革によって、子どもたちの想像力・創造力を伸ばし、自由な発想で問題に取り組む力を育むことが期待されている。

また、大学入試の方針も変わりつつある。これまでは正誤のはっきりしたマークシート・テスト型の入試が主流だったが、現在は総合型選抜が重視されるようになってきている。総合型選抜では、高校時代にどのような探究を行い、その過程でどのような試行錯誤や困難を乗り越えたかが評価の対象となる。結果だけでなくプロセスを重視する。神奈川県にある慶應義塾大学の湘南藤沢キャンパス（SFC）がこの方式の先駆者であったが、現在では国立大学の3割が総合型選抜を採用している。さらに東北大学は、すべての定員を総合型選抜に移行することを発表している。

特定非営利活動法人 (NPO法人) カタリバをはじめ各地現場での関係者の地道な努力と、高校で「総合的な探究時間」、「理数探究」が設けられ、国立大学入試において総合型選抜が定員の3割に増えたことも加わり、高校生の学びが探究型に変わっていく流れも盛り上がっており、高校生マイプロジェクト・アワードの参加者も10万人に上っている。

しかし、こうして育った「学生」を社会がどう活かすかが次の課題である。教育改革が進む一方、大人たちがその変化に対応し、新たな世代を効果的に活用できるかどうか問われる。日本では、高校生が最も勉強しており、大学生になると学習意欲が減退し、社会人になるとさらに勉強しなくなる。日本の社会人は、主要国の中で最も自発的学びに時間を割いていない（図表2）。高校までの学習で、学びや探究の楽しさ、学ぶ本当の意義・意味を教えず、ただ、受験で脅かして無理やり勉強させてきた日本の受験教育の結果である。

欧米では、社会に出てからも大学院に通い、博士号を取得するなど学び続ける文化が根付いている。また、日本社会では、依然として出身大学や過去の成績が重視されるが、5年も経てば知は陳腐化する。生涯を通じて学び続ける文化や風土をつくっていかねばならない。

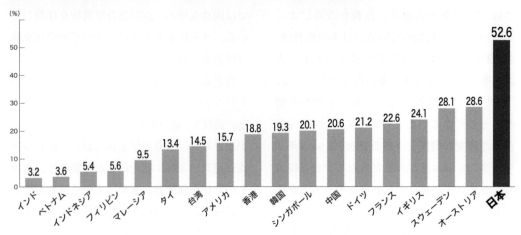

図表2　勤務先以外での学習を「何も行っていない」人の割合の国際比較

注）自己啓発活動とは、読書、研修・セミナー・勉強会への参加、資格取得のための学習、通信教育など
出所：パーソル総合研究所、「グローバル就業実態・成長意識調査」、2022年

## 5. 大学の理工系入学定員を増やし、低い地方女子の大学進学率を上げる

　今の日本教育の最大の問題は大学にある。本当は理数が得意な日本の生徒が進学する先の理工系の大学定員が極めて少ない。よって、結果として、消極的文系大学志望が多くなり、経済的負担が重い地方出身者は大学進学率そのものが低位にとどまり、高校からの理数学習が低調となってしまっている。

　2023年に発表されたスイスのビジネススクール、国際経営開発研究所（IMD）世界デジタル競争力ランキングでは、日本は過去最低の32位にランクインした（図表3）。この結果に悲観的な声も上がっているが、実は情報デジタル産業を除いた他の産業で比べれば、日本とアメリカの成長率に大きな差はない。GAFAM（Google、Apple、Facebook、Amazon、Microsoft）などの巨大企業を除けば、両国の成長率はほぼ同じである。しかし、アメリカの強みは、まさにGAFAMのような企業が成長している点にある。そして、これらの企業が生まれた背景には、スタンフォード大学やマサチューセッツ工科大学（MIT）といった高度な教育機関の存在がある。アメリカ全体が優れているわけではなく、特にシリコンバレーやボストン周辺の一部地域が集中的に発展しているのである。

　対して日本では、起業などチャレンジを行うことにハードルがあると考えられがちだったが、近年、東京大学や慶應義塾大学出身者からはベンチャー企業が活発に生まれている。しかし、依然としてチャレンジに失敗すると復活が難しい風潮があり、多くの人々は失敗を恐れて挑戦を控える。「失敗なくして学びなし」との風潮を広めていかねばならない。

　チャレンジを促す社会風土づくりも重要だが、問題の核心は、理工系人材の数の少なさが問題だ。現在、日本の大学の1学年の理工系総定員は約10万人であり、韓国や台湾、

図表3　世界デジタル競争力ランキング（2023年）

| 順位 | 国・地域 |
|---|---|
| 1 | アメリカ |
| 2 | オランダ |
| 3 | シンガポール |
| 4 | デンマーク |
| 5 | スイス |

| 順位 | 国・地域 |
|---|---|
| 6 | 韓国 |
| 7 | スウェーデン |
| 8 | フィンランド |
| 9 | 台湾 |
| 10 | 香港 |
| 〜 | |
| 32 | 日本 |

出所：IMD、「World Digital Competitiveness Ranking 2023」

図表4　年度あたりの理学・工学部　学士号取得者の国際比較

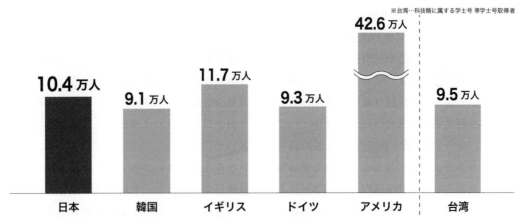

※台湾…科技類に属する学士号 準学士号取得者

日本 10.4万人　韓国 9.1万人　イギリス 11.7万人　ドイツ 9.3万人　アメリカ 42.6万人　台湾 9.5万人

出所：文部科学省、「諸外国の教育統計2022年版」/ 台湾教育部、「中華民国教育統計（第112版）

イギリス、ドイツも同様に10万人程度である（図表4）。日本の人口は韓国の2.5倍、台湾の5倍だから、日本はあまりにも少な過ぎる。アメリカでは理工系の学生が約43万人いることに鑑みても、日本には理工系の大学定員が少なくとも20万人は必要である。理工系人材の定員を増やすことができなかったのは、理系教育は文系に比べて4倍のコス

トがかかる（生命系はもっとかかる）からだ。文理融合を進め、理工系・生命系の人材を積極的に育成すべきであったが、そのための投資を日本はできなかった。

日本は、かつて半導体分野で世界一であり、筆者が通商産業省（現：経済産業省）で情報技術（IT）政策の担当をしていたときは、パソコンの世界シェアの7割を日本企業が占め

ていた。しかし、状況は一変してしまった。「デジタル敗戦」ともいわれているが、その要因は、未来への投資、特に人づくりと知恵づくりへの投資が不足していたことに尽きる。20年前は、韓国や台湾の人々が日本に半導体技術を学びに来ていた。現在では、その立場が逆転し、台湾の半導体メーカーにお願いして、熊本県に工場進出してもらっている状況にある。台湾や韓国は、毎年輩出される理工系学生の10万人のベスト・アンド・ブライテストがトップの半導体メーカーに就職するが、日本は、機械・電気・化学・情報などのさまざまな分野の企業が10万人を奪い合っている。この間、台湾は40の科学技術大学を新設し、韓国は教育税を導入して理系の定員を増やすなど、積極的な取り組みを行っていた。

さらに、日本は、学校歴社会ではあるが、低学歴社会である。知識基盤社会においては、特に、北海道、東北、九州などの女子の4年制大学への進学率が極端に低い。東京の大学進学率は男女ともに約71.5%（文部科学省、『令和4年度　学校基本調査』）であるのに対して、女子の大学進学率が4割を切る県が8もある。この中に、15歳段階では日本で学力トップの秋田県も含まれており、この問題の主たる原因が学力ではなく、経済負担であることがわかる。男女を問わず地方の若者が、理工系・生命系・文理融合系も含めた多様で質の高い大学教育を受けられるように全面的に支援していかねばならない。地方が低学歴社会のままであり、知識基盤社会の担い手を輩出できない状態が続くと、日本再生の大きな足かせになり続けてしまう。

これからの地方の若者の大学進学も重要だが、すでに社会人になっている世代の学び直しこそ日本再生の本丸である。地方には、大学教育を受けていない人が累積している。また、都会においても、大学院教育となるとそれを受けていない人がほとんどだ。

大学以上の学びは、確固たる正解というものがない。さらに、すべての正解を知っている人が存在しない。実際の社会も同じだ。学習グループを作って、自分たちが知っていることを教え合う。慶應義塾の創設者である福澤諭吉が説いた「半学半教」の精神でもある。学習会を通じて、少しずつ異なる分野の知識を共有し合うことで、互いに学び合う場を作り出し、充実させる方法を学ぶことこそが大切なのである。

また、世代を超えて学ぶことも重要である。若い世代はデジタルトランスフォーメーション（DX）など、新しい技術に詳しい。シニア層は経験や知恵を持っている。決断には理屈を超えた知恵が必要であり、そのためには失敗を重ねた経験が生かされる。若者はシニアの失敗から学び、逆にシニア層は若者からトレンドや最新技術について学ぶことができる。

こうした学びのコミュニティのつくり方を体得して、それを、それぞれの職場に展開する。さらには、他の企業やアカデミアとオープンイノベーションを行っていく。それが日本を再生するイノベーションやプロジェクトを産み出すのだ。

## 6. なぜ、日本は大学教育への投資を増やせないのか？

筆者は、文部科学副大臣時代に高校授業料無償化に4000億円、文部科学大臣補佐官時代に大学の給付型奨学金に7700億円を充てることで、合計、毎年1兆円強の教育費を増

額することには成功した。しかし、まだ十分ではない。不足しているのは、大学段階における投資、特に理工系・生命系の人材の定員増と地方出身者の進学率向上のための支援である。

日本で教育への投資が十分に増えてこなかった背景には、子どもを持つ世帯の減少がある。1986年、筆者が社会に出た当時は、18歳以下の子どもを持つ世帯の割合が50%弱であった。この時期は、教育への投資に対する支持も当然高かった。しかし、現在では、18歳以下の子どもを持つ世帯は約20%に満たない（図表5）。8割の人々にとっては、教育投資の原資を確保するには年金の減額や消費税の増税を行うこととなるため、支持を得にくい。その結果、日本の競争力は低下し、国が弱体化してしまった。あとの祭りだが、年金の1%減額や消費税の2%増税し大学教育への投資をすれば、日本の状況は激変していただろう。その必要性を国民にきちんと政治家は説明しなければならなかった。これにより、日本の競争力が向上し、税収や雇用の増加、経済の成長が期待できたのである。日本の失われた20年・30年の最大の要因である。筆者が与党の政策調査会副会長のときに、年金問題を政争の具にしないため、与野党合意で「社会保障改革国民会議」が立ち上がり、年金の適正化の議論が始まったが、それが途中でとん挫してしまったことも大いに悔やまれる。また、大学進学率の低い地域の有権者には、大学教育予算の増額の意義を理解してもらいにくく、特に支持を得にくい。

日本は、平和で安全な国であり、その幸運ゆえに危機感が薄れ、改革の必要性を感じにくくなっている。今後の世界において競争力・共創力を維持し続けるためには、未来への人的・知的投資を増やすことと、それを決断・断行できる政治体制の見直しが不可欠である。

しかし、言うは易く、行うは難しである。筆者も、50歳までの人生を日本政治の改革、教育投資増のために粉骨砕身、全力を捧げて

**図表5　子どものいる世帯の割合**

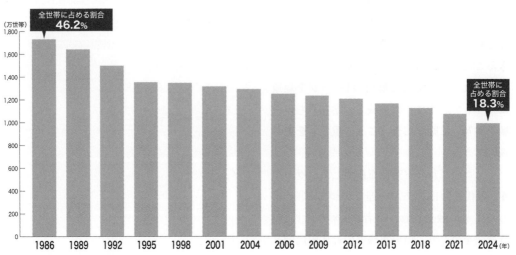

出所：厚生労働省、「国民生活基礎調査」、2022年

懸命に頑張ってきたつもりである。熟議民主主義も提唱し、熟議ワークも全国に広がった。上述したように、教育ボランティアも1000万人を超えた。しかし、東日本大震災などの対応に追われたことなどの理由もあるが、日本の未来は、永田町や霞が関からいまだ見えてこない。

一方で、手ごたえを感じていることもある。1995年に筆者が通商産業省時代に立ち上げて慶應義塾大学、東京大学、インターカレッジで広がっていった「すずかんゼミ」である。約30年にわたり、1000名を超える若者たちと共に学んできた、学びのコミュニティである。今では、ゼミに関わってくれた若者がベンチャー、NPO、アカデミア、アート、官僚、首長、ビジネス、スポーツなどなど、本当に多岐にわたる分野で活躍してくれている。その姿を触れることは望外の喜びであり、これからも一人ひとりとのご縁を大切にし、1対1の対話や熟議を地道に積み重ねていくことが、わが人生の使命であり喜びだと思っている。

若い方々には、「価値観は多様であってよいが、自分の軸となる価値を持つことが重要だ」と教えている。その軸さえあれば、どんな分野であろうと、自分の人生を後悔なく生きることができる。その軸を基に、一人ひとりがそれぞれの分野で歴史の1ページを地道につくっていくことに挑戦し、学友たちの挑戦をお互いに励まし合うことの重要さを説き続けてきた。

チェコのビロード革命を指導したハヴェルが「近代社会は終えんを迎えつつある」と言ったことに触発され、筆者は「卒近代」という造語をつくり、中央集権型の近代国民国家の次の姿を巡って学生たちと日夜、語り合っている。

「卒近代」の立場からすれば、中央政治の機能不全を憂いたり、中央政治のリーダーの失政を批判しているよりも、すべての人々が、それぞれが当事者として、エージェンシー（主体性）を持ち、それぞれご縁のあった場で、ご縁のあった時に、ご縁のあった人と、ご縁のあった事に、できる限りでよいので、全力で尽くし続ける。そうした文化や生き方が日本社会に広がっていくことこそ、自律分散協調・分散型自立組織（DAO）などが注目される「卒近代」における日本再生の道ではないかと思う。

# 9

Theme
## 情報・インターネット

# 多極化するインターネット

インターネットイニシアティブ
取締役 副社長執行役員
## 谷脇康彦

たにわき・やすひこ　1960 年、愛媛県生まれ。1984 年に一橋大学経済学部卒業後、郵政省（現：総務省）に入省。郵政大臣秘書官、在米日本大使館 ICT（情報通信技術）政策担当参事官を経て、2013 年に内閣審議官、2016 年に総務省情報通信国際戦略局長、2018 年に同省総合通信基盤局長、2019 年に総務審議官（郵政・通信担当）。2022 年にインターネットイニシアティブ（IIJ）に入社、同社取締役副社長。2024 年より現職。主な著書に『教養としてのインターネット論』、『インターネットは誰のものか』（共に日経 BP）、『サイバーセキュリティ』（岩波新書）など。

世界のインターネット利用者数は約54億人（世界人口の67%）。時間と距離の制約を超えるインターネットは、まさにグローバルな社会基盤となった。その普及を支えてきたのはインターネットのオープン性だ。例えば、インターネットは、異なるネットワーク間を接続できるシンプルでオープンな通信プロトコル（TCP/IP）を基盤としている。また、技術基準の標準化を行うIETF（Internet Engineering Task Force）の組織運営も同様だ。国連機関のように一国一票の投票制ではなく、標準化に参画する人たちの緩やかな合意（コンセンサス）に基づく。

コンピュータサイエンスの権威のひとりであるデビッド・クラークは、かつて「われわれは王様や大統領、投票を拒否する。そして、ラフなコンセンサスとコードが動くことが重要だと信じる」と語った。この言葉は、まさにインターネットのオープン性という基本精神を表している。

# 1. 揺らぐオープンインターネット

そのオープンインターネットが、いま揺らいでいる。例えば、米国のNPO（非政府組織）フリーダムハウス[1]の調査によれば、調査対象の世界70カ国のうちインターネットの自由が確保されているのは全体の52%。70カ国中55カ国においてネット上の発言で逮捕・収監される事態が起きており、また、世界のネット利用者の46%が暮らす国々で、政治的な理由によってインターネットやモバイル網が切断されている。

このように、サイバー空間における表現・報道の自由が損なわれる事案が多発している

のに対し、「国内のインターネットをどう運営するかは各国の主権の問題であって、他国が干渉すべきではない」とする「サイバー主権」を中国やロシアは主張している。ネット上の言論や報道のあり方は、その国の政府が決めることであって、他国が批判するのは内政干渉に当たるという考え方だ。

インターネットを巡る運営のあり方は「インターネットガバナンス」と呼ばれる議論であり、緩やかな合意に基づき民主的でオープンなインターネットの運営を目指す自由主義国家（日米欧）と、「サイバー主権」を軸に国家統制的なインターネットの運営を強化したい覇権主義国家（中露）という両陣営の対立の溝は深い。リアル空間から切り離されたサイバー空間だからこそ、時間や距離の制約を超えて自由な情報の流通ができるというのがインターネットの特徴だが、サイバー空間に政府の運用方針が色濃く反映される「インターネットの分断」が進み、サイバー空間であるのに地政学的リスクが無視できないという皮肉な状況にある。

# 2. 存在しないサイバー空間の国際ルール

この議論は、見方を少し変えると、民間主導で構築・運営されてきたインターネットを含むサイバー空間に国家がどこまで介入することが許されるのかという問題だ。例えば、国家間の紛争について、リアル空間では、国連憲章や国際人道法などの国際ルールが存在するが、こうした国際ルールをサイバー空間にどう適用するかという議論は、国連の場において日米欧と中露の対立が続き、コンセンサスが得られていない。

しかし、こうした国際ルール不在の状況のなかで、ロシアによるウクライナ侵攻などの紛争事案が現実に勃発し、国によるサイバー攻撃の激化、偽情報・誤情報の流布、SNSにおける偽アカウントの大量生成などが繰り広げられている。数年前には「可能性のひとつ」だったグレーゾーン事態（サイバー攻撃や偽情報の拡散などが恒常的に行われていて平時と有事の境界が曖昧な状況）や、ハイブリッド戦争（国家安全保障の対象が経済や技術などの非軍事とされてきた分野まで拡大すること）がすでに現実化している。

## 3. グローバルな対話継続の努力

こうしたなか、対話を継続しようという試みのひとつがIGF（Internet Governance Forum）だ。IGFは、政府、企業、技術コミュニティ、市民団体などの多様な関係者（マルチステークホルダー）が年に1回、一同に介してインターネットのあり方について意見を交わす国連主催の国際会議。2023年秋の京都会合には、178カ国から1万1000名（このうち現地出席は6200名）が参加し、議論の輪に加わった。

この会議で国連事務局は「インターネットは、デジタル社会の核となる要素であり続けるが、（中略）デジタル技術が社会にどのようなインパクトを与えるのかといった、より広い視野で議論していく必要」があり、「デジタルガバナンスの挑戦は、インターネットガバナンスの伝統的な境界を乗り越え、全体的にみることが重要だ」と指摘している。[2]「インターネットの分断」という論点にとどまらず、デジタル技術をどう制御するかという「デジタルガバナンス」について幅広い議論

をすべきだという問題意識がうかがえる。

## 4. データ主権と競争ルールの見直し

世界経済フォーラムの調査[3]によると、世界が抱えるリスクのワースト5として、「異常気象」（1位）と並んで「AIが生成する偽情報・誤情報」（2位）、「社会・経済の二極化」（3位）、「サイバー攻撃」（5位）など、5項目のうち3項目がデジタル技術関連となっており、グローバル社会におけるデジタルガバナンスの重要性と議論の射程の広さを物語っている。

デジタルガバナンスを考える際に重要なのは、データ主権、つまり国家としてデータの利活用が健全に行われる環境を整備することにある。そのため、データを大量に収集・蓄積・解析・利用する（海外発の）巨大プラットフォーマー、つまり市場支配力を持ったデータ保有者による反競争的行為をどう防ぐかという課題がある。

1980年代以降の「新自由主義」は、不要な規制を取り払い、市場メカニズムを通じた高い経済成長と資源の最適配分の実現を目指していた。しかし、データという無形資産が経済活動の中核に位置するようになると、低廉かつ大量にデータを収集し自由に複製できるというデータの特性から、「限界費用ゼロ」で事業規模を幾何級数的にスケールアウトさせることが可能になった。これこそプラットフォーマーが登場したゆえんであり、もはや従来の競争法では対処しきれなくなっている。

ノーベル経済学賞受賞者であるJ. E. スティグリッツは、「レント増加の最大の要因は超過利潤、すなわち競争経済で手に入れられる利益をはるかに超越した利益にある」と

したうえで、「上場企業の時価総額のおよそ80%はレントによるものであり、それが付加価値総額の4分の1近くを占め、その大半がIT（情報技術）部門に集中している」と指摘し、市場への適度な介入を求める「修正資本主義」を主張している。[4]

従来の競争法では、市場支配力の濫用に対し事後的な是正措置を求めてきたが、巨大プラットフォーマーによる市場支配力の濫用は、事後ではもはや回復不能な深刻な状況を招く事案が多く、例えば、欧州のDMA（デジタル市場法）では、巨大なプラットフォーマーに事前規制を適用するアプローチが採られている。

## 5. 重要性を増すデータセキュリティ

デジタルガバナンスの確保においては、データが改ざんされていないこと、つまりデータの完全性（integrity）の確保を保証する[5]データセキュリティが極めて重要となる。例えば、欧州のデータガバナンス法では、データ仲介事業者に高度なデータセキュリティの確保を要件として課している。

また、急速に発展しているAI（人工知能）も、学習データ（入力）を基にアルゴリズムを磨き、データという形で生成物（出力）を生み出すという点では、データの生成・流通のひとつのプロセスだといえる。膨大な生成物を生み出すAIの質が下がることでデータ空間の汚染（contamination）が一気に進むことも懸念される。このため、各所で進められているAIガバナンスの議論の中にデータセキュリティの視点を加えておく必要がある。

その際、2026年に本格施行される欧州の

AI法のように、法規制による規律（ハードロー）と民間部門の自主的な取り組みに基づく規律（ソフトロー）をどう組み合わせていくか議論が求められる。強固なハードローは、技術革新を阻害する懸念があり、他方、ソフトローに委ねると規律の実効性に疑問符が付く。国と事業者との間で自主的な取り決めを締結し、民間の自主的なコミットメントに沿った規律運用を行い、国がその結果を評価する共同規制（co-regulation）などのアプローチも組みわせていく必要がある。

さらに、サイバーセキュリティの分野においてもデータセキュリティは極めて重要である。サイバー攻撃によるデータの窃取や流出だけでなく、学習データの改ざんによるAIの誤作動（データポイズニング攻撃）や重要インフラの稼働停止など、データの完全性を狙うサイバー攻撃への対策が必要である。

## 6. デジタルガバナンスの多極化

デジタルガバナンスを巡る各国の取り組みは多様であり、一概に捉えることは難しいが、国内市場に対する国家の関与や規制の強弱を評価軸として整理することで各国のアプローチの違いが明確になる。図1では、横軸に「規制の強さ（右方向にいくほど規制が強い）」、縦軸に「国家の関与度（上方向は国主導の権威主義、下方向は民主導の自由主義）」を示しているが、この座標軸に主要国を位置付けてみると、市場主導型モデル（米国）、国家主導型モデル（中国）、権利主導型モデル（欧州）、それに官民混合型モデル（インド）の4つに分けられる。[6]

第1に、米国は、従来から規制を最小限にするという新自由主義が基本線の「市場主導

図1　多極化するインターネット

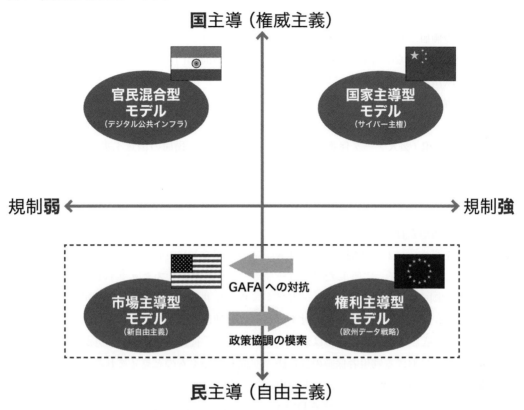

(注) Anu Bradford"Digital Empires" (Oxford Press 2023), Akash kapur"Can the Internet Be Governed?" (NewYork Jan 29,2024) など

出所：筆者作成

型モデル」だった。しかし、GAFAに代表されるプラットフォームビジネスが巨大化し、こうしたビジネスから得られる利益（超過利潤）が個人情報の提供などを代償として成り立ってきたという認識が米国内でも広がってきた。2024年8月、ワシントンDC連邦地裁において出されたグーグルの検索サービスに対する反トラスト法違反の判決、カリフォルニア州議会において議論が先行しているAI規制法の動きは、ガバナンスルールの整備に向けた動きのひとつと評価できるが、今後の方向性は2024年秋の大統領選挙の結果にも左右されるだろう。

第2に、中国は、2000年代初頭までは国内デジタル産業の育成といった産業政策が中心であり、サイバー空間を政治的にどう利用するかという思惑はあまり見られなかった。しかし、2010年代に入ったころからインターネット分野の国家主権（サイバー主権）を唱えるようになり、ネット検閲、社会信用システムの導入など、サイバー空間における国家関与を強め、データの越境転送規制を含む「データ3法」[7]を制定するなど、覇権主義国家としての体制を強化している「国家主導型モデル」である。

第3に、欧州においては、2020年2月の

「欧州データ戦略」[8]において「個人がデータを絶え間なく生み出す社会では、データの収集・利用は欧州の価値、基本的な権利やルールに則って行わなければならない」と指摘しているように、欧州市民の権利をデジタルガバナンスの基本軸に据える「権利主導型モデル」である。

例えば、GDPR（個人データ保護規則）は、その典型例で、EU（欧州連合）域内の個人情報保護を徹底するための規制枠組みを整え、米国など欧州域外からEU市民の個人情報の入手・解析・活用を行う場合にも違反事例に対して罰則を科す、いわゆる規制の「域外適用」が盛り込まれている。こうしたアプローチはGAFA（米国の巨大プラットフォームビジネス）による個人情報の大量収集に対するEUの対抗策の色合いが濃い。そのほか、デジタルサービスにおける利用者保護の包括法であるDSA（デジタルサービス法）、大規模プラットフォームビジネスを規制するDMA（デジタル市場法）、データ流通を促進するためのデータ法やデータガバナンス法、さらにはAI法に至るまで包括的なデジタル法体系の確立を進めており、その取り組みは、優れた先行事例として他国にも拡大する「ブラッセル効果」を生み出している。

さらに、欧米や中国と異なる「第4のモデル」がインドである。具体的には、基盤となるデジタル公共インフラを国が開発し、これを広く民間に開放してデジタルサービス市場の拡大を図る「官民混合型モデル」が採用されている。基盤となるデジタル公共インフラの中核は「アダール（Aadhaar）」と呼ばれる12桁の個人識別番号であり、氏名などの基本情報や生体情報（虹彩、指紋、顔写真）などに紐づき、これをベースに本人確認、電子署名、リアルタイム銀行間送金、電子文書箱などの機能が「インディアスタック」[9]というパッケージ（オープンAPI群）として提供され、民間部門に広く無償で開放されている。つまり、国は、認証基盤を含むデジタル公共インフラを公共財として提供することで、巨大プラットフォーマーによるデータ独占を回避しつつ、民間の創意工夫（アプリ開発）による多様なサービス提供を実現することを目指しており、事実、誰もが金融サービス（オンライン融資、小口送金、補助金受給など）を利用できる金融包摂（financial inclusion）の実現などに貢献している。

「インディアスタック」は、グローバルサウスに共通する課題解決を実現するものとして急速に拡大しており、グローバルサウスを中心に「官民混合型モデル」が第4の極を形成していくものと見込まれる。

# 7. 日本はどう対応すべきか

デジタルガバナンスとは、単に法令遵守（コンプライアンス）のための統治機構の話ではない。データを最大限活用して社会課題の解決を進める「データ駆動社会」を実現するためのデータガバナンス、AIガバナンス、セキュリティガバナンスを3本柱とするデジタル技術の活用戦略であり、これを国家戦略として推進する必要がある。その際、「インターネットの自由」という基本精神（価値観）を堅持しつつ、データ主権の確保に向けた各国の戦略（経済・技術・外交など）を多角的に読み解き、日本としてのデジタルガバナンス戦略を推進する必要がある。

具体的には、①データ駆動社会に適合した新しい規制枠組みの整備（競争法・データ関

連法の整備）の推進で、特に欧州「権利主導型モデル」との連携・協調、②認証基盤及びデータ連携を核としたデータ活用を通じた社会課題解決（例えば、少子高齢化や環境問題）を図るクラウド型ソリューション開発の促進、③安全保障面を含めデジタルガバナンスを確立するための有志国による国際連携の強化などが求められよう。

〈脚注〉

1 Shahbaz, Funk, Slipowitz, Vesteinsson, Baker, Grothe, Vepa, Weal eds. "Freedom on the Net 2023," Freedom House, 2023
https://freedomhouse.org/report/freedom-net/2023/repressive-power-artificial-intelligence

2 UN "Kyoto IGF Messages"(2023)
https://www.intgovforum.org/en/filedepot_download/300/26576

3 World Economic Forum "The Global Risks Report 2024: 19th Edition" (January 2024)
https://www3.weforum.org/docs/WEF_The_Global_Risks_Report_2024.pdf

4 J. E. スティグリッツ『プログレッシブキャピタリズム』、2020 年、東洋経済新報社

5 情報セキュリティ分野では、第三者への情報漏えいを回避する機密性（confidentiality）、情報が第三者による破壊・修正から防御されている完全性（integrity）、情報が多様な手段によってアクセス可能な状態にある可用性（availability）という 3 要素（情報の CIA）が重視される。

6 米国・中国・欧州のモデルは、Anu Bradford "Digital Empires"(Oxford Press 2023) の分析に基づく。また、インドのデジタル公共インフラについては、Akash Kapur "Can the Internet Be Governed?"(New Yorker, Jan.29, 2024) などによる。

7 データ 3 法とは、「サイバーセキュリティ法」(2017 年 6 月施行)、「データセキュリティ法」(2021 年 7 月施行) 及び 「個人情報保護法」(2021 年 11 月施行) の 3 本の法律を指す。

8 European Commission "A European Strategy for Data" (Feb. 2020)
https://eur-lex.europa.eu/legal-content/EN/TXT/PDF/?uri=CELEX:52020DC0066

9 本人確認（eKYC）、電子署名（eSign）、リアルタイム銀行間送金（UPI: Unified Payments Interface）、電子文書箱（DigiLocker）などの機能が含まれる。

# 10
## Theme
## 生成AI

# 生成AIと創造化社会

**野村総合研究所 未来創発センター
デジタル社会・経済研究室 室長**

# 森 健

もり・たけし　慶應義塾大学経済学部卒業。英国ロンドン・スクール・オブ・エコノミクス（LSE）修士課程（経済学）、一橋ビジネススクール博士課程（経営学）修了。専門はデジタルエコノミーなど経済と技術の相互関係を踏まえた未来洞察。2012年から2018年には、野村マネジメント・スクールにて「トップのための経営戦略講座」、「女性リーダーのための経営戦略講座」のプログラム・ディレクターを務める。主な著書に『デジタル資本主義』（2019年、大川出版賞受賞）、『デジタル国富論』、『デジタル増価革命』（共に東洋経済新報社、編著）。

## 1. 2つの大流行：新型コロナ ウイルス感染症（Covid-19） と生成AI

　コロナ禍がまだ猛威を振るい続けていた2022年、世界を揺るがす「もうひとつ」の大流行となる「生成AI（人工知能）」が登場した。まずはStable DiffusionやDALL-E、Midjourneyなどの画像生成AIが公開されたが、これらのツールは文字から画像を生成することができた。

　ある推計によると、DALL-E、Midjourney、Stable Diffusion、そしてAdobe Fireflyという4つの画像生成AIによって、登場からわずか1年半で150億枚以上の画像が生成されたといわれている。ちなみに写真は、その登場から約150年目にして撮影枚数が150億枚を超えたとされていることから、写真が150年かかったことを、画像生成AIはわずか1年半で達成したことになる。

　さらに2022年11月末には、テキスト生成ツールであるChatGPTがOpenAI社より公開された。こちらは「LLM（Large Language Model：大規模言語モデル）」と呼ばれる手法が用いられていて、日本語も含めた自然言語によるAIとのコミュニケーションで驚くような精度を発揮した。その後、GoogleやMetaなども同様のAI基盤モデルを発表し、多様なAIが登場する。

　ChatGPTについては、公開当初の時点ですでに本物の人間が回答しているかのような自然な言葉を発していたが、明らかに間違った回答も多く、その利用価値について疑問を呈する声も多かった。しかし、モデルの改善・学習スピードも極めて速く、さらにBingなどの検索エンジンと連携し、最新のデータを検索しながら回答するなど、その精度は著しく改善している。

　2023年には、生成AIが「マルチモーダル」に向かって進化していった。これは、文字情報だけでなく、音声や画像、動画など複数（マルチ）モードをまたがって情報処理することを意味し、文字→画像、文字→文字だけでなく、画像→文字生成や文字→動画生成といった機能も追加されている。

　生成AIのマルチモーダル化によって、われわれ人間の情報処理端末も今後変化していくだろう。その最有力候補がApple Vision ProのようなVRゴーグルや、MetaがRay-Ban社と共同でつくったスマートグラスなどいわゆる眼鏡系の端末である。

　また、AIの学習素材が言語（Language）から画像、人間の動作、バイタル情報など多岐にわたっていくことから、今後はLAM（Large Action Model：大規模活動モデル）、LBM（Large Behavior Model：大規模行動モデル）、LVM（Large Vital Model：大規模バイタルモデル）などが登場する可能性も十分にある。

　ChatGPTは、公開から2カ月で全世界のユーザー数が1億を超えたが、その約1年前に登場したCovid-19のワクチン接種回数も、実は2カ月で1億回というペースで拡大していて、ChatGPTは、Covid-19のワクチン並みのペースで世界中に拡散したことになる。われわれ人類は、この短期間にウイルスとAIという2つの大流行を経験した。

　Covid-19と生成AIの登場は、無関係ではない。Covid-19によって各国でロックダウンが起こり、われわれの生活は否応なく「デジタル化」した。人々は、対面ではなくオンライン上で会話し、買い物をし、仕事をした。

これは莫大な量のデジタルデータが生み出されたことを意味し、それらがAIの学習データとして活用されることになった。つまりCovid-19によってAIの学習教材が急激に増えたことで、生成AIの登場時期が早まったといえる。

## 2. 15世紀の革新的生成ツール：活版印刷

　歴史を振り返ると、今回のように疫病の大流行が革新的な発明を後押しした例がある。その疫病とは、14世紀に欧州で大流行したペスト（黒死病）である。14世紀に欧州で猛威を振るったペストは、さまざまな研究によると欧州の人口を3割から5割減らすほどの被害をもたらしたといわれているが、実は、このペストがひとつの要因となって、15世紀のグーテンベルクによる活版印刷の発明につながった。

　グーテンベルクの発明した活版印刷は、15世紀版の生成ツールであった。活版印刷は瞬く間に広まり、宗教書や古代ギリシャ・ローマ時代の書籍復刊だけでなく、思想書や教科書、小説、自然誌、書誌など、さまざまなジャンルの書籍を「生成」する。塩野七生は、「見たい、知りたい、わかりたいという欲望の爆発、それがルネサンスだった」と述べているが、そのような人々の欲求に活版印刷が大いに応えていくのである。

　大阪大学の桑木野幸司は、活版印刷の発明によってルネサンス時代の人々の空間、時間、心の3つの地平が拡張されたと述べている。まず空間の地平拡張とは、大航海時代の到来によって欧州以外の情報が入ってきたことと関係する。アメリカ大陸の植物が初めて

記されたフックスの『植物誌』という書物が1542年に出版されたことはその一例だ。また、コペルニクスが地動説を主張した『天球回転論』は1543年に出版されていて、こちらは人々の空間（上下）認識をひっくり返すこととなった。

　次に、時間の地平拡張だが、これはまさに古代ギリシャ・ローマ時代の知識の再発見である。上記の桑木野は、これを「現在とは断絶した過去の彼方に、自分達とは異なる優れた文化が存在したという歴史的感覚」が生まれたと述べている。

　第3に、心の地平拡張であるが、これは当時の人々が書籍を通じてさまざまな思想に触れる機会が増えたことを意味する。宗教改革を引き起こしたマルチン・ルターは、新約聖書のドイツ語版を出版したが、これによって聖書が広く庶民に読まれるようになった。それまではラテン語を読める聖職者や学者だけが聖書を人々に読み聞かせていたのである。さらにルターは、免罪符を乱発する大司教を批判するが、その批判文書を活版印刷で大量に印刷して庶民に流布する。これがのちの宗教改革につながるのだ。

## 3. 21世紀の革新的生成ツール：生成AI

　翻って21世紀の革新的生成ツールである生成AIについても、活版印刷の時に用いた3つの地平拡張の視点で見てみよう。

　空間の地平拡張でいうと、生成AIによる画像生成がまずは挙げられるだろう。画家やイラストレーターなどの専門職でなくても、プロンプト（文章）入力を工夫することでさまざまな絵が生成できるようになった。

2022年8月には、ゲームデザイナーが生成AIを使って生成した絵画が、米国コロラド州の絵画コンテストで優勝したことが報道された。これに対してアーティストからは怒りの声が上がったが、このゲームデザイナーは、生成AIを使用していることは事前に伝えていること、また出品3枚の作品を完成させるのに80時間以上を費やしていて、自身も絵の一部を描いていることなどを主張した。[2]

画像だけでなく動画やメタバース空間の生成も容易になった。これまでメタバースやデジタルツインは、人手不足がネックで安価かつ短時間で制作することができなかったが、生成AIによってこれら仮想空間の生成が今後加速していくのは間違いない。

次に、生成AIによる時間の地平拡張について考えてみよう。2023年3月、中国人のあるブロガーが、「AIツールを使用した祖母の仮想デジタルヒューマンの生成」というビデオを公開した。その動画では、ChatGPT、AIペインティング、音声合成などを使用して、亡き祖母の動くアバターを作成した方法が詳しく説明されている。[3]

また、豪州シドニーにあるユダヤ博物館も、生成AIではなくそれ以前のAI技術が用いられているが、AIを活用することで、ホロコースト体験者と時間を超えた対話ができる。同博物館は、第二次世界大戦のホロコースト体験者の高齢化が進むなか、体験者との長時間にわたるインタビューを録画した。来場者が画面上のホロコースト体験者に何か質問をすると、その答えに該当するシーンをAIが判断して映し出す、という仕組みである。これによって、ホロコースト体験者が亡くなったあとでも、その人と疑似的な対話が可能な仕組みを構築した。

最後に、心の地平拡張といえるような生成もある。それは、人間以外の存在とのコミュニケーション生成である。生成AIの登場によって、人間は自然言語で機械と会話できるようになったが、それに加えて、生成AIを介することで人間以外の生物とのコミュニケーションが可能になるかもしれない。

生物のコミュニケーション様式を研究するデジタル生態音響学という分野があるが、AIが生物のコミュニケーション様式を学習している。ドイツのベルリン自由大学のある実験では、ロボットミツバチが本物のミツバチとのコミュニケーションに成功したという事例がある。人間以外の存在との「コミュニケーション生成」だ。これはまさに心の地平拡張といってよいだろう。

近い将来、われわれ人類は、AIが組み込まれた製品と普通に会話をするようになるだろう。さらに未来のどこかの時点では、AI（およびAIが搭載されたロボット）を介して人間以外の生物とも会話するような時代が来る可能性がある。まるでファンタジーのような世界が現実味を帯びているのである。そのような環境下では、ヒトとモノ、ヒトと生物の間の感覚的な境界というのが曖昧になってくるのではないか。

# 4. AIの多様性

WIREDの創刊編集長であるケヴィン・ケリーは、「複数形としてのAI（AIs）」という概念を強調している。それぞれの人間に個性があるように、AIにも個性があり、異なる知能が複数存在する。あたかも銀河系に無数の星があるように、人類の知能もAIの知能も無数に存在するという考え方である。

ワシントン大学、カーネギーメロン大学、西安交通大学の研究者らが、世の中に存在する10以上の生成AIに、政治的傾向を可視化する「ポリティカル・コンパス」という質問群に答えさせたところ、個々の生成AIに政治的なバイアスが存在していることを示している[4]。

例えば、OpenAIがつくっているChatGPTとGPT-4は最も左派的かつリバタリアン的な回答をするのに対して、Googleの生成AIであるBERTは保守的傾向が強く、MetaのLlamaは右派的かつ権威主義的な回答をする傾向がある。この研究では、AIのモデルがアップグレードされるにつれて政治的バイアスが強化されていくことも示されていて、OpenAIのGPTは、アップグレードするにつれてより左派的傾向が強まっているという。

まさにAIが、どのようなデータを学習しているのかが「AIの個性」を生み出しているわけだが、意図的に個性を持ったデジタルヒューマンを生成AIで生み出す試みもすでに登場している。先ほど紹介した、亡くなった祖母を再現しようとした生成AIもそのひとつだが、個性を持った人工人間をビジネスにつなげている例もある。

米国のFantasyというスタートアップ企業は、生成AIを使って異なる個性・プロフィールを持たせた人工人間を多数生成している（各人に名前も付けている）。そして、それらの人工人間を、あたかも人材派遣するかのように企業のアイデア会議に参加させているのだ[5]。例えば、ジェイソン・スミスという名前の人工人間と、アシュリー・トンプソンという名前の人工人間が、MLS（米国のプロサッカーリーグ）の来場者数をどうすれば増やせるか、という会議に参加して、自身のアイデ

アを述べている例が紹介されている。

このような「人工人間派遣業」は、未来の会議の新たな可能性を示している。アイデア出し会議では、多様なバックグラウンドを持った人が集まるのが理想的ではあるが、なかなかそうはいかないのが現実だ。そこで足りないパーツを補うために人工人間を活用するシーンが増えるのかもしれない。例えば、文化人類学者の視点がほしかったら、その分野の知見を持った人工人間に会議に参加してもらう、というようなことも今後起こり得るだろう。さらに、特定の人物を模した人工人間が登場するかもしれない。著名な有識者が、自身の人工人間をつくって、同時に複数の会議に派遣するというようなSF像も見えてくる。

## 5. 野村総合研究所の『創造の戦略』（1990年）が予見した「創造化社会」の到来

ここまで紹介してきたような話は何を意味しているのだろうか。社会という大きな枠組みで考えた場合、情報化社会という概念では捉えきれない新しいことが起こっていると考えるべきであろう。本稿では、そのような新しい社会を「創造化社会」と呼んでみたいと思う。

図表1に「第4の波」としての創造化社会の到来を示している。実は、この図は筆者が考えたものではなく、1990年に野村総合研究所が『創造の戦略』という本で示した図をベースにしている。

1990年当時を振り返ると、アルビン・トフラーの『第3の波』（1980年）という書籍がベストセラーになっていた。トフラーは同書の中で、農業化（第1の波）、工業化（第2の波）

図表1　野村総合研究所の『創造の戦略』（1990年）が示した「創造化社会」の到来

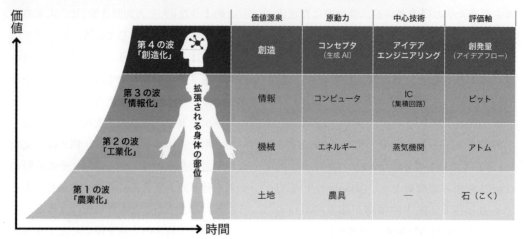

注）1990年の書籍には、第4の波の原動力として「コンセプタ」、また評価軸には「創発量」とだけ記述されていたが、筆者のほうで（生成AI）、（アイデアフロー）を加筆。
出所：野村総合研究所、『創造の戦略』、1990年に筆者が一部加筆修正

に次ぐ、第3の波としての情報化社会の到来を論じていたが、当時の野村総合研究所では、情報化社会の次の「第4の波」は何かという問いを立てていたわけだ。

　当時のプロジェクトチームは、人間の体のどこが拡張、あるいは外部化していくのかという視点で議論していたという。農業化社会は足、工業化社会は手、そして情報化社会では目や耳の機能が外部化された。そうすると次にくるのは人間の脳ということで、「創造化社会」というキーワードに至ったのである。

　当時の資料を見ると、創造化社会の原動力となるツールとして「コンセプタ」と書かれている。コンセプタは、アイデア生成支援をするツールだと述べられているのだが、創造化社会では、人間が「コンセプタ」を用いてアイデアを生み出す、ということでまさに現在の生成AIの登場を予見していたかのようである。

　創造化社会では、アイデアの大量生産が進む。あたかも産業革命後にモノの大量生産が進んだように、創造化社会が進むとアイデアの大量生産が起こる。ブレーンストーミング会議（アイデア出しする会議）の「ブレーン」には、人間だけでなくAIの脳も含まれるようになり、それによって短時間で出されるアイデア数が増えるからだ。モノとは違い、アイデアが大量に生産されてもすべてが使われるわけではなく、むしろその大半は実現に至らず日の目を浴びないので、表面的にはアイデアの大量生産はわかりづらいかもしれない。

　企業活動でいうと、研究開発（R&D）領域で大きな変化が起こるだろう。研究開発に携わる人は問いを立て、それに対する案を人間だけでなく、AIに投げかけることでさまざまな意見を出してもらう。

　あるいは既存・潜在顧客にAIツールを開放して、新商品・サービス案を設計してもらう、という試みも増えていくだろう。すでに半導体や香料産業など、デザインツールを顧客に開放して、顧客が自分用の商品を設計することが可能な産業もあるが、それが多くの

産業で取り入れられていくのではないだろうか。そして、その際のインタフェースは、これまでのようなwebサイトでみられるGUI（グラフィカル・ユーザー・インタフェース）ではなく、AIや人間との会話型インタフェース（CUI：Conversational User Interface）になる。

創造化社会では、「アイデア・エンジニアリング」という概念が重要になる。これまでは、どちらかというと一部のクリエイティブな人間に依存していたアイデア生成が、生成AIの助けも借りてよりシステマチックになっていくイメージだ。創造性のエンジニアリングといってもよい。

AI研究者のマーガレット・ボーデンは、3つの種類の創造性があると論じている。[7]

1つ目は、「組み合わせ型創造」で、既存のモノや概念を組み合わせることで新しいものを生み出す種類の創造性である。カレーうどん、たらこスパゲッティなど、組み合わせ型創造の例は枚挙にいとまがない。

2つ目は、「探索型創造」で、厳密にいうと発見に近い概念である。将棋や囲碁のようにルールが決まっている世界において、誰も打ったことがない手を見つけるといったケースで、こちらも創造性・独創性が高いという話になる。

3つ目は、「変革的創造」とも呼べるカテゴリーで、概念的な変化を伴う創造性である。具体的には、ダイソンが作った羽根のない扇風機（これまで羽根は扇風機の欠かせないパーツだと思われていたが、その概念を覆した）がその典型例である。

これまでのAIが得意だったのが第2の探索型創造である。将棋や囲碁のAIが、何百万、何億通りもの可能な打ち手を探索し、人間の棋士が見たこともない手を打って人間を破ることもでてきた。これに対して、自然言語でコミュニケーション可能な生成AIの登場によって、第1の組み合わせ型創造や、第3の変革型創造も今後大きく増えていくのではないか。「AとBを足した商品を考えて」といった指示を生成AIに与えると、それらがまったく異質なモノだとしても、生成AIは何かしらのアウトプットを出すからだ。ただし、ここで肝となるのは、生成AIへの指示であり、指示の良し悪しでアイデアの質がだいぶ変わる。ここにアイデア・エンジニアリングの技法が導入されるという流れだが、生成AIに入力する指示文（プロンプト）をどう工夫するかという「プロンプト・エンジニアリング」は、まさにアイデア・エンジニアリングのひとつである。

## 6. 「創造業」の登場

創造化社会では、新たな産業の輪郭が浮かび上がるのではないか。それは、完全に新しいものではなく、多くは現在も存在していてサービス業の中に含まれているが、創造化社会の中では別のものとして扱われる、といったものである。

ここでは、その新産業を「創造業（仮称）」と呼んでおこう。創造業とは、人間の頭脳やAIを使ってアイデアを生み出す産業、あるいは人間の創造力、思考力、共感力など、アイデア生成につながる能力を鍛えるような事業である。

サービス業との違いを考えるにあたってラテン語の語源から考えていこう。サービスの語源となっているラテン語は、奴隷あるいは召使いを意味するservusである。つまりサ

ービスとは、基本的に他人の代わりに何かをする、何かを提供するということを意味している。

他方、この創造業というのは、自身が何かのアイデア、コンテンツなどを創造するか、顧客が創造するのを支援するような業態を意味する。出版業、著作業、芸術業、その他のクリエイター業は、統計区分上はサービス業に含まれているものの、実質的には創造業と呼ぶべき事業であるし、先ほど紹介した米国Fantasy社（人工人間を企業に派遣する会社）のような企業も創造業に含まれる。サービス業との大きな違いは、自分の創造力が発揮されている、あるいは顧客の創造力が結果として鍛えられている、といったことがある。

創造業を英語（もしくはラテン語）で表現するとどうなるのだろうか。実は、「クリエイティブ産業」という呼び名はすでに存在していて、例えば、英国政府は、クリエイティブ産業を定義づけして経済規模を推計してい

る。しかし、それでは面白くないので、製造業や農業のアナロジーも含めて創造業の名称をラテン語から考えてみよう。

創造業は、「アイデアをつくる」産業だと考えるなら、製造業の語源であるmanu（手）＋facture（作る）をもじって、「アイデオ・ファクチャー（アイデア＋作る）」と呼べるかもしれない。あるいは、創造業は「脳を耕し」アイデアの芽を出す産業だと考えるなら、農業の語源であるagri（田畑）＋culture（耕す）をもじって、「セレブルム・カルチャー（脳＋耕す）」とでも呼べるかもしれない。

創造業を理解するために製造業と対比して考えてみよう（図表2）。製造業とは、単純にいうなら、労働力と資本（機械設備などの物的資本）と原材料を組み合わせて製品を生み出す事業である。そして、生み出された製品の一部は、生産設備（資本）として蓄積されていく。マルクスは、資本が蓄積されていくことに注目し、工業化社会の中心的役割を担

**図表2　創造化社会で生まれる「創造業（仮称）」**

| 社会 | 希少性 | 中心産業 | |
|---|---|---|---|
| **創造化社会** | **アイデア**<br>（アイパ？） | （仮称）<br>**創造業** | **ideo-facture（アイデア＋作る）**<br>**cerebrum-culture（脳＋耕す）** |
| | | 人間の頭脳や人工知能を使って**アイデアを大量生産**する。<br>人間の**創造力、思考力、共感力**などを拡張する。 | |
| 情報化社会 | 時間<br>（タイパ） | **サービス業：ラテン語語源＝servus（召使）**<br>他者の**時間を節約**する。他者に代わって使役を提供する。 | |
| 工業化社会 | モノ<br>（コスパ） | **製造業：ラテン語語源＝manu（手）＋fact（作る）**<br>物理的な**モノを大量生産**する。モノの希少性を解消する。 | |
| 農業化社会 | 食料 | **農業：ラテン語語源＝agri（田畑）＋culture（耕す）**<br>田畑を耕し**食料を大量生産**する。食料の希少性を解消する。 | |

出所：野村総合研究所

うのは土地所有者（地主）でも労働者でもなく、資本を所有する資本家であることを見抜いた。

それに対して本稿で紹介する創造業とは、人的資本と生成AI、そしてデータを原材料にして、アイデア（知的資本）というアウトプットを生み出す産業である。創造業によって、創造力の産業化と知的資本の蓄積が起こるといってもよい。そして、この知的資本は、人間とAIの両方に蓄積されることになる。ここでの人間は、労働者ではなく人的資本と位置づけられる。

## 7. 創造化社会をけん引する 日本のポテンシャル

創造化社会が到来したときに日本は、どのような役割を果たしているのだろうか。Adobeの実施した調査によると、世界で最もクリエイティブな国は、日本だと答える人の比率が34％で最も高かった（2位は米国の28％）。

その背景には、日本のアニメやゲームなど強いコンテンツがイメージとしてあるのかもしれない。いわゆるキャラクターのメディアフランチャイズ（ゲーム、漫画、アニメ、グッズ、DVD、音楽などの総売り上げ）ランキング（TitleMax社調べ）を見ると、1位のポケモン（920億ドル）、2位のハローキティ（800億ドル）、6位のアンパンマン（600億ドル）、8位のスーパーマリオ（360億ドル）、9位の少年ジャンプ（340億ドル）と、トップ10に5つも日本のキャラクター/雑誌がランクインしている。

創造力（クリエイティビティ）の強さに加えて、実は、日本はAIの「活用」でも世界ト

ップクラスの面がある。例えば、OpenAIのwebサイトへの国別アクセス数（≒ChatGPTの利用度）を見ると、1位の米国、2位のインドに次いで、3位が日本となっていて、人口1人あたりにすれば、世界で最もChatGPTを利用しているのは日本だといえる。[8]

また、Googleの子会社が運営するKaggleというデータ分析コンペティションのプラットフォームがある。Kaggleには、全世界で1500万人以上のデータアナリストが登録しているのだが、その上位1000人の国別分布を見ると、日本人がその4分の1を占めていて最も多い。[9]データ分析、AIの活用という点で見ると、日本は意外にも世界のトップランナーという側面を持っているのだ。

日本はAIで後れを取っているといわれる。確かにAIの開発では、米中に圧倒的に後れを取っていることは間違いないが、その活用では、意外にも日本は健闘しているというのが筆者の見立てである。

AI（およびAIが搭載されたロボット）をどのような存在と見るのか。それらは機械であって、人間に仕える召使いのような存在だと見るのが最も「当たり前」の見方なのかもしれない。しかし、この見方をすると、AIがメキメキと実力をつけ、主人である人間を追い抜き、最後は人間を駆逐してしまう、という思考に陥りがちだ。同じ古代ギリシャ時代でも、AIをダイモン（精霊）と見るのではなく、奴隷のような存在として見ている。技術思想史を研究する柴田崇は、このような姿勢を「代替恐怖症」と呼んでいる。[10]

それに対して日本人は、そのような感覚をあまり持っていないのではないか。文化人類学者の川田順造は、世界に3つの技術文化があることを示したが、日本の技術文化を「道

具の人間化」、すなわち道具は人間の延長であって、各人の労力や訓練次第でパフォーマンスを変化させる存在として見ていることを示した。[11]

　この技術文化からすれば、AIは召使いでも神でもなく、使い方や訓練次第で自分のパフォーマンスを「良くも悪くも」変化させるツールだ。箸がそうであるように、慣れない人にとってはむしろパフォーマンスを低下させることもある。あえていうなら気まぐれな精霊的存在ということになる。

　生成AIが組み込まれた製品と会話するような世界は、日本人にとってはある意味、日本の古代思想のルネサンスを引き起こすのかもしれない。日本の古代文化研究者である上野誠は、万葉集の研究などを通じて、日本の古代思想は「人も霊的存在だが、人ならぬモノも霊的存在」であって、「カミ・モノ・オニ・ヒトのすべてが人格を持っている」と考えることを示した。[12] 人工物にも精霊のような存在が宿る世界は、意外にも日本の古代人の感覚に近いということかもしれない。

　グーテンベルクの活版印刷術は、古代ギリシャ・ローマ時代のルネサンスを支える革新的技術だった。それに対して生成AIが、日本の古代思想、あるいはアニミズムと呼ばれる思想のルネサンスを支える革新的技術になると考えることは突飛かもしれないが、可能性は十分あると考えている。そして、先ほど紹介した日本のクリエイティビティの高さやAI活用の高さを考慮すると、日本は世界の中で、21世紀の創造化社会をけん引する十分なポテンシャルがあるといえるのではないだろうか。

〈脚注〉
1　桑木野幸司、『ルネサンス情報革命の時代』、ちくま新書、2022年
2　「AI作品が絵画コンテストで優勝、アーティストから不満噴出」、CNN.co.jp、2022年9月8日
3　"Undertakers in China use AI to allow people to communicate with their deceased loved ones" The Strait Times, 2023年4月4日
4　Shangbin Feng 他、"From Pretraining Data to Language Models to Downstream Tasks: Tracking the Trails of Political Biases Leading to Unfair NLP Models" Proceedings of the 61st Annual Meeting of the Association for Computational Linguistics、2023年7月9〜14日
5　詳細は「異なる"人格"をもつAIが話し合い、企業のアイデア出しをしている」WIRED、2023年10月17日を参照
6　詳しくは、野村総合研究所、『創造の戦略』、1990年を参照。なお、本稿執筆にあたっては、当時の研究プロジェクト委員長であった村上輝康氏（元野村総合研究所理事長）から当時の議論の背景などをご教示いただいた。
7　Margaret A. Boden, "Creativity and artificial intelligence", Artificial Intelligence 103, 1998年
8　詳細は、森健、『日本のChatGPT利用動向（2023年6月時点）』、野村総合研究所（NRI）レポート、https://www.nri.com/jp/knowledge/report/lst/2023/cc/0622_1 を参照
9　Kaggleのデータ（https://www.kaggle.com/datasets/hdsk38/comp-top-1000-data）
10　柴田崇、『サイボーグ：人工物を理解するための鍵』、東京大学出版会、2022年
11　例えば、川田順造、『文化の三角測量―川田順造講演集』、人文書院、2008年などを参照
12　上野誠、『日本人にとって聖なるものとは何か』、中公新書、2015年

# 11

**Theme**
## 地球環境

# 地球温暖化交渉の
# 経緯と課題

### 東京大学公共政策大学院 特任教授
## 有馬 純

ありま・じゅん　1959年、神奈川県生まれ。1982年、東京大学経済学部卒業後、通商産業省（現：経済産業省）入省。1996〜1999年に経済協力開発機構（OECD）日本政府代表部参事官。1999〜2002年に資源エネルギー庁総括省エネ対策官、国際エネルギー戦略企画官など。2002〜2006年に国際エネルギー機関（IEA）国別審査課長。2011〜2015年に日本貿易振興機構（JETRO）ロンドン事務所長。2015年に東京大学公共政策大学院教授、2018年に経済産業省退官。2021年から東京大学公共政策大学院特任教授、現職。主な著書に『亡国の環境原理主義』（2021年、エネルギーフォーラム）、『精神論抜きの地球温暖化対策—パリ協定とその後』（2016年、エネルギーフォーラム）、『地球温暖化交渉の真実—国益をかけた経済戦争』（2015年、中央公論新社）。

## 1. パリ協定の成立

　筆者は、かつて気候変動枠組み条約締約国会合（COP）において経済産業省の首席交渉官として闘ってきた。大きな構図でいえば、地球温暖化交渉は先進国対途上国の根深い対立の歴史といえる。筆者が交渉の最前線にいた2008～2011年ごろ、中国、インドなど途上国の交渉官は、「先進国はこれまでどおり、京都議定書の下で法的拘束力を有する数値目標を負い、自分たち途上国はあくまで自主的な行動にとどめるべきだ」という二分法の主張を行っていた。地球温暖化問題はグローバルな問題であり、今後の温室効果ガス排出増分の大宗はアジアの途上国から発生する以上、先進国のみが義務を負い、途上国を野放しにする京都議定書のような枠組みでは地球温暖化防止にまったく用をなさないことは明らかである。「共通だが差異のある責任」原則を踏まえ、先進国が排出量の削減、途上国が対国内総生産（GDP）比排出量の低下など、目標内容を差異化することは当然としても、先進国も途上国も共通の枠組みの下で削減努力をすべきであるというのが筆者を含む先進国の交渉官の主張であった。「先進国だけが義務を負え」という途上国の主張はいかにも理不尽であり、筆者は途上国の交渉官と何度となく議場でやり合ったものである。

　それだけに2015年に各国が国情に応じて自主目標を設定し、その進捗状況を報告し、レビューを受けるという「プレッジ＆レビュー」を旨とするパリ協定が成立したときは、ようやく全員参加型の枠組みができたとの感慨を覚えた。

## 2. 環境原理主義の台頭とパリ協定の変質

　パリ協定のボトムアップのプレッジ＆レビューはすべての国の参加を得るうえで非常に有益なものであったが、環境派の人々は1.5～2℃以内というトップダウンの温度目標をすべてに優先すべきだと主張してきた。特に、2018年にIPCC（気候変動に関する政府間パネル）の「1.5℃特別報告書」が発表されて以降、国連、欧州連合（EU）、環境NGO（非政府組織）などは「各国は2050年ネットゼロエミッションにコミットし、そのために2030年の現行目標を大幅に引き上げるべきだ」と声高に叫びだした。これは「産業革命以降の温度上昇を1.5～2℃以内に抑制し、21世紀後半のできるだけ早いタイミングでネットゼロエミッションを目指す」というパリ協定の規定を踏み越えるものである。

　パリ協定は、トップダウンとボトムアップの絶妙なバランスの上に成立したものであるが、最近のCOPの議論は、トップダウンの1.5℃目標とそのための2050年ネットゼロエミッションが事実上の基本となり、各国の実情を踏まえた目標設定というボトムアップの側面が隅に追いやられてしまっている。各国の実情の違いや他の政策目的に存在に関わりなく、1.5℃目標、2050年カーボンニュートラルを絶対視するのは「環境原理主義」、「エコファシズム」そのものである。

## 3. COP26におけるインドの踏ん張り

　2021年11月、英国のグラスゴーで開催されたCOP26の最終局面で大きな争点になっ

たのが、石炭火力のフェーズアウト（段階的廃止）問題であった。二酸化炭素（$CO_2$）排出量の多い石炭火力は環境団体から目の敵にされており、議長国英国はグラスゴー気候協定の最終案に石炭火力のフェーズアウトを盛り込んだ。これに敢然と反旗を翻したのはインドであり、インドの環境大臣は、「インドにはまだ貧しい、電気も通ってない、水も来ないような貧しい人たちが多数いる。国内に潤沢に存在する石炭をクリーンに使えというならばわかるが、石炭フェーズアウトは受け入れられない」と踏ん張った。これにより土壇場で「フェーズアウト」は「フェーズダウン（段階的削減）」に差し替えられることとなったが、欧州諸国や地球温暖化によって国が水没するリスクのある島嶼国はこのトーンダウンに強い不満を抱くこととなった。

このエピソードにCOPの場を支配する環境原理主義と現実とのギャップが象徴されている。2050年カーボンニュートラルを絶対視すれば、計算上、石炭火力の新設ゼロはもとより、稼働中の石炭火力、さらには化石燃料全体のフェーズアウトに早急に進めねばならないこととなる。こうした議論の最大の問題点は、それが途上国のエネルギー事情をまったく顧慮していないことである。

かつて地球温暖化交渉で途上国と闘ってきた筆者の目から見ても、最近のCOPにおいて無理難題を言っているのは先進国のほうであり、途上国の議論のほうがまともに聞こえる。トップダウンの温度目標を最優先する先進国と自国の事情を理由に、これに反発する途上国の構図はそれ以降もずっと続いている。

# 4. COP28とグローバル・ストックテイク

2023年12月、アラブ首長国連邦（UAE）のドバイで開催されたCOP28はパリ協定成立後、最初のグローバル・ストックテイクを完了する「節目のCOP」であった。グローバル・ストックテイクは、パリ協定の目標達成に向けた世界全体での実施状況をレビューし、目標達成に向けた進捗を評価する仕組みであり、その評価結果は、各国の行動および支援を更新・強化するための情報や、国際協力を促進するための情報となる。グローバル・ストックテイクにおいては今後の削減経路、エネルギー転換の考え方などが大きな争点となり、わが国の今後のエネルギー環境政策にも大きな影響を与えることが予想される。グローバル・ストックテイクの主たる論点を振り返ってみよう。

# 5. 削減経路は「認識」対象

先進国は1.5℃目標、2050年全球カーボンニュートラルを実現するため、IPCC第6次評価報告書に盛り込まれた「2025年ピークアウト、2030年全球43％削減、2035年全球60％削減」という数値がグローバル・ストックテイクに反映されることを強く主張した。1.5℃目標の実現に決定的な影響力を有する中国、インドを中心とする新興国に対して大幅な目標引き上げを促すためである。

採択された文書1には、1.5℃目標を達成するためには2025年ピークアウト、2035年全球▲60％が必要との文言が書き込まれた（パラ26、27）。さらに2025年に提出される次期NDC（国が決定する貢献）においては

461

1.5℃目標に沿ったものを提示することが促された（パラ49）。

しかし、これによって世界が1.5℃目標と整合的な排出経路に行くとは思われない。IPCC報告書に記載された2025年ピークアウト、2035年▲60％といった数値は「世界的なモデル化経路と仮定に基づくもの」と位置付けられ、「認識（recognize）」対象でしかない。さらに2025年ピークアウトについては「この期間内にすべての国でピークに達することを意味するものではなく、ピークに達するまでの期間は、持続可能な開発、貧困撲滅の必要性、衡平性により形成され、各国の異なる状況に沿ったものである」との留保条件が付いている。次期NDCについても「各国が決定するとの性格を再確認し」、「異なる国情を考慮し」という点が強調されている。これらの留保条件を考えると、中国、インドが2025年ピークアウトや2035年▲60％といった目標を出す可能性はゼロである。むしろ新興国・途上国は「世界全体で2025年ピークアウト、2035年▲60％を目指すならば、先進国はさらなる深掘りをして途上国に炭素スペースを与え、途上国に対する資金援助を大幅に拡大すべきだ」との主張を強めるだろう。

## 6. 化石燃料フェーズアウトを巡る議論

COP28で最大の論点になったのは化石燃料の取り扱いであった。欧米諸国、島嶼国が「1.5℃目標を達成するためには、化石燃料の段階的撤廃（フェーズアウト）が不可欠」と主張したのに対し、サウジアラビア、ロシアなどが「われわれが目指すべきはCO2排出で

あり、化石燃料狙い撃ちはおかしい」と強く反発し、交渉は最後までもめた。最終的に合意されたパラ28では、「1.5℃の道筋に沿って温室効果ガス排出量を深く、迅速かつ持続的に削減する必要性を認識し、パリ協定とそれぞれの国情、道筋、アプローチを考慮し、国ごとに決定された方法で、以下の世界的な取り組みに貢献するよう締約国に求める」との柱書の下、8項目の取り組みが列挙され、化石燃料については「科学に沿った形で2050年までに正味ゼロを達成すべく、この10年間で行動を加速させ、公正、秩序ある、衡平な方法でエネルギーシステムにおいて「化石燃料から移行（transition away from fossil fuels）」という表現になった。2021年のCOP26（グラスゴー）においては、排出削減対策を講じない石炭火力のフェーズダウンが盛り込まれたが、化石燃料全体について書き込まれるのはこれが初めてである。

## 7. 原子力については追い風

日本のメディアは8項目の取り組みのうち、「化石燃料からの移行」と「2030年までに世界の再エネ設備容量3倍、エネルギー効率改善2倍」を特筆大書したが、筆者がCOP28で注目したのは原子力に対する風向きの変化である。COP28では、米国、日本を含む22カ国が2050年までに世界の原発設備容量を3倍に拡大するとの宣言に参加した。再エネは無条件で称賛する一方、原発にはネガティブな環境NGOの影響が強いCOPにおいて原子力推進を高らかに掲げる有志国声明が発出されることは極めて異例である。加えて8項目のひとつとして、「再エネ、原子力、CO2回収・有効利用・貯留（CCUS）、

低炭素水素製造等のゼロ・低排出技術加速」が盛り込まれた。原発を推進したい国々の有志国声明と異なり、グローバル・ストックテックの決定文書は全会一致を必要とする。島嶼国のように原発に極めてネガティブな国が存在する中で再エネと原子力がともにゼロ・低排出技術として加速すべき対象に列挙されたことは瞠目に値する。これは、不透明化するエネルギー安全保障環境への対応と野心レベルがさらに高まっている温暖化目標を同時追求するためには再エネ、省エネだけでは不十分であり、化石燃料輸入依存を引き下げつつ、莫大なカーボンフリー電力を供給できる原発に対する認知が高まってきたことの証左でもあろう。

## 8. 多様な道筋の認知

エネルギー転換を巡るパラグラフ28が最終的に合意できた最大の理由は、柱書において「それぞれの国情、道筋、アプローチを考慮し、国ごとに決定された方法で」と明記されたことである。すなわち8項目の行動のどれをどの程度実施するかは各国の選択に委ねられる。先進国は「化石燃料からの移行」という文言を「化石燃料時代の終わりの始まり」と解釈しているが、ロシアや産油国は「8項目はアラカルトメニューであり、化石燃料からの移行をどの程度進めるかは各国次第」と解釈している。同床異夢を許容する表現を紡ぎだすことは国際交渉の常道である。

こうした各国固有の事情を踏まえた「多様な道筋」の考え方は、日本がG7広島サミットで欧米諸国を相手に粘り強く主張してきたものであり、G20デリーサミットにも引き継がれた。エネルギー賦存状況、発展段階の異

なる190余カ国の合意を得るためには、特定のエネルギー転換の絵姿の押し付けは禁じ手である。筆者は、今回のCOPの最大の成果は「多様な道筋」が認知されたことであると考える。

## 9. 歴史的合意には巨額の コストがかかる

他方、野心的な緩和目標やエネルギー転換目標は、巨額な資金ニーズと表裏一体であることを忘れてはならない。決定文書には、「途上国の資金ニーズは2030年以前の期間で5.8兆〜5.9兆ドル」（パラ67）、「2050年までにネットゼロ排出量に達するためには、2030年までに年間約4兆3000億ドル、その後2050年まで年間5兆米ドルをクリーンエネルギーに投資することが必要」（パラ68）、「途上国、特に公正かつ衡平な方法での移行を支援するため、新規の追加的な無償資金、譲許性の高い資金、非債務手段を拡大すること極めて重要」（パラ69）などが盛り込まれている。

換言すれば、1.5℃目標に必要な排出経路やエネルギー転換を実現するためには、巨額な請求書が回ってくるということであり、これらの金額が動員されなければ、途上国の排出削減は期待できないということだ。インドのモディ首相はCOP28において「今後の資金の議論はbillion単位ではなく　trillion単位であるべきだ」と述べている。しかし、現実には、先進国の途上国支援は現行目標1000億ドルにも達していない状況である。会議中、複数の途上国から「先進国は途上国に対して（脱化石燃料など）あれこれ追加的な制約を課そうとしているが、それに必要な資金援助

を出していない」とのフラストレーションが
表明されたが、残念ながらこの指摘は相当程
度当たっている。

## 10. 地球温暖化問題を地政学的 視点で考える

COPは、地球温暖化防止が至高の価値と
みなされる世界である。しかし、地球温暖化
問題は、世界のさまざまな問題のひとつであ
り、国際政治経済情勢から切り離して存在し
得るものではない。一歩下がって地球温暖化
交渉を地政学的側面から考えてみたい。

まず世界全体でみれば、エネルギー安全保
障問題のウェイトがはるかに上昇していると
いることを直視すべきだ。ウクライナ戦争な
どによるエネルギー価格、食料品価格の高騰
による世界経済の下振れリスクにより、欧州
は言うに及ばず、ほとんどすべての国でエネ
ルギーの低廉かつ安定的な供給が最重点課題
となっている。もちろん政治的スローガンと
しての地球温暖化防止の重要性は変わらな
い。しかし、1.5℃目標や化石燃料フェーズア
ウト論が叫ばれるのとは裏腹に、中国、イン
ドなどでは石炭生産、石炭火力発電が増大し
ている。欧州諸国の液化天然ガス（LNG）買
い漁りによりアジアの天然ガス価格は上昇し
ており、石炭からガスへの転換を阻害してい
る。中国、インドは対ロ制裁に参加しないど
ころか、ロシアの安価なエネルギー資源の調
達に血道をあげている。先進国もエネルギー
価格高騰に対応するため、化石燃料への補助
金、いわばマイナスの炭素税を導入している。
わが国のガソリン補助金はその典型例だ。

ウクライナ戦争によって生じた「分断され
た世界」が地球温暖化防止を巡る国際協力に

与える影響もある。そもそも地球温暖化問題
は1990年の冷戦終了と軌を一にして大きく
盛り上がってきた。地球レベルの外部不経済
問題に対応するためには真の意味での国際協
力を必要とするが、ウクライナ戦争によって
生じた分断が逆境になることは間違いない。
国際政治情勢の不安定化は欧米諸国における
軍事費拡大をもたらしているが、これは途上
国支援拡大の制約要因となる。途上国の国別
目標は海外からの支援の有無にかかわらず達
成を目指すものと、海外からの支援を前提に
したものがある。先進国からの支援の停滞は
途上国の緩和努力に悪影響を与えることにな
るだろう。

先進国の理念的な温暖化外交に対する途上
国のフラストレーションを過小評価すべきで
はない。欧米諸国は、地球温暖化防止を理由
に化石燃料フェーズアウト論をふりかざし、
世界銀行、アジア開発銀行などの開発金融機
関の融資方針を見直し、途上国における化石
燃料開発や化石燃料関連インフラ開発を制約
しようとしている。しかし、これは、途上国
の視点からすれば、化石燃料に依存して富を
蓄積してきた欧米諸国によるダブルスタンダ
ード、いわば「エコ植民地主義」に映る。

先進国の理念的な化石燃料フェーズアウト
論はロシアと中東諸国の連携を強めることに
つながっている。COP28において化石燃料フ
ェーズアウト論に真っ向から反対したのはロ
シアとサウジアラビアだった。COP28開会中
の2023年12月初頭、ロシアのプーチン大統
領がサウジアラビア、UAEを相次いで訪問し
たことは大きい。おそらく化石燃料フェーズ
アウト論に対する対抗策についても協議され
たことだろう。中東諸国の化石燃料に依存し
ながら、COPの場では化石燃料の役割を否定

するような発言を繰り返す欧米諸国に対する不信感を強めた可能性は十分ある。イスラエル・ハマス戦争における欧米諸国のイスラエル肩入れに対するアラブ諸国の怒りもある。

こうしたなか、中国はしたたかに立ち回っている。これまでも地球温暖化対策を進める先進国には安価な太陽光パネル、風車、バッテリー、電気自動車（EV）などを輸出する一方、「一帯一路」などを通じて欧米諸国が輸出を止めた石炭火力を途上国に輸出し、途上国での影響力を拡大してきた。ウクライナ戦争が始まると対ロ制裁を強める欧米諸国と裏腹に陸上パイプラインでロシアの石油・ガスを安価に調達し、エネルギー安全保障面でも立場を強化している。COP28における化石燃料フェーズアウト論で中国は明確な立ち位置を示さなかったが、裏では中東諸国、ロシアと密接に連絡を取り合っていたに違いない。自国のエネルギー安全保障に大きな位置づけを占める中東諸国との連携強化は、中国にとって大きな意味がある。さらに先進国によるダブルスタンダードにフラストレーションを高める途上国に対しては、「西側先進国は特定の価値観を世界に押し付けている。各国の事情に配慮した多極化された世界を目指すべきだ」として南・南協力を拡大し、中国の影響力拡大を図ることになるだろう。COP28では、再エネ設備利用3倍を合意文書に書き込んだが、クリーンエネルギーの世界的推進は価格競争力のある中国製産品の輸出機会拡大、クリーンエネルギーに不可欠な重要鉱物への対中依存度増大にもつながる。

1.5℃、2050年カーボンニュートラルにこだわる欧米諸国（特に欧州）の緩和コストは今後、ますます上昇することになる。中国、インドなどの新興国に野心レベルの引き上げを迫っているのは、それも背景のひとつだが、残念ながら彼らに野心的な行動を強制するレバレッジは存在しない。EUが導入予定の国境炭素調整措置に対し、中国、インドなどの新興国・途上国は、「地球温暖化防止に偽装した保護主義である」と強く反発している。国境措置の教条的な適用は報復措置などの貿易戦争につながり、グローバル化の進んだ世界経済においては国境措置で守られるEUの国内産業のメリットよりも、EUの輸出産業が報復措置で被るデメリットのほうが大きいと思われる。

敷衍すれば、ウクライナ戦争によって生じた「分断された世界」、地球温暖化問題に内在する「グローバルノース対グローバルサウス」という対立軸に加え、地球温暖化対応を巡って世界は「1.5℃に絶対にこだわる経済圏」と「脱炭素化を進めつつも経済成長最優先の経済圏」に分かれつつある。後者は先般、拡大されたBRICS（ブラジル、ロシア、インド、中国、南アフリカに加え、アルゼンチン、エジプト、エチオピア、イラン、サウジアラビア、UAEが参加）が含まれる。冷戦時の経済協力開発機構（OECD）経済圏と経済相互援助会議（COMECON）経済圏と異なり、人口規模、経済規模が今後拡大するのは「経済成長最優先経済圏」であり、「1.5℃絶対経済圏」が世界の経済秩序を支配することは至難の業である。

# 11. 1.5℃目標は死んでいる

低炭素化、脱炭素化に向けたエネルギー転換の動きは間違いないだろう。だが、1.5℃、2050年カーボンニュートラルからバックキャストするアプローチは非現実的な化石燃料

不要論などに直結する。グラスゴー気候合意で1.5℃をデファクトスタンダードとしたことはCOPの議論を現実から遊離させた元凶であったと考える。しかし、現実はCOPの決定文書に縛られない。グラスゴー気候合意では、1.5℃目標のためには2030年までに2010年比▲45％が必要と明記されたが、2021年、2022年、2023年と3年連続で世界の排出量は最高値を更新し続けている。

要するに1.5℃目標は実質的に「死んでいる」。IPCC第6次評価報告書で1.5℃目標達成のために必要とされる2030年▲43％（$CO_2$では▲45％）、2035年▲60％（$CO_2$では▲65％）を実現するためには、2023年から2030年まで年率9％、2030年から2035年まで年率7.6％で毎年削減しなければならない。世界中がコロナに席巻された2020年ですら対前年比▲5.5％でしかなかったことを考えれば、およそ実現可能な数値とは思われない。

しかし、理想論が支配するCOPでは、誰もそれを率直に口にすることをしない。むしろ2025年ピークアウト、2035年▲60％、支援ニーズ数兆ドルなどの非現実的な緩和目標と資金需要を掲げることにより「1.5℃目標はまだ可能である」と糊塗している。しかし、世界の排出経路が1.5℃目標達成に必要な絵姿から大きく乖離していることは誰の目にも明らかだ。SDGs（持続可能な開発目標）に象徴されるように世界はさまざまな課題を抱えており、途上国は1.5℃目標と心中するつもりなどない。われわれは1.5℃目標と、そこから導出される削減経路に執着する限り、現実解は得られないという「不都合な真実」に直面すべきである。

# 12

**Theme**
## エネルギー総論

# エネルギー政策の
# 思考プロセス

INPEX 顧問
## 椙岡雅俊

すぎおか・まさとし　1945 年、東京都生まれ。1968 年、東京大学工学部卒業後、帝国石油（現：INPEX）に入社。同社本社技術部長を経て、1996 年、同社取締役、2005 年、同社代表取締役社長。その間、米国、ナイジェリア駐在を含め世界各地でプロジェクト発掘、支援に従事。2008 年、国際石油開発との経営統合により誕生した国際石油開発帝石（現：INPEX）の代表取締役、その後、同社相談役を経て、2023 年に同社顧問、現職。2006 〜 2008 年に石油鉱業連盟会長、2008 〜 2010 年に天然ガス鉱業会会長を歴任。

# 1.「人新生」の登場

　昨今、「人新生（Anthropocene）」なる言葉が人口に膾炙している。氷河期を終えて約1万1700年前から始まった現在の地質時代である新生代・第四紀・完新世（Holocene）が終焉し、新しい地質時代である人新世が到来しているとの説である。人間活動による地球環境への影響が、新しい地質時代を招来しているとの説で、オゾンホールの研究でノーベル化学賞を受賞したパウル・クルッツェンが、地球圏・生物圏国際協同研究計画（IGBP）科学委員会で提唱したことがそもそもの発端であった。2002年にクルッツェンは「人類の地質学」をネイチャーに投稿、その後、反響は大きく、地球システムだけでなく社会経済システムも包摂した広範な議論が急速に広まった。

　地質年代区分を統括する国際地質科学連合（IUGS）も対応を強いられ、2009年に人新世作業グループ（AWG）を組成し検討を始めた。同グループに付託された任務は、気候変動の証左を地質学的記録として実証すること、そして、それが地質時代区分層序単元にふさわしいかの検証であった。あくまでも問題意識は地質学の範疇にとどまっていた。ところが、AWGの座長を務めた英国レスター大学のヤン・ザラシーヴィッチ古生物学教授は、AWGを広く開放して非地質学分野からの参加も拒まず（日本からは島根大学斎藤文紀教授が参加）、AWGは広汎な学際的議論の場に化してしまい、AWGによる正式報告が提出されたのは2023年10月31日であった。AWGの提案は、1950年代初頭を境に新しい地質時代である人新世に移行したことを強く推奨するものであったが、IUGSはそれを投票によって否認、2024年3月20日にその旨を発表した。そして、その理由だが、要約すれば地質学分野の伝統的正当性を毀損しているということであった。異分野を迎えて、純粋な地質学的議論から逸脱したこと、新しい地質時代層序の定義にあたり、本来の地質年代の感覚からは外れ、人間の寿命にも等しい約70年というごく短期間の層序観察に依存していることなどである。

　さて、AWGの提案の具体的内容である。新しい地質学時代を定義するにあたって、新時代を明確に特徴づける国際標準模式地（GSSP）の指定が要件となるが、AWGはカナダ・オンタリオ州トロント市西方約60kmのクロフォード湖を選定した。世界12カ所の候補地から選ばれたクロフォード湖は水深23m、湖水面積2.4haという小さな湖だが、浅部と深部の湖水が混ざり合うことがなく、しかも、深部では酸素が欠乏し、湖に沈積した堆積物はさながら年輪状で歴史の指紋を残すタイムカプセルとなっている。人間活動による地球環境への痕跡という視点からすれば、まさに生き証人たり得る湖なのである。AWGがそこで見いだしたのは、プルトニウム、ウラン、セシウムなどの放射性同位体、化石燃料燃焼による球状微粒炭などの堆積物で、それらの堆積が1950年代初頭より急上昇しているという事実であった。

　わが国においてもGSSPの候補地である大分県の別府湾において、2019年より愛媛大学沿岸環境科学研究センターによる精力的な調査が実施された。別府湾には、世界でも珍しい「年縞」と呼ばれる縞状の堆積構造から成る海底堆積物があり、季節ごとに色や密度が異なる縞は年単位での識別が可能で、その分析から堆積当時の地球環境や生態系の実態

をうかがうことができる。調査からは、海底下64cmに堆積する1953年の地層を境に人為的活動の痕跡が顕著に変化していることが確認された。放射性核種や粒状微粒炭はいうに及ばず、鉛や重金属、ポリ塩化ビフェニル（PCB）やジクロロジフェニルトリクロロエタン（DDT）の残留性有機化合物、マイクロプラスチックなどの検出に加え、海洋植物プランクトンの大きな変化から沿岸海洋生態系の劣化までが認められている。クロフォード湖とは相似形の事実を明らかにしている。

　新しい地質時代区分としての人新世は、公式には認められなかったものの、現在の地球がはらんでいる将来への危惧を広く訴えており、AWGの努力は高く評価されている。ドイツの国営組織である「文化の家（HKW）」は、2013年に人新世カリキュラム・プロジェクトを立ち上げ、多くの展示、ワークショップ、出版を通して惑星地球の現実と文化、社会経済、政治との関わりを熟議しながらAWGの活動を側面から支えていた。GSSP選定事業にあたっては100万ユーロの資金援助もしている。2023年2月からは人新世コモンズなるオープン・ネットワークを構築、AWGによる知見の共有化を図りながら、非常事態下にある惑星地球に対峙するための教育、行動規範の探求を目指した活動も行っており、すでにネットワークは世界に広がっている。人新世を新しい地質時代として否認したIUGS（会長：英国ヘリオット・ワット大学ジョン・ルーデン教授）も正式なコメントの中で、「AWGが集約化した広汎な情報は、将来に向けた貴重な参照データになるであろう。地質学用語として認められなかったとしても、社会科学者、政治家、経済学者、一般社会の間では語られ続けられていくだろう」

と述べており、概念としての人新世は受け入れている。AWGを率いたザラシーヴィッチは、「地質年代としての諾否に関わらず、人新世の概念は新しい地球の現実として残り続け、語り継がれることが、AWGのレガシー（遺産）になるだろう」と述懐している。

　人新世は、地球がおかれている現状への警鐘を鳴らしているが、通底する問題意識への取り組みは、他の枠組みにおいても進められている。2010年、第65回国連総会において、生物多様性及び生態系サービスに関する政府間科学政策プラットフォーム（IPBES）の設置が承認された。

## 2. パリ協定の評価

　2013年のIPBES総会で概念的枠組案が採択され、2019年4月には132名のIPBES代表メンバーがパリに集合、IPBES報告書の全文が審議された。同報告書は、生物多様性政策に係る政治的・社会的判断に資する科学的基礎を提供する意図で作成され、2019年5月6日には、政策立案者に向けた40ページからなる要約版も公表された。過去50年間に起こった地球における生物多様性の変化を評価したこの報告書は、経済発展とそれがもたらした自然への影響を子細に描き出しているが、50カ国、145名が執筆に携わり、3年以上の歳月を要した1700ページにも及ぶ浩瀚な報告書である。執筆者は主に自然科学者だが、1/3は社会科学者、1/10は学際的研究者であった。報告書には生物多様性の脆弱化への危機感があふれ、「経済成長に執着すべきでなく、自然こそが開発の基盤にあることを銘記すべき」と締めくくられている。

　IPBES報告と一衣帯水ともいえる国連

報告が、気候変動に関する政府間パネル（IPCC）による第5次評価報告書である。〈地球温暖化の科学〈自然科学的根拠〉〉、〈地球温暖化の影響〈適応・脆弱性〉〉、〈地球温暖化の対策〈気候変動の緩和策〉〉の3つの作業部会が組織され、2014年10月には、第40回IPCC総会（デンマーク・コペンハーゲン）において統合作業部会報告が採択され、併せて政策立案者向け要約も公表された。気候変動に関する国連気候変動枠組み条約（UNFCCC）などの国際交渉における科学的基礎が整備されたのである。

2015年にはCOP21（パリ）において、「京都議定書」に代わる2020年以降の枠組みである「パリ協定」が採択され、「産業革命前からの地球の平均気温上昇を2℃より十分低く保ち、1.5℃に抑える努力をする」目標が決まったが、これもIPCC報告書に依拠している。ただ、IPCCは、科学的知見の提供が役務であり、特定の政策・対策を推奨することはなく、あくまでも具体策は政治に委ねられている。なお、本報告書を基にしたわが国の気候の将来予測を振り返ってみると、「極端に暑い日の増加」、「大雨頻度の増加」、「短時間強雨の増加」があり、現実はまさにそのとおりに推移している。

2018年10月8日、IPCCは「1.5℃特別報告書」を発表、パリ協定に基づき各国が提出した目標による2030年の排出量では地球温暖化を1.5℃に抑えることはできないとし、2021年には人間活動が地球温暖化を招いていることは「疑う余地がない」と断言、取り組みの強化と加速化を訴えた。一方で、国連環境計画（UNEP）が2021年11月のCOP26（英国グラスゴー）直前に発表した「排出ギャップ報告書」は、同年9月末までに各国が提出した2030年までの削減目標が実現したとしても、21世紀末には、産業革命前より気温は2.7℃上昇するとの予測を示した。そうした背景のなか、COP26は、パリ協定では努力目標の位置づけであった1.5℃を追求すべき目標とした「グラスゴー気候合意」を採択、その後、同目標は世界で共有されることになった。また、COP26では、初めて特定のエネルギー源への言及があり、石炭火力の段階的削減も決議された。それだけ世界の気候変動への危機感が高まっている証左でもあった。

パリ協定から出発した気候変動問題への国際的取り組みの基本的仕組みは、「国が決定する貢献（NDC）」と「グローバル・ストックテイク（GST）」から成っている。つまり、各国が5年ごとに提出する自主的な削減目標（NDC）について、その進捗状況をいわば棚卸し（GST）してUNFCCC事務局が取りまとめCOPに諮る手続きが取られるが、法的拘束力は課されてはいない。2022年のCOP27は、エジプト・シャルムエルシェイクで開催されたが、約束されたNDCのみでは21世紀末には2.4℃から2.6℃の気温上昇が見込まれるとのUNFCCC報告もあり、1.5℃目標達成への「軌道に乗っていない」との厳しい結論も下された。

## 3. COP28（ドバイ）での攻防

そして、2023年のアラブ首長国連邦（UAE）ドバイでのCOP28である。パリ協定採択以降初めてのGSTが実施されるなかで、1.5℃実現への道筋が厳しく問われるばかりでなく、議長であるスルタン・アル・ジャベル産業先端技術相がアブダビ国営石油（ADNOC）の最高経営責任者を兼ねていたこと

から、NGO（非政府組織）などから利益相反との厳しい批判が先行し、同工異曲の会議になると予想されていた。しかし、いざ蓋を開けてみると悲観的な見通しとは別に、毎年紛糾してきたCOPの議題と日程があっさりと決まり、初日にはCOP27で設立か決定されていたロス・アンド・ダメージ基金の運用開始が合意され、UAE、ドイツ、英国の3カ国がそれぞれ1億ドルの任意拠出を表明し、都合19カ国、拠出額総額は7億9200万ドル（わが国は1000万ドル）に達した。また、ジャベル議長は、気候変動対策に特化した投資ファンド「アルテラ」を立ち上げ、UAEは300億ドルを拠出する旨も発表した。

　一方、GSTを踏まえては、「1.5℃目標を達成するためには、温室効果ガス（GHG）を2019年比で2030年までに43％、2035年までに60％の大幅削減が必要」との認識が示され、2030年までに再生可能エネルギー容量を3倍に、エネルギー効率改善率を2倍にするとの「グローバル再エネ・省エネ宣言」に130カ国が賛同し、原子力エネルギー、二酸化炭素回収・有効利用・貯留（CCUS）技術、低炭素水素技術に関する取り組み推進が呼びかけられた。また、2017年に発足した脱石炭国際連盟（Powering Past Coal Alliance：PPCA）への加盟が、UAEのジャベルCOP議長と米国のジョン・ケリー気候問題担当大統領特使からそれぞれ発表され、これにより、国としての加盟は60カ国を数えることとなったが、G7メンバーのうちでは日本のみが非加盟国となった。同議長からは排出削減策が講じられていない石炭火力発電は再生可能エネルギーに移行すべきとの声明も発せられている。

　さて、COP28のGSTにおける議論の焦点は、なんといっても1.5℃目標に向けての石油・天然ガス産業の取り込みであった。難航が予想された折衝だったが、まず事前に先手が打たれた。サウジアラビア及びUAEが「石油・ガス脱炭素憲章（Oil & Gas Decarbonization Charter：OGDC）」の制定を発表したのである。「エネルギーの生産者、消費者による強力で集中的な行動、社会とエネルギー・セクターとの基本的関係性の変化、国際的な協働、エネルギー移行の促進、石油・天然ガス産業によるGHG排出削減を、気候変動が要求している」と高らかに謳い、憲章への賛同を求めたのである。これに応え、国営石油（NOC）からは30社、民間石油開発（IOC）からは22社が憲章に調印した。調印したNOCは世界の60％を超え、また、全調印社の総生産量は世界の40％に上る規模である。石油メジャー（国際石油資本）では、エクソン・モービル、シェル、BP、トタールが、わが国からはINPEX、コスモ・エネルギー、伊藤忠商事、三井物産が調印した。

## 4. 石油・天然ガスの扱い

　ところで、石油・天然ガスへの扱いである。ジャベル議長は、大臣級の交渉団トップが車座に座る「マジョリス」と呼ばれる直接対話の舞台を設営し、合意の歩み寄りを迫ったが、予想どおり議論は紛糾したものの、会期を延長して夜を徹した交渉の結果、最終案が採決された。「科学を踏まえて2050年までに実質排出ゼロを達成するため、エネルギー・システムにおける化石燃料からの脱却への移行（transitioning away）を秩序ある公正公平な方法で進め、2030年までに行動を加速させる」とした内容で、振り返れば石油・天然

ガスの言及への落としどころを探った議長国の巧みな采配であった。「段階的廃止」が受け入れられなかったなかで、"transitioning away"なる表現が鍵となったわけだが、ニューヨークタイムスなどは「石油屋が石油から離脱するディールを勝ち取った」と称賛する見出しを掲げており、1.5℃目標に向け初めて石油・天然ガスを組み入れたとする好意的な評価が大方であった。

　パリ協定を骨格とした国際的温暖化対策が紆余曲折と進むなか、それへの不信感から挑戦する動きが出始めている。2020年1月、スペイン・バルセロナ市が発した気候非常事態宣言（Declaring Climate Emergency：DCE）である。わが国の地方自治体も含め、世界では10億人の市民を擁して2000を超えるDCEが発せられている。細部はさておき、大宗は脱炭素を目指すとした簡素な宣言だが、バルセロナ市のDCEは趣が違っている。表紙には "This is not a drill" とスウェーデン人環境活動家グレタ・トゥンベリ女史のスローガンが掲げられ、パリ協定の枠組みでは1.5℃目標の実現は難しく、現状の排出が続けば21世紀末までに3℃上昇するとの危機感とともに、「われわれは正しい道を歩んでいない」と不信感をあらわにしている。また、世界の温室効果ガス排出量の60%が5カ国（中国、米国、インド、ロシア、日本）によるものであり、国際的企業20社が35%を排出しているとも指摘、被る気候災害の格差に触れて気候正義を訴えている。

　バルセロナ市が州都としているカタローニャ州は、昨今干ばつに苦しめられ、気候災害が市民の日常生活を直撃している。32ページから成るバルセロナ市DCEは、「都市・移動とインフラ」、「エネルギー」、「経済」、「消費・廃棄物」、「食糧」、「文化・教育」の7分野でのモデル・チェンジを提唱し、中でも現行の経済モデルは、継続的な天然資源の消費を前提としていると断定。地球の生態学的限界を考慮し、すべての人に人間らしい生活を保証する発展モデルへの転換の必要性を強調している。そして、そのためにとるべき100以上の具体的対策については、ボランティア参加した多数の市民が自ら起草している。市民による実践躬行の精神がDCEを支えている。

　世界気象機関（WMO）は、年次報告「地球の気候の現状2023」において、2023年の平均気温は産業革命前を1.45℃上回り174年の観測史上最高であったと発表した。1.5℃目標は指呼の間にある。地球温暖化とは地続きにあるエネルギーの立場から、今後どう対応していくべきか。それぞれの事情から、一律の処方箋はなかなかに描き難い。

# 5. 米国でのプロセス

　まず、米国の状況である。シェール革命以来世界最大の石油・天然ガス資源国になったことから、その豊富な資源に軸足をおいた脱炭素政策が進められている。バイデン政権は、2035年には発電部門からの二酸化炭素（$CO_2$）排出を実質ゼロとし、2050年にはネットゼロ経済を実現するとの将来展望を掲げているが、2022年の$CO_2$換算GHG排出量63億4300万tを考慮すると、いかに野心的であるかがわかる。そして、その現実と展望とを結びつける鍵として、CCUS技術に的を絞っている。1997年より始まったCCUS技術開発プログラムは、2003年に産官学による地域炭素貯留パートナーシップ（RCSP）を組成し、$CO_2$固定排出源の立地や規模（固定

排出源：6358カ所、年間$CO_2$総排出量：31億t）、$CO_2$を恒久的に貯留する潜在的地層の分布、さらには人口密度も勘案して全米を7地域（含むカナダの一部）に分け、現場パイロット・検証試験が各地域において進められた。個別のプロジェクトとしては約50、$CO_2$圧入総量が1200万tをもって終了したプログラムであったが、技術的成果物はもちろんのこと、全米の貯留ポテンシャルが保守的評価でも最大20兆4750億tであることを示し、将来のCCUS大規模商用実装構想のコンテ画を描くための基本的材料が整備された。その後、2016年のカーボンセーフ（CarbonSAFE）イニシアティブ、2023年の炭素貯留検証・試験（Carbon Storage Validation and Testing）プログラムへと段階的な絞り込みが行われ、目下30年間で$CO_2$貯留量5000万tを超える9つのプロジェクトの商用化検討が行われている。ここに至るまでには、連邦政府予算による通常補助金、復興再投資法（ARRA）及び超党派インフラ投資・雇用法（IIJA）による特別措置で都合169億ドル（約2兆4000億円）の財政拠出がなされた。さらに、インフレ抑制法（IRA）に基づき国内蔵入法45Q条が改定され、CCUSプロジェクトに対する税額控除が大幅に引き上げられた。地中貯留の場合、貯留$CO_2$/tあたり税額控除額が50ドルから85ドルにもなった。2040年には年間4.5億tの貯留を目指すバイデン政権にとって、技術的な目途はつけたものの、商用化のためには財務面へのテコ入れが避けられなかったのである。

そうした連邦政府による巨額の財政出動の合理性を説明するため、政権が一貫して主張しているのが「気候正義（Climate Justice）」という概念である。経済的に恵まれない地域ほど、$CO_2$の排出量には見合わない気候変動の負の影響を受けているという論法で、そのためCCUSプロジェクト推進地域では雇用促進を含め、投入予算の40%を地域に環流させるとしたJustice40を義務づけている。つまり、経済対策の側面をにじませているのである。また、社会的GHGコスト（SC-GHG）も設定して足もとでの巨額投資予算の正当性を訴えてもいる。tあたりの$CO_2$排出がもたらす将来的な社会的損害額を積み上げ、割引率を用いて現在価値に引き戻した額で、オバマ政権下では42ドル/t、トランプ政権下では7ドル/tであったが、米国科学工学医学アカデミーからは2020年断面で190ドル/tが推奨されていた。大統領府環境諮問委員会は、2023年を期し環境審査にあたっては同推奨値を参照すべきと政府機関に通達している。

CCUSに託した米国の遠大な構想がどう結実していくか、不確定要素は満載である。現在、15のCCUS施設が稼働中であるが、それらによる$CO_2$回収量は全米年間$CO_2$排出量の0.4%にしか過ぎない。大規模排出源へのCCUS技術の展開がどこまで拡大するか、回収$CO_2$の輸送インフラの建設が順調に進むか、バイデン政権の気候変動政策とコインの裏表にある経済政策との一体化が政治的に維持されていくか、視界は必ずしも良好ではない。プリンストン大学が描いた$CO_2$輸送パイプライン・ネットワークの青写真からは、全米にまたがるネットワーク建設には数千億ドルの投資が見込まれている。$CO_2$圧入ハブの整備がなったとしても、その後には大きな山が屹立しているのである。ただ、米国がCCUSに傾注してきた努力には敬意を払わざるを得ない。検証・実証プロジェクトと併行

して進められた国立研究所を総動員して開発された要素技術やリスク評価手法などは、すでに世界の公式な標準となっており、しかも個々の評価ツールはソースコードと共に公開されている。CCUSへの米国の覚悟が伝わってくる。

# 6. ドイツの状況

一方で、対照的な資源小国のドイツである。ドイツは2000年に通称「再生可能エネルギー法」を制定して以降、同法の累次の改定を軸に、再生可能エネルギーによる国づくりを推進してきている。その間、2011年に脱原発が、2020年に石炭火力発電の廃止が決定され、2022年4月にロシアによるウクライナ侵攻があった。現実の政策執行においては調整が余儀なくされたものの、基本路線は揺らいでいない。むしろロシアからの天然ガス供給の途絶は、エネルギー安全保障への懸念を大きく膨らませており、かえって地産エネルギーへの傾斜を強めている。2024年7月には、再生可能エネルギーの拡大加速とエネルギー安定供給の予防的措置強化のため、過去最大規模の合計593ページから成る7つの法律一式が連邦議会で採決されている。その中核となるのは新しく法制化された風力エネルギー用地法で、国土面積の2%を陸上風力発電に充てる目標を法的に担保すべく、全16州に対してそれぞれの事情を勘案した面積貢献値を義務として割り振っている。この背景には、陸上風力発電設備の新設が激減しているという実状があった。新設が最も多かった2002年の2328基に対し、底であった2019年は325基という落ち込みである。景観が損なわれる、野鳥の生息圏が脅かされる等々の事情をもって新設差し止めの行政訴訟も起こされているが、大方の見方はNIMBY（ニンビー、Not in My Backyard＝うちの裏庭はごめんだ）のようだ。いずれにしても、2023年第1四半期には消費電力量の56%を再生可能エネルギーが占めた現状から、2030年には80%、2035年には100%にするとしたドイツの決意は固い。

一方、再生可能エネルギー化政策が招くエネルギー転換は、必然的に産業のあり方と連動してくる。2005年11月に政権トップに就いたアンゲラ・メルケル首相は、その視点から抜本的な改革の必要性を痛感していた。そこで、就任直後に第3次産業革命論の提唱者である知の巨人ジェレミー・リフキンをベルリンに招へい、改革構想についての進講を受けていた。そして、その成果である新しい産業戦略「インダストリー4.0」が、2011年に「高度技術戦略の2020年に向けた実行計画」として発表された。国の経済の屋台骨としてドイツの産業を支えている「ミッテルシュタント」と呼ばれる中小規模企業にIoT（モノのインターネット）を導入し、インターネットを介した仮想空間の上で結合することで、伝統的なモノづくりを進化させるとしたメルケル首相の思惑が、水平分散型小規模電力間をブロードバンドでつなぐことによる知の共有化によって、モノやサービスを生み出すコスト（限界費用）を限りなくゼロに近づけるとしたリフキン理論と共鳴したのである。ちなみに、ドイツの国内企業数としては95%にもなるミッテルシュタントは、全国に分散した企業群であり、系列などとは無縁の独立性を誇っていた。奇しくも、気候変動対策がドイツの新たな産業競争力強化策の介添人となったわけである。

## 7. さて、わが国は、
### 〜エネルギー・トランジション は一日にして成らず〜

　地球温暖化がもたらす負の影響は、激甚化しながらわれわれの日常生活にひたひたと迫ってきている。エネルギーに携わる立場から、GHG削減の必要性をますます実感させられる昨今だが、その具体的な方策となると、それぞれが置かれた実状によってとり得る選択肢はおのずと違ってくる。わが国の場合、米国そしてドイツに右へ倣えとはいかない。目下、国においては第7次エネルギー基本計画が練られているが、カーボンニュートラルを意識したなか、議論は経済と技術の話題に終始しているようにもみえる。かつて、ドイツが脱原発政策に踏み切った際、国民的な合意を得るべくメルケル首相は、「安全エネルギー供給に関する倫理委員会」を設置、17名から成る委員会にはカトリックとプロテスタントの宗教家は招へいされたが、原子力・電力の専門家の姿はなかった。併行して通称「原子炉安全委員会」も設置され、福島のようなことはドイツで起こらないとの答申もなされたが、元来は原発擁護派であったメルケル首相は、倫理委員会の報告書「ドイツのエネルギー転換−未来のための共同事業」を受け入れ、脱原発に踏み切っている。エネルギーの利便性のみを追求することが許容されない現代にあって、「最終的にわれわれはどこに行くのか」との根源的な問いに真っ正面から対峙した事例であろう。ジェレミー・リフキンは述べている。「（このままでは）原発はいずれ座礁資産化する。パラダイムシフトを受け入れない日本は、2050年までに二流国家になるだろう」と。少子高齢化という構造的課題を抱えるわが国にとって、どんな将来社会を構想するか、エネルギー分野にあっても経済モデルを超えたナラティブ（物語）が求められている。

# 13

**Theme**
## 電力

# 電気事業と
# 電力システムの未来

### 地球環境産業技術研究機構（RITE）理事長
## 山地憲治

やまじ・けんじ　1950 年、香川県生まれ。1972 年、東京大学工学部原子力工学科卒業。1977 年、同大大学院工学系研究科博士課程修了（工学博士）後、電力中央研究所入所。その後、米国電力研究所（EPRI）客員研究員、電力中央研究所・エネルギー研究室長などを経て、1994 年、東京大学教授（大学院工学系研究科電気工学専攻）、2010 年より同大名誉教授、地球環境産業技術研究機構（RITE）理事・研究所長（現在は理事長）。　専門分野はエネルギーシステム工学。エネルギー・資源学会会長（2011 〜 2013 年、現在は名誉会員）、日本エネルギー学会会長（2015 〜 2017 年、現在は名誉会員）、日本学術会議会員（2005 〜 2014 年、2014 〜 2023 年は連携会員）などを歴任。政府の各種審議会委員を務める。エネルギーシステムなどに関する著書は 100 冊近く、論文多数。気候変動に関する政府間パネル（IPCC）第 3 次および第 4 次報告書（いずれも WG3）代表執筆者。

# 1. 電気の世紀

　20世紀は「電気の世紀」と呼ばれることがある。19世紀末のエジソンの電気事業の発明によって、18世紀の動力革命の成果である大規模発電所の電力を、分散する小規模な需要に効率よく供給することが可能となった。電気利用は照明から始まって多種多様な家電機器の発明を促し、エネルギー利用を生活の隅々にまで拡大した。電動モーターは、小型でも大型でも高効率で制御が容易で、鉄道やエレベーター、各種生産機械など運輸や、業務・産業部門でも利用が進んだ。さらに電気化学など電気利用による新しい工業分野が展開した。今では、人類が利用する一次エネルギーの4割程度が電気に変換して利用されている。

　わが国の電力需要は2005年を過ぎたあたりから減少に転換したが、今後はデジタル社会の進展に伴いデータセンターや半導体生産向けの電力需要が増加すると見込まれている。また、脱炭素に向けて運輸部門で電動車が急速に増加しつつあり、熱分野でも電動ヒートポンプが注目されている。最終エネルギー消費に占める電力の比率（電化率）は、1965年に13％であったものが、2020年には30％近くまで増大している。

## 電気の歴史

　電気の存在は古代から知られていた。琥珀を布で擦ると羽根など軽いものを引き付ける静電気現象はギリシャ時代から知られており、琥珀の古代ギリシャ語のエレクトロンが電気の語源になっている。その後2000年近くを経てルネッサンス期から、雷が電気現象であることなどの理解を経て、1800年のボ

ルタの電池の発明を契機に電気に関する科学的探究が急速に進展した。電気と磁気の相互作用の法則を見出したファラデーの電磁気学、マックスウェルの電磁気学の基礎方程式と続き、19世紀末には電磁波による無線通信にも成功した。20世紀以降の電気文明は19世紀末までに蓄積された科学的基礎の上に成立している。20世紀後半から急速に進展し、21世紀の人類社会を大きく変換させる可能性の高い情報通信技術も、科学的には電磁気学の延長上にある。電磁気現象の利用という意味では、電気の時代は今後も大きく進展すると思われる。なお、電気をエネルギー利用する場合には「電力」と呼ぶことが多い。電気量の単位はクーロンであり、電力の単位はワット（ジュール/秒）、電力量としてはkWh(360万ジュール)である。電気の流れ（電流）の単位がアンペア（クーロン/秒）、電気の流れを起こす電圧の単位がボルトで、アンペア・ボルト（ベクトル計算での内積）がワットになる。

## 直流と交流

　電力のエネルギーは光速で移動する。ただし、電気量を持った電子などの媒体自体が光速で移動するのではなく、電磁エネルギーとして光速で移動する。そのため、電力の生産と消費は光速で瞬時に、つまり人間の感覚では同時に行われる。また、電気の流れには直流と交流がある。直流では電気は一方向に（電圧の高いほうから低いほうへ）流れるが、交流では電気の流れの方向が周期的に変化して波のように伝搬する。直流の電気は、基本的には銅のような電導体の中を流れるが、交流の場合は、それほど単純ではない。変圧器の中では、交流の電力エネルギーは電磁誘導

の原理によって電導体でつながっていなくても流れている。交流の場合、電圧も電流も周期的に波打つが、交流理論では電圧も電流も大きさと向きを持つベクトルが回転していると表現する。ベクトルなので通常の加算則は成り立たない。現在の送電で一般的に採用されている3相交流は3本(中性線を使う場合は4本)の線で送られているが、正常時は各線間の電圧を合計するとゼロになる。また、交流の電力エネルギーは電圧の高い方向にも流れるし、たとえ電線の抵抗がゼロでも線路のリアクタンスのため交流電力の送電容量は無限大にはならず、電力を送れる距離も限定される。また、電源が送電線に送り出したエネルギーの一部は需要側に届かず、無効電力として送電線路内を循環する。

**電気事業の展開**

電気事業を起こすにあたってエジソンは直流による送電を採用した。電力供給の対象が自ら発明した白熱電球であったので高圧にする必要がなかったからだが、100ボルト程度の低圧では送電損失が大きく長距離の電力供給に限界があった。これに対して、一時はエジソンの下で働いていたテスラが交流送電技術を確立した。交流ならば変圧器によって昇圧が簡単に行え、遠方にある水力発電所などからの安価な電力を利用することが可能になった。直流か交流かを巡る激しい競争を経て交流送電が勝利を収めた。これによって、大規模な中央発電所の電力を広範囲にカバーする高圧送電線によって多数の需要家に届ける電気事業のビジネスモデルが完成した。瞬時の需給バランスが必要な電力供給では需要のピークに合わせて発電設備を用意しておく必要があるので、広範囲に分散する多数の需要

を統合して供給することには、ピーク負荷を平準化するという効果のメリットも大きい。なお、10万ボルト程度以上の高圧で発電所の電力を送る電力系統の部分を「送電」、送電から受けた電力を10万ボルト程度以下(わが国では2万ボルト程度以下)に降圧して最終的な需要家に届ける部分を「配電」と呼んでいる。住宅用などの小規模需要家への配電は最終的には街で見かける柱上変圧器によって100ボルト程度(欧州では200ボルト超)の低圧に降圧して行われている。多くの電源が接続する送電では電力はさまざまな方向へ流れるが、配電では、基本的には低圧の需要側へ一方向に流れるのが基本である。ただし、分散型電源が多数接続されるようになった現在では、配電においても高圧側へ流れる逆潮流など、電力はさまざまな方向へ流れるようになってきている。

**電気事業が直面する課題**

20世紀を通して人類の成長に大きく貢献してきた電力エネルギーであるが、21世紀に入って新たな挑戦に直面している。化石燃料を使った火力発電が現在の電源の主流であるが、地球温暖化対策として脱炭素が求められるなかで大きな変革が求められている。火力発電に代わる脱炭素電源として太陽光発電や風力発電が驚異的な規模で大量に導入されている(2023年の年間新設量は太陽光が約3億5000万kW、風力は約1億2000万kW)が、自然条件で出力が変動する、これら変動性再エネ電源を瞬時の需給バランスが求められる電力システムに受け入れるために、新しい送配電網の整備に加えて、需給調整を担うシステムの構築(揚水発電や既存電源の出力調整に加えて蓄電池や需要側の調整、周波数や電

圧の交流安定性のための慣性力確保など）が喫緊の課題になっている。原子力は、安定な脱炭素電源であるが、社会的受け入れに課題がある。また、急速に進展する情報通信技術が展開するデジタル社会の中で、需要側も含めた電力システムの変革が迫られている。これからの電気事業のビジネスモデルはどうなるのか、電力システムはどのように変身を遂げるのか、考察を続けたい。

## 2. 電気事業のビジネスモデル

わが国の電気事業は、エジソンの電気事業開始からわずかな遅れで始まっている。その後の電気事業のビジネスモデルにはさまざまな展開があった。過去を振り返って未来を考えたい。

### 明治の偉人たち

エジソンが電気事業を開始した翌年の1883年に東京電燈が設立された。なお、本格的な事業開始は皇居の電灯工事を受注した1886年である。この電気事業創設には藤岡市助など工部大学校（現在の東京大学工学部）を卒業したばかりの若手技術者が深く関与している。東京電燈は低圧直流方式から始めたが、1888年に設立された大阪電燈（技師長は藤岡と同じく工部大学校卒の岩垂邦彦）は高圧交流方式を採用した。わが国でも交直論争が勃発したが、結局は米国同様に交流方式が勝利した。東京電燈も1894年に着工した浅草発電所以降は交流方式に変更した。東京電燈はドイツから発電機を導入したため周波数は50ヘルツ、一方、大阪電燈は米国から輸入したため60ヘルツとなり、今日まで至るわが国電力系統の東西での周波

数分断の源泉となった。なお、藤岡は、浅草凌雲閣のエレベーターの設計や電車の事業化、白熱電球国産事業（東芝の源流のひとつ）などにも関与して「日本のエジソン」と呼ばれ、岩垂も日本電気を設立するなど、電気利用面も含めてわが国の電気事業の基盤を築いた。ほかにも同時代の若手技術者には、国産電動機を製造して日立製作所を創立した小平浪平、卒論テーマだった琵琶湖疎水を実現し蹴上水力発電所を稼働させた田邊朔朗など傑出した偉人が輩出している。電気事業が大きな曲がり角にある現在こそ明治時代の偉人の挑戦に学ぶことは多いと思う。

### 5大電力・国家管理・戦後

20世紀に入ると増大する需要に対して駒橋発電所など大型の水力発電による供給が行われるようになり、長距離高圧送電が開始された。第1次世界大戦を経て電力需要は急速に拡大し、1920年ごろからは5大電力による熾烈な覇権争いが繰り広げられるようになった。5大電力とは、関東における東京電燈、中部と北九州を供給地域とする東邦電力、関西地域の宇治川電力に加えて、卸売りを中心とする大同電力と日本電力である。関東大震災は電力会社にも多大の損害を与えたが、復興過程で電力需要はさらに増大し5大電力の争いは一層激しくなった。結局、金融業界が仲介して1932年に「電力連盟」というカルテルを結成して休戦となった。

政府は、電力連盟の結成に合わせて電気事業法を改正し、電気事業を公益事業として業界の統制へと踏み出した。戦時下で事業統制はさらに進み、1938年3月には国家総動員法に続いて電力国家管理に関する法律が成立した。翌年には主要な電源と基幹送電線を所有

する日本発送電が創立された。1940年には国家総動員法に基づいて第2次国家管理といわれる電力国策要綱が閣議決定され、電源の追加拠出と共に配電事業も国家管理の下に統合されることとなった。結局、日本発送電は水力の7割、火力の8割、送電線の7割を占める巨大国策会社となり、配電事業は地域別9社に統合された。

電力国家管理は、戦後1950年の電気事業再編成令と公益事業令（いずれも占領下におけるポツダム政令）によって終了し、電気事業は地域独占を認められた公益事業となり、発送電と配電を一貫して行う9電力体制が1951年に発足した。電力再編成では、電気事業再編成審議会の委員長を務めた松永安左エ門が活躍した。松永は、東邦電力の社長を務めていたが、第2次国家管理を機に戦時中は隠棲していた。のちに「電力の鬼」とも呼ばれることになった松永は、電気事業に対する深い理解と強靭な精神力を持ち、紛糾した審議会でも少数派となった自分の考えを曲げなかった。結局は、国会における議決を経ずにポツダム政令（占領行政における法律に代わる勅令、新憲法制定後は政令）という形で松永案が実現した。

その後も曲折はあったが、戦後のわが国の電気事業は軌道に乗り高度経済成長を支えた。電気料金は、原価に適正利潤を加えた規制の下で形成されたので電気事業経営は安定した。原子力発電の導入、大気汚染対策として始まった液化天然ガス（LNG）火力の導入などは、安定した電気事業制度が存在したからこそ可能であったといえる。1970年代には2度にわたって石油危機が発生し、第1次石油危機のときには石油火力に75％を依存していた電気事業は値上げを余儀なくされた

が、原子力やLNG、そして輸入石炭によって石油代替を図り電力の安定供給は維持された。その後、2011年の福島第一原子力発電所事故発生までには、原子力、LNG、石炭が発電の主力を担うようになり、石油火力の比率は急減し、安定供給を担う電源の多様化が実現した。

**電力自由化と地球温暖化対策**

1990年代に入ると地球温暖化対策が電気事業の重要課題として浮上してきた。また、コージェネレーション（熱電併給）が増え始め分散型電源の意義も強調されるようになり、英国から始まった電力自由化の動きも勢いを増してきた。戦後の電力再編成以来長く安定していたわが国の電気事業制度にも見直しの機運が高まりつつあった。このような時代の変化に対して、電気事業者は保守的で機動性に欠けていたといわざるを得ない。少なくとも社会との対話が乏しかったことは確かである。現実には、住宅の屋根上の太陽電池の余剰電力を家庭料金の水準で買い取るなど再エネ導入推進にも対応していたのだが、高速増殖炉原型炉「もんじゅ」の事故対応や六ヶ所再処理工場推進など原子力の課題対応に追われ、受け身の対応が目立った。結局、1990年代半ばから発電部門の自由化が始まり、小売りの段階的自由化、さらには送配電部門の法的分離に至るのだが、このような電力システム改革については次節で扱うことにする。

21世紀に入ると、地球温暖化対策がエネルギー政策の最重要課題となり、化石燃料に頼っていた電気事業は脱炭素実現をリードする役割が期待された。一方、2011年の福島第一原子力発電所事故によって原子力推進には

481

急ブレーキがかかり、再生可能エネルギーによる発電に大きな期待が寄せられた。そのため固定価格買取制度（FIT）が導入され、今や再生可能エネルギー発電が電力供給量の22％となり、中でも水力以外の再エネ発電が水力を上回るようになった。太陽光や風力発電のような自然変動電源を電力系統に統合するために需給調整や電力貯蔵、電力系統整備に多大のコストがかかるようになってきた。

**電気事業のイノベーション**

　電力システム改革は、電気事業のビジネスモデルに大きな変容を要求することになるが、この背景には、エネルギー関連技術の大きなイノベーション（技術革新）がある。従来の大型火力発電や原子力発電は18世紀からの動力革命（熱エネルギーを動力に変換して利用するイノベーション）の延長上にある。エジソンは電気事業の発明によって、動力革命の成果を電力利用に結びつけたのである。しかし、過去の2つのエネルギー大転換である動力革命と電気利用との結びつきは、終わりを迎えているように感じる。最近、急速に増大している太陽光や風力発電は熱を電力に変換するものではない。つまり、動力革命とは無縁である。これら自然変動再エネ発電は、分散型電源として経済競争力を持ち始めている。ならば、分散型の電気利用を支える電気事業の形態も変わらざるを得ない。ただし、太陽光や風力発電のエネルギー源は国産であるものの、需給調整に必要な蓄電池を含む電力設備は輸入に頼る部分が多く、特にリチウムやコバルトなどの重要鉱物は供給国が集中しており、電力の安定供給には、従来のような燃料確保だけではなく視野を広げて対応する必要がある。

　さらに大きな時代変化の原動力は情報技術である。太陽光や風力発電のような自然変動電源は、揚水発電や蓄電池など電力貯蔵設備がないと、瞬時に需給バランスをとる必要がある電力システムでは大規模に活用できない。これは、需要を与えられた条件として聖域とし、専ら供給力を調整してきた従来の電力システムではそのとおりであるが、瞬時に需要が調整できれば状況は変わる。瞬時の需給調整は、過去数十年で処理速度を100万倍以上に増大し今もその勢いが止まらない情報技術を活用すれば実現できる。情報技術の進展、さらにはそれを活用するソフト技術の急速な普及を考慮すれば、電気だけでなくガスや熱などエネルギーサービスの提供を含め、より広い社会インフラサービスとして新しい事業展開も展望できる。

# 3. 電力システムの未来

　2005年ごろからわが国の電力需要は低下傾向にあるが、デジタル社会の急速な進展に合わせて、データセンターの増大や半導体製造に伴う電力需要増大が見込まれるようになってきた。本稿執筆現在、第7次エネルギー基本計画策定に向けて作業が進行しているが、2040年に向けて、わが国の電力需要は過去の最大需要を超えて増大すると想定して検討が進んでいる。電力システムは、需要減少期には運用を中心とする対応で改革を進めることができたが、需要増大期に対しては、新規電源投資の固定費回収を含めた対応が必要になる。わが国では現在、電力システム改革の検証作業が進行中で確たる未来の姿ははっきりとは見えていないが、電力システムの未来について考察しておきたい。

1990年代半ばから始まった電力システム改革は今も進行中である。発電部門の自由化から始まり、2000年以降は小売り部門の段階的自由化、2005年の電力卸（kWh）市場の取引開始と続いた。福島第一原子力発電所事故後は改革速度が加速して、2016年に低圧を含む小売り全面自由化、2020年には送配電事業の法的分離（中立化）が行われ、容量（kW）市場（4年先の1年間のkW確保契約）や需給調整（ΔkW）市場も開設された。2024年1月には、初回となる長期脱炭素電源オークション（地球温暖化対策に寄与する電源を対象とした原則20年間のkW契約）が行われ、予備電源制度（休止電源を緊急時の供給力として確保する仕組み）も検討が進んでおり、2025年には導入される見込みである。また、卸市場と需給調整市場を統合する同時市場の設計検討も始まっている。自由化時代の電力システムは、現状ではさまざまな市場取引制度の登場で複雑怪奇なものになっている。

法的に分離された送配電事業は、規制下の公益事業として残った。送配電事業の収入源である託送料金には、リベニューキャップなどの効率化の仕組みの下で、固定費を含めた原価回収制度が維持されている。再エネ賦課金利用など全国負担も含めた資金調達が整備され、広域系統整備長期方針によって海底直流送電などの地域間連系を強化する制度が構築されている。また、コネクト＆マネージ（電源の系統接続後に系統混雑の状況によって出力制御）によって既存系統容量を効率的に活用する運用が始まっており、今後はさらに高度な系統混雑管理手法を適用する方針である。規制下にある送配電部門のシステムは、発電部門と比べると、相対的にわかりやすく

整備されつつあるように思う。

現在の電力システムでは、需給ひっ迫や料金高騰が繰り返され、課題が浮き彫りになっている。2022年3月には、地震による火力発電所の被災と突然の寒波が重なって関東地方ではブラックアウト（大規模停電）寸前の需給ひっ迫が発生した。降雪で太陽光発電が停止したことも要因である。また、ロシアのウクライナ侵攻による天然ガスや石炭の価格高騰に伴って卸市場も高騰し、新電力の多くが経営危機に晒された。現在、電力システム改革の検証が行われているが、最重要課題は発電部門の固定費回収だろう。

ゴールは電力の需給や価格の安定化である。これには固定費回収の仕組みが鍵になる。FITなどにより太陽光や風力発電など設備利用率が低く、しかも出力が自然変動する再エネ電源の導入が急速に拡大し、わが国でも1億kWレベルになった。変動性再エネ電源の電力を需要家に届ける送配電設備の利用率は連動して低下し、再エネ電力は優先利用されるので需給調整の役割を担う火力発電設備の利用率も低下する。利用率の低下によって送配電や電源設備の固定費の回収は困難になる。公益規制下の送配電部門での対応は進んでいるが、発電部門にはまだ大きな懸念がある。

稼働率の低下とともに脱炭素化の要請もあり火力発電設備は休廃止が続いている。また、政府は新設を含めた原子力推進の方針を明確にしたが、社会的信頼確保という特殊な難題を抱える原子力投資のリスク対応は十分でない。既に述べたように、制度は複雑化を増すばかりで効果に懸念がある。脱炭素化のほかにもエネルギー安全保障など発電部門の公益的価値は大きい。自由化時代の固定費回収の

仕組みの明確化が必要である。

　ところで、現在のわが国では、配電電圧は6600ボルト（3相高圧）が主流で、家庭用には柱上変圧器などで100ボルト（単相3線式で200ボルトも可）の低圧に下げる。配電用変電所の上流側電圧は6万6000ボルトが主流で、大規模工場などではこの特別高圧を直接使っている。一方、戦時中の電力国家管理の時代には、日本発送電が重要電源とともに10万ボルト以上の送電線（一部4万ボルト以上）を所有し、9つに統合された配電会社は10万ボルト未満の配電線を所有して販売を行っていた。送電、配電といっても、現在とは電圧が相当違っている。また、欧州の配電事業者の場合も、配電電圧は10万ボルト程度までカバーしていることが多い。それぞれ歴史的背景があるが、送電と配電の境目には幅があると考えてよい。

　電力システム改革の重要事項のひとつは「送配電事業の中立化」だが、中立化の対象は主として送電部門だと思う。日本版コネクト＆マネージなど系統制約の克服に必要な制度は、ほとんどが送電部門に係ることである。送電部門には「広域化」と「柔軟性」による電力供給の全体最適への誘導を求める一方で、配電部門には「分散化」と「スマート化」で超スマート社会（ソサエティ5.0）における新ビジネス展開への支援を求めたい。

　配電線に連系する電動自動車のバッテリーや小規模自家発など需要側が持つ資源を電力ネットワーク全体の需給調整に活用するには、社会の中に大量に分散している設備を、ネットワークを通して運用し、それに対価を支払うビジネスモデル（「エネルギー・リゾース・アグリゲーション・ビジネス」と呼ばれる）が必要である。このビジネスでは、需要家が持つ設備を電力ネットワークでシェアして運用することになる。このようなシェアリングエコノミーはスマート化が得意とする分野である。ブロックチェーンのような分散型決済システムが運用できるよう制度整備を進めるべきだろう。

　需要と直結する配電インフラは、計量を含めてガスや水道、通信など他のユーティリティサービスのインフラと連携して構築すれば、大きなシナジー（相乗効果）を生み出す可能性がある。遠隔地への電力供給などのユニバーサルサービスの維持も含め、地域の条件や個性を生かした社会インフラへと発展させるために、配電には送電とは異なる対応が求められているのではないか。

　未来の電力システムでは、需要側の役割が大きく変わるだろう。需要側にある発電やエネルギー貯蔵などさまざまな分散型エネルギー資源が電力システムの運用に動員され、需給調整には需要側の増減制御（デマンド・レスポンス：DR）も本格的に活用されるようになるだろう。スマートメーターを活用したダイナミックに変化する電気料金も、このような需要側の活用を促進するだろう。さらには、熱や水供給など電力以外のインフラサービス提供との統合も想定される。今は電力ビジネスの大きな転換点である。

# 14

**Theme**
## 原子力

# 21世紀の原子力

元科学技術事務次官
## 石田寛人

いしだ・ひろと　1941年、東京都生まれ。父母の出身地石川県で育つ。1964年に東京大学工学部原子力工学科卒業後、科学技術庁（現：文部科学省）に入庁。在米国大使館科学担当参事官、原子力局長、科学審議官を経て1995年に科学技術事務次官。1998年に退官。1999～2003年に駐チェコ大使、その後、東京大学客員教授、金沢学院大学学長を経て原子力安全技術センター会長、本田財団理事長、前田育徳会理事長、公立小松大学理事長などを務めている。趣味は歌舞伎・文楽鑑賞と台本書き。著作には文楽本の「秋津見恋之手鏡」と歌舞伎本の「銘刀石切仏御前」及び「辰巳用水後日誉」があり、歌舞伎本は子供歌舞伎で何度も上演されている。

# 1. 人間と原子力

「原子力」は、原子核変換の過程において原子核から放出されるすべての種類のエネルギーである。原子力は、人類が知の地平を拡大すべく、物質の微細構造を探っていく過程において、必然的に出会ったものであった。原子力の技術分野は、大量のエネルギー供給や、放射性物質や加速器が発する放射線の工業、農業、医療、学術研究への利用など、極めて広い範囲に及んでいる。本来、この分野全体を総合的に俯瞰すべきであろうが、紙幅の関係もあるので、主にエネルギー供給について取り上げる。

原子核変換によって発生するエネルギーは、核融合による太陽エネルギーや地球内の放射性核種の崩壊が発する地熱エネルギーのように、私たちの周辺のエネルギーの根元ともいえるものである。ただ、人間の能力によって原子核の潜在エネルギーを電力に替える原子力発電は、20世紀半ばに登場した技術である。核分裂の場合、ある量以上の核分裂性物質がまとまって臨界条件に達しなければ連鎖反応は起きず、核融合では、燃料の重水素・三重水素が自己点火条件を達成する必要があるので、装置は大型化しがちである。また、原子核変換の過程で放射線が放出されるから、その遮へい、離隔、被ばく時間短縮など、放射線への安全対応が一義的に重要である。

人類が、この巨大なエネルギーと最初に大きく関わったのが原子爆弾であったのは、これによって命を失われ、あるいは被害を受けられた方々は言うに及ばず、人類全体にとって不幸の極みであった。

# 2. 世界とわが国の歩み

### 平和利用への道

原子力の研究は19世紀以来の歴史がある。1938年、ドイツのオットー・ハーンにより核分裂反応が発見され、1942年、米国シカゴ大学において初めて原子炉での核分裂連鎖反応が実現した。米国では「マンハッタン計画」という原爆開発計画が進められ、原爆の投下となってしまった。わが国でも原子力研究のための装置として加速器の建設が行われたが、終戦後、進駐軍によって廃棄された。しかし、1953年のアイゼンハワー米国大統領の「アトムズ・フォア・ピース」と呼ばれる国連総会演説によって、各国の原子力平和利用を進める活動が本格化した。わが国でも、学界での議論や国会の審議によって、実質的に国民的な合意のもとで、原子力平和利用のための体制構築が進められた。

### 原子力開発利用体制の構築

かくして、昭和30年代の初めに、政策決定機関たる原子力委員会、行政機関である総理府原子力局（のちの科学技術庁原子力局）、研究開発実施機関としての日本原子力研究所（原研）と原子燃料公社（のちに動力炉・核燃料開発事業団となる）が設立された。わが国の原子力委員会は、米国の原子力委員会に似ていたが、厳密には諮問機関であった。しかし、行政委員会的な機能をも有しており、原子力基本法に定められた民主、自主、公開の3原則のもと、原子力平和利用の番人の役割を果たしつつ、原子力政策の司令塔の役割を担った。

各省庁は、それぞれの行政分野における原子力研究などを行う組織を設けた。民間企業

は、製造加工業者の有力企業を中心に、原子力事業を進めるためのグループ化が行われ、日立、東芝、三菱、住友、第一原子力産業グループ（FAPIG）のいわゆる原子力5グループが形成された。各グループは、原子力専門会社の創設や研究用原子炉の導入などによって、技術者の養成と技術力の向上に努めた。

電力会社に関しては、原子力発電所の建設運営の主体について議論が交わされ、専門会社として日本原子力発電（原電）が設立された。また、民間企業各社は、広い分野の企業を含む日本原子力産業会議を組織し、力の結集を図った。かくして、民間企業は原子力利用を進める態勢を整え、原子力発電の推進を図った。また、一部の国立大学や私立大学に、原子力工学科や原子核工学科が設けられ、人材養成を行い、基礎研究を進める態勢が整った。

### 原子力発電の導入

原子力発電の中核である原子炉を特徴づけるのは、燃料（天然ウラン又は濃縮ウラン）、減速材（黒鉛、重水、軽水など）及び冷却材（軽水、炭酸ガス、ヘリウムなど）である。英国では、天然ウラン燃料黒鉛減速炭酸ガス冷却炉（コルダーホール型炉）が実用化される一方、米国では、原子力潜水艦の原子炉を改良して濃縮ウラン燃料軽水減速軽水冷却炉（軽水炉：加圧水型炉と沸騰水型炉）が開発された。原子力発電は、低廉で安定な電源として期待され、頻繁な燃料補給が不要で、1年を超える期間、燃料供給なしに運転継続が可能であることもメリットであった。

原研は、茨城県東海村に電気出力1.25万kWの沸騰水型炉の動力試験炉を建設し、原電は、同じ東海村に16.6万kWの英国炉を

導入、さらに、福井県敦賀市に沸騰水型炉の発電所を建設運転した。その後、原電は、東海村に沸騰水型炉を、敦賀市に加圧水型炉を1基ずつ追加したが、それ以外は、東京電力の福島発電所（沸騰水型炉）と関西電力の美浜発電所（加圧水型炉）をはじめとして、一般の電気事業者が直接原子力発電所を建設運転することとなった。

### 動力炉開発と軽水炉の大型化

外国炉の導入と共にわが国の力で、発電用原子炉（動力炉）を開発する努力も行われ、昭和40年代初頭に、それまでの研究を踏まえて、動力炉開発計画がスタートした。高温ガス炉（ヘリウム冷却黒鉛減速型炉）、溶融塩炉（燃料に液体の溶融塩を使う炉）など多様な炉型の中で、将来の本命であった高速増殖炉と重水減速軽水冷却の新型転換炉が動力炉開発計画の対象となり、動力炉・核燃料開発事業団（動燃）が設立された。これら両炉型は、いずれも、ウランの99.3％を占める非核分裂性のウラン238を核分裂性のプルトニウムに高効率で転換し、あるいは増殖を目指すもので、ウラン資源に恵まれないわが国の国情を踏まえたものであった。この開発は、わが国で初めてともいえる超大型研究開発プロジェクトであり、大きな予算が計上されて、茨城県大洗町に高速（増殖）実験炉が敦賀市にそれぞれの原型炉が建設運転されたが、新型転換炉は発電コストの関係などから実用化されず、高速増殖炉は原型炉「もんじゅ」の試験運転中に発生したナトリウム漏えい事故のため開発が中断された。

すでに商業ベースに達していた軽水炉は、各電力会社がそれぞれ原子力発電所の建設を進め、国が大きな予算を投じてその開発を支

487

えることはなかったが、安全性を強化する観点から各種の研究が行われた。また、後年、電源開発促進対策特別会計からの支出によって安全性を実証するための軽水炉の安全性実証試験などが行われた。また、軽水炉の大型化に対応して改良標準化計画が進められた。かくして、1990年代半ばから後半にかけての商業用原子炉は52基を数え、発電電力量は3300億kWhほどになり、全電力供給量の35％超を担うに至った。

## 核燃料サイクル

　原子力発電に用いる核燃料については、ウランの探鉱、採鉱から製錬、濃縮、加工、原子炉に装荷して発電したあとの使用済燃料の冷却、貯蔵、再処理、廃棄物処理処分までの一連の工程のうち、必要な研究開発は、旧原子燃料公社やそれを引き継いだ動燃などで行われ、民間企業は、実際の燃料製造を行って、原子力発電所に核燃料を供給した。使用済核燃料の再処理は、旧動燃での開発のあと、専門会社の日本原燃が実規模の工場を青森県に建設しているが、技術的諸問題を解決しつつもコスト増への対応が課題となっている。わが国は、核燃料サイクルを有する唯一の非核兵器保有国であり、率先、国際原子力機関（IAEA）の保障措置を受け続けている。

## 高レベル放射性廃棄物の処分

　放射性廃棄物の処分は、「トイレなきマンション」とすら言われてきた原子力利用システムにおいて大きな課題であるが、実際は原子力開発の初期から、この課題への対応と研究に取り組まれてきた。原子力発電所から排出される低レベル放射性廃棄物は、埋設施設が稼働している。再処理から出る高レベル放射性廃棄物は、量は多くないが、含まれる放射性物質の減衰時間が長いので、時代を超えた長期間、これを人間から隔離し続けなければならない。現在、廃棄物をガラス固化体にして、人工バリアとしての金属容器と安定な地層という天然バリアを組み合わせて長期間の隔離を可能にする地中処分を行うことの安全性の見通しが得られつつあり、施設受入地域の決定に努力が傾注されている。

## 事故トラブルの発生

　このような原子力研究開発利用の過程において、各種の事故やトラブルが発生した。これによって、施設周辺の方々に大変な負担をかけ、関係の原子力従事者は陳謝を重ねた。しかし、人間の営みの不完全さなどによる事故トラブルは回避できないことでもあった。世界的には、米国のスリーマイル島原子力発電所事故、旧ソ連のチェルノブイリ発電所の事故が発生し、原子力発電所における甚大な事故として、世界中に安全性を見直す動きを引き起こした。わが国では、原子力船「むつ」の放射線漏れ、JCOのウラン臨界事故、高速増殖炉のナトリウム漏えい事故などが、原子力全体の計画に大きな影響を与え、開発主体の改革や統合、安全確保体制の充実が図られた。原子力基本法で、安全確保の重要性が強調され、原子力安全委員会の設置など、さまざまな措置が講じられた。

　しかし、東日本大震災で発生した東京電力・福島第一原子力発電所事故は、国民全体にも原子力関係者にも甚大な衝撃を与えた。世界的な影響も極めて大きかった。関係者は、事故対応に全力を注ぐ一方、全国の原子力発電所の運転は停止された。原子力に対する規制を抜本的に強化するため、行政委員会として

の原子力規制委員会と原子力規制庁が設けられ、運転に関する新しい仕組みとして、厳しく吟味された新規制基準に適合し、防災計画を整備、地元の合意が得られることとされた。

原子力発電については、従来も賛否の意見対立があったが、福島第一原子力発電所事故によって、原子力発電に対する一般の見方が大きく変わり、原子力発電を不用とする見解が広がった。地震と津波への対応、放射性廃棄物処分方法の確立などの課題も改めて指摘された。

そんななかで、福島第一原子力発電所事故後の新しい仕組みの基に、徐々に一部の加圧水型炉の再稼働が始まり、沸騰水型炉の原子力発電所の再稼働の準備が行われている。しかし、人々の原子力を見る目は依然厳しく、建設中あるいは計画中の原子力発電所もあるが、新たな計画での新設は容易ではない状況にある。

わが国では、こうした状況にある原子力ではあるが、2023年12月の国連気候変動枠組条約第28回締約国会議（COP28）で気候変動問題の解決手段として明記されたように、世界的には、エネルギー需給ひっ迫を解決する技術として期待が寄せられている。また、米国、フランス、中国、インドをはじめとする各国は、引き続き原子力発電による電力供給を行って、そのメリットを享受している。わが国においても、原子力発電を安全に用い、人工知能（AI）の進展や電気自動車の普及によって、増大する電力需要を賄う電源として国民に役立てていくことは可能なはずであり、その道筋を以下に述べたい。

# 3. 今後の道筋

## 福島の復興と信頼の醸成

現下の状況において、まず重要なのは福島第一原子力発電所事故の始末である。事故のあといまだに困難な生活を送られている方々が数多くあり、その方々に対する損害賠償を含めて、福島第一原子力発電所事故の始末は鋭意行われているが、損害賠償も事故炉の始末も短時間に完結するものではなく、廃止措置には40年以上の年月を要するであろう。2023年からの処理水の放出は、その長い道筋の一歩である。福島の実態が広く認識され、事故の始末見通しがしっかり立って初めて、原子力に対する国民の信頼が回復するであろう。

## 現場の最重要視

福島の実態認識は、広く原子力施設の現場の認識に広がるべきである。福島を見つめることは、現場を重視することにつながる。各電力会社には、運転中あるいは休止中の原子力発電所があり、研究機関や大学も幾多の研究装置を有している。そこには、多くの原子力従事者が働いており、日々、施設の安全な取り扱いに努力している。このような活動の様子を日ごろから、地元の方々、国民一般に広く知ってもらうことが重要であり、透明性の強化に心掛けなければならない。セキュリティの観点から施設の訪問は困難を伴うことが多いが、その分、情報発信に努力しなければならない。

## 技術の重視と研究開発態勢の再構築

現場の重視とは技術を大切にすることである。一般的に円滑な経済活動の基本はリアリ

ティのある技術の重視であり、わが国の明治維新の功業は当時の識者が技術の重要性を認識していたことによると思われる。もし、今のわが国で技術が十分に重要視されていないところがあるとすれば、それはわが国の発展に大きな障害となるであろう。

技術の重視は研究開発の重視である。今も大学や原子力研究機関では、研究開発活動が活発に展開されている。その中で、原子力研究の中心機関たる日本原子力研究開発機構は、過去に発生した放射性廃棄物の安全管理に大きな力を注いでいる状況にあり、これは極めて重要であるが、同時に、原子力に対する国民の要請を十分に汲み取って、積極的に新しい「原子力の設計」を目指し、「人間のための設計の科学」に注力する研究者技術者の活動をさらに充実することが必要である。

## 施設の実態

原子力施設の現場である運転中、休止中の多くの原子炉や放射性物質取扱施設や加速器には、これまでの施設運転の結果として放射性廃棄物が存在している。この廃棄物は、必ず処理されなければならないものであり、いま原子力を止めても、放射性廃棄物は存在し続ける。技術的には、幾多の研究開発によって、廃棄物の処理と処分の道が開けつつある。難航する処分施設の立地については、安全な地球環境の維持を大前提に進められている技術開発の現況を多くの方々が認識すれば、道は開けていこう。

## 安全性に対するスタンス

原子力の不安全さは、福島第一原子力発電所事故で証明されたと説く向きもあろう。しかし、福島の事故は、2011年3月の東日本大

震災と津波発生時の福島という固有の条件下で起こったことであり、原子力発電所を運転している国々は、福島の事故から大きな教訓を引き出しつつ、運転を継続している。事故が発生したわが国は、現在の仕組みをつくり上げた。もちろん、今の規制の仕組みにさらなる改善の可能性はあろうが、現行の体系と規制は、今後の事故時に国民に大きな困難をもたらさないものになっているとはいえよう。

この際、大切なのは形式論理に陥らないことである。それは原子力施設の事故発生確率をいかに低く抑えても確率ゼロでない限り、その施設には事故が起こり得るのであって、白か黒かといえば黒であり、従ってそのような原子力施設には反対するという言説である。これは絶対安全を求める議論であり、現実の技術ではそれはあり得ない。

安全に関する研究を徹底的に行い、それが完成するまでは原子力発電の建設運転を控えるべきとする議論もある。しかし、安全は経験の積み重ねであり、事故時にも地域の方々や国民に大きな負担がかからないように最善を尽くしながら、さらに対応を充実させていくのが現実的な道筋である。科学的に合理性のある規制を遵守し、トラブルの発生を防ぐ運転者の態勢を整備して運転経験を積むことによって、安全性がさらに確かなものになっていく。それでも想定外のことは発生する。そのためには、避難訓練をはじめ多様な備えを整えることが求められる。また、安全に関しては、絶えざる知見の拡充と、それの現場への反映が必要である。原子力施設を支え、あるいは放射性廃棄物から出る放射能のバリアともなる地中のことについても、一層の知見を積み上げることが望まれる。

技術上、さらに安全性の高い施設の実現を

図ることも重要である。現在、事故時には、外部からの冷却がなくても停止に至る機能、すなわち固有安全性を有する原子炉の開発が検討されている。また、単一の大型の発電炉よりも、いくつかの小さい炉の集合体である原子炉「SMR（Small Modular Reactor）」が注目されている。これには既存の軽水炉のほか、高温ガス炉、溶融塩炉、高速炉など多くの型がその対象に含まれているが、その実用化には、さらなる開発の道を歩まなければならない。

**経験と歴史から学ぶ**

人類は、その歴史において獲得した知識を忘れ去ったことはない。もちろん、新しい技術が出現して、既存技術に取って代わった歴史は数多くある。原子力は、その分野が広範であり、先端性を有しているから、知識として旧式化することは考えられにくい。

今、地球上の一国が原子力発電を一切やめても、他の国が続ける限り、地上からは原子力発電はなくならない。原子力発電使用国は、そうでない国に対して、そのメリットにおいて相対的優位に立ち得る。世界全体で原子力発電を放擲するという選択は、見通し得る将来においては考えられない。今は、IAEAのもとに世界各国が協調して冷静に原子力を利用すべきである。

日本国民のひとりとして核兵器の廃絶を強く希求する。しかし、客観的には、にわかにそれが実現することは考えにくい。国際的な合意に従わない国もあろう。しかし、世界の人々は世の平和と安寧を望んでおり、その実現のためには理性的な判断に基づいた人類全体の強い意思を形成するしかない。そして、その判断力の源泉は、人々が獲得してきた知

見のさらなる拡大と集積である。わが国が最大限のリーダシップを発揮しようとしても、原子力に関する知見の量が十分でなければ、国際的な動きを、説得性をもってけん引できない。

わが国が現在の安保理常任理事国に伍し得る原子力平和利用技術を保有していることは、国際的に認められている。今後は、原子力を安全に利用する非核兵器保有国として、国連安保理の常任理事国に加わり、その立場で堂々と世界をリードすることを目指すのが、わが国の存立と繁栄を保障し、世界平和に貢献する道であると考える。

**国民と共にある原子力へ**

かつて原子力関係者達は「原子力ムラ」の人々と揶揄された。科学技術でエネルギーの安定供給の道を切り開くという原子力開発の初期に寄せられた大きな期待に応えるべく原子力関係者は、使命感と自負を持って一途に任務に励んだ姿が一面、閉鎖的とも見られたということだろうが、今、原子力関係者は、原子力に対して国民と同じ目を向け、国民の声に耳を傾け、国民のひとりとして原子力に関わらなければならない。原子力関係者も一般国民も、予断を持って原子力の存否を論ずるのではなくて、現在を生きる者として、技術進歩の実態に即して原子力に対する視点を確立するよう念願する。

**未来に向けて**

先端科学技術の進歩、特に近年の情報技術、AI技術の進展は急速である。それに対して、原子力発電の分野では、現在論じられている原子炉型式のほとんどは昭和30年代に大学で講じられたものであり、その内実は大きく

進んでいるものの、概観したところの変化の少なさに一面驚く。しかし、これは、それぞれの技術が有する「時間尺度」の違いと観念すべきである。われわれが科学技術の対象として取り組むのは、誕生後138億年の宇宙そのものから生成後すぐに消滅する極短寿命核種までタイムスケールが極端に異なる。最近、核融合研究開発の重要性と緊急性が指摘されており、これに強力に取り組む必要があるが、これが現実のエネルギー供給の最前線に登場することは、すぐには期待できないであろう。さまざまな時間尺度を持つ研究開発対象に対しては、それに応じて柔軟に取り組むべきである。宇宙に比して極端に短い人類の数百万年の歴史において、人々は社会を構成し、さまざまな工夫を凝らし、知識を総合化し利用して、一人ひとりのごく短い生命をつなぎ、今日に至っている。現代社会は、ヒトという生き物の最高の到達点と思われる。この歩みをさらに進めるには、いまだ極めて乏しい人知の積み上げと体系化、そして、その冷静で合理的な適用しかない。科学技術上の人間の営みにおいて、原子力は必ず大きな果実をもたらすと思う。

原子力のような新しい巨大な技術分野について、さまざまな意見は当然あり得る。ただ、その意見は、事実に基づいたものでなければならない。事実の究明自体は、容易ではないし、学界に多様な見解があるのは当然である。原子力は、科学技術上の課題に対して、人々がいかに合意形成できるかという大きな課題を投げかけている。そこで、観念的なやりとりではなく、冷静に現実を見つめ、それに立脚する議論を進めれば、原子力の取り扱いに関する判断は、おのずと定まってくるようにも思える。そうなるように、日本国民のひとりとして筆者もささやかに懸命な努力を続けたい。戦後のわが国が原子力研究開発を始めたときの人々の志を振り返り、謙虚に初心に返って、バランスのとれた判断を続けることが未来への道を開くであろう。


筆者は、学生時代に原子力工学を専攻し、原子力行政に関わってきたが、元より原子力について知るところは少ない。よって、多様な議論によく耳を傾け、自説の至らないところは修正するのに吝かではない旨を申し上げたい。本稿をまとめるにあたって、多くの方々から助言をいただいたが、論旨は筆者独自の見解であり、筆者が過去に属し、現在所属している組織のものではないことも併せて申し上げる。

# 15

**Theme**
## 再生可能エネルギー

# 再生可能エネルギーの地政学

日本エネルギー経済研究所 客員研究員

# 十市 勉

といち・つとむ　1945 年、大阪府生まれ。1973 年、東京大学大学院地球物理コース博士課程修了（理学博士）。日本エネルギー経済研究所に入所後、マサチューセッツ工科大学エネルギー研究所客員研究員（1983 ～ 1985 年）、日本エネルギー経済研究所の総合研究部長、専務理事、首席研究員、顧問などを経て 2021 年より客員研究員。専門分野はエネルギー・地球環境問題。主な著書に『再生可能エネルギーの地政学』（エネルギーフォーラム、2023 年）、『シェール革命と日本のエネルギー』( 電気新聞ブックス、2013 年 )、『21 世紀のエネルギー地政学』（産経新聞出版、2007 年）、『石油―日本の選択』（日本能率協会マネージメントセンター、1993 年）、『第 3 次石油ショックは起きるか』（日本経済新聞社、1990 年）、『石油産業　シリーズ世界の企業』（編著、日本経済新聞社、1987 年）

# 1. 急増する再生可能エネルギー とその背景

2015年の歴史的な「パリ合意」を受けて、世界各国で脱炭素社会の実現に向けた取り組みが加速している。米国、欧州連合（EU）、英国、日本などの先進国は、2050年までに温室効果ガス（GHG：Greenhouse Gas）排出量を正味ゼロにする「カーボンニュートラル」（以下、CN：Carbon Neutral）を宣言し、2030年までの削減目標を相次いで引き上げた。 世界最大のGHG排出国の中国は2060年、また急激な増加を続けるインドは2070年のCNを表明している。すでにパリ協定が合意される前から、世界各国では風力発電や太陽光発電など再生可能エネルギー（以下、再エネ）の導入が急速な広がりを見せていた。このような再エネ開発の大きな推進力としては、次の3点が挙げられる。

第1に、再エネが急増している多くの国々では、公共政策として再エネの導入目標が設定され、その実現に向けて積極的な支援策が講じられてきたこと。ドイツやスペインなどEU諸国や日本では、導入初期において固定価格買取制度（FIT：Feed-in Tariff）などが導入拡大に大きな役割を果たした。また米国では、連邦レベルでは再エネの発電量に応じた税控除や再エネ投資への税控除などの優遇税制、多くの州レベルでは供給電力の一定割合を再エネ電力で賄うことを義務付け「再エネ利用基準制度（RPS：Renewable Portfolio Standard）」が導入されてきた。さらに中国では、政府が2006年に施行した「再生可能エネルギー法」に基づいて、FITや発電事業者に対する再エネ導入の強制的割当制度などが導入されてきた。

第2に、風力発電や太陽光発電（PV：Photovoltaic）、蓄電池や電気自動車（EV：Electric Vehicle）などの技術革新と規模の経済性も相まって、急激な供給コストの低下が見られたこと。国際再生可能エネルギー機関（IRENA：International Renewable Energy Agency）によると、2021年の再エネの均等化発電コストは2010年に比べて、PVで88%削減、陸上風力で68%削減、洋上風力で60%削減されるなど、バイオマス（生物資源）や地熱、水力など他の再エネより著しいコスト低減が実現したとしている。また、デジタルトランスフォーメーション（DX：Digital Transformation）の目覚ましい進展がエネルギーシステムの分散化と電化を促進し、火力発電に対する技術的、経済的な競争力を大幅に改善してきたといえる。

第3に、カーボン・フットプリントの抑制を求める企業や投資家、株主の圧力が強まり、消費者の間でも低炭素製品やサービスを選択し購入する傾向が広がっていること。また、欧米の金融機関や投資家が持続可能な開発目標（SDGs：Sustainable Development Goals）とグリーン投資を促進する動きを強めるなか、2015年には「気候関連財務情報開示タスクフォース」と呼ばれるTCFD（Task Force on Climate-related Financial Disclosure）が設立された。その目的は、投資家などに適切な投資判断を促すため、一貫性と比較可能性、信頼性と明確性をもった気候関連の財務情報開示を企業に求め、財務諸表だけでは見えない、気候変動による企業の潜在的リスクを見える化することだとされている。

## 2. 再生可能エネルギーの地政学リスクとは

　世界各国が再エネ開発を巡って激しい競争を繰り広げており、今や中国がPVや風力発電、蓄電池やEVなど再エネ分野で技術覇権を確立しつつあり、従来の石油・ガスの地政学リスクに加えて、クリーンエネルギー移行に伴う新たな地政学リスクが顕在化している。

　再エネは、化石燃料とは対照的に、資源量の地域的な偏在性が小さく、また人為的、意図的に遮断されるリスクはほとんどない。その代わりに、太陽光や風力を二次エネルギーである電気に変換するのに必要なPVパネルや風力タービン、蓄電池などの安定供給の確保が重要となる。たとえ、これらの再エネ関連設備をすべて国産化できるとしても、設備の製造には多くの重要鉱物（critical minerals）を使うため、そのサプライチェーン（供給網）をどのように確保するかが新たな地政学リスクとなる。

　石油市場では、石油輸出国機構（OPEC：Organization of the Petroleum Exporting Countries）プラスのような少数の輸出国が強い市場支配力を持っているが、急成長を続ける再エネ関連分野では、多様な新規参入者との市場競争が激しくなっている。そのため再エネ分野の投資企業にとっては、イノベーションによる新技術の開発と供給コストの低減が生死を決する要因となっている。各国政府は、自国の再エネ産業の国際競争力を維持・強化するため、さまざまな支援策を打ち出しており、知的財産権や貿易政策を巡る国家間の対立が起きるリスクが高まっている。

　世界の脱炭素化に向けて、PVパネルや風力タービン、蓄電池やEVなどの利用拡大が進めば、「ベースメタル（汎用金属）」の銅、「レアメタル（稀少金属）」と呼ばれるリチウム、ニッケル、コバルト、レアアース（希土類）など重要鉱物の安定確保が重要な課題となる。

## 3. 再エネ開発に欠かせない重要鉱物

　重要鉱物の需要が急増する一方で、供給面では多くの不安要因が表面化している。特に注目されるのは、再エネ超大国となっている中国が重要鉱物の供給国として圧倒な存在感を示していることである。

　国際エネルギー機関（IEA：International Energy Agency）は、クリーンエネルギー移行を実現するには今後数十年にわたって重要鉱物の供給を急増させなければ、エネルギー安全保障が脅かされると警鐘を鳴らし、各国政府に対して6つの提言を行っている。

①鉱物資源の多様な新規供給源に対して十分な投資を確保するため、エネルギー移行と再エネ技術の成長軌道について、政策立案者が強い情報発信を行うこと。

②バリューチェーンの全段階で技術革新を促進するため、需給の両面で研究開発を強化すること。

③リサイクルを拡大するため、効率的な新しいリサイクル技術の研究開発への政策的な資金提供を行うこと。

④サプライチェーンの強靭化と市場の透明性を高めるため、潜在的な供給途絶への対応能力を構築し、市場評価、ストレステスト、任意の戦略備蓄などの検討を行うこと。

⑤高いESG（環境・社会・企業統治）基準を奨励し、持続可能で責任ある生産を増

やし、調達コストを下げること。

⑥生産者と消費者との間の国際的な協力関係の強化に取り組むこと。

また、化石燃料に比べて技術の果す役割が格段に大きいため、技術特許などの知的財産、機器仕様の標準化や公的関与のあり方などを巡って国家間の対立が起きやすくなる。特に米中対立が一段と深まっているため、西側諸国と中国の間で、すでに知的財産権や人権保護、環境基準などを巡って緊張が高まっている。

今や中国は世界の再エネ超大国となっているが、その推進力になったのは習近平指導部が2015年に発表した「中国製造2025」と呼ばれる産業政策である。建国100年を迎える2049年に「世界の製造強国の先頭グループ入り」を目指す長期戦略で、次世代情報技術や新エネルギー車など10の重点分野と23の品目を設定し、製造業の高度化を目指してきた。すでに中国は、次世代通信技術「5G」や人工知能（AI）の分野でも世界の最先端を走っており、米国は一段と警戒感を募らせている。

IEAによると、中国は2022年時点で世界の蓄電池とPVパネルの製造設備容量の70％以上、また風力発電タービンでは約60％、ヒートポンプと水電解設備容量の約40％を占めており、さらにEVの生産・販売台数のいずれも2015年以降は連続して世界トップの座を維持している。2010年以前には、日本はPVセルの主要な輸出国であったが、その後は中国が低コストを武器に世界市場を席巻しており、現在日本で設置されるPVパネルの大部分は、中国からの輸入に依存するようになっている。

その中国が供給するPVパネルの約半分は、新疆ウイグル自治区で生産されており、その生産現場で人権問題が暗い影を落としている。ウイグル人に対する強制労働の疑いがあるとして、米国バイデン政権は2021年末に「ウイグル強制労働防止法」を成立させ、2022年6月から新疆ウイグル自治区が関与する製品の輸入を原則禁止する措置を発動している。

脱炭素社会を目指す世界では、クリーンエ

**図表1　再エネや蓄電池などに多く使われる重要鉱物**

| システム要素技術 | | | 必要となる主な鉱物資源 |
|---|---|---|---|
| 再生可能エネルギー | 発電・蓄電池 | 風力発電 | 銅、アルミ、レアアース |
| | | 太陽光発電 | インジウム、ガリウム、セレン、銅 |
| | | 地熱発電 | チタン |
| | | 大容量蓄電池 | バナジウム、リチウム、コバルト、ニッケル、マンガン、銅 |
| 自動車 | 蓄電池・モーターなど | リチウムイオン電池 | リチウム、コバルト、ニッケル、マンガン、銅 |
| | | 全固体電池 | リチウム、ニッケル、マンガン、銅 |
| | | 高性能磁石 | レアアース（ネオジム、ジスプロシウムなど） |
| | | 燃料電池（電極、触媒） | プラチナ、ニッケル、レアアース |
| | | 水素タンク | チタン、ニオブ、亜鉛、マグネシウム、バナジウム |

出所：資源エネルギー庁、「2050年カーボンニュートラル社会実現に向けた鉱物資源政策」、2021年2月15日より筆者作成

ネルギー技術に関連する産業の国際競争力が重要となるため、公的な規制や支援策などの問題が国家間の協力あるいは対立の要因となる。特に米欧日などと中国・ロシアの間では、技術移転や知的財産権を巡って緊張が高まっている。また各国の脱炭素政策は、国際貿易における保護主義につながる誘因にもなる。例えば、米国バイデン政権は北米産EVの製造に対して税額控除の優遇策を講じる一方、EUは産業競争力の公平化を理由に鉄鋼やセメント、水素、電力など炭素排出量の多い業種を対象に2026年から炭素国境調整措置（CBAM：Carbon Boundary Adjustment Mechanism）の導入を決めている。

## 4. 再エネの地政学と日本の<br>　国家エネルギー戦略

　日本が位置する東アジア地域では、中国やロシアが覇権主義的な行動を強めており、また北朝鮮の相次ぐミサイル発射など、日本を取り巻く安全保障環境は一層厳しさを増している。そのようななか、国土が狭い島国である日本は、再エネの導入ポテンシャルでも国際的に比較劣位にあり、また地震や洪水・土砂災害などが起きやすい地理的、地形的な条件下にあるなど、克服すべき多くの課題を抱えている。

　資源小国の日本にとってエネルギーの安定供給は、国防や食料と並んで国民の生命維持と生活の安定にとって不可欠であり、長期的かつ総合的な国家戦略を基本とすべきである。その際、新たな地政学リスクを踏まえて、次の3つの課題に対処する必要がある。

　第1は、一段と不安定化する国際情勢のなかで、日本のエネルギー安全保障をどのよう

に確保するかである。2021年度における日本のエネルギー自給率は主要先進国の中でも最下位の13.4％で、原油の90％以上を中東地域に、また液化天然ガス（LNG）の約9％をロシアに依存している。さらに、再エネ関連技術に欠かせない重要鉱物についても、ほとんどを輸入に頼っている。

　一方、中国は、石油・ガスの大輸入国としてサウジアラビアやロシアなどに対する影響力を一段と強めており、需給ひっ迫時には日本企業の「買い負けリスク」が高まっている。また日中両国の政治的な対立がエスカレートすれば、中国が最大の供給国であるレアアースなど重要鉱物の供給途絶のリスクが現実化する恐れがある。その意味で、日本のエネルギー安全保障の確保にとって新旧2つのエネルギー地政学リスクに対する十分な備えが喫緊の課題となっている。

　第2は、地球温暖化による気候変動リスクが今や深刻な地球安全保障の問題となっていることである。特にパリ協定以降は、欧米から化石燃料消費による二酸化炭素（$CO_2$）排出の大幅削減を求める圧力が強まっており、エネルギーの脱炭素化が急務となっている。2023年12月にドバイで開かれた国連気候変動枠組条約第28回締約国会議（COP28）の最終合意文書では、2019年比でGHGを2030年までに43％削減、2035年までに60％削減、また再エネを2030年までに3倍化すると明記された。

　このようななか、多くの「グローバルサウス」と呼ばれる新興・途上国は、今後も化石燃料需要の増加が続くため、G7からの低炭素技術の移転や資金協力を強く求めている。もしG7がその要望に応えなければ、中国はその間隙を縫って脱炭素化を大義名分に新

興・途上国への政治的な影響力の拡大を図るだろう。その意味でも日本は、インド太平洋地域の脱炭素化に向けて低炭素技術の導入や資金協力、人材育成などでリーダーシップを発揮する必要がある。

第3は、再エネ・蓄電地・EV・次世代の小型原子炉（SMR：Small Modular Reactor）や情報技術（IT）化など目覚ましい技術革新が進むなか、クリーンエネルギー分野でのわが国産業の国際競争力をどのように強化するかである。特に国家主導の産業政策を推進してきた中国は、今やPVパネルや風力発電タービン、蓄電池やEV、原子力開発など低炭素技術の分野で世界のトップランナーの地位を築いている。

以上のように、わが国が目指すべき国家エネルギー戦略は、気候変動による地球安全保障、中国・ロシアなどの脅威に対する国家安全保障、重要鉱物の供給確保や先端技術の知的財産権の保護など経済安全保障と不可分の関係にあり、長期的かつ総合的な取り組みが必要である。日本は、気候変動対策、外交・安全保障、産業政策や科学技術政策などと一体化させながら、自国の強みを生かした国家エネルギー戦略を構築し、不安定化する国際社会の中で存在感を高めることが急務となっている。

## 5. GX投資と低炭素技術の産業競争力の強化

すでに世界は、グリーントランスフォーメーション（GX：Green Transformation）に向けた脱炭素投資の成否が企業・国家の競争力を大きく左右する新たな時代に突入している。わが国政府は、2022年12月22日に「GX

図表2　再エネの地政学と国家エネルギー戦略を考える視点

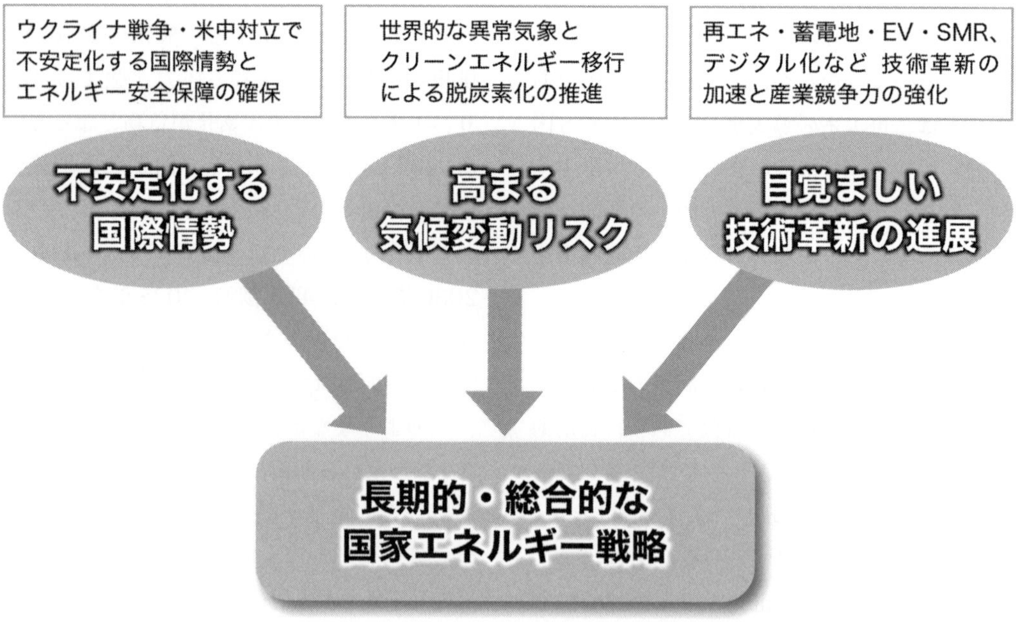

出所：筆者作成

実現に向けた基本方針〜今後10年を見据えたロードマップ〜」を発表し、2023年度の通常国会で以下の2法案を成立させている。

1つ目の「GX脱炭素電源法」では、再エネの最大限の導入を促進するため、再エネ導入に資する送電線などの系統整備への支援策の強化、既存PV設備への追加投資に対する促進策などが盛り込まれている。原子力については、安全確保を大前提に、安全規制の変更や仮処分命令などによる停止期間に限り運転期間の延長を認めること、また国・事業者の責任を明確化させて、再処理・廃炉・最終処分のプロセスを加速化させることなどが含まれている。

2つ目の「GX推進法」では、2050年CNなどの国際公約と産業競争力強化・経済成長を同時に実現するため、ＧＸ経済移行債の発行と成長志向型カーボンプライシングの導入を行うとしている。GX推進会議の見通しでは、今後10年間で150兆円を超える官民のGX投資が必要になるとしている。具体的には、エネルギー供給の脱炭素化に約60兆円、産業の構造転換に約50兆円、エンドユースの脱炭素化に約30兆円、炭素固定技術の研究開発（R&D）と実証に約10兆円を投資する必要があるとしている。このようなGX推進戦略の実現に向けた先行投資を支援するために、新たな制度が導入される。

GX経済移行債は、2023年度から10年間で20兆円規模とし、エネルギー・原材料の脱炭素化と収益性の向上を図るために、革新的な技術開発や設備投資への支援に向けられる。その財源は、化石燃料の輸入事業者に対する賦課金（開始は2028年度）、および発電事業者の排出枠の有償化による負担金（同2033年度）の収入を充当し、2050年度まで

に償還するとしている。化石燃料への賦課金の導入によって需給両面で脱炭素投資を促進するとともに、発電事業者に対する排出枠の有償化は、将来の予見可能性を明示することで、発電事業者が再エネや原子力など非化石電源への円滑な移行を後押しすると期待されている。

# 6. 再エネの主力電源化と克服すべき課題

世界的に再エネの導入拡大が進むなか、日本でも2012年7月にFITが導入されて以降、発電電力量に占める再エネ比率は、2010年度の10.4％から2022年度には21.7％に急増した。現行の「第6次エネルギー基本計画」では、2030年度の再エネ比率の目標は36〜38％だが、2024年度中に策定される「第7次エネルギー基本計画」では、2040年度に向けてさらなる拡大が進められるが、その実現には克服すべき課題が多い。

まず、日本の再エネの発電コストは着実に低下してきたが、海外に比べて非常に割高であるため、一層の低減が必要である。また再エネの中でもPVの増加が際立っており、その導入容量を国土面積あたりで見ると、2019年時点において日本は主要国の中で最大で、平地面積ではドイツの2倍となっている。しかし近年は、PVや風力発電など大規模な再エネ開発が各地で住民の反発を招いている。特にメガソーラーは、土砂崩れや景観悪化、自然破壊を引き起こしている。そのようななかで宮城県は、再エネ導入と環境保全のバランスを図るため、2024年4月から「再エネ新税」の導入を始めた。大規模な森林開発を伴う再エネ発電設備の所有者から営業利益の2

割相当を徴収することで、無秩序な開発に歯止めをかける狙いである。

他方で、「ペロブスカイト太陽電池」への期待が高まっている。この新型PVは、液状の材料を塗布して作った薄膜で形成されるため、従来の結晶シリコン型よりも高い変換効率や印刷技術で量産できる可能性があり、また曲げやゆがみに強くて軽いため応用分野が広い。特に日本は、主な原料であるヨウ素の生産量では世界第2位で、経済安全保障の面でもメリットが大きいといえる。

さらに自然変動電源のPVや風力発電が主力電源化すれば、強靱なネットワークの構築など系統の整備、および出力変動を調整する「調整力」の確保が必要となる。再エネで先行する欧州では国家間の送電が可能な国際送電網の整備が進んでいるが、日本は周辺国との連携がないうえに、東日本（50Hz）と西日本（60Hz）ではほぼ分断化されている。ちなみに、東日本大震災後に東西両エリアで電力を融通できる周波数変換設備の容量は、従来の120万kWから210万kWに増強されたが、もし大地震が起きて大規模な電力不足が発生した場合には十分に対応できない恐れがある。また調整力の確保には、定置用蓄電池の大量導入や脱炭素電源の水素・アンモニアの活用なども必要となる。

このようななか日本政府は、大量導入とコスト低減が可能で、かつ経済波及効果が期待できる洋上風力発電を、再エネの主力電源化に向けた切り札にする方針を打ち出している。「洋上風力の産業競争力強化に向けた基本戦略」によると、政府の導入目標として2030年度に1000万kW、2040年度に3000万〜4500万kWの案件を形成するとしている。また産業界は、国内調達比率を2040年度までに60％、着床式発電コストを2030〜2035年度までに8〜9円/kWhの達成を目標としている。

すでに2021年12月には、秋田県、千葉県沖の3海域で合計約170万kWの入札結果（第1ラウンド）が発表されたが、大手電力会社を含めて複数の企業体が参戦するなか、三菱商事を中心とする企業連合が安価な売電価格で3海域をすべて落札した。その後、新たな条件として売電価格をFITの適用（売り先は大手電力）からFIP（Feed-in Premium）の適用（売り先は自ら確保）に変更し、また「稼働時期の早さ」を加味した第2ラウンドの入札が実施された。その結果、2023年12月に秋田県、新潟県、長崎県の4海域で合計約180万kWの着床式の洋上風力発電が落札された。

洋上風力は、海上に設置するため陸上より基礎づくりが難しく、洋上変電設備や海底ケーブルの設置が必要で、建設費および維持管理費が高くなる。他方、陸上より風況が良くて安定した発電が可能で、土地や道路の制約がないため大型風車の導入が比較的容易で、また景観や騒音への影響を小さくできる。さらに日本には、潜在的な技術力とものづくりの基盤があり、地元との連携を図ることで地域経済の活性化にも大きく貢献できる。特に深い海域で囲われているわが国は、浮体式風力発電で世界をリードできる可能性もあり、GX推進の重要な柱として官民学が一体となって取り組む必要がある。

## 7. 再エネ vs. 原子力の「二項対立」からの脱却を

　日本の電力需要は、過去10年以上も減少が続いてきたが、今後は一転して増加に転じるとの見方が強まっている。家庭部門では、人口減少や節電・省エネなどで需要の低迷が続くが、産業部門では電化の進展、データセンターや半導体工場の新増設などで大幅に増加するからだ。DX時代の進展と米中摩擦の激化に伴い、ビッグデータ・セキュリティや半導体のサプライチェーンを強化して、中国リスクを回避しようとする動きが背景にある。

　今後、再エネの主力電源化が進めば、安定した脱炭素電源である原子力の役割が高まる。日本では、東日本大震災以降、エネルギー政策を巡って再エネか原子力かの「二項対立」の構図から抜け出せず、一種の思考停止の状態が続いてきた。その際、再エネ開発を主導してきたドイツを引き合いに、日本も脱原発を推進すべきとの意見をよく耳にした。留意すべきは、国際送電網が整備されている欧州では各国の実状を反映した政策がとられており、EU全体で再エネと原子力がバランス良く利用されている。脱炭素社会の実現には、どのような技術選択と政策が最適かは各国の置かれた諸条件によって異なるからである。

　日本は、国土の約70％が山岳地帯で、かつ四方を深い海で囲まれた島国であり、また予見できる将来において「アジア・スーパーグリッド」構想のような中国や韓国、ロシアなど近隣国との国際送電線の整備が進むとは考えにくい。今後は、GX推進によって変動性再エネの導入促進が期待されるが、電力供給を全面的に再エネに頼るのは供給の安定性やコスト面から制約が大きい。そう考えると、

自然変動型の再エネと安定出力の原子力は相互補完の関係にある。政府は、地方自治体や企業との協力関係を再構築し、脱炭素と電力の安定供給、料金の最大限の抑制を図るため、実現可能な道筋を国民にわかりやすく示すべきである。特に電力部門の脱炭素化は、国内外から多くのDX投資を呼び込み、日本の国際競争力の強化と地域経済の活性化にもつながるからである。

# 16

**Theme**
**沖縄**

# 沖縄とは何か

**琉球大学人文社会学部国際法政学科 准教授**
## 山本章子

やまもと・あきこ　1979 年、北海道生まれ。編集者を経て 2015 年、一橋大学大学院社会学研究科博士課程修了。博士（社会学）。沖縄国際大学非常勤講師を経て 2018 年に琉球大学着任、2020 年から同大人文社会学部国際法政学科准教授、現職。専門は国際政治史。著書に『米国と日米安保条約改定──沖縄・基地・同盟』（吉田書店、2017 年。日本防衛学会猪木正道賞奨励賞）、『日米地位協定──在日米軍と「同盟」の 70 年』（中公新書、2019 年。沖縄研究奨励賞・石橋湛山賞）など。共著に『日米地位協定の現場を行く──「基地のある街」の現実』（岩波新書、2022 年）など。

## はじめに

まずは筆者の立場を明らかにしたい。筆者は約11年のあいだ沖縄に住み、これからも沖縄に住み続ける予定だが、生まれ育ちは北海道であり、沖縄に血縁は持たない。沖縄国際大学と琉球大学で教員を務め、歴史家として日米安全保障条約（以下、日米安保）や日米地位協定について研究してきた。沖縄県知事のアドバイザーを務め、日米安保や沖縄の基地問題に関する現状分析を行っているが、平和運動や政治に関わったことはない。沖縄タイムスや琉球新報の取材や依頼を受けてコメントを出したり寄稿したりすることはあるが、両紙と見解や主張を同じくしたことはない。自由民主党や立憲民主党などの所属議員の勉強会の講師を務めたり、在沖米軍や外務省の関係者と意見交換を行ったりすることもあるが、研究活動の一環であり組織との利害関係は一切ない。

したがって、ここで書くことはあくまでも歴史家としての研究成果と現状分析に基づくものであり、自らの思想の表明や政策提言ではないことをお断りしておきたい。

## 1. 戦後つくられた「沖縄」

原田マハ氏の『風のマジム』という小説がある。南大東島のさとうきびを原料とする初の沖縄産ラム酒「コルコル」造りに成功した、グレイスラム社長の金城祐子氏がモデルになっている。小説の主人公まじむは、ラム酒事業のキーパーソンとなる南大東島商工会の会長や酒造家の真心を揺り起こして事業を成功に導く。

舞台の南大東島について、作中では次のように説明されている。「古来、琉球で『東の果ての島（うふあがりじま）』と呼ばれ、百年まえまで人の暮らさなかった絶海の孤島」。この説明は間違いではないが正確でもない。南大東島、北大東島、沖大東島からなる大東諸島は、現在は沖縄県に属しているが、戦前は「沖縄」ではなく「南洋」の一部と見なされていた。当時の「南洋」は、伊豆諸島を北端として小笠原諸島や硫黄列島を中心にグアム、サイパンなどのマリアナ諸島も含め大東諸島を西端、北西ハワイ諸島を東端とする広大な範囲を指す。

「南洋」は戦前の国の生産力で養えない過剰人口の排出先であり、無人島の開発で一攫千金を狙う人々の進出先だった。大東諸島も1885年に日本領とされた際は便宜的に沖縄県に属したが、1899年には玉置商会に無償で貸与され、伊豆諸島の八丈島と琉球諸島（奄美・沖縄・八重山諸島の総称）、台湾、朝鮮半島からの移民が小作人として働くさとうきび栽培・製糖のプランテーションとなる。その後、大日本製糖（1943年から日糖興業に商号変更）に所有権がわたった南北大東島は、太平洋戦争後は沖縄・八重山諸島と共に1972年まで米軍の占領統治下におかれる。

『風のマジム』では、南大東島を訪れたまじむと地元の人々が沖縄言葉で会話する。だが、沖縄言葉が南大東島の主流になったのは近年だ。戦前まで移民ヒエラルキーの頂点にいた八丈島出身者は、米軍占領下で琉球諸島出身者に対する優位を失っていく。八丈島系の人々が沖縄言葉を使い、沖縄そばを食べ、泡盛を飲むようになるまでには約1世紀かかった。

沖縄そばも27年にわたる米軍占領統治の産物だ。もともとは明治時代に中国から入っ

てきた「支那そば」、つまりラーメンに近い
ものだった。戦後に米軍が食糧難の沖縄に大
量のアメリカ産小麦粉を持ち込み、小麦粉と
かんすいを使ったそばに豚骨とかつお節でと
っただしに塩を加えたスープ、という現在の
沖縄そばが食べられるようになった。

　かつお節とて沖縄で作って食べられるよう
になったのは20世紀からだ。それ以前から
沖縄の人々が食べていたのは、地元では採れ
ない昆布。1609年以来、薩摩藩に支配されな
がら、それ以前からの中国との朝貢関係を続
けた琉球王国は、近江商人が仕入れてきた北
海道の昆布を中国に売るようになり、自分た
ちの食事にも取り入れた。

　沖縄県の昆布消費量は昭和の終わりまで日
本でトップ3、平成10年（1998年）までトッ
プ10に入っていた。ところが、2000年前後
から沖縄県の昆布消費量はガクッと下がる。
戦前から昆布を使った料理を食べてきた世代
が減り、米軍占領期以降のステーキやハン
バーガー、コーラ、「ポーク（ポークランチ
ョンミート）」などの高脂肪・高糖質な食文
化で育った世代が中心となったからである。
1972年の沖縄復帰後は日本本土から寿司、
焼き肉、ラーメンが入ってきたことも影響し
ているという。

　このように、現在の沖縄県の地理範囲も一
般的な食文化も戦後つくられたものである。

## 2.「沖縄県民の4人に1人」以上 が戦争の犠牲に

　太平洋戦争末期の1945年3月26日から現
地の日本軍が降伏文書に調印した同年9月7
日まで続いた沖縄戦は、一般住民が動員され、
疎開を認められず、スパイ容疑をかけられ、

米軍への投降を許されず、沖縄県民の4人に
1人が亡くなった地上戦として広く知られて
いる。その一方で、同じく沖縄県民が多数亡
くなりながらあまり知られていないのが南洋
戦やフィリピン戦である。

　敗戦の1年前の1944年にグアムやサイパ
ンなどの南洋諸島で展開された戦いでは、日
本兵に加えて沖縄出身の移民が数多く死亡し
た。サイパン6217人、ペリリュー・パラオ・
アンガウル合わせて3432人、テニアン1937
人、トラック448人、ロタ368人、ポナペ
249人、グアム58人、ヤップ44人、クサイ
エ37人、ヤルート36人。正規に徴兵された
者を除いた沖縄出身の軍属、戦闘参加者（現
地で軍に徴用された者）、一般住民の犠牲者
の推定数を多い諸島の順に並べた数字だ。例
えば、サイパン戦で日米両国の兵士・民間人
合わせた総死者数は5万4426人なので、そ
のうち約11％が沖縄出身の民間人という計算
になる。

　なぜこれほど多くの沖縄出身の民間人が南
洋諸島で命を落としたのか。第1次世界大戦
とともに特需も終わり不況となった日本国内
に、日本の植民地となった南洋諸島や台湾か
ら安価な砂糖が流れ込み、1920年代半ばに砂
糖の価格が暴落すると、沖縄のさとうきび農
民は経済的に追いつめられる。「ソテツ地獄」
と呼ばれた、猛毒を含むソテツの幹しか食べ
る物がないほどの貧しい生活に陥った。沖縄
の農民は生き延びるため、職を求めて南洋諸
島やフィリピン、ラテンアメリカなどへと移
住した。

　とりわけ南洋諸島では、1930年代に朝鮮半
島など外地の出身者を除いた日本人の移民の
過半数が沖縄出身者となる。1943年時点で、
南洋諸島の日本人移民約10万人のうち、約6

万人が沖縄出身者だったという。

フィリピン南部のミンダナオ島でも、沖縄県出身者1万人以上が麻の栽培に従事していたが、太平洋戦争中に戦闘に巻き込まれたり、マラリアなどに感染して死亡した。ちなみに、全国的に有名な沖縄料理チャンプルーは、戦後生まれでありながら、その語源は不明だ。個人的には、インドネシア語・マレー語の「チャンプール（「混ぜる」の意味。同じ名前の炒め物料理もある）」に由来するのではないかと推察している。というのも、戦前にはカツオ漁を営む人々が沖縄からインドネシアに移住。太平洋戦争中に日本軍の一員としてインドネシアの占領統治に関わった、故稲嶺一郎氏（稲嶺恵一元沖縄県知事の父で参議院議員）などの沖縄出身者もいる。戦争に巻き込まれて同胞の多くが亡くなるなか、命からがら沖縄に帰ってきた人々がインドネシアで覚えた料理を広めたとしても不思議ではない。

沖縄戦を「住民を巻き込んだ唯一の地上戦」とする言説は沖縄の中では根強いが、このように海外の移住先で地上戦に巻き込まれて亡くなった沖縄出身者も多数存在する。「本土」と対比して「沖縄の犠牲」を強調し過ぎると、海外で犠牲になった沖縄の民間人の存在を捨象する危険がある。

そのためか、沖縄戦を「住民を巻き込んだ『国内』唯一の地上戦」ということもあるが、これは同じく日本の領土である硫黄島の戦いで住民103人が強制動員され、10人を除いて全員亡くなった事実を無視している。同じく日本領だった樺太・千島列島でも、1945年8月9日に対日参戦したソ連の上陸で犠牲者が出ている。

また、後述するが、本土との対比で、沖縄で地上戦が展開された事実を強調するあま

り、沖縄島嶼地域の戦争体験を捨象した沖縄戦の語りになりがちだという問題もある。

## 3.「本土 vs. 沖縄」の図式

1996年に日米間で返還が合意された米海兵隊普天間飛行場（沖縄県宜野湾市）の県内移設に、沖縄県民の過半数は反対している。反対を公約に掲げて当選した翁長武志、玉城デニー両知事を支える政治勢力「オール沖縄」の原点は沖縄戦の記述を巡る教科書問題だ。

2007年、第1次安倍晋三政権下の文部科学省が高校教科書検定で、沖縄戦における「集団自決」の日本軍による強制の記述を削除・修正させた事実が報道される。記述復活を求める県民大会で、当時は那覇市長だった翁長氏は「平和を希求する思いは保革を問わない」と訴えた。

翁長氏は、父も兄も保守政治家という環境で育ち、自民党県議、県連幹事長を歴任した。しかし、「時間があれば沖縄に行け」と田中角栄氏に言われて育った自民党経世会政治家たちの情の政治から、福田派・清和会の政治家たちに自民党の本流が移って以降の、翁長氏いわく「ハートのない」政治は、自民党ひと筋で生きてきた翁長氏に深い失望と不信感を与える。

2012年10月に実施された普天間飛行場へのMV-22輸送機（通称：オスプレイ）の配備に対し、翁長氏は民主党政権を批判、県民の先頭に立って開発段階で事故が多発したオスプレイの配備撤回を訴えた。自民党・安倍政権が復活してまもない2013年1月には、生粋の自民党政治家であるにもかかわらず、翁長氏は沖縄県の41市町村長、41市町村議会議長、超党派の県議ら約140人を集めて上京、

都内の日比谷公園から銀座までオスプレイ配備撤回のデモ行進を行った。

2013年末、普天間移設先とされた名護市辺野古沿岸部の埋め立て申請を仲井眞弘多知事が承認すると、翁長氏は翌2014年11月の知事選に自民党を割って革新勢力と手をたずさえて出馬、かつて自らが選対本部長として支えた仲井眞氏を約10万票の大差をつけて破る。「オール沖縄」の誕生だ。翁長氏のキャッチフレーズは「イデオロギーよりアイデンティティ」。「ウチナーンチュ（沖縄の人）」としてのアイデンティティを軸に県民の結集を図った。

2018年の翁長氏急逝後も、「ウチナーンチュ」の意識は「オール沖縄」の核となってきた。玉城知事が再選した2022年の3～4月、読売新聞社が2000人を対象に郵送方式で実施した沖縄県民世論調査では、「自分の出身県にどれくらい誇りを持っているか」との問いに「大いに持っている」と回答した者が、沖縄全体では58％（同時期の全国調査結果は平均30％）。玉城知事支持層では61％に上った（不支持層では53％）。また、「ウチナーンチュ」という意識と「日本人」という意識のどちらが強いかという問いに「ウチナーンチュ」と答えたのは玉城知事支持層では62％に達した（不支持層では49％）。

「ウチナーンチュ」の意識をあえて一言で説明すると、先祖や先祖を同じくする人々とのつながりを大事に思う意識だろうか。戦前から行われてきた清明祭（シーミー）の墓参りや旧盆の先祖供養では、家族や親戚が集まって行事や食事をするのが伝統とされる。全国的に有名な伝統芸能エイサーも、旧盆に行われる先祖の霊を慰める歌と踊りだ。

このように、太平洋戦争と米軍占領統治を経て出来上がった「沖縄」の社会統合の軸は、沖縄戦の記憶と「ウチナーンチュ」というアイデンティティであり、「ウチナーンチュ」の意識は日本政府と同一視される「本土」との対立の中で先鋭化している。その象徴的な存在が「オール沖縄」といえよう。

とはいえ、翁長氏や玉城氏など「オール沖縄」を構成する大多数は沖縄戦を体験していない世代であり、継承すべき記憶として語られるのが「住民を巻き込んだ地上戦」という、沖縄島嶼地域の体験を捨象した「沖縄本島」史観になりがちな傾向がある。沖縄戦では日本軍が石垣島を含めた八重山諸島の住民をマラリア有病地域へ強制避難させ、敗戦直後までに3647人がマラリアで亡くなった。

こうしたこともあり、「オール沖縄」は2014年の沖縄県知事選で誕生して以来、国政選挙でも地方選挙でも石垣島、宮古島をはじめとする島嶼の有権者の多くから一貫して支持されてこなかった。例外は2022年の県知事選で、石垣・宮古で現職の玉城知事が僅差だが最多票を獲得している。これは、コロナ禍の影響で集会の開催や島外からの関係者来訪が自粛され、知名度のある現職に有利に働いたことと、自民党沖縄県連が県議選と同時に行われた県議選補選で、石垣・宮古の観光業界の利権を侵すチェーンホテル経営者を擁立して不評を買ったためという。

## 4. 諸悪の根源は地方への押しつけ

「本土」との対立によってひとつにまとまろうとする「オール沖縄」のあり方は、沖縄県民の国内政治に対する見方や地元メディアの報道にも大きな影響を与えている。端的に

言えば、「沖縄の米軍基地が減らないのは本土による差別や無関心のせいだ」と言う主張が基調となっている。その指摘自体は事実だが、「本土」とは誰かという点が問われないという問題もはらむ。

2009年に誕生した民主党政権の鳩山由紀夫首相は、一度は普天間飛行場の移設先を「最低でも県外」と表明したが、まもなく前言撤回した。外務官僚の面従腹背や外務・防衛両省に抱きこまれた閣僚の造反が要因とされるが、沖縄県外で普天間代替施設を受け入れる自治体がひとつもなかったことも大きいだろう。鳩山政権が検討した移設先は徳之島や馬毛島（いずれも鹿児島県）だが、過去には苫小牧市東部（北海道）や硫黄島（東京都）も候補に挙がった。

これらはいずれも地方の過疎地域や無人地域だ。その背景には、財政難や過疎化に苦しむ自治体であれば、騒音や事件・事故の危険が伴う米軍基地を受け入れることに、補助金や税収を得られるというメリットから応じるのではないかという計算がある。

日本政府は、このような「補償型政治」によって在日米軍専用施設の約7割を沖縄に維持し続け、あるいは中央から地方へ、都市から過疎地域へと米軍の活動拠点を移し、人口の多い場所から遠ざけることによって基地問題を「解決」してきた。一部の地方に米軍基地が集中すれば、基地から派生する問題を大多数の日本人が考える必要に迫られなくなり、関心を抱かなくなることは、米軍の日本駐留を維持したい日本政府にとって都合が良い。

筆者が苫小牧市の生まれ育ちであると知った、沖縄タイムスの記者が「普天間引き取ってよ。広いから問題ないでしょ」と言った

ことがある。「ウチナーンチュ」からすれば、北海道も「本土」であり、沖縄の犠牲の上に日米安保の利益としての平和を享受する側に見える。

その北海道出身の兵士が1万人以上死んだのが沖縄戦だ。この戦いで死者が1万人を超えたのは沖縄・北海道出身者だけである。また北海道には、冷戦期にソ連軍の上陸を想定して陸上自衛隊の戦車部隊などが重点的に配備され、全国にある自衛隊演習場の約5割が集中している。陸上自衛隊の騒音被害に耐えかねた農家の人間が抗議行動を行って自衛隊員から集団で暴力を振るわれ、起訴された「恵庭事件」や、航空自衛隊のミサイル基地建設に反対する地域住民が訴訟を起こしたが敗訴した「長沼事件」もあった。一方的に平和の恩恵にあずかってきた地域とはいえない。

沖縄の側が「本土 vs. 沖縄」の図式を強調することが、本土の過疎地域に「安全保障上の平等な負担」を転嫁することにしかならず、結果として、地方に負担を押しつけ不可視化することで事足れりとする日本政府の政策に加担する、という落とし穴がここには存在する。

## 5.「オール沖縄」が沖縄分断にならないために

「迷惑施設」を地方に押しつける、あるいは過疎地域間でたらい回しにするという政治のあり方は、廃棄物処理施設や原子力関連施設でも繰り返されてきた。いわゆるNIMBY（ニンビー、Not In My Backyard：「必要性は理解できるが自分の裏庭にはつくってほしくない」）の問題だ。解決策としては①自治体への多額の補償金や補助金の交

付、②情に訴えることで地元と合意形成、③政府による強権の発動の3パターンが行われてきた。

政府の沖縄基地政策は、①・②の段階を経て現在③の状態にある。①についていえば、日本政府は1972年の沖縄復帰以来、本土との格差是正を目標に沖縄振興開発計画を進めてきた。1990年代以降は「沖縄の基地負担軽減」を掲げてSACO（Special Action Committee on Okinawa：沖縄に関する特別行動委員会）交付金、米軍再編交付金などを交付。基地所在市町村活性化特別事業（通称：島田懇談会事業）や北部振興事業の名目で、基地所在自治体に対する高額の公共事業も実施され、沖縄経済特区の創設も許可された。

②についても、経世会を代表する自民党政治家のひとり、野中広務氏は県議1期目だった翁長氏の前で頭を下げ、「（基地を減らしてほしいと言われても）今の日本にはできないんだ。申し訳ない」と謝罪したという。小渕恵三首相も「ブッチホン」の異名をとる電話攻勢で自ら稲嶺恵一沖縄県知事と岸本健男名護市長を説得し、1999年末に普天間代替施設を辺野古沿岸地域に建設することへの合意を取りつける。沖縄側は合意にあたって代替施設の「軍民共用」、「15年使用期限」などの条件を課し、小渕首相はそれらをすべて受け入れて閣議決定した。

だが、清和会政治家の小泉純一郎政権になると③へと段階が移り、情に訴えて政府が沖縄側の信頼を得る手法はとられなくなる。2004年に普天間飛行場と隣接する沖縄国際大学に米軍ヘリが墜落・炎上した事故で、小泉首相は稲嶺知事から面会を求められても夏休みを理由に応じなかった。また、沖縄県の頭越しに日米両政府間で代替施設建設計画の

修正に合意し、小渕政権の閣議決定を一方的に破棄した。次の安倍政権になると米軍基地の受け入れと沖縄振興策をリンクさせるようになり、以後の自民党政権は現在に至るまでその手法を継続・強化している。

小泉政権以降の自民党政権による強権的な辺野古移設推進に加えて、安倍首相の右派的な歴史認識に基づく教科書検定や、2013年4月28日の「主権回復の日」政府式典の実施などが「オール沖縄」を生み出した。同日は1952年にサンフランシスコ講和条約が発効し、降伏して連合国軍の占領下にあった日本が主権を回復した日だが、沖縄にとっては日本から切り離されて引き続き米軍占領統治下におかれた「屈辱の日」だ。安倍首相の歴史に対する無知が沖縄側の怒りに火を注いだのだ。

しかし、「オール沖縄」の凝集力は弱い。2018年2月には金秀グループの呉屋守将会長が、同年4月には沖縄コンベンションビューロー会長でかりゆしグループオーナーである平良朝敬氏が脱退、主要な資金源を失う。翁長氏と一緒に自民党を割って出た県議グループ、「会派おきなわ」に所属していた赤嶺昇氏も2021年に離脱した。翁長氏のあとを継いで那覇市長になった城間幹子市長も2022年、「オール沖縄」候補ではない副市長の知念覚氏を後継に推した。

NIMBYを訴える反対運動は歴史的に見て、「迷惑施設」が生活や利権と不可分であることからどこかで必ず限界に直面し、深刻な地域社会の分断を引き起こす。外から応援に来る活動家やジャーナリストには運動が失敗しても帰る場所があるが、生まれ育った地域から離れられない者はコミュニティや人間関係が壊れてもその場所で生きていかねばな

らない。だが、分断された地域社会の傷の修復には膨大な年月を要する場合が多い。

　地方に「迷惑施設」を押しつける日本政府の政策は変わらず、政府と沖縄県との対立はこれからも続く。であればこそ「オール沖縄」は、「本土vs.沖縄」以外の論理によって沖縄とは何かを再定義し、沖縄の中で修復不可能な分断が生じることを避けなければならないのではないだろうか。今の沖縄に必要なのは、「再生」の必要がないように地域の絆が「死なない」ことであろう。

# 17

**Theme**
## 防衛

# 日本再生の道：
# 防衛という視点

元陸将
元国際大学教授

## 山口 昇

やまぐち・のぼる　1951年、東京都生まれ。1974年に防衛大学校卒業後、在米国大使館防衛駐在官、陸上自衛隊研究本部長などを歴任、2008年に陸将で退官。その後、防衛大学校教授。2015〜2024年、国際大学国際関係学研究科教授。フレッチャー法律外交大学院修士課程及びハーバード大学オリン戦略研究所に留学。2011年に内閣官房参与（危機管理担当）、2017〜2019年に「核軍縮の実質的な進展のための賢人会議」委員などを歴任。2022年に瑞宝中綬章を受賞。主な著書に『Hybrid　Warfare』（2012年、Cambridge）、『武器の歴史大図鑑』（2012年、創元社）、『軍事力の効用』（2014年、原書房）など。

## はじめに

近年、日本の防衛態勢は南西にシフトしてきた。九州から南西諸島に至る地域に隣接する朝鮮半島及び東シナ海に安全保障上の懸念が数多く存在するのが理由のひとつだ。また、少し広い視野でみると、日本にとって南西正面は、米国と共に主唱する「自由で開かれたインド太平洋構想（Free and Open Indo-Pacific: 以下、FOIP）」の対象となる地域への入り口に当たる戦略的な要点でもある。東シナ海から南シナ海を経てインド洋に至り、さらには中東、アフリカ大陸東岸、ヨーロッパにつながる海上交通路は、日本の繁栄の源であり、かつ日本の生存を支える生命線でもある。生命線が所在する各地域の平和と安定は、日本にとって死活的な意味を持つ。

一方、台頭目覚ましい中国は「一帯一路構想（Belt and Road Initiative: 以下、BRI）」を掲げ、かつてユーラシア全体に富と文化をもたらしたシルクロードを陸路だけでなく海路をも含めて再現しようとしている。ここで重要なのは、FOIPとBRIが対象とする地理的広がりには重なりがあるということだ。両者は、基本的に経済的な発展を念頭に置いているため、今後の国際経済が発展していくうえで期待される地域に関心が集まるのは当然だ。

ところで、FOIPとBRIにとって東端に当たる北東アジアは、両者にとって要である一方、何かと物騒なことの多い地域でもある。朝鮮半島と台湾海峡は、米中ロという大国を含む関係各国にとって安全保障上の利害が相剋し、錯綜する火点だ。北朝鮮の現役兵力128万人に対して韓国軍50万人と在韓米軍3万人が対峙する朝鮮半島は、世界でも最も軍事力の密度が高い地点であり、台湾海峡にお[1]

ける中台間の軍事バランスは、中国の経済成長を背景に年々大陸側に傾き続けている。台湾海峡の東方約200kmに位置する尖閣諸島周辺では、日本の海上保安庁が極度の緊張のもとに中国海警局と鎬を削っている。

## 1. 中国の台頭という現実と 南西正面の防衛という課題

### 中国の台頭の軍事的意味

中国の台頭という現実に対応するのは容易ではない。それがFOIPとBRI両者の東端が重なる戦略的な要、北東アジアを巡ってのことであればなおさら厄介だ。日本や米国及びその同盟・友好国にとっては、この地域で中国とどのような形で向き合うかという問題は深刻だ。日本としてこの問題を突き詰めれば、南西正面の防衛態勢をどうするかという点に帰着する。

軍事面における中国の台頭は目覚ましい。1990年代から継続する経済成長を背景として中国の軍事費は増加を続けており、2024年版『日本の防衛』によれば、その規模は「1994年度から30年間で約32倍、2014年度から10年間で約2.1倍」に伸びてきた。[2]この投資によって蓄えた実力を背景として、中国軍、特に海軍及び空軍は、東シナ海からわが国の南西諸島を経て西太平洋に至る地域での活動を活発化させている。2010年代には、中国海軍の艦艇や航空機が挑発的な行動に出る事案が頻発した。例えば、2013年1月には、中国の艦艇が海上自衛隊のヘリコプター及び艦艇に火器管制レーダーを照射する事案が発生した。日本政府としては、火器管制レーダーの照射はミサイルや火砲などの火器使用に先立って行う行為であり、不測事態を招きか

512

ねない危険な行為であるとして、外交ルートを介して中国政府に対して申し入れを行った[3]。最近では、このような挑発行動こそ目立たないものの、海・空軍の艦艇や航空機のわが国周辺における活動は極めて活発で、その自信を示すものとなっている。例えば、2021年には、中ロ海軍の艦艇が合同して日本の太平洋側を航行し、津軽海峡から日本海に入り対馬海峡を経て東シナ海に向かう、いわば日本を一周するコースを航行した[4]。

英国ロンドンの国際戦略研究所によれば、2023年における中国の国内総生産（GDP）は17.7兆ドル、日本の4倍に相当する経済力だ。その国防支出は3190億ドルで、日本の防衛費539億ドルの6倍ではあるものの、GDPの約2％と決して高すぎず、経済に悪影響を及ぼすほどのレベルではない。言い換えれば、無理なく支出を続けられる水準だ[5]。だとすれば、日本の防衛費の6倍以上を国防に支出し続けることとなり、この地域の軍事バランスはますます中国優位に傾くこととなる。中国が強大な軍事力を背景として主張を強める蓋然性は高まる。

### 「手詰まり」という選択肢

とはいえ、軍事面における中国の急激な台頭という変化を絶望視する必要は必ずしもない。結論からいえば、万一軍事衝突という事態に陥れば、勝てないことは明らかだが、敗北を避けることは不可能ではないという希望だ。この楽観は、2022年2月以降のウクライナにおける戦況推移のアナロジーでもある。開戦当初キーウ陥落が危惧されるなか、ウクライナ軍の善戦は目覚ましく、ロシア軍の攻勢は早々にとん挫した。ロシア軍は、思い切りよくキーウ周辺の戦線を縮小・整理し、

ウクライナ東部と南部に戦力を集中して防勢に転じてウクライナの反転攻勢に備えた。2023年夏に開始されたウクライナの攻勢も、周到に準備した地雷原などの障害と強力な砲兵に保護されるロシア軍陣地に阻まれ、その進展は大方の期待に沿うものではなかった。2023年11月、ウクライナ軍総司令官のザルジニー大将（当時）は、『エコノミスト』誌のインタビューに答えて戦況が「手詰まり」（stalemate）状態になっていることを指摘したうえで、現状の行き詰まり（deadlock）を打開するためには革命的な技術革新が必要と述べた[6]。現状の打開が極めて困難であることを認めたのだ。

確かにゼレンスキー大統領の主張どおりに奪われた領土すべてを奪回することは不可能に近いように見える。一方、ロシア側から見ても近々ウクライナ全土を占領するような戦果を挙げることは難しそうだ。両者にとって自らの要求を完全に満たすことはできない一方、相手がそうするのを拒否することは可能な状態、つまり、勝てはしないが完全に負けることはなさそうな「手詰まり」だ。弱者にとっては、「手詰まり」という膠着状態を作為できれば、状況の大きな改善は望めないが、最低限、破滅的な悪化は避けられるということになる。強者にとっても「手詰まり」が予見できれば、攻撃を思いとどまるということも選択肢となり、言い換えれば、拒否力による抑止が機能する。

### 南西正面で「手詰まり」を模索する

この点、日本が南西諸島周辺を中心とする海域で「手詰まり」を予感させることには、軍事衝突を未然に防止するうえで大きな意味がある。近年、自衛隊が南西正面に重点を移

すことによって、このことの現実性が増しているのは心強い。ところで、この動きが始まるのは、わずか10年ほど前のことだ。2011年版『日本の防衛』によれば、当時、南西諸島に配備されていた主要部隊は、陸上自衛隊の第15旅団、海上自衛隊の第5航空群、航空自衛隊の南西混成航空団であり、いずれも沖縄本島に所在していた。沖縄本島以外では、沖永良部島、久米島及び宮古島に航空自衛隊のレーダーサイトが配備されているに過ぎなかった。[7] 2016年に与那国島で陸上自衛隊の沿岸監視部隊が編成されたことに続き、2019年には奄美大島及び宮古島に、2023年には石垣島に陸自部隊が配備された。奄美、宮古、石垣の各島に新編された部隊は、いずれも警備部隊、対艦ミサイル部隊及び対空ミサイル部隊からなっており、対艦・対空防衛及び住民保護の能力を持つ。

これらの部隊は、沖縄本島に所在する同種の部隊と共に南西地域内に約100〜200km間隔で常時展開して局地的な対艦・対空防衛の傘を提供する。小さな傘ではあるが、いざというときに、本州などの地域外に所在する部隊が展開するうえでは心強い存在だ。船舶や航空機で増援部隊を輸送する際に、目的地の港湾や空港が海上・空中からの脅威に対して防護されていることが重要だからだ。1200kmにわたる南西海域には、198島（面積0.01km$^2$以上）が点在する。その大部分に当たる160島は沖縄県の行政管轄下にあり、沖縄本島以外の島のうち39島は有人だ。[8] 防衛という視点に立てば、そのすべてに部隊を配置するのは不可能であり、前述のように主要な島に小規模な部隊を常駐させるほか、必要に応じて増援部隊を緊急展開することになる。平時から部隊が配備されている宮古島、石垣島などは、その際の足がかりとして重要な存在だ。

日本が南西正面で「手詰まり」を目指すうえで心強いのは、米軍が同じような方向に舵を切りつつあることだ。米海兵隊は、南西諸島からフィリピンに至る東シナ海・南シナ海沿岸の要点に対艦・対空防衛の傘を展開して、その周辺の局地的な航空・海上優勢を獲得することを狙っている。これによって後続の海軍艦艇部隊を援護し、その前方展開によってより広い地域での航空・海上優勢を獲得しようとする戦略だ。[9] このために、沖縄に司令部を置く第III海兵遠征軍は、隷下の海兵連隊を海兵沿岸連隊（Marine Littoral Regiment: MLR）に改編する計画を進めている。MLRは、従来の歩兵あるいは砲兵を主体とする連隊ではなく、歩兵大隊及び長射程対艦ミサイル中隊を基幹とする沿岸戦闘団（Littoral Combat Team）を中心とし、防空、対空監視警戒、航空燃料・弾薬再補給を任務とする沿岸防空大隊（Littoral Anti-Air Battalion）及び兵站大隊から編成される。第二次世界大戦末期に米軍が行ったノルマンディ上陸のような大規模な強襲上陸作戦ではなく、小規模な部隊を前方に潜入させて海上・航空優勢を巡る戦いに寄与することに特化した編成といえる。こうしてみると、対艦・対空防衛の傘を前方に展開する考え方は、陸上自衛隊の島嶼配備部隊によく似ている。陸上自衛隊が平素から主要な島に配備しているのに対して、海兵隊は有事に必要な地点に緊急展開するという点だけが違いだ。

台湾海峡を巡る不測事態を考えても、ウクライナと同様に攻撃側の意思を拒否する可能性が期待できる。また、地続きの国境を陸路突破したロシア軍がキーウ近郊に迫りなが

ら、その攻撃がとん挫した事実は、台湾にとって心強い例となる。150〜200kmの幅を持つ台湾海峡を海上あるいは空中を機動して侵攻するのは、ロシアのウクライナ侵攻よりもはるかに困難だからだ。台湾の邱国防部長は、2023年に公表した国防報告の巻頭、ウクライナが国際的な支援を得てロシアの侵攻をとん挫させた教訓を踏まえて、「全体主義政権といえどもプーチンの悪夢のように戦争の泥沼に深入りすることを恐れるかもしれない」[10]と指摘した。台湾としても相手に対して「予想される犠牲を考慮して戦争を開始することを思いとどまらせる力はある」[11]と希望をつないだのだ。同報告は、全編を通じて台湾の戦略的重要性を国際社会に訴えるとともに、台湾自身の防衛努力を詳説して自らを防衛する強い決意を示している。ウクライナが民主主義の盾となっていることの重要性を力説しつつ、自国防衛のためゼレンスキー大統領以下一丸となってきたことで西側の支援を得たという教訓に基づいてのことだ。

## 2. 防衛のための具体的施策

前項で考えた「手詰まり」の実現を含め、日本を防衛するという目的を達成するために重要な施策がいくつかある。すべて、2022年に策定された「防衛力整備計画」に明示的あるいは暗示的に含まれてはいるものの、次の指摘する点について広い理解と支持を得ておくことが必要だ。

### 積み残してきた課題への対応

その第1は、これまで積み残してきた課題に早急に取り組んで、保有する防衛力を有効に発揮できる態勢を築くことだ。特に①作戦に必要な弾薬などの備蓄を進めること、②敵の攻撃を想定して装備や部隊を保護するための生存性・強靭性を向上するための施策を講じることは喫緊の課題だ。この両者は、いずれも見た目に華やかさや勇壮さはなく地味なうえ、要する経費は思いのほか莫大だ。

弾薬や部品の備蓄が十分でなければ、戦闘車両や砲、護衛艦、戦闘機といった第一線装備をいくら整備しても意味がない。他方、第一線装備が増えれば、目に見えて実力を蓄えたように見えるのに対し、補給のための備蓄は地味で目につかず、投資する魅力に乏しいという現実も無視できない。また、購入した弾薬を貯蔵するためには弾薬庫が必要で、その建設も簡単ではない。都市化が進んだ地域を避け、人口希薄な山間地などで候補地を探すと同時に、過疎地に警備や管理のための人員を配置するという問題にも取り組まなければならないからだ。このような事情からこれまで防衛所要として弾薬を備蓄するための予算は必要を大きく下回るものだった。[12]2010年の時点で自衛隊が保有していた弾薬総量（訓練用を含む）は12万5000t[13]、日本に対する侵略に際して陸海空自衛隊が一定期間にわたって抵抗を継続するにはおそらくこの数倍は必要と思われる。一般的に陸軍は1万〜2万人あたりで1日500〜1000tの弾薬を消費する。[14]その10倍の人員を擁する陸上自衛隊だけでも1日5000〜1万t、これに海空自衛隊の所要を加えれば、前述の12万5000tを撃ち尽くすまでの時日は多くない。この点、2023年度予算から弾薬整備に充当する経費が3倍以上に増額されたことは遅きに失したとはいえ心強い。2023年度には前年度比3.3倍に当たる8283億円が弾薬整備のために充当された。[15]

飛行場や港湾などの自衛隊インフラを強靭化することも弾薬同様に整備が遅れてきた分野だ。例えば、自衛隊の作戦用航空機は、民間航空と同様の格納庫に収容されているが、ミサイル攻撃や破壊活動に対して極めて脆弱だ。飛行場に航空機を防護するためのバンカーを建設するだけでも生存率は大きく増す。この点についても弾薬と同様に2023年度予算以来大きく改善されており、施設整備に前年度比3.1倍に相当する5049億円が充当された。

このように抜本的な改善策が講じられていることは高く評価すべきだ。ただし、自衛隊が発足して以来ほぼ手つかずだった宿痾であることを考えれば、満足することがあってはならない。長期間にわたって地道な努力を続けなければならない。

**新たな施策の実効性を確保するということ**

第2に、新しく打ち出され施策の実効性を確保するために理解を深めておくべき点がいくつかある。2022年12月、政府は「国家安全保障戦略」、「国家防衛戦略」、「防衛力整備計画」（新安全保障3文書）を公表して、日本の安全保障・防衛政策の中長期的な展望を示した。防衛力の整備に関しては、特に防衛力を抜本的に強化するために重視する分野を明らかにした。「スタンド・オフ防衛能力」、「統合防空ミサイル防衛能力」、「無人アセット防衛能力」、「領域横断作戦能力」、「指揮統制・情報関連能力」、「機動展開能力・国民保護」、「持続性・強靭性」の7つである。

このうち、持続性・強靭性は積み残した課題として前項で取り上げた。本項では、①長射程のミサイルなどの火力を中心とする「スタンド・オフ防衛能力」と、②陸海空という

伝統的な領域に宇宙、サイバー、電磁波を新たな領域を加えた「領域横断作戦能力」という2つの点を取り上げて、防衛態勢整備の新機軸に実効性を持たせるための要点を考察する。この2分野は、その他の重視分野を含め防衛力の整備と運用全体を左右する潜在力を持っているからだ。

新たな国家安全保障戦略などが策定される過程において、大きく取り上げられた話題のひとつに米国のトマホークのような長射程のミサイルによる敵地攻撃能力がある。筆者の理解では、「スタンド・オフ防衛能力」はその議論の延長線上にある。「スタンド・オフ防衛能力」とは、侵攻してくる敵に対して、その脅威の圏外から対処する能力のことだ。筆者は、この能力を考えるうえで2つのことを念頭におく必要があると考えてきた。

1つ目は、この能力を柔軟に考えれば、より効用が増すということだ。敵の脅威が及ばない後方からの射撃、あるいは前方からの敵後方に対する射撃という縦の選択肢だけでなく、横方向に対する射撃を考えれば、広い正面をカバーできる。例えば、射程700kmの対地・対艦ミサイルを沖縄本島に配置すれば南北に1200kmの広がりを持つ南西諸島全域を火力で覆うことができる。

2つ目は、長い射程を持つミサイルを有効に運用するためには、警戒・監視、情報収集・分析能力が不可欠という点だ。平素から周辺海空域を監視して情報を蓄積するとともに異常な動きを探知すること、必要な場合には探知した目標を追随してミサイルなどによる射撃を誘導し、さらには射撃の効果を判定することは、ミサイルを運用するうえでの鍵になる。この点、現行の防衛力整備計画が、長射程のミサイルやこれを発射するためのプラッ

トフォームだけでなく、情報収集などの能力を重視していることは評価できる。特に小型で比較的安価の低軌道衛星を多数打ち上げて有機的に運用する衛星コンステレーションの活用を想定していることは、衛星に対する攻撃のリスクを分散し、システム全体の冗長性・強靱性を増すうえで意味が大きい。[16]

もう1点、広い理解を得ることが望ましいのは複数の領域を横断して防衛力を発揮する能力、すなわち「領域横断作戦能力」という概念だ。英語ではCross Domain Operation。この概念を考えるうえで重要なことは、宇宙、サイバー、電磁波の領域及び陸・海・空の領域のそれぞれでの優劣に拘泥する必要はなく、また、個別の領域での武力攻撃に対する反撃を同一の領域に限る必要はないということだ。2022年に公表された『国家防衛戦略』は、全領域における能力を「有機的に融合し、相乗効果によって全体の能力を増幅」させることを「領域横断作戦」と定義し、これによって「個別の領域が劣勢である場合にもこれを克服」するとしている。[17]具体的にいえば、サイバー領域で攻撃を受け、武力攻撃に相当する程度の人的被害や物的な破壊を被った場合には、国際法上自衛権に基づいて武力を行使して反撃することが許されるが、この場合の反撃をサイバー領域に限定する必要はないということだ。空の領域での能力を活用して敵が使用するサイバー空間を構成する通信手段やサーバーなどの端末を爆撃によって破壊する、あるいは電磁波領域での能力を活かして通信妨害を行い、サイバー領域での敵の能力を無力化するといったことだ。

この場合、「能動的サイバー防御」[18]が含まれることも注目すべき点だ。自衛隊法88条は、防衛出動を命ぜられた自衛隊は「我が国を防衛するため必要な武力を行使することができる」[19]と規定している。平時にハッキングされた場合にハッキングで反撃することは想定できないが、有事には、サイバーセキュリティのような受動的な手段だけではなく、武力行使に相当するレベルの能動的・積極的な手段を講じることができるという点は重要だ。

## 改めて核兵器の問題を考える

2022年2月にロシアがウクライナに対する侵攻を開始した直後、深刻に懸念されたことのひとつは、ロシアが核兵器を使用する可能性だった。侵攻開始から4日目の同月27日、プーチン大統領は、核抑止部隊に「特別警戒」を命令した。[20]侵攻後西側諸国が非友好的な行動を取っていることを理由としてのことだ。侵攻開始時の演説ではロシアが「世界最大の核保有国のひとつ」であるとしたうえで、ロシアへの「直接攻撃は、どんな潜在的な侵略者に対しても、壊滅と悲惨な結果をもたらすであろう」[21]と述べている。西側諸国、特に北大西洋条約機構（NATO）に対する核の恫喝だった。以来、おりに触れて核兵器の影が漂う。

ここでプーチン大統領が念頭においたのは、いわゆる戦術核、射程の短い小型の核兵器と思われる。NATOと全面対決するような事態で通常（非核）兵力において、西側が圧倒的に優勢なことはロシアとしても認識しており、通常兵力で追い詰められた場合には、戦場において小型の核兵器を使用して、その劣勢を補おうとしても不思議ではない。[22]いかに小規模で限定的なものであっても、ウクライナで核兵器が使われるとすれば、それは広島・長崎以来のことになる。ロシア自身、

1993年に公表した軍事ドクトリンで「限定的なものを含め、一方の側が戦争において核兵器を使用すれば、核兵器の大量使用を引き起こし、破滅的な結果につながる」という認識を公にしている。コントロールできないエスカレーションの危険は深刻、核兵器使用を防止することは人類にとって最優先課題だ。

もうひとつの問題は、核兵器の拡散を加速しかねないという点にある。ウクライナにおけるロシアの核の恫喝あるいは実際の使用によって結果的にロシアが利を得るようであれば、非核兵器国の中で核保有の意欲を持つ国が出てくる恐れが高まる。日本にとって第2、第3の北朝鮮が続出する事態は悪夢だ。核兵器の総弾頭数を削減しつつ、核兵器保有国の数をコントロールすることが重要な課題となる。

だとすると、核軍縮・拡散防止・対処と核抑止という問題を根本から考え直す必要がありそうだ。結論からいえば、第1に、核兵器の数を削減する一方、核兵器国の数を最小限にするための施策を模索しなければならない。同時に、現存する核兵器が使用されるような事態を防止するため、核抑止がより有効に機能する施策を講じなければならない。つまり、核軍縮と核抑止という一見矛盾する方向を同時に目指さねばならないということだ。このためには、ともすれば理念的・感情的になりがちな核に関する議論を現実的なものにしていくことが不可欠だ。

## 3. 結び

2022年12月に岸田政権が決定した「国家安全保障戦略」、「国家防衛戦略」及び「防衛力整備計画」は、日本の防衛政策にとって画期的な変化をもたらした。「スタンド・オフ防衛能力」の項で述べたとおり、弾道ミサイルによる攻撃などに際して、相手の領域において反撃を加える能力を持つとしたことはそのひとつだ[23]。また、本稿で指摘した積み残した課題への取り組みも本腰が入ったものだ。筆者が自衛隊に入隊した1970年代を思い起こすと隔世の感がある。そのころ、自衛隊の存在を合憲と考えるか、違憲とするかといった議論が空転していたことに比較すれば、安全保障や防衛といった問題に関する議論が大きく成熟したことは紛れもない。現在、政府が注力している関連政策も的を得ており、このペースを維持できれば、本稿で提起した深刻な問題を克服することは不可能ではなさそうだ。

他方、長年の呪縛やタブーが健全な議論を妨げているのではないかという懸念はいまだに拭いきれない。サイバー領域の防衛を語る場合の「能動的防御」という言葉をユーフェミズム（Euphemism）、極度に婉曲な言い回しと感じるのは筆者だけだろうか？　確かに英語でいえば Active Defense であり、防衛を目的とするものではあるが、具体的には相手のシステムに対する攻撃や情報収集のために相手のシステムに侵入する活動のことだ。日本を防衛するために、侵攻する敵を攻撃するのが当然のことだとすれば、あえて攻撃という言葉を避けるのは詭弁のように聞こえる。

日本の安全保障や防衛に関する議論が成熟した今、望まれるのは力まずに防衛を語ること、言い換えれば、普通の言葉で率直かつ冷静に議論を深めることだ。そのためには、政府、特に防衛省自衛隊には、特にわかりやすい説明が求められる。ともすれば難解になりがちな軍事専門用語を噛み砕くのと同時に、

極度に婉曲な言い回しを止める時期がきたの
ではなかろうか。


〈脚注〉
1　防衛省、『日本の防衛』2024 年版、105 頁
2　前掲、『日本の防衛』、67 頁
3　首相官邸 web サイト「中国海軍による火器管制レーダーの照射事案」、https://www.kantei.go.jp/jp/headline/pdf/20160115/incident.pdf
4　CNNweb サイト、「中ロ合同艦隊が日本を『一周』、これが大きな出来事である理由」、https://www.cnn.co.jp/world/35178591.html
5　IISS, op. cit., pp. 253, 276.
6　War of attrition,"The Economist November 4th 2023", p.45.
7　防衛省、『日本の防衛』2011 年版、「主要部隊などの所在地（平成 22 年度末現在）」
8　沖縄県、「住みよく魅力ある島づくり計画−沖縄21世紀ビジョン離島振興計画−（平成 24～33 年度）」、5頁。https://www.pref.okinawa.jp/_res/projects/default_project/_page_/001/019/264/111shimazukurikeikaku-okinawa-ritou.pdf
9　海兵隊は、この新しい考え方を「Expeditionary Advanced Base Operation (EABO)」と名づけ、海軍と共に試行・実証を進めている。詳細については以下を参照されたい。
　　TENTATIVE MANUAL FOR EXPEDITIONARY ADVANCED BASE OPERATIONS　2ND EDITION May 2023
　　https://www.marines.mil/Portals/1/Docs/230509-Tentative-Manual-For-Expeditionary-Advanced-Base-Operations-2nd-Edition.pdf ；
　　山口昇、「米海兵隊の作戦構想転換と日本の南西地域防衛」、笹川平和財団 web サイト（2021 年 8 月 2 日）、https://www.spf.org/iina/articles/yamaguchi_03.html
10　Ministry of National Defense, ROC National Defense Report, pp. 4-5.
　　https://www.mnd.gov.tw/English/default.aspx
11　Ministry of National Defense, ROC National Defense Report, pp. 4-5.
　　https://www.mnd.gov.tw/English/default.aspx
12　筆者は、中堅自衛官であった 1980 年代に防衛省陸上幕僚監部（当時）で弾薬の予算要求を担当した経験がある。弾薬備蓄の必要性を認識しつつも、弾薬庫増設の現実性が低いこと、経費全体が大きく制約されていることなどから、必要な量にほど遠い予算額に妥協せざるを得なかったことを記憶している。
13　第 180 回国会（通常国会）における佐藤正久参議院議員の質問主意書に対する答弁書。https://www.sangiin.go.jp/japanese/joho1/kousei/syuisyo/180/toup/t180056.pdf
14　1993 年に公開された米国中央情報局（CIA）の資料によれば、第二次世界大戦中のドイツ歩兵師団は、戦闘に従事する間、偵察活動から激戦といった戦況に応じ、日量 300 弱～ 1000 強 t の弾薬を消費した。CIA, "The Eastern Front at the Turning Point" (CIA HISTORICAL REVIEW PROGRAM RELEASE IN FULL 22 SEPT 93).
　　https://www.cia.gov/resources/csi/static/Eastern-Front-Turning-Point.pdf
　　https://www.quora.com/How-many-tons-of-supplies-food-ammunition-etc-did-the-German-WW1-Division-on-the-Western-Front-use-in-an-average-24-hour-period
15　防衛省、「我が国の防衛と予算」（令和 5 年度予算の概要）、https://www.mod.go.jp/j/budget/yosan_gaiyo/2023/yosan_20230328.pdf
16　「防衛力整備計画」（令和 4 年 12 月 16 日、国家安全保障会議決定、閣議決定）、2 ～ 3 頁、https://www.mod.go.jp/j/policy/agenda/guideline/plan/pdf/plan.pdf
17　「国家防衛戦略」（令和 4 年 12 月 16 日、国家安全保障会議決定、閣議決定）、17 頁、https://www.mod.go.jp/j/policy/agenda/guideline/strategy/pdf/strategy.pdf
18　前掲
19　自衛隊法「第 7 章　自衛隊の権限 ( 防衛出動時の武力行使 )」第 88 条、https://laws.e-gov.go.jp/law/329AC0000000165/20250426_504AC0000000032
20　2022 年 2 月 27 日付日本経済新聞 web 版、「プーチン氏　高度な警戒態勢移行を指示　作戦力念頭に」、https://www.nikkei.com/article/DGXZQOCB274PJ0X20C22A2000000/
21　2022 年 3 月 4 日付 NHK web 版、「軍事侵攻直前　プーチン大統領演説全文」、https://www3.nhk.or.jp/news/html/20220304/k10013513641000.html

22 冷戦状況下では、ソ連側は通常、兵力において優勢であり、戦術核に依存する必要はなかった。このことも
あり、ソ連は、核兵器の最初の使用を否定する No First Use 政策を維持してきた。逆に NATO 側は、ワル
シャワ条約機構軍がドイツを深く突破してフランスに至るような状況を防止するために核砲弾や核地雷など
を最初に使用する可能性を否定しなかった。冷戦終えん後、立場が逆転し、ロシアは No First Use 政策を
放棄することとなる。

23 「国家安全保障戦略」（令和 4 年 12 月 16 日、国家安全保障会議決定、閣議決定）、17 ～ 18 頁、https://
www.cas.go.jp/jp/siryou/221216anzenhoshou/nss-j.pdf

# 18

**Theme**
中国

# 激変する世界情勢と
# 今後の日中関係の展望

### 東京財団政策研究所 主席研究員
# 柯 隆

か・りゅう　中国・南京市生まれ。1988 年に留学のため来日。1992 年、愛知大学法経学部卒業。1994 年、名古屋大学大学院経済学研究科修士（経済学）後、長銀総合研究所研究員となる。1998 年に富士通総研経済研究所主任研究員、2006 年に同研究所主席研究員、2018 年に東京財団政策研究所主席研究員。静岡県立大学グローバル地域センター特任教授、多摩大学大学院客員教授、Japan Spotlight 編集委員を兼務。著書に『中国不良債権問題』（日本経済新聞出版社、2007 年）、『中国「強国復権」の条件』（慶應義塾大学出版会、2018 年、第 13 回樫山純三賞受賞）、『「ネオチャイナリスク」研究』（慶應義塾大学出版会、2021 年）、『中国不動産バブル』（文春新書、2024 年）など。

日中関係を振り返れば、秦の始皇帝の時代の徐福にさかのぼることができるが、詳細の記録が少ない。遣隋使と遣唐使の足跡をたどることもできるが、当時の日中関係と近代以降の日中関係とはまるで違うものである。50年前、戦争の負の遺産を乗り越えて、日中は国交正常化を実現した。それをきっかけに誰もが日中は新時代に入ったと確信していた。

しかし、それからの50年は予想以上の紆余曲折の満ちた道だった。50年前の中国は経済が破綻状態にあった。同時に中国はソ連（当時）との関係が悪くて、ソ連に侵略される心配があった。毛沢東と周恩来はソ連の侵略を阻止するために、日米との関係を改善しようと思いついた。日米と連携すれば、ソ連に侵略されなくて済むだけでなく、日米の経済協力を得られれば、中国経済も難局から脱出することができるかもしれない。これは中国史上の大転換となった。

一方、1970年代の日本は経済が石油危機に見舞われたが、高度成長期に突入した。左派の団体を中心に中国と和解を望まれていた。中国を侵略する戦争に対する反省から中国と一日も早く和解して、日中の新時代に入りたいと考える日本人は少なくなかった。特に、中国文化に対する憧れから日本人の対中国民感情は一気に改善した。日本人にとって中国は、怖い国ではなくて憧れの国となった。

# 1. 日本の対中経済協力と 日中関係の改善

日中国交正常化のあと、中国を訪れた日本人は一概にショックを受けた。あれだけ黄河文明が栄えた中国は満身創痍の状態にあった。貧しい中国人に対する同情心から日本人

は本気で中国に経済協力を行おうとした。特に、1976年、毛沢東が死去したあと、鄧小平などの長老は復権するとともに改革・開放へ舵を切った。1978年、最高実力者だった鄧小平は日本を訪問した。日本政府は鄧小平一行が見たいものを全部見せた。鄧小平もこの貴重な機会を利用して、日本の政財界に対して中国への経済協力を呼び掛けた。鄧小平の日本訪問の最大な成果は、新日本製鐵（現：日本製鉄）などの日本鉄鋼メーカーが協力して建設した上海宝山製鉄所だった。

これを皮切りに、日本の家電メーカーなども中国に投資した。同時に、日本の各界は中国からの研修生を受け入れ、企業経営などについて手取り足取りして教えた。当時の日中関係と両国の雰囲気を一言で表現するとすれば、圧倒的な日中友好のムードだった。

1980年代半ば以降、ソ連からの脅威はなくなった。代わりに門戸が少し開放され、中国人は初めて先進国との格差を身に染みて実感した。かつて毛沢東時代（1949～1976年）、政府共産党が人民に呼び掛けるプロパガンダは、「全世界の人民を解放せよ」、「苦しい生活にあえぐ米国人民を救出しよう」だった。しかし、日米の人民の生活を見ると、自分たちこそ苦しい生活を送っているのではないかとわかって大きなショックだった。当時の中国人は日本に学ぶ謙虚な姿勢があった。

実は、鄧小平は日本を訪問すると同じタイミングで欧米諸国にも視察団を派遣した。これらの視察団は北京に戻ってから、各国から集めた情報を共有し、中国にとってどの国の開発モデルを参考にするかについて時間をかけて検討した。結果的に鄧小平などの長老は日本の開発モデルを取り入れることを決めた。それをきっかけに日中経済協力は一気に

加速していった。

当時の経済協力は全方位的なものだった。政財界に加え、日本社会の各団体も中国と交流を幅広く展開した。例えば、日本では、日中友好協会ができて、中国にある中日友好協会と定期的に交流した。ただし、日中それぞれの社会システムに違いがあって、無理して交流する場面も少なくなかった。一例を挙げれば、日本全国にPTAがあって、毎年、訪中団を派遣されていたが、実は、中国にPTAという団体は存在しない。結局のところ、行き先々で中国の学校関係者と交流していた。そして、日本の日中友好協会は完全な民間の組織であるが、中国の中日友好協会は中国の政府機関である。これまでの50年間の日中交流は純粋な民間と民間の交流はほとんどなかった。この点について知っている日本人は多くなかったと思われる。

こうした非対称的な民間交流と同時に、経済交流も盛んになっていった。当時の日本企業は、リーダーシップの強い経営者と中国との交流に熱心な経営幹部と資金面の余裕が中国との経済協力をバックアップした。横並び意識が強い日本人ゆえに、経営者同士が会話すると、他社の社長は中国を訪問したのに、自分は行っていないとなると、なんとなく負けた感じがする。そうすると、日本企業の経営者は大挙して中国を訪問する。しかも、大企業の社長ほど中国に行くと、なぜか中国の要人に会いたがる。例えば、人民大会堂で中国の要人と会見し、最後に集合写真を撮ってもらって、帰国してから社長室に飾る。ある種のステータスシンボルになっている感じだった。率直に言うと、なかには中身のない会見も少なくなかった。重要なのは、日本人がどれだけ中国と中国人を理解しているかであ

る。中国の要人と会見するとすれば、中身が重要である。

## 2. 中国社会を変えた　ある日本の映画

1980年代の中国人は昏睡状態から目覚めた病人のようだった。いきなり立ち上がっても、どのように走ればよいかわからない。そのとき、ある一本の日本の映画が中国で上映された。高倉健が主演の『君よ、憤怒の河を渉れ』という刑事物語だった。それまで中国人が持つ日本人の印象といえば、毛時代に作られた抗日戦争の映画に出てくる日本軍人、すなわち侵略者だった。しかし、この映画の中の日本人はみんなスーツを着ていて、礼儀が正しいだけでなく、町の風景も大変近代化していて、中国の街とまるで違う風景だった。

当時、政府共産党は人民に「4つの近代化（農業、工業、科学技術と国防の近代化）」を呼び掛けていた。しかし、4つの近代化と言われても、それがどういう意味か、多くの人にとってイメージすらつかめなかった。この映画を見た中国人はふっとひらめいたようで、これぞ4つの近代化の社会だ。実は、この映画には北海道牧場主の場面があって、東京から北海道に帰るが、なんと自分でセスナ機を操縦して牧場にある自宅に隣接する滑走路に降り立った。むろん、これはあくまでも映画などの物語だが、中国人にとって大きなショックだった。鄧小平などの長老が呼び掛けた改革・開放は結局のところ、日本に学べ、近代化せよということだった。

この映画が上映されたときと同じタイミングで香港からラジカセやカシオの電子時計が密輸され、中国人の憧れになった。実は、改

革・開放が深化していくプロセスの中に日本の要素がたくさん入っていった。カラーテレビが普及したときに、上映されたのは『鉄腕アトム』と『一休さん』などの日本のアニメ番組だった。若者は、講演で日本製のラジカセでデスコの音楽を流して踊っていた。

この段階で、政府共産党内部でも反日の言論が少なく、一般の人民も日本製品を憧れていた。今の文脈でいえば、中国人は日本の家電製品に魅了されただけでなく、日本の文化、すなわちソフトパワーにも魅了を感じられたのだろう。

しかし、1990年代後半以降、日中関係はぎくしゃくするようになって、中国では、日本の映画などの文化を規制する動きが出てきた。これはもっとも心配されることである。なぜ1990年代後半以降、日中関係は悪化してしまったのだろうか。この設問に対して、一言で回答するのは不可能である。その背景には、さまざまな複雑な要因があると思われる。日中の経済力の差が縮み、中国人は日本を見る目が変わってしまった。なぜならば、日本経済はデフレに突入して成長しなくなった。それまで、鄧小平が呼び掛けたように日本に学べと言う気持ちは中国人にあったが、1990年代後半以降、日本に学ぶものはもはやないとかなり多くの中国人は思うようになった。とりわけ1998年、日本は金融危機に見舞われ、中国人にとっての日本のイメージは一気に崩れてしまった。すなわち中国人にとって日本は学ぶ模範でなくなり、反面教師になってしまった。

何よりも日本人は謙虚な姿勢を貫き、政府高官と学者は中国人政府高官に対して「日本はもうだめだ」と言ったような発言を当時連発していた。実態をわからない中国人は日本人の自虐的な発言をうのみにして、日本を見下すようになった。

こうしたなかで、中国人の目には日本がなく、専ら米国に照準を合わせて米国に学ぶようになった。近年、米中関係の悪化はかつての日中関係の悪化とよく似ているところがある。すなわち中国人からみると、米国もたいしたことがない。中国が米国に追い抜くのは時間の問題であると思われている。

日本にとって反省すべき点は、自虐的な姿勢を謙虚と誤解することである。国際社会では、自国のプレセンスを高めるためのプレゼンテーションはいつの時代でも重要である。

## 3. 問われる日中関係のあり方

近年、日本人の対中国民感情は、コロナ禍と中国国内の人権侵害などによって急速に悪化している。特に、日本人ビジネスマンが中国で反スパイ法に違反した容疑で拘束されている。中国政府は、具体的にどのような言動があって反スパイ法に違反したか説明していないため、日本人の不信感と嫌中感が増幅している。

むろん、習政権の外交姿勢が非友好的でなくなったのは事実である。それは日本に対してだけでなく、米国やカナダ、豪州などに対しても同じである。ここで問われているのは、中国とどのように付き合っていけばよいかという戦略のあり方である。

日中関係に限っていえば、問題を解決するためのパイプが完全に切れたことが問題であろう。中国の要人と対話できる長老がほとんど政治や財界から退いた。政府間のホットラインもほとんど機能していない。日中の間の懸案事項の尖閣諸島問題について、対話して

解決を試みないといけないが、対話するチャネルすらない。

ここで、論点を整理しておこう。

日中の間の懸案事項を緊迫度の高い順に整理すると、①台湾海峡有事と尖閣諸島・東シナ海領有権を巡る争い、②南シナ海問題、③国際社会のルールづくり、④歴史認識の違い、⑤朝鮮半島問題などが挙げられる。この中でとりわけ緊迫度の高い問題としては、台湾海峡有事への対応と尖閣諸島領有権を巡る日中の対立である。そもそも台湾の取り扱いについて、国交正常化当時の取り決めでは、日本政府はひとつの中国原則を受け入れた。ただし、力による現状変更を認めていない。この曖昧な取り決めについて米中も同じである。日米両政府は、いずれも台湾の独立を認めていないが、中国による武力行使で台湾を併合することを認めていない。結果的にひとつの選択肢しかない。それは現状維持である。しかし、習政権は現状維持ではなくて統一の方向へ動いている。

一方、尖閣諸島の問題について、中国は、すぐに武力を行使して尖閣諸島を支配する可能性が高くない。ただし、中国の艦船など尖閣諸島の海域に日常的に侵入してくるため、日本にとって大きなストレスになっている。この問題を解決する方法は対話するしかない。力と力の対決では大ごとになる可能性がある。

このようにみれば、日中関係がなぜ悪化したかについて、相互信頼関係が大きく損なわれているからといわざるを得ない。振り返れば、1980年代は日中にとって黄金時代だったといえるかもしれない。これまでの40年間、日本は中国からたくさんの研修生などを受け入れ、いわゆる知日派中国人を増やす努力をしてきた。しかし、その努力の甲斐がなく、日中は激しく対立する構図ができてしまった。

今後の日中関係について、日本にとってシンガポールの外交は参考になる。シンガポールは弱小の国だが、その外交についてリー・シェンロン首相の言葉が重要で、「われわれは世界に原則をきちんと示している」と言うことである。例えば、ロシアがウクライナに侵略したとき、シンガポール政府はすぐさまロシアを非難した。中国との関係についても是々非々の態度を貫いている。

日本政府の対中外交姿勢は、おそらくかつての戦争の記憶もあって、極力中国政府に配慮しようと外交を展開してきた。長い間、日本人有識者の一部は日本が敗戦後に努力しないといけないと指摘しているが、かなり多くの日本人は依然戦後の中で生活している。特に、日本人同士であれば、物事をはっきり言わなくても、暗黙知で相手もわかるだろうと考えることが多い。しかし、異文化の相手と話をするとき、暗黙知で相手にわからせようとすると、逆に誤解を招いてしまう恐れがある。国際社会においてあらゆる主張をすべてはっきり言わないといけないというのは原則である。

## 4. 中国人の日本観に変化

コロナ禍前から中国人の日本観に大きな変化がみられるようになった。中国政府は、依然として政治の必要性と合理性から日本政府に対して揺さぶりをかけたりしているが、個人としての中国人、とりわけ若者は日本に来て観光するようになった。日本での観光は単なる買い物だけでなく、日本の文化に接して

日本文化を体験して一概に良い印象だった。

彼らは日本に来る前に、中国で受けた教育の中で日本の軍国主義や侵略者の印象が強かったようだった。しかし、実際に日本に来て、百聞は一見に如かず、先入観で持っていた日本と日本人の印象とはまるで違うものである。この変化からみれば、今後の日中関係は政治に翻弄されないように気を付けなければならないことが重要であろう。中国人が生まれつきで日本が嫌いということはあり得ない。ひとつ大きな問題はやはり教育である。

共産党の統治体制は基本的に恐怖の政治である。そのうえで嫌悪感をおあることで共産党への求心力を高めようとする。したがって、中国の学校教育の中で教える歴史観というものは基本的に史実に基づいたものではなくて、あくまでも政治の必要性と合理性に基づいて描写されたものである。かつて日中韓3カ国の専門家による近代史検証のプロジェクトが立ち上げられたが、今はほとんど活動していない。なぜ歴史の検証はできないのだろうか。理由は簡単である。こういうプロジェクトは3カ国政府によって立ち上げられたため、それぞれの政府の要求に応えないといけないからである。

しかし、最近、日本に観光に来るインバウンド旅行者は、政府によって派遣されたものではなくて、個人的に日本に来て、日本人の文化と生活習慣に接し、素直に反応する。中国国内で生活する中国人が中国国内の空気感に順応される。職場や学校に行けば、思想教育に従って発言しないといけない。しかし、個人として日本に来て、政治に影響されずに好き嫌いがはっきりする。

近年、中国では、言論統制が強化されていることもあって、出張で日本に来る共産党幹部と会議に出ても、個人の考え方に基づいて発言することはほとんどない。通り一遍の話しかしないため、変に思われることが多い。それに対して、個人で日本に来ている中国人の言動を考察すると、本来のあるべき姿に戻ったように、個人の考えを率直に述べるようになる。

したがって、今後の日中関係を展望する際、政府と政府の関係よりも、個人と個人の関係を軸に置いて、日中関係の正常化に向けて努力する必要がある。

20年前ないし30年前、中国人は個人で日本に来ることがほとんどなかった。当時の中国人の日本観といえば、ほとんど中国政府の日本観そのものだった。政治的な必要性からときには日中友好を提唱してくれたり、ときにはかつての侵略行為のために、日本に謝罪を求めたりしていた。特に、政治にあおられ、中国国内の若者は中国に進出している日本企業の店などを破壊したりもした。率直にいえば、それは中国人の考えというよりも中国政府の考えだった。

# 5. これからの日中関係の  あり方

これからの日中関係のあり方を検討する際、まず、日中を取り巻く国際情勢が大きく変化していることを認識しておくべきである。50年前、日中国交正常化したとき、ソ連（当時）という共通の敵があって、米中が急接近していたことも日中の背中を押してくれた。当時、日本にとって中国との国交正常化は必然の結果だったといえる。日本国内で中国との国交正常化に反対する右寄りの声があったが、日本政府にとって中国と国交正常化

をしない選択肢はなかったはずである。

問題は、中国との国交正常化交渉の条件だった。基本的には、日本は米中国交正常化の条件を踏襲するしかなかったが、日中の間の懸案事項もあり、どのように処理するか、当時の田中角栄内閣として知恵を出さないといけなかった。毛沢東と周恩来は予想以上に日中国交正常化を急いでいた。田中内閣も国内の反対勢力を抑える必要があって、国交正常化の実現を同様に急いだ。しかし、今から振り返れば、双方の交渉はやや拙速だったといわざるを得ない。拙速だったというのは、さまざまな懸案事項に関する取り決めについて十分に協議せず、曖昧に処理してしまったからである。

周恩来から戦争賠償を放棄するといわれ、田中首相はあまりにも感激したのだろう。しかし、戦争に関する責任問題と歴史認識問題は曖昧に処理され、のちに、ことあるたびに両国が激しく対立した。中国が被害者の立場から日本に反省を求めるのは当然のことである。日本は、戦争の責任について反省をするが、いつまで経っても謝ってくれと求められて国内で反発される。そのなかで靖国神社の存在が問われている。それは日本の文化とみると、A級戦犯を祀っている神社だから参拝できないようにするのか、このことについて日中の間で必ずしもコンセンサスを得られていない。

それから50年経過して、国際情勢は大きく変化した。中国にとってロシアは脅威でなくなり、仲間になっている。米国との対立という意味では、中ロは同じボートになっている。日米は同盟国であるため、米中が対立すれば対立するほど日中関係も悪くなる。問題は、日本の対中姿勢が米中関係に連れられな

いように日本独自の戦略を構築する必要がある。

実は、習政権も対日関係を重要視している。習政権の外交をみると、ロシア一辺倒ではなくて、ロシアとの連携を維持しながら、米国との関係改善も模索している。しかし、現実問題として、習政権はG7のほとんどの国と対立して関係が悪化している。そのなかで、唯一ちゃんと対話して米国との橋渡しを頼めるのは日本である。日本は自分の存在と役割をきちんと認識すべきであろう。

最後に、日本の中国戦略のあり方について考えてみたい。

まず、何よりも重要なのは人材育成である。筆者が日本に留学したのは36年前だった。この30余年間、日本の中国専門家の育成は欧米諸国に比べ、大幅に遅れているように思われる。プロの人材が十分に育っていないため、力強い戦略が考案されない。実は、日本にとって人材育成にあたって地の利があるはずだが、それを十分に生かされていない。特に、30年前に比べ、日本の若者は中国のことについて関心が薄れているようにみえる。いや、そもそも今の日本の若者の知的な好奇心が低下している。新聞を読む若者がめっきり減った。本を読まない若者も増えている。こうしたなかで、国際情勢、とりわけ米国との関係や中国との関係について関心を寄せない若者が多い。差し当たり第一歩として、国際社会に目を向けて、自分の国、日本の将来を真剣に考える必要があるのではないか。そのうえで日本の隣国、中国との付き合い方について真剣に考えることが重要である。

そして、中国との人脈とパイプづくりも重要である。かつて中国と根気よく付き合わないといけないと使命感のあるキーパーソンが

かなりいたが、今や現役のキーパーソンがほとんどいなくなった。日本国内でマンパワーと財源を十分に動員できなくなったため、中国から論客を招待し、議論をぶつけ合う機会が大幅に減った。

さらに、明確なグローバル戦略がほとんど考案されていないことである。日中関係は、両国の問題だけではなく、国際社会の中でそれを認識すべきである。もっといえば、日本は、国際社会での立ち位置を明確にしないと、日中関係を定義することはできない。

では、今の国際社会で何が一番重要な課題かというと、新たな国際秩序とルールをつくることである。中国などの新興国は現在の国際ルールに不満を持っている。それを力で変更するのはいけないことだが、現行のルールに問題があることを認めないといけない。これからのルールづくりにおいて、日本はどのような役割を果たすのだろうか。これこそ日本は本腰を据えて考えなければいけない戦略であろう。米中関係が悪化するなかで、日本は中国の言い分を聞きながら、新たなルールづくりに尽力すべきである。

# 19

**Theme**
## アメリカ

# 日本は日米同盟を
# どう考えるべきか？

## プランAプラスのすすめ

笹川平和財団 上席フェロー
## 渡部恒雄

わたなべ・つねお　1963 年、福島県生まれ。1988 年、東北大学歯学部卒業。社会科学への情熱を捨てきれず米国留学。1995 年、ニューヨーク・ニュースクール大学で政治学修士課程修了。同年、ワシントン DC の戦略国際問題研究所に入所、2003 年より同研究所上席研究員。2005 年に帰国後、三井物産戦略研究所を経て 2009 〜 2016 年に東京財団政策研究上席研究員、2016 年に笹川平和財団に移籍し、2017 年に同財団上席研究員、2024 年に同財団上席フェロー、現職。主な著書に『2021 年以後の世界秩序』（2020 年、新潮新書）、『防衛外交とは何か』（共編著、2021 年、勁草書房）など。

## はじめに：ポスト「冷戦後」の日本の安全保障戦略を求めて

第2次世界大戦後、米国が支えてきた国際秩序は、経済力、軍事力の両面において米国に次ぐ2番手に台頭した中国と、米国主導の国際秩序へ挑戦という共通利益によって中国との連携を強めるロシアから挑戦を受けている。この「ポスト冷戦後」の国際情勢に合わせ、日本の外交・安全保障戦略も変化してきた。中国の南シナ海での人工島建設による領土・領海の拡大や、直近で激化している中国とセカンド・トーマス礁の領有を争うフィリピンの沿岸警備隊に対する放水、衝突などの圧力は「国連海洋法」という国際法に抵触しかねないものである。ロシアのクリミア併合やウクライナ侵攻は明確な国連憲章違反である。国連常任理事国である中ロ両国が国際秩序に挑戦している現状は、第2次世界大戦後に形成された国際秩序にとって、最大の試練といってよいだろう。そして、地理的に中ロ両国に接している日本にとっては、自国の防衛への大きな脅威でもある。

今後の日本は、冷戦期の日本の左派や右派のような政治的イデオロギーやナショナリズムから、日米同盟を破棄あるいは弱体化を議論するような余裕はなくなっていくだろう。一方で、冷戦期からポスト冷戦期までのように、日米同盟を自国の安全を担保する唯一の強力な資源と考えて安心できる状況でもない。トランプ前大統領を支持する米国民は内向きで同盟国に関心はなく、東アジアにおいては、米中の軍事バランスは、中国側優位に傾いているのが現状だからだ。

これまでの日本の外交・安全保障戦略の議論においては、所与のものであるプランA（日米同盟基軸）とプランB（日米同盟の代わりに、国連、中国、ソ連、東アジア諸国などとの協力で代替）が対峙されて、選択肢として議論されてきた。しかし、国連がますます機能不全に陥り、社会主義イデオロギーの魅力が色あせた今、プランBは、現実的選択肢としての合理性を失っている。一方で、プランAという現状維持を取るだけで、将来にわたって日本の独立、尊厳、尊厳を守るには、あまりにも米国の相対的な地位低下と国際秩序の形骸化が進んでいる。

本稿で提案する日本の今後の外交戦略の方向性は、日米同盟というプランAに加えて、ミサイルの長射程化のような日本自身の防衛力の強化、クアッド（日米豪印）協力や、日・NATO（北大西洋条約機構）協力といった米国の同盟国・パートナー国との横の連携の強化などで、地域の安定と国際秩序の形成に積極的に関与するプランAプラス戦略である。

## 1. アメリカ・ファーストがもたらす国際秩序の形骸化の行方

本稿執筆時点で、2024年の大統領選挙が行われており、民主党のカマラ・ハリス副大統領が大統領候補の指名を獲得し、共和党の指名を獲得したドナルド・トランプ前大統領と選挙戦を繰り広げている。トランプ氏は、それまでの共和党の国際主義と自由貿易支持を転換し、共和党の支持基盤を、これまでの米国の繁栄から取り残され、自由貿易と米国の対外関与に不満と敵意を持つ白人の労働者層に拡大し、保護主義と「アメリカ・ファースト」による同盟国軽視の主張を明確にしている。かたや、対抗するハリス氏は、バイデン政権の政策と伝統的な米国の政策であった自由貿

易と同盟国重視の維持を主張している。

選挙の帰趨はわからないが、少なくとも現在の米国有権者の多くが自国の国際関与、特に軍事介入に否定的な意見を持っていることは間違いない。米国民がトランプ氏を選択した先に、米国がどのような大戦略のコースを選択していくのかについては興味深い考察がある。

ハル・ブランズ、ジョンズ・ホプキンズ大学教授は、フォーリン・アフェアーズ誌に寄稿して、2025年にトランプ政権が誕生すれば、過去80年の国際秩序を形成するという特別な責任を放棄し、「普通の国」として「アメリカ・ファースト」政策を追求することになり、それが将来的にどのような影響を世界と米国に与えるかを検討した。ブランズの結論は、そうなっても米国は世界からドロップアウトをすることはないが、遠くに位置する同盟国を守る関心が低下し、外交政策はゼロサム競争的になると予測する。そして、秩序が形骸化すれば、パワーがものをいうようになり、相対的には他を寄せ付けないパワーを持っている米国は、しばらくの間はひどい目には遭わなくて済む。しかし、最終的には、米国も秩序の形骸化によって不利益がもたらされることになる。ただし、それは、米国の同盟や他地域の弱小国が被害を受けてからということになると指摘する。[2]

具体的には、東ヨーロッパや南シナ海のように独裁的大国が、弱いライバルと対立する地域で、不安定な状況が急増する。欧州とアジア諸国は、今後、防衛に巨額の新規投資が必要となり、地域諸国の対立関係の復活にも直面する。中国が米国のアジアからの後退後に、東アジアを支配すれば、軍事的に米国を侵略する力を持たなくとも、経済・外交的に米国を威圧する力を得ることができるかもしれないとも指摘する。[3]

そうなったときには、米国内に対外関与を求める声が起こるかもしれないが、過去、第1次世界大戦後に欧州から撤退して以後、再関与が必要と判断されるまで秩序が崩壊するには、1世代（約30年）かかっており、その場合も米国人は関与を避け続けた。[4]この時期に、欧州への再関与を模索していたF.ルーズベルト大統領に対抗していたのが共和党のアメリカ・ファースト委員会であり、スポークスマンは著名な飛行家のチャールズ・リンドバーグだった。[5]

ブランズの議論にリアリティがあるのは、「アメリカ・ファースト」とは特別な考え方ではなく、第1次世界大戦に参戦する前までの米国外交の基本姿勢であり、それは普通の国の発想であるという指摘だ。米国が現在のような国際秩序に責任を取る立場を取るようになったのは、第2次世界大戦以後から現在までという限られた時期だ。

ブランズは、トランプ氏と戦前の「アメリカ・ファースト」主義者の間の共通点としては、「外国での国益をどう捉えるかは、戦前の立場に戻したい」と考えることであり、トランプ氏は、ロシアの侵略からウクライナを守ることや、台湾を中国の攻撃から守ることに懐疑的で「ヨーロッパやアジアの小国を守るために、なぜ米国が第3次世界大戦を引き起こす危険を冒さなければいけないのか」と問いかけていると指摘している。[6]

日本は、自国の防衛及び安全保障政策の中心に、内向き傾向を強める米国との同盟を据えているというリスクについて、十分に自覚的でなくてはいけない。

## 2. トランプ政権2.0入りが予想される安全保障専門家の戦略観

　前述したブランズの議論は、あくまでも想像に基づき未来を描く頭の体操である。もしトランプ政権2.0が成立しても、一定の制約のもとに米国の国際関与は継続することも現実的にはあり得る。特に中国との競争を念頭においた米国のインド太平洋政策は、トランプ前政権で開始されたものであり、欧州の同盟国への姿勢に比べれば、ある程度は期待できるからだ。

　例えば、トランプ前政権の国家安全保障担当補佐官を歴任し、トランプ政権2.0でも、閣僚級で政権入りする可能性があるといわれているロバート・オブライエンは、フォーリン・アフェアーズ紙に「力による平和の復活―2期目のトランプ外交を描く」を寄稿した。彼は、トランプ外交を第7代米国大統領アンドリュー・ジャクソン流の「そうせざるを得ないときは、焦点を合わせた力強い行動を取るが、過剰行動は控える」という抑制的な国際関与が2期目のトランプ外交だと主張する。そうなれば、ワシントンの友好国はより安全で自立的になり、敵国は再び米国の軍事力を恐れるようになり、世界は平和になると指摘する。[7]

　オブライエンは、台湾の国防費が年間約190億ドルで、国内総生産（GDP）の3％を下回っていることを指摘し、（台湾周辺には）危険が高まっており、軍事費の増加が必要だと指摘する。これはトランプ氏の主張に沿った考えといえるが、彼はトランプ氏の主張や発言と矛盾しないように、合理的な政策を記述していると考えられる。重要なことは、次期政権は台湾支援のコミットメントも継続す

るべきだとも提言していることだ。ただし、台湾が国防費を増やし、徴兵制の拡大など他の措置も講じることを、米国が期待していることを、はっきりと伝えるべきだとも指摘する。[8]

　オブライエンが提言しているのは、通常兵器と核抑止機能の強化である。特に中国とロシアの核戦力の近代化に対抗するため、米国の三元戦略核戦力（大陸間弾道ミサイル（ICBM）、弾道ミサイル搭載潜水艦、巡航ミサイル搭載戦略爆撃機の運搬手段と核兵器を組み合わせた軍事力構造）の近代化の必要性も提言する。[9]

　これは、米国の核の傘に核抑止を依存する米国の非核保有同盟国にとっては、極めて歓迎すべき政策である。実際、オブライエンは、米国の軍の立て直しだけでは、中ロ・イランという新たな枢軸を抑止するには十分ではなく、世界の自由主義国間の強固な同盟関係も必要になると主張している。彼は、米国の同盟構造はトランプ政権2.0でも、一期目と同様に重視されるとしている。彼の説明では、トランプ前政権ではNATOへの部隊派遣を一度も中止したり、延期したことはなく、NATOメンバーに国防費を増すように圧力をかけたことで、同盟はより強力になったと弁護している。[10]

　ただし、実際には2020年、トランプ政権はドイツに駐留している米陸軍を約1万2000人を削減する計画を発表している。約6400人は米国に帰国し、そのほかはイタリアやベルギーなどNATO加盟国に移される計画で、トランプ政権は戦略的な再配置と発表しているが、その理由は、防衛費をNATO加盟国の努力目標であるGDP比2％以上を計上していないドイツへの制裁的な側面もあ

った。撤退発表後すぐにトランプ大統領が「われわれはもうだまされない」、「向こうが支払い義務を果たさないから米軍を削減する。とても単純なことだ」と話しているからだ。[11]

ここでオブライエンの論考とトランプ前政権で行った事実との矛盾を批判するのはたやすい。ただし、日本が理解すべきは、トランプ氏自身が国家安全保障や世界の安定に同盟の果たす役割と価値を理解できないために、自分の理解できる金銭的価値に置き換えて同盟国の良し悪しを判断することと、それを踏まえて、トランプ政権の安全保障専門家は、トランプ氏の独特の金銭ベースの同盟観の間でバランスを取りながら、外交安全保障政策を現実的に遂行してきたという事実である。トランプ氏が次期大統領に選ばれる可能性が十分にあるなかで、オブライエン氏のような専門家が入ることになれば、同盟国の日本にとっては一定の安心材料となるはずだ。

## 3. 米国の太平洋国家としての アジア関与の歴史

さらに、米国のアジアへの戦略的な関わり方の歴史という視点を考慮すれば、トランプ政権2.0でも、必ずしもブランズが描く悲観的な内向きコースをたどるとはいえないことが示唆される。それは、米国が歴史を通じて、米国西海岸から太平洋でつながる東アジア地域に、経済、政治、軍事上の関与を継続してきている事実の重みである。長い米国史の中では、極めて短い期間であるトランプ氏の「アメリカ・ファースト」のイニシアチブだけで、米国が歴史的に継続してきた関与を軽減させていくというシナリオは、あまり現実的には思えない。

マイク・グリーンシドニー大学米国研究所所長は、その著書『米国のアジア戦略史』で、建国期から現在までの米国のアジアへの関与の歴史を詳細に描いている。彼は、現在の米国のアジアへの大戦略についての議論の中で、ツキジデスの罠にはまり米中衝突は避けられないといった欧州のモデルを参考にした議論が多いが、そもそも米国がどのようにして「太平洋国家」になったのか、現在の米国のアジアへの戦略の歴史の起源は何だったのかという自らの歴史について、より深く考察しようとする態度が欠落していると喝破する。[12]

グリーンは、日露戦争の停戦の仲介を行ったセオドア（以下、T）・ローズベルト大統領は、平時における最大規模の建艦計画によって、台頭する日本に最大規模の建艦計画により強い抑止力を維持しながらも、米国の拡張主義を抑制し、日露戦争の仲裁を行うことで、台頭しつつある日本に安心を供与するという大戦略を遂行したと評価している。[13]

T・ローズベルト以後の米国の東アジアへの戦略的思考を概観すると、米西戦争の勝利により、フィリピンという植民地を得た米国が、太平洋を越えて自らの利益（主に経済）を維持するために、積極的に東アジアの国際関係に関与してきた。例えば、彼は、アジアでの覇権を狙うロシアの南下をけん制するために、英国と共に日露戦争では日本をバックアップした。[14]しかし、日本が日露戦争の勝利により、ロシアから獲得した南満州鉄道の鉄道利権をベースに、中国大陸への進出を進め、中国を支配下に置こうとした際には、フランクリン・ローズベルト大統領は、中華民国の国民党政府を支援し、日本と対決するコースを余儀なくされる。しかし、日本が連合国との戦争で敗北し、国共内戦により中国が共産

化してソ連と共に、米国に対抗するようになると、トルーマン政権は、台湾に逃れた国民党政権及び日本と同盟を結び、中ソをけん制するようになる。[15]1972年にニクソン大統領とキッシンジャー国家安全保障問題担当補佐官が、劇的な中国接近を行い、ソ連に対抗する後期冷戦の構造をつくり、対ソ冷戦に勝利する。

上記のそれぞれの節目で、米国の政権は、アジアから米国を排除させようとする覇権対抗国から勢力均衡の発想により、自国の東アジアの利益を守る方向で動いてきた。この点で、グリーンは、「パワーシフトが進行する今日のアジアにおいて、米国が自国の利益を守るのに有利な立場にあるのは、これまで米国が民主的規範と、より開放された市場の拡大を支持するために労力を注ぎ込んだからだ」と指摘する。[16]

米国の勢力均衡によるアジアへの関与の歴史は、中国が米国の影響力を東アジアから排除しようとするほど、米国は日本や韓国、東南アジア諸国などの中国支配を恐れる諸国との関係強化を強めることが歴史的にも示唆されている、トランプ・バイデン両政権にわたるインド太平洋重視の地政学戦略も、これと符合している。

## おわりに：日本はすでにプランAプラスを開始している

トランプ前大統領のアメリカ・ファースト政策は、国際的な軍事関与を縮小する方向を示唆しているが、実際のトランプ氏の主張は、米国の同盟国への過度な負担に比べて、同盟国が相応の負担をしていないことへの不満であり、必ずしも米国が世界への関与から手を引いてゆく「孤立主義」とはいいきれない。言い換えれば、同盟国が相応の財政負担をするのであれば、海外の米国の権益から、一方的に手を引くことは米国の損害となることには、一定の理解があるようにも思える。上述した米国の太平洋国家としてのアジアへの関与の歴史と地政学的現状を考えれば、指導者の判断で、長年にわたる米国のアジア関与から完全に手を引くことで合意するとも思えない。

このような現状を踏まえれば、日本の安全保障戦略は、日米同盟を維持するために、自らの防衛力を強化して、中国、北朝鮮、ロシアなどの修正主義勢力に対する抑止力を維持してインド太平洋地域の安定を図り、既存の米国主導の国際秩序を維持していくことを目標とすべきだ。この政策は、日本の防衛に直接的に有効であるとともに、米国へのアジアでの同盟への負担感を軽減して、その関与を持続的にさせるうえでも有効な手段である。

かつて、米国の経済力と軍事力が他国に比べて圧倒的に強大だった冷戦期及びポスト冷戦期には、日本国内では、米国との同盟関係の緊密化は日本防衛に直接関係のないベトナム戦争やイラク戦争などの米国の戦争に巻き込まれるリスクが懸念され、野党やリベラル系メディアから米国の戦争に「巻き込まれる恐怖」が喧伝され、一部の保守派からも日米同盟強化への逡巡があった。

しかし、中国の軍事力の飛躍的な強大化と北朝鮮の核ミサイル開発の着実な進展、さらに2016年のトランプ政権成立が示した米国民の内向き傾向を察知し、日本は「巻き込まれる恐怖」よりも、米国に「見捨てられる恐怖」のほうが勝るようになった。

安倍政権における集団自衛権行使を一部容認した2014年の閣議決定と、それを基に平

時から有事における日本と米国の共同の軍事活動を法的に規定した同年の「平和安全法制」の成立は、日本の地政学的状況の変化を反映した適切な措置だった[17]。そして、岸田政権が2022年12月に閣議決定した国家安全保障戦略などのいわゆる「安保3文書」において、巡航ミサイル「トマホーク」の導入や国産ミサイルの長射程化という「反撃能力の保持」などを決定したことは、日本自身が国土を守るための能力の強化において、より重要な一歩を踏み出したといえる[18]。

加えて、安倍政権で打ち出した「自由で開かれたインド太平洋」構想及び地球儀を俯瞰した外交は着実に履行された。日米豪印によるクアッド首脳会議も定例化されているし、2023年のキャンプデービッド首脳会談以降、日米韓首脳会議も定例化された。2024年には、日米比首脳会談が行われ、日本は尖閣事案のような中国のグレーゾーン領域での挑戦を受けているフィリピンに対して、警戒監視レーダーを移転するなどの防衛協力も進めている[19]。

2023年7月、日本はサイバー攻撃や人工知能（AI）などへの対応の強化を盛り込んだ「日・NATO国別適合パートナーシップ計画（ITPP）」を合意して、欧州の米国との同盟国との協力も着実に進めている[20]。さらに、岸田首相は、ウクライナ支援にも積極的に動き、2024年4月には、共和党の一部がウクライナ支援継続に難色を示す米国議会において、「今日のウクライナは明日のアジアかもしれない」と訴え、ウクライナ支援を呼びかけた[21]。

冒頭に示した、日米同盟維持というプランAに加えて、日本自身の防衛力強化や、米国以外の国家との安全保障協力関係を強化するというプランAプラスは着実に遂行されている。日本のプランAプラスは、米国の歴史家ウォルター・ラッセル・ミードが、この構想について議論した秋田浩之・日本経済新聞論説委員兼編集委員の言葉を引用して以下のように書いている。

「同盟諸国は米国主導で確立された秩序がそのまま続くことを望んでいるが、米国の弱さと受け止められている部分を補うためには以前より積極的に行動すべきだと気付いたのだ。プランAプラスを選ぶ国は米国との関係を強化し、国防予算を増額して、世界秩序を支える同盟ネットワークの強化へ向けた取り組みを加速させる……プランAプラスの世界では、米国の敵は阻まれ、友好国は力を与えられる。そして米国は、自国民に加え多くの人々に利益をもたらす世界秩序を、より妥当なコストで維持できる[22]」。

このように日本のプランAプラスは、トランプ前大統領のように、米国が国際秩序の維持に不当に重い負担を負っているという不満に応えることになる。加えて、日本自身が積極的に国際秩序の形成に参加することで、ともすれば「米国の保護国」ではないかというような日本の国内のナショナリズムからの不満を取り除き、米国との同盟機能を向上させる一方で、日本自身のより自律的な外交・安全保障政策を展開できるようになる方策といえる。

〈脚注〉

1　ルーパート・ウィングフィールド＝ヘイズ、「南シナ海の領有権問題、中国に対抗するフィリピンの座礁船」、2023年2月20日付BBC、https://www.bbc.com/japanese/features-and-analysis-64673848

2　ハル・ブランズ、「トランプが権力に返り咲けば―『アメリカ・ファースト』が導く無秩序」、『フォーリン・アフェアーズ　リポート』、2024年7月号、7頁

3　同掲書、14～15頁

4　同掲書、15頁

5　園田耕司、「トランプ「アメリカ・ファースト」の起源　プロローグ　リンドバーグの影」、『論座アーカイブ』、2020年3月8日、https://webronza.asahi.com/politics/articles/2020021600002.html

6　ブランズ、前掲書、10頁

7　ロバート・C・オブライエン、「力による平和の復活―2期目のトランプ外交を描く」、『フォーリン・アフェアーズ　リポート』、2024年8月号、8頁

8　同掲書、11～12頁

9　同掲書、15～16頁

10　同掲書、17頁

11　「米軍、ドイツ駐留の1万2000人削減へ　『戦略的』再配置」、2020年7月20日付BBC、https://www.bbc.com/japanese/53590087

12　マイケル・グリーン著、細谷雄一・森聡監訳、『アメリカのアジア戦略史：上』（2024年、勁草書房）、1頁

13　同掲書、122～123頁

14　同掲書、152～153頁

15　同掲書、427～430頁

16　マイケル・グリーン著、細谷雄一・森聡監訳、『アメリカのアジア戦略史：下』、（2024年、勁草書房）、354頁

17　高見澤、將林、「平和安全法制の制定がもたらしたもの―その背景、プロセス・特色と今後の課題―」、『国際安全保障』、2022年3月号、https://www.jstage.jst.go.jp/article/kokusaianzenhosho/49/4/49_44/_pdf/-char/en

18　拙稿、「日本の安保三文書の何が新しいのか？」、『国際情報ネットワーク分析IINA』、2023年5月2日、https://www.spf.org/iina/articles/watanabe_24.html

19　防衛省、「フィリピンへの警戒管制レーダーの移転について」、2023年11月5日、https://www.mod.go.jp/j/press/news/2023/11/02d.html

20　高木真也、「日本・NATO、新たな協力文書で合意　サイバー・AIの対応強化」、2023年7月12日付朝日新聞、https://digital.asahi.com/articles/ASR7D5QZCR7DULFA00M.html

21　「米国連邦議会上下両院合同会議における岸田内閣総理大臣演説」、首相官邸webサイト、2024年4月11日、https://www.kantei.go.jp/jp/101_kishida/statement/2024/0411enzetsu.html

22　ウォルター・ラッセル・ミード、「米国の後退に次策を練る同盟諸国―世界は秋田浩之氏の言う『プランAプラス』や『プランB』に移行しつつある」、2023年3月28日付Wall Street Journal（日本語版）、https://jp.wsj.com/articles/america-shrugs-and-the-world-makes-plans-ee8593b0

# 20
## Theme
## ロシア

# ロシア
## それが世界、日本にとって意味するもの

### 元駐ロシア大使館特命全権公使
# 河東哲夫

かわとう・あきお　1947年、東京都生まれ。1970年に東京大学教養学部卒業後、外務省に入省。ハーバード大学大学院ソ連研究センター、モスクワ大学文学部への留学後、外務省東欧課長、ボストン総領事、駐ロシア大使館特命全権公使を経て2002～2004年に駐ウズベキスタン特命全権大使。2004年に外務省を退官後、日本政策投資銀行上席研究員となり研究・評論活動に入る。東京大学客員教授、早稲田大学客員教授、東京財団上席研究員などを務めている。主な著書に『ソ連社会は変わるか』（1988年、サイマル出版会）、『ロシアにかける橋』（2006年、かまくら春秋社）、『遥かなる大地』（2002年、草思社、熊野洋のペンネームで）など。

2022年2月、ロシアのプーチン大統領は、1991年12月のソ連崩壊で独立したウクライナは、「元々はロシアと一体のものである」との屁理屈のうえに大軍を送り込み、ウクライナ東部の一部を占拠したまま膠着状態に陥った。そこでは、ロシア軍の兵力不足、兵器生産能力の欠如があらわになっている。だが、プーチンはひるまない。西側、特に米国がウクライナを使ってロシアを辱めようとしているのだとして、国民の愛国心に火をつけようとしている。

ロシアの社会は、戦争が自分たちの生活に及んでこない限りで対ウクライナ戦争を一応支持したが、2022年9月、プーチン大統領が兵力補充のための動員を命ずると、50万人とも推定される青年たちが国外に退避してしまう。しかし、プーチン政権は、野党・政治家のナヴァーリヌイを投獄し、死に至らしめるなどの手段を講じたうえで2024年3月に大統領選挙を実施、プーチンの再選（実質的に5選）を容易に実現してしまう。

上記が示すものは、ロシアの国際法無視体質、それを止めようとする米国に対する逆ギレした対抗心、一方での経済の後進性、民主主義の未発達という二重、三重によじれた構造である。

以下、ロシアはどうしてこのようになったのか、これからどうなるのか、ロシアは世界、日本にとってどのような意味を持つ国なのかをみていきたい。

# 1. 「近代」構築に乗り遅れたロシア

今のロシアとウクライナにまたがる地域には、10世紀に至るころまで国家と呼べるもの

は存在しなかった。今のスラブ諸族が遊牧の異民族と抗争・割拠しながら住んでいたのである。9世紀になると、バルト海を隔てた今のスウェーデンのあたりから、ヴァイキングが南下してくる。ヴァイキングは、大陸を南北に貫く水系、特にドニエプル川を舟で南下して黒海を渡り、東ローマ帝国の首都コンスタンチノープルに至って北方産の蜜蝋、琥珀などをローマ帝国の金銀細工、中国からの絹織物、陶磁器などに交易すると再び北上し、商品をバルト海経済圏で売却して利益を得た。

ヴァイキングは、水系の途上にノヴゴロド、キエフ（キーウ）などの拠点を建設。これは都市国家として発展していく。これら都市では、大商人達が市長を互選。領域を守るために将軍を外部から雇って、共和政治を展開していた。

西欧では、地中海地域にヴェネツィア、フィレンツェ、ジェノヴァなど、諸王国に匹敵する資力を持つ、一群の豊かな都市国家があり、これがアルプス以北に進出することで、近世を築いていった。これに比べてスラブ諸族の地域は、13世紀後半にモンゴルの侵入を受け、以後1480年まで課税されることとなった。キエフでは、手工業が壊滅的な被害を被った。

15世紀になると、モンゴルへの貢納を請け負っていたモスクワの大公が、その貢納をピンハネして強大化。モンゴルへの納税を停止してモンゴル勢力を駆逐し、小さな都市国家であったモスクワ公国が今のロシアの核となる。しかし、元々のロシアの本拠は今のウクライナの首都キエフにあったので、ロシアはウクライナに対して威張れるものではない。

モスクワ公国は、1453年にオスマン帝国に

滅ぼされた東ローマ帝国＝ビザンチンの後継者を名乗り、東ローマ皇帝に代わるキリスト教会保護者の地位も獲得する。1533年に即位したイワン4世（雷帝）は、モンゴル支配を逃れて共和制を維持していたノヴゴロドを1570年、武力で制圧。1556年には東方に残ったモンゴル勢力の制圧も完了して、東方への拡張を開始する。

1579年には豪商ストロガノフが、コサックのイェルマークをウラル山脈以東に派遣。ここからロシアによるシベリア攻略が始まり、それは280年余もあとになった1860年、清朝との間の北京条約で沿海地方（今のウラジオストクなど）を獲得して完了する。いわばこれがロシアの「大航海時代」であったが、スペインが得た南米の金銀、ポルトガル、英国、オランダなどが得たインド、東南アジア諸国の香辛料、綿織物と比べて、シベリアには毛皮くらいしか目ぼしい産物はなかった。シベリアが石油、金、ダイヤモンドなどの宝庫であるのが認識されたのは、20世紀になってからのことである。

西欧は、11世紀ごろからの農業技術革命で農業生産を増大させ、それは商業を発展させた。西欧では、各地に商業都市が生起し、水車、風車を用いた軽工業も発達した。

17世紀ごろから、西欧諸国は中央集権化を強め、特に英国は優れた徴税能力をベースに大海軍を構築。一大植民地帝国を作り上げ、砂糖交易などで富を築くと産業革命を実現し、農業社会から工業社会への転換を遂げた。それは、政府や領主・地主に従属しない人間の数を飛躍的に増やし、民主主義の基礎を形成した。国王の権限は17世紀以降、一貫して縮小されたし、議会選挙で投票権を持つ人間の数は19世紀以降一貫して増やされ

たのである。

この間ロシアは、皇帝と貴族が農民を農奴にして寄生する、後れた構造を続け、近代工業は西欧からの投資でやっと19世紀末から生起した。議会が開設されたのはやっと1905年のことであり（日本での帝国議会の成立は1890年）、それも皇帝の強い管理下にあった。1917年のロシア大革命後、近代工業はすべて国営化されて、自律的成長への活力を失った。

## 2. ヒューマニズム・「個人」の未発達

中世、南欧の地中海諸都市では、大商人の庇護を受けて文芸が発達。14世紀からのルネサンスの機運を生んだ。これは、ギリシャ・ローマの古典文明研究を借りて、人間をものごとの中心に置くヒューマニズム、個人主義を確立させ、これはアルプス以北の西欧にも伝播する。そして、1517年に始まった宗教改革では、キリスト教会における権威主義が否定され、個人の良心が重要なものとされるようになった。

ロシアでは、ルネサンスに相当する運動はなかったし、ロシア正教会は東ローマ帝国の伝統を受けて皇帝に従属、奉仕する存在でしかなかった。ローマ法王が今の権威を築けたのは、西ローマ皇帝が早く消滅したため、全域の徴税権、聖職者人事権をローマ法王が握ったからである。ロシア正教会でも典礼を改めるような動きはあったが、ルターやカルヴィンによる宗教改革とは異なって、むしろ教会のヒエラルキー化を強めるものであった。典礼改革に抵抗した「古儀式派」は、皇帝や教会上層部による支配に抵抗し、神に直接対

峙する傾向を持っていたが、西欧のプロテスタントのように社会の主流を占めるには至らなかった。

国民の大多数は1861年まで農奴とされて移動の自由まで奪われた。彼らは、1773年のプガチョフの乱のような一揆を起こすと、手の付けられない粗暴な「個人主義」を示したが、普段は領主＝大貴族に対して服従、ないし面従腹背の態度を示した。

近代的企業は、その初期に国営化されてしまったから、企業家精神をもって、自分の判断で企業を経営していく階層はできなかった。1991年のソ連崩壊で、企業の一部は民営化されたが、社長クラスの人材は稀にいても、中間幹部クラスが今でも不足している。企業全体の業績のために組織として動くというマインドがなく、栄達のためには絶対的権力を持つ社長に近づき、その腰巾着として動くことに精力を費やす。

# 3. 社会主義と帝国主義の野合＝ソ連

1917年の革命を経て、ソビエト連邦＝ソ連は1922年正式に発足する。それは1991年12月まで続き、今のロシアに大きなトラウマを遺している。

1917年の10月革命は、2月の革命で皇帝が廃位されたのちの権力の空白状態につけこみ、「ボリシェヴィキ」と呼ばれる少数の運動家・革命家が武力で権力を簒奪したものである。彼らは、労働者・農民への分配強化と権利の拡大を標榜していたが、当時ドイツとの戦争が続いていたこともあり、国内での権力確立と、ドイツとの戦いの収拾が主要な課題となった。

ボリシェヴィキは1918年、領土を大きく割譲してドイツとの和平を達成、1922年まで続いた内戦で、国内の権力を確立したし、同時期の戦争でバルト3国、コーカサス、中央アジアなど、ロシア帝国時代の領域も取り戻す。当初、弱小革命政権を西側資本主義諸国から守る防御的姿勢をとったボリシェヴィキの政権は、ソ連を形成すると「共産主義革命の輸出」、つまり19世紀以来の帝国主義的拡張主義を明確とする。それは第2次世界大戦末期、満州を占領し、東欧諸国を次々に共産化して自分の陣営に組み入れたことで現実のものとなった。日本の北方領土占拠も、こうした政策の一環である。

結局のところソ連は、共産主義イデオロギーで権力を正当化した独裁政権で、国内の資源を集権支配することで、鉄道、電力などの基盤インフラ、製鉄所などの重厚長大産業の構築を行う体制であった。労働者の権利拡大は一種のスローガンと化し、プロレタリア独裁、その実、共産党中央による独裁強化のための口実として使われた。それが激化したのは、レーニンやトロツキーなど革命後の実力者を排除したスターリンが、公安警察を手下に大粛清を展開、「投獄される。銃殺される」という恐怖心でインテリ層を黙らせたときで、これがソ連の伝統となる。

公安警察は津々浦々、あらゆる組織の末端にまでネットワーク、あるときは密告者を張り巡らせて、国で唯一無二の権力基盤を形成した。この点は現代のロシア、そしてコーカサス、中央アジアの旧ソ連諸国でも維持されている点である。これは、ロシア帝国時代とほぼ同じ権力構造で、ただトップが皇帝から共産党に代わっただけということなのである。

ソ連型社会主義経済は、その要素の多くが

今のロシアに受け継がれて、自律的な経済発展を妨げている。ソ連時代、政府部門、国営企業に働く人間は多く（というか、それが農業以外の勤労人口のほぼすべてを占めた）、彼らは中産階級を形成したが、それは西欧のような民主主義をもたらすことはなかった。憲法は結社を禁じていたから野党は現れず、共産党は政府機関と並行して全国ネットワークを形成し、政府機関を手足のように使って党の政策を実行していった。政党が行政機関と一体化するこのシステムを「政党国家」といい、これは1923年、訪ソした蒋介石など中国国民党の一行が持ち帰って、のちに台湾、そして現在の中国に伝えたものである。

　ボリシェヴィキは当初、経済の全面的国営化を行うつもりはなかった。人間が市場メカニズムにとって代わるのは不可能であることを、よく認識していたのである。しかし、現場の労働者は違った。「うちが国営化されれば、自分はもう絶対クビにならない」と思った労働者たちは、経営陣を排除して自分たちが企業・工場を接収。そのうえでそれを政府に献上してしまう例が頻発した。国営になれば、自分をクビにすることはないだろうというのが彼らの打算だった。

　ボリシェヴィキは、国営化はいくつかの重要な銀行や企業に止め、あとは市場の動きに委ねようと考えていたのだが、今や自分たちが市場に代わって生産量を決め、原料調達先を探し、販売価格を定め、販売先を探さなければならなくなった。経済活動というより、それは役人の事務に近いものになる。

　企業長の成績、報酬は、1年にいくらの利益を上げたかより、上層部から「下りてきた計画」を達成できたかどうかで決められるようになった。販売先は計画で決められ、指定

されているので、品質向上に努める必要もなくなる。ソ連時代の消費財は質が悪く、テレビは電源を入れると爆発し、洗濯機はスイッチを入れれば大声を上げて床の上をのた打ち回った。

　経済計画に携わる役人は良い目を見る。彼らは特別に西側製品の割り当てを受けたり、郊外に一戸建て住居＝ダーチャを建設するための資材を横領したりして、格差を拡大させ、社会主義社会の偽善性をあらわにしていった。生産財は西側でも、それぞれの企業がある程度計画的に生産しているが、企業間の競争がなければ技術革新、新型の開発は行われない。

　消費財は相手が気まぐれな人間なので、生産量やデザインは計画に馴染まない。それでも計画はしたので、1980年代末期、ゴルバチョフ書記長（当時）が経済の自由化を進めようとしたときには、「レストランを開こうにも、肉を卸してくれるところがない」という硬直した経済が出来上がっていた。

　農村では、農奴解放後、生起した豊かな自営農は撲滅され、残った農民はまるで農奴のように集団農園に縛り付けられ、自由な移動を許されなかった。そのような農民たちの労働意欲は低く、ソ連はその末期、小麦の大輸入国に転落していた。

# 4. ソ連崩壊のトラウマ

　こうした体制は、主として経済面で行き詰る。それはソ連社会の安定の基盤を崩し、外交面では弱さをもたらす。

　計画経済・国営経済は、事業家精神を必要としない。共産党の政策、上部官僚が下ろしてくる生産計画を実現することしか考えな

い「小役人」を量産する。繰り返しになるが、不良品を作ろうが買い手は計画で決められている。生産個数の計画を達成すればボーナスがもらえるから、企業は製品の性能、質の向上に無関心。だから、人々は、コネで西側の商品を手に入れることに汲々とし、共産党や政府の幹部は資材を横領して自宅を建設したり、上質の食品、消費財の特別配給を得た。表は高慢な共産主義、裏は人間臭いコネと特権のまかり通る社会。つまり偽善がソ連末期には目立つようになる。

そして、食品、光熱費を中心に、多くの生活必需品の価格は低水準に抑えられ、それを維持するための政府補助金はうなぎのぼりになった。それでも1970年代の原油価格の高騰で、当時から原油輸出大国だったソ連は経済を回すことができたが、1980年に原油価格の急落が始まると、財政赤字が累積するようになる。

1985年に登場したゴルバチョフ書記長は、これでは国が持たないとして、ソ連社会主義の再健全化を志した。彼は、社会の欠陥を批判することをマスコミや識者に呼びかけ（「グラースノスチ政策」）、党・政府の官僚に圧力をかけることで欠陥を是正しようとした（「ペレストロイカ政策」）。企業では、それまで利潤を上部がすべて吸い上げていたのを改め、企業長が利潤を自己裁量で使える分を増やした。そして、改革に抵抗する幹部たちを抑えるため、共産党組織の権限を削減するとともに、選挙で非共産党系人士の登用を進める。

しかし、ゴルバチョフの改革は、ソ連がどのようなメカニズムで動いているのか、1カ所を変えると他の箇所でどういう問題が生じるのか、十分に吟味したものではなかったこ

とから、経済・社会は大いに乱れた。利潤の使用権を得た企業長たちは、従業員を確保するために野放図な賃上げに走った。それに見合う現金が印刷され、経済にはインフレ圧力が蓄積されていく。そして、集権化・計画化されていた物資の卸は、共産党がその監督をすることをゴルバチョフに禁じられたこともあり、ソ連時代に暗躍していた「タルカーチ」の勢力に抑えられる。

彼らは、硬直した計画経済が諸方で起こす資材不足を、裏のコネとカネで解決することを業とした。投獄される者も多かったが、彼らはゴルバチョフの自由化に乗って、今や流通機構を表から牛耳る「マフィア」勢力として登場する。

彼らは、政府の価格補助金が削減方向にあることを見て取り、市場にあふれる余剰な紙幣が商品価格の急上昇をもたらすことも見越して、商品を倉庫に退蔵。出荷を控えるようになった。このため、1990年には大都市の商店では商品がほぼ消え、不満を高めた大衆は共産党の反逆児エリツィンを支持するようになる。1991年6月には、ペレストロイカ政策の一環として、ロシア共和国大統領の公選が行われ、エリツィンが圧倒的な支持を得て当選する（ゴルバチョフはソ連全体の大統領）。

1991年8月、公安警察であるソ連国家保安委員会（KGB）を核とする保守層はクーデターを実行。ゴルバチョフも監禁するが、モスクワの民衆はエリツィンの周囲に文字どおり結集して、ロシア史上初めてといえる、民衆による権力打倒を実現する。

エリツィンは、その半年後、ソ連の解散を宣言して1992年1月からは現在のロシア共和国が誕生する。同月2日、政府は価格補助金を撤廃し、商品の価格自由化を宣言する。

これで商店には商品が現れ、街路には無数の露店が出現して闇市の状況を現出した。インフレは野放しとなり、以後の2年間で、それは6000％に上った。人々の貯金はほぼ無効となり、年金生活者は路頭で衣料などを売っては生活の足しにするようになった。

ソ連がなくなる。祖国がなくなる。国家というものは人造物だから、なくなっても不思議ではないし、そこに住む人間にしてみれば、ゴミ集めが乱れたり、治安が悪化することでしかないのだが、彼らが一番困ったのは、社会の上下がひっくり返って、ソ連時代のコネが効かなくなったことである。ソ連社会では、モノとサービスの不足を、コネで何とかしのいでいたのが、モノとサービスを差配するお偉方が消えてしまったのだ。西側の消費財が店にあふれ、それを買えるだけの給料が支給されるようになったのは、1995年ごろのこと。それまではロシアは困窮にあえぎ、ロシア人は自信を全く喪失していた。

その結果、ロシア人が胸に刻み込んだ教訓は、「市場経済、自由と民主化は、社会を混乱させるだけ。西側かぶれのリベラル人士の言うことはまったく信用できない。彼らは敵だ」というものである。

2000年代半ば以降の、表面上は豊かな消費社会で育った世代が40歳に達するのは、2040年ごろ。そのころまでは、ソ連崩壊をトラウマとして心に維持する連中がロシア世論の核となる。そして、混乱の1990年代前半を、特権的地位を維持したまま過ごした家庭に育ったロシア人は、混乱があったことは「知らない」。彼らはごく自然にロシア大国主義を奉じている。

## 5. エリツィンの野放図な 「自由」、借金経済の破綻

1992～1999年のエリツィン時代は、「自由」、「民主主義」、「市場経済」の3セットが言葉の上ではロシアを支配する。ソ連時代の旧エリートは身を潜めた。1990年代前半は利権の分捕り合戦（それは暴力を伴った）が行われ、自由、民主主義とはほど遠い暴力と混乱と困窮が支配したが、1996年の大統領選が近づくと、エリツィン政権は、国債を大量に発行し、それを外国でも販売することで偽りの繁栄を演出するに至る。遂には国債を担保に新規国債を発行する、一種の国家ねずみ講を展開して返済に窮し、1998年8月、デフォルトを起こす。ルーブルは6分の1に下落し、国内の金融体制は目詰まりして、企業間の決済は現物で行われるまでになった。つまり、エリツィンの自由化・経済改革はここで完全に行き詰ったのである。

今でも実相は不明なのだが、ここで公安警察であるロシア連邦保安庁（FSB）が動いたようだ。FSB長官を務めたプーチンは、1999年8月に首相に任命されると、同年9月にモスクワなどで起きたアパート爆破事件の罪をチェチェン独立運動派に負わせ、軍を用いてチェチェンを制圧。首都グローズヌイを焼け野原とした。この作戦を指揮したプーチンは、混乱収拾と力による支配を待望する大衆の人気がうなぎのぼり。同年12月にはエリツィンから権力の禅譲を受け、選挙を経て2000年5月に正式に大統領として就任する。

プーチンは、今では大政治家として評価されているが、ただひとりの野心と能力で権力の座に25年近くも座っていられるものではない。彼は、ロシア帝国以来、権力の基盤で

ある公安警察の申し子として、エリツィンの起こした国の分裂、社会秩序の崩壊を修復するという使命、国民の興望を実現しただけで、彼が去れば、公安警察は別の代理人を押し立てようとするだろう。

# 6. プーチン時代

2000年5月、正式に大統領職に就いたプーチンは、当初はエリツィンの自由化政策を引き継いだが、エリツィン時代に国家利権を手に入れて増長したオリガーク（新興財閥）が政治的野心を示すのを弾圧しているうちに強権化。野党の存在、自由選挙は維持しているものの、選挙への管理、開票操作を強めている。

ロシア企業の民営化は結局失敗し、2008年のリーマン危機（ロシアでも金融の目詰まりが生じた）以降は、再国有化が進行した。さまざまな数字が発表されているが、国内総生産（GDP）の70％内外が国営企業によって生産されていると思っていいだろう。残る民営企業でも、「自分は政府から経営を委託されているのだ」というマインドを持つ者が多い。そして、ロシアの企業は西側のものに比べて資本力ではるかに劣るし、市場経済で企業、特に製造業を運営できる力量を持つ人材は決定的に不足している。

つまりプーチンは、自由化に失敗したロシアを、ソ連・ロシア帝国時代の硬直した体制に戻すことで安定を手に入れたのである。それは、2000年代からの原油価格高騰に助けられ、プーチンへの高い支持率を実現している。

ウクライナ戦争で、ロシアは西側の資金、技術の利用ができないことになった。ロシア

の製造業は、これまで兵器、エネルギー資源輸送設備、原発設備でのみ優位を示してきたのだが、ウクライナ戦争では、兵器生産においてさえロシアが限界を抱えている（特に半導体で）ことが如実になった。艦船やヘリコプターのエンジン製造はウクライナに依存してきたし、今はなんとボール・ベアリング、大砲の砲身製造用の特殊鋼、右加工用の精密工作機械、そして火薬の不足に悩まされている。人工知能（AI）やロボット、そして再生可能エネルギーの普及で世界の経済が一変しようとしている今、原油依存を続けるロシア経済、そしてロシアがいつまで持つかはわからない。

広大な領土と未発達な経済を抱えるロシアは、強い「国家イデオロギー」を必要とする。米国では民主主義、西欧では近代のヒューマニズムが社会の基本になっているが、それは高い経済水準を達成しているからである。ロシアでは、人々をまとめるために上部から強制する「国家イデオロギー」が必要で、共産主義を否定した今は、あるときはロシア正教、あるときは「ロシア独自の（家父長制的）価値観」など、模索が続く。しかし、豊かで格差の小さな社会を実現しない限り、イデオロギーだけで社会をまとめることはできない。それにロシア社会では、40歳以下の若い世代が人口の半数近くを占めるに至っており、彼らは今の政府・教会上層部が提示する「国家イデオロギー」に共感を示さないだろう。

インテリの一部は高い知的水準を持っていても、社会的地位を笠に着て空港チェックインの行列を飛ばそうとするようなメンタリティから抜けていない者も多い。だから、ロシア人は西側で軽んじられるのだが、ロシア人はそのわけがわからず、やたら被害者意識を

強めて、武力で自己主張をしようとする。これは不幸な悪循環なのだ。

## 7. 世界とロシア

こうしたロシアと世界はどう付き合うべきか。それは、「ロシアを変えようとするなかれ。ロシアの力を過大評価して、過剰に反応することも避ける。ロシアの現在の国境は安堵し、それを冒すことはせず、一方、ロシアの拡張は抑える。そのうえで可能な協力関係は進めて双方の利益とする」ということに尽きる。ロシアの周辺諸国は「ロシアの脅威」を言い立てて、米国などの支援を引き出し、それによってロシアを刺激するという不毛な悪循環を生みがちだが、これは避ける。そのためには、1975年のヘルシンキ宣言のような国際条約を再度結ぶことも有用だろう。

ロシアが原油・ガス資源の開発協力、原発の建設などの手段で海外での影響力を拡大しようとするのはよいが、他の経済手段を欠くために紛争地への兵器供給、傭兵隊派遣などに手を出すのは邪道であり、国際的に規制されるべきである。

## 8. 日本とロシア

日本とロシアは敵対しがちである。しかし、日露戦争後の10年間ほどは、満州の利権から米国を締め出すべく、日ロは数度にわたって「協約」を結んでいる。つまり、敵対は日ロ関係のデフォルト状態ではない。中国が強大となった現在は、日ロが中国大陸での利権を争うこともない。中ロが結託して日本と対立することは避けなければならないが……。

日本で米国を嫌う人たちは、ロシアとの協力に過大な期待を寄せる。また、ロシアを引き込んで中国と対抗するよう、提言する人たちもいる。しかし、極東で経済力ばかりか、軍事力まで欠くロシア（2500t以上の軍艦・護衛艦の数では極東ロシアは自衛隊の5分の1）に、日本人の運命を寄託するのは馬鹿げている。そしてロシアが、長い国境を接する中国と対立してまで日本との関係を大事にするいわれはない。

また、企業への課税を強化して分配を強化することを主張する人たちは、ソ連の計画経済に夢を見がちだが、計画経済への夢は捨てるべきである。人間の欲望を計画することはできないから、消費財の生産を計画することは不可能。生産財の生産はかなりできても、企業間の競争をなくせば、技術の進歩、製品の質の向上はなくなる。

日本では明治以降、共産主義が言論、教育界に強く浸透した。それは公平な分配、民主主義への夢と同義で、ソ連は、その理想を実現した桃源郷だとされた。そこには、日本人の白人へのコンプレックスも重なった。しかし、ソ連の実態は、これまでも述べたように、公平、公正、民主主義とはほど遠いものだった。

どの社会でも、公平無私な人間は、ほんの一握りしかいない。たとえそのような人間がトップに座っても、煩悩を抱えた普通の人間から成り立つ社会は指導者の言うことを無視するだろう。

最後に北方領土問題について。安倍政権時代のやりとりを見てもわかるように、ロシアには今、一島も譲る気はない。だからといって、現状を認めて平和条約を結んでも、それに見合う利益は得られない。これまでは平和条約なしに、貿易、投資、漁業など、多くの分野で協力は進んだ。戦争で領土の一部をソ

連・ロシアに奪われたままのドイツも、平和条約を結ぶことなしに、ロシアと外交・貿易・投資関係を展開していた。

ロシア人には、自由闊達でイマジネーション豊か、かつ人間味のある人たちも多い。筆者もそういうロシア人を多数知っているが、だからといって、ロシアと無条件に友好関係を結ぶよう主張はしない。ロシアには保守頑迷で、アジア蔑視の連中もまた多数残っているのだ。

# 21

**Theme**
**ウクライナ**

# ウクライナの戦争で
# わかったこと

元駐ウクライナ特命全権大使
## 黒川祐次

くろかわ・ゆうじ　1944 年、愛知県生まれ。1967 年に東京大学教養学部卒業後、外務省入省。1996 年に駐ウクライナ特命全権大使、1999 年に衆議院専門委員兼外務委員会調査室長、2001 年に駐コートジボワール特命全権大使、2004 年に外務省退官。2005 ～ 2014 年に日本大学国際関係学部教授、キーウ国際大学名誉教授、ウクライナハウス・ジャパン共同代表、現職。主な著書に『物語　ウクライナの歴史』（2002 年、中公新書）、『現代国際関係の基本文書』（2013 年、日本評論社）、『ウクライナを知るための 65 章』（共著、2018 年、明石書店）など。

2022年2月24日に始まったロシアによるウクライナへの全面軍事侵攻は、2年半が過ぎた。最初はロシア側が圧倒的に有利に見え、キーウ陥落も遠くないかと思われたが、ウクライナ軍の奇跡的ともいえる首都防衛が成功した。その後、西側の支援も拡大してウクライナ側の反転攻勢が始まり、ロシアが占領した土地をどこまで奪い返すのかが関心の的となった。しかし、ロシア側の戦力立て直しと西側の支援の遅滞などにより、目下はロシア側の優勢な状況のもとでの膠着状態にある。

今後の見通しは立ちにくい。和平を求める声も少しずつ出てきているが、和平というものは勝敗がほぼ決着がついたと双方が認めた場合か、膠着状態が長期間続いて双方が疲れ果てた場合にしか実現しにくい。プーチンは、初期の目標を変更していないようだし、苦しい状況にあるウクライナ側も、ここで敗北に等しい和平に応ずるとは思えない。いずれの戦争も、和平の機が生ずるのは戦況次第といわれるゆえんである。

そこで、戦況や和平の可能性を占うのはさておき、この戦争からわかってきたこと、特に日本にとって教訓となると思える事項を以下に指摘することとしたい。

ビスマルクは、「愚者は自分の経験から学び、賢者は歴史から学ぶ」と述べている。とはいえ、経験から学ぶことも重要であることに違いはない。その場合にも、できるだけ少ないコストで学んだほうがよい。

太平洋戦争では、日本は自らが途方もないコストを払った挙句、大失敗して学んだ。最悪のケースである。

幕末の薩英戦争や下関戦争では、自らが「小さな失敗」をして学んだ。薩長は、局地的な戦争に負けて攘夷の愚を悟り、開国に踏み切った。この学習により日本は、他のアジア諸国のような植民地化を未然に回避することができた。その点では、幕末の日本のほうが昭和前期の日本より賢明だったともいえる。

ただ、これよりもっと効率がよいのは、自分の経験だけからではなく、他人の成功・失敗の経験からも学ぶことであろう。それはコストもかからないし、学ぶべき経験も多種多様だ。ビスマルクもこのことを言っているのではないか。

その点からすれば、今回のロシアによるウクライナへの侵攻は、第三者である日本にとっても貴重な示唆や教訓を与えてくれると思われる。

# 1. ウクライナは平和外交政策をとっていたのに侵略された

ウクライナは、独立時より非核三原則を標榜していた。そして、旧ソ連時代からウクライナ領内に配備されていた核兵器を放棄した。核兵器放棄の代償として、米国・英国・ロシア（あとから中国・フランスも参加）の安保理常任理事国によるウクライナの安全の約束（ブダペスト覚書）を得ていた。加えてロシアとは、独立時にも、またそのあとも複数回にわたり、ウクライナ・ロシアの2国間条約（そのひとつはプーチン時代に締結）により、両国はお互いの主権と国境線の不可侵を約束し合っていた。

また、ウクライナは、そのほかの安全保障面でも、外交面でも極めて平和主義的であり、外交によって問題を解決しようとしていた。ウクライナの軍は、旧ソ連軍でウクライナに残された部隊を引き継いだものであったが、独立後の経済が極めて悪かったこともあり、

たいした改善はなされないままで、軍備は明らかに不十分であった。

このように表向きも実質も平和国家であったウクライナは、ロシアにより2014年にはクリミア半島と東部ドネツィク・ルハンシク両州の大部分を占領され、そして、2022年には本格的な軍事侵攻を受けた。ロシアの侵攻は国際法にも正義にも真っ向から反するものであり、いかなる正当性もないものであった。

国連総会は、ロシアの侵攻を国際法に反するものとして非難し、撤退を議決したが、総会は安全保障問題では拘束力がない。あるのは安全保障理事会（安保理）であるが、常任理事国であるロシアの拒否権行使によって安保理は何もできないでいる。

このように、軍備面でも外交面でも平和に徹していたウクライナは、ロシアの軍事侵攻を受けてしまった。なぜであろうか。

それはやはり、ウクライナが抑止力の整備を欠いていたからであろう。いくら自国が平和的な意図を持って隣国と接していても、隣国がそれに共鳴して平和的に接するとは限らないからだ。むしろ、このような国は扱いやすいとして、侵攻の誘惑に駆られる可能性さえある。特に大国は、このような隣の小国を気軽に脅したり、攻めたりする。ましてや今回の例のように、超大国から脱落した国が、以前は自国の領土だったので元に戻るべきだとか、さらにはかつての超大国に戻るにはこの土地がどうしても必要だと信じ込んでしまった場合などには大変危険なことになる。そして現にそのことが起こった。

その点、ウクライナは独立して間もない国家としての経験不足もあったが、他方、国際関係にナイーブに過ぎたといえる。

日本の中にも、この侵攻以前のウクライナと同様に、こちらの意図が平和的であり、それを外交でよく説明すれば、外国もその真摯な態度を理解してくれて、戦争は防ぐことができると信じている人が多数いる。これらの人たちの考えは、侵攻以前のウクライナの考え方によく似ている。そして両国とも核兵器を持った国連常任理事国である大国（しかも日本の場合は2国も）を隣国に持っているという共通点がある。

以上から、今回ウクライナが受けた惨禍の教訓は、日本がいくら平和的な意図を持っており、平和外交を進めても、それだけでは絶対不十分で、やはり他国が日本への武力攻撃を躊躇するような抑止力を備えていないといけないということである。この点で、今回のウクライナの失敗例は、他のどの国よりも日本にとって重要な教訓だと思われる。

## 2. 同盟の死活的重要性

国を守るには抑止力の整備が必須だとすると、もちろん自国の抑止力、すなわち防衛力の整備が必要となるが、一国だけでは十分それを整備するのはなかなか難しい。そうなるとやはり、それを補完するものとして集団的自衛権に基づく同盟への加盟を考えないといけない。

2014年3月のロシアによるクリミアの一方的な併合から間もない同年9月、筆者は、他の日本人研究者や報道関係者と共にキーウでタラシューク元ウクライナ外相に会った。その際、同元外相は、「日本は日米安全保障（安保）条約があって羨ましい」と述べた。このことは、ウクライナが侵略されて、信頼し得る同盟、具体的には北大西洋条約機構（NATO）に加盟しておかなかったことを深

く悔いていることを示している。同時にこの失敗は、同盟の決定的な重要さを日本に代わって証明してくれたともいえる。

NATOでは、その加盟国の一国に非加盟国から武力攻撃を受けた場合、この攻撃を全加盟国への武力攻撃とみなして対処することになっている。したがって、もしウクライナが以前よりNATOの加盟国であったなら、いくらロシアでもウクライナに侵攻することはできなかったであろう。当然、今回の侵略もなかったであろう。それほど同盟は国運の成否を分けるものである。

それでは、なぜウクライナはNATOに加盟しなかったのか、あるいはできなかったのか。

そのひとつにウクライナは、ロシアが複数の条約でウクライナを独立した主権国家として認め、また双方の国境線の不可侵を約束していたので、まさかその国が攻めてくるとは思っていなかったからである。加えて、当時のウクライナは、ロシアと西側の双方を手玉にとってうまくやっていけると高をくくっていた節もあった。こうしてウクライナが本気でNATOに入りたいと思ったときには、すでに手遅れであった。

もうひとつの理由は西側の態度にある。冷戦終了後の欧州には「平和ボケ」ともいうべき空気が支配しており、ロシアを刺激することを過剰なまでに避けてきた。特に欧州のリーダーであるドイツやフランスには、その気持ちが強く、2008年に米国がウクライナのNATO加盟に肯定的になった際にも反対した。こうしてウクライナの加盟は先送りとなってしまった。もしあの時点でウクライナのNATO加盟が実現していれば、2014年のクリミア併合も、2022年の本格的侵攻もなかったであろう。

このように、ウクライナがNATOに入っていなかったことが決定的であった。プーチンとしても、このままいけばいずれウクライナはNATOに入りかねない、そうしたら永久にウクライナを取り込むことはできなくなるとして今次侵攻に踏み切ったものであろう。

多くの国において安全保障の確保は、国家の最重要問題のひとつであることは頭の中ではわかっていても、目先の問題にとらわれてつい先送りにされがちである。ウクライナではまさにこのことが起こった。

そして、この傾向は日本でも顕著に存在する。自民党は発足以来、憲法改正を党の綱領に掲げながら、また何十年も政権の座にありながら、いつもそれより緊急を要する案件があるとしてこの問題を先延ばしにしてきた。

以上からいえることは、第1に、国連もあてにならず、また自国の軍事力のみで国を守るのは難しい場合においては、信頼すべき同盟は必須であることが改めてわかったことである。そして、第2には、たとえ国民の意識が十分高まっていない段階でも手遅れにならないように、政治家が必要な安全保障上の措置を整備しておくことの重要性である。

# 3. 自ら戦わない国は誰も助けてくれない

侵攻の当初は、西側諸国はロシアとウクライナの国力を考えれば、ウクライナは圧倒的に弱体なので、長くは持たないだろう、そこに援助をしても無駄になるから直接の軍事支援は名目的なものにとどめておこうというものだった。

ところが、ウクライナは、初期の首都キーウ防衛をほぼ自力で成し遂げた。これが転機

となって西側も対ウクライナ軍事支援を拡大した。

2014年のロシアによるクリミア占領の際、ウクライナは軍事的にほとんど抵抗しなかった。それを見て国際社会は、おざなりな制裁をロシアに科した程度であった。ウクライナは、この事態を猛省し、軍の立て直しを行い、2022年の本格的な侵攻に対してかなりの反撃ができるようになっていた。

つまり、自らが戦ってこそ外国の同情・支援を得られることがわかった。このことは、考えてみれば当たり前のことで、いくら立派な安保条約があっても、攻撃を受けた当事者が何もせず一方的に同盟国に頼っていては、助けるほうもやる気が起こらなくなるだろう。同盟国にとっても、自国の兵士の命が懸かっているわけであるので、攻撃された当事者が何もしないのに、なぜ自分たちが命のリスクを冒さねばならないかと思うのは当然である。

ウクライナの例に比して、日本ではどうだろうか。日本で有事が起きた場合には、自衛隊は命を賭して戦うだろう。日米安保も機能するだろう。しかし、一般国民が自衛隊や米軍に任せて、自分たちは何もしないという事態が起こりかねないという心配がある。

ある世論調査によれば、日本国民でいざというときに自ら戦おうとするものは非常に少ないという結果が出ている。2022年4月、日本人大学生100人を対象に「もし他国が自国に攻め入ってきたら、あなたは国のために戦いますか？」と問われて「はい」と回答したのは28人、「できれば自分や身内以外の、他の誰かが戦ってほしいですか？」の設問に47人が「はい」と答えた。この数字は、国際的にも最も低いといわれている。

これでは、せっかくウクライナが羨む日米安保条約がありながら、実際にはうまく機能しない恐れがある。同盟が非常時にしっかりと機能するためには、単に自衛隊や日米安保条約に任せておけばよいということでなく、国民自体の意識や心構えも重要であることをウクライナの事例は示している。

## 4. 「核の脅し」にどう対処するか

米国、欧州連合（EU）加盟国、英国、カナダのGDPの合計は、ロシアのGDPの約22倍ある由である。それならば、NATOがこの戦争に直接参戦しないとしても、ウクライナを勝たせるために必要な援助は惜しまないとして行動を取れば、ウクライナ自身、軍の士気も高く、国民の国を守る気持ちも強いので、ウクライナがロシア軍を自国領土から駆逐することは不可能ではないだろう。しかし、現実にはそうなっておらず、全般的にロシアが優勢であり、このままでは、ウクライナが近い将来に領土を奪還する可能性は低い。

第二次世界大戦後、これほどあからさまな侵略はないといわれるほどで、しかもそれが、道理が通るはずの先進地域で起こったものなのに、なぜ経済力の合計でロシアをはるかに上回るNATO加盟国、特に米国はウクライナが勝てるレベルの援助をしないのだろうか。

その答えは、ロシアによる「核の脅し」又は「核の恫喝」にある。

ロシアは、上述のとおり、米欧の経済力及び軍事力の総合力がはるかに勝っていることはよく知っており、それを怖れてNATOとの全面衝突をぜひ避けたいと思っている。そのため、ロシアが欧米、特に米国の支援を低

い水準に押しとどめておくためには「核の脅し」しかないと考えているからである。

そして、この脅しは実によく効いている。特に米国は、この脅しに過剰反応して、その対ウクライナ支援を自制し、ウクライナが「負けない程度」の軍事支援しかしてこなかった。ロシアにとってこれほどありがたいことはない。このまま米国が自制し続ければ、ウクライナは勝つ見通しもないまま戦争を続け、国力を消耗していくことを避けられない。こうして見ると、今次戦争におけるロシアの最大の武器は、この「核の脅し」と断言してもよいほどである。

しかし、本当にロシアは核兵器を使うことができるのだろうか。

まず、ロシアが先制で米本土を叩くような戦略核兵器を使うことはほぼあり得ない。そうすれば、米ロ間の核戦争となってしまい、ロシアも壊滅しかねない。プーチンにとってウクライナがいかに重要であろうとも、そのような自殺行為に等しいことをするとは思えない。

それならば、戦術核兵器の使用となるが、もし戦術核兵器を米国以外のNATO加盟国に使うことになると、NATO全体との本格的な戦争を覚悟しないといけないことになるし、さらに戦略核の使用にまでエスカレートする危険もある。これもまず使えないだろう。

結局、戦術核をウクライナに使う以外にないが、専門家筋は、ウクライナ軍は戦術核の攻撃目標にできるほどには密集しておらず、戦略的に意味のあるウクライナの軍事目標に対しては通常戦力で十分だといっている。しかも、それによって西側がついに意を決して事実上の戦闘行為に入ってくる可能性も排除できない。さらに、ロシアがウクライナに核兵器を使った場合、米国はウクライナに対し、核を食らったのだからもう降参しろといえるだろうか。そんなことをすれば、米国の権威は失墜し、安全保障に不安を抱いている諸国は核保有に走って、世界の核不拡散体制は崩壊してしまうだろう。

このように考えると、実際の核使用の確率はかなり低いといえる。それでも口先の脅しだけで西側がビビってくれるなら、ロシアにとってこんなありがたいことはない。こうして西側はロシアのペースにはまってしまったように見える。

結論としては、西側は「核の脅し」を必要以上に警戒しすぎて、ウクライナが勝てるレベルの支援を控えてしまっている。その結果、ウクライナはこの戦争に勝てないし、また同時に、西側の援助が続いているので、ウクライナが大幅に負けることもない。戦争がずるずると続いて、終わりが見えない状況になっている。皮肉な言い方をすれば、「ウクライナは、この核の脅しのために、勝たせてももらえないし、負けさせてももらえない戦争を延々と続けさせられている」ということになっている。

核戦争は、決して起こしてはならないが、この戦争の結末として核の脅しを使えば他国への侵略もまかり通ってしまうという前例をつくれば、世界で核拡散が起こり、核の脅しが横行する事態となりかねない。これは日本にとっても由々しき事態である。そんなことにならないためにも、今次戦争で「核の脅しは許されないし、効かない」ということが世界の共通認識になるような終わり方をしてほしいものである。

## 5. 欧州とアジアの安全保障が連動してきた

アジアと欧州の安全保障は、これまでほぼ別個のものであった。あったとすれば、双方の地域に深くコミットしている米国を通じての間接的な、あるいは精神的な連帯という程度であった。これが、今次ウクライナの戦争によって両地域が実質的にも深く結びついていることが意識されるようになった。

その結びつきの主たるものは、このウクライナ戦争の帰趨いかんによっては東アジアでも同様なことが連動して起こり得るという認識である。つまり、ロシアが今次戦争で成功すれば、似たような境遇にある中国が同様なことを東アジアで起こすかもしれない。多くの人は、直近で起こったことが成功したか、失敗したかによって自分の行動を決めることが多いので、このことは決して無視できない。中国もこの戦争のなり行きを虎視眈々と見守っているはずである。

このように考えると、ウクライナの戦争の帰趨は決して対岸の火事ではない。

まず、もし他地域からのウクライナへの支援が実質的な貢献をすることによってウクライナが勝利した場合には、東アジアの脅威も遠のく可能性が高まると期待できる。

次に、日本としては、ウクライナが何の瑕疵もないのに侵攻されたのを見て、法や人道、また国際的な連帯の念からウクライナを支援すべきことは当然であるが、同時に今回の戦争でわかったことのひとつは、戦闘が本格的になると、武器、弾薬がすぐ払底することである。戦争が少しでも長引くと、ロシアのような軍事大国でも武器不足、弾薬不足が起こり、これが戦況に死活的な影響を及ぼすこと

がわかった。日本が有事になった場合にも同様のことが起きるだろう。その場合、一国で長期的に大量の武器・弾薬を用意しておくことはまず無理である。そうなったら同盟国、同志国、友好国に頼らざるを得ない。今回、欧州諸国に対し、域外にもかかわらず日本は協力的であったとの印象を残しておけば、将来日本が困ったときに好意的に配慮してくれる可能性が増すであろう。「情けは人の為ならず」である。

## 6. ウクライナは、ロシアとは違う民族性を持っている

ロシア側は、ロシア人とウクライナ人は同民族で兄弟なのだし、何世紀も一緒にやってきた、同じ「ロシア世界（ルースキー・ミール）」を構成するものとして一緒になるべきだといっている。これに対して、ウクライナ側は、両民族に去通点は多いが、決して同一民族ではないといっている。

歴史的にはどうだろうか。

確かに、両民族の共通の祖先は10世紀から12世紀までキーウを都として栄えたキーウ・ルーシ大公国である。その時代にキリスト教の正教が導入され、両民族の共通の宗教となっている。言語も東スラヴ語族に属している。文化面での共通点も多い。

しかし、民族性はかなり違っている。ロシア人は、専制的な権力を容認し、それに隷従しやすいといわれている。行動も集団主義的である。他方、ウクライナ人は、自由を尊び、専制を嫌い、他人に隷従することを好まない。ただし、その分、個人主義的でまとまりが悪い。

この違いは、今次戦争でもいろいろな側面

に現れている。ロシア軍が上からの命令をどこまでも貫く一本調子な戦法であるのに対し、ウクライナ軍は小さなグループや個人の創意工夫で戦うというパルチザン的なやり方を得意としている。

この違いがどこから出てきているのかについては、さまざまな意見があるが、ロシア人は「タタールのくびき」と呼ばれる長期のモンゴル支配の下にあり、その間に絶対服従を強いる遊牧民的な習性を身に付けたとの説もある。ウクライナ人については、キーウ・ルーシ大公国のお膝元であり、同国の分権的な気風を、またコサックの独立不羈の精神を受け継いでいるといわれている。そして、ロシアは専制的であったため、国家・君主の下に力を集中できて大国になったが、ウクライナは分権的、個人主義的だったため、強いリーダーを持つことができず、その結果、長い間ロシアに支配されて、国をつくるのが遅れた。今次戦争も、一旦は独立を認めた旧宗主国ないし旧植民地帝国がかつての領土を取り戻しにきたので、それに対して再び独立戦争を戦っているという様相もある。

ロシアでは、ソ連解体後のエリツィンのもとで民主主義を始めたが、プーチンの代になり、やっぱりかつての帝政風、スターリン風の独裁に戻ってしまった。ウクライナでは、長い帝政とソ連の時代に長くロシアの支配を受けたにもかかわらず、そのロシアのやり方を必ずしも身に付けておらず、政治も社会もそれなりに民主主義、言論の自由、自由選挙が定着している。

このように見てくると、ウクライナは、ロシアとは違った民族だと考えざるを得ない。プーチンは、それでも無理やりに同一民族としてロシアの枠の中に収めてしまおうとして

いるが、これは長期的には決して成功しないであろう。

自由、民主主義、平等、法の支配といった普遍的価値を信ずる日本としては、同じ信条を持つウクライナを支援するのは当然のことと思われる。

# 7. ウクライナは大きな潜在力を持つ国である

ウクライナは、ロシアを除けば欧州最大の面積を持つ。人口は経済不振と戦争のために外国に出稼ぎ、又は避難しているが、国家が安定すれば5000万人を擁する欧州でも大国になり得る国家である。国土は「黒土」といわれる肥沃な土壌が広がり、「欧州の穀倉」とも呼ばれていた。

また、独立後は経済が苦しいのに教育熱心で、特に理工系に強く、最近の情報技術(IT)に積極的に取り組んでいて、その水準も高い。今次戦争開始までは、ウクライナは「東欧のシリコンバレー」とも呼ばれていた。米国の本拠シリコンバレーでもウクライナ系の人材が活躍している。2022年には、ウクライナ人が数学のノーベル賞といわれたフィールズ賞を受賞している。また今次戦争でも、民間人が工夫して戦闘用のドローンを開発したり、国民の行政の実務がスマートフォンでできるシステムを開発したりしている。このように創意工夫に秀でたウクライナ人は、もし平和が訪れたら、時間はかかるだろうが、欧州では相当存在感のある国になる可能性を持っている。

## 8. ウクライナは非常に親日的な国である

　欧州には親日国が多いが、とりわけ歴史的に親日的な国が3カ国存在する。それらは、フィンランド、ポーランド、トルコである。この3カ国の共通項は、これらの国々はいずれもロシアに隣接していて、かつてロシアに散々苦しめられていたが、日露戦争で東洋の小国日本がロシアに勝ったことで勇気を与えられたことである。筆者は、これを欧州の「親日ベルト」と名づけているが、ウクライナもこのベルト上に位置する。ウクライナは、日露戦争当時はロシアの支配下にあったし、その後も1991年までソ連の下にあったので、表向き親日を公言できなかったのではないか。この点は、まだ十分に実証されていないものの、筆者も帝政時代、ソ連時代を通じて親日の土壌があったように思える。

　近年、ウクライナでは、ウクライナがロシアにその領土を不法に占領されていることは北方領土で日本が置かれた状況と同じだとして、日本に同志的な連帯感も抱いている。

　さらに、今次戦争において日本がEUやNATOの加盟国でもないにもかかわらず、積極的にウクライナを政治的に支持し、また経済的に支援していることをウクライナ人はよく知っており、深く感謝している。そして、今次侵攻後も、その親日度は一層高まっている。

　帝国的・専制的な政府と隷従的な国民を持つロシア・ソ連と違い、ウクライナは分権的なキーウ・ルーシ大公国と自由を愛し専制を嫌ったコサックの伝統を引き継いでおり、日本人とも価値観を共有している。さらに、台湾が大陸中国と違って「中華思想」がないように、ウクライナもロシアと違って大国意識がないので付き合いやすい。

　このような親日国が欧州にあることは日本にとって貴重な財産である。今回は日本が助けているが、将来どんなことで先方が助けてくれるかもしれない。長期的な観点からもウクライナとの関係を大事にしていくべきだと思われる。

# 22

**Theme**
## 中東（イスラエル・パレスチナ）

# イスラエル・パレスチナ紛争について

元駐イスラエル特命全権大使
## 鹿取克章

かとり・よしのり　1950年、東京都生まれ。1973年に一橋大学経済学部卒業後、外務省に入省。在ミュンヘン総領事、在大韓民国日本大使館公使、領事局長、外務報道官、駐イスラエル大使、東南アジア諸国連合（ASEAN）担当大使、外務省研修所長、駐インドネシア大使など歴任。2014年外務省退官。日韓文化交流基金理事長、現職。著書に『神のマントが翻るとき　東西ドイツ統一と冷戦構造の崩壊』（2010年、武田ランダムハウスジャパン）、『東アジアの平和と繁栄に向けて』（2020年、かまくら春秋社）

## 1. 紛争の背景

　筆者は、2006年から2年間、イスラエルに滞在する機会があった。地中海からヨルダン川、そして紅海に至るパレスチナの地域は、北部は肥沃であり、南には荒地が広がっている。地中海東端に位置し、海に輝く夕日が美しい。中部丘陵地帯にはオリーブ畑が広がり、キリスト教、ユダヤ教及びイスラム教の聖地エルサレムがある。イエス・キリスト生誕の地ベツレヘムもすぐ隣である。ヨルダン川からアフリカ大陸に向け大地溝帯が走り、海抜マイナス440mに死海がある。古代から通商ルートが発展するなど地政学的に重要な位置を占め、多くの文明が足跡を残しており、地理的にも歴史的にも魅力的な地である。

　パレスチナを含めアラブ世界は、数百年にわたりオスマン帝国に支配されてきたが、19世紀後半以降アラブ民族独立の機運が高まった。1914年7月に第一次世界大戦が勃発し、オスマン帝国はドイツなど中央同盟国側に与した。ドイツと敵対する連合国側の英国は、アラブ民族の独立を約束し、アラブ勢力のオスマン帝国に対する反乱を働きかけた。

　アラブ民族主義が高まるなか、ユダヤ人社会においてはフランスにおけるドレフュス事件を契機に、ユダヤ人国家建設の動き（シオニズム運動）が高まった。建国候補地となったのは、古代ユダヤ王国が存在したパレスチナであった。1917年11月2日、英国のバルフォア外相は、同国のユダヤ人富豪でシオニズム運動の指導者のひとりであったウォルター・ロスチャイルド卿に対し、パレスチナにおけるユダヤ人郷土の建設を支援する旨の書簡を伝達した。

　パレスチナにおいてはユダヤ人も少数派と

図1　イスラエルとパレスチナ自治区

して居住していたが、主たる住民はアラブ人（パレスチナ人）であった。[7]シオニズム運動及びナチスによるユダヤ人迫害などによりパレスチナに移住するユダヤ人が増加し、アラブ人との対立が深刻化した。第一次世界大戦後、パレスチナは英国の委任統治の下におかれたが、英国にとって状況は収拾困難となり、第二次世界大戦後、パレスチナ問題は国連に付託された。国連は1947年11月29日、総会においてパレスチナ分割に関する決議181を採択し、1948年5月14日、イスラエルは独立宣言を行った。紀元2世紀のローマ帝国に対する最後の反乱にも敗北し、世界各地に離散したユダヤ人にとっては念願がかなうこと[8]となったが、パレスチナの主たる住民であったアラブ人にとっては受け入れがたい決議であった。1948年のイスラエル建国後、直ちに抗争が激化し、第一次中東戦争が勃発した。イスラエルの攻勢により70万人以上のパレスチナ人が住居を追われ難民となった。1949年の停戦協定によりイスラエルとアラブの休戦ライン（グリーンライン）が合意された（末尾の図2）。しかし、対立は継続した。

## 2. 対立の深刻化

1967年6月、第三次中東戦争（六日戦争）が勃発した。イスラエルは奇襲攻撃により大勝し、パレスチナ全域がイスラエルの支配下[9]となった。同年11月22日、国連安全保障理事会は、イスラエル軍の（第三次中東戦争で占領した）占領地からの撤退を含む公正かつ永続的な平和の必要性を決議したが、イスラ[10]エルは撤兵することなく、占領状態は今日も続いており、深刻な対立が継続している。他[11]方、和平に向けての真摯な努力も行われた。

最も画期的な進展は、1993年のオスロ合意であった。オスロ合意は、二国家解決に基づく和平の道筋を定めるものであり、同合意に基づきパレスチナ（西岸及びガザ）における自治が開始されることとなり、自治政府及び議会に当たる立法評議会が設立された。しかし[12]ながら、1996年にイスラエルにおいてネタニ[13]ヤフ政権が成立し、オスロ・プロセスはとん挫することとなった。和平に向けての努力が途絶えたわけではなかったが、パレスチナ側においてもオスロ合意に反対するハマスなど過激派のテロが継続し、イスラエル側においては、二国家解決に反発する宗教的・民族的[14]過激勢力がパレスチナ全域の支配に向けてパレスチナ領域の侵食及びさまざまな圧力の行使を継続した。

オスロ合意後、パレスチナ側において自治政府を構成したのは交渉による和平を目指す穏健派のファタハであったが、和平の展望は開かれることなくイスラエルのパレスチナ浸食は強化されていった。じり貧状況のなか、パレスチナ市民のファタハに対する信頼は揺らぎ、2006年に行われたパレスチナ立法評議会選挙においてはファタハが敗れ、武装組織ハマスが第一党となった。ファタハとハマスの政治協力の可能性も模索されたが実を結ばず、2007年、ハマスは武力でガザを支配、パレスチナ自治政府は西岸とガザに分裂した。

大多数のユダヤ人及びパレスチナ人は、知的で友好的であり平和を望んでいることは疑いない。しかし現実には、イスラエルが[15]1967年以降一貫して継続してきた入植地の拡大などの既成事実の積み重ね、アブラハム[16]合意によるパレスチナ問題を巡る国際情勢の大きな変化、パレスチナの地すべての領有を

目論んでいるイスラエルの宗教的・民族的過激勢力の増長及び慢心、ファタハとハマスの対立というパレスチナ自治政府の分裂状況などによりパレスチナ問題は複雑化しており、今日、和平の展望はまったく見えないといっても過言ではない。2023年10月7日のハマスのテロ攻撃の背景としては、ガザ地区内におけるハマスに対する市民の不満の高まりという「ガザにおける内政要因」が存在したことも排除されないが、基本的には和平への展望の欠如、パレスチナ側にとっての状況のますますの悪化及び絶望にも近い怒りと憎悪の蓄積が指摘できよう。2023年10月7日には、イスラエルのガザに近接する場所で大きな野外音楽会が開催されたが、この日がパレスチナ武装組織ハマスの作戦実行日となった。

## 3. 2023年10月7日のテロの衝撃とイスラエルの対応

　2023年10月7日のハマスのテロにより、1200名以上のイスラエル人が殺害され、200名以上が人質となりガザに連れ去られた。一日にこのように多くの市民の犠牲者が出たのは建国後初めてであり、イスラエルは大きな衝撃を受けた。

　近親者や友人が殺害された当事者の怒りと悲しみは極めて大きく、テロ当初はもとより現時点においても多くの人が強い報復を主張している。しかしながら、2023年10月7日のハマスのテロ攻撃以降、イスラエル軍のガザに対する報復攻撃は10カ月以上継続しており、本稿起草中の2024年8月中旬にはガザ保健省がパレスチナ側の死者が4万名を超え、負傷者は9万2240名に達した旨を発表した（同月16日付ハーレツ紙）。大多数は女

性、子供を含む一般市民である。病院、学校、住宅、水道・電気などの生活インフラの破壊、乳児や小さな子供たちを含めパレスチナ市民の劣悪な人道状況についての連日の報道は、国際社会の多くの人の心を痛め、怒りをも高めている。同月10日付ニューヨーク・タイムズ紙をはじめ各国報道は、市民避難所となっていた小学校に対するイスラエル軍の攻撃により90名以上が死亡した旨を報じた。ネタニヤフ首相は、停戦を求める国連や国際社会の多数の声を無視し、「テロとの戦い」、「自衛の権利」の名分を大きく掲げ、ハマスを壊滅させるまで軍事攻撃を継続する旨を重ねて強調している。しかしながら、「度を越した」ネタニヤフ政権の軍事行動には世界中の多くの人々が大きな疑念を感じており、批判の声を強めている。

## 4. イスラエルの対応に対する私見

　ネタニヤフ政権に対する疑念の背景は次のとおりである。

### ①ネタニヤフ首相は自らの保身のために行動しているとの疑念

　イスラエルに対するテロは、これまでも行われてきており、ネタニヤフ首相にとって本来特に驚くことではなかったはずである。そもそもイスラエルは、入植地の拡大などパレスチナ側を常に刺激・挑発してきており、パレスチナ側によるテロは、パレスチナとの和平交渉を進めないことについての「免罪符」として利用されてきた感すらある。すなわち、イスラエルとしては真摯に和平を考え、二国家解決を目指すのであれば、パレスチナにおける穏健勢力である自治政府及びファタハと

の連携を強化すべきであり、そのためにもパレスチナにおいてファタハが信頼を失うような措置や挑発行動は控えてしかるべきであるが、ネタニヤフ政権は、入植地の一層の拡大、さまざまな形でのパレスチナ市民に対する圧迫（入植者のパレスチナ人に対する暴行、多数のパレスチナ青少年の拘束など）を通してパレスチナにおいて穏健派に対する信頼が揺らぎ、過激主義がつけ入る隙をつくり、分断が深刻化する政策を一貫して追求してきた。[18]

また、対外的な緊張は、内政から国民の目を逸らし国内の団結を強化する効果をもたらすが、イスラエルにおいては、数年来ネタニヤフ首相の３件の汚職疑惑にかかわる裁判、同首相の裁判所の権限を規制するための法案提出などにより政府に対する国民の批判が大きく高まり、政治が混迷を極めていた。[19]

以上のような背景から、ネタニヤフ首相にとってハマスなどの一定のテロは政権運営に際し織り込み済みであったと考えられるが、2023年10月7日のハマスのテロは、ネタニヤフ首相の想定をもはるかに上回る大規模なものであった。同首相は、国内から自らの汚職事件の対応に追われ、安全保障を軽視し、大規模なテロを許したとして大きな批判を受けることとなった。また、この「失政批判」に対し情報機関及び軍への責任転嫁を試みたが国民は納得せず、辞職を求める声はあとを絶たない。ネタニヤフ首相は、権力の座を守るべく「テロとの戦い」、「イスラエルの防衛」、「人質全員の解放」の大義を強調し、国民に対し「強い指導者」としてのイメージを強調するとともに、「ガザの完全支配」、「ハマスのせん滅」など自らの失政を糊塗するための「成果」達成を意図していることが感じられる。

## ②イスラエルの宗教過激勢力が今回の戦争を契機にパレスチナの完全支配に向けてさらなる前進を図ろうとしているのではないかとの疑念

ネタニヤフ首相の立場は、政権内の宗教的過激勢力の思惑と軌を一にする。1993年のオスロ合意によりイスラエル・パレスチナ間で和平プロセスが開始され、二国家解決に向けての展望が開かれたものの、1995年にはオスロ合意を達成したラビン首相がユダヤ青年に暗殺され、1996年には第一次ネタニヤフ政権が誕生し、オスロ・プロセスはとん挫した。パレスチナ側においても、1987年の第一次インティファーダの際に結成された武装組織ハマスのように二国家解決に反対する過激勢力は存在するが、イスラエルにおいては「ユダヤ人国家イスラエルは、神から与えられたパレスチナ全域（the promised land）を包含するものでなくてはならない（すなわち二国家解決は認められない）」と信じている宗教的過激勢力[20]が根強く存在し、同勢力は近年ますます立場を強めている。[21]同勢力は現在、ネタニヤフ首相の重要な政治基盤となっており、今後ともネタニヤフ首相を支え、パレスチナ人を排除した「大イスラエル」建設に向けての努力を強めていくこととなろう。[22, 23]

## 5. 前途多難な和平への道

国際社会及び国連はもとより多くのユダヤ人識者もネタニヤフ政権の「度を越した」軍事行動に批判の声を強めている。[24]イスラエル国内においても、人質の近親者を中心に人質の安全を度外視したパレスチナに対する攻撃を批判し、即時停戦を求めるデモが強まっている。2024年7月1日には、テルアビブで数

千名参加のもとに Peace Conference（平和会議）が開催された。中道、左派、リベラルな市民と共にアラブ系も多く参加し、歴史学者ユヴァル・ノア・ハラリが基調演説を行った。[25]

同時に、国際社会においては「二国家解決」に向けた和平に向けての努力を強化すべきであるとの声も改めて高まりつつある。二国家解決の基礎となるのは、1967年11月22日の国連安全保障理事会決議242である。[26] 1949年に合意された第一次中東戦争の停戦ラインを踏まえたイスラエル及びパレスチナ（西岸及びガザ）の二国家設立が基本となる。エルサレムについても、この停戦ラインに基づいた解決が基本となる。しかしながら、和平への道は極めて険しい。イスラエルの民族主義的・宗教的過激勢力は、1967年以降蓄積してきた既成事実を放棄することに強く抵抗し、今後ともパレスチナ全土に広がるユダヤ人国家イスラエルの建設という野望に向け最大限の努力を継続することが予想される。これら過激主義者は、1967年以降続いている占領というイスラエル人にとっての「無法状態」において「自由に」行われてきた東エルサレムや西岸における入植地の建設、パレスチナ人に対する圧政、暴行に「慣れて」しまっており、心理的にもパレスチナ人を見下し、傲岸不遜となっていることが指摘されている。[27] パレスチナ側においては、穏健派と過激主義組織の分断を克服することは容易でなく、ハマスなどの過激主義組織は今後ともテロを含めイスラエルとの抗争を放棄しないであろう。

このような事情から、国境画定、聖地を含めたエルサレムの取り扱い、入植地、難民、持続的安全保障などの各論は、これまでの幾多の交渉の蓄積も存在するとはいえ、大きな困難を内包している。[28] しかしながら、イスラ

エル及びパレスチナ領域には、ユダヤ人約700万人、アラブ人約750万人が居住している。イスラエルにとって人権侵害及び占領を永遠に継続することも、パレスチナ人をこの地からすべて排除することも現実的選択肢とは考えられない。[29] すべての見識あるユダヤ人は、イスラエル及びユダヤ人の将来にとって和平が不可欠であることを認識している。

# 6. 重要な米国の役割

中東和平問題においては、米国の対応が決定的に重要となる。米国ユダヤ人口は、全人口の約2％を占めるに過ぎないが、政治的、経済的及び社会的影響力は極めて強く、[30] アメリカ・イスラエル公共問題委員会（AIPAC）[31] は最も強力なロビー団体のひとつである。米国は、これまで一貫してイスラエルを支持してきており、毎年多額の軍事援助を行っている。[32] イスラエルに多額の寄付や資金援助を行っている在米ユダヤ人も多い。米国のプロテスタント福音派（特に白人）もイスラエルを強く支持している。白人の福音派の米国全人口に占める割合は、2006年の約25％から2021年には14％に低下したが、宗教団体の中で最も政治的影響力が強いことに変わりはないとされている。[33]

イスラエルは、国連や国際社会の声と真っ向から対立することを躊躇しない。国連に対する敬意も感じられない。ハマスのテロ攻撃2日後の2023年10月9日、国連のグテーレス事務総長は、ハマスのテロを強く批判したのち、今回の出来事は唐突に発生したものではない、56年にわたる占領による対立の政治的解決が見えていないという現実も考慮すべきであり、流血、憎悪及び分断の悪循環を終

わらせなくてはならないなどと指摘した。極めてバランスのとれた発言であったが、エルダン国連大使及びイスラエル政府はイスラエルとテロリストを同列に扱うものであると批判し、非礼ともいえる形で乱暴に反発した。このようなイスラエル政府の姿勢には、「テロとの戦い」の側面のみを強調することにより、長年にわたる入植地の拡大、イスラエルのパレスチナに対する圧政の事実、パレスチナ人に対する人権蹂躙等々に国際社会の目を向けたくないとの思惑すら感じられる。2024年7月19日には、国際司法裁判所が「イスラエルのパレスチナ領域の占領は国際法に違反する」など画期的な勧告的意見を発したが[34]、ネタニヤフ首相は、全パレスチナ地域の領有というユダヤ過激主義者の「野望」を改めて露呈する形で反発した。

　現在のイスラエル政権は、国連、国際司法裁判所などの国際機関の声にも敬意を払わず、国際世論にも反発するが、米国は、イスラエルにとって配慮せざるを得ない存在である。イスラエルは、今後とも米国内のユダヤ人強硬派及びキリスト教福音派と連携し、米国政府をけん制するための努力を続けていくであろう。

　他方、米国世論も一枚岩ではなくさまざまな動きを示しつつある。米国のユダヤ人の中には、民族的・宗教的過激勢力に対する批判の声も高まっており、イスラエルと距離を置こうとする者も増加している。ユダヤ系米国政界重鎮チャック・シューマー上院民主党院内総務は2024年3月14日、「ネタニヤフ首相は、国益より自らの政治的延命を優先していると非難しつつ、イスラエルにおける新たな選挙の必要性」を主張した[35]。ニューヨーク・タイムズ紙のトーマス・フリードマン論説委員は、「現在のイスラエル政権は、建国以来最悪であると思う」、「ネタニヤフ首相は、監獄に入らないために魂を宗教的過激主義者に売った[36]」などと指摘している[37]。

　キリスト教福音派においても、若い世代のイスラエルに対する関心の低下が指摘されている[38]。また、2024年5月4日付BBC報道によれば、コロンビア大学をはじめ全米130以上の大学においてガザの戦争を批判する声が高まっている。

　しかしながら、政界をはじめ米国におけるイスラエル支持の勢力は強い。2024年7月、ネタニヤフ首相は、主として米国共和党の働きかけにより米国訪問招待を受け、同月24日に米国議会上下両院合同会議で演説した[39]。米国は、内政上もまた国際社会における米国に対する信頼を維持強化していくうえでも大きな試練を抱えているが、米国が中東和平問題に一層積極的かつ効果的な役割を果たし得るのか否か、残念ながら十分な見通しは持ち得ない。世界は、2024年11月の大統領選挙の動向も重大な関心を持って見守っている。

## 7. 今後どのように対応していくべきか

### ①即時停戦

　ネタニヤフ首相は、「自衛権」及び「テロ撲滅」の名分を掲げ、ハマスを壊滅させるまで停戦を拒否する旨を強調している。テロに対する立場は、わが国を含む国際社会も共有しているが、人間の尊厳や人命軽視といえる過剰な軍事行動に懸念を表明する声、即時停戦を求める国連や国際社会の声すべてに対し「テロの正当化」、「反ユダヤ主義」などのレッテルを張り反発する姿勢はあまりに独善的

である。

②国連においてパレスチナを早期に国家として承認

ネタニヤフ首相は、パレスチナの国家承認はテロに対する「報奨」を与えることとなるなど強く反対し、イスラエル議会も2024年2月21日、パレスチナ国家の一方的な承認に反対する宣言を120名中99名の賛成で採決した。しかしながら、和平交渉再開に向けての新たな強いイニシアチブは喫緊の要請である。国連によるパレスチナの国家承認[40]は、和平交渉に前向きな展望を開き交渉再活性化に向けての新たな息吹を与え、中東地域における包括的な平和構築に向けてのプロセスにも資することとなる。

しかし、これら措置についてハードルは非常に高い。「失うものはない」心境のネタニヤフ首相は、停戦に関心はない。むしろ戦争拡大すら意図している感がある。2024年7月31日、ペゼシュキアン新大統領就任式参加のためイランを訪問していたハマス最高幹部ハニヤ政治局長がイスラエルにより暗殺された。国際社会は、イラン政府に対する深刻な挑発となったこの行動が中東地域のさらなる不安定化につながることを大きく懸念している。

中東和平の鍵となる米国は、国内の民族主義的ユダヤ人及び親イスラエル福音派の存在により困難な舵取りを余儀なくされている。パレスチナの国連加盟に関しては2024年4月18日、国連安全保障理事会において米国が拒否権を行使し決議案は否決された。同年5月10日の国連総会における決議案は143カ国の賛成で採択されたが[41]、正式な国連加盟のためには国連安全保障理事会の決定が必要である。このような状況のなか、同月28日に

は新たにノルウェー、スペイン及びアイルランドの3カ国がパレスチナを国家承認した[42]。

# 8. 最後に

多くのユダヤ人は友好的かつ知的である。歴史を振り返れば明らかなとおり、ユダヤ人は、学術、文化・芸術などさまざまな分野において人類に大きく貢献してきた。現在、ユダヤ人及びイスラエルは、過激主義を排しイスラエル及び地域の平和と安定を追求していくのか、または民族的宗教的過激主義に引きずられていくのかという極めて重要な歴史的岐路に立っている[43]。和平は、中東地域のみならず国際社会の平和と安定にとっても不可避である。イスラエルがあくまでも全パレスチナの領有を目論む限り、和平は達成され得ない。国際社会におけるイスラエル及びユダヤ人に対する評価も大きく傷つくこととなろう。

いま国際社会にとって重要なことは、和平に向けての国際世論を可能な限り盛り上げていくことである。和平を求める国際世論が高まるほど、米国及びイスラエルにおける和平を求める声は勇気づけられる。この観点からは、わが国のイスラエル入植者4名に対する資産凍結などの制裁の閣議決定（2024年7月23日）、背景は「政治的な理由ではない」旨を説明されてはいるものの、駐日イスラエル大使が同年8月9日の長崎市の平和祈念式典に招待されなかったことは、和平を求め、イスラエルの国際的評価のさらなる悪化を懸念しているリベラルなユダヤ人にとっては、過激派との闘争における援護射撃になり得たのではないかと思う。

政治指導者及び政治家は、しばしば権力欲、

独善、パラノイア、そして保身という病に侵される。時代錯誤的民族主義に侵される者もいる。特定の人種や宗教を基礎とする視野の狭い民族主義は、グローバル化した国際社会においてはもはや存在意義が失われており、国際社会の安定と発展にとって有害である。[44]

各国の市民は連帯して人間の尊厳及び寛容の精神の重要性を一層声高に主張し、平和を訴えていかなくてはならない。世界のリベラルな市民の一層積極的な政治への関与及び連帯が強く求められる時代となっている。

図2　国連総会決議181のパレスチナ分割案
　　　右下の図は第一中東戦争停戦ライン

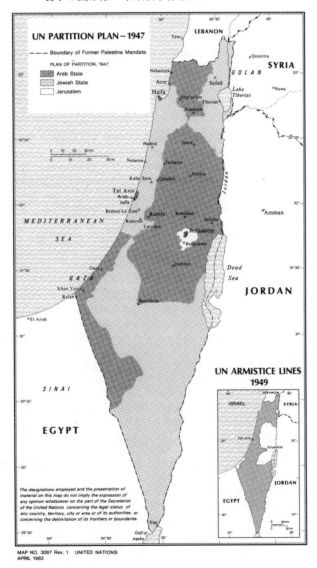

出所：国連webサイト（https://www.un.org/unispal/document/auto-insert-208958/）

〈脚注〉

1 イスラエル基本情報（外務省資料。図1の薄いグレー部分がイスラエル。濃いグレー部分はパレスチナ自治区
　・面積：2.2万km²（日本の四国地方程度）
　・人口：約950万人（2022年5月、イスラエル中央統計局）
　・民族：ユダヤ人74%、アラブ人21%、その他5%（2022年、イスラエル中央統計局）
　・宗教：ユダヤ教74%、イスラム教18%、キリスト教2%、ドルーズ1.6%（2020年、イスラエル中央統計局）
　（参考）
　パレスチナ自治区：パレスチナ人約548万人（西岸地区約325万人、ガザ地区約222万人）（2023年、パレスチナ中央統計局）

2 「パレスチナ」とは、現在のイスラエル及びパレスチナ自治区の領域を包含する地域。「パレスチナ人」とは、古くからこの地域に居住しているアラブ民族（『ブリタニカ百科事典』などを参照）

3 1915～1916年：英国のマクマホン駐エジプト高等弁務官とフセイン・メッカ首長間の10回の書簡交換（フセイン・マクマホン合意）。基本的にアラブ人の居住している地域の独立が想定されていたが、具体的範囲についてはあいまいさが残った。

4 『アラビアのロレンス』は、この時代に活躍したひとりの英国将校を題材にした映画。

5 1894年、ユダヤ系フランス軍人ドレフスは、ドイツのスパイであるとの嫌疑をかけられ有罪となった。反ユダヤ主義を背景とする冤罪であった。長期間の闘争の結果、ドレフスは最終的には無罪となったが、この事件によりユダヤ人は、自ら国家を持たなくてはならないとの認識を強めた。

6 いわゆる「バルフォア宣言」。表現上は、ユダヤ人の「国家」ではなく「郷土（national home）」の建設を支援する旨約束したものであり、また、パレスチナに居住している非ユダヤ人の市民的及び宗教的権利を害してはならない旨も明記されていたが、ユダヤ人は「ユダヤ人国家」建設について英国の約束を取り付けたと理解した。

7 バルフォア宣言当時、「パレスチナには、総人口60万人のうち8万5000人から10万人のユダヤ人が住んでいた。その他の住民はほとんどアラブ人であった」ポール・ジョンソン、『ユダヤ人の歴史』下巻207頁、徳間書店。1947年当時は、パレスチナの人口はおよそ200万人で、3分の2がアラブ人で、3分の1がユダヤ人であった。（国連広報センター、https://www.unic.or.jp/activities/peace_security/action_for_peace/asia_pacific/mideast/）

8 19世紀後半に作詞、作曲されたHatikvah（希望）は、国家建設を希求するユダヤ人の熱い思いを表現している。現在のイスラエル国歌。

9 イスラエルは、東エルサレムを含む西岸、ガザ、シナイ半島及びゴラン高原を占領した。シナイ半島は、1979年のエジプトとの平和条約締結後エジプトに返還された。シリア領のゴラン高原は、依然としてイスラエルの占領下にある。

10 決議は、前文において戦争による領土の獲得は認められない旨、本文においてイスラエルの今次対立（第三次中東戦争）により占領した地域からの撤退という原則を踏まえた永続的かつ公正な和平が必要である旨を指摘。国連安全保障理事会決議は、国連加盟国に対して法的拘束力を有する。

11 占領20年後の1987年には、イスラエルの過酷な占領政策に対するパレスチナ市民の怒りが爆発する形で第一次インティファーダ（市民蜂起）が発生。同年にパレスチナ武装組織ハマスが結成された。2000年には、イスラエル強硬派の挑発により第二次インティファーダが発生した。

12 1993年9月13日、イスラエルのラビン首相及びパレスチナ解放機構（PLO）のアラファト議長立会いのもと、ペレス外相とアッバース交渉局長がワシントンで署名。米国クリントン大統領が副署。同合意により、イスラエルはPLOがパレスチナを代表することを認め、パレスチナはテロを放棄しイスラエルの平和的生存権を認めた。パレスチナ統治機構（PA）を設立し、同機構が5年間にわたり西岸とガザにおける統治の責任を持つこと、この暫定期間経過後に国境、難民及びエルサレムの問題の最終的ステータスについて協議が行われることが合意された（米国務省歴史局、https://history.state.gov/milestones/1993-2000/oslo）。

13 ネタニヤフは、1999年に首相の座を離れたが、2009年に復帰した。

14 1995年11月4日、オスロ合意を実現したイスラエルのラビン首相は、宗教過激主義者のユダヤ人青年に暗殺された。

15 入植地とは、イスラエルがパレスチナ領域である東エルサレム及び西岸に一方的に建設を進めているユダヤ人居住区。西岸におけるユダヤ人入植者数：約46万5000人。東エルサレム約23万人。入植地数は、それぞれ146及び14（2021年）。2004年7月9日、国際司法裁判所は勧告的意見の中で、イスラエルの入植地は国際法に違反する旨を指摘。イスラエルはまた、2002年よりパレスチナ過激派によるテロ防止を目的としてパレスチナ人の移動を規制する分離壁の建設を開始。この分離壁はgreen line上のみならず西岸内にも複雑な形で食い込んでおり、パレスチナ人にとっては自治政府内の領域においても移動が厳しく制約され大きな負担となっている。国際司法裁判所は、上記勧告的意見の中で、占領地内における分離

566

壁の建設は国際法に違反する旨を指摘（https://peacenow.org.il/en/settlements-watch/settlements-data/population；https://www.eeas.europa.eu/delegations/palestine-occupied-palestinian-territory-west-bank-and-gaza-strip）。

16 アラブ諸国の中では、エジプト（1979 年）及びヨルダン（1994 年）のみがイスラエルと外交関係を有していたが、2020 年以降、アブラハム合意と称される諸合意によりイスラエルとアラブ諸国の関係正常化が進展した（2020 年 9 月 15 日にイスラエルはアラブ首長国連邦及びバハレーン、同年 12 月 22 日にはモロッコとそれぞれ国交正常化条約を署名。同年 10 月にはスーダンと国交正常化について原則合意）。2023 年 9 月 20 日には、サウジアラビアのムハンマド皇太子が Fox News のインタビューで、イスラエルとの国交正常化合意に「近づいている」旨を発言。しかし、同年 10 月のハマスのテロ以降は新たな情報なし。

17 2018 年 7 月 19 日、イスラエル議会は国民国家法（Nation-State Bill）を 63：55 で可決。主要点は次のとおりであるが、東エルサレムの一方的併合や入植地の維持強化など、国際法に違反する行為を正当化し、また、自国のアラブ人の権利をも侵害する極めてユダヤ民族主義的な内容。和平をあからさまに拒否するに等しい内容であるが、ネタニヤフ首相は、この法案可決をシオニズム及びイスラエル国家の歴史における「決定的瞬間」と評価（https://www.jewishvirtuallibrary.org/understanding-israel-s-nation-state-law）。
・イスラエルの地はユダヤ民族の歴史的郷土であり、そこに建設されたイスラエル国家はユダヤ民族の国家である。
・国家に関する自決権はユダヤ民族のみが行使する。
・完全で統一されたエルサレムがイスラエル国家の首都である。
・国語はヘブライ語である。アラビア語は国内で特別の地位を持つ。
・国はユダヤ人入植地の開発を国家の価値とみなし、その設立及び強化を慫慂し推進する。
（イスラエル議会資料による）

18 筆者自身強く心を痛めた出来事のひとつは、ヘブロンにおけるユダヤ人宗教過激主義者の傍若無人の行動である。ヘブロンはパレスチナ自治区内の町であるが、ユダヤ人宗教過激主義者が住宅に侵入して住み込み、窓から階下のパレスチナ人の伝統的商店街の路地にレンガや石、空き瓶、汚物などを投げ捨て、嫌がらせを続けている。パレスチナ人は、自衛のために商店街の上に網を張って対応している。イスラエル政府は、このような露骨な嫌がらせも放置したまま何らの是正措置をもとっていない。

19 2019 年 3 月から 3 年半ほどの間に総選挙が 5 回実施された（立山良司、『イスラエル・パレスチナ問題の現在』）。

20 2023 年 11 月 5 日、イスラエルの Amichai Ben-Eliyahu 文化遺産相（ユダヤの力）は、ガザへの「核兵器の使用、ガザ住民すべての殺害もひとつの選択肢である」などと発言（同日、同月 6 日付ニューヨーク・タイムズ紙他各紙報道）。この発言は、イスラエルの宗教過激主義者がパレスチナ問題をどのように考えているかを示すひとつの象徴的事例である。

21 イスラエル議会：120 議席の構成（2022 年 11 月選挙）
リクード（右派）：32
宗教シオニズム（宗教右派）：14（選挙後、宗教シオニズム 7、ユダヤの力 6 及びノアム 1 に分離）
シャス（宗教）：11
統一トーラー（宗教）：7
未来がある（中道）：24
国家統一 ( 中道右派 )：12
イスラエルわが家（右派）：6
労働党（中道左派）：4
ラアム（アラブ系）：5
ハダッシュ・タアル（アラブ系）：5
前回選挙（2021 年 3 月）と比べると、西岸併合に反対してきた左派のメレッツは 6 議席すべてを失い、中道左派の労働党は 3 議席を失った。過激主義勢力である宗教シオニズムは 6 議席から 14 議席に躍進。
（立山良司、『イスラエル・パレスチナ問題の現在』。イスラエル議会 web サイト、
https://knesset.gov.il/mk/eng/MKIndex_Current_eng.asp?view=1）

22 イスラエルの Bezalel Smotrich 財務大臣（宗教シオニズム）は 2023 年末、ガザのパレスチナ人住民を 90％程度ガザから外部に移動させることを提案（同年 12 月 31 日付ハーレツ紙）。また、Itamar Ben Gvir 国家安全保障大臣（ユダヤの力）は、ガザよりパレスチナ人を排除しイスラエルの入植地をつくるべきであるなど発言した。また同大臣は 2024 年 2 月 29 日、ガザへの支援物資搬入への反対を再度表明（同日付 The Times of Israel）。

23 Smotrich 財務大臣は 2024 年 2 月 20 日、インタビューにおいて「人質の解放が最も重要な課題であるのか」との問いに対し、「否、いかなる代価を払っても人質解放を目指すべきであるとの主張は無責任であり、人質解放はハマスを打ち負かしてのみ達成され得る」など発言（同日付ハーレツ紙）。これに対し、人質の家

族などは強く反発。この発言も、宗教過激主義の考え方を示すひとつの例。

24 ニューヨーク・タイムズ紙やイスラエルの英字紙ハーレツは、ユダヤ人識者によるイスラエルの将来やユダ
ヤ人に対する世界の評価、イメージの悪化を危惧する記事及びネタニヤフ政権を批判する記事を多く掲載し
ている。また、ユダヤ人識者による次の文献は、イスラエル政府及びユダヤの民族主義的・宗教的過激主義
の問題点を詳細かつ具体的に明らかにしている。
Sylvain Cypel: The State of Israel vs. the Jews, Other Press New York

25 Sapiens, 21 Lessons, Homo Deus などの世界的ベスト・セラーの著者

26 脚注 10 参照

27 前掲 Sylvain Cypel 35 頁

28 今日のパレスチナ難民数：約 639 万人（2021 年、UNRWA）
（西岸 108 万人、ガザ 164 万人、ヨルダン 246 万人、シリア 65 万人、レバノン 54 万人）（外務省資料）

29 二国家解決が実現できない場合の「平和的解決」のひとつの選択肢は、ひとつの国家においてユダヤ人とパ
レスチナ人が自由、平等の原則に基づき平和的に共存することであると考えられる。しかしながら、ユダヤ
人宗教的過激主義者においては、まったく受け入れられない考えと思われる。

30 米国におけるユダヤ人の影響力については、次の文献において詳細に分析されている。
ジョン・J・ミアシャイマー、スティーブン・M・ウォルト、『イスラエル・ロビーとアメリカの外交政策』、
講談社

31 American Israel Public Affairs Committee.

32 米国は、イスラエルの立場を支持するため、国連安保理における中東関連決議に際しこれまで 40 回以上拒
否権を行使（https://research.un.org/en/docs/sc/quick）。
米国政府のイスラエルに対する財政支援の累積額（1946 ～ 2023 年）は 158,665 百万ドル（2023 年は
3,800 百万ドル）。(https://sgp.fas.org/crs/mideast/RL33222.pdf)

33 2023 年 3 月 6 日付 Guardian: Chris McGreal「Evangelical Christians flock to Republicans over support
for Israel」。なお、公共宗教研究所（PPRI）の 2020 年の調査によれば、非白人を含めた米国福音派は米国
人口の約 22％を占めている。

34 2024 年 7 月 20 日付各紙報道

35 2024 年 3 月 15 日付 AP 他各種報道

36 2024 年 3 月 24 日付ハーレツ紙 podcasts

37 2024 年 6 月 18 日付ニューヨーク・タイムズ紙コラム

38 Shibley Telhami: As Israel increasingly relies on US evangelicals for support, younger ones are walking
away: What polls show; Brookings Institution

39 ネタニヤフ首相にとっては 4 回目。主に共和党議員らから熱烈な歓迎を受けた。しかし、数十人の民主党
議員が意図的に欠席したほか、議事堂前には数千人の抗議者が集まり、ガザでの戦争を巡る政治的分裂が
浮き彫りになった（2024 年 7 月 25 日付 BBC NEWS JAPN）。https://www.bbc.com/japanese/articles/
ck7gpz8zxyno

40 パレスチナは、2012 年 11 月 29 日の総会決議（A/RES/67/19）により国連における非加盟オブザーバ
ー国家の地位を獲得。パレスチナは、国連において "State of Palestine" と表記されることとなり、総会の
すべての会合及び総会が主催するすべての国際会議への出席が認められるが、表決権は持たない。

41 イスラエルのエルダン国連大使は、総会壇上において同決議案を携帯シュレッダーで細断するパーフォーマ
ンスをみせたが、この行為もイスラエルの国連に対する姿勢を示すもの。

42 2024 年 6 月 26 日付国連資料によれば、パレスチナ承認国数は現在 145 カ国（https://press.un.org/
en/2024/gapal1469.doc.htm）。

43 イスラエル社会における現在の深刻な争点のひとつは、ユダヤ教経典を学習する「超正統派（Ultra-
Orthodox）」学生の兵役問題である。イスラエルでは、アラブ系を除く 18 歳以上のユダヤ人には兵役義務（男
性 32 カ月、女性 24 カ月）があるが、ユダヤ宗教学校（イェシバ）学生は兵役を免除されており、「経典
学習は国家にとって国防以上に重要」などの理由で兵役を強く拒否している。兵役免除は、ベングリオン初
代首相の 1948 年 10 月の決定によるものであるが、当時、経典学習者は 400 人程度と少なく、またホロ
コースト及び第二次世界大戦の結果、欧州各国に存在していたイェシバもほとんどが消滅したため、建国直
後のイスラエルとしては宗教学習を保護する必要があった。しかし現在、イェシバ学生数は 6 万人を超え、
兵役に従事する一般の若者はもとより世俗的ユダヤ人の不公平感は大きく高まっている。イスラエル最高裁
判所は 2024 年 6 月 25 日、超正統派学生も兵役に従事する義務がある旨の判決を下したが、超正統派ユダ
ヤ人の反発及び抵抗が続いている（同月 27 日付ハーレツ紙、同年 7 月 21 日付 NHK 報道など）。

44 余談となるが、今回のオリンピックも「健全な愛国主義」が特定の人種や宗教を超越したものであることを
改めて認識する機会となった。

# 総括
# （マトリクス表）

### 日本の再生を考える勉強会 主宰
## 草野成郎

読者の便宜の観点から、以下のとおり、領域ごとの「マトリクス表」を用意しました。「マトリクス表」最上段の「主要データ」は、第一部の「基礎データ編」から主な項目だけを転記しました。領域ごとの「日本の強み」と「日本の弱み」については、日本の再生を考える勉強会の見解を記載し、「論点」については、執筆者の先生方の論文に基づき、主な持論の一部を記載しました。また、最下欄の「将来の方向」については、「論点」を踏まえた先生方の持論を記載するとともに、勉強会での意見も一部加えさせていただきました。

| 領域 | 1. 経済 |
|---|---|
| 主要データ | 主要国 GDP ランキング、品目別輸出入額の推移、各国の為替レートの推移、GDP 三原則、経済指標推移、国家予算額、平均株価推移、金融政策の歴史、名目・実質賃金の推移、金利政策の転換。 |
| 日本の強み | ・山や川や紅葉など自然が豊かで観光に大きな潜在力を保持している。<br>・ものづくりに強く、良い品質を安定的に提供できる。<br>・先端技術や製造業で高い技術力を持ち、電子機器、自動車、ロボット、精密機器等で世界的競争力を維持し、特に中小企業の有力会社が多い。<br>・日銀の金融政策で一応は安定した金融システムを構築している。<br>・高い教育制度によって、高度なスキルを保有する多くの人材がいる。 |
| 日本の弱み | ・経済停滞が長く、成長率が低迷、少子高齢化や人口減少等により経済成長リスクが存在。<br>・高齢化進行によって、労働人口が減少し、経済活性化に逆行。<br>・過度の規制や公共債務の増大、競争力の低下等が経済活性化の足かせとなっている。 |
| 論点 | ・デフレから脱却したと思われるが、国民が求めているのは、デフレからの脱却ではなく、「物価が上がらないようにする」ではないか。つまり、インフレの防止、金融政策の正常化、賃金と物価の好循環（実質賃金の引上げ）が重要ではないか。<br>・深刻化する財政については、さまざまな想定外の外生的ショックが大きな原因となっているが、高齢化の進行に伴い増加している年金・医療・介護等社会保障関係費が問題となっており、これに対応するために身を切った対策が必要ではないか。<br>・人口減少＝経済の縮小ではない。生産性の向上こそ経済の成長に直結するのではないか。<br>・働き方を、長期雇用・年功序列賃金体系から流動的な労働移動と同一労働同一賃金型のジョブ型に転換し、働く人を生産性の高い分野にシフトさせるような施策を講ずるべきではないか。 |
| 将来の方向 | ・人口減少に伴い、労働市場改革が不可欠であるが、中でも女性の地位が世界的に低いことが大きな課題であることから、高齢者の活用とともに女性が働きやすくなるような施策が必要。<br>・デジタルトランスフォーメーション（DX）、イノベーションエコシステムなどによる循環型経済の確立が不可欠。<br>・生産性の向上だけでは中国に勝てない。新しい顧客価値の創造等、独創的な新しい価値、新しい社会の構築を目指すべき。<br>・技術・ビジネス・教育・医療等あらゆる分野でのイノベーションの促進。<br>・どのような福祉社会にしていくのか、国民的論議が必要ではないか。<br>・地方創生、社会保障制度の再構築。未来を見据えた教育改革が重要。<br>・企業の生産性を高めるための施策について官民共同の検討。<br>・国際競争力強化のための技術革新、デジタル化、スタートアップ支援が必要。<br>・グリーン経済へのシフト、アジア市場強化のための貿易戦略の見直し。 |

総括（マトリクス表）

| 領域 | 2. 官僚 |
|---|---|
| 主要データ | 2019年の公務員数は333万人、うち国家公務員は59万人、地方公務員は274万人。国家公務員の内訳：特別職、一般職とも約30万人。人口千人あたりの公務員数は42人、米国73人、フランス96人、英国78人に比べ少ない。 |
| 日本の強み | ・高度な専門知識と経験を有し、各分野で専門性の高い政策決定が行われている。<br>・高い倫理感と責任感を持ち、職務に真摯に立ち向かっている。 |
| 日本の弱み | ・縦割りの体制が全体の効率性に支障あり。「自分の領域を決して超えない」、「話し合い文化がない」、「自分は知らないから」という釈明が多い「事なかれ主義」。<br>・保守的文化と組織の硬直性が新しいものをスムーズに受け入れない体制を作っている。上下関係が重視される。<br>・政策決定プロセスに透明性がない。<br>・官僚に魅力を感じない人が多く、優秀な人間が少なくなっている。 |
| 論点 | ・そもそも「官僚的」という表現が「誉め言葉」ではなく、「批判言葉」になっていることが問題。この改善がすべてではないか。<br>・縦割り行政の解消や透明性の向上がポイントでないか。<br>・合理性に乏しく、コスト感覚がないこと、仕事に無駄が多い点の改善などが喫緊の課題であり、どのようにしたらよいか。<br>・AIの活用により、官僚全体の効率性を高め、無駄をなくすことができるのではないか。<br>・無駄な規制、無駄な国会対応を減らせば、キャリア官僚は5分の1にできるのではないか。<br>・官民交流の一律規制は無意味であり、合理的な交流・協力体制の確立を図るべきだが、どうか。<br>・政治家と官僚、民間と官僚、これに関して、適切な関係と明確な役割分担を明示したらどうか。 |
| 将来の方向 | ・行政のデジタル化が進む中で官僚自体のデジタルスキルの向上、既存の紙文化からの脱皮が必要。<br>・年功序列や終身雇用にこだわらない仕組みが必要であり、専門性やリーダーシップを保有する人材の確保が急務である。<br>・国会に「政策局」（仮称）を設置することによる、議会からも政策と法律を提案できる体制の構築。<br>・官僚の重要性に鑑み、優秀な人材の確保策の検討。新しい育成・登用システム。<br>・上記の弱みに挙げた官僚制度の弱点に関する具体策の提示が不可欠。<br>・短期的ではなく長期的観点からの未来志向の政策立案が必要。<br>・人との関係を大事にして育てていくための人徳や性格が必要。<br>・キャリア官僚に関して、事務次官コースとエキスパートコースの複線化。<br>・国民・政府・官僚の信頼関係構築への努力。 |

| 領域 | 3. 地方自治 |
|---|---|
| 主要データ | 2021 年の国民総生産は 550.5 兆円で、そのうち 27％の 148.7 兆円が公的部門。公的部門の中で最も大きな割合を占める（43％）のが、地方政府支出で 64.5 兆円。 |
| 日本の強み | ・地域ごとに歴史や文化が異なり、多様性を保有している。<br>・地方自治体の公務員の質は、高い教養と専門知識を保有している。<br>・自然災害が多いため、一方では、今後、世界に生じる災害にいろいろ貢献できる可能性がある。 |
| 日本の弱み | ・官僚の仕事に合理性が乏しく、無駄が多いし、国が介入しすぎ。<br>・国に地方目治体を大事に育てていく姿勢に欠け、地方自治体にも国に頼りすぎて、自ら積極的に活性化させる意欲に欠けている。<br>・国民の政治に対する関心と参加意識が薄い。投票率が低く、お任せ民主主義。<br>・他の自治体の成功事例等を参考に知恵を絞る努力に欠けている。<br>・明治維新で富国強兵、すなわち産業振興・軍備を急いだ結果、中央集権体制となってしまった。 |
| 論点 | ・事業に細かな制限が付されている「国庫補助金」は、自治体の事業遂行の自由を奪っているのではないか。この見直しが急務ではないか。<br>・補助金を廃止すれば、自治体が自分の判断で事業を決定でき、生産的でない事務から解放され、大事な使途に労力を注入できるはず。そのための本格的な議論が必要ではないか。<br>・「地方創生」は、地域自身が悩み、知恵を絞り、地域の組織と人材を動員して進めるべきであり、国の役所が上から目線でやってできるものではないのではないか。<br>・地方自治体が独自に財源を確保できる仕組みを税制や交付金の改善だけでなく、自らが住民と一体となって創造していく仕組みづくりが必要ではないか。<br>・複数の自治体が連携して広域的に課題解決していく仕組みづくりが必要。 |
| 将来の方向 | ・「島根県隠岐の島・海士町の街おこし」の事例のような地方自治の成功例が多数あることを踏まえて、全国の自治体が成功例について住民と一緒に学ぶことを通じて、独創的な政策につなげることが必要。<br>・国から地方への権限移譲と住民が政策決定できるような仕組みづくり。地方自治体が独自に財源を確保できる税制改革などが必要。<br>・「地方自治の確立なしには民主主義は育たない」（住民と為政者との距離が短く、住民の意見が反映されやすく、透明性のある行政運営により、自由は住民の手に届くところにある。地方自治が住民の自由の精神を育てる）、これが基本であることを肝に銘ずべき。<br>・地方の魅力を最大限引き出せる、国と地方が連携して地方分権がスムーズに推進できるような仕組みが必要。<br>・政府と地方行政の果たす役割を再定義することが必要。<br>・地域住民の主体的参加コミュニティの再構築（若者の定住と地域移住など）。 |

総括（マトリクス表）

| 領域 | 4. 都市開発 |
|---|---|
| 主要データ | 都市政策と都市開発の歴史、都市計画制度の構造、都市開発諸制度、都市再生特別地区、都市再生緊急整備地域、主要駅周辺の再開発状況、スマートシティ関連事業、デジタル田園都市国家構想総合戦略。 |
| 日本の強み | ・高層化技術や景観や地球環境に配慮した技術に強く、望ましい都市形成を世界に展開していく力がある。<br>・交通網など高度なインフラを構築し、都市間の移動がスムーズ。<br>・災害対応の都市設計と公的空間整備に優れており、スマートシティ導入に積極的。 |
| 日本の弱み | ・東京・大阪など大都市への集中・過密化の一方、地方は過疎化しており、都市間の経済格差が生じている。<br>・橋や水道、道路等のインフラの劣化が激しくなってきている。<br>・地上電線が多く、景観上も問題があり、開発の足かせとなっている。<br>・都市部の交通渋滞やエネルギー消費の増加などによる環境への悪影響が問題化。<br>・急速な都市開発は、歴史的建造物や文化的遺産の損失のリスク。<br>・自然災害に弱い木造集合住宅がまだまだ多い現実。 |
| 論点 | ・主要な駅の周辺再開発を巡る２つの動き（超高層で巨大容積型の再開発と中高層建築を主体とした生活感覚を重視した街づくり）にどう対応していくべきか。<br>・米国でも「巨大建造物を主体としたハドソンヤード地区」と「高架鉄道敷地後を活用した緑のハイライン地区」のせめぎ合いがあったことを参考にすべき。<br>・最近は、単なる巨大開発ではなく、通常の街並みを順次巨大化していくという再開発手法が風潮となっているが、どう考えるか。<br>・そもそも都市開発の基本は、「どのように使いやすく、親しみやすい街を実現するか」にある、という原点に立ち戻ることが重要。<br>・ベルリン王宮は旧ドイツ帝国の復古的歴史遺産として復興したのではなく、21世紀の市民に寄り添うべく、博物館、美術館、劇場など多彩な文化的施設の象徴となったが、日本でも、江戸城に天守閣を築き、歴史的文化遺産としての再開発を目指すべきではないか。 |
| 将来の方向 | ・災害に強く、エネルギー効率の高い都市開発手法のグレードアップ。<br>・首都機能の分散の加速が必要ではないか。<br>・「緑」と「品格」を備えた都市の構築。<br>・スマートシティ化とコンパクトシティ化が重要。<br>・スマートシティ構想への対応（IoT、医療、AI、教育、ごみ処理、交通インフラ、環境配慮策等）に関する総合的戦略の策定。<br>・自動運転やカーシェア等、モビリティの多様化による交通インフラの確立と積極的な試験と実行。 |

| 領域 | 5. 人口問題 |
|---|---|
| 主要データ | 高齢化の現状、人口推移と将来予測（現在は 1.25 億人→ 2070 年には 8700 万人へ）。世界の人口推移、世界の高齢化、少子化対策メニュー一覧、外国人の雇用状況、在留外国人数、都道府県別の転入超過数。 |
| 日本の強み | ・女性能力を有効に活用していないため、潜在的発展の可能性が存在。<br>・高齢者の経験と知識が今後の社会において貴重な資産となり得る。<br>・長寿社会対応技術が人口問題解決のキーとなり得る（ロボット技術）。 |
| 日本の弱み | ・若者の都市部への流出が地方の過疎化を進行させており、顕著な地方衰退につながっている。<br>・若者の都市部への流出が、地方の教育・医療・雇用の減少につながり、地方に活力がない。<br>・少子化が学校の統廃合や産業構造に変化をもたらし、教育や働き方に変化を生じさせている。<br>・年功序列社会を打破できない。女性活用が図られていない。<br>・子育て資源の貧困化（産婦人科病院の減少、保育所、小学校の統廃合、公共交通の縮小等）が進んでいる。 |
| 論点 | ・東京への一極集中が人口減少の原因なのか、非正規雇用が増えたことによる格差拡大が少子化を進行させている原因なのかを検証し、見極める必要があるのではないか。<br>・平成の市町村大合併で過疎化、人口減少、東京一極集中が止まらなくなった。この猛省が必要ではないか。<br>・少子化問題の解決には、国民の心理、価値観の正常化が必要であることから、日本固有の昔からの秩序（助け合い、支え合い、お互いさま）を見直すべきではないか。<br>・地方創生には自治体が主体となった創意工夫が大切、少子化対策は自治体が自ら行うべきではないか。この創意工夫が政府やマスコミに取り上げられ、全国に広まっていく、このプロセスが重要ではないか。<br>・過疎対策の失敗は、インフラ投資の偏向（選択と集中）にあることから、国策の失敗であり、自治体の失策ではないことを認識すべきではないか。<br>・自治体は、政府がつくる地方創生メニューの獲得に奔走し、その結果、地方分権が後退して中央集権が強まった。この反省なくしては人口減少への有効な対策を講ずることはできないのではないか。 |
| 将来の方向 | ・人口減を悪いと考えるのではなく、一人当たりの幸福度をいかに上げていくべきかの施策の検討。<br>・労働力補完のための高齢者活用はもちろん新移民対策を策定し、そこでは、言語や技能実習等の充実による高度な知識・技術・技能を有する外国人を積極的に受け入れる体制の確立。<br>・地方創生には、農業など一次産業の振興による食糧安全保障、観光の地方誘導、大規模災害リスクの軽減、エネルギーの地産地消などの観点も合わせた施策が必要。<br>・地方移住の促進。 |

| 領域 | 6. 食糧（食料）・農業問題 |
|---|---|
| 主要データ | 2021年度の日本の供給カロリーの構成は、国産38%、輸入62%（うち、米国23%、カナダ11%、豪州9%）。農地面積は、1965年の600万haから2021年には434haに減少。基幹的農業従事者は、1960年の1175万人から2021年には130万人と大幅に減少。 |
| 日本の強み | ・農業の技術的高さ、特にブランド米や高級フルーツについては海外からも高評価を受けている。<br>・味覚とカロリーバランス、健康配慮の日本食を世界全体に展開できる可能性。<br>・食品安全性が高く、食品の保存、加工技術に強いことから安全で高品質な食品を提供できる。 |
| 日本の弱み | ・食糧自給率が低く、多くの食料を輸入に依存している。<br>・世界の食糧・農業市場は限られた国・企業による市場支配が進んでおり、食料は戦略商品化しつつある。<br>・最近では巨大ITビジネス（GABA、マイクロソフト、IBM、アリババなど）も農業・農産物市場に参入し、寡占化は業界を超えて加速している。<br>・農業従事者の高齢化が進み、担い手不足になっているため、農地が荒廃するとともに農業技術の継承が難しくなっている。 |
| 論点 | ・食料をできるだけ国内で作るための政策的援助が重要であることを認識した上で、「食料安全保障戦略」の策定が必要ではないか。<br>・農地所有について、担い手の集約（規模拡大）という方向から、規模を縮小して農業を担う者を呼び込む方向へと、政策の転換を進めるべきではないか。<br>・若者が魅力を感じることができる農業システムの確立と普及。<br>・規制緩和と市場原理を軸とした新自由主義農政によって、規模と効率を求めた結果、現実の世界から離れてしまって、今日の農業の弱体化を招くことになったのではないか。<br>・すべてのモノの価格が上昇する「価格大調整時代」に突入している。可能な限り、海外に依存することなく、地域限定資源で地産地消を原則とすべきではないか。<br>・ロボット等の活用によるスマート農業の導入と確立。 |
| 将来の方向 | ・一次産業の振興による食糧の確保、地方雇用の機会の増加による地方創生、エネルギーの地産地消などによるレジリエンス性の向上に努める。<br>・AI技術やドローンなどを利用して、化学肥料や農薬を使わずに土壌を豊かにして永続的に高収穫を得られる方法を確立して推進すべき。<br>・昆虫や植物由来のたんぱく質を利用し家畜に頼らない、環境負荷が小さく、栄養価の高い食料製造システムの確立。<br>・スマートフードチェーンなど食品廃棄物の減少に向けた効率の良い仕組みの構築。 |

| 領域 | 7. 医療 |
|---|---|
| 主要データ | 国民皆保険制度の仕組みと意義、医療費総額は約45兆円（患者負担12%、公費38%、保険50%）で、GDPの約8%。新型コロナウイルスの猛威（世界の感染者数：7.7億人、うち死亡者は700万人。日本の感染者数：3400万人、うち死亡者は7.5万人）。 |
| 日本の強み | ・ナノ技術等高度な技術を有し、がん治療や心臓外科等の世界に誇れる技術を有する。医療技術の高さと健康に関する意識の高さで世界有数の長寿国となっている。また、医療機器や医療品の開発で優れている。<br>・国民皆保険制度により国民すべてが所得にかかわらず適切な治療を受けることができる。 |
| 日本の弱み | ・高齢化の進展により医療費が増大し、持続可能な制度として国民皆保険の財政問題が現出。医師不足と医療サービスの地域格差も顕著。<br>・国の規制が概して慎重であるため、海外の先端医薬品がスムーズに使用できない面があり、国内の医療品の認可等のハードルも高い。<br>・製薬会社の品質不正問題は、効率第一主義の弊害かもしれない。 |
| 論点 | ・重要な論点は、「医療分野を産業または市場と捉えるか、それとも医療費という費用として捉えるか」であり、前者は経済成長や雇用吸収に関係し、後者は費用の抑制が主眼となる。両者は方向性において逆であるが、どのように考えるか。<br>・医療制度については、国民のどの層（健康人であるかどうか、富裕層であるかどうか）を意識して、対応すべきなのか。<br>・課題は、医療従事者の安定確保、医療品の安定供給、公的医療制度の存続など多い。これらに対して、きめ細かく対応すべきではないか。<br>・医療制度の長所を支えてきた診療報酬や薬価制度が弊害を生み出しつつある。診療報酬や薬価を抑えることが優先されてしまって、医療従事者の離脱や製薬会社の投資意欲の減退を招いているのではないか。<br>・医療問題を国家安全保障の一環として捉え、国が国民の健康に責任を持つことを基本として、スピード感を持って関連する法規制や財政措置を講ずべきではないか。<br>・医療資格を多様化し、プライマリーケア医を地域医療の中核とするとともに、高機能病院や在宅医療、介護とのシームレスな連携を図るべきではないか。 |
| 将来の方向 | ・医療費負担を実質ゼロにしている英国、カナダ、北欧に学びながら、国民的議論が必要。<br>・国家安全保障としての「医療安全保障宣言」の発出。<br>・高度な医療技術、例えば、遺伝子情報利用治療の充実。<br>・医師不足に対応するため、AIを利用した遠隔医療の充実やロボット技術の発展および拡充ならびに理工系人材の育成。医師だけでなく、周辺の看護師や薬剤師等が連携して最適医療を実施できるための仕組みづくりの構築。「終末期医療に関する国民意識」に関する対応策。<br>・治療から予防にシフトして健康寿命を延ばして、医療費を削減する方策の確立。<br>・デジタル医療技術の進化、ウエラブルデバイスによる個人健康データのモニタリング等による予防医療の推進。 |

| 領域 | 8. 教育 |
|---|---|
| 主要データ | 日本で第1位の東京大学も世界大学ランキングでは29位と低迷（第1位はオクスフォード大学）、不登校児童生徒数は2021年に24.5万人で5年前の2倍に増加。2021年、日本型学校教育の構築を目指す答申がなされた。 |
| 日本の強み | ・義務教育の充実によって、識字率は高く、基礎学力が高い。<br>・努力や勤勉さが重視され、高いモラルを持つように育成されている。<br>・学校行事や部活動を通して、小さい頃から協調性やリーダーシップを学ぶことができる。<br>・15歳を対象とした数学リテラシー部門において日本はトップ。将来のAI時代を担う金の卵が多い。 |
| 日本の弱み | ・創造性や批判精神を育む教育が不足しているため、革新的なアイデアや新しい発想が生まれにくい。<br>・受験教育の欠点「知識のみを優先」によって、応用力が軽視されている。奔放な考え方など生まれようもない。<br>・教員不足と少子化に伴う教育機関の統合により、地域格差が発生。 |
| 論点 | ・日本は平和で安全な国。その幸福感により危機感が薄れ、改革の必要性を感じなくなっているので、未来への人的・知的投資の増大やそれを決断できる政治体制等の整備が喫緊の課題ではないか。<br>・価値観が多様であることは望ましいが、自分の軸となる価値を持たねばならぬ。こうした方向での教育が必要ではないか。<br>・高校生（近い将来の有権者）が、政治への理解を深め、政治家の動向を適切に判断できるような教育が必要ではないか。<br>・文系、理系にこだわらず、いろいろな分野を学べる教育の仕組みが必要。<br>・ウェルビーイング、「幸福とは何か」を再定義することが肝要ではないか。<br>・福澤諭吉が説く「半学半教」の精神が大事。異なる分野の知識を共有し、互いに学ぶことが大切ではないか。 |
| 将来の方向 | ・創造的な思考とイノベーションに強い人材を育てる観点から、若い時から音楽やアートにタッチさせる教育の実施。<br>・大学入試の「総合型選抜」への転換と高校生の勉学の「学び探求型」への転換。<br>・国際的に通用する人材を育てるため、異文化や言語に接する機会の創造。<br>・働く意欲のある人の能力向上のための生涯学習を普及させ、企業もそれに協力する体制が必要。<br>・問題解決、創造性、コミュニケーション能力等、デジタル社会に即応できる能力開発が重要。理系・文系を問わず、ビジョンや構想力を育成するシステムが重要。大学におけるスタートアップ的機能の育成強化策の検討。<br>・世界中から人材が集まる魅力的な大学の導入。<br>・大学の理工系入学定員の増加と地方女子の低い大学進学率の向上。<br>・教育全体の質を向上するための教員の専門性などの向上が必要。 |

| 領域 | 9. 情報・インターネット |
|---|---|
| 主要データ | 最大通信速度はこの40年間で約100万倍へ。半導体の生産は、以前は中国と台湾、近年は米国と欧州が主流。生産額は約53兆円で、GDPに占める割合は9.7％。米国の研究開発費は日本の10倍強。不足するIT人材。インターネットの自由が確保されているのは全体の52％に過ぎず、ネット上の発言で逮捕や収監される事態。 |
| 日本の強み | ・光ファイバーの普及率が高く、全国的に高速インターネット接続が可能。<br>・AI、IoT、クラウドコンピューティングなどの先端技術に多くの企業や研究機関が取り組んでいる。<br>・半導体の基礎技術や製造技術に強い。 |
| 日本の弱み | ・かつてはICT分野で世界をリードしたが、近年は後れを取り国際競争力が低下、経済成長の足かせとなっている。<br>・情報の漏洩や悪用への不信感が強く、マイナカードの活用が進まない。<br>・インターネット関連規制が硬直的、イノベーション、国際競争力を阻害している。<br>・情報通信分野の人材不足が深刻化。 |
| 論点 | ・国際ルール（データ主権と競争ルール）をサイバー空間にどう適用するかのコンセンサスは日米欧と中ロの対立があり、成立していないが、これにどのように対応したらよいか。<br>・データ主権の確保に向けた各国の戦略の読み解きをしたらどうか。<br>・データを最大限活用して社会課題の解決を進める「データ駆動社会」を実現するためのデジタル技術の3本柱（データガバナンス、AIガバナンス、セキュリティガバナンス）の活用戦略を国家戦略として推進してはどうか。<br>・「データ駆動社会」に適合した新たな仕組みの創出と国際連携の強化を図るべきではないか。 |
| 将来の方向 | ・米国は「市場主導型モデル」（プラットホームビジネス）、中国は「国家主導型モデル」（国家関与）、欧州は「権利主導型モデル」（市民の権利）。さて、将来、日本はどこを目指すべきか。<br>・国際的デジタル技術の標準化など、リーダーシップを継続して取っていくための仕組みの構築とそのための優秀なIT人材を国内外から確保する戦略の策定。<br>・デジタルインフラの強化のため、デジタルアクセスの次世代通信インフラが全地域で活用できるように推進する施策の立案。<br>・例えば、そのために必要となる地域のスマートシティ化の確立。<br>・ネットワークの安全性確保のため、フェイクニュース、ランサムウエア、フィッシング等の問題に対応する防衛策が必要。<br>・IWON光電融合通信システムの国際標準化を目指す。 |

総括（マトリクス表）

| 領域 | 10. 生成 AI |
|---|---|
| 主要データ | AI 用語解説、AI の発展と利活用は画像認識から大規模知識理解へ。国別 AI ランキング（日本は 10 位）、世界デジタル競争ランキング（日本は 32 位）。メタバースとは。 |
| 日本の強み | ・AI 技術の基礎となる機械学習やデータサイエンスで高い技術を保有している。特にロボティクスや自然言語処理で強みを発揮。<br>・アニメやゲームに強く、世界で最もクリエイティブな国と称される。<br>・産業分野での AI 応用に関して、デザインの自動化や製品開発の最適化での活用に強みがある。<br>・生成 AI の社会的影響に関する取り組みに積極的。<br>・AI の活用（一人当たりの web サイトへのアクセス数）は世界一。<br>・データアナリスト数では日本は世界のトップランナー。 |
| 日本の弱み | ・AI 専門の人材が不足。国際競争力を有する人材の確保が急務。<br>・デジタル化推進の遅れが AI 開発のハードルとなる可能性が大きい。<br>・AI 技術はあるものの国際競争力に優れたスタートアップ企業の育成に問題がある。AI の導入や活用面では遅れている。<br>・リスク回避文化、失敗を恐れる文化が生成 AI に代表される新技術の導入の妨げになっている。 |
| 論点 | ・「AI は人間に仕える召使い」という考え方は、「人間を追い抜き、やがて人間を駆逐する」という誤った思考（代替恐怖症）を生む。AI はあくまで機械＝道具と認識すべき。正しい訓練によって活用することが肝要ではないか。<br>・AI は人的資本とデータを原材料としてアイデアをアウトプットするツール。そこで生み出された知的資本は人間と AI の両方に蓄積される（創造化社会の出現）。日本はそのポテンシャルが大きいのではないか。<br>・生成 AI が組み込まれた製品と会話できる世界（創造化社会）は、日本人にとって、日本古来の「人工物にも精霊が宿る」という感覚に近く、日本はこうした世界を牽引する力を有しているのではないか。 |
| 将来の方向 | ・技術の進展を活かしつつ、倫理的に安全に利用するための倫理基準を作成し、サイバーセキュリティ対策を構築する。<br>・これを産業や教育などで十分に活用するとともにさらに充実した研究と技術開発の推進が必要。<br>・AI が得意とする（ような）分野は、AI に任せ、人間は、人間でしかできない発想の分野、クリエイティブな分野により多くの時間を割くべき。<br>・海外からの高度な AI 人材の誘致など、人材育成の新たなシナリオ。<br>・AI の負の側面（設計者のバイアス、倫理性欠如等）を認識し、国際的協調のもとにその対策を急ぐべき。フェイクや思考放棄の危険性を認識した対策が必要。<br>・企業文化を変革し、失敗を恐れないチャレンジングな企業を振興。<br>・中小企業も生成 AI を導入しやすくなる仕組づくりが必要。<br>・業界間のデータ共有の在り方等、課題の整理と解決策の検討。 |

| 領域 | 11. 地球環境 |
|---|---|
| 主要データ | 日本の温室効果ガス排出量：2020年度11.5億t（エネルギー起源$CO_2$は84％）。日本のカーボンニュートラル目標：基準年2013年、2030年度目標削減率：46％。ネットゼロ達成目標年は2050年。グリーン成長戦略の策定、COPの歴史（京都議定書COP3は1997年）。 |
| 日本の強み | ・温室効果ガス削減のための省エネ技術や再生可能エネルギー技術は世界トップ水準。特にペロブスカイト太陽電池技術や洋上浮体風力発電は世界最高水準。<br>・法規制や補助金制度の強化、産業界の取り組み等、国全体としての意識は高い。<br>・市民意識は特に高く、リサイクル等の節約意識も高い。 |
| 日本の弱み | ・エネルギー供給構造として、化石燃料の依存度が高く、温室効果ガス抑制には逆行。<br>・温室効果ガス抑制の切り札である再生可能エネルギーの導入率は世界に比べて低い。<br>・自然災害が多いので、再生可能エネルギーの活用にあたって、これに対応する必要がある。 |
| 論点 | ・世界の地球温暖化交渉においては、国ごとのエネルギーの賦存状況の違いや経済発展度合いの違いがあるため、合意を得るためには、特定のエネルギー転換の絵姿の押しつけは禁じ手ではないか。<br>・温室効果ガス抑制目標やエネルギー転換目標は、巨額の資金の確保と表裏一体のため、そのための効果的な制度が必要ではないか。<br>・結局のところ、地球温暖化対策は先進国と発展途上国との「せめぎ合い」という政治的バトルとなっているが、どうしたらよいか。<br>・先進国のみが義務を負い、途上国を野放しにする、京都議定書の枠組みでは、地球温暖化防止にまったく用をなさないことを改めて認識すべき。<br>・理想論が支配するCOPでは誰も口にしないが、途上国は理想目標（1.5℃）と心中するつもりはないので、現実的な実現可能な解を求めるべきではないか。 |
| 将来の方向 | ・戦争や紛争に投入している莫大な資金を地球温暖化対策に振り向けることができれば、それだけで大きな改善となることから、人類の永続的な生き延び戦略として何が大切か、文明論的アプローチが必要。<br>・1.5℃目標とそこから導出される削減経路に執着する限り、現実解は得られないという「不都合な真実」に直面。<br>・2050年のカーボンニュートラル実現のためには、再生可能エネルギーと共に原子力が目玉。そのための諸課題の整理と解決策の検討。<br>・国境を超えた課題であるだけに、国際社会の一員としてその役割を果たすべき。<br>・海洋国家であることから、海洋プラスチックや海洋資源管理でリーダーシップを発揮すべき。<br>・発展途上国の経済成長と地球温暖化防止をパッケージ解決する仕組みづくりに日本はリーダーシップを発揮すべき。 |

| 領域 | 12. エネルギー総論 |
|---|---|
| 主要データ | 現行のエネルギー計画は3年前に策定、2024年度中に第7次計画策定。中枢部分は「1S＋3E」（安全性＋エネルギーの安定供給・経済効率の向上・環境への適合）の従来路線か。AI普及等による電力需要の大幅な増加への対応（電源構成）が目玉か。エネルギーの対GDP弾性値はマイナス、自給率も上昇して13%。現行計画では、石油依存度は36%へ低下、LNG比率は37%から22%程度へ、原子力は6%から22%程度への拡大、再生可能エネルギーは20%程度を目指している。 |
| 日本の強み | ・省エネ技術や再生可能エネルギー技術は世界的に高いレベルを持ち、水素エネルギー、アンモニア利用、蓄電池技術についても技術開発に力を注いでいる。<br>・東日本大震災によって原子力利用は低下したものの、安全性に関する技術が向上しつつあることから、普及拡大の潜在可能性は大きい。<br>・対GDP弾性値が示すように、日本は世界に比べてエネルギー利用効率が高い。 |
| 日本の弱み | ・化石燃料の輸入依存度が高く、エネルギーの自給率が低い脆弱な供給体制にある。<br>・再生可能エネルギーの普及促進のスピードが遅い。土地の制約などで大規模太陽光発電が進まず、普及拡大は世界に比べて遅れている。<br>・原子力発電の安全性の観点から、普及拡大には高いハードルがある。 |
| 論点 | ・米国は、2035年には発電部門の二酸化炭素排出量を実質ゼロ、2050年にはネットゼロ経済を実現。CCUS（二酸化炭素の回収・有効利用・貯留技術）に大きな期待。ドイツは、消費電力量に占める再生可能エネルギーの比率を、現在の約60%弱から2030年には80%、2035年には100%に向上させる決意。<br>・上記の両国に比べ、日本は、構想力、意欲、技術力、資金力、組織力、国民への浸透策などで、大きな後れを取っているのではないか。<br>・日本は原子力の普及拡大に不安を抱えているだけに、どのようなシナリオが望ましいのか、真剣な取り組みが必要ではないか。 |
| 将来の方向 | ・太陽光、風力、潮力、地熱等の地産地消の促進と自給率の向上。<br>・海に囲まれた風土に恵まれて洋上風力の潜在力は莫大であることから、利用促進のため、技術力の向上、コスト減などに力を注ぐべき。<br>・日本の強みであるAI利活用によるデジタル技術やエネルギー管理の普及によるエネルギー利用効率の一層の向上（地域特性を活かしたエネルギーミックス）。スマートホームやスマートビルの普及。<br>・エネルギー安全保障を多様な供給源の確保によって実現する観点から、水素や原子力の普及拡大に力を注ぐ。<br>・蓄電池とスマートグリッドによる利用効率向上。<br>・国民目線のエネルギー計画の策定と国民（消費者）の責務の明確化。 |

| 領域 | 13. 電力 |
|---|---|
| 主要データ | ・電力：2019 年度 10240 億 kWh → 2030 年度 10650 億 kWh<br>・電源構成：<br>　2019 年度……再生可能エネルギー 18%、原子力 6 %、LNG37%、石炭 32%、石油 7 %、水素・NH 0 %<br>　2030 年度……再生可能エネルギー 36 〜 38%、原子力 20 〜 22%、LNG 20%、石炭 19%、石油 2 %、水素・NH 1 % |
| 日本の強み | ・日本は高い技術力を有し全国くまなく電力インフラが整備され、停電も少なく、送電線網は信頼性が高い。<br>・スマートグリッドシステムの導入も盛ん。再生可能エネルギーの導入も顕著で、その技術力も強い。<br>・省エネ技術も世界的にハイレベルにあり、産業分野や家庭においても省エネ意識が高い。 |
| 日本の弱み | ・電源構成に占めるエネルギー資源の大部分を輸入に依存しているため、供給リスクや価格高騰リスクにさらされている。<br>・周波数が 50 ヘルツと 60 ヘルツの 2 つの地域が存在するため、融通や緊急時対応に難点がある。<br>・原子力は福島第一原子力発電所事故の影響からその普及促進が進まない。 |
| 論点 | ・電力調整にあたって蓄電システムが重要となるが、リチウム、コバルトなどの重要鉱物資源が不可欠であり、しかも供給国が集中しているため、対応については具体的かつ現実的な検討が必要ではないか。<br>・発電部門の固定費回収が重要事項となることから、電力の需給、価格の安定化には固定費回収の仕組みが鍵となるのではないか。<br>・送配電部門では、デジタル技術を組み込んだ新たな仕組みが必要ではないか。特に送電部門では、広域化と柔軟性による電力供給の全体最適化への誘導が必要ではないか。<br>・複雑かつ高度化する送配電システムの災害レジリエンス性の確保が重要課題。<br>・送配電事業の中立化により、電力系統を最大限活用するための日本版「コネクト＆マネージ」など、系統制約のために必要な制度が必要ではないか。 |
| 将来の方向 | ・深海資源のメタンハイドレートの開発利用研究の促進。<br>・AI や EV の普及に伴う電力需要の増大に対応するには原子力利用が鍵となる。そのためには原子力の安全の確保と廃棄物処理の研究深化が不可欠。<br>・未来の電力システムでは需要家側の役割が変化するため、デマンド・レスポンスの本格的活用、配電インフラの活用。<br>・転換点を迎える電力ビジネスの在り方の検討。<br>・配電部門の分散化とスマート化により、超スマート社会（ソサエティ 5.0）における新ビジネスの展開への支援。 |

| 領域 | 14. 原子力 |
|---|---|
| 主要データ | 2023年12月現在、運転中33基（3308万kW）、設備利用率28%。世界の原子力発電設備容量40788万kW。米国25%、フランス16%、中国12%、日本8%、ロシア7%、韓国6%など。 |
| 日本の強み | ・福島第一原子力発電所事故によって得られた経験を今後の原子力の安全化に向けて有効に利用できる。原子力の怖さは日本が世界中で一番知っている。<br>・原子力の安全性、特に地震対策については世界でトップクラスの技術を保有している。<br>・長年の研究開発の蓄積により、高速増殖炉や核融合での研究に強み。 |
| 日本の弱み | ・福島第一原子力発電所事故により多くの国民が原子力利用に関して疑念を有している。<br>・国民の不安のため、原子力発電所の新設・再稼働がスムーズに行われていない。<br>・多くの原子力発電所が停止されたまま再稼働に向けたハードルが高い。<br>・老朽化した廃炉や核燃料処理などで経済的負担が大きく、経済的持続可能性に課題が存在。廃棄物の最終処分も未解決のまま。 |
| 論点 | ・重要なのは福島第一原子力発電所事故の始末であり、その見通しが立って初めて国民の信頼が回復するのではないか。<br>・福島の実態認識は、広く原子力施設の現場の認識に広がるべき。そのための透明性の確保が最重要であるが、実態はどうか。<br>・技術の重視と研究開発体制の再構築が重要ではないか。<br>・放射性廃棄物の安全管理と新しい原子力の設計を目指すことが重要ではないか。<br>・人間の営みにおいて、原子力は必ず大きな果実をもたらすのではないか。<br>・日本は、原子力を安全に運転するため、国連で世界をリードすることを目指すのが世界平和貢献の道と認識すべきではないか。 |
| 将来の方向 | ・核融合技術の研究・確立の重要性はもちろん、今後のAI、EVなどの普及に伴う電力需要の増加に対応するためには、原子力の安全性を確立し、安心して原子力を普及させることが重要。<br>・ある一国が原子力発電をやめたとしても、他の国が続ける限り、地球上から原子力はなくならない。原子力発電使用国は、そうでない国に対して、そのメリットで相対的優位に立ちうる。そこに世界各国の協調が不可欠。<br>・原子力は、推進に合意形成ができるか。そのためには、観念的なやりとりではなく、冷静に現実を見極め、国民がよく理解できるような透明性のある内容を整備して、知らせて理解してもらえるような仕組みが不可欠。<br>・2050年のカーボンニュートラルの目玉としての原子力の再確認。 |

| 領域 | 15. 再生可能エネルギー |
|---|---|
| 主要データ | 再生可能エネルギーとは、一度利用しても再生が可能で資源が枯渇せず繰り返し利用できるエネルギーの総称。水力、風力、地熱、バイオマス、太陽光等が該当する。現行の第6次エネルギー計画では、2030年における再生可能エネルギーの比率を22～24%にする。野心的な目論見としては、36～38%という数値もある。 |
| 日本の強み | ・先端技術利用による再生可能エネルギー活用の可能性。<br>・将来、深海資源活用の可能性がある。<br>・海に囲まれているため、潜在的な洋上風力発電などの可能性も大きい。 |
| 日本の弱み | ・原子力をスムーズに普及できない。<br>・再生可能エネルギー導入ポテンシャルで国際的比較劣位。<br>・中国にEV、蓄電池等の再生可能エネルギー分野で技術覇権を握られている。<br>・特に再生可能エネルギー開発に欠かせない重要鉱物の安定確保の不安定が問題。<br>・地震や洪水時地形的条件から克服すべき多くの課題を抱えている。<br>・再生可能エネルギー発電コストが海外に比べて割高である。 |
| 論点 | ・エネルギー安全保障の確保、特に重要鉱物の確保策の検討が重要。<br>・再生可能エネルギーの有効活用のためには「蓄電池」が重要なファクターとなるが、関連技術や原材料確保に問題があり、この解決が大きな課題。<br>・再生可能エネルギー技術の超大国である中国との付き合いをどのように進めるべきか。米中の貿易戦争に巻き込まれないための対策が必要。<br>・日本の再生可能エネルギー発電コストの具体的な低減策についてどのように検討すべきか。思い切った政府支援が必要かどうか。<br>・インド太平洋地域の脱炭素化に向けて、低炭素化技術導入や資金協力や人材育成でリーダーシップを発揮することができるのではないか。<br>・クリーンエネルギー分野でのわが国の国際競争力を強化する施策が必要。<br>・再生可能エネルギー対原子力という二項対立の議論は避けるべきではないか。 |
| 将来の方向 | ・再生可能エネルギーおよび原子力の実現可能な道筋を国民にわかりやすく明示。<br>・無資源国の日本では、再生可能エネルギーが国家戦略の基本ということの国民的認識の確認。<br>・再生可能エネルギーの拡大推進のための政府支援や規制の整備が不可欠。特に洋上風力発電は再生可能エネルギーの主力電源化に向けた切り札であるから、その支援策の強化が必要。<br>・深海資源活用のためロボット技術の開発を重点的に行うとともに、どこからどの資源を優先的に確保すべきかのシナリオの確立。<br>・低炭素技術開発と産業競争力強化を盛り込んだGX基本方針の着実な実行。<br>・技術特許などの知的財産、危機仕様の標準化、公的機関の関与などで発生する国家間対立への適切な対処法の確立。<br>・再生可能エネルギーの効率的利用のためにはエネルギーの需要と供給を適切に管理するスマートシティやスマートグリッド技術の導入が不可欠。 |

総括（マトリクス表）

| 領域 | 16. 沖縄 |
|---|---|
| 主要データ | 基地問題の歴史的経緯。全国の米軍専用施設の 70％強、日本中の米国軍人数の 70％が沖縄に存在、日米地位協定の歴史。 |
| 日本の強み | ・美しい自然環境、多くの文化遺産を有し、他の地域とは異なる食文化など、観光地として大きな魅力がある。<br>・物流や交通の要所として、東アジアの重要なハブとして潜在能力を有し、併せて、軍事的に枢要な位置を占めている。 |
| 日本の弱み | ・観光以外、経済的基盤が弱い。<br>・台風等自然災害を受けやすい。<br>・米軍基地が集中しているため、住民生活にさまざまな影響がある。<br>・国民の沖縄に関する知識が乏しく関心も薄い。 |
| 論点 | ・そもそもは「戦争を起こさない」への努力こそが、沖縄と本土の真の連帯になるのではないか。<br>・沖縄を語る際には、第一に、先の大戦において、沖縄県民の４人に１人以上が戦争の犠牲者であったことを認識すべき。<br>・日本政府は補償型政治により、沖縄に米軍基地の 70％を維持し続け、人口の多い場所から遠ざけることによって対応してきたのではなかったか。<br>・原点は、「平和を求める思いは保守・革新を問わない＝オール沖縄」にあることを認識すべき。<br>・NIMBY を訴える反対運動は、「迷惑施設」が生活や権利と不可分の関係にあることから、必ずや限界に直面し、結果的には深刻な地域社会分断を引き起こすのではないか。<br>・「オール沖縄」は、「本土」との対立をテコとしてまとまろうとしているのではないか。それで良いのか。<br>・「本土対沖縄」以外の論理で再定義することによって、分断を避けなければならない。この施策を検討すべきではないか。<br>・外部からの支援者は、運動が失敗しても帰る場所があるが、生まれ育った地域から離れられない者は、コミュニティや人間関係が壊れてもその場所で生きていかねばならないことを認識すべき。 |
| 将来の方向 | ・観光業に依存しない経済の成長と多様化が必要。<br>・アジア地域のハブとしての役割を果たす方策の本格的な検討。<br>・米軍基地を縮小し（基地移転、統合）、住民負担を軽減する施策が必要。<br>・何事につけ諸悪の根源は地方への押しつけという政府の方針の打破。<br>・琉球文化の継承と発展のための文化遺産の保護等支援を実施。<br>・台風等自然災害対策として、そのためのインフラ整備と防災教育の充実・強化。<br>・今の沖縄に必要なのは（分断による）「再生」の必要がないように、地域の絆が「死なない」ことである。 |

| 領域 | 17. 防衛 |
|---|---|
| 主要データ | 日本の防衛費は2023年度当初予算で6兆6000億円、GDP572兆円の1.15%に相当。前年度からの伸び率は史上最大。韓国の予算規模とほぼ同じ。米国はその16倍の規模。 |
| 日本の強み | ・高精度センサー、通信技術、情報処理等高度な技術を有している。<br>・日米同盟が防衛力の大きな基盤となっている。<br>・海に囲まれていることから、海洋防衛能力が強化されている。<br>・インド太平洋海域について、近年、欧州諸国が関心を高め、各国の海軍がプレゼンスを高めていることは平和と安定にとって心強い。<br>・災害が多い国のため、逆に、それに対応したスピーディーで効果的な対応能力に優れている。 |
| 日本の弱み | ・中央アジア、南アジア、中東、アフリカ東海岸に至る地域は、宗教的・政治的対立を背景とする国家や非国家組織による軍事的脅威となる。<br>・憲法上の解釈から自衛隊の役割に一定の制約が存在する。<br>・人口減による自衛隊員確保が困難化し、国防力低下のリスクがある。<br>・セキュリティ（サイバーセキュリティやモラル低下による情報漏洩等）低下の懸念がある。<br>・防衛予算確保の困難化が顕著。 |
| 論点 | ・軍事面での中国の台頭は目覚ましく、中国の台頭という現実と南西正面の防御という課題にどう向き合うべきか。<br>・北朝鮮との軍事的緊張にどのように対応したらよいのか。<br>・北朝鮮の兵力128万人に対して、韓国軍50万人と在韓米軍3万人が対峙する朝鮮半島は世界で最も軍事的密度が高い地域であるが、万一、軍事衝突に陥った場合には、「手詰まり」（どちらも完璧には勝利せず、どちらも完全な敗北にはならない状態）を選択し、作為的に膠着状態を作り上げれば、破滅的悪化は回避できるのではないか。<br>・いろいろな分野・領域を超えて、それぞれの優劣に拘泥することなくすべての領域の能力を有機的に融合して、相乗効果を出せるような仕組みを確立することが重要ではないか。<br>・防衛力抜本的強化分野の明確化とその対応策は評価されているか。 |
| 将来の方向 | ・宇宙防衛、サイバーセキュリティ、ドローン技術等最新技術の導入による防衛力の向上。<br>・多国間安全保障体制を強化し、米国に頼らなくとも防衛可能な体制。<br>・積み残しの課題（弾薬や装備を整備するための予備備品の備蓄、装備や部隊を保護するための生存性や強靱性の向上策）への対応。<br>・重要インフラの保護とともに半導体やレアメタル等国家の安全に直結するものを守る体制の確立。<br>・今後、防衛費の対GDP比率1%へのこだわりをどのように考えるべきか。<br>・最新技術としてのドローン技術の開発や活用にはもっと力を入れるべき。<br>・力まずに防衛を語ること、率直かつ冷静に議論を進めることが重要。防衛の方向性など防衛政策については、透明性と合意形成が鍵。 |

総括（マトリクス表）

| 領域 | 18. 中国 |
|------|----------|
| 主要データ | 中国近現代史、共産党・中央軍事委員会のトップの変遷、中期経済見通し、経済・金融不安リスク（成長率鈍化：住宅セクターの停滞、対中国向け投資の減退、輸出不振）、相手国別輸出入実績。 |
| 日本の強み | ・高度な技術力と品質の高さを所持し、特に、電子機器、ロボット等では世界的水準を堅持。<br>・アニメやマンガ、ファッション等の文化での強い影響力を所持。<br>・環境面やエネルギー技術に関するノウハウが豊富。 |
| 日本の弱み | ・中国が変化のスピードが速い巨大な市場である認識が薄い。過度の政治的懸念があり、全体的に腰が引けている。<br>・日本人の対中国民感情はコロナ禍と中国国内の人権侵害などで急速に悪化している。問題解決のパイプが完全に切れている。このことが日中間の最大の問題ではないか。<br>・経済規模や人口面で劣っているため、中国の巨大市場に対して入り込む量が限られ、成長に限界がある。<br>・軍事力、外交力において中国は強大であり、特に世界への影響力の点で日本は格段に見劣りしている。<br>・天然資源に乏しい日本に対して、中国は豊富な天然資源に恵まれている。 |
| 論点 | ・日中関係の悪化は、相互信頼関係が大きく損なわれたためである。<br>・日米は同盟国なるが故に、米中が対立するほど日中関係は悪化する。日本の対中姿勢が米中関係に悪影響とならないように、日本独自の戦略を構築することが必要ではないか。<br>・中国が米国との橋渡しを頼めるのは日本だけかもしれないという役割を認識することが重要ではないか。<br>・日本は若者の知的好奇心が低下しているため、中国への関心度も低い。日本の将来を考えるとき、隣国の中国の存在なしには考えられないはず。日中両国の若者たちによる民間シンポジウムの開催などの施策を講じたらどうか。<br>・日本は国際的な立ち位置を明確にし、中国の言い分を聞きながら、新たな国際秩序とルール作りに尽力することが重要ではないか。 |
| 将来の方向 | ・米国との関係を重視しつつ、市場規模が大きい中国やインドとの関係強化が必須、特に、対中国貿易額が大きいことを重視すべき。<br>・中国の「一帯一路政策」と日本が米国と共に進めようとしている「自由で開かれたインド太平洋構想」は、地理的な領域の上で重なっているので、経済面で協力関係を強化すべき。日中両国における貿易の拡大は共通の利益である。<br>・政府と政府の関係よりも個人と個人の関係を軸において、正常化に向けた努力が必要ではないか。<br>・中国をよく知ろうとする動きを推進し、例えば、昔のような民間での〇〇〇〇協会といった交流機関を設置することが必要。<br>・中国の力による現状変更の動きには徹底的に反対するなかで、日本は日本独自の発展的対中戦略を志向すべき。 |

| 領域 | 19. アメリカ |
|---|---|
| 主要データ | 歴代米国大統領の歴史、過去の大統領選挙の結果、大統領選挙の仕組み、米国の輸出入相手国、日米同盟に関わる経緯、ヘンリー・キッシンジャー語録。 |
| 日本の強み | ・米国との同盟関係は安全保障上、日本の防衛に大きな役割を果たしている。<br>・世界経済上の重要なパートナーとして貿易・投資等、相互に依存存関係にある。<br>・AI、バイオテクノロジー等先端技術分野で密接な関係にある。<br>・映画、音楽、スポーツ等、双方の文化が互いに影響し、相互理解を深めている。 |
| 日本の弱み | ・軍事的に防衛を依存しているため、自己防衛能力に課題がある。<br>・貿易不均衡がたびたび問題となる。<br>・外交面で米国の意向を強く受けざるを得ないため、世界的に問題となるケースがある。<br>・米軍基地が地元とトラブルになるケースが多い。日米地位協定の見直しができていない。 |
| 論点 | ・米国との密接な同盟関係は、かつてはイラク戦争に見られたごとく、「巻き込まれるリスク」と言われていたが、最近では、中国の軍事力の飛躍的強大化と北朝鮮の核ミサイル開発の着実な進展から、米国に「見捨てられるリスク」に変化しているのではないか。<br>・日本は、日米同盟維持のため自らの防衛力を強化し（プランA）、中国、北朝鮮、ロシアなどの勢力に対する抑止力を維持するとともに、インド太平洋地域の安定を図るなど、横断的な連携強化（プランAプラス）を目指し、既存の米国主導の国際秩序を維持していくべきではないか。 |
| 将来の方向 | ・日本は日米同盟を堅持しつつ、核兵器の廃絶と武力による現状変更の禁止に向けてより自律的な外交・安全保障を展開できるような方策を検討すべき。<br>・自由で公平な貿易環境を維持して協力関係を深化させ、共同プロジェクトやビジネスマッチング等により、相互の経済発展に寄与する仕組みの充実・強化。<br>・人間の存続を脅かす重要な事項（戦争や地球温暖化等）について、問題解決に向けて、世界レベルで共同して取り組み、解決策を見いだして、これを推進。 |

総括（マトリクス表）

| 領域 | 20. ロシア |
|---|---|
| 主要データ | ロシアの歴史、ソ連邦崩壊と構成共和国の独立、日本とロシアとの輸出入貿易実績、プーチン語録、北方領土を巡る動き。 |
| 日本の強み | ・ロシアの豊富なエネルギー資源と日本の技術や資本を組み合わせて双方に利益をもたらす協力関係は夢ではない。<br>・ロシアとは昔からお互いに漂流民のつながりで交流があり、江戸時代にはロシア内に日本語学校があった。<br>・日露戦争の後でも 10 年間は共同して、米国の進出を阻んだ実績があり、お互いが共通の利益を探る機会はある。 |
| 日本の弱み | ・北方領土問題は両国にとって最大の障害となっている。しかし、ロシアは 1 島なりとも返還する気はない。<br>・現在は、ロシアへの国際的制裁が強化される中にあって、ロシアとの関係強化が図れない。<br>・ロシアの軍事的な活動が日本の安全保障上で脅威となっており、地域の安全性に不安をもたらしている。<br>・ロシアと中国との軍事的・経済的な連携は大きな脅威と圧力である。 |
| 論点 | ・ロシアは、格差の小さい社会を実現しない限り、イデオロギーだけで社会をまとめることはできないのではないか。<br>・ロシアを変えようとするのは、所詮、無理・無駄ではないか。<br>・旧ソ連による大戦終盤の満州への侵攻、終戦後の千島列島への侵攻、国際法違反のシベリア抑留は決して忘れてはならないのではないか。<br>・ロシアを過大評価して、過剰に反応することなく、可能な協力関係を進め、双方の利益を探り合うスタンスとすることが大切ではないか。<br>・中国とロシアが結託して日本と対立する構図は絶対に避けるべきではないか。<br>・ロシアには保守頑迷でアジアを蔑視する人間も多いが、ロシアを刺激するという不毛な悪循環は避けるべきではないか。 |
| 将来の方向 | ・国益を守りながら国際的安定に貢献するため、とにかく国際社会との協調を図ることに専念。<br>・北方領土については、半ば非公式であっても進めることが可能な範囲で最大限の民間経済交流を進めるべき。<br>・環太平洋の安全保障を絡めて、米国の仲介を今一度考慮することも選択肢のひとつではないか。<br>・ロシアからのガス輸入は、過度な依存は避けて慎重な対応が必要。<br>・日本は中国との話し合いを深め、必要であればロシアへの国際制裁に関する方針の見直しを含めて調整できる立場であることを認識して（認識してもらって）、国際社会への対応を図っていくべき。 |

| 領域 | 21. ウクライナ |
|---|---|
| 主要データ | ウクライナ100年の歴史、面積は日本の約2倍、人口は日本の約2分の1、GDPは日本の30分の1、ロシアによる侵攻後の動き一覧。 |
| 日本の強み | ・経済援助を通じて人道支援、医療分野などで協力しており、このことがEUとの関係の強化につながっている。<br>・人的な交流によって両国間の相互理解を深めている。<br>・日本がEUやNATOの加盟国でもないのに積極的にウクライナを支援してくれていると感謝されている。<br>・このような親日国が欧州にあることは貴重な財産である。 |
| 日本の弱み | ・ロシアとの紛争が日本の投資やビジネス活動のリスクとなっている。<br>・支援を行っているが、国際的な影響力を持つには限界があり、日本単独の努力では状況の改善にはつながっていない。<br>・地理的には遠く、迅速な対応には高いハードルがある。 |
| 論点 | ・日本では、有事の際、国民が自衛隊や米軍に任せて、自分たちは何もしないという事態が起こりかねないのではないか。そのためにも国民全体の意識と心構えが重要ではないか。<br>・拒否権を持つ常任理事国から攻撃されたら、国連や安保理は頼りにならないことを肝に銘ずべきではないか。<br>・ウクライナがNATOに加盟していれば、2014年のクリミア併合も今回のロシアの侵攻もなかったと思われるがどうか。<br>・ロシアによる「核の恫喝」にどう対応すべきか。世界は「核の脅しは許されないし、効かない」ということを認識すべきではないか。<br>・ロシアによるクリミア併合の際にウクライナは戦わなかったが、今回は自らが戦っているから、各国から支援が寄せられたのではないか。<br>・今回の米国・欧州・日本の動きは欧州とアジアの安全保障が連動してきた結果とみるべきだが、どうか。 |
| 将来の方向 | ・国連の本来的な機能の回復に向けて、この問題で日本が果たせる役割を改めて検討すべき。<br>・ロシアとウクライナは異民族国家であり、ロシアは「タタールのくびき」の影響から、絶対服従を強いる民族。対してウクライナ人は専制を嫌う個人主義、分権主義であるため、合体は所詮無理か。<br>・肥沃な国土、欧州の穀倉、戦争開始前には「欧州のシリコンバレー」と言われ、短期はもとより長期的な観点からも関係強化を図るべき。<br>・ウクライナは大きな潜在力を有し、欧州で存在感のある国となる可能性が大きく、今後も支援すべき。<br>・国際法の尊重と国際秩序の維持は、国際社会の一員として守るべきであり、ロシアに対する外交上の重要な柱として主張し続けるべき。<br>・教訓「自ら戦わない国は誰も助けてはくれない」ことを認識すべき。 |

総括（マトリクス表）

| 領域 | 22. 中東（イスラエル・パレスチナ） |
|---|---|
| 主要データ | 1948 年、ユダヤ人国家イスラエル建国、これにパレスチナ反発。<br>1948 ～ 1973 年、第一次～第四次中東戦争。<br>1993 年、オスロ合意によりパレスチナに暫定自治区を設置。<br>2023 年、ハマスがイスラエルを攻撃→イスラエル軍、ハマスの殲滅を狙ってガザ地区に地上作戦などで反撃。 |
| 日本の強み | ・中東地域諸国との関係においては、多くの石油や天然ガスを輸入して関係は概して良好。特に経済援助やインフラ整備、医療、教育分野において協力関係にある。<br>・紛争に関しては、中立的な立場から両者間の対話の可能性を探ることは可能だが、その力は米国に比べて圧倒的に弱い。<br>・紛争の被害者、被災者に対して、医療、食糧等人道支援は可能。 |
| 日本の弱み | ・中東全体については、地政学的に不安定な側面も大きく、投資など経済活動にはリスクがある。<br>・エネルギーの中東依存度が高く、供給不安定性リスクが大きい。<br>・文化的・歴史的な違いが圧倒的であり、外交やビジネス上で支障となる場合がある。<br>・イスラエルと米国との関係が密接であることから、米国との関係に配慮せざるを得ず、中立的な立場になり切れない場面がある。 |
| 論点 | ・過激主義を排して地域の安定を追求するか、あるいは民族的宗教的な過激主義に引きずられるか、歴史的な岐路に差し掛かっているといって良いのではないか。<br>・中東和平については、米国の姿勢が決定的に重要。米国のユダヤ人の中には過激派に対する批判が高まっており、米国は今、内政上も国際社会での信頼性の上でも、大きな試練を迎えているのではないか。ネタニヤフ首相の軍事行動には世界の人々が疑念を感じ、批判を強めているのではないか。<br>・現在は、世界の至る所で、過激主義や時代錯誤的な民族主義等の不安定要因が存在する。これに対応するためには、健全な市民感覚での幅広い連携が不可欠ではないか。 |
| 将来の方向 | ・イスラエルと共存するパレスチナ国家をつくるのが解決の方向だが、その方向は現在のイスラエル政権では望めない。<br>・戦うことの愚かさをお互いに認知し合える状況になるには、相互が苦痛に耐えられなくなるような時間が必要であり、日本はその中で仲介役を演ずる可能性はなしとしない。<br>・世界のリベラルな市民とも連携して、例えば、米国との調整を図りながら、G20 等多国間フォーラムを通じて、中東和平に積極的に発言したらどうか。 |

おわりに

思い立ってから約1年半、皆様のご協力とご支援のおかげで、このたびようやく本書『日本再生の道を求めて』を刊行できました。皆様に改めて心より感謝申し上げます。

　われわれの勉強会は、データを収集・整理し、先生方から寄せられた論文を読み込み、取り上げた領域ごとに日本の特性を踏まえながら、先生方の論点および提言を再整理する過程で、将来の方向づけに関する試案をまとめました。これが第二部「論文編」の最終部分に「総括」としてまとめた「マトリクス表」です。

　しかし、すべての領域を取り上げているわけではなく、また、取り上げた領域についても、課題をすべて網羅しているわけでもありません。つまり、今後さらなる議論が必要と考えられる課題がまだまだあります。そこで勉強会では、先生方の論文を読み込んだうえで、「自分は何をしたらよいのか」、「自分は何ができるのか」という視点で、ごくわずかですが、以下の数点を挙げてみました。

## 原子力問題への対応

　国民生活に不可欠なエネルギーの多くは海外に依存している。この脆弱性に対応するため、需要サイドでは省エネルギーのさらなる徹底、供給サイドではエネルギー源の多様化、分散化が必要となる。先生の論文には、その鍵のひとつが再生可能エネルギーや原子力の普及拡大にあり、両者は二項対立ではないとある。ここまでは多くの国民が理解できているのではないか。

　しかし、原子力は安全性などの観点から、昔から根強い反対があることも事実であり、したがって、原子力の利用にあたっては、厳正かつ客観的なデータなどの開示によって、国民がよく理解できるように説明することが重要である。特に災害時の対策や放射性廃棄物処理などについては、具体的な対応策の明示が必要であり、そのためには、発生後10年以上も経過している福島第一原子力発電所事故の後始末が急務である。われわれもここまでは理解できたものの、現実には、現在でも時々、各所で小規模な不都合が生じている。このようなことでは、原子力の未来はない。「われわれに何ができるのか」。基本から改めて議論すべきではないか。

## 人口問題への対応

　人口減少は、経済に停滞をもたらすのではないか。論文には、生産性の向上と付加価値の増加により克服できるし、成長も可能とある。では、そのために「国民は何をどのようにしたらよいのか」。さらに論文には、それらはマインドや働き方の改革によって可能とあるが、自分の生活を省みて、「何をしたよいのか」が今ひとつわからない。

　一方、少子化対策については、ある程度わかりやすい。国や自治体による各種の支援策（育成資金、教育費の無償化、医療施設の充実など）も講ぜられている。でも、まだまだ実効が上がらないのは別の理由があるのかもしれない。また、一極集中による人口減少に対しては、地方移住が確実な成果を生み出しつつある。これには、われわれもお手伝いができそうだ。さら

に、先生の論文には、出生率の増加のためには人間の付き合い方を昔からよくいわれている「助け合い、お互いさま」などのスタイルに戻して、子供を育てることの大切さや尊さ、楽しさを認識してもらうことも一策とある。この案ならわれわれも明日から実行できそうだ。

　移民問題への対応も重要である。移民は一時滞在型、永住型に区分され、一時滞在型には技能学習、技術・人文知識、国際業務、企業内転勤などがあり、永住型についても個人型か家族同伴型かに分かれる。日本は移民受け入れ数においてかなり奮闘しており、世界第4位となっているが、島国で育ったわれわれにはなじみがなく、目につくのは、飲食店やコンビニなどの従業員であり、国民として移民をどのように位置づけたらよいのか、その理解と意識は極めて薄いといわざるを得ない。単に労働力不足への対応だけでよいのか、結果として、われわれの就業機会を脅かすことにならないか、永住であれば家族同伴があるべき姿ではないのかなどの問題について、移民が盛んな欧米諸国の事情・内情をさらに調査することを通じて、日本のあるべき姿を追求すべきものと考える。自宅周辺に住んでいる移民の方々に思いをはせてみようではないか。

## 沖縄への対応

　沖縄問題は、「日米地位協定」という面でも優れて日米関係そのものである。沖縄に米軍基地が集中しているのは、これまでの日本政府の政策のせいであるとして、政府、沖縄を問わず関係者のほぼ全員が「何とかしなければ、おかしい」という気持ちであることも事実。論文にある、保守も革新もない「オール沖縄」。沖縄県民の気持ちがひしひしと伝わってくる。「日米地位協定」の見直しが急務であるが、正直、われわれはどうすることもできない。しっかりと応援していくしか能がないのが申し訳ない気持ち。もし、「日米同盟」の維持のために見直しはできないとするならば、これは罪悪。政府は毅然たる態度を堅持して事に臨んでほしい。論文にある、今の沖縄には、「再生」の必要がないように地域の絆が「死なない」ことが必要というくだりには頭が下がる。われわれにできることは、「沖縄をよく知り、関心を持ち続ける」に尽きるのではないか。

## 日中関係への対応

　中国人は、これまでの歴史から「他人をあまり信用せず、自分もしくは親戚だけを信用する」という性格を持っているとされている。一方では、「（他人であっても）一緒に井戸を掘った仲間は一生涯の友」ともいわれている。中国とは隣国であるという理由以外にも多くの点で共通認識があり、従来は緊密な協力関係にあったことも事実。歴史認識の相違は、国にとっては極めて重要なマターであるが、民間はあまり拘泥せず、経済、物流、文化、観光などいろいろな分野で友好関係を確立し、維持していくべき。昔は民間交流が盛んであり、両国には、その交流が糸口となって多くの難しい案件が解決されたという歴史があり、これは両国の共通認識と

なっている。

　ボタンの掛け違いなどを含めて不本意な関係にある今の状態を元に戻すには、これからの時代を担う両国の若者の力が必要であり、大きな期待を寄せている、と論考にある。若者たちが両国のことを勉強して、興味を深め、お互いが協力し合える関係を確立してほしいと具体的に踏み込んでいる。こうした動きが政府によって阻害されるようなことは決してあってはならない。

## 地球温暖化問題への対応

　世界各国、中でも先進国において、地球温暖化対策は、喫緊の課題として認識され、実行に移されている。特にアメリカやドイツの取り組みは群を抜いて活発であり、学ぶべきことが多い。論文では、先進国と開発途上国との間で、超えられない考え方の違いがあると指摘し、地球環境問題は、今や政治マターと分析しているが、まさにそのとおり。それだけに共同行動の実現には高いハードルがある。COPでも政治的なバトルが繰り返されているようだ。

　日本も削減目標の設定などで先進的な取り組みをしているが、「では、われわれは具体的に何をしたらよいのか」という段階には至っておらず、切迫感も切実感もない。国の目標は、産業界の目標を組み込んだものとされているが、実現には、それぞれの資金力や技術力というハードルがあって、個別企業の目標との連携は必ずしも取れていない。地球温暖化に対しては、われわれは働く者として、また家庭生活を営む者としての責務があるが、その認識は極めて薄いのが実情。目標達成のインセンティブ付与などの仕組みが必要なのかもしれない。

## 領土問題への対応

　ロシアとの北方領土問題に加えて、太平洋地域でも中国による南西諸島周辺の動き、中国とフィリピンとの軋轢、日本の固有の領土である尖閣諸島周辺ならびに竹島を巡る中国や韓国とのトラブルなど、看過できない動きとなっている。この種の問題について、われわれ自身がどうすべきかなどには思いも至らないが、日本の基本的な対応は「そもそもすべては日本の領土であり、したがって、領土問題などは存在しない」となっている。

　この案件は、領土を巡る問題＝防衛問題であり、それに対する処方箋は論文で明らかにされている。これに対して、素人の立場にあるわれわれは具体的な行動などできようもないが、「自分の国は自分で守る」という基本原則は守るべきと考える。論文「ウクライナ」のなかに、「自分自身で戦わぬ限り他国からの支援は期待できないし、期待すべきでもない」という文意があるが、まさしく当然のことである。日本人は、先の基本原則について、その感覚に乏しいからか、自覚しているがあえて口に出さないからか、憲法改正論議に入り込むのを避けるためなのか、正面切ってその重要性に言及する人は少ないのが事実であるだけに、まずは基本原則についての議論が急務であろう。

おわりに

　以上、これからの課題について、まだまだ気になる課題に絞って、勉強会での議論の一部を述べましたが、先の「マトリクス表」も含めて総じて思うことは、日本は、今まで以上に海外の事例を参照・参考した議論が重要ではないか。なぜなら、日本が悩んでいることは、実は人類共通の悩みでもあるということです。であるからこそ日本はその特性を生かして、日本のアイデンティティを国際社会に明確に打ち出す気概がほしいところです。


　さて、本書刊行にあたりましては、斯界の先生方からご尊稿を賜りました。いずれの先生も大変ご多用な中、限られた字数の枠内でご協力いただいたことに対して改めて御礼申し上げます。また、本書は、財政的に厳しい自費出版であることもあって、必ずしも私どもの本意ではありませんでしたが、本書刊行の趣旨にご賛同いただいた多くの法人様や個人様から強力なご協力と多額のご支援をいただきました。こうしたご助力なしには到底成し遂げられなかった思いを、いま改めて感じています。心より感謝申し上げます。

　本書が、世のため、人のため、社会のために少しでもお役に立つことを願い、特にできるだけ多くの若い人たちに読んでいただくことを願い、そして、そのなかから、日本再生の道が開ければと願っています。生成 AI が一般化するなど激しく変化する時代にあって、機械ではできない学ぶべき大切なことは、直面する課題に対していろいろな情報に惑わされずに確かなデータ・情報を知り、自ら考え分析し、評価したうえで、いろいろな人の意見を聴くことを通じて、創造的かつ論理的にアプローチすることだと思います。そして、予期せぬ課題にも適応できるクリティカル・シンキングとオープンマインドを駆使することによって、ストレスにも強い自己管理能力も磨かねばなりません。本書がその一助となることを切に願っています。

　末尾になり誠に恐縮ですが、長期間にわたって「基礎データ編」と「論文編」の既存図版加工作業と新規図版の制作、論文などの編集・校正など、地道かつ緻密な作業を厭うことなくご担当いただいたエネルギーフォーラム社の方々および図版加工作業に携わってくださった方々に対して心からの謝意を表します。

2024 年 10 月
日本の再生を考える勉強会　メンバー
草野成郎、吉田武治、松永一郎、万代　峻

## 日本再生の道を求めて

2024 年 11 月 26 日　第一刷発行

編著者　日本の再生を考える勉強会

発行者　志賀正利

発行所　株式会社エネルギーフォーラム
　　　　〒104-0061 東京都中央区銀座 5-13-3　電話 03-5565-3500

印刷・製本所　中央精版印刷株式会社

ブックデザイン　エネルギーフォーラム デザイン室

定価はカバーに表示してあります。落丁・乱丁の場合は送料小社負担でお取り替えいたします。

ⓒStudy group on the revitalization of Japan　2024, Printed in Japan　ISBN978-4-88555-543-5